艺术卷 21

中国历代图书总目

李致忠 主编

北京国图书店有限责任公司
北京广臻文化艺术有限公司 编纂

 文物出版社

书名索引

中文

A

书名	编号
"阿拉木图——兰州"	13258
"阿诗玛"插画	6597
"爱民模范"盛习友	1275, 5170, 5190
"爱民模范"盛习友	2349
"爱民模范"赵尔春	5147
"爱祖国 爱北京"大型系列文化活动美术、书法、摄影作品集粹	218
"鞍钢宪法"胜利万岁	9277
"鞍钢宪法"永放光芒	1291
"奥斯卡金像奖"动画故事画册	6630
《啊，东北》油画作品选	2796
《艾力甫与赛乃木》	13106
《爱格蒙特》序曲	12450
《爱力甫与赛乃木》电影剧照	13106
《奥瑟罗》导演计划	13002
阿 Q 的造像	2981
阿 Q 正传	3518, 5446, 5528, 5622
阿 Q 正传插画	2986, 6597
阿 Q 正传插图	3449, 6597, 6598
阿 Q 正传的插图	6597
阿 Q 正传二百图	5528
阿 Q 正传一〇八图	5053
阿 Q 正传一零八图	5053, 6575
阿 SIY/Miss 趣卜 Book	3466
阿巴拉契亚山区的春天	12547
阿宝	5622
阿宝	2358
阿笨猫和外星小贩	6701
阿炳美学思想试探	10906
阿炳曲集	12245, 12258, 12259
阿波罗	1143
阿波罗和桂冠	5741
阿波罗艺术史	171
阿波罗之歌	6991
阿波罗之音	12405
阿勃特声乐练习曲,作品 474	12362
阿勃特声学练声曲	12362
阿布都秀库尔·克里木油画集	2813
阿布杜拉	5001
阿布莎格	5337
阿城版画	3041
阿达尼罗	5622, 5885
阿道夫·莱希膝贝格	6869
阿道夫·鲁特哈特钢琴练习曲 10 首	12524
阿德	5191
阿德杀敌	5191
阿斗画传	3504
阿多诺	035
阿尔巴尼亚的音乐	10980
阿尔巴尼亚歌曲集	12369
阿尔巴尼亚歌曲选	12369
阿尔尼亚人民共和国国歌	12393
阿尔巴尼亚人民共和国民间艺术展览	10724
阿尔贝·迪布	6939
阿尔及尔港口	9816
阿尔及利亚的姑娘	5053

中国历代图书总目·艺术卷

阿尔及利亚人民的宣誓	12402	阿拉伯历险记	5742
阿尔玛－塔德玛画风	6867	阿拉伯联合共和国国歌	12393
阿尔玛－台德玛	1085	阿拉伯人民站起来了	4910, 11417
阿尔善小学	2714	阿拉伯少女	10464
阿尔泰山风光	9806, 9816	阿拉伯书法艺术	8598
阿耳戈英雄历险记	5885	阿拉伯数字字体 600 例	7635
阿凡提	5528, 6575, 6636, 6650	阿拉伯兄弟，我们支援你！	11582
阿凡提的故事	5528, 5623, 5742, 6515, 6516	阿拉伯音乐史	10982
阿凡提智慧宝库	6478	阿拉丁和神灯	5742
阿芳	5170	阿拉蕾 7099, 7100, 7101, 7102, 7118, 7119, 7120,
阿房胜览	6758	7137
阿福	1913, 5170, 5191	阿拉腾奥勒歌曲选	11481
阿甫夫妇	5081	阿兰小姐	9689
阿富汗绘画艺术展览	6781	阿勒泰秋色	9806
阿富汗王国国歌	12393	阿里阿斯	1152
阿戈里巴	1143	阿里巴巴	5742, 9949
阿哥杂妹笑颜开	12609	阿里巴巴和四十大盗	5446, 5528, 5742, 6350,
阿鸽	3056	6516, 6729
阿格拉宝物	5528	阿里和张丽丝	6175
阿格里巴——伏尔泰	1143	阿里甲岗牧场	10101
阿古登巴	5742	阿里山的传说	5742
阿古登巴的故事	6175, 6350	阿里山的心灵	5303
阿古顿巴	5623	阿里山土风舞	12209
阿海	5191	阿里与白鸽	5742
阿合买提与帕格牙	5742	阿丽玛	5623
阿辉生活日记	6716	阿丽思小姐	6350
阿混新传	5885	阿利卡画集	6875
阿基米得的故事	5446	阿珑	6025
阿基米德的故事	5885	阿辽沙锻炼性格	13254
阿杰画集	2216	阿龙皇帝	6516
阿菊	5273, 9606	阿龙师傅与小飞马	5222
阿克里木和他的儿子	5053, 5377	阿庐古洞	10518
阿克苏	9104	阿螺	6963
阿拉伯电影史	13187	阿洛依斯·鲁姆普	372
阿拉伯歌曲集	12367	阿妈	4936

书名索引

阿梅和阿茹	5191	阿呜猫	6701
阿妹上大学	12205, 12611	阿西的猫	3458
阿咪戏花图	10067	阿西奇与帅哥亮亮	6701
阿弥陀经普门品般若心经	8131	阿细跳乐	11942, 12604
阿姆斯特丹美术馆	212	阿细跳月	12605
阿娜	5222	阿细新歌	2750
阿娜尔罕	5054, 5108, 5377, 13091	阿呷勇斗顽敌	5885
阿南历险记	5623	阿香	13107
阿尼玛卿山	9069, 9128	阿信	6025, 6026
阿尼玛卿像	4846	阿信——日本电视连续剧主要演员田中裕子	
阿牛	5273		9606
阿婆山的传说	6025	阿信的童年	7046
阿勤和阿花	5623	阿绣	5623
阿青	5191	阿阳民歌	11804
阿萨	5337	阿一旦的故事	5885
阿萨菲耶夫的舞剧"巴黎的火焰"和"喷泉"		阿伊波利特医生	12670
	11141	阿伊达	13004
阿塞·密勒论戏剧	13006	阿依古丽	9532
阿塞拜疆、立陶宛民间舞蹈	12657	阿依莎	11948
阿塞拜疆苏维埃社会主义共和国	10129	阿依吐拉艺术生涯	12583
阿瑟·米勒论剧散文	12722	阿姨	6422
阿诗玛 3005, 3008, 4052, 4108, 4173, 5081, 5377,		阿姨爱我们 我们爱阿姨	4341
13100, 13101, 13102, 13104, 13247		阿姨爱我们, 我们爱阿姨	3532
阿双	5623	阿姨带我上景山	2727
阿斯拜克	5446	阿姨戴上光荣花	3532
阿涛版画选	3036	阿姨到我家	2592
阿童木	6636	阿姨给我剪指甲	4173
阿瓦山寨色	9046	阿姨好	4108, 9559
阿佤人民唱新歌	11671	阿姨们的抗日故事	5191
阿佤山寨色	9784	阿姨您的钱包	4173
阿佤山的枪声	6242	阿姨请坐	1929
阿万提画集	2245, 2319	阿姨手真巧	4108
阿旺创作演唱歌曲精选	11819	阿姨替我们种牛痘	3786
阿威顿	8694, 10152	阿姨为我选好书	1929
阿文中堂	4249	阿姨象妈妈宝宝是鲜花	3070

阿姨辛苦了	1955	埃尔曼小提琴曲精选	12472
阿姨巡医到我家	3816	埃尔米塔什博物馆藏画	6867
阿姨又到渔村来	3816	埃菲尔铁塔	9303
阿姨又来了	3786	埃弗里	6875
阿姨又送糍粑来了	3816，3868	埃贡·谢勒	6791
阿姨再见	4173，4249	埃及	10131
阿姨早	3532	埃及雕塑	8677
阿英	5191，5742	埃及美术概观	362
阿英美术论文集	475	埃及人眼中的美国电影	13091
阿鹰公子	5623	埃及图画精选	6829
阿勇	5170，5191，5245	埃及现代美术作品选集	6778
阿育王寺胜迹印谱	8557	埃及艺术鉴赏	370
阿云画集	2532	埃及艺术展览会	361
阿扎与哈利	5528	埃科莱 a 小调小提琴协奏曲	12474
阿支嫫和小狗	9402	埃拉尼亚秋日早晨	6875
阿忠	5192	埃米尔捕盗记	5623，5742
啊！亲爱的伊犁河	11447	埃舍尔版画选	6925
啊！多快活	11417	埃舍尔的魔镜	6802
啊！红星	11522	埃苏拜尔的枪声	5024
啊！美丽的清水河	11413	埃苏拜耳的枪声	4937
啊　黄河	8211	埃娃·玛丽亚·恩德尔斯	6869
啊！亲爱的伊犁河	11944	皑皑白雪	9816
啊！摇篮	5446	矮子鼻儿	5742
啊！野麦岭	5623	矮子土行孙	6729
啊，野麦岭	5742	艾德莱斯绸的故事	6554
啊，祖国！	3328	艾尔加	11166
啊，口弦	11802	艾尔米塔什博物馆	6875
啊，莫愁莫愁	12380	艾凡赫	7051
啊，樱花	11966	艾里甫——赛乃木	13102
啊秋千	12035	艾里甫与赛乃姆	5623
啊呜喵	6435	艾里甫与赛乃木	9011
哀伤的王子	6864	艾力甫——赛乃木	13104
哀思如潮	3914	艾丽丝梦游镜子国	6682
埃杜瓦尔多·路易斯画展	6811	艾丽丝梦游神奇国	6682
埃尔加　管弦乐	11276	艾丽丝奇境漫游记	6212

书名索引

艾丽莎·米拉诺专集	10163	爱的花朵	9689
艾丽莎公主	5623	爱的教育	6422, 7102
艾米与维臣设计公司	10771	爱的金曲	11713
艾涅斯库	10856	爱的精典	7545
艾庆芸楷书钢笔书法字帖	7590	爱的路上我和你	11713
艾森豪威尔丢丑记	3407	爱的露珠	10536
艾森豪威尔独白	3070	爱的罗曼史	12385
艾森豪威尔滚出去!	3070	爱的迷惘	11713
艾生黑白版画作品集	3053	爱的秘密	12508
艾丝哈帕拉赫	4509	爱的启示	2800, 2801, 6866
艾斯·奥特曼大全	7056	爱的权利	6026
艾斯纳艺术教育思想研究	176	爱的升华	10508
艾娃·贡萨莱斯	6883	爱的世界	3048
艾轩画集	2804	爱的思辨	7419
艾中信画集	2814	爱的微笑	12517
艾中信作品小辑	1755	爱的协奏曲	12505
爱	9736	爱的心声	11733
爱	2115	爱的絮语钢笔书法丛帖	7514
爱便是美	8313	爱的语丝	7465
爱便宜	6280	爱的箴言	7614
爱厂如家	13228	爱迪生	2790, 3387, 5377
爱吹牛的小白兔	5624	爱迪生——美国杰出的发明家	3370
爱打扮的海獭	6516	爱读书读好书	3295
爱打扮的鸵鸟爸爸	5446	爱羔羊	3533
爱到深处彩绘画集	7066	爱工艺	9349
爱德华大夫	5742	爱古楼印谱	8499
爱德华多·鲍洛齐雕塑、素描、版画	365	爱管"闲事"的热心人	4937
爱德加·德加	6784	爱国爱社争先进 劳武结合夺丰收	3715
爱的答案	5885	爱国词人——辛弃疾	5528
爱的风	11718	爱国大合唱	11938
爱的风帆	12383	爱国歌集	11370
爱的奉献	12383	爱国歌集四十集	11544
爱的复活	6026	爱国歌曲	11543
爱的花	11540	爱国歌曲 100 首	11522
爱的花地	11483	爱国歌曲精选	12048

中国历代图书总目·艺术卷

爱国合唱歌集	11931	爱孩子爱明天	4775
爱国怀乡诗帖	8160	爱好和平的孩子们	4889
爱国名将关天培	5743, 6516	爱好者(著名歌唱家李谷一)	9532
爱国名诗钢笔字帖	7443	爱和平	1755, 4249, 4664
爱国名言四体钢笔字帖	7614	爱河畔上的青松	5303
爱国篇	4443	爱护	4443
爱国人物动画片	6026	爱护耕牛	3715
爱国诗词钢笔字帖	7562	爱护公物	4341
爱国首先要知国	3355	爱护公物爱劳动	3375
爱国卫生"十大倡议"	3070	爱护花木	4052, 4108, 4249, 4341
爱国卫生歌小楷帖	7248	爱护环境美	2053
爱国卫生小尖兵	3914	爱护环境卫生	4341
爱国小英雄教育图片	3387	爱护绿化 珍惜古树名木	3345
爱国英杰光照千秋	9034	爱护树苗	4249
爱国英雄	4509	爱护玩具	4173
爱国英雄故事	6310	爱护小树苗	4341
爱国与理想名言中学生字帖	8273	爱花鸟护虫鱼	4249
爱国增产	11938	爱华山	5529
爱国增产的模范人物	8995	爱火飘飞	5885
爱国增产模范张富贵	8868	爱集体	4174
爱国者	13249	爱金子的国王	5885, 6026
爱国志士辛弃疾	5885	爱科学	1775, 3345, 3383, 3669, 4174, 4341,
爱国主义歌曲100首	11517, 11522		9548, 9559
爱国主义歌曲百首	11517	爱科学 学科学 用科学	4250
爱国主义歌曲集	11518, 11525	爱科学 学科学 用科学	3296
爱国主义歌曲精选	11518	爱科学的孩子	5446
爱国主义和国际主义的榜样——黄继光	3172	爱科学勤探索	3364
爱国主义和国际主义的榜样黄继光	5147, 5158	爱克斯-昂-普罗旺斯原野的松树	2776
爱国主义教育	3375	爱克斯探长	6212
爱国主义教育电影精彩台词	13248	爱劳动	3345, 3383, 3533, 3669, 4108, 4174,
爱国主义教育歌曲100首	11518		4250, 4341, 9548, 9559, 12631
爱国主义金曲100首	11754	爱劳动 爱清洁	3580, 3616
爱国主义精神永放光芒	13148	爱劳动 爱学习 热爱毛主席的书	3715
爱国主义影片赏析与史话	13155	爱劳动爱学习	4052
爱国主义影视歌曲选	11929	爱乐	10826

书名索引

爱乐 -CD 经典	10895	爱情的波折	5446
爱乐手册	10888	爱情的传说	4937
爱丽丝梦游奇境记	5886	爱情的位置	5377, 5447
爱丽丝奇境历险记	6516	爱情的幽默	7026
爱丽斯漫游奇遇记	7016	爱情漫画选	3427
爱路漫漫	7514	爱情妙语钢笔行书字帖	7488
爱伦·坡精选集	7051	爱情民歌精选	11820
爱美的公鸡	5624	爱情诗钢笔行书字帖	7433
爱美的戏剧	12704	爱情十句话	3481
爱美的小白兔	5886	爱情是蓝色的	12406
爱美丽雅	5886	爱情四季	7515
爱美生学画记	485	爱情小语钢笔字帖欣赏	7604
爱美自学方案	158	爱情新曲 100 首	11754
爱民	3760	爱情幽默画	6943
爱民井	5222	爱情幽默画与格言	6943
爱民模范	5245	爱情友情赠诗钢笔字帖	7590
爱民模范连	5192	爱情与黑暗	5624
爱民模范洛桑单增	5377	爱情与遗产	5529
爱民模范盛习友	5158, 5171	爱人、同志	5024
爱民模范吴兴春	3715	爱人民	3345, 3383, 4341
爱尼族姑娘	9532	爱人如己	13010
爱你没商量	11737	爱日吟庐书画别录	1466
爱清洁3616, 4052, 4109, 4174, 4250, 4341, 4443,		爱日吟庐书画补录	1466
9343, 9559		爱日吟庐书画录	1466
爱清洁 讲卫生	4109, 4250, 4341	爱日吟庐书画续录	1466
爱清洁 讲卫生	3123, 3325, 3339	爱洒人间	4174, 9751
爱清洁讲卫生	1913, 5245	爱森斯坦论文选集	13033
爱清洁身体好	4250	爱沙尼亚苏维埃社会主义共和国	10129
爱情	4937	爱社会主义	3345, 3383
爱情、青春、人生寄语钢笔字帖	7515	爱社如家	10410
爱情啊 你姓什么	11913	爱神的箭	11540
爱情啊，你姓什么？	5624	爱神与酒神	2801
爱情传说	3481	爱神之箭	12406
爱情从这里开始	5624, 5886	爱石轩印存	8512
爱情大减价	11540	爱斯勒尔群众歌曲七首	12401

中国历代图书总目·艺术卷

爱晚亭	1755, 1804, 3914, 3955, 9991	爱之梦	6853, 6855, 6866, 12520
爱晚亭	2588	爱之旋律	12479
爱卫生讲文明	3346	爱中华少儿卡通画丛书	6701
爱我，爱我的猫	10083	爱滋病的呻吟	3458
爱我家园漫画集	3518	爱祖国 3346, 3383, 3616, 3669, 3786, 4174,	4342
爱我森林	8893		
爱我中华	4775, 11743, 12046	爱祖国 爱科学	4342
爱我中华	2053	爱祖国 爱湖南 爱家乡优秀歌曲 100 首	11513
爱我中华，爱我长城	3364	爱祖国 爱人民 爱劳动 爱科学 爱护公共	
爱我中华千字歌	7590	财物	3328
爱我中华演唱金曲 100 首	11518	爱祖国 爱劳动 爱科学 爱学习	3956
爱惜一粒米	4052	爱祖国，爱河北，为四化建设做出新贡献	3346
爱象青橄榄	11484	爱祖国爱海洋	4109
爱心倾诉	11755	爱祖国迎香港回归	11525
爱心天长地久	11501	蔓棠轩印章	8503
爱学习	3786, 4052, 4174	安波歌曲选	11700
爱学习 讲卫生	3616, 3669	安波音乐作品选	11702
爱学习爱劳动	4174, 4250	安持精舍印话	8558
爱学习爱劳动做毛主席的好孩子	3070	安持精舍印最	8558
爱要怎么说出口	11747	安代舞	12622
爱意家庭	8765	安得列依卡	13260
爱因斯坦 2785, 2790, 3367, 3373, 3387, 5377		安德鲁·怀斯	6789
爱因斯坦——德国著名的物理学家	3370	安德鲁·怀斯画集《海尔格》	6801
爱因斯坦名言	4834	安德罗·魏斯水彩、蛋彩画、素描选	6806
爱英雄学英雄	3376	安定团结万象更新	3315
爱与仇	5624	安东尼达的浪漫曲	12415
爱与恨	5886	安东卫连	5192
爱与憎	2981	安都画集	2191
爱在台北	13148	安多风情	8965
爱在心窝里	11491	安多民肖形印	8586
爱整洁	3533, 4250	安恩斯和猪、蛇、鹰的故事	6479
爱整洁	2623	安恩斯智斗老虎	6479
爱之伊	6859, 6866	安恩斯智取双牛的故事	6479, 6480
爱之歌	10524	安恩斯智胜大蛇的故事	6480
爱之旅	6610, 9430	安格尔	1120, 6784, 6857, 6897

书名索引

书名	编号	书名	编号
安格尔 德拉克罗瓦 维米尔画风	6864	安徽省博物馆筹备处庆祝一九五四年元旦图书	
安格尔、德拉克罗瓦、维米尔画风	6803	展览目录	1721
安格尔论艺术	016	安徽省第二届音乐舞蹈会演歌曲选集	11435
安徽	10469	安徽省第一届民间音乐舞蹈汇演舞蹈选集	
安徽"大跃进"民间歌曲集	11773		12605
安徽版画选	3040	安徽省第一届音乐周民间音乐选集	10902
安徽博物馆筹备处所藏楚器图录	386	安徽省电影志	13197
安徽当代画家	2191	安徽省贵池市刘街乡源溪村曹、金、柯三姓家	
安徽当代美术家人名作品图录	1370	族的傩戏	12946
安徽当代书法集	8325	安徽省六安地区曲艺志	12976
安徽地方戏选曲	11831	安徽省六安市戏曲志	12792
安徽第一届音乐周选集	11778	安徽省首届中学生书画作品邀请展获奖作品集	
安徽风光	10469, 10516		1317
安徽阜阳剪纸集	10671	安徽省书画院黄山风中国画作品选	2295
安徽歌曲选	11796	安徽铁画	10641
安徽贵池傩戏调查报告	12943	安徽戏曲集锦	13290
安徽国画选	1864	安徽现代篆刻选集	8567
安徽黑白版画选	3021	安徽新貌	3786, 3816
安徽花鼓灯	12613	安徽杂技志	12999
安徽黄山	9254, 9256	安魂曲研究	10919
安徽建筑工业学院建筑美术作品选集	316	安魂曲综论	10918
安徽美术作品选	280	安吉吴昌硕纪念馆馆藏吴昌硕作品选	217
安徽民歌主题随想曲	12330	安家落户	2729
安徽民间常用曲调选	12114	安塞斋随笔	8108
安徽民间歌曲集	11783	安今生装帧艺术	10375
安徽民间歌曲资料选	11794	安靖画辑	1385
安徽民间器乐合奏曲集	12342	安洒意斋尺牍	8115
安徽民间舞蹈集	12608	安康书画精品选	2262
安徽民间音乐	11770	安珂	6302
安徽木刻选集	2992	安澜摄影集	8975
安徽目连戏资料集	12956	安乐行品	7945
安徽年画缩样	4174	安乐幸福	4174
安徽农作物新品种	5447	安力·给怒(赖安淋)创作集——爱生命尊严	
安徽器乐曲选	12155		2834
安徽青铜器	400	安木治印	8564

中国历代图书总目·艺术卷

安娜·卡列尼娜	6026, 6436	安特精舍印存	8556
安宁碑刻楹联集	8203	安特卫普皇家美术馆藏画	6869
安宁苗族阿作芦笙曲话谱集	12272	安天会	6650
安培的故事	5886	安徒生	5529
安琪儿	9658, 11361	安徒生的童年	5447
安庆保卫战	6026	安徒生童话	6007, 6436, 6480
安丘县参加专区音乐舞蹈汇演节目	13015	安徒生童话钢笔行楷字帖	7488
安丘县京剧团农村流动舞台	12875	安徒生童话精选	6242, 6729
安全部特派员	6310	安徒生童话连环画库	6423
安全电影胶片	13277	安徒生童话全集	6404
安全行车 万里奔驰	1795	安徒生童话选	5378
安全行车能手	4920	安吴论书	7231
安全漫画集	3458	安业民	4937
安全生产人人有责	3216	安远县戏曲普查资料汇编	12931
安全生产宣传画	3355	安岳大足佛雕	463
安全问题	5108, 5171	安岳石刻	400
安全宣传报头图案集	10327	安正中版画选	3051
安全运输支援建设	3070	安正中画集	2216
安塞尔·亚当斯摄影作品选	10134	安正中油画集	2814
安塞剪纸	10676	安装	1787
安塞民间绘画精品	1373	安拙窝印寄	8501
安塞民间绘画线描精品	2319	鹌鹑·葫芦画法	968
安塞民间剪纸精品	10712	鞍钢	2713
安塞腰鼓	12622	鞍钢——跑步学大庆进行新长征	9284
安瑟·亚当斯创作回忆录	8695	鞍钢的早晨	2734
安尚秀	10189	鞍钢工人闹革命	1764
安顺场	10102	鞍钢工人王吉才	5171
安顺地戏	12939	鞍钢几项技术革新	13237
安顺地戏脸子	10712	鞍钢颂	6598
安顺地戏论文集	12940	鞍山	9051
安顺地戏面具	10697	鞍山地区民歌集	11797
安顺蜡染	10358	鞍山地区民间歌曲选集	11784
安顺龙宫	9983	鞍山市戏曲志	12774
安思远藏善本碑帖选	7738	鞍山市政协书画作品集	1373
安素轩读画集	1465	鞍山书画集	2278

书名索引

俺村又添新机床	1831, 3770, 3816	鳌山庙	6026
俺爹俺娘	9329	鏖战爱华山	6026
俺队的理论家	3816	鏖战敌后	6480
俺们妇女也要为农业机械化作贡献	3315	鏖战九头虫	6026
俺社创造了打井机	1804, 1811	傲徕山房所藏五朝墨迹	7710, 7711
嗷嘛呢叭咪吽	4846	傲雷·一兰	4585
岸边激浪	5108	傲蕾·一兰	5447, 5624
按劳分配多劳多得	3108	傲慢与偏见	6350, 7051
按下快门	8912	傲霜	10067
按照键盘的视奏练习	11225	傲霜图	4250
按照毛主席军事路线建设过硬连队	3268	傲霜有秋菊 岁寒知青松	2596
案头留得四时香	6758	傲雪	3956, 4509, 10053
案与法 100 例	6242	傲雪	2352
暗斗	5624	傲雪迎春	2053
暗度陈仓	5743	奥勃罗索夫	6875
暗渡长龙岛	5743	奥布里夫人和儿子的肖像	6885
暗渡陈仓	5024, 5624	奥茨国历险记	6516
暗箭	5337	奥德曼与四大天王战群魔	6554
暗恋	8863	奥德赛	5624, 5743, 7051
暗杀令下达之后	6026	奥德赛的故事	5886
暗杀猫头鹰行动	5886	奥地利风光	10155
暗杀希特勒	6026	奥地利画家埃贡·席勒	6793
暗室常用技法	8696	奥地利素描精品	6906
阇修斋古印拾坠	8534	奥尔忠尼启则工业大学	8870
昂扬愉快的歌舞	12094	奥古斯塔斯·约翰	513
敖杰清民族儿童人物画集	6763	奥古斯特·雷诺阿	6784
敖山庙伏击	4937	奥克的叔叔回来了·石山法师	7087
邀舞	12452	奥克与戴玛·真正的友谊	7088
遨游	9402	奥列佛·特维斯特	7051
遨游美的世界	366	奥列格·叶列梅耶夫油画·素描作品集	6870
遨游瞬间世界	8751	奥芒斯河谷	6846
遨游太空	4052, 4250, 9002	奥秘精选	6575
遨游太空城	3497	奥妙的海洋	4006
遨游未来世界	9343	奥妙人体的健与美	076
翱翔	10453	奥尼尔论戏剧	12698

奥尼尔戏剧研究论文集	13006	奥运之光	4509, 8632
奥涅金	13004	澳大利亚风景画选	6851, 6853
奥赛博物馆藏画选	6859	澳大利亚街头广告	10764
奥赛罗	7051	澳大利亚悉尼	9907, 10154, 10155
奥赛美术馆	205, 6811	澳大利亚悉尼歌剧院	9298, 9996
奥瑟罗	5447, 5886	澳门·创意风景	1326
奥瑟罗导演计划	13002	澳门的另一面——渔民	8960
奥上锦堂篆刻作品集	8583	澳门风光	8945, 9417
奥斯卡大观	13314	澳门风景画	2817
奥斯卡的内幕	13313	澳门回归普天同庆	2319
奥斯卡回忆录	13318	澳门贾梅士博物院国画目录	1475
奥斯卡奖 70 年	13319	澳门历程	2834
奥斯卡金像奖	13314	澳门漫画选	3518
奥斯卡金像奖电影歌曲荟萃	12422	澳门民间传统木版画	3057
奥斯卡金像奖电影之声	12422	澳门戏剧过眼录	12730
奥斯卡经典影片赏析	13163	澳门戏剧史稿	12792
奥斯卡评奖内幕	13318	澳门现代艺术和现代诗评论	104
奥斯卡全景图	13318	澳门艺术荟萃	337
奥斯特洛夫斯基	3387	澳门音乐之旅	10881
奥斯威辛	10127	澳门远眺	9450
奥特曼大全	7056	B	
奥特曼和大怪兽的秘密武器	7056		
奥特曼战士必胜法宝	7051	"八·六"海上歼灭战	5740
奥特曼战士大全	7051	"八·一五"之夜	2745
奥托卡王的权杖	7016	"八一"歌舞	12637
奥逊·威尔斯论评	13208	"八一"南昌起义	2762, 9280
奥依曲爱克	5743	"八字宪法"是个宝，粮棉产量步步高	3069
奥依曲爱克的情缘	5743	"巴顿式"的下场	5190
奥运会冠军	9970	"巴林"摔跤手	4935
奥运会花剑冠军栾菊杰	9970	"霸王"行动	6174
奥运会金牌获得者马燕红	9970	"白牡丹"行动	5740
奥运会金星李宁	9970	"白蜘蛛"落网记	6023
奥运会跳水冠军周继红	9972	"百花齐放"剪纸	10667, 10669
奥运会选拔	9248	"百灵鸟"歌曲集	12036
奥运史上第一次女子运动会	5975	"版纳"	5222

书名索引

"宝玉"日记	13121	八锤大闹朱仙镇	4174, 4251
"北大荒"凯歌	11949	八锤大战朱仙镇	4052
"北京人"的遭遇	13144	八达岭	9841
"病理检验单"的秘密	5273	八达岭长城	9065, 9074, 9112, 10516
"不称心"的姑夫	5445	八达岭长城之春	9104
"布拉格之春"国际音乐节	12559	八达岭上	2589
《八十年代新一某》得奖歌曲三十首	11700	八大锤 1955, 1984, 2946, 4251, 4342, 4509, 4664,
《白骆驼》电影剧本及评论集	13162	4751, 8836, 9222
《白毛女》伴唱歌曲	12096	八大锤大闹朱仙镇	4174
《白毛女》幻想序曲	12096	八大锤大战朱仙镇	4444
《百家姓·朱子格言》钢笔七体字帖	7575	八大人觉经	8118
《百家姓》四体钢笔字帖	7419	八大山人	6027
《百牛图》兼谈画牛技法	995	八大山人法书集	8099
《百岁挂帅》选曲	11835	八大山人工笔应真渡海图	1617
《毕昇》中的舞蹈	13104	八大山人翰墨集	8078
[八十老人录小学善行]	8108	八大山人行楷千字文	8089
[八仙叙会等五彩图画]	1270	八大山人行书卷	8079
[百鸟图]	1598	八大山人行书字轴	8060
[百砚铭]	1050	八大山人荷花水鸟	1657
[般若心经印谱]	8454	八大山人花卉册	1690
[版画]	2971, 2973, 2974	八大山人花鸟册	1665
[碑帖大观]	7711	八大山人花鸟册页	1659
[北平荣宝斋制印谱]	8455	八大山人花鸟画手卷	1683
[渤海藏真帖]	7656	八大山人画册	1656, 1665
八·六海战 钢铁战士麦贤得英雄事迹画选		八大山人画集	1653, 1674, 1684
	1288	八大山人画鸟	975
八八劲歌新偶像	11709	八大山人画语录图释	1695
八百鞭子	4937, 5625	八大山人精品集	1695
八百长寿	3616	八大山人全集	1276
八百秋千	3616	八大山人山水册	1647
八百万被劫	6350	八大山人山水画册	1614
八宝吉祥图	4444	八大山人山水画选	1687
八宝献寿	4509	八大山人涉事册	1666
八扯图	3616	八大山人生平及作品系年	815
八尺门	8933	八大山人诗与画	808

中国历代图书总目·艺术卷

八大山人石涛上人画合册	1635, 1637	八戒出世	5743
八大山人书画	1617	八戒当国王	6423
八大山人书画册	1669	八戒当警察	6423
八大山人书画集	1617, 1671, 1690	八戒断官司	6436
八大山人书画扇集	1648	八戒浑搅钉耙宴	5743, 5886
八大山人书艺之研究	7323	八戒教书	6436
八大山人研究	800	八戒卖西瓜	6436
八大山人印款说	427	八戒破案	6423
八大山人作品	1690	八戒探山	6650
八大石涛书画集	1672	八戒写错字	6436
八大"天王"金曲荟萃	11737	八戒巡山	5886
八大王	4764	八戒招亲	6423
八大王仗义救冯生	6310	八戒智激美猴王	5743, 5887
八段锦舞	12593	八骏	1955
八法筌蹄	7234	八骏驰骋图	2054
八方进宝	4764	八骏马	4664
八方进宝家家乐	4764	八骏马	2563
八方来宝	4806	八骏屏	2017, 4251, 4751
八哥	2489, 2492, 2545	八骏图	1955, 2001, 4342, 4444, 4509, 4585, 4855,
八哥·水仙画法	968		4859, 9310, 10628
八哥复仇记	5529, 5625	八骏图	2034, 2564, 2568, 2569, 2571, 2575, 2576,
八哥山雀画法	631		2583, 2584
八个"红小鬼"	5192	八孔竖笛教程	11172, 11174
八个"老黄忠"	4937	八郎寻嫂	4664
八卦杯国际书画大赛作品集	2245	八连战士画	1291
八卦莲花掌	4664, 4751, 5529	八龙山人画谱	1590
八卦炉	6650	八路军到新解放区	4874
八卦阵	5378	八路军平型关大捷	3669
八桂传奇	4342	八猫图	2647
八国联军侵北京图画故事	6310	八门金锁阵	3616
八号情报员	4937	八闽第一路	9303
八虎闯幽州	5886	八闽瑰宝	8653, 8654
八家山水画选集	2053	八闽乐坛	10813, 10832
八角鼓	12971	八闽新曲选	11491
八姐闯幽州	5625	八闽中青年艺术作品丛书	1371

书名索引

八名师说创作	088	八仙过海	1913, 3580, 4175, 4342, 4510, 4586,
八女跨海征服大竹岛	5002		4751, 4764, 5743, 6027, 6028, 6175, 6212,
八女跨海征荒岛	3551, 5024		6242, 6310, 6350, 6423, 6436, 8820, 8836
八女颂	5054	八仙过海	2365, 2376
八女投江	5024, 5529, 5625, 5743, 6480	八仙过海	4510
八品官	5887	八仙过海 各显其能	4444
八旗画录前编	847	八仙过海 各显神通	4052
八旗书录	8015, 8016	八仙过海各显神通	1929, 4053, 4175
八千里路云和月	12772	八仙过海图	4764
八然斋甲骨游艺集	8273	八仙贺寿	4751, 4859
八人油画集	2810	八仙贺喜	4751
八瑞物	4764	八仙欢聚图	4664
八十年代的新雷锋——张海迪	4251	八仙剑	3551
八十年代外国电影 100 部	13131	八仙闹海	4664, 5625
八十年代香港电影笔记	13185	八仙闹龙宫	6175
八十年代新一辈	11700, 11703	八仙庆寿	2017
八十年代一天也不能耽误	3325	八仙人东海闹龙宫	6028
八十年画集	1713	八仙人间显能	6212
八十七神仙卷 1270, 1452, 1547, 1729, 1755, 4859		八仙上寿	4846
八十神仙卷	1547	八仙图	4251, 4510
八十首歌曲大联唱	12136	八仙图	2365
八十四集大型电视连续剧《三国演义》导观		八仙献寿	4775
	13148	八仙祝寿	4510, 4586, 4664
八十天环游地球	5625, 5743, 5887, 6480, 6701,	八仙祝寿图	4510, 4664, 4764, 4840
7051		八仙醉酒	4175
八首民歌短曲	12192	八贤手札	8027
八首中国民歌钢琴小品	12219	八小套	12056
八体硬笔书法字典	7433	八小战边关	6028
八天八夜	5222	八一风暴	3914, 5002, 5024, 5303, 5337, 5378,
八王战辽兵	5887	5447	
八仙	4510, 9634	八一军旗	8859
八仙传	6436	八一军旗红	9417
八仙的传说	13118	八一军旗迎风飘	11522
八仙的故事	6650	八一南昌起义	2762, 9325
八仙洞歼敌记	6280	八一运动大会	13235

中国历代图书总目·艺术卷

八一战红旗	11687	巴赫	10884, 10888
八一战旗红	3914	巴赫 A 小调小提琴协奏曲	12465
八一战旗火样红	11694	巴赫初步钢琴曲	12487
八亿人民的心愿	3249, 3956	巴赫初级钢琴练习曲	12530
八亿人民心向党	11683	巴赫初级钢琴曲集	12508, 12524, 12530
八伯舞虞庭	12325	巴赫创意曲集	12489, 12519, 12530
八音盒歌曲选	11483	巴赫创意曲集	12524
八音考略	11012	巴赫大提琴无伴奏组曲六首	12468
八音图考	11001	巴赫的小提琴曲	11180
八勇士	5625	巴赫二部创意曲集	12520
八月的金银滩	3616	巴赫复格曲的研究	11164
八月的延安	1764, 3914	巴赫赋格的艺术	12536
八月桂花遍地开	11796, 11948	巴赫钢琴曲集	12524
八月十五	11388	巴赫钢琴小曲集	12524
八中全会发公报	11599	巴赫钢琴组曲集	12531
八种基本笔画和字体结构	7353	巴赫管风琴音乐	11260
八子嬉鱼图	3616	巴赫六首大提琴组曲	12472
八字宪法	3070, 3533, 4937	巴赫平均律钢琴曲集	12515, 12524
八字宪法保丰收	13228	巴赫平均律钢琴曲研究	11222
八字宪法闪金光	3914	巴赫双小提琴协奏曲	12553
八字宪法字字千金	3070	巴赫无伴奏奏鸣曲及组曲	12462
巴巴	6879	巴赫小前奏曲与赋格曲	12453
巴巴爸爸	6630, 6631, 6636, 6651	巴赫小前奏曲与赋格曲	12453
巴把和官家	5447	巴赫英国组曲	12454
巴比松派风景画	196	巴赫奏鸣曲	12453
巴尔蒂斯	6867	巴赫奏鸣曲集	12453
巴尔蒂斯画集	6876	巴霍莫夫儿童生活画集	7144
巴尔托克	11274	巴基斯坦歌曲选	12379
巴尔托克：小宇宙分析及弹奏法	11164	巴基斯坦国歌	12394
巴尔扎克	5625, 5887	巴基斯坦舞	9235
巴尔扎克名言硬笔书法字帖	7488	巴基斯坦写生	2867
巴甫洛夫	2790, 5887	巴基斯坦印度流行歌曲集	12404
巴根汝书法选集	8261	巴库斯和阿莉阿德尼	6890
巴光明速写集	2892	巴拉根仓的故事	5743
巴哈	11254	巴黎·现代中国书法艺术大展作品集	8325

书名索引

巴黎埃菲尔铁塔	10160	巴山	9841
巴黎的恩怨	5529	巴山春早	12257
巴黎雕塑	8671	巴山歌曲	11435
巴黎风光	9854	巴山摄影作品	8865
巴黎服饰绘	3458	巴山蜀水	913, 6602
巴黎公社	5171	巴山蜀水对屏	4342
巴黎公社的革命漫画	6932	巴山松云	1729
巴黎公社的故事	4937	巴山夜雨	5529, 13107
巴黎公社万岁	3178	巴山英雄姐妹	6175
巴黎公社小英雄	5171, 5378	巴士德	5529
巴黎拉德芳诗	9869	巴士奇遇结良缘	5529
巴黎浪漫曲	12555	巴蜀目连戏剧文化概论	12946
巴黎派画家	6801	巴蜀怒火	5303
巴黎派绘画	541	巴蜀傩戏	12954
巴黎商品展示设计	10754	巴蜀青铜器	412
巴黎圣母院	5447, 5529, 7051, 9303, 12670	巴蜀情韵	1372
巴黎圣母院	2656	巴蜀书画集	2278
巴黎岁月	2881	巴蜀书画系列	2319, 2482
巴黎现代艺术	368	巴蜀铜印	8551
巴列金的悲欢	5529, 5625	巴蜀乡土歌曲	11809
巴林海滩斗水母	5529	巴蜀写韵	2320
巴林怒火	5743	巴蜀英烈画册	6213
巴林石志	8619	巴蜀之画	12196
巴陵女侠	6028, 6029	巴斯德	3387, 5744
巴陵窃贼	4665, 6212	巴斯蒂安钢琴基础教程	11256
巴罗克艺术鉴赏	186	巴斯卡尔的猎犬	7052
巴洛克大师贝尼尼	367	巴斯克维尔的猎犬	5378, 5530, 6554
巴洛克的巨匠	10990	巴莎	4937
巴洛克绘画	1085	巴塘苹果香 金川雪梨甜	4006
巴洛克乐曲赏析	10895	巴塘弦子	11800
巴洛克艺术	178	巴托克 柯达伊无伴奏合唱十首	12427
巴洛克与洛可可	188	巴托克 室内乐	11276
巴拿马风光	9890	巴托克论文书信选	10903
巴尼察集中营	5744	巴托克研究论文集	10905
巴人	13144	巴西圣保罗	10156

中国历代图书总目·艺术卷

巴西伊瓜苏瀑布	9854	芭蕾新星陈雁	9980
巴音布鲁克风光	9065	芭蕾演员	9689
巴园老人墨迹	1705	芭蕾之花	9961
巴园老人扇面册	1705	芭蕾之梦	9246, 12640
巴园山水扇集	1645	芭茅坪的枪声	5887
芭蕉	1864	拔"钉子"	5448
芭蕉白鸡图	1662	拔敌旗	5054
芭蕉猴子	1812	拔钉子	5192
芭蕉画法	955	拔哥的故事	5378, 5448
芭蕉精点化罗相公	6280	拔河	3770, 4175
芭蕉扇	4053, 4889	拔河	2716
芭蕉树下	2647	拔虎须	5744
芭蕉银雉	2623	拔据点	5273
芭蕾	2842, 9976	拔萝卜	4053, 4444, 12627
芭蕾——年轻舞蹈者的指南	12659	拔笋	4938
芭蕾陈雁	9978	拔一切业障根本得生净土陀罗尼	8108, 8118
芭蕾的来龙去脉	12659	跋山涉水颂凯歌 踏遍青山为人民	3786
芭蕾皇冠	12659	跋山涉水为人民	3786
芭蕾基础教程	12641	跋所藏法帖	7689
芭蕾简史	12658	把"老三篇"作为座右铭来学	11636
芭蕾排练室内幕	12659	把"老三篇"作为座右铭来学	11636, 11644
芭蕾术语手册	12659	把"四人帮"干扰破坏耽误的时间夺回来	3268
芭蕾舞	9243, 9967, 9970, 9972	把"四人帮"破坏生产的损失夺回来	3249, 3268
芭蕾舞《天鹅湖》	9964	把"四人帮"押上历史的审判台	3268
芭蕾舞《天鹅湖》中的白天鹅	9970	把宝宝养得健优美	4251
芭蕾舞《天鹅湖》中的小天鹅	9967	把大寨精神带回去	2934, 3021
芭蕾舞蹈参考资料	12639	把党的大办农业大办粮食的政策贯彻到群众中	
芭蕾舞的舞与画	12659	去	3099
芭蕾舞基本训练钢琴曲选	12536	把敌人消灭在人民战争的汪洋大海之中	13095
芭蕾舞剧(希尔薇亚)	9962	把颠倒的历史再颠倒过来	3232
芭蕾舞剧白毛女歌曲选	12648	把电力送到农村	3755
芭蕾舞剧梁山伯与祝英台	9972	把革命的红旗接过来	3715
芭蕾舞台红旗飘	12648	把革命进行到底!	3123
芭蕾舞新秀汪其凤	9967	把更多的工业产品运往农村!	3114
芭蕾舞演员	9525, 9606	把工业学大庆的群众运动推向新阶段!	3296

书名索引

把关	3816，5108，5337	把上海音乐运动提高一步	10954
把好方向盘	5273，9364	把死土变成活土	4920
把好社会主义方向盘	3816	把文化送给农民 将货物带到山村	3670
把好质量关	1812	把我的奶名叫	11978
把花边献给毛主席	4910	把我军战斗力提高到现代化水平	3315
把活学活用毛主席哲学思想的群众推向新高		把小伙伴送上星球	4053
潮！	3179	把心交给党	11417，13244
把技术革命深入到一切劳动中去！	3070	把一切献给人民	5171
把家乡建设得更好	2996	把一生交给党安排	5158，5171
把科学知识献给社会主义大农业	3296	把医疗卫生工作的重点放到农村去	3249
把列宁主义的大旗高高举起	11613	把战鼓擂得更响	11417
把列宁主义的大旗高高举起	11613	把战士的冷暖挂心上	2762
把毛泽东思想传遍千家万户	3179	把战士冷暖挂心上	2776
把毛泽东思想更广泛地传播到全世界	3179	把总路线的红旗插遍全国	11582
把毛泽东思想千秋万代传下去	3268	把总路线的红旗插遍全国	11417
把毛泽东思想真正学到手	3715	把最美的花儿献给老师	3364
把毛主席的指示印在脑子里，……	3153	爸爸	6029
把门将军	4775	爸爸的船	4938
把青春贡献给新的长征	3296	爸爸的大皮鞋	9658
把青春和知识献给祖国新农村	5002	爸爸的画	3518
把青春和智慧献给四化建设事业	3346	爸爸的假日	3868
把青春献给边疆建设	3123	爸爸的军功章	4586
把青春献给农村	9335	爸爸和女儿·战胜巨石怪	7079
把青春献给农村	2732	爸爸回来啦	4879
把青春献给人民	5223	爸爸妈妈唱过的歌	12047
把青春献给社会主义新农村	3114，3249	爸爸妈妈的耳朵	3504
把青春献给四个现代化	3296，3315，3325	爸爸妈妈读过的书	6480，6481
把青春献给新长征	11696	爸爸妈妈好	9606
把青春献给新长征的壮丽事业	3315	爸爸妈妈小时候	12045
把青春献给新农村	3203	爸爸送我去边疆	1823
把青春献给祖国	3108，3329	爸爸也是内行	3816
把青春献给祖国把知识献给人民	3296	爸爸在队里干活 我在家里也干活！	3099
把青春献给祖国的边疆建设	3123	爸爸在这儿	3868
把全部力量贡献给社会主义和共产主义！		罢宴	12079，12085
	3070	霸王别姬	3580，4053，4109，4665，

中国历代图书总目·艺术卷

5448, 5744, 5887, 6436, 9146, 9944, 9953, 11828, 12075, 12087, 13148, 13228

霸王别姬	12099
霸王和虞姬	4175
霸王龙	10771
霸王项羽 高祖刘邦	4665
霸王卸甲	12305, 12308
掰手腕	9548
白白和胖胖	4251
白胖儿	5744
白布的秘密	5245
白菜	2295
白菜花	4938
白川将军覆灭记	5625
白葱头与红葱头	6029
白德松 88-96 画选	2278
白获水彩画选集	2955
白砥小楷集	8325
白帝城	12078
白帝托孤	12128
白丁集	7389
白度母	4751
白俄罗斯苏维埃社会主义共和国	10129
白鹅画展	1422
白鹅女	4894
白鹅展翅飞	10039
白发魔女	5887
白帆	11972
白帆海影	4764
白帆竞秀	8820
白粉妹	6554
白粉墙上的暗号	6242
白凤	1665
白芙蓉	1930
白鸽	5744

白鸽飞翔	12248
白鸽少女	4764
白鸽物语	13126
白庚延画集	2173
白庚延山水画析览	2478
白公馆渣滓洞革命烈士诗抄	8286
白宫	9996
白宫舞场一周年纪念特刊	12661
白宫血案	6242
白宫疑案	6280
白狗闹洞房	6029, 6637
白冠噪鹛	10014
白光	5448
白光书法篆刻集	8302
白龟驮经	5887
白果坪风景	2931
白荷花	1711
白荷画法	955
白恒欣书法	8407
白喉可怕吗?	4882
白猴南南	10022
白虎山歼敌记	5448
白花瓶和花	6882
白画电影	13299
白话《帝范》	6404
白桦	2729
白桦林	9315, 10022, 10053
白桦林中的哨所	5744
白鸡牵牛	1885
白鸡玉米	1662
白蕉兰题杂存卷	8325
白金表疑案	6175
白金表之谜	6213
白金唱片	12391
白金汉宫	9994

书名索引

白金奖卡拉 OK 金曲	11501	白龙公主	5530
白金尧、张玉芳画集	2539	白龙剑	4751
白鲸	7052	白龙山人佛像图	1698
白靖夫画集	2115	白龙山人花鸟册	1698
白居易	5448	白龙山人花鸟神品	1698
白居易长恨歌	8174	白龙山人画册	1703
白居易琵琶行楷书字帖	8405	白龙山人画仙佛像	1698
白居易求师	5887	白龙山人画选	1707
白居易与音乐	10962	白龙山人精品画册	1376, 1707
白局曲调选	11781	白龙山人临天池墨花卷	1697
白剧资料集	12925	白龙山人墨妙	1703
白鹂楼印跋	8576	白龙山人王震书画大观	1711
白卷先生	5448	白绿	8866
白孔雀	1865, 3670	白绿影集	8867
白骷髅行动	6310	白鹭	10495
白兰鸽	11702	白螺仙女	6380
白浪画集	2230	白马	6437
白老虎连	4938	白马告状	5744
白雷美眉和七个小帅哥	6575	白马将军	5744
白磊书画选	2518	白马坡	4586, 5054, 5378
白梨屯的枪声	5887	白马寺故事传说	5888
白鲤鱼与书生奇缘	6380	白马寺罗汉	447
白连的世界	6846	白猫	10023, 10059
白莲	4938, 5744, 5888	白猫侦探	6637
白莲花	5530, 5625	白毛女	1804, 3616, 3715, 5081,
白莲花传奇	5888		5108, 5158, 5171, 6380, 6516, 9150, 9196,
白莲女侠	6029		9217, 10417, 11879, 11885, 11889, 12091,
白莲寺音乐本	12350		12097, 12098, 12172, 12648
白良关	12071	白毛女(喜儿)	3914
白辽土	10884	白毛女歌集	11879
白灵	9634	白毛女木刻和诗	2986
白岭子和黑热病	4884	白毛女屏	3670
白领冒号	3518	白毛女选曲	11884
白领拳手太郎	7138	白茅堂所见书画记	644
白龙洞	9880	白玫瑰	10516, 13293

中国历代图书总目·艺术卷

白眉王	6175	白蘑菇计划	6029
白眉王传奇	6029	白母鸡	4938
白眉王与红伞女	6213	白母鸡的故事	4890
白梅	10031	白牡丹	9313, 10046
白梅画法	945	白牡丹行动计划	6213
白梅山茶	1930	白奶奶醉酒	4251, 4510
白门楼	5378, 12071	白娘娘	9525
白描淡彩画法	963	白娘娘与许仙	3580, 3616, 4006, 4109
白描花卉	935, 936, 937, 945, 968, 979	白娘子	4109, 5378, 5530, 9343, 9944
白描花卉草虫	2034	白娘子与许仙	4109, 4175, 9220
白描花卉画谱	949	白鸟朝凤	4511
白描花卉集	2493	白奴	6029
白描花卉技法	939	白鳍豚淇淇的故事	6702
白描花卉翎毛技法	866	白秋练	3504, 5379, 5745
白描花卉图谱	972	白求恩	5192, 6575
白描花卉写生	2525	白求恩——伟大的共产主义战士生活片断	3770
白描花鸟	963	白求恩大夫	5337, 5379
白描花鸟构图资料集	2505, 2518	白求恩的故事	3915, 5158
白描花鸟画集	1485	白求恩纪念馆美术作品选	1295
白描花鸟入门	972	白求恩交响诗	12230
白描画选	2001	白求恩墓	9296
白描集	2018	白求恩同志战地疗伤	9263
白描技法	860	白求恩在中国	3786, 5192, 5193
白描技法基础入门	862	白渠画集	2216
白描菊花	938	白日露天放映电影	13299
白描牡丹	2492, 2539	白日依山尽 黄河入海流 欲穷千里目 更上	
白描秋菊图集	2528	一层楼	3329
白描人物	878	白色档案	8845
白描人物技法	882	白色家居	10605
白描人物入门	881	白色死神	6030
白描山水构图资料集	918	白色幽灵	6310
白描仕女图谱	2406	白纱巾	5625
白描五谷花果	2018	白山风云回忆录	12774
白描心绪	2320	白山青松	12963
白铭百梅图集	2545	白山杉南极纪行摄影集	8865

书名索引

白山印社作品选集	8569	白统绪风景·静物水彩临本	1188
白善诚漫画集	3466	白头富贵	1913
白蛇传	2996, 3449, 3617, 4006, 4053, 4109,	白头高节	4511
	4444, 4764, 4840, 5448, 5530, 5626, 6030,	白头山天池	9112, 9792
	6350, 6380, 6575, 6622, 9219, 9220, 9223,	白兔记	8820
	9230, 9233, 9237, 11828, 13102	白兔记曲谱	12116
白蛇传 红楼梦 梁山伯与祝英台 孔雀东南		白维鹏	2734
飞	9230	白无瑕	4251
白蛇传——断桥相会	4109	白续智书画篆刻作品选	318
白蛇后传	6030, 9235	白续智硬笔书法作品选	7515
白蛇前传	9240	白雪公主	4109, 4342, 4586, 5530,
白石道人歌曲	10967		5888, 6030, 6280, 6516, 6637, 7138, 9634,
白石道人歌曲通考	10956		10437, 10453, 12519
白石道人歌曲研究	10953	白雪公主	2635
白石道人续书谱	7232	白雪红心	5108
白石画稿	1898	白雪红心巡医忙	9337
白石画集	1719	白雪皇后	7013
白石画选	1913	白雪石	1448
白石老人	1930	白雪石画选	2443, 2458
白石老人画册	1721, 1729, 1795	白雪石作品	2296
白石老人小册	1717	白雪斋选订乐府吴骚合编	11136
白石老人写生	2855	白牙	7052
白石老人写意画册	1764	白燕艺术学社社章	343
白石老人自传	792	白阳山人花草画册	1567
白石墨妙	1740	白杨演艺谈	13221
白石墨韵	2296	白洋淀上	2716
白石神君碑	7748	白洋淀上练武忙	2760, 3816
白石小品	10404	白药传奇	5888
白石遗朱	8578	白野夫画集	2262
白手起家	1285, 4920, 13241	白一画集	2320
白寿章书画选	1913	白衣娘子军	6213
白书杰小楷书孙子兵法	8286	白衣女郎	2798, 9658, 9689
白太官毒心害子	6030	白衣女人	5888
白天鹅	10023, 10039, 10046	白衣少年	5888
白天鹅餐厅	5888	白衣少年——聊斋志异故事选	5530

中国历代图书总目·艺术卷

白衣少女	5888, 9634, 9689, 9736	白族民间舞蹈	12622
白衣天使	13237	白族木雕图案	8646
白衣侠女	5888, 5889, 6030, 13148	白族少女	9658
白衣战士	4938	白族演员	9533
白衣之恋	11924	白族音乐志	10912
白逸如年画线描集	4511	白嘴鸦归来	6858
白银案	5626	百宝图	4251
白银书画作品选	2245	百宝下山	1913
白鹰	1852	百宝箱	5002
白盈盈之死	5530, 5626	百宝总珍集	380
白玉凤	4251, 13107	百倍警惕	3203, 3786, 9334
白玉兰	1710, 10039, 10067	百变恶魔	7102
白玉娘忍苦成夫	5626	百部爱国影视片欣赏	13148
白玉霜 小白玉霜母女唱腔选	11877	百部爱国主义教育影视片观后感	13160
白月季	10031, 10059	百部爱国主义影片评介	13148
白岳凝烟	1594	百部爱国主义影视歌曲选	11929
白岳山中	1852	百部爱国主义影视片赏析	13149
白云红树山庄	2635	百部优秀爱国主义影片观赏指南	13149
白云看见不想走	3070	百草滩歼匪记	5626
白云林书法作品选	8302	百唱不厌幼歌曲	12045
白云明珠	1885	百唱不厌军歌珍藏本	11522
白云山	9794	百唱不厌卡拉OK金曲	11725, 11737, 11750
白云深处飘茶香	3956	百唱不厌难忘的歌	11532
白云胜境	9112	百唱不厌英文歌曲	12389
白云堂画论画法	690	百成书法	8230
白云遗迹题咏	776	百尺洞	5379
白云之上	8905	百尺楼丛画	861
白云珠海	1852	百虫图谱	635
白云作品选	2536	百出京剧画谱	3064
白允叔书法集	8286	百川飞泻	9055
白昼电影	13299	百大家名贤手札	8028
白子杰画集	2173	百代标程	1550
白族吹吹腔音乐概述	12132	百代唱片	11384
白族大本曲音乐	12140, 12141	百代文宗韩愈	6380
白族姑娘	9559, 9581, 9690	百蝶图	1955, 2001, 4444, 4586

书名索引

百蝶香柴扇	6030	百鹤图	9318
百蝶迎春春更艳	4251	百鹤图(部分)	1579
百蝶争妍	4665	百鹤图卷	1579
百蝶争艳	1984	百鹤图谱	1003
百发百中	3915	百猴谱	2899
百凤图	4252	百猴图	9318
百凤图印谱	8567	百猴图谱	635
百佛图	457	百虎谱	995
百幅梅华图画谱	1596	百虎图	2001, 9318
百幅优秀作品集	8149	百虎图	2585
百福百寿	4511	百虎图谱	633
百福百寿图	4665	百虎图与画法	993
百福并臻	4752	百花、金鸡奖最佳女主角龚雪,百花奖最佳女配	
百福千祥	4764	角王馥荔	9581
百福千祥	2034	百花百变	10308
百福图	4511, 4586, 9466	百花百咏	7489
百舸争流	1865, 8864	百花报春	3956
百狗图	9303	百花变形图集	10302
百管员	5193	百花朝阳开	11610
百归图书法集	8302	百花丛中的歌	12372
百国历史画册	6281	百花村活捉东洋兵	4871
百国优秀挂历设计	10767	百花工笔画集	972
百果图	2635	百花公主	4252, 5626, 5745, 5889, 9227, 9230,
百果仙子	4511		9233, 9939, 9947
百果仙子	2387	百花画谱	945, 975
百合	10026	百花集	9316
百合富贵	4444	百花集锦	9318
百合姑娘	5745	百花集续编	12713
百合花	5530, 8639, 10013, 10016	百花记曲谱	12115
百合花 短嘴山椒鸟	3670	百花今又开	2600
百何图章	8484	百花竞放 春色满园	3956
百荷图	9318	百花竞妍的戏曲园地	12699
百鹤朝阳	4586	百花竞艳	2492
百鹤画卷	1668	百花满园	4053
百鹤谱	2902	百花鸟谱	940

中国历代图书总目·艺术卷

百花屏	4109	百花图集	2510
百花谱	2493, 2508	百花图谱	2488, 2490, 2521, 2545
百花齐放	1743, 1755, 1898, 2992, 3551, 3580,	百花图咏	1598
	4053, 10059	百花吐艳	4342, 9218
百花齐放	2513, 2596, 2600	百花仙子	5531, 5745, 9343
百花齐放 春满人间	4007	百花香	4109
百花齐放 万象更新	4053	百花写生画谱	1423
百花齐放 万象更新	3617	百花引	12318
百花齐放 万紫千红	3100	百花迎春	3956, 4252, 4511
百花齐放，推陈出新	3915	百花与和平鸽	1775
百花齐放和主旋律	273	百花园里出新人	3617
百花齐放硕果丰盈	2635	百花苑	938
百花齐放图集	10667	百花赠剑	4053, 8808, 8811, 9947, 9957, 11833,
百花齐放推陈出新	9269		12129
百花齐放万年长青	1744	百花争春	4053
百花齐放印谱	8557	百花争妍	9318, 10053
百花扇序	10616	百花争妍	2489
百花盛开 春满大地	4007	百花争艳	3580, 3670, 3956,
百花盛开春光好 风流人物看今朝	3770		4007, 4175, 4252, 4444, 4586, 9310, 9315,
百花盛开春满园	3868, 9306		10053, 10089, 10407, 13228
百花盛开的季节	9256	百花争艳	2500, 2514, 2600, 2663
百花盛开高歌歌唱总路线	11389	百花争艳春满园	4175
百花盛开迎春来	10012	百花争艳欣欣向荣	3956
百花诗画·钢笔书法	7515	百花枝上闹春光	1764
百花诗画谱	1286	百花植物园	1520
百花诗笺谱	1606	百花装饰	10269, 10319
百花诗书法	8231	百花资料集	10263
百花诗书画荟萃	2245	百卉花开添富贵·一帆风顺展鸿图	4752
百花双喜图	4053	百卉群放图	2656, 2663
百花台传奇	8820	百货商店的秘密	13249
百花亭	4511, 12857	百货下乡	3670
百花图	3580, 4053, 4175, 9317	百鸡闹春	4342
百花图	2500	百鸡图	1382, 1385, 9318, 10683
百花图案	10269	百鸡图谱	635
百花图案集	10246, 10258	百家百字帖	8407

书名索引

百家格言钢笔字帖	7443, 7576	百驴图	2561, 2562, 2565
百家楷析	7231	百鹿图	2584
百家梅书画珍集	1716	百鹿图谱	635
百家名联墨迹	7288	百鹭图	9318
百家书画荟萃	2115	百马谱	632
百家书苏轼诗文选	8302	百马图	2296
百家书艺鉴赏	7364	百马图谱	633
百家姓	7250, 7251, 7261, 7590, 8183	百猫谱	631
百家姓 三字经 千字文隶书字帖	8231	百猫图	2647
百家姓楷书字帖	7259	百猫图集	634
百家姓千字文钢笔行草书字帖	7489	百猫图谱	634
百家姓印谱	8484, 8583	百梅集	1472, 1473
百家姓由来钢笔字帖	7545	百梅集萃	2518
百家姓注音字帖	7259	百梅辑	2521
百家姓字帖	8244	百梅诗画	2518
百将百美合璧印谱	8521	百梅图	625, 1676
百将印汇	8586	百梅图	2545
百将印谱	8521	百美图	1605, 3497
百菊图	9318	百美图谱	1686
百举斋印谱	8514	百美图新咏	1467
百爵斋藏历代名人法书	7660	百名部长书画集	2245
百骏图	2928	百名歌星成名曲	11751
百柯待发	8826	百名歌星成名曲400首	11737
百科辞典	056	百名将军书画集	2245
百科知识三字文书法字帖	8405	百名老红军书画集	2262
百兰山馆藏帖	8023	百亩棉田丰产记	4938
百里浦江一片春	3816, 3868	百慕大三角之谜	6380
百里奚相秦	5626	百拿不厌	3770
百莲图	9316	百难妙解图画本	6380
百凉楼	5889	百年大计	2999
百灵	9430, 11471	百年翰墨	1340
百灵鸟飞来了	11718	百年好合	4176, 4511, 4665, 8819, 8826, 9389
百灵鸟在歌唱	11969	百年好合花烛夜	4586
百龄长寿	4511	百年和好	4775
百龙图印谱	8567	百年和合	4342, 4752, 8836

中国历代图书总目·艺术卷

百年和美	4444, 4586, 4665, 4806	百牛春随	7576
百年巨变	6575	百牛谱	2902
百年坎坷歌仔戏	12951	百牛图	9318
百年困惑	193	百牛图	2569
百年来中国名歌	11529	百牛图谱	635
百年老照片	8908	百泉风光	9798, 9829
百年梦圆	11525	百犬谱	2894
百年梦圆	2278	百犬图谱	634
百年台湾音乐图像巡礼	10975	百雀衣	5745
百年写真	10150	百人手枪队	6030, 6176
百年之好	4752	百日成钢笔楷书习字帖	7545
百年中国美术经典文库	271, 272	百色风暴	2780
百鸟百态	2899	百色起义	5379, 6516
百鸟朝凤	1955, 3533, 4007, 4110, 4176, 4252,	百善印谱	8484
	4343, 4444, 4511, 4587, 4665	百胜妈妈	4938
百鸟朝凤	2498, 2503, 2514, 2516	百狮图谱	635
百鸟朝阳	4110, 4444	百十二家墨录	1029
百鸟合鸣	4665	百十二家墨录题词	1029
百鸟和鸡	4511	百石谱	905
百鸟和鸣 前程似锦	3315	百石图	9142
百鸟画谱	945	百石图跋	748
百鸟鸣春	1885	百石图题辞	748
百鸟谱	2497	百石斋砚谱	1029
百鸟图 2557, 2560, 2563, 2565, 2567, 2569, 2571,		百事管	4938
	2573, 2575, 2582, 2584	百事如意新春乐	4343
百鸟图案	10269	百首爱国歌曲	11747, 11751
百鸟图精品选	2545	百首爱国主义歌曲	11518
百鸟图谱	634, 1000	百首爱国主义歌曲集	11522
百鸟仙子	4252	百首爱国主义歌曲选	11522
百鸟新咏	685	百首爱情经典歌曲集	11525
百鸟衣	5531, 5745	百首港台情歌正楷钢笔字帖	7515
百鸟音	12268, 12271	百首金曲珍藏	12384
百鸟争春	4445, 9313	百首勤学古诗钢笔字帖	7433
百鸟争鸣	1865	百首中外合唱歌曲集	12433
百鸟装饰画	10273	百寿长卷	8231

书名索引

百寿山水	2443	百万雄师下江南	2727
百寿图 4110, 4176, 4252, 4343, 4511, 4587, 4665,		百万英镑	5379, 5626, 13259
4752, 4764, 4846		百文代宗	6380
百寿图考印谱	8545	百闻不如一见	13066
百寿图印集	8528	百问不厌百挑不烦	3346
百寿印册	8520	百玺斋印存	8455
百寿印举	8571	百喜图	10677
百寿印谱	8520	百戏奇观	12992
百兽画谱	1003	百戏图	12994
百兽谱	2571, 2580	百象图谱	636
百兽图	4110, 4343, 10097	百象图摘	119
百兽图	2567, 2576	百熊图谱	635
百兽王	6387, 6656	百砚铭	1049, 1050
百鼠图谱	634	百砚室藏名人画轴	1572
百树谱	8576	百砚室珍藏名画真迹	1473
百树谱	2509	百砚室珍藏名人书轴	8054
百树图	9317	百羊图	9318
百树图谱	919	百羊图谱	636
百松图	9310	百约争春	4054
百岁	9719	百业兴旺	4054
百岁挂帅	1852, 4938	百业兴旺·财源茂盛	4764
百岁寿星风采	8912	百业兴旺·福寿双全	4752
百塔图	2884	百业兴旺福满门	4775
百体千文	7746	百叶千馨	10067
百团大战纪念碑浮雕群	8654	百鹰谱	2894
百驼图谱	635	百鹰图谱	1317
百万畅销金曲	11725	百鱼图	4511, 4587
百万翻身农奴的榜样——西藏自治区乃东县结		百鱼图	2586
巴乡朗生互助组	3133	百鱼图谱	634
百万富翁林汤元	5745	百渊汇流	9806
百万工农齐奋起	1803	百战百胜	3450
百万马克	5626	百战奇略	6350
百万农奴站起来	4939	百战新师惊贼胆	1853
百万雄师渡长江	3617, 4176	百丈岭	5338
百万雄师过大江	12312	百丈楼丛画	1637

中国历代图书总目·艺术卷

百种花笺谱	1606	柏月诗书合璧作品选	8286
百种书法章法百题书论	7281	摆家家	9606
百子富贵	3618	摆满鲜花的桌子	6855
百子贺寿	4587	败走麦城	5889
百子欢乐图	4665	拜拜	9658
百子莲	10059	拜东蓬	5002
百子图	3551，4665	拜厄钢琴基本教程	11215，11216
百子图集	2406	拜厄幼儿钢琴教程	11242
百奏不厌外国钢琴名曲 31 首	12519	拜耳钢琴教科书	11212，11213
百奏不厌中国钢琴名曲 33 首	12216	拜工人为师 自觉接受工人监督	3269
百奏不厌中外电子琴名曲 68 首	12557	拜花堂	4252，13149
百奏不厌中外吉它弹唱金曲 161 首	12484	拜将入川	8817
百奏不厌中外手风琴名曲 31 首	12519	拜经楼研录	1029
百奏不厌中外小提琴名曲 77 首	12474	拜老师学一门至几门手艺	3249
柏格曼论电影	13149	拜年	3551
柏光林画集	1279	拜师	3618
柏昆毛笔小楷	8193	拜师学艺	1955，5889，6030
柏昆小楷菜根谭	8397	拜寿	4445
柏拉图	3387	拜月	4806
柏拉图式人	5379	拜月记 3551，3618，4054，4764，4806，5745，
柏拉图文艺对话集	015	9146，9227，9235，9246
柏辽兹	10889	拜月记曲谱	12107
柏辽兹 管弦乐	11276	拜月亭	8826
柏辽兹的《幻想交响曲》	11269	班班组组都超产	3868
柏林国立美术馆	6876	班禅大师画像	2806
柏林间谍战	6030	班禅大师驻锡地札什伦布寺	8853，8854
柏林人文博物馆所藏中国现代名画集	1707	班长送我传家宝	3770
柏林生活素描	6929	班长探家	5303
柏林苏联红军烈士纪念碑	8668	班超	5745
柏林之围	5448	班超 张骞	4343
柏鹿图轴	2647	班超定远	6031
柏涛治印	8562	班超张骞	4445
柏杨妙语	7465	班超周亚夫	4511，4512
柏叶庵印存	8509	班洪四大嫂	5193
柏鹰图	2635	班后学习	3816

书名索引

班卡伏击战	5245	板报装饰1000例	10308
班昭	10464	板报装饰创意图典	10334
班昭著史清照吟诗	4252	板车号子	12639
班主任	5379	板胡基本功训练	11314
般若波罗密多心经	8118	板胡曲集	12285
般若波罗蜜多心经	8104, 8108, 8109	板胡曲选	12282
斑点带子案	6031	板胡入门	11309, 11314
斑鸠	1885	板胡演奏法	11307, 11309
斑鸠梨花	1885	板胡演奏基础教程	11313
斑鸠笑了	6575	板胡演奏艺术	11311
斑竹泪	5531	板胡自修入门	11308
斑竹情	8820	板门店谈判	6351
搬家	4920, 5745	板桥家书　板桥题画	8071
搬进新居	1865	板桥书道情词墨迹	8045
搬来泰山筑长城	11778	板桥书体变化百例	7281
搬新家	4176	板桥题跋	748
坂木优子写真集	10148	板桥题画	644, 645
板报、广播宣传和展览布置	10615	板桥体与虹生书法	8174
板报报头图案精选	10334	板桥先生四子书真迹	8045
板报常用报头分类使用手册	10334	板桥先生真墨	8030
板报常用报头图案集	10313	板桥竹谱	1631
板报常用美术字	7645	版画　1210, 1212, 1214, 1215, 2971, 2986, 3005,
板报常用美术字分类使用手册	7653	3014, 3015, 3028
板报刊头图案	10260	版画丛刊	3041
板报刊图文创意图库	10334	版画的基础知识和技法	1206
板报美术字	7650	版画的历史	1209, 1210
板报墙报设计指南	10302	版画基础	1206
板报墙报设计资料	10260	版画集	2978
板报设计集锦	10293	版画纪程	3048
板报设计手册	10293	版画技法	1216
板报设计与图案	10323	版画技法 1.2.3	1210
板报设计资料系列丛书	10327	版画技法经验	1206
板报实用字体精选	7653	版画技法与鉴赏	1214
板报图案设计指南	10221	版画交流风尘录	583
板报艺术	10334	版画起步	1216

中国历代图书总目·艺术卷

版画世界	6920, 6921, 6922, 6923	办好社会主义大院 巩固无产阶级专政	3232
版画图录	3021	办好文化室 占领思想文化阵地	3232
版画小集	3021	办好县社工业为农业服务	3179
版画小辑	2992, 2993, 3015, 3020	办嫁妆	3580, 8639
版画新辑	2990	办年货	3618
版画选	3017, 3021	办沼气 好处多	9280
版画选集	2976, 6913, 6915	办沼气好	3915
版画选辑	3008, 3017, 3020, 3023	半把剪刀	5889
版画研究	1216	半边裙子	12589
版画艺术	1206, 1207, 1208, 1209, 1212, 3005,	半边天	3868, 5273, 13099
	3036, 6925	半村文选	10388
版画艺术论文集	1211	半调集	112
版画艺术欣赏	1214	半舫印存	8515
版画艺术与创作	1209, 3029	半分之差	5448
版画印刷艺术	1214	半个世纪的五彩路	13018
版画作品	3024	半耕半读 一代新人	3671
版画作品选辑	3018	半耕半读育新人	3715
版面编辑设计美术手册	10308	半工半读	3715
版面设计实用手册	10181	半工半读育新人	3715
版面设计与图案	10328	半工半写老虎画法	988, 1001
版面设计与装饰艺术	10296	半间斋影话	13160
版纳翠竹	2623	半截观音戏唐僧	5531
版纳风	10430	半截裤腿	3518
版纳风光	9389, 9430	半斤芝麻	5171
版纳风情	9364	半块金币破案	6644
版纳曼听白塔	10000	半篮花生	5245, 9211, 9215, 9935
版式设计	10334	半梦半醒之间	11713
版头图案新编	10269	半年能成小画家	1254
版头图案资料选页	10250	半农半读 劳武结合	3715
办公家具	10771	半农半读 能文能武	3716
办公室里的鸭子	7057	半农半读 社来社去	3716
办公室求生指南	7016	半农半读 又红又专	3716
办公室全书	10334	半农半读 又红又专	3133
办好公共食堂	3070	半农半读社来社去	3755
办好农村俱乐部	3123	半农半读育人育苗	3755

书名索引

半农半读育新人	3133, 3716	帮妈妈	1955, 4054
半农谈影	8680	帮妈妈	2635
半拍斋音乐文札	11160	帮妈妈擦汗	4343
半升岩	5338	帮妈妈做事	4110
半屏山	4110, 4176, 5379, 5627, 9343, 9949	帮你学会写楷书	7334
半千画诀	899	帮爷爷写春联	3671
半熟中环人	3467	帮助小同学	1913
半塘老人钤印	8536	帮助小同学	2713
半像真纸模型飞机	10718	梆子腔唱腔结构研究	11156
半夜鸡叫	3770, 5147, 6031	梆子声腔剧种学术讨论会文集	12929
半夜鸡叫: 语文辅助读物	6481	梆子戏常用曲调	12119
半夜枪声	5303, 5338	梆子戏传统唱腔选	11873
半隐庐草书千字文	8118	绑架	13249
半隐庐草书心经	8118	绑架特使	6351
半隐庐草书阴骘文	8118	榜书艺术	7312
半斋篆草	8496	榜样	1955, 3816, 4252, 4343, 5304
伴嫁舞	12605	蚌埠歌曲	11417
伴侣	9364, 9402, 9451, 10624	蚌埠文史资料选辑	12619
伴你步入华宁	8954	蚌螺王	4939
伴你迷你	12624, 12666, 12670	蚌女献珠	4110
伴石山房印存	8521	蚌舞	9964
伴石山房印谱	8521	棒操	9967, 9976
伴石斋印存	8521	棒槌姑娘	6031
伴书轩印草	8500	棒槌山上的老桑树	4939
伴我半世纪的那把琴	10874	棒打薄情郎	5889
伴奏的作法	11069	棒打薄情郎	4666
伴奏音型样式	11103	棒打负心汉	4343
扮道童改容战老父	2054	棒小子系列	6729
扮美小屋	10605	傍晚	2996, 8641
扮装	9719	傍晚	2723, 2732
邦昌献女	6031	傍晚蔽门的女人	6176
邦锦花儿开了	11797	包安吴家书临帖两种	8049
邦锦美朵	5745	包安吴论书诗真迹	8046
邦斯舅舅	6516	包步洲书法集	8302
帮阿姨	1930	包辰初画集	2463

中国历代图书总目·艺术卷

包公	6031	包装策略100条	10370
包公	2388	包装促销	10394
包公 海瑞	4110	包装点·线·面	10378
包公案	6351	包装设计	10372, 10377, 10379, 10388, 10398,
包公碑	5889		10744, 10760, 10772
包公除奸	5745	包装设计150年	10772
包公错断狄龙案	5746	包装设计教程	10392
包公赶驴	1955	包装设计教学	10398
包公赔情	12127	包装设计年鉴	10385, 10398
包公巧断无尸案	5627	包装设计实例830	10726, 10728
包公三勘砚	5081	包装设计实务	10398
包公上疏	5746, 6031, 6032	包装设计与制作	10398
包公审石头	5746	包装与设计	10398
包公误	5746, 9237	包装造形设计	10368, 10379
包公下陈州	5889	包装造型设计	10394
包公铡国舅	5531	包装装潢设计	10373, 10378, 10383, 10385,
包公铡侄	5531		10389, 10392, 10398
包公掷砚	5531	包装装潢设计美学	10395
包公自责	5627	包装装璜入门	10761
包谷丰收	3816	苞米	1730
包浩斯与现代艺术	128	胞波友谊图	1776
包河神藕	2635	褒清堂游艺集	8495
包俊宜书法篆刻集	8183	宝宝	4176, 4343, 9026, 9548, 9559, 9634, 9658,
包林书法篆刻作品选	8261		9690, 9719
包青天	4110, 6423	宝宝爱唱的歌	12039
包青天断案故事精选	6481	宝宝爱读书	3580
包身工	4939	宝宝爱飞机	1955
包身工的故事	5109	宝宝爱看书	4176
包慎伯临争坐位帖	8036	宝宝爱清洁	3618, 3671, 4252
包慎伯书女子白真真诗册	8051	宝宝爱玩具	9548
包氏父子	5889	宝宝爱洗澡	2358
包世臣书陶诗	8067	宝宝白又胖，妈妈喜盈盈	3551
包拯 岳飞	4054	宝宝不要睡懒觉	9751
包拯三掷砚	5627	宝宝打电话	4176, 9606
包装包出世间情	10378	宝宝的游戏	10665

书名索引

宝宝动物园	6437	宝黛深情	4806
宝宝逗狮	4252	宝刀	5627
宝宝和小猫	4110	宝刀不老	5338
宝宝贺富图	4806	宝刀传奇	6242
宝宝吉祥	2115	宝岛	5627, 5746, 5889
宝宝讲卫生	4343	宝岛大梦	13190
宝宝看画报	3581	宝岛风情	2245
宝宝看图长知识	4666	宝岛功臣　郑成功	6437
宝宝康乐	4587	宝岛归来	1840
宝宝乐	9016, 9548, 9634, 9658, 9719	宝岛历险记	5448
宝宝起床早	9582	宝岛美地	8971
宝宝求知图	4587	宝岛先生	3518
宝宝识字图	4587	宝岛在这	4176
宝宝睡觉觉	9559	宝灯良缘	4054
宝宝向叔叔敬礼	4252	宝钢建设十年	8698
宝宝幸福	4110	宝古堂重修古玉图	383
宝宝幸福	2360	宝贵长寿	2115
宝宝学画	4343	宝贵如意	4765
宝宝学英雄	3581	宝贵有余	2115
宝宝有余	2054	宝翰楼增订四体书法	7226
宝宝又重了三斤	3618	宝盒	12985, 12986
宝宝周岁图	4343	宝鸿堂藏印	8536
宝宝周岁图	2363	宝壶和宝棍	5746
宝宝祝福	4666	宝葫芦	4445
宝贝　4111, 4253, 5379, 5448, 9526, 9548, 9559,		宝葫芦	2115
9658, 9690, 9745, 12411		宝画	5746
宝贝	2115	宝绘集	1473
宝贝你好嘢·金贝园	1412	宝绘录	1455
宝钗捕蝶	2388	宝鸡风光	10495
宝钗扑蝶	1795, 4176, 4343, 4445	宝鸡峡引渭灌溉工程	8881
宝船	5024, 5054, 5081, 5531	宝鸡峡之秋	2623
宝黛初会	2018, 4587, 5531	宝积经	1529, 6575
宝黛读西厢	13126, 13128	宝剑锋从磨砺出，梅花香自苦寒来	8174
宝黛琴和	9606	宝剑锋从磨砺出梅花香自苦寒来	2191
宝黛情深	2115	宝剑该给谁	6032

中国历代图书总目·艺术卷

宝剑记曲谱	12116	宝塔山上育新苗	12631
宝晋英光集	575	宝塔山下新一代	12279
宝晋斋碑帖选	7667	宝图之谜	6032
宝晋斋法帖	7790, 7791, 7944	宝碗	5627
宝晋斋法帖选	7791	宝文堂五体百家姓字帖	8347
宝井	5627	宝文堂五体千字文字帖	8348
宝镜	5627	宝物失踪	6032
宝镜重圆	5054, 9240	宝物失踪：福尔摩斯探案故事	6481
宝扣	9377	宝贤堂集古法帖	7658
宝丽金	11507	宝相花图案集	10319
宝丽金卡拉 OK 金曲	11514	宝象国	5532, 5890
宝莲灯	1865, 3533, 3618,	宝颜堂订正鼎录	379
	4007, 4054, 4111, 4176, 4253, 4343, 4939,	宝颜堂订正古今印史	8439
	5449, 5531, 6729, 8808, 9219, 9220, 9939,	宝颜堂订正画说	744
	10453, 10470, 11865, 12066, 13244	宝颜堂订正揭鼓录	11342, 11343
宝箩	5531	宝颜堂订正衍极	7176, 7177
宝猫与仙瓢	5627	宝砚堂砚辨	1029, 1030
宝墨斋记	1053	宝砚斋印谱	8484
宝宁寺明代水陆画	448	宝椅迷踪	6213
宝盆	5746	宝应民间常用小调集	11778
宝瓶喷泉	5531	宝应民间歌曲选	11778
宝钎	5338	宝应县文化艺术学校各班教学计划	344
宝琴立雪	1795	宝玉	4666, 9582, 9606
宝山相亲	5746	宝玉长命富贵	4512
宝石雕琢术	8617	宝玉成亲	4666
宝石花蕊	5746	宝玉出走	5024, 5627
宝石头	5532	宝玉黛玉访宝钗	4512
宝石雪霁	9074	宝玉和黛玉	4054, 4111, 4176, 4344, 4587, 9606
宝石姻缘	4910, 5746	宝玉和黛玉	2365
宝石雨	5890	宝玉瞒赃	5627
宝石簪	5081	宝玉受笞	5532
宝史斋印存	8509	宝玉与黛玉	4512, 9938, 13126, 13128
宝水	5054	宝玉与黛玉	2376
宝松画集	2398	宝悴室帖	8033
宝苏堂印存	8484	宝蕴	1271

书名索引

书名	编号	书名	编号
宝蕴楼名画影片百种	1269	保加利亚工艺美术品选集	10724
宝章待访录	7674, 7675, 7676	保加利亚美术	362
宝真斋法书赞	7201, 7202	保加利亚美术作品选集	6774
宝箴斋文玉	8484	保加利亚人民共和国国家民间歌舞团	12671
宝珠历劫记	6281	保加利亚人民共和国民间创作展览	10723
保安司令	6032	保加利亚人民民主共和国国歌	12394
保安团长的护兵	5747	保家定邦	4806
保边疆献青春英模连环画库	6176	保家卫国	4177, 4344, 4512, 4587, 8845, 11937
保镖	5532	保家乡	4869
保彬画集	2191	保利藏金	431
保持长治久安的政治局面 加速我国现代化建设	3370	保粮保钢	3551
保持高度警惕随时准备歼灭敢于来犯之敌	3315	保路风云	6032
保持革命战争时期的那么一股劲	9277	保罗·加利铅笔画技巧	1106, 1121
保持革命战争时期那么一股劲	9277	保罗·克利	518
保持环境美	4344	保罗·克利教学手记	135
保持环境卫生	3346	保罗·罗伯逊演唱的黑人民歌	12412
保持警惕坚持斗争	3071	保罗·罗伯逊演唱歌曲集	12365
保俶塔	1788	保罗·毛利亚钢琴幻想曲	12498
保俶塔晨曦——杭州	9364	保罗·毛利亚精选钢琴曲	12498
保存彩色电影的全息方法	13279	保罗·易宝	10767
保定名胜图咏	1590	保密局的枪声	5379
保尔·柯察金	5532	保姆	13257
保丰收	3618	保您满意	4445
保护测量标志人人有责	3326	保山风光	10524
保护青蛙	1956, 4111	保卫边陲 保卫海防	4512
保护青蛙和蟾蜍	3716	保卫边疆	3915, 4775
保护森林 绿化祖国	3355	保卫边疆 建设边疆	4054
保护眼睛	13237	保卫边疆建设"四化"	4111
保护益鸟	4054	保卫边疆是英雄 建设祖国是模范	4007
保加利亚版画选	6918	保卫兵工厂	5273
保加利亚版画展览	6918	保卫大粮仓	8913
保加利亚的音乐	10980	保卫大武汉	8910
保加利亚的音乐舞蹈	10980	保卫革命胜利果实	3109
保加利亚歌曲集	12367	保卫革命胜利果实 建设社会主义农村	3671
		保卫古巴	11620

保卫古巴革命！	3109	保卫祖国 保卫边疆	4344, 4666
保卫郭村	6032	保卫祖国 保卫和平	4587, 4588
保卫国防 保卫边疆	3581	保卫祖国 保卫四化	4512
保卫果实	3618	保卫祖国 巩固国防	4111
保卫海疆	9277	保卫祖国 建设四化	4344
保卫海疆	2115	保卫祖国 守卫边防	4512
保卫海疆添力量	3956	保卫祖国 严守边疆	4054
保卫和平 3618, 11548, 12360, 12425, 12626		保卫祖国 保卫边疆	3581, 3671, 3956
保卫和平 努力生产	3618	保卫祖国 保卫建设	3716
保卫和平保卫儿童幸福	8868	保卫祖国 保卫生产	3671
保卫和平歌	11560, 11564	保卫祖国 巩固国防	3671
保卫和平歌集	12401	保卫祖国 建设祖国	3618, 3716
保卫黄河	12202	保卫祖国 建设祖国	3109
保卫家乡	8845	保卫祖国保卫边疆	4177
保卫建设保卫边疆	3552	保卫祖国保卫和平	3533
保卫领空	10101	保卫祖国海疆	10102
保卫领空 巩固海防	3716	保卫祖国紧握枪	11678
保卫领空保卫边疆	4445	保卫祖国锦绣边疆	4512
保卫领空保卫海防	4253	保卫祖国严守边疆	4253
保卫毛主席	11548	保卫祖国永远向前进	3179
保卫毛主席歌选	11549	保卫祖国之歌	11582
保卫秋收	5338	保险入门	6977
保卫社会主义建设	3581	保畜增膘 应接春耕	3100
保卫生产 保卫祖国	3618	保阳篆草	8500
保卫世界和平	11560	保育	1812
保卫世界和平歌选	11389	保育员,她在唱……	11949
保卫斯大林格勒	6176	保证粮钢丰收	3100
保卫四化	4445	保值田黄与印石	8666, 8667
保卫四化苦练本领	4253	保值字画	528
保卫伟大祖国	4344	堡垒	5304
保卫我们和平幸福繁荣富强的祖国	3071	堡垒户	5245
保卫无产阶级专政的红哨兵杨永福	5159	报春	1853, 3817, 9377, 9389, 10454
保卫延安	5628	报春红梅	5890
保卫祖国 3618, 4253, 4344, 4445, 9402, 11371, 11372		报春花	4111, 5304, 5532, 5628, 10031
		报春图 1840, 1865, 1930, 1956, 3786, 4588, 4776,	

书名索引

4806, 10454, 10464

报春图	2115, 2245, 2592, 2623, 2656
报道摄影	8773
报花图案集	10269, 10302
报花图案与版式设计	10328
报捷	1831, 3786
报刊 题图 尾花 图案设计	10334
报刊板报装饰艺术	10328
报刊广告萃编	10399
报刊广告实务指南	10383
报刊黑板报题图集	10297
报刊漫画学	1236
报刊美术集	10247
报刊美术图案总汇	10278
报刊美术指南	10302
报刊美术装饰	10245
报刊美术资料	10273
报刊实用图案	10293
报刊题花集	10288
报刊题头选辑	10244
报刊题图插图选	10269
报刊题图荟萃	7653, 10334, 10335
报刊题图尾花	10335
报刊题图尾花集	10297
报刊图案集	10263
报刊杂志栏头图案	10244
报刊装饰新作	10279
报考高等美术院校考生指南	353
报考美术学校指南	560, 1124
报考指南	10227
报矿	1804, 10248
报幕员	9525
报幕员——李小玢	9539
报童	5379, 5380, 6516, 13101
报童成了发明家	4939

报头·尾花·花边·篆刻	10323
报头板报题图精选	10293
报头花边尾花和字体	10293
报头画	10302
报头画集锦	10260
报头活页资料	10249
报头集	10249, 10251, 10266
报头精选	10308
报头刊花图案新编	10313
报头刊头资料	10247
报头美术集	10247, 10251
报头美术资料集	10248
报头设计	10335
报头设计精选	10319
报头设计手册	10288
报头饰花集	10257
报头题花	10269, 10297
报头题花插图图案	10308
报头题花集	10279
报头题花集锦	10258
报头题花图案集锦	10260
报头题眉选辑	10244
报头题图装饰选	10279
报头题图装饰艺术	10328
报头题图资料	10263
报头图案	10245, 10251, 10252
报头图案、美术字	10250
报头图案参考资料	10246
报头图案集	10245, 10248, 10250, 10252, 10302
报头图案选	10248
报头图案选集	10244
报头图案资料	10248, 10250
报头网纹装饰	10297
报头新作	10294
报头选辑	10240

中国历代图书总目·艺术卷

报头装饰 1200 例	10314	暴风雨	7052, 13002
报头装饰画集锦	10282	暴风雨前后	5193, 5223
报头资料选	10247, 10248, 10250	暴风雨所诞生的	5002, 13259
报头资料选编	10269, 10273, 10282	暴风雨袭击的时候	5082
报喜	1730, 4344, 4752	暴风雨中的雄鹰	5054, 5273
报喜	2623	暴风骤雨	5024, 5109, 5449, 5532, 6516
报喜报财	4806	暴风骤雨	2732
报喜图	2635	暴行的答复	13249
报晓	4007, 4445	暴死之谜	6381
报晓	2607	暴雨狂澜之下	8901
报晓鸡	4939, 5024	爆米花的黑大	6032
报晓图	4344	爆棚热门金曲选	11718
报新春	1956	爆破老英雄	4939
报纸题花汇编	10274	爆破英雄	5890
抱经楼淳化祖帖考	7701	爆炸大王	5338
抱经楼日课编	8501	爆炸私酒厂	6032
抱楼居印存	8513	爆炸英雄	6242
抱默老人遗墨	8121	爆炸英雄李混子	4939
抱蜀老人山水册	1638	爆炸之后	5890
豹突泉	9806	爆竹声声	10425
豹子头林冲	5449, 6481	爆竹声传喜讯 梅花朵朵迎新春	3956
豹子湾战斗	5109, 5380, 5449, 6481	爆竹声中迎新春	3956
鲍场硬笔书法集	7515	陂黄音原详注剧本	11137
鲍复兴印存	8578	杯杯美酒叙友情	4111
鲍果留波夫	13215	杯弓蛇影	5002
鲍加油画集	2806	杯酒定情	4666, 9230
鲍蕾丝	6883	杯舞	12186
鲍里索夫	13216	卑贱者最聪明	3786
鲍利斯·戈杜诺夫	10853	悲哀的拳王	5449
鲍罗丁的第二交响曲	11267	悲庵印剩	8532
鲍罗丁的伊戈尔王	11141	悲惨的星期日	5380
鲍明珊编配中外口琴名曲 80 首	12504	悲惨的星期天	5381
鲍诗度意象小品	2584	悲惨世界	5449, 5532, 5628, 5747, 6437
鲍照《代春日行》	8175	悲歌	12428
暴动	5747	悲鸿画集	1406, 1719

书名索引

悲鸿画马	1776	北部湾的风波	5628
悲鸿画马集	2558	北部湾畔红色娘子军	5171
悲鸿画选	1388	北朝摩崖刻经研究	7304
悲鸿近作	1720	北窗漫画	3518
悲鸿墨画	1738	北窗印悦	8484
悲鸿墨画选集	1721, 1737	北词广正谱	12132, 12133
悲鸿素描选	2850	北词谱	12054
悲欢王爷府	6032	北大百年百联	8313
悲剧：秋天的神话	12704	北大河探险记	4939
悲剧美学	12704	北大荒版画三十年论文选集	1210
悲剧心理学	031	北大荒版画选	2999
悲剧艺术论	12695	北大荒风情版画选	3040
悲剧与喜剧	12721	北大荒歌声	11442
悲鸣	8939	北大荒人	5054
悲秋画集	2296	北大荒抒情	11978
悲喜剧引论	12706	北戴河	9065, 10508
悲喜人间	12731	北戴河	2422
悲壮的颂歌	5024	北戴河　秦皇岛　山海关	9816
碑联集	7768	北戴河风光	4445
碑联集拓	7710	北戴河观鸟	9319
碑林书会作品集	8175	北戴河海滨	9364
碑林遗录汉隶二种	8369	北戴河名胜传说	6243
碑帖鉴别常识	7666	北戴河之夏	4008
碑帖鉴定	7704	北斗	5449, 5532, 10444
碑帖鉴定浅说	7667	北斗七星	6682, 6683
碑帖鉴赏与收藏	420	北斗神拳	6951, 6952, 6953, 6954, 6955
碑帖举要	7660	北斗星	4939
碑帖临摹	7425	北伐途次	6032
碑帖临书鉴赏	8286	北方的九月	3008
碑帖浅说	7703	北方的狼	11713
碑帖叙录	7665	北方的早晨	3005
碑帖选粹	7670	北方九月	3008
北碑南帖论	7689	北方昆曲剧院建院纪念特刊	13014
北冰国助战	6671	北方来的新伙伴	3956, 10430
北部湾杯全国硬笔书法大赛获奖作品精选	7489	北方民族生活素描	12315

中国历代图书总目·艺术卷

北方名城哈尔滨	8957	北海之冬	2987
北方木刻	2983	北海之夏	9085, 9816, 9829, 9854
北方农村	2727	北海植物园(北京)	9069
北方森林	12231	北极光下的幽灵	5533
北方秧歌学术讨论会论文专辑	12617	北极驾灰狼	6281
北风吹	11880, 12171, 12203	北极探险记	10131
北规雄	5533	北极贼	6032, 6176
北国冰雪情	9259	北将军令	12331
北国风光	9121, 9793, 9841	北疆小哨兵	5273
北国红豆	9476	北疆印社印选	8569
北国墨韵	2470	北疆之声	11747
北国新苗	6761	北京 3770, 3817, 8893, 8931, 8945, 8946, 8951,	
北国之春	12555	9046, 9053, 9135, 9137, 9377, 10417	
北海	9069, 9085, 9104, 9869	北京·新星音乐会歌曲选	11471
北海白塔	9996, 9998	北京八大处	9104
北海春色	2801	北京八大处小景	9841
北海大英雄	7016, 7017	北京八一湖公园	9256
北海道山神	6213	北京北海白塔	9994
北海公园 9069, 9074, 9085, 9104, 10100, 10103,		北京北海公园 9326, 9329, 10100, 10104, 10106,	
10104		10113	
北海公园	2716	北京北海公园静心斋	9328, 10111
北海公园小西天	10111	北京北海静心斋	9996
北海荷涛	9069, 9308	北京部队美术作品选	1289
北海静心斋	9133	北京采塑	8660
北海九龙壁	403	北京昌平少儿优秀艺术作品集	335
北海柳荫	9065	北京长安街	9113, 9121
北海琼岛	9121, 9800	北京城建集团书画作品集	2320
北海瑞雪	2429	北京城市雕塑集	8637
北海神兵	6032	北京春漫双亭	9133
北海盛夏	9074, 9869	北京大观园	9085, 9095, 9104, 9105, 9256
北海盛装	9112	北京大观园滴翠阁	9299
北海五龙亭	9297, 9993, 9994	北京大学	9321
北海夕晖	9829	北京大学百年校庆北大人书画作品集	1343
北海雪景	9795	北京大学当代学者墨迹选	8231
北海远眺	9074, 9085	北京大学名人手迹	8131

书名索引

北京当代美术作品选	1367	北京歌片	11582
北京的胡同	10121	北京工人画选	1356
北京的声音	3771	北京工人音乐创作参考资料	10849
北京的种子	3868, 10426	北京工艺美术	10229, 10232
北京地区曲艺资料汇编	12970	北京工艺美术集	10232
北京电视栏目书法大奖赛获奖作品集	8244	北京工艺美术图录	10235
北京电影画报	13051	北京工艺美术学会年会论文汇编	10177
北京电影录	13197	北京工艺品	10229
北京电影洗印录像技术厂四十周年	13281	北京古观象台	9993
北京电影学院硕士学位论文集	13066	北京古树名木	9313
北京电影业史迹	13185, 13197	北京故宫	1956, 9297, 9298, 9993, 9996, 9997
北京电影制片厂一九五零年工作总结及		北京故宫博物院藏品	10503
一九五一年工作方针与任务	13274	北京故宫太和殿	9299, 9994
北京钓鱼台	9829, 9841	北京光社年鉴	8866
北京钓鱼台风光	9078, 9841	北京国际水墨画展作品集	6840
北京钓鱼台国宾馆	9997	北京国际新闻摄影周	9289
北京钓鱼台湖心亭	9259	北京国贸大厦	10005
北京冬景	9355	北京国书展作品集	8184
北京动物园	10508	北京豪华大饭店	9301
北京法海寺明代壁画	6619	北京荷花灯会	8845
北京房山风光	10516	北京画家名鉴	2230
北京风光	4588, 9038, 9043, 9046, 9051, 9058,	北京画院	1317
	9060, 9078, 9105, 9121, 9130, 9133, 9139,	北京画院画集	1340
	9377, 9795, 9816, 10403	北京画院秘藏齐白石精品集	2296
北京风光	2422, 2426	北京画院展览作品选	1913
北京风光国画选	2001	北京画院中国画选集	1914
北京风光览胜	10555	北京画院作品集	1365
北京风光图案	10258	北京皇家园林	9095
北京风景 3619, 3671, 3672, 8877, 9040, 9047,		北京皇陵	9302
	9051, 9055, 9069, 10410, 10495, 10555	北京剪纸集	10668
北京风景集萃	9121, 9133	北京建筑新景	9300
北京风情	8949	北京郊区粮食高产红旗——持续五年全面增	
北京风俗图	1713	产 更好地为首都服务	3133
北京风韵	2191	北京金朗酒店	10004
北京富晋书社旧书碑帖书画目录	7662	北京京剧团在阿尔及利亚访问演出	13016

中国历代图书总目·艺术卷

北京京剧团在朝鲜	9267	北京某寺音乐谱	12350
北京京剧院	13020	北京女伶百咏	12806
北京景山	9078	北京皮影	12977
北京景山公园	10107	北京皮影戏	12978
北京景泰蓝图案	10245	北京平四舞花样100种	12644, 12645
北京旧影	8894	北京七人书画金石	2245
北京剧社社史资料专辑	12786	北京七人印选	8569
北京军区政治部战友歌舞团	12672	北京企业标志及产品商标图集	10380
北京刻瓷	8616	北京人	5747
北京昆明湖畔	9085	北京人民大会堂	9989
北京来的客人	3672	北京人民艺术剧院	12908
北京蓝岛大厦	10004	北京人民艺术剧院大事记	12912, 12913
北京揽桂亭之春	9075	北京人民艺术剧院舞台美术选集	12828
北京揽胜	4445, 8946	北京人民艺术剧院演剧学派国际学术讨论会	
北京老戏园子	12788		12913
北京梨园金石文字录	12748	北京人艺的故事	12913
北京梨园掌故长编	12748	北京日坛	9300
北京林业建设	8894	北京日坛公园	9256
北京龙潭公园	9105, 10113	北京荣宝斋诗笺谱	1474
北京龙潭湖	9121	北京胜景	2454
北京龙潭湖畔	9095	北京师白艺术研究会书画集	2296
北京龙潭龙吟阁	9299	北京十渡风光	9105
北京旅游世界之最	8854	北京石景山游乐场	9299, 10109
北京旅游图集	9055	北京石景山游乐园	9085, 9105, 10111
北京鲁迅博物馆藏画选	200	北京时间	5273
北京美术活动大事记	347	北京世界公园	9133, 10118
北京民间风俗百图	1671	北京市初中音乐使用刻本	12010
北京民族宫	2729	北京市初中音乐试用教材	10791
北京民族文化宫	9989	北京市大中学生歌曲创作选	11406
北京名胜	8929, 8943, 10516	北京市电影发行放映单位史	13191
北京名胜内景荟萃	9417	北京市工农兵美术作品选	1359
北京名胜台历：1986	10483	北京市美术作品选	1360
北京名胜图	4253	北京市小学歌选	12014, 12015, 12016
北京名园春色	9259	北京市职工美术作品选集	1356
北京明苑	10120	北京市中学歌选	12016, 12017

书名索引

北京市周口店区农民画选集	6746	北京喜讯到边寨	12229, 12234
北京手工艺品	10230	北京香山	9065, 9086
北京首都机场壁画	6622	北京香山风光	9086
北京书法艺术年鉴	7374, 7389	北京谐趣园	9078
北京双龙亭	9112	北京新歌	11778
北京四景	9105	北京新建筑	3716, 9295
北京送来的礼物	1831, 1832, 3232, 3817	北京新景	8918, 8920, 8921, 8946, 8965
北京送来的礼物	2592, 2594	北京新貌	8931, 9121, 9130, 9389
北京颂	12174	北京新园林风光	9869
北京颂歌	11672	北京牙雕	8665
北京苏联红十字医院	8870	北京炎黄艺术馆	10119
北京潭柘寺	9069	北京一宝	10649
北京陶然亭公园	9095, 9130	北京一日	8904
北京天安门 9070, 9112, 9113, 9295, 9989, 10001, 10002, 10003, 10005, 10007		北京颐和园 3672, 9065, 9075, 9095, 9113, 9128, 9785, 9830, 9841	
北京天安门广场	9254, 9256	北京颐和园	2426
北京天坛 9075, 9095, 9105, 9795, 9829, 9890, 9983		北京颐和园风光	9078, 9086, 9789
		北京颐和园风光	9789
北京天坛风光	9078	北京颐和园石舫	9294
北京天坛公园	9256	北京颐和园万寿山	9816
北京天坛祈年殿	8811	北京颐和园之春	9256
北京天坛双环亭	9256	北京艺术交流中心书画集	2262
北京天坛双亭	9996, 9997	北京硬笔书法学会钢笔行书标准教材	7604
北京图书馆藏善拓题跋辑录	7725	北京硬笔书法学会钢笔楷书标准教材	7604
北京图书馆纪念书画集	2018	北京游乐园	9256, 10115
北京图书馆升平署戏曲人物画册	6517	北京有个金太阳	12630
北京娃娃	9539	北京玉渊潭公园	9256
北京卫星城——昌平	8892	北京园林	9065
北京文化史资料选集	258	北京园林新景	9105
北京舞蹈学院芭蕾舞(院外)分级考试教程	12672	北京园林艺术	9327
		北京圆明园	9256
北京西山	9854	北京猿人之家	9272
北京西山八大处	9854	北京站	9294, 9989
北京西山风景	9095	北京站节日夜景	8804
北京西山金秋	9121	北京站前景	8804

中国历代图书总目·艺术卷

北京站珍藏书画选	1317	北平荣宝斋诗笺谱	1473
北京之秋	1956	北平俗曲略	12917
北京之夜	9983	北平图书馆藏升平署曲本目录	12747
北京中国画选	1865	北平——女侠	4871
北京中国画选集	2034	北埔	8929
北京中南海	9078, 9816, 9890	北普陀藏画集	1325
北京中青年书法作品精选	8193	北齐刘碑造像记	7803
北京中山公园	9113, 9256	北齐唐邕写经碑	7803
北京中山公园桃花坞	9997	北曲谱	11136
北京中山公园雪景	9095	北曲谱法	11146
北京中小学生获奖及优秀美术作品精选	6763	北曲史料	11802
北京中学校歌集	11501	北山谈艺录	119
北京紫竹院春色	9086	北山英烈传	5890
北陵	9051	北上	5629, 5747
北陵之夜	9967	北宋范仲淹道服赞	7976
北楼临董画册	1698	北宋黄庭坚华严疏	7969
北路梆子	9944	北宋巨然万壑松风图	1542
北路梆子《金水桥》	9231	北宋林通自书诗	7977
北路梆子移植革命现代京剧《海港》主要唱段选		北宋米芾拜中岳命诗	7971
	11861	北宋四大家	1544
北路梆子音乐	12129, 12133	北宋苏轼答谢民师论文帖	7971
北美风采	9078	北宋苏轼祭黄几道文	7971
北美甲子同人书画集	1280	北宋图画院之新探	583
北美原始艺术资料图集	10747	北宋拓麓山寺碑	7843
北蒙写生集	2848	北宋拓圣教序	7775
北墨星云	8325	北宋拓苏书丰乐亭记	7982
北平崇效寺梛阴感旧图考	679	北宋拓苏书醉翁亭记	7946
北平大学艺术学院毕业同学录	342	北宋拓云麾将军李秀碑	7834
北平光社年鉴	8866	北宋王希孟千里江山图	1547
北平国剧学会陈列馆目录	12859	北宋未断本圣教序	7948, 7949
北平国剧学会概况	13010	北宋武宗元笔朝元仙仗图	1467
北平国立学会册陈列馆目录	12859	北宋杨家将	6517, 6554
北平解放	1755, 1776	北宋易元吉灵猿神品	1530
北平梨园金石文字录题辞	12739	北宋赵佶真书千字文	7971
北平梨园竹枝词荟编	12748	北宋赵佶真书千字文秾芳诗	7983

书名索引

北塔山风云	5025	北魏张玄墓志铭	7798
北魏·司马悦墓志元怀墓志	7823	北魏郑道昭郑羲下碑	7795
北魏 嵩高灵庙碑	7823	北魏郑羲下碑	7261
北魏《成实论》	7823	北翁于老生寿序	8016
北魏《大慈如来告疏》	7823	北翁于老先生寿序	8016
北魏碑刻集字千字文	8407	北新铅笔画	1093
北魏崔敬邕墓志	7793	北雅	12053
北魏刁遵墓志	7798	北影四十年	13284
北魏刁遵墓志	7798	北影五十年	13285
北魏高贞碑	7803	北游漫画	3391
北魏孟敬训墓志	7803	北苑副使华阳仙馆图	2635
北魏墓志二十品	7806	北岳恒山	9795
北魏墓志精拓四种	7812	北岳悬空寺	1956
北魏墓志三种	7820	北征魏赵	5890
北魏墓志三种解析字帖	7818	贝贝和咪咪	10039
北魏墓志四种	7801	贝贝罗历险记	6637
北魏墓志珍稀拓片系列丛帖	7823	贝贝听音乐	9606
北魏宁懋石室线刻画	8651	贝雕	8666
北魏人书摩诃般若波罗密经残卷	7788	贝雕盆景	10628
北魏石窟浮雕拓片选	387	贝多芬 3387, 5629, 10879, 10889, 10927, 11274
北魏始平公造像	7800	贝多芬 交响曲	11276
北魏司马氏墓志	7788	贝多芬 弦乐四重奏	11190
北魏司马显姿魏体习字帖	8397	贝多芬 协奏曲与序曲	11276
北魏孝子棺线刻画	8650	贝多芬, A 大调 第七交响乐, 作品第 92 号
北魏元怀墓志	7798		12498
北魏元怀墓志	7798	贝多芬,降 B 大调 第二钢琴协奏曲	12498
北魏元景造像记·李超墓志	8393	贝多芬 C 大调第一交响乐	12547
北魏元略墓志	7806	贝多芬哀格蒙序曲	12352
北魏元桢墓志	7805	贝多芬传	10856, 10860
北魏云峰山刻石观海童诗	7818	贝多芬的第九交响曲	11267
北魏张猛龙碑	7795	贝多芬的第三交响曲	11268
北魏张猛龙碑解析字帖	7795	贝多芬的第五交响曲	11268
北魏张猛龙碑临习技法	7795	贝多芬的第一第二交响曲	11268
北魏张猛龙临本	8156	贝多芬的九首交响曲	11267, 11269
北魏张玄墓志	7798	贝多芬的小提琴曲	11180

中国历代图书总目·艺术卷

贝多芬第九交响曲	12552	贝叶草虫	1730
贝多芬第三交响曲	11268	贝叶闹海	5747
贝多芬第五钢琴协奏曲	12487	贝叶蜻蜓	1730, 1788
贝多芬钢琴小品集	12515, 12531	备课	3817
贝多芬钢琴奏鸣曲	11255	备战、备荒、为人民	3203, 3771
贝多芬钢琴奏鸣曲集 12488, 12489, 12490, 12492		备战备荒保菜增粮	3179
贝多芬钢琴奏鸣曲集	12499, 12531	备战备荒为人民	3817
贝多芬钢琴奏鸣曲六首	12521	背对着所有的人生，只因为我们要看戏	2115
贝多芬钢琴奏鸣曲五首	12495	背后一枪	6176
贝多芬钢琴奏鸣曲详释	12499	背牛的人	5273
贝多芬钢琴奏鸣曲研究	11247	背叛·亚当就是亚当	7088
贝多芬及其独创性研究	10889	被爱情遗忘的角落	5629, 13294
贝多芬交响乐讲座	11267	被绑架的警官	6176
贝多芬交响曲	12550	被嘲笑的名画	6870
贝多芬九大交响乐解说	11267	被出卖的女儿	5449
贝多芬论	10984	被出卖的新娘	12449
贝多芬全部钢琴作品的正确奏法	11228	被跟踪的少女	6243
贝多芬弦乐三重奏，作品 8D 大调(小夜曲)		被害与被爱	6423
	12539	被激怒的黑玫瑰	7088
贝多芬弦乐四重奏	11274, 12352	被劫持的囚犯	6311
贝多芬小提琴协奏曲，D 大调作品 61	12466	被控告的人	5747, 6033
贝多芬小提琴奏鸣曲集	12476	被抛弃的人	5890
贝多芬小奏鸣曲六首	12521	被批评的连环画索引	4887
贝多芬月光曲作品第二十七卷第二首	12487	被迫谈艺录	478
贝多芬之魂	10983	被扑灭的死光	5629
贝尔——电话发明家的故事	5449	被通缉的人	5629
贝尔钢琴入门	11215	被通缉的侍卫官	5747
贝佳和小红帽子	5629	被侮辱与被迫害的人	13259
贝壳湾擒"黑鳗"	5304	被压迫民族联合起来，坚决反对美帝国主义！	
贝拉	5747		3011
贝里奥 d 小调小提琴变奏曲	12474	被遗弃的人	4910
贝利	5967	蓓根的五亿法郎	5748
贝利奥特第七协奏曲第九协奏曲	12552	蓓蕾	8821, 9341, 9355, 9364, 9402, 9417, 10086,
贝洛童话	6481		13104
贝斯女郎	9736	蓓蕾初放	4512, 9011, 9525

书名索引

蓓蕾初开	4054	本溪戏曲志	12769
蓓蕾初绽	9525, 9606, 13131	本溪戏曲纵横	12766
蓓蕾组画	9417	本乡新	8670
奔驰	4253	本兴砖刻	8652
奔驰	2558	本子、班子和票子	13282
奔驰在草原上	12263	笨爸炒股票	6716
奔驰在农业第一线	1853	笨爸买保险	6716
奔放	9430, 9476, 9482	笨爸上银行	6716
奔雷手遇难	6033	笨爸做买卖	6716
奔流的音韵	11747	笨狗熊吃苦头	6281
奔马	2559, 2560, 2569, 2576, 2610, 2623, 2663	笨汉汉斯	6423
奔马图	1744, 1956, 2018	笨山羊	4872
奔马图	2296	笨拙先生	7026
奔马扬蹄	994	崩溃的城堡	13259
奔腾	2756	蹦蹦调和洛子调	12101
奔腾	2672	蹦蹦音乐	12104
奔腾的珠江	11488	蹦蹦组曲	12336
奔腾万里	2054	逼宫	12129
奔向2000年	3296	逼婚记	5450, 13102
奔向广阔天地	3216, 3817	逼嫁雕窗	12116
奔向农业生产第一线!	3071	逼近生活的第二自然——影视美	13076
奔向人间挥彩虹	4055	逼上翠云峰	6033
奔向未来	9451	逼上梁山	1853, 5338, 5381, 5450, 5533
奔向幸福前程	11599	逼真画制作实例	10371
奔向延安	5450	比比谁的身体壮	4177
奔月	4055, 4253, 9944	比尔斯雷《插画全集》	7059
奔月(神话舞剧)	9944	比干 赵公明	4806
本·赫尔	7052	比干叹无心	6033
本地创作歌曲	11488	比贡献	3817
本钢画册	8894	比花灯	1956
本来面目	5890	比箭夺婚	5890
本世纪名摄影家	10133	比较草书	7257
本土回归	812	比较美术教程	053
本溪美术书法摄影精品集	337	比较文化与艺术哲学	032
本溪水洞	10508	比较戏剧论文集	12692

中国历代图书总目·艺术卷

比较中的大写意艺术	698	比翼翱翔	9962
比军鞋	9209	比翼齐飞	9690
比劳动热情 比生产干劲	3114	比翼双飞	1956, 4666, 5223, 8826
比力图	1755	比翼同飞	9690
比利时风光	10155	比翼鸳鸯	4588
比邻星	7057	彼岸	5450
比美	1930, 4512	彼得·潘的故事	7138
比丘国	4177, 5450, 5629, 6176	彼得的影子	5629
比丘尼遇难	5890	彼得与巨人	6631
比赛归来	9634	彼加	5533
比赛之余	9606	彼佳与狼	12542
比谁吃得干净	4111	笔	1024
比谁大	1956	笔伐戎马行	7389
比谁的力气大	4008	笔道通会	7177
比索夫	8694	笔端春秋	1302
比特尔·贝雷	7046	笔法记	885
比娃娃	4445, 4446, 4512	笔法举隅	7304
比武	4446	笔法探微	7241
比武会后	3716	笔法源流	7202, 7220
比武会上	3716	笔风墨韵写丹青	848
比武招亲	6033	笔歌墨舞	7323, 7389
比武之前	12120	笔画字帖	8405
比新茧	3817	笔记六编 五十年来北平戏剧史料	12756
比学赶帮 齐争上游	3672	笔记速记法	8273
比学赶帮 齐争五好	3717	笔迹心理探秘	7312
比学赶帮 齐争上游	3123	笔笺	1024
比学赶帮争上游	11620, 11952	笔剑啸天录	6404
比学赶帮争五好	3717	笔经	1030
比亚兹莱插图艺术	7061	笔录	1059
比亚兹莱的艺术世界	1230	笔墨传神韵	1347
比亚兹莱画集	6776	笔墨法	7202
比亚兹莱画选	7058	笔墨情	1370
比亚兹莱装饰画	7059	笔墨生辉	7364
比一比	4111, 4882	笔墨氤氲	7374
比一比谁的苹果大	4588	笔墨纸砚图录	1062

书名索引

笔情墨趣	7007	毕生	4177, 5450
笔史	1030, 1031	毕昇	1984, 5450, 5451, 5533, 5629
笔势论略	7202	毕庶勤歌曲选	11483
笔髓论	7202	毕庶先画集	2279
笔啸轩书画录	1463	毕业的前夕	12157
笔性及人——田黎明	2413	毕业歌	11656
笔玄要旨	7198, 7199	毕业归来	3817
笔则	7202	毕业回乡	3915
笔阵图	7177	毕业回乡干革命	3868
笔征希特勒	6929, 6930	毕业回乡干革命 誓做一代新农民	3232
笔志	1058	毕业赠言	7515, 7545
笔中情	4253, 4344, 4446, 4512, 5748, 5891,	毕业制作	10380
13110, 13113		毕子融画集	1398
笔中缘	4253	毕子融纸上作品	1390
笔走龙蛇的中国书法	7166	闭月羞花	3619
必须把布匹抓紧	3190	筚琴琴谱	12294
必须戴好安全帽	3329	筚宋楼藏印	8484
必须坚持共产党的领导	3356	筚路蓝缕建家园	3518
必须坚持马列主义、毛泽东思想	3356	筚路蓝缕四十年	190
必须坚持社会主义道路	3356	弼马温	5629, 6651
必须正确地对待干部	11644	碧波翠谷	2807
毕加索	528, 6785, 6786, 6789, 6829	碧波荡漾	4253
毕加索画风	6902, 6903	碧波荡舟	9582
毕加索绘画原作展览	6786, 6787	碧波飞藻	2449
毕加索青少年时期的绘画	6793	碧波公主	13121
毕加索陶器艺术	10741	碧波公主	2388
毕加索线描	6900	碧波红花	10039
毕卡索	543, 6811	碧波红鲤	3956
毕卡索的成败	543	碧波红莲	8845
毕卡索珍藏私房画集	6784	碧波涟漪	9806
毕克官漫画选	3412, 3419	碧波情影	9606
毕克官水墨画	2320	碧波轻筏画中游	9095
毕利·伯德	7052	碧波清流	4765
毕沙罗	6788, 6796	碧波清影	9634
毕沙罗 修拉画风	6867	碧波四仙	2018, 4344

中国历代图书总目·艺术卷

碧波潭底战龙女	4776	碧蕉白石馆主人题画记	7146
碧波潭相会	4177	碧空芭蕾	9402
碧波仙子	4446, 4666, 9306, 9355	碧空彩珠	1930
碧波仙子	2357	碧空彩珠	2623
碧城题跋	775	碧空花雨	4055
碧翠欲滴	9816	碧空倩影	9776
碧岛谍影	5533	碧空雄鹰	5304
碧岛擒敌	5629	碧空银花	3957
碧峰翠城	10496	碧空银鹰	6517
碧峰轻舟	9830	碧丽	9476
碧海宝藏	1865	碧莲池	4666
碧海长虹	5193	碧莲峰里住人家	1930
碧海长缨	5274	碧庐冤孽	7052
碧海丹心	5082, 5109, 5773	碧漾红枫	9806
碧海恩仇	5451	碧泉白羽	4588
碧海红霞	5135	碧树繁花	9301
碧海佳丽	9764	碧水苍松	4446
碧海截宝	5629	碧水丹山	8946
碧海利剑	4055	碧水丽葩	10073
碧海墨韵	2230	碧水丽人	9690
碧海晴天	8854	碧水青山满树红	9791
碧海新浪	5135	碧水轻舟	9905
碧海扬帆	8845	碧水双鸿	10059
碧海遗恨	6033	碧水扬波	5304
碧海瀛洲	5891	碧水银花	9806
碧海渔歌	3005	碧水鱼跃	9346
碧湖春色	2807	碧潭红叶	9898
碧湖春姿	4666	碧塘琼楼——珠海九洲城	9921
碧湖春姿	2669	碧桃	8836
碧湖情深	9898	碧桃春晓	10017
碧湖秋色	4806	碧桃飞燕	1898
碧湖上	9921	碧桃花	10039
碧湖幽香	2678	碧桃黄鹂	2623
碧剑金镖	6281	碧桃牡丹	1930, 1931
碧洞流泉	12294	碧桃小鸟	1664

书名索引

碧梧岭麟妃相争	5630	壁挂艺术	10564
碧霞仙子	5630	壁画	1226, 1245, 6619
碧血宝刀	4834, 13149	壁画材料	6617
碧血丹心	5025	壁画参考资料	6618, 6619
碧血花	5002	壁画创作 ABC	1236
碧血黄花	5533	壁画存影	6617
碧血黄沙	6033	壁画绘制工艺	1233
碧血剑	6033	壁画设计	1246
碧血溅常州	5533	壁画设计艺术	1241
碧血凝剑	5451	壁画艺术	6627, 6628
碧血千秋	5891	壁画艺术设计基础	1243
碧血山阳	5533	壁画艺术欣赏	1241
碧血扬州	5025, 5054	壁画与壁画创作	1234
碧血幽兰	5891	壁饰的材质与设计	10600
碧血忠魂	6404	壁饰环境艺术	10596
碧岩仙阁图	2054	壁饰设计艺术	10605
碧茵情话	9690	壁饰艺术	10594
碧映亭台	9086	避婚救虎	6033
碧玉天池	9043	避暑山庄	4055, 4344, 4588, 9297, 9298, 9299,
碧玉泻银	4666		9303, 9987
碧玉映辉	1914	避暑山庄	2429
碧玉簪	4055, 4111, 4177, 4776, 9939, 10444	避暑山庄风光	9816
碧玉簪	2115	避暑山庄七十二景	2461
碧云仙师笔法录	7202	避暑山庄三十六景	1672, 3032
碧嶂飞泉图	4666	避暑山庄书画四条	4345
碧嶂松泉	4446	避暑山庄烟雨楼	9996
碧竹红叶相辉映	4588	避雨	5054
薜萝吟社四种	470	壁山人民画集	3069
薜萝吟社所刊书三种	673	边宝华画选	2296
髲箊格	12261	边城	6311
壁报编作指导	1227	边城名将	5630
壁报插画集	1227	边陲春光	2999
壁报创意插画 2000	6612	边陲举义	6034
壁报画造型设计	1234	边陲丽人	9745
壁报设计画苑	6602, 6614	边陲之旅	9142

中国历代图书总目·艺术卷

边陲中国	8907	边疆小唱	1285
边地风采	9113	边疆小唱画片	3071
边防大捷	6034	边疆小将	3869
边防谍影	5891	边疆小哨兵	5304
边防风云	5533	边疆新景象	3771
边防军人的宣誓	11409	边疆巡逻	9634
边防女民兵	8999	边疆巡逻兵	4890
边防擒敌	5451	边疆夜巡	4939
边防三少年	5381	边疆战歌	4345
边防少年	5338, 5381, 5451	边疆追匪记	5082
边防哨兵	4806	边界线上	6176
边防守猎	5245	边境·近境	10152
边防狩猎	5245, 5246, 5274, 5304	边境堵象	5748
边防万里歌声高	11417	边境歼敌记	6176
边防线上	5223	边境枪声	5304
边防小骑士	4588	边境小英雄	5381
边防小哨兵	4588, 5304, 5338, 5339	边卡驼铃	5109
边防巡逻	3376, 3771, 3957, 4588	边平山画册	2279
边防巡逻兵	3134, 3204	边塞风啸	5451
边防战士	9522	边塞烽烟	6281
边防战士之歌	11581	边塞古今	9075
边关烽烟	6034	边塞擒谍	4920
边海红旗	5223	边收、边耕、边种、力争农业丰收!	3071
边疆"红小兵"	3760	边寿民芦雁册	1635
边疆变新颜	3915	边寿民鱼雁花卉册	1614, 1615
边疆处处赛江南	11697	边弹边唱幼儿歌曲51首	12448
边疆处处赛江南	11466	边文进三友百禽图	1586
边疆春节夜	3869	边学边唱(汉语民歌二十八首)	11819
边疆春色	3771	边颐公花卉芦雁合册	1608
边疆春色	2420	边颐公画册	1638
边疆的泉水清又纯	11466	边缘画家	547
边疆的泉水清又清	4177	边缘话语	10365
边疆风情画选	1300	边缘视角	13158
边疆盛会	1845, 3915, 10428	边缘艺术知识百科	032
边疆铁骑	3957	边寨春光	4008

书名索引

边寨春早	3005	扁担虎	5054
边寨歌声	3817	扁担剧团	3869
边寨女教师	4939	扁担忙	12095
边寨擒谍	5381	扁担枪	5274
边寨擒贼	5630	扁豆	1730, 1755
边寨之歌	12321	扁鹊	4939, 5382, 5748
边芝冈大捷	5193	扁头旋风	6716
编剧丛谭	12708	扁魏体钢笔字写法	7425
编剧概论	12707	扁竹莲	2928
编剧和导演	12799	卞和三献宝	5533
编剧理论与技巧	12707	卞卡	13128
编剧艺术	12708	卞润甫山水册	1572
编剧知识	12707	卞润甫西湖八景	1617
编箩	2999	汴京保卫战	5748
编年考存琴书简表	11332	汴梁除霸	5891
编舞漫谈	12582	变成石头的人	5748
编新书	3817	变敌为友	6631
编织	4008	变法斗三仙	5534, 6424
编织工艺	10355	变工	4874
编织图案	10355	变幻与灵妙	10566
编织五彩的梦	499	变焦镜头的选择与使用	8696
编纸手工	10666	变驴	5891
编钟乐舞	9233, 9956	变迁记	5193
蝙蝠	5451, 7075	变色龙	5748
蝙蝠人	6243	变声期嗓音的保护与训练	10993
鞭打安禄山	6176	变宋体	7645
鞭打督邮	5891	变体美术字	7636, 7638, 7640
鞭打神弹子	6034	变体数目字 900	7634
鞭斧武将	4345, 4513	变天记	5025
鞭赶三青石	5630	变戏法	4177, 12989
鞭铜武将	4667	变形	198
鞭炮舞	12630	变形动物 550 例	10279
鞭声清脆	5223	变形飞碟	6437
扁担的故事	5223	变形加菲	6943
扁担歌	11788	变形金刚	6631, 6637, 6638, 6639, 6640, 6651,

中国历代图书总目·艺术卷

7067, 7068		标志设计图案参考	10370
变形金刚图集：儿童绘画用线练习	1257	标志设计与包装设计	10395
变形人物画	2388	标志设计与制作	10371, 10389
变音扬琴演奏法	11347	标志图案新编	10206, 10208
变与不变	108	标志图形	10392
变徵定位考	11018, 11019	标志形象字体设计	10392
便民图篆	2993	标志艺术	10399
便携式电子琴自学入门	11281	标注音乐古赋	10949
便衣警察	6243	标准草书	8413, 8414, 8415, 8418
遍地草药都是宝	3787	标准草书范本千字文	8413
遍地春光	10410	标准草书千字文	8413, 8418
遍地东风春意酣	1865	标准草书与建国	7245
遍地富贵	4513	标准草书指南	7304
遍地黄花	8815, 10053	标准草书字汇	8415
遍地盛开"跃进"花	3071	标准大楷字帖	7304
遍乡机器响处处读书声	2716	标准钢笔字典	7590
辨帖笺	7199	标准钢笔字帖	7562
辨歙石说	1007	标准广告画	10368
辨音连声归母捷法	11001	标准国语教本	7663
辨银	383	标准行书之研究	8424
辨砚	1031, 1048	标准交谊舞	12661
辫子功	6176, 6177	标准楷行书钢笔字帖	7590
标点的世界	12854	标准楷行书训练教程	7353
标记笔画绘制技法	1104	标准楷书	7936, 7937
标牌与标签设计	10772	标准楷体大字帖	8398
标题待定	6576	标准口琴吹奏法	11214
标题书法	7637	标准口琴名曲选	12486
标题音乐大师	10871	标准口琴学大全	11214
标语图案集	7626	标准三体字典	8350
标志·图案	10263	标准色标应用手册	156
标志的设计与管理	10385	标准设计色标图典	154
标志雕塑艺术	8678	标准实用硬笔行书教程	8432
标志设计	10372, 10389, 10399	标准水彩画	1174
标志设计基础	10372	标准小楷	7243
标志设计技法	10183, 10193	标准小楷一千字	7295

书名索引

标准学生习字帖	7906	表演艺术管理学引论	12838
标准硬笔字典	7515	表演艺术论	12808, 12817
标准章法格式多体钢笔字帖	7466	表演艺术论文集	12809
标准篆刻篆书字典	8358, 8360	表演艺术年鉴	12824
标准字硬笔描红	8273	表演艺术入门	12823
飙舞	12584	表演艺术十年	12822
飙字军	5891	表演艺术问题	12811
表	5451, 5534	表演艺术心理学	12692
表导演艺术论	12798	别吵，爸爸在工作	4111
表号图案	10204	别打扰他	4055
表现派绘画	6809	别动队诞生	6034
表现主义	182, 193	别洞观景	12923
表演唱	11115	别尔涅斯	13216
表演唱歌曲集	12051	别宫祭江	4903, 12085
表演唱歌曲选	11699	别怀疑，你就是这么笨	7026
表演唱集	12052	别具风采	9389
表演创作论	12824	别看我们年纪小	12010, 12011
表演的艺术	12821	别林斯基	13254
表演歌曲	11435, 11442	别让叔叔看见	4008
表演歌曲集	11386	别上鬼当	7088
表演歌曲选	11435	别墅里的死神	6243
表演和导演问题	12797	别下斋书画录	1455
表演技术论	12809	邵阳城救驾	5630
表演经验	12815	宾馆精萃	9997
表演经验谈	12815	宾馆小姐	9026, 9719
表演入门与表演考试	12820	宾果	5800
表演山东快书的经验	12963	宾餮藏印	8526
表演实务	12823	宾退集	531
表演视界	12823	槟榔江上洗衣声	1744
表演术	12807	滨城谍影	5534
表演提要	12807	滨海谍案	5451
表演舞专辑	12668	滨海谍影	5451
表演学	12823	滨海撷特	5891
表演艺术	12820	滨虹集印存	8455
表演艺术方法	12822	滨虹纪游画册	1717

中国历代图书总目·艺术卷

滨江风波	5748	冰上打陀螺	2999
滨州民间剪纸	10680	冰上行	3005
缤纷人生	10826	冰上鸿飞	719
槟榔山下	5193	冰上花开	4008
槟榔寨歼匪记	5451	冰上歼敌	5891
槟榔怒火	5109	冰上姐妹	5002, 9539
冰场见	9559	冰上孔雀舞	4345
冰场上的常客(歌坛新星苏小明)	9533	冰上舞蹈	1956, 9964
冰城·冰灯	8666	冰上新花	4112
冰城烈火	6311	冰坛明珠	9964
冰城夜	4345	冰绡剑女	6034
冰川公园——海螺沟	9105	冰儿漫画	3420
冰岛谍踪	5748	冰雪惊魂	5749
冰灯	9963, 9972	冰雪奇缘	10524
冰灯放异彩	4112	冰雪三营	10031
冰灯奇观	9255, 9970, 9978	冰雪山水画论	629
冰灯艺术	9254, 9976	冰雪摄影	8730, 8731
冰灯异彩娇燕飞	4446	冰雪艺术美学	8621
冰灯异彩闹元宵	2116	冰雪之乡	9105
冰封雪飘新渠长	1804	冰阳笔诀	7177
冰峰抢险队	5748, 5749	冰之恋	4667
冰海救鲸鱼	6281	兵法三十六计	6351, 6424, 6554
冰花	4446	兵分两路	6034
冰化雪消	5025	兵画选集	1284
冰晖阁印撷	8533	兵家楷模　郭子仪	6437
冰肌玉骨青花瓷	405	兵进咸阳	5749
冰青书法集	8325	兵困汴梁城	6034
冰清玉洁	9364, 9476	兵困黄土坡	5749
冰融	9806	兵困遂州	5749
冰山奇童	6640, 6651	兵困锁阳城	6034
冰山上的来客	5082, 5382	兵临城下	5055, 5452
冰山下的春天	11978	兵民是胜利之本	3134, 3817
冰上芭蕾	9972, 9976	兵器图例	10257
冰上宝莲	4446	兵强马壮	4589
冰上雏鹰	4008	兵强马壮	2054

书名索引

兵强马壮 保家卫国	4345	病鹤丛画	1701
兵强马壮保家卫国	4446	病榻论相	5534
兵圣两孙子	6404	拨弹乐器演奏指南	11342
兵士的大衣	4903	拨云见青天	5109
兵书宝剑峡	6034	波蒂切利	6836
兵书缘	4345	波尔历险记	6929
兵营枪声	6034	波光晨曲	9346
兵阻金鸡岭	6729	波光帆影	9039
丙烯画	1090	波光丽影	9690
丙烯画表现技法	1091	波光潋影	9901
丙烯画基础	1091	波光流韵——无锡吟园	9921
丙烯画技法	1089, 1090	波光月影	9970
丙烯画技法例析	1091	波黑人：战火浮生	9291
丙烯画写生技法	1090	波姬·小斯	10158
丙烯画指南	1090	波姬小丝	10160
邴俊先摄影作品集	8983	波兰 捷克斯洛伐克 匈牙利民间工艺美术	
秉烛达旦	4112		10723
秉烛达旦读春秋	4667	波兰"革命运动"艺术作品展览	6780
炳灵风光	9794	波兰版画选	6918
炳灵寺石窟	9854	波兰电影宣传画	6928
并步按掌	9964	波兰歌曲集	12368
并蒂莲 4940, 5749, 6035, 9417, 10023, 10083,		波兰漫画选	6930
13241		波兰漫画展览	6932
并蒂莲花双鸳鸯	4345	波兰美术作品选集	6774
并蒂莲开	8826	波兰民歌十二首	12410
并蒂莲开幸福花	4667	波兰民间工艺与工业生产创造性结合方法	
并蒂双喜图	4345		10724
并非冷漠的大自然	13158	波兰民间剪纸	10723
并肩保卫祖国	3717	波兰人民共和国国歌	12393, 12394
并肩前进	5304, 11164, 13241	波兰摄影艺术展鉴会	10132
并肩战斗	1853	波兰斯基回忆录	13140
并肩走向世界：首届中国昆明出口商品交易会		波兰天文学家哥白尼	3315
记实	8854	波兰土风舞	12657
井头莲花	5002, 5003	波兰戏剧简史	12786
病号饭	1823	波兰宣传画	6928

波兰宣传画和书籍插图展览	6928	玻璃蚀镂及雕刻工艺	10725
波兰艺术摄影作品选集	10131	玻璃之城	13297
波兰音乐十年	10981	玻璃制品	10420
波利尼西亚的艺术形式	082	剥"四人帮"画皮	3409
波列罗舞曲	12546	剥皮老爷	4894
波隆那插画年鉴	7064	菠萝飘香的季节	4910
波隆那插画年鉴 '98	7065	播火记	5055, 5082, 5534
波隆那插画年鉴 '99	7065	播种	6517
波隆那儿童插画年鉴	7064	播种的歌	11449
波罗底海代表	13257	播种幸福的人	5749
波罗尼亚快车	13260	伯爵千金	6977, 6978, 6979
波那尔魅力	6830	伯乐相马	4008
波纳尔	6836	伯明翰博物馆美术馆珍藏拉斐尔前派作品	514
波普倾向	529	伯特利诗歌	12435
波生画集	2116	伯特利新声诗歌	12439
波士顿博物馆美国名画原作展	6849	伯牙心法	12291
波士顿美术馆	212	伯远帖	10470
波斯猫	9308, 10053	勃拉克	6811, 6876
波斯图案	10747	勃拉姆斯	10884
波斯舞	4177, 9947, 9962	勃拉姆斯 钢琴音乐	11260
波斯舞少女	9947	勃拉姆斯 室内乐	11276
波涛	9806	勃拉姆斯, E 小调第四交响乐 作品第 98 号	
波特金娃像	6883		12498
波提切利	507, 513	勃拉姆斯歌曲选	12370
波希米亚丑闻	6517	勃拉姆斯学院节日序曲	12375
波阳县戏曲志	12769	勃朗琼	507
波月洞	5630, 9830	勃鲁盖尔	6851
波斋百二甲子印	8484	脖子上的安娜	13249
玻璃、器皿冷光集	1193	博爱	13290
玻璃、器皿暖光集	1193	博爱	2191
玻璃城	5891	博爱县戏曲志	12772
玻璃窗	4940	博博·博贝特历险记	7088
玻璃窗, 亮晶晶	3533	博采众艺 芳华吐艳	8662
玻璃画制作	10650	博彩	2813
玻璃磨画	10646	博大的学问	6243

书名索引

博大精深	8193	渤海渔歌	3619, 3787, 3957
博芬教授的雨伞	7032	渤海之春	3818
博格达雄姿	9086	搏斗	5246, 5452, 5630
博古花卉四屏	4345	搏浪少年	5534
博古花瓶	4513	搏天	8908
博古画技法	865	薄酒	9451
博古屏	3619	薄意艺术	8622
博古奇书	381	跛腿水鹿	6035
博古小猫	6035	卜镝的世界	2946
博古叶子	3040	卜敬恒山水画集	2458
博古页子	2974	卜劳恩	6946
博古斋藏书画集	1485	卜维勤画选	1385
博古斋藏楹联集	7735	卜孝怀画辑	1984
博凯伶平面设计师之设计历程	10767	补庵谈戏	12857
博览	6213, 8203	补丁集	3497
博览精思	8160	补钉	4910
博览群书	2192	补锅	12123
博浪椎	5749	补锅 : 湖南花鼓戏	12120
博你一笑	6437	补花图案	10283
博宁与莫里斯设计顾问公司	10772	补刻苏黄题跋	7703
博洽斋画谱考古略	748	朴罗迦室印谱	8506
博望坡	3581	补票	6640
博学多思	8211	补网	3619, 8639
博学广闻	8203	补演	2840
博雅斋琴谱	12294	补砚斋书法篆刻	8221
博彦和什克蒙古族民间图案集	10328	补云外史芦雁全图	1604
渤海	9043	捕"蛇"记	5246
渤海藏真	7147	捕"熊"记	5339
渤海藏真帖	7146, 8021	捕盗记	5630
渤海朝阳	5193	捕蝶	3619, 4112
渤海窗花剪贴选	10662	捕蛾	5305
渤海激浪	5305	捕虎记	5082, 5630
渤海民兵	3817	捕鲸	3818
渤海民间音乐选集	10900	捕鲸船	3717
渤海女炮手	2350	捕鲸记	5193

中国历代图书总目·艺术卷

捕狼记	5382	不该发生的案件	5749
捕鲨	3818	不该发生的故事	5892
捕蛇姑娘	5891	不该死的新郎	5892
捕蛇记	5246, 5339	不挂牌的检查站	5305
捕蛇将军的后代	5630	不管敌机白天来、黑夜来、高空来、低空来，来	
捕蛇者的后代	5630	者必歼!	3134
捕鼠小英雄	4882	不管风吹浪打	1823
捕象记	5171	不和眼镜交朋友	5534
捕羊风波	5055	不会算，教我好吗	9539
捕鱼	3552	不见面的朋友	5749
捕鱼的人	5003	不见英雄花不开	12330
捕鱼归来图	1744	不见英雄花不开	2034
捕鱼时节	5274	不讲理的客人	5749
捕鱼图	1577	不叫鸡儿祸害粮	3672
捕鱼仙子	4667	不尽长江滚滚来	9790
捕捉第十三头"瞎熊"	5382	不靠天	1832, 3869
捕捉动态	8751	不可必录	1455
捕捉阳光	3491	不可分离的朋友	13249
哺育	3957, 4513, 4589, 9466	不可抗拒的历史潮流	3190
不，我们要活下去	13253	不可思议的3D迷题	7145
不爱红装爱武装	1788, 3717, 3760, 6599	不可思议的包装礼盒百变技法	10395
不爱天堂爱昌吉	11818	不可战胜的人们	13249
不唱山歌心不爽	11045, 12251, 12311	不可阻挡的道路	4940
不沉的阿波罗号	5892	不肯长大的小泰莎	6243
不吃桑叶的蚕	4894	不肯仿廉	1730
不出家门成歌星	11130	不浪费一粒粮	3787
不穿军装的解放军	5159	不老松	1764, 4940, 13228
不当英雄不下山	11396	不老松画集	2034
不到顶点	018	不了斋碑文集萃	7672
不倒的红旗	2990	不列颠之战	6177
不动产入门	6979	不眠的年代	13261
不动脑筋的故事	5382	不灭的篝火	5452, 5631
不断跃进的乔式娟小组	4940	不灭的光辉	5025
不断复活的旅伴	5749	不能抛弃她	5534
不该凋谢的玫瑰	5631	不能忘记的教训	4940

书名索引

不能忘记的历史	5082	不忘童工血泪仇 誓作革命接班人	3204
不能忘记这件事	13254	不违心声	3504
不能忘记祖国	5892	不畏冷枪的战士	6035
不能自拔	6035	不误农时	3787
不怕鬼的故事	5382, 5452	不相称的夫妻	6845
不平常的遭遇	5452	不祥之婚的城堡	5749
不平凡的夏天	13259	不歇脚的贴心人	3915
不平凡的远航	3023	不信邪的故事	5892
不平静的边寨	5892	不朽的生命	4940
不平静的旅程	5892	不朽的小英雄	4890
不平静的山谷	5382, 5892	不朽的音乐大师贝多芬	10863
不平静的太平洋	6035	不朽的英雄——杨根思	3172
不巧的巧遇	5055	不朽的战士	2985, 5246, 5305, 12648
不屈不挠	5382	不朽的指挥家	11108
不屈的人	4890	不朽烈士储文措	5109
不屈的苏武	12284	不朽投手金田正一	6991
不屈的伍大爷	5109	不许奴隶制复辟	3023
不群画集	2296	不学他的样	4177
不让敌人过桥	4903	不学习文化能行吗?	3067
不让他掉队	5382	不要跟我说再见台湾	8951
不让它吹倒	3619, 3771	不要靠挠我	5534
不让小羊吃庄稼	4253	不要妈妈教	10700
不胜清怨却飞来	9559	不要忘记过去	3190, 3672, 5135
不失时机 搞好春耕	3232	不要忘记过去!	3115
不是为了爱情	5452, 9343	不要忘记十一月	13261
不是为了第一	2935	不要糟蹋粮食	1744
不是小车的过错	5383	不要沾染官僚主义作风	8140, 8142
不是小问题	5109, 12120	不夜城——香港	9430
不是战机	3915	不夜的山村	10422
不随地扔果皮 纸屑 冰棍杆等杂物	3329	不一样先生	6946
不听话的小豹子	6671	不宜动土	5631
不忘阶级仇 永做革命人	3717	不亦乐乎	3504
不忘阶级根 永做革命人	3123	不只是张清芳	9036
不忘阶级苦 紧握手中枪	3717	不知从何讲	4446
不忘阶级苦 握紧手中枪	3115	不知疲倦的战士	4940

中国历代图书总目·艺术卷

不知所措	5750	布景技术	12830
不知所谓	6517	布克奇传	5055
不准出生的人	5383, 5452	布拉克	6796
不准打开绳结	7057	布拉姆斯	11256, 11274
不准开枪	5892	布莱希特论戏剧	12693
不准侵略阿拉伯	11417	布莱希特戏剧印象记	12714
不准随地吐痰!	3071	布莱希特研究	12721
不做伸手派要当革新家	3071	布莱希特与方法	12709
布达拉宫 8859, 9992, 9994, 9995, 9997, 9999,		布兰登堡协奏曲六首	12550
10000, 10516		布劳利公爵夫人	6886
布达拉宫的枪声	6035	布勒门的音乐师	6424
布达拉宫建筑艺术：布达拉宫文物珍藏	8859	布雷克	6897
布达拉宫祥云图	4589	布雷斯塔警长	7088
布达拉宫一瞥	9991	布雷斯特警长	6671
布达拉宫之晨	2804, 9997	布利亚特蒙古民歌选集	11808
布袋戏	12980, 12981	布吕尔街	6845
布德尔	8670	布鲁达斯	1152
布尔姆小号练习曲选 62 首	12455	布鲁格尔	6880
布港谍影	6035	布鲁各	6897
布格缪拉钢琴练习曲	12485	布鲁赫小提琴协奏曲	12553
布格缪勒 25 首简易练习曲	12524	布鲁克纳	11274, 11277
布格缪勒钢琴进阶 25 曲	12525, 12531	布鲁克纳 交响曲	11277
布格缪勒钢琴进阶 25 曲, 作品 100	12488	布罗登夫人像	6883
布格缪勒钢琴练习曲	12536	布洛涅树林奇案	6311
布格缪勒钢琴练习曲合集	12531	布琼尼集体农庄	10127
布格缪勒钢琴练习曲合集, 作品 100, 109, 105		布绒玩具的设计与制作	10718
	12501	布绒玩具制作	10719
布格缪勒合集	12536	布饰新居	10605
布谷	11759	布贴画	10721
布谷催春	5750	布贴画·麦秆画	10717
布谷鸟	11447	布贴艺术	10719
布谷鸟叫了	8641, 12251	布玩具	10717
布谷鸟又叫了	4921	布玩具的制作	10717
布谷鸟之歌	12006	布希亚	7017
布花艺术	10360	布欣	6836

书名索引

布衣毕昇	5452	部队歌曲选	11578
布依戏史话	12766	部队歌曲选集	11564
布依戏研究文集	12946	部队歌曲选集	11569
布依族民歌	11820	部队歌声	11555
布依族民间乐器笔管的调查和改革	11295	部队歌选	11555, 11560, 11564
布依族民间音乐研究文集	10911	部队黑板报报头资料	10252
布艺精品	10772	部队画册	2848
布艺装饰	10605	部队剪纸选	10668
布制的玩具	10716	部队美术作品选	1284
布制工艺品动物造型 100 例	10721	部队生活题花集	10279
步兵进行曲	12222	部分省、市、自治区农民业余艺术调演节目选	13016
步步登高	9451		
步步高	4446	部分省、市自治区文艺调演在北京举行	13016
步步跟着毛主席	3717	部份省、市、自治区文艺调演节目选介	9265
步出夏门行·龟虽寿	8184	秘鲁彩陶资料图集	10748
步调一致才能得胜利	2754, 2755, 2840, 3216	扒杆成林吊机成网	4938
步调一致才能得胜利—— 一九二八年毛主席在		扒马褂	6280
桂东沙田颁布"三大纪律八项注意" 3818		扒墙头	12119
步调一致才能得胜利——九二八年毛主席在		曝光·影调·层次	8760
桂东沙田颁布"三大纪律八项注意" 3818		曝光技术与技巧	8775
步调一致才能得胜利——一九二八年毛主席在		曝光控制与照明	8729
桂东沙田颁布《三大纪律八项注意》2754		C	
步枪之歌	12370		
步入绘画的天地	1262	"插花"之二	10622
步入音乐的圣殿	10834	"插花"之三	10622
步入音乐殿堂的阶梯	10836	"插花"之四	10622
步虚仙琴谱	12288	"插花"之一	10622
步骤画法	874	"长征"路上	5190
部队"跃进"歌曲选	11435	"创汇杯"书画大赛优秀作品选	2230
部队创作歌曲	11076	"春""丰"字斗方	4256
部队创作歌曲集	11413	《菜根谈》钢笔字帖	7464
部队创作歌曲选	11435	《菜根谭》钢笔行书字帖	7464
部队歌曲	11386, 11418, 11435	《菜根谭》硬笔书法	7488
部队歌曲	11560	《蔡文姬》的舞台艺术	12907
部队歌曲集	11600	《曹全碑》结字、结体习字帖	7768

中国历代图书总目·艺术卷

《曹全碑》隶书技法	7771	猜谜语	5383
《草诀百韵歌》略笺	8422	才智少年	5750
《茶馆》的舞台艺术	12907	材料 艺术 设计	10570
《长江》中国画选辑	1898	财宝成山	4855
《长征》交响曲	12227	财宝福娃乐有余	4806
《创新独白》与翟白音	13082	财宝进家	4776, 4807
《创业》与评论	13099	财宝聚丰	4752
《春草闯堂》春草	2376	财宝聚丰 福寿安康	4752
[彩绘禅宗故事]	6745	财宝满地千家福	4840
[彩绘山水图]	1590	财宝满堂	4776
[曹鹏翊先生画谱]	1590	财宝涌进	4752
[曹全碑]	7746	财福双将	4807
[草诀百韵歌]	8410	财会人员专用钢笔字帖	7576
[陈仁先尺牍]	8015	财进家门	4807
[陈沧江花卉册]	1570	财临门	4752
[陈幸叔临礼器碑]	8021	财路广阔	4667
[陈奕禧墨迹]	8015	财满庭堂福满门	2034
[陈益瓒鹤诗]	8015	财貌双全	9736
[陈幼攀润例]	8120	财迷心窍	5892
[成多禄张朝墉诗稿]	8108	财神	8821
[初拓淳化阁帖]	7709	财神	2034
[初拓清啸阁本]	8032	财神到	4667, 4855
[初拓石刻道教碑]	7944	财神到 福临门	4752, 4753
[褚遂良书倪宽赞]	7833	财神牵象	4807
[传奇画册]	1270	财寿福禧	4589
[淳化阁法帖残本]	7711	财喜连年长	4807
[淳化阁帖]	7709	财喜齐临庆丰年	4807
[刺绣花样]	1590	财喜月月增	4776
[爨使君碑]	7773	财源广进	4776, 4846, 9497
擦笔水彩年画技法	1223	财源广进·圆第吉年	4753
擦亮眼睛	3216, 11620	财源广进恭禧发财	4807
猜	9346, 9349	财源滚滚	9482
猜猜看	4177, 9349, 9466	财源滚滚来	4855
猜灯谜	4008, 4055, 4112, 4254, 4667	财源茂盛	4589, 4667, 4753, 4765, 4807, 4840,
猜考分	4254		4846

书名索引

财源茂盛富贵有余	4834	采莲图	1654, 1683, 3957, 4178
财源茂盛庆有余	4753	采莲图	2613, 2635
财源四海来	4807	采莲谣	1776
财源旺盛	4776, 4840	采菱	4055
财运亨通	4834, 4840, 4855	采菱舞	3533
裁决	13131	采蜜忙	4008
采柏园古印泽存	8512	采棉乐	3619
采标本	4178	采棉舞	12653
采伯画存	1702	采蘑菇	6576
采茶姑娘	3552, 10437	采苹果	3552
采茶姐妹上茶山	11908	采桑曲	4254
采茶扑蝶	4008	采桑荣归	12116
采茶舞	3581, 4008, 4055, 9960, 12194	采桑图	3717, 3957
采茶舞曲	11620	采桑晚归	9806
采茶戏	9227	采石矶	5892
采茶戏研究资料	12926	采石胜景图	1914
采茶谣	12225	采石之战	5892
采番茄	2716	采树苗	12092
采访摄影入门	8724	采铜尖兵	2750
采光	8728	采薇	5534
采红菱	3533	采新歌	3869
采花的女孩	6859	采药	3771, 4112, 6750
采花姑娘	2363	采药第三图	1464
采花酿蜜	4254	采药姑娘	5893
采花仕女	2988	采药归来	6750, 9337
采花舞	12627	采药舞	9209, 9934
采编辑议	468	采油姑娘	11952
采集树种的少先队	2713	采芝图	1931
采来带露轻裁剪 为愿芳香遍万家	2999	采芝图诗	775
采篮新茶送北京	1812	彩笔画故乡专辑	1343
采莲	3619, 3673, 4178	彩笔绘新图	3818
采莲歌	3581	彩笔向大地	1168
采莲乐	8811	彩车送货来	3619
采莲蓬	4112	彩池争艳	8821
采莲曲	4513	彩瓷新花	4112

中国历代图书总目·艺术卷

彩带飞舞	9972	彩虹的传说	5750
彩带舞姿	9970	彩虹飞渡	9841
彩灯高照喜迎新春	4345	彩虹飞满天	2423
彩灯喜迎春	4178	彩虹飞瀑	4765
彩灯迎新春	4055	彩虹飞瀑	2443
彩灯照富路	4447	彩虹集	12726
彩灯照红友谊花	4009	彩虹姐姐	5452
彩调常用曲调集	12118	彩虹鸟的故事	6517, 6716, 6717
彩调传统唱腔一百曲	11147	彩虹舞东风 鲜花献英雄	3957
彩调舞蹈身段	12928	彩虹映红花	3869
彩调艺术研究	12937	彩糊艺术	1185
彩调音乐	11148	彩画	6766
彩调音乐介绍	12924	彩绘	1318
彩蝶	9307	彩绘本中国民间故事	6311, 6312, 6313, 6314
彩蝶飞	4254	彩绘本中国神话人物故事	6424
彩蝶飞舞	4009	彩绘花鸟	949, 959
彩蝶纷飞	4178, 10092	彩绘民间故事精本	6517
彩蝶纷飞百鸟鸣春	4178	彩绘山水	909
彩蝶闹春	4447	彩绘神探故事精本	6517
彩蝶双飞	10047	彩绘水浒英雄人物故事	6481
彩蝶双飞	2503	彩绘童话故事精本	6517
彩蝶图	2647	彩绘小英雄故事精本	6517
彩蝶舞技	2657	彩礼	3717, 5109, 12095
彩蝶戏莲	10026	彩莲卧波	10026
彩蝶迎春	4667	彩练当空舞 江山更好看	3232
彩凤	5223	彩龙飞舞	9973
彩凤朝阳	4055, 4513	彩楼记	13092
彩凤呈祥欣盛世·金龙献瑞庆华年	4776	彩楼配	9233
彩凤飞来庆有余	4807	彩楼配	2054, 2116
彩凤飞舞	10454	彩楼配曲谱	12116
彩凤凰	6035	彩鸾跨虎	4112
彩凤牡丹	4178	彩墨画集	1738
彩凤双喜	4346	彩墨画新技法	702
彩凤展翅	1956, 4254	彩墨人物	2413
彩虹	5383, 5534, 10884, 11812, 12149	彩墨台湾蝴蝶	979

书名索引

彩桥	5750	彩色故事王国365游	6437
彩禽图屏	2558	彩色故事影片《闪闪的红星》剧照	13097
彩球配	4513	彩色和黑白电影电视的化装技艺	13227
彩色包装设计	10726	彩色黑板报精品	10328
彩色报头版式设计精粹	10335	彩色黑板报实用艺术	1227
彩色报头构思与技巧实用手册	10335	彩色花卉图案	10260
彩色报头图集	10314	彩色花卉资料	1447
彩色报头与黑板报设计手册	10335	彩色幻灯片摄影基础	13303
彩色壁报 黑版报设计范本	10328	彩色技法	556
彩色的河流	12635	彩色剪纸艺术	10683
彩色的世界	491	彩色教室布置、壁报、海报、卡片设计	1225
彩色的田野	5246	彩色卡通传奇故事大王	6517
彩色的小雨	12040	彩色卡通动物画法	1226
彩色底纹	10314	彩色卡通简笔画法	1226
彩色底纹设计	10335	彩色卡通历险故事大王	6518
彩色地纹	10309	彩色卡通连环画选辑	6640
彩色电影	13300	彩色卡通破案故事大王	6518
彩色电影《火红的年代》	13096	彩色卡通智斗故事大王	6518
彩色电影《青松岭》	13096	彩色宽银幕故事片《第二次握手》中的丁洁琼	
彩色电影《艳阳天》	13096	（谢芳饰）	10444
彩色电影发展简史	13300	彩色宽银幕故事影片《南征北战》剧照	13097
彩色电影放映	13276	彩色立体壁报设计	1227
彩色动物插画	6604	彩色立体壁报设计精选	10303
彩色动物图案	10279	彩色立体折纸	10761
彩色动物折纸	10708	彩色罗马	10150
彩色多层影片洗印技术	13266	彩色美术字	7626
彩色粉笔画	2923	彩色魔术卡片	12991
彩色风光摄影	8736, 8781	彩色泥塑	8625
彩色故事片《归心似箭》中的齐玉贞(斯琴高娃		彩色铅笔绘法	1121
饰）	10444	彩色铅笔技巧训练	1143
彩色故事片《火红的年代》	13096	彩色青春	9026
彩色故事片《开国大典》剧照	13131	彩色商标与企业识别	10375, 10378, 10754
彩色故事片《苦恋》中的娟娟(冷眉饰）	10444	彩色摄影	8718, 8720, 8734, 8736, 8758
彩色故事片《末代皇后》婉容	9606	彩色摄影250问	8734
彩色故事片《艳阳天》	13096, 13097	彩色摄影基础	8739

彩色摄影入门	8734	彩书	4776
彩色摄影易学通	8792	彩塑	8660
彩色摄影与彩色胶片	8731	彩塑人间	8664
彩色摄影与彩色空中摄影基础	8718	彩毯传情谊	4055
彩色摄影与美术设计	10179	彩陶	386, 427, 432, 10640, 10659
彩色摄影与洗印	13264	彩陶与彩绘陶器	425, 10646
彩色摄影知识	8722	彩图安徒生童话	6424
彩色摄影指南	8734	彩图百科知识 100 例	6481
彩色世界著名民间故事 365：春	6438	彩图本成语故事	6351
彩色世界著名民间故事 365：冬	6438	彩图本中国成语故事画	6424
彩色世界著名民间故事 365：秋	6438	彩图东周列国故事	6381
彩色世界著名民间故事 365：夏	6438	彩图东周列国志	6404
彩色水笔画	1267	彩图儿童长智慧故事	6702
彩色速写技法	1109	彩图儿童动脑筋故事	6702
彩色速写要领	1121	彩图儿童讲道理故事	6702
彩色童话新世界	6438	彩图儿童学知识故事	6702
彩色透视表现法	558	彩图封神演义	6404
彩色图案	10328	彩图格林童话	6424
彩色图案集	10238	彩图红楼梦	6405
彩色图案临摹画帖	10283	彩图精解少儿钢琴名曲	12521
彩色图解儿童英语歌曲 68 首	12447	彩图镜花缘	6405
彩色喜剧片《顾此失彼》中的任美艳（金毅饰）		彩图居室布置与装饰 200 例	10594
	10444	彩图科幻故事 365 夜	6381
彩色戏曲片《芙蓉花仙》	13118	彩图聊斋志异	6405
彩色显影	8718	彩图谜语故事	6481, 6482
彩色夜景摄影	8765	彩图名人故事 100 集	6482
彩色影片洗印工艺	13263	彩图拼音世界著名童话大森林	6518
彩色鱼拓制作法	10754	彩图趣味谜语 100 个	6482
彩色照相	8720	彩图三国演义	6405
彩色照相加工配方集	8720	彩图上下五千年	6405, 6406
彩色折纸	10712	彩图十二星座大决斗	6677, 6678
彩色中国名画	798	彩图世界名著 100 集	6314
彩色住宅设计基础教本	10722	彩图水浒传	6406
彩色装饰图案集	10582	彩图外国童话名著《一千零一夜》	6518
彩视设计工具大全	154	彩图西游记	6406

书名索引

彩图小学语文课本故事	6438	蔡国胜纪实摄影	8990
彩图一千零一夜	6424	蔡鹤汀 区丽庄国画集	2192
彩图伊索寓言	6425	蔡鹤汀画辑	1957
彩图益智故事100篇	6482	蔡鹤汀作品	2320
彩图幼儿知中华	6381	蔡鹤洲画辑	1957
彩图寓言故事100则	6482	蔡鹤洲作品	2320
彩图中国童谣100则	6482	蔡嘉雪屋寒林图	1723
彩纹百科精选	10255, 10297	蔡京书赵公神道碑	7984
彩霞迎春	2604	蔡敬民笛曲选	12269
彩艺	1169	蔡敬民笛曲选续集	12271
彩云	9905	蔡九赔鸭	5631
彩云归	5535	蔡俊三摄影艺术	8976
彩珠飞舞	1914	蔡克振漆画选	2818
踩姑娘	12589	蔡澜谈电影	13135
踩球舞	1914	蔡亮素描集	2894
菜场新貌	3071	蔡亮张自嫈油画选	1395
菜根谈	7489	蔡亮作品集	1409
菜根谭	3435	蔡灵芝	9402
菜根谭·围炉夜话·小窗幽记钢笔字帖	7489	蔡伦造纸	5003, 5750
菜根谭钢笔行草隶书字帖	7466	蔡萌萌素描集	2909
菜花	9986	蔡妙平画集	2216
菜鸟从军	7017	蔡妙甜演唱歌曲选	12430
菜园风雨	5274	蔡若虹美术论集	216
菜籽和鸡	4940	蔡若虹文集	535
蔡超画集	2216	蔡松男书法展选集	8203
蔡辰男先生捐赠书画目录	1484	蔡松坡先生手札	8109
蔡楚夫画集	1394	蔡天涛画集	1984
蔡楚生的创作道路	13107	蔡旺林国画选	2532
蔡道东访越速写选集	2899	蔡文姬	3533, 3581, 4009, 4178, 4667,
蔡迪支画选	1414		5025, 5082, 5383, 5452, 5453, 5535, 9527,
蔡东壁摄影集	9142		10431, 13101
蔡锷	5893	蔡文姬	2354, 2356
蔡锷与小凤仙	5535	蔡文姬 卓文君 李清照 苏小妹	4589
蔡根	8635	蔡文雄画集	2813
蔡国声书隶书阿房宫赋	8231	蔡襄的书法艺术	7259

中国历代图书总目·艺术卷

蔡襄墨迹大观	7988	为厂矿工人演出	13016
蔡襄墨迹精品	7976	参加伦敦中国艺术国际展览会出品图说	347
蔡襄书法精选	8002	参加伦敦中国艺术国际展览会出品图说	347
蔡襄书法全集	8000	参加庆祝大会去	3787
蔡襄书法史料集	7263	参加全军第二届文艺会演创作歌选	11435
蔡襄书法选	7997, 8003	参加世界青年与学生和平友谊联欢节中国美术	
蔡雅新剪纸藏书票	10708	用品选集	1283
蔡邕琴操	12259	参军	2750
蔡永胜草书曹植诗	8273	参军	2729
蔡永祥	5145	参军去	11549
蔡勇书画集	2230	参军支前歌集	11549
蔡玉霜	4940	参考资料	12558
蔡玉水画集	1418	参谋嫂	5109
蔡元培	3376	参同契	7949
蔡元培先生手迹	8193	参童	4941
蔡照波篆刻	8578	参娃献寿	4765
蔡知新画集	1279	参逊的婚宴	6843
蔡志坚画集	2231	参籽红似火	5223
蔡祖泉 杨富珍 杨怀远 红雷青年小组学习		参籽红艳艳	1957
毛主席著作挂图	9263	参籽正红	4765
蔡祖泉学习毛主席著作挂图	9263	餐巾编折	10709
参观岸舰导弹	4346	餐三华室印谱	8515
参观归来	4447	餐霞书话	7237
参观阶级教育展览	3717	餐饮酒吧装饰	10613
参观阶级教育展览会	3673	残疾人走向社会	3367
参观炼钢厂	4887	残局	6035
参观妈妈的工厂	3534	残酷戏剧	12695
参观农业机械展览会	3787	残雷	5535
参观英国战事画家作品展览会记	501	蚕花姑娘	3673, 3718
参观之前	5193	蚕花顾念	5083
参加第五届世界青年与学生和平友谊联欢节中		蚕花茂盛	3673
国美术作品选集	1283	蚕花娘子	5535
参加第一届全国音乐周广东省作品补充资料		蚕茧丰收	3619
	11353	蚕神的故事	5893
参加华北地区文艺调演的内蒙古自治区歌舞团		蚕乡似锦	3957

书名索引

灿烂的新时期	3315	苍松雄鹰	1957, 4254, 4346
灿烂的珍珠	5274	苍松旭日	9040
灿烂青春	3787	苍松迎宾	4667
灿烂鲜花迎春开	3534	苍松迎客	4776, 4846, 4855
灿烂星光	9764	苍松迎客图	2443
仓仓粮好	3818	苍蛙救嫂	4753
仓海历险	5535	苍岩叠翠	6757
仓颉心法	8494	苍岩山	9794
苍谷虎啸	2054, 2116	苍岩山	2429
苍谷虑啸	2192	苍岩胜境	1898
苍海游踪	10031	苍岩毓秀	2054, 2116
苍兰	2927	苍鹰黄鹂	2613
苍龙入海	9364	苍蝇要尾巴	5453
苍茫独立楼印选	8523	苍之封印	7127
苍青集	1898	沧海变良田——"牛田洋"生产基地鸟瞰	9045
苍虬白鹰	1885	沧海夺田	1812
苍山洱海三月街	6518	沧海横流	5750
苍山歌声永不落	11672	沧海横流 英雄浩歌	8910
苍山极天图	4589	沧海劲松	9070
苍山脚下红旗飘	12609	沧海绿洲	3915
苍山脚下新书来	3957	沧海绿珠	3009
苍山结茅图	2613	沧海明月图	4667
苍山莽原 秀水清泉	2320	沧海情	8864
苍山清泉	2623	沧海印社篆刻集	8567
苍山晴日	1885	沧浪结伴游	9377
苍山如海残阳如血	1804	沧浪美	003
苍山如海残阳如血	2600	沧浪外史书画扇册	1704
苍山云色	1776	沧米画牛	2584
苍山之春	9128	沧米写生	2916
苍松怪石图	2623	沧石路畔的战斗	5223
苍松红梅迎新岁	4589	沧州大侠	6035
苍松流水万年长	1898	沧州戏曲春秋	12777
苍松缦鸟图	3718	沧州侠	6036
苍松书画作品选集	2231	沧洲趣图卷	1575
苍松挺拔千秋翠 冬梅昂首万年春	3957	藏春坞琴谱	12291

中国历代图书总目·艺术卷

藏红军	4941	曹化一篆刻选	8582
藏猫猫	4112	曹济民画集	2321
藏书画集	2173	曹建华画集	2245
藏书票	3064	曹节篆刻选	8583
藏书票百龙图	3041	曹景完碑	7758
藏书票入门	1216	曹俊山歌曲选	11481
藏水桶	1832	曹俊义画集	2263
藏幽	8193	曹力	2818
藏玉赏玉	432	曹力素描集	2909
藏园老人遗墨	8129	曹力速写集	2881
藏斋居士临观海堂帖	8119	曹力装饰画	10563
藏珍寺除奸	6036	曹明华百梅画集	2525
操缦安弦法	11319	曹明华国画选	2054
操缦古乐谱	12291	曹明求画集	2536
操缦录	11319	曹明冉画集	2518
操缦易知	11329	曹鸣喜作品集	1412
操缦厄言	11326	曹慕园唐诗魏体字帖	8389
操纵银幕的女性	13209	曹穆嗣音	12242
操作竞赛出英雄	4009	曹桥阅兵	5274
操作练兵为革命 纺纱织布为人民	3771	曹清同乐画集	2245
操作自动化生产一条龙	3071	曹全碑	7748, 7749
曹宝麟行书宋词四十首	8438	曹全碑精选	7749
曹操的故事	5453	曹全碑隶书字帖	7750
曹操割发	5453	曹全碑临摹教程	7750
曹冲称象	1755, 1957, 4055, 4346, 6425	曹全碑选字帖	7750
曹达立画集	2804	曹全堂作品集	6764
曹大家女篇九章	1533	曹容先生遗赠书法目录	8302
曹大士速写集	2883, 2899	曹三长写意花鸟画	2536
曹东扶筝曲集	12313, 12317	曹氏墨林	1031
曹娥碑墨迹	7759, 7792	曹素功杯国际小主人书法大赛获奖作品集	
曹辅鑫水粉画选	2940		8231
曹广福中国画集	2262	曹天舒国画选	2279
曹国舅	6177	曹文汉版画集	3059
曹国舅惩治佞善仁	6351	曹文选	3398, 3401
曹后灵书法作品选	8261	曹溪的佛唱	6243

书名索引

曹贤邦歌曲选	11495	草虫画典	2489
曹晓凌画集	1412	草虫画法	994
曹辛之装帧艺术	10371	草虫画技法	940
曹新林绘画作品选	2796	草虫画谱	631
曹新林油画作品选	2820	草虫画特展图录	1479
曹新元印选	8578	草虫屏	4112
曹兴福书法集	8244	草虫千姿	630
曹雪芹	1984, 5535, 5893	草虫图	4112
曹雪芹之死	5750	草虫图谱	935
曹延路爱地球画集	2246	草虫鱼介	938
曹英义速写选	2887	草船借箭	1984, 4894, 4941, 5631
曹英义中国画选	2216	草丛小憩	10023
曹用平画集	2536	草地门巴	5453
曹用平画辑	2536	草地牛羊壮 高原瓜果香	4009
曹霈进京	6036	草地人	5003
曹知博画集	1414	草地上的电波	5453
曹志桂书法艺术	8175	草地哨声	5383
曹州碑林作品集	8274	草地诗篇	3023, 3915
曹州大捷	5750	草地晚餐	5453
曹州牡丹	9306, 9310, 9315	草地摇滚	11488
曹州牡丹图	9304	草法金针	7270, 7374
曹州牡丹专题书画选	1674	草诀百韵	8016, 8019, 8020
曹州书画院	2246	草诀百韵歌	7777, 8014, 8061, 8160, 8409, 8415
曹子建七步赋诗图	2054	草诀百韵歌二种	7364
槽头新兵	5246	草诀百韵歌释义钢笔字帖	7489
槽头育新人	3718	草诀辨疑	8418
槽头战斗	5246	草诀歌	7265, 7823, 8410, 8412
草本花卉谱	2539	草诀新阶	7304
草本花诗画谱	3059	草诀续韵歌	8409
草编条编技艺	10691	草楷对照孙过庭书谱	7324
草编制作技法	10709	草笠舞	3581, 12610
草虫	1865	草岭	5631
草虫的画法	961	草龙泪	5893
草虫飞雀	1812	草莽	6036
草虫花鸟画谱	1898	草莽英豪	6036

中国历代图书总目·艺术卷

草莽英雄	6036	草书七言歌软硬笔字帖	8417
草帽	9451	草书启蒙	7353
草莓	10105	草书千字文	7937, 8423
草上飞	4941, 5750	草书入门	7253, 7254, 7281, 7324, 7334, 7343
草圣汇辨	7203	草书书写门径	7276
草书	8420, 8423	草书苏东坡满江红词	7945
草书备考	7203	草书孙过庭《书谱》临写法	7937
草书笔法与符号	7276	草书唐诗三百首	8415
草书编类	8412	草书唐宋诗十九首	8286
草书辨认字典	8421	草书通论	7263
草书辨识	7304	草书五十种	8423
草书辨似大字典	8422	草书习慎	8019, 8020
草书查真大字典	8418	草书习字帖	8075, 8076, 8107
草书大字典	8414, 8416, 8422	草书写法	7251
草书导引	7364	草书要领	7282, 7288, 7365
草书的识别书写与欣赏	7270	草书异部同形大字典	8423
草书的研究与笔法	7295	草书韵典	7992
草书方便字典	8416	草书知识辨韵歌	7276
草书概论	7246, 7281	草书指要	7389
草书基础知识	7343	草书重珍	8410
草书集成	7832	草书周恩来诗选	8313
草书集粹	8423	草书状	7232
草书集韵	8409	草书自学教程	7343
草书技法	7343	草书字符歌诀	8423
草书技法百日通	7364	草说	8412, 8418
草书技法入门	7389	草堂记	8082
草书技法指南	7364	草堂咏怀	4346
草书加释祝枝山千字文	8089	草堂之灵	196
草书教程	7334, 7365	草图与完成品 艺术 设计	10570
草书考	7203	草湾战歌	5147
草书兰亭序	8175	草鞋的故事	5305
草书礼部韵	7263, 7949, 8122	草心楼读画集	779
草书练习本	7250	草原	9891
草书毛泽东诗词字帖	8286, 8313	草原"红小兵"	12631
草书木兰词	8274	草原"红小兵"	2589, 2592

书名索引

草原长城	3760	草原军民	3718
草原长城	2420, 2421	草原连北京	3915
草原晨曲	4009, 5025, 11784, 11785	草原连着中南海	8965
草原晨曦	9793	草原恋歌	4941
草原雏鹰	6036	草原烈火	13261
草原处处读书声	1776	草原绿林	6036
草原春暖	1755, 1865, 1957	草原马儿壮	4009
草原春早	3787	草原民兵	3787
草原的春天	3957	草原民兵练武忙	1832
草原的春天	2422	草原牧放	9040
草原的儿子	5055, 5535	草原牧歌	8836, 12262
草原的眼睛	5223	草原牧民喜丰收	3787
草原的主人	5109	草原牧民学大寨	11678
草原定居	2727	草原奶场风光好	1840
草原儿女	3869, 9217, 9936, 13098	草原女民兵	3760, 3818, 3869, 12591
草原儿女	2600	草原怒火	5631
草原儿童团	5083	草原苹果喜丰收	3916
草原风暴	5003	草原骑兵	12265
草原风光	3581	草原骑射	4113
草原风光	2424	草原骑士	4921
草原烽火	5055, 5083	草原骑踪	4941, 5025
草原钢城	13228	草原情影	9745
草原格斗	6177	草原青青奶油香	2727
草原号声	3915	草原轻骑	9334
草原红花	3958, 5246, 8845, 9211	草原情	9880
草原红哨	5274	草原人们心花开	11942
草原红雁	4113	草原赛马	3958
草原花朵	4589	草原赛马会	1776, 3673
草原花开朵朵红	1832	草原上	12158, 12277
草原欢歌	4009, 9245	草原上的"红卫兵"见到了毛主席	11660
草原激战	5750	草原上的孩子	5453
草原奸匪	5383, 5384, 5631	草原上的文化队	3071, 3115, 3134
草原建设大有可为	4055	草原上的鹰	5246, 5384
草原剿匪	6036	草原上升起不落的太阳	11953
草原金曲	11752	草原上有一个美妙的传说	11807

中国历代图书总目·艺术卷

草原盛会	3787	草韵辨体	8409, 8410
草原盛会——那达慕	3787	草韵汇编	8410, 8411, 8420
草原盛夏浴羊忙	3818	草泽雄风	2657
草原四季青	3958	草字编	8412, 8414, 8417
草原颂 走西口	12160	草字便览摘要	7235
草原铁骑	3718, 3958, 4009, 5305, 6482	草字辨异手册	8416
草原脱险	5026	草字部首写法	7295
草原小红花	9430	草字多种写法速成手册	7304
草原小跤手	2396	草字汇	8411, 8412
草原小姐妹	12081, 12313, 12630	草字汇法帖	8412
草原小民兵	3771	草字入门	7236, 7237
草原小学	3760	侧帽余谭	12739
草原血战	6036	测验	8879
草原新春	3718	岑学恭八十画展	2263
草原新歌	1804, 11800	岑学恭国画选	1931
草原新花	9349	岑元熹书法集	8325
草原新苗	3232	层层险阻 烈火熔炼 冲破重压 光照人间	
草原新牧民	3760, 3869, 12279		3329
草原新曲	3788, 3869	层林尽染	9841
草原新事多	3958	层林尽染	2590
草原兴居	3619	层崖飞瀑	2664
草原雄鹰	3718, 5110	层云篁翠	10624
草原夜色	3005	插步上刺剑	9964
草原医生	5055, 5193	插翅难逃	5083
草原音诗	12175	插道统插花技艺总揽	10573
草原英雄	5453	插队落户扎根农村炼红心 上山下乡胸怀朝阳	
草原英雄小姐妹3381, 3718, 3771, 5148, 6519		干革命	3818
草原英雄小姐妹	2590	插花	10596, 10599, 10621, 10623, 10624, 10628,
草原英雄小姊妹	3718, 5083		10630, 10632, 10634, 10635, 10636, 10739
草原渔歌	3818	插花创作年鉴	10596
草原珍珠	9560	插花创作与赏析	10603
草原之鹰	3788	插花创作与欣赏	10603, 10605
草原之子	1865	插花技法与鉴赏	10580
草原装饰画	10257	插花技术	10725
草原装饰小品	10565	插花技艺与欣赏	10605

书名索引

插花节	6351	插图	6603, 6607
插花课程与示法	10575	插图·题花·尾花	10772
插花入门	10603, 10606	插图汇粹	10255
插花少女	9690	插图设计艺术	1239
插花世界	10594, 10603	插图摄影	8792
插花图说	10600	插图艺术欣赏	1241
插花艺术	10573, 10577, 10578, 10580, 10581,	插图与随笔	6610
	10582, 10594, 10597, 10603, 10606,	插图作品选	6607
	10622, 10624, 10630, 10632, 10637	插秧	2928
插花艺术基础	10591	插秧机真正好	3916
插花艺术入门	10594, 10603	插秧季节	1804
插花艺术问答	10751	插秧忙	9986
插花艺术欣赏	10636	插着雏菊花与秋牡丹的花瓶	6883
插花艺术与技巧	10591	茶埠镇剿匪	6243
插花艺术之二	10621	茶禅治印	8580
插花艺术之六	10622	茶馆	5751, 13131
插花艺术之七	10622	茶馆定计	5893
插花艺术之三	10621	茶花	1710, 3619, 4056, 9313, 10013, 10039,
插花艺术之四	10621		10053, 10086, 13110
插花艺术之五	10622	茶花	2490, 2600, 2623
插花艺术之一	10621	茶花长尾雉	2607
插花与花艺	10606	茶花担	12647
插花与名花生产技术	10606	茶花的插花方法	10599
插花与生活	10575	茶花菊花紫藤月季牡丹	4178
插花与厅室花卉装饰	10603	茶花麻雀	2610
插花造型 100 例	10606	茶花女	5003, 5454, 5751, 6482, 7007, 12415,
插画	7059, 7062		12419, 12449
插画创作年鉴	1234	茶花盛开白云间	2594
插画的技巧入门	1236	茶花小鸟	2624
插画的描绘法	1237	茶花争艳	4346
插画的认识与应用	6599	茶花之乡	10017
插画基础实用技法	1225	茶卡盐湖	9070, 9127
插画新技	1237	茶库藏贮图像目	1471
插画艺术	6605	茶林	9789
插上幻想的翅膀	1914	茶妹子	5751

中国历代图书总目·艺术卷

茶瓶计	4178, 9147, 9944	姹紫嫣红	4513, 8836, 8845, 9355, 9377, 9431,
茶瓶记	9223		9451
茶山晨曲	3005	姹紫嫣红过一生	10577
茶山春光好	4056	姹紫嫣红竞争艳	8826
茶山春晖	3771, 3869, 10426	姹紫嫣红开遍——良辰美景仙凤鸣	12951
茶山春早	9789	拆/解艺术	543
茶山春早	2421	拆东墙补西墙	10570
茶山的春天	12322	拆墙记	12118
茶山的早晨	3788	钗头凤3582, 4113, 4178, 4254, 4346, 5631, 5751,	
茶山新歌	11581	6576, 8808, 9947, 12906	
茶树短穗扦插育苗法图解	4910	柴达木传奇	5893
茶说	1032	柴达木的风雪	1730, 1776
茶童戏主	4056	柴达木画集	1355
茶香四季	4807	柴建方书法篆刻集	8221
茶香心暖	4254	柴科夫斯基	10889
茶艺风情	598	柴科夫斯基 芭蕾音乐	11157, 11161
茶座歌曲精选	12429	柴科夫斯基的"四季"	11219
查抄贾府	5631	柴科夫斯基的《1812年》序曲	11268
查阜西琴学文萃	11340	柴科夫斯基的第六交响曲	11267
查国钧画集	6809	柴科夫斯基的第四交响曲	11267
查哈罗夫歌曲集	12363	柴科夫斯基的第五交响曲	11267
查哈罗夫歌曲选	12361	柴科夫斯基的交响曲	11268
查画王题合璧	1609	柴科夫斯基的罗密欧与朱丽叶	11139
查加伍白描江湖百业图	2231, 2263	柴科夫斯基的舞剧	11144
查牙叛徒	6177	柴科夫斯基独唱歌曲选	12426
查克·伯特和水怪	6651	柴科夫斯基论文书信札记选	10985
查良特与西玛拉	6214	柴科夫斯基论音乐	10985
查梅鳌山水册	1635	柴科夫斯基论音乐创作	10850
查梅鳌山水画册	1650	柴科夫斯基论音乐与音乐家	10862
查梅鳌山水袖卷	1630	柴科夫斯基抒情歌曲集	12426
查士标山水册	1637	柴科夫斯基抒情歌曲集	12426
查砚台	5274	柴科夫斯基四季,作品37	12490, 12499
察隅新貌	9789	柴科夫斯基主要作品选释	10854
差不多	5893	柴可夫斯基	10895
差等生朱小彬	5751	柴可夫斯基《奥涅金》	12449

书名索引

柴可夫斯基的罗密欧与朱丽叶	10854	蝉唱茜浓	9364
柴可夫斯基四季,作品 37	12490	蝉嫣集	1707
柴可夫斯基弦乐四重奏,作品 11D 大调	12539	尘间之艺	1674
柴可夫斯基意大利随想曲,作品第 45 号	12547	澶渊之盟	5893
柴郎成亲	1957, 5535	澶州老年书画作品选	311
柴荣治国	6036	蟾宫折桂	4513
柴桑关	4589	产品	8785
柴翁书画集锦	1649	产品设计	10193
柴丈人画诀	470	产品形态学	10183
柴祖舜百虎画集	2583	产品样本的封面设计集	10764
柴祖舜画集	1418	产品与工艺品设计	10772
豺狼的覆没	5632	产品装潢设计百略	10385
豺狼的日子	5751	铲除"四害"人心大快生产大上	3269
豺狼的微笑	3497	铲平王	5055, 5535
婵娟	10437	忏悔	6037, 13249
婵娟	2604	颤动的金翅膀	13128
馋猫立大功	6438	颤动的心弦	7614
馋咪咪	2116	昌得官	5665
禅、气功与声乐	11125	昌化石志	10203
禅话禅画	6764	昌明大师书法集	8325
禅林赞集	10919	昌盛图	4513
禅师	6576	昌潍风光	9059
禅师降妖惩恶人	6243	菖兰	1931, 10026, 10031
禅石书画作品集	2263	菖兰花	10039
禅说	3427	长安八景	9850
禅思美文	8325	长安春晓	4998
禅学与禅意画	591	长安当代书画名家	551
禅艺	461	长安当代著名老书画家作品集	8192
禅易·书画·诗文·养身	2321	长安芳草	1370
禅与艺术	450, 454	长安飞瀑鲸鱼沟	9865
禅与中国艺术精神的嬗变	456	长安古乐谱	12052
禅宗六代祖师像卷	1585	长安画派源流画展	2188
缠绵的毛毛雨	11496	长安看花记	12736
缠绕	10483	长安历代名碑	7728
蝉·石榴画法	968	长安烈火	5271

中国历代图书总目·艺术卷

长安牡丹	9308	长坂坡古城会	4244
长安胜迹印谱	8565	长鼻子	4889
长安十家	2316	长鼻子老大	6015
长安艺坛发新枝	12685, 12815	长长的乌拉银河	5871
长安中国画坛论集	714	长长的征程	6209
长白百宝下山来	4049	长城	4582, 9054, 9060, 9064, 9074, 9094, 9130,
长白参娃	4336		9136, 9139, 9795, 9798, 9838, 9865, 10556
长白赤松	10012	长城	2421, 2596
长白飞瀑	9865	长城——八达岭	9838
长白飞瀑	2419	长城春晓	1983
长白虎戏	4505	长城风光	9120, 9132
长白虎啸	4169	长城赋画集	1421
长白瀑布	2032	长城好汉	3814
长白青松	1830	长城红叶	9828
长白秋色	2804, 9042, 9877	长城脚下幸福渠	1839, 1845
长白秋色	2449	长城脚下幸福渠	2595
长白三宝	4505	长城金秋	9865
长白山	9077, 9078, 9129	长城礼赞	9126
长白山风情	9128	长城恋	12233
长白山上一棵松	5022	长城内外	2999
长白山天池	9064	长城内外尽朝晖	1823
长白山下	4902	长城秋景	9068
长白山下新一代	8882	长城秋色	9126, 9828, 9838, 9850, 9894, 9906
长白山写生集	2867	长城诗书画	2032
长白山珍喜丰收	4436	长城颂	3911, 9255, 9887
长白山之歌	11434	长城颂	2051, 2189
长白山之夏	9828	长城万里	4437
长白珍宝	2188	长城万里风光无限	1896
长白珍奇	4746	长城万里美如画	4336, 4505
长白之春	9784	长城万里友谊传	4170
长白之冬	9784	长城新貌	1851
长白之虎	3667	长城雄风	11521
长白之夏	9784	长城雄姿	9126, 9913
长坂坡 4244, 4336, 4437, 4582, 4660, 4854, 4902,		长城雄姿	2449
5434, 9949		长城一隅	9838

书名索引

长绸舞	4105, 9941, 12606	长笛音阶教程	11176
长春	4833	长笛中外名曲集	12457
长春	2051	长短集	13140
长春地质学院	9989	长发妹	5522, 5734, 5871, 6165
长春第一汽车制造厂	9989	长仿宋体字谱	7636
长春第一汽车制造厂工人新村	9989	长工窑前批"复礼"	3865
长春风光	9042	长谷川町子连环漫画	6990
长春服输	6164	长谷川町子漫画全集	6990
长春歌曲选	11609	长鼓舞	1863, 4049, 4170, 9148, 9941
长春君子兰	10501	长海红桦	9805
长春人民广场	9794	长海霞影	9901
长春市第二百货商店	9989	长号吹奏法	11169
长春市人民广场一角	9989	长号吹奏技巧	11172
长春市胜利公园	10099	长号吹奏入门	11176
长春市斯大林大街	9784	长号教学曲选集	12161
长春斯大林大街	9042	长号演奏实用教程	11171
长春颂	1319	长号中外名曲集	12457
长春藤	9444	长恨歌	8114, 8272, 11388, 11416
长春图	3614	长恨歌、正气歌小篆字帖	8241
长春图	2621	长恨歌画意	2794
长春音乐舞蹈记事	12559	长恨歌画意	2712
长岛人歌	2754	长恨歌诗画	1742
长笛 大提琴 竖琴三重奏七首	12234	长恨歌诗意图	2675
长笛·单簧管·萨克斯世界名曲重奏曲集		长恨歌图	1802
	12554	长恨歌五十七图	1999
长笛初级音阶练习	11174	长虹第一次读者影展选集	8867
长笛吹奏入门	11176	长记得	11542
长笛基础音阶练习	11176	长江	2732, 9135, 9838
长笛练习100课	11173	长江	2426
长笛名曲集	12455	长江版画	3030
长笛曲选	12157	长江大铁桥	12036
长笛少女	9712	长江的黎明	2729
长笛演奏风格	12458	长江第一漂勇士——尧茂书	4660
长笛演奏实用教程	11171, 11172	长江夺阿斗	3614
长笛演奏与练习	11172	长江风光	2436

中国历代图书总目·艺术卷

长江歌声	11388	长驱直入	5522
长江歌声选集	11413	长拳	1845
长江行	2874	长沙	8948, 8953, 9354
长江航运	8876	长沙——毛主席《沁园春》词意	1897
长江乐园	9074	长沙出土楚漆器图录	386
长江明珠图	2016	长沙出土古代漆器图案选集	386
长江漂流探险	10501, 10514	长沙革命纪念地画片	9323
长江三部曲	6347	长沙花鼓戏音乐	11142, 11147
长江三峡	4437, 8900, 9103, 9132, 9135, 9142,	长沙火车站	4105
	9798, 9877, 9887, 9917	长沙橘子洲	9051
长江三峡风光	10501	长沙湘剧低牌子音乐	12104
长江三峡观景台	9103	长沙湘剧高腔变化初探	11149
长江三峡揽胜	9139	长沙湘剧高腔曲牌	12111
长江上的老船工	3865	长沙新客站	9992
长江神女峰	2592	长沙窑瓷绘艺术	416
长江四景	4437	长沙窑珍品新考	434
长江万里图	2645	长沙棕叶编	10715
长江巫峡	9045	长生不老	6664
长江游击队	4998	长生的世界	1487
长江源	9865, 10514	长生殿	6165, 6401, 11838
长颈鹿和小刺猬	6695	长石的巨变	4998
长颈鹿和小羊	6474	长寿	1884
长镜头	10154	长寿百年	8826
长空"利剑"	5522	长寿长春	4746
长空激战	5220, 5871	长寿富贵	4660, 4746, 4804
长乐	8201, 8967	长寿歌	4746
长乐宫	9237, 9240	长寿健康	4336
长炼职工美术书法摄影作品选	322	长寿诀	8192
长命百岁	3614, 3667, 4244, 4336, 4746, 4833	长寿快乐	2189
长平激战	6015	长寿如意	4506
长平之战	5614, 6165	长寿松	2516
长青	9413	长寿图	1884, 4245, 4506, 4582, 4660, 4833
长青松	5434	长寿图	2110, 2168, 2655
长青图	2655	长寿县川剧团志	12933
长清名胜	2440	长寿县电影发行放映志	13182

书名索引

长寿新编	4437	长征能手四化尖兵	4245
长寿爷爷	4170	长征日记	1830, 1831
长寿有道	7559	长征书画集	1352
长松奔马图	1954	长征颂	2621
长穗双剑	9980	长征岁月	13162
长条纸趣味折纸	10700	长征途中	5335
长尾巴的孩子	6015	长征学传统 扎根大凉山	3911
长喜斋论画诗	472	长征印谱	8556
长相思	13117	长征组雕	8649
长啸图	4846	长直沟之战	5022
长啸斋摹古小技	8495	长治久安图	2032
长啸镇百兽	4660	长洲沙山春先生画谱	1604
长艳	9399	长洲章氏用印	8532
长阳南曲	12961	场长，我回来了	3818
长夜的秘密	13257	场景	8985
长影歌曲选	11904	场面调度设计	13205
长影故事片《红孩子》中的细妹	8996	场外指导	5274
长影艺术片《火焰驹》中的桂英和芸香	9148	尝新图	1744
长渔七号	5189	常备不懈	1812, 1823, 3021, 3153, 3216, 3818,
长征	5435, 10137, 11613, 11879		3869, 3958
长征碑林题字集	8339	常备不懈 严防敌人突然袭击	3179
长征大合唱	11944	常备摄影数据手册	8758
长征第一山	1811	常常洗澡身体好，常常洗手毛病少！	3071
长征歌曲选	11683	常春	10676
长征鼓角	1328	常春月国画选	2279
长征画集	1379, 1380	常打枪和龙女	5751
长征火种	6418	常德汉剧论集	12933
长征交响曲，作品十六	12228	常见题材的拍摄技巧	8786
长征路上	3952, 4002, 4049, 8863	常进山水画集	2454
长征路上创新业	3952	常觉圆速写集	2877
长征路上的故事	5373	常乐长寿	2192
长征路上小红军	12037	常留苍翠在人间	2116
长征路上写生	2862	常平安硬笔书法	7489
长征路上写生画集	1863	常青指路	9196
长征路线写生集	2853	常青指路 奔向红区	2740

中国历代图书总目·艺术卷

常胜将军 刘伯承	6438	常用汉字六体书法毛笔字帖	8348
常书鸿	1740	常用汉字十二体字典	8353
常书鸿绘画作品集	1340	常用行书速查手册	8433
常熟博物馆藏瓷	432	常用黑板报报头资料	10294
常熟博物馆藏印集	8550	常用黄草字库	8422
常熟书画院作品集	1340	常用简化字行书字帖	8433
常熟田	1795	常用简化字楷书字帖	8394
常熟翁相国手札	8030	常用交际舞	12663
常苏民、陶嘉舟电影歌曲选	11923	常用近义词钢笔字帖	7419
常香玉唱腔集	11831, 11867	常用隶书对联集萃	8261
常香玉唱腔选	11871	常用隶书速查手册	8373
常香玉演唱艺术研究	12940	常用六千汉字行草字汇	8430
常惺惺斋书画题跋	748	常用六书字帖	8352
常用报头结构设计与技巧手册	10335	常用美术资料丛书	10335
常用变形美术字	7645	常用美术字汇编	7642
常用标语口号美术字	7646	常用美术字新编	7636
常用标准色彩的实际应用	154	常用曲调	11079
常用草书速查手册	8421	常用曲调歌本	11079
常用草书习字帖	8416, 8417	常用曲调选	10902
常用成语钢笔字帖	7489, 7604	常用三千五百字钢笔字帖	7409
常用对联钢笔书法	7576	常用商品广告参考图案集	10385
常用对联行书字帖	8428	常用商品美术字	7647
常用多音多义字钢笔字帖	7466	常用摄影数据	8777
常用仿宋体字帖	7642	常用书法临赏指南	7324
常用钢笔字多用字帖	7515	常用图案作法	10212
常用钢笔字帖	7419	常用舞蹈动作选	12582
常用钢琴小奏鸣曲20首	12219	常用小调曲谱	11041, 11767
常用汉字八体钢笔书法字典	7614	常用信函钢笔范帖	7466
常用汉字繁简对照五体钢笔字帖	7443, 7444	常用艺术手册	039
常用汉字繁简楷行对照字帖	7295	常用应用文钢笔书法	7425
常用汉字钢笔字帖	7425	常用章草速查手册	8422
常用汉字结构法字帖	7353	常用篆书速查手册	8361
常用汉字快写法	7444	常用字词楷书字帖	7489, 7490
常用汉字快写字帖	7433	常用字钢笔行书速成习字帖	7490
常用汉字六体钢笔字帖	7444	常用字钢笔楷书行书对照字帖	7466

书名索引

常用字钢笔楷书字帖	7444, 7576
常用字钢笔书法大全	7515
常用字钢笔五体字帖	7604
常用字钢笔正楷快写字帖	7466
常用字钢笔正楷速成习字帖	7490
常用字钢笔字帖	7576
常用字行楷字帖	8325
常用字简繁对照六体书法字帖字典	8350
常用字快写法	7444
常用字快写法字汇	7248
常用字六体书法字帖	8350
常用字毛笔六体字帖	8353
常用字七体硬笔书法字典	7515
常用字三体钢笔字帖	7466
常用字十一体书写字典	8349
常用字四体书法字典	8348
常用字帖	8133, 8384
常用字五体硬笔字帖	7516
常用字形分布法	7304, 7305
常用字易错字钢笔习字帖	8274
常用字制图字典	7646
常用字篆字汇	8356
常用字字帖	8144, 8160
常玉画集	1406
常遇春胡大海	4447, 4589
常州风光	10508
常州民歌	11780
常州社会发展	8962
常州书法作品选	8302
常州书画作品集	2321
常州书学论集	7389
嫦娥	3552, 4113, 4667, 5632, 9560
嫦娥	2357
嫦娥阿姨回来了	4113
嫦娥奔月	1914, 1931, 4009, 4113, 4447,

	4513, 4589, 5454, 5535, 5536, 9220, 9343,
	10437, 10450
嫦娥的故事	4447
嫦娥今朝返故乡	4010
嫦娥恋故土 吴刚贺四化	4056
嫦娥起舞慰忠魂	3958
嫦娥喜迎家乡客	4447
嫦娥与后羿	4179, 4346, 4765
厂长今年二十六	6037
厂内运输线	2928
厂社挂勾育新人	3818
厂社挂钩	1755
厂小志气高 争作大贡献	3772
敞开的窗户	5964
畅评世界风云	3818
畅谈大好形势	3772, 3788
畅谈学习心得	3718
畅通的邮路	5223
畅通无阻	1805, 3869
畅想	9764
畅想曲	9389, 9402
畅销盒带歌曲精选	11718
畅心图	1356
唱吧 跳吧 少先队员	12013
唱吧！歌手	11467
唱吧！唐小鸭的故事	7075
唱杯吉祥的青稞酒	3534
唱遍神州大地的凤阳歌	10914
唱不完的幸福歌	11610
唱唱画画	11491
唱唱我这身新衣裳	11949
唱唱咱国产挖掘机	3819
唱出一个春天来	11709, 11733
唱春耕	11778
唱词韵辙	11086

中国历代图书总目·艺术卷

唱大寨	11839	唱来唱去	11753
唱得幸福落满坡	11611	唱雷锋 学雷锋	11628
唱对台戏	5454	唱念教学大纲	10992
唱丰收	3534	唱念课讲授提纲	10992
唱歌	11110, 11121, 11132	唱念知识讲话	10992
唱歌·教歌·写歌	10798	唱片磁带歌曲	11473
唱歌比赛会用歌曲	11367	唱片磁带歌曲选	11473
唱歌的技巧	11130	唱片歌曲	11435, 11436
唱歌的诀窍	11132	唱片歌曲选	11413, 11414
唱歌的艺术	11131	唱片经典	10879
唱歌法	11109	唱片里的世界	10889
唱歌方法·戏曲唱法·交谊舞	11134	唱片里的瓦格纳	10895
唱歌和音乐	10791	唱片音乐欣赏	10856
唱歌教材集	11109	唱起 135	12445
唱歌教材研究	10783, 11109	唱起歌儿迎新年	11600
唱歌教师辅导手册	11111	唱起建设的歌	11583
唱歌课本	11365	唱起来	11475
唱歌课的教育工作	11110	唱起来,跳起来	12601
唱歌五好社员歌	3673	唱腔改革中的几个问题	11139
唱歌学日语	12386	唱腔选辑	11838
唱歌要唱"跃进"歌	11583, 11600, 11773	唱王杰学王杰	11636
唱歌指挥法	11105	唱戏门径	12859
唱歌作曲法	11068	唱戏入门	12856, 12857
唱个曲儿庆丰收	3534	唱新春	11600
唱给"金珠玛米"的歌	11953	唱新歌	11636
唱给知音的歌	11714	唱新年	11387, 11762
唱功劳	11560	唱英雄	11389
唱功研究	12943	唱游	11381
唱过的歌	12045	唱在朝霞里	12036
唱好歌	11486, 12038	唱支"五讲""四美"歌	11699
唱好两首革命歌曲	11115, 11116	唱支山歌给党听	4113, 11613, 11614, 11702,
唱好两首革命歌曲——《国际歌》《三大纪律八项注意》	11116		11725, 12312
		唱支山歌给党听	2734
唱好两首革命歌曲,提高路线斗争觉悟	9267	唱支幸福歌	4346
唱讲"五歌"	10871	抄本琴谱	12294

书名索引

抄检大观园	5536	超现实主义的艺术	093
超霸九四卡拉OK大歌厅	11514	超现实主义与女人	590
超霸卡拉OK金曲	11507	超写实油画技法	1081
超霸世纪	3467, 3468, 3469	超写实主义绘画	199
超霸孙悟空	6683	超越	6554
超长篇机器猫哆啦A梦	7135, 7138	超越现代主义	198
超超	9431	晁错削藩	5274
超凡者之门	203	晁盖	5632
超级刺客	7102	晁海画集	2296
超级金刚葫芦娃大战女妖	6683	晁楣版画	3030, 3038
超级"巨星"	13207	晁楣版画选	3027
超级卡拉OK金曲大全	11733, 11737	晁楣论	1214
超级妙妙猫西克利	7066	晁楣作品选集	3009
超级骗局	5751	巢湖图	2624
超级汽车	1255	巢伟民书法	8261
超级杀手	6314, 6576	朝春图	3620
超级商场	4346	朝辞白帝彩云间 千里江陵一日还 两岸猿声
超级吸尘器	6651	啼不住 轻舟已过万重山	8153
超级现实主义	584	朝渡彩云中	9830
超级小飞童	7120	朝凤图	4346, 4513
超级艺术	050, 053	朝戈	2814
超级折纸	10756	朝戈素描集	2909
超轮本目连	12949	朝侯小子残碑	7764
超群美术字集	7627	朝花	10067
超然楼印赏	8499	朝起勃勃忙春耕	3673
超然想象构成	590	朝文字帖	7655
超人	6177, 7034, 7037	朝雾	2999
超人怪兽大战	7049	朝鲜彩色纪录片《兄弟的中国人民的使者》剪辑
超人与蝙蝠人	6243		13095
超时空斗士	6651	朝鲜电影歌曲选	12418
超时空都市	7103	朝鲜风云	4878
超时空猿王——孙悟空	7037, 7038, 7039, 7040	朝鲜钢琴曲三首	12495
超时空数学之旅	3497	朝鲜歌曲集	12363, 12364
超速风暴	3497	朝鲜歌曲选	12371, 12382
超现实画派	595	朝鲜古代音乐家朴堧和朝鲜的音乐遗产

	12352	潮剧艺术通讯	12924
朝鲜民间舞	12655	潮剧艺术欣赏	12956
朝鲜民主主义人民共和国	6928	潮剧音乐	11830, 12110, 12127
朝鲜民主主义人民共和国电影《战友》剪辑		潮剧志	12951
	13095	潮流与光影	13131, 13132
朝鲜民主主义人民共和国国歌	12539	潮汕国画家选集	1898
朝鲜民主主义人民共和国国歌	12542	潮汕历代书画录	262
朝鲜民主主义人民共和国造型艺术展览会		潮汕美术陶瓷与刺绣抽纱	10659
	363	潮汕乡土	2947
朝鲜民族舞蹈	9960	潮水落下去的傍晚	1723
朝鲜人民歌曲集	12401	潮州大锣鼓	12323
朝鲜实习生在中国工厂里	9262	潮州的民间剪纸	10666
朝鲜乡村风光	9880	潮州古筝音乐入门	11340
朝鲜音乐	10982	潮州乐曲三百首	12349
朝鲜战场素描集	2850	潮州民间音乐选	12342
朝鲜战场速写	2849, 2851	潮州民间筝曲四十首	12317
朝鲜战场速写集	2850	潮州音乐漫谈	10974
朝鲜战地素描集	2850	潮州音乐曲集	12128
朝鲜之歌	12360	潮州筝曲选	12318
朝鲜族美术作品选	1307	吵闹	12926
朝鲜族舞蹈基本动作	12611	吵子本	12054
朝鲜族舞蹈史	12624	炒茶机安装好了	2925
朝阳	3869, 9841	车把式	6750
朝阳沟3674, 5026, 5083, 5110, 5305, 5384, 8804,		车把式驾新车	3819
12118		车迟斗法	5751
朝阳沟好地方	11161	车迟国	5893
朝阳沟内传	5751	车尔尼 24 首钢琴左手练习, 作品 718	12490
朝阳花	5536, 5893	车尔尼 24 首钢琴左手练习曲, 作品 718	12525
朝阳山下的故事	4941	车尔尼 25 首钢琴小手练习曲, 作品 748	12525
朝元图	4859	车尔尼 160 首八小节钢琴练习曲, 作品 821	
朝云观奇案	6177		12505, 12521
潮	9816	车尔尼钢琴八度练习, 作品 553	12492
潮剧年鉴	12959	车尔尼钢琴八度练习曲, 作品 553	12493, 12525
潮剧闻见录	12946	车尔尼钢琴八小节练习曲, 作品 821	12525
潮剧研究	12951	车尔尼钢琴初步教程, 作品 599	12495, 12525

书名索引

书名	编号	书名	编号
车尔尼钢琴初步教程,作品 599	12531		3072
车尔尼钢琴初步教程家长辅导手册,作品 599		车间红医工	3025
	11259	车间喜报革新花	3819
车尔尼钢琴初级教程,作品 599	12510	车间新报	3819
车尔尼钢琴初级教程,作品 599	12531	车间宣传员	2745
车尔尼钢琴短乐句练习曲,作品 261	12531	车仿灯	12105
车尔尼钢琴简易练习曲,作品 139	12510,12525	车辆图	4346
车尔尼钢琴快速练习曲,作品 299	12521,	车轮飞转	5026,5055,5083,5246
12531		车轮滚滚	5274,5305
车尔尼钢琴快速练习曲集,作品 299	12515	车逻镇"访友"	4941
车尔尼钢琴练习曲 50 首,作品 740	12490,	车木造型艺术	8645
12521		车鹏飞	2478
车尔尼钢琴练习曲 50 首,作品 740(699)	12521	车上的战斗	6037
车尔尼钢琴练习曲集,作品 599 849 299		车书琴	4941
	12519	车水马龙	5536
车尔尼钢琴练习曲选	12490	车水谣	11944
车尔尼钢琴练习曲选集	12525,12537	车王府曲本与京剧的形成	12895
车尔尼钢琴流畅练习曲,作品 849	12515	车厢春风	5246
车尔尼钢琴流畅练习曲,作品 849	12495,	车秀清	9607
12515,12531,12537		车站风暴	5751
车尔尼钢琴流畅练习曲集	12495	车站故事员	3869
车尔尼钢琴流畅练习曲集	12495	扯起我们的国旗	4871
车尔尼钢琴流畅练习曲家长辅导手册	12537	彻底揭发批判"四人帮"	3269
车尔尼钢琴每日练习三十二首,作品 848		彻底清算"四人帮"扼杀影片《创业》、否定大庆	
	12531	红旗的罪行	3269
车尔尼钢琴手指灵巧初步练习曲,作品 636		嗔	9634
	12510	臣卉堂琴谱	12294
车尔尼钢琴手指灵巧初步练习曲,作品 636		辰生画集	2403
	12526	辰生速写	2363,2388
车尔尼钢琴小手练习曲,作品 748	12532	沉整洲	5752
车尔尼钢琴左手练习曲,作品 718	12526	沉整洲	6438
车尔尼少年钢琴家基训手册	12532	沉船	5752
车尔尼手风琴练习曲集	12501	沉浮记	5752
车尔尼小钢琴家,作品 823	12526	沉浮书艺	2173
车间大革命操作电钮搬生产一条龙面貌日日新		沉浮作品	2545

中国历代图书总目·艺术卷

沉绿湖上的英雄	5893	陈宝生摄影作品选	8979
沉绿湖上的英雄乐章	3356	陈葆棣画集	2532
沉沦与觉醒	13160	陈抱一画集	2712
沉默的持剑官	5894	陈本画集	1406
沉默的公主	5752	陈斌工笔画集	2279
沉默的呼唤	6999	陈秉忱书画选集	2034
沉默的人	5587	陈炳佳画集	2231
沉入生命	13158	陈波	5148, 5155
沉睡百年的人	6244	陈播书法集	8325
沉思	9607, 9658, 9690, 9719, 10454	陈伯华唱腔选	11866
沉香扇	4113, 4254, 8808, 9237	陈伯华唱腔艺术	11148
沉香扇	2500	陈伯华舞台艺术	12937
沉香扇——书房会	4668	陈伯坚版画选	3045
沉香亭	4513, 9993	陈伯良印存	8582
沉香亭图	2613	陈勃中国风光摄影集	9130
沉鱼落雁	3620	陈查礼探案选	6315
沉鱼落雁 闭月羞花	4514	陈尘禅先生大草写经	8118
沉冤	5454	陈承基画集	2521
沉冤记	5632	陈澄波画集	1866
陈白荷扇面画集	2536	陈冲	9527
陈白阳花草册	1567	陈崇平画集	2413
陈白阳花卉册	1567	陈崇平画选	2894
陈白阳花卉精品	1561	陈初电水彩画集	2951
陈白阳墨花册	1560	陈初良画集	2473
陈白一	808	陈初良线描	2413
陈百强金曲珍藏本	11733	陈初生书法选	8221
陈柏坚版画选	3045	陈楚波油画	2830
陈半丁、曹克家画选	2034	陈传若画集	2231
陈半丁的画	1376	陈传香打豹	3870
陈半丁芙蓉	1776	陈春梅书法作品集	8325
陈半丁花卉册	2487, 2488	陈春盛书法集	8274
陈半丁画册	1740	陈春勇画集	2279
陈半丁画选	1764	陈淳草书	8104
陈半仙落网记	6037	陈淳丰坊书法精选	8095
陈宝生摄影艺术集	8913	陈淳行书千字文	8089

书名索引

陈从周画集	1721	陈赓大将	6352
陈达青油画选	2781	陈赓将军	6037
陈大业画集	2532	陈公豹	5026
陈大羽画选	1914	陈恭敏戏剧论文集	12693
陈大羽画选	2173	陈观玉的故事	6483
陈大羽书法篆刻集	8286	陈光健画集	2411
陈大远李远诗书画选	2173	陈广山水画集	2473
陈大章画集	2231	陈国欢画集	2279
陈大中篆刻选	8588	陈国庆人体水彩临本	1188
陈丹青说色彩	565	陈国修音乐秘笈	10826, 10827
陈丹青素描集	2916	陈海萍国画集	2279
陈丹青速写	2889	陈海油画选	2814
陈丹芝画集	2551	陈汉民标志设计	10399
陈道复咏花诗墨迹	8093	陈浩刻人名百印	8586
陈道山花卉册	1641	陈浩书法篆刻集	8287
陈道学画集	2473	陈禾衣雕塑精品集	8637
陈德宏花鸟画集	2551	陈和年书印集	7164
陈德宏画集	2521	陈恒安书法选	8194
陈丁书画	318	陈红	9776
陈东成自书诗联文选集	8261	陈洪绶	787, 815
陈端友刻砚艺术	1062	陈洪绶工笔画册页	1561
陈莘画集	1414	陈洪绶画册	1574
陈舫枝画选	2783	陈洪绶蓝瑛画集	1583
陈飞虎·建筑风景·水彩画写生技法	1188	陈洪绶年谱	790
陈福善五十年的创作历程	1386	陈洪绶作品	1589
陈福书法选集	8313	陈洪绶作品集	1584
陈簠斋手札	8023	陈化成	5003
陈复澄书法艺术作品集	8244	陈挥油画作品选	2813
陈复礼摄影集	8976	陈辉光画集	2231
陈复礼摄影艺术研究	8706	陈辉线描	2279
陈复礼摄影自选集	8907	陈寄生图书苑	8480
陈复礼摄影作品评价	8692	陈加林画集	2321
陈复礼摄影作品欣赏	8976	陈家泠画集	2470, 2473
陈馥初画集	1412	陈嘉子书法作品集	8211
陈根竹刻艺术	8622	陈建中	1388

中国历代图书总目·艺术卷

陈建中二十年回顾展	2811	陈老莲画册	1568
陈剑晨编配中外口琴名曲80首	12503	陈老莲画集	1587
陈介祺手札	8023	陈老莲绘博古叶子	1582
陈今言美术作品选	1383	陈老莲离骚人物景刊本	1561
陈金刚大闹佛山堡	6037	陈老莲木刻画	3059
陈金章画集	2458	陈老莲任渭长白描人物	1583
陈金章画选	1931	陈老莲诗翰	8102
陈金章山水画稿	2458	陈老莲水浒叶子	1558
陈锦芳60回顾与前瞻	1409	陈雷戏剧论集	12693
陈锦芳艺术	1394	陈磊画集	2297
陈晋元及其司鼓艺术	12943	陈力画集	3059
陈景润	5454	陈立诚摄影艺术	10138
陈景润四探数学山	5632	陈立人书法集	8262
陈景舒书法作品选集	8194	陈立言画集	2546
陈镜开三破世界纪录	4910	陈良敏画集	318
陈菊女	5157	陈良抒情歌曲选	11978
陈军的工笔画	2297	陈亮乡基层选举影集	8868
陈均德画选	2787	陈卢影集	8867
陈君国画集	2321	陈鹿翁墨迹	7834
陈钧德	2815	陈曼若书法篆刻选	8313
陈凯歌电影论	13213	陈曼生花卉册	1643
陈克平 全心油画集	2827	陈曼生手札墨迹	8036, 8037
陈克永山水画集	2478	陈曼生书许大夫墓志真迹	8047
陈肯行草杜甫秋兴八首	8302	陈曼生先生真迹	8037
陈肯书法选集	8203	陈眉公订正春雨杂述	466, 470
陈况悦画选	1403	陈眉公订正古奇器录	378
陈兰甫先生书画特展目录	287	陈眉公订正古奇器录附江东藏书目录小序	
陈蓝洲画册	1643		378
陈蓝洲山水花卉册	1641	陈眉公订正画禅	744
陈朗斋先生画谱	1718	陈眉公订正画品	725
陈老莲版画选集	2990	陈眉公订正文湖州竹派	849
陈老莲草书五言联	8068	陈眉公考槃馀事	1024
陈老莲的人物画	1582	陈眉公梅花诗册	1561
陈老莲归去来图卷	1568	陈眉公先生订正画谱	1493
陈老莲花鸟册	1561	陈眉公先生手评书法离钩	7200

书名索引

陈眉公真迹	8014	陈桥兵变	5894
陈眉公重订瓶史	10571	陈巧巧陈海蓝姐弟画集	1317
陈眉公重订书品	7199	陈秋草花卉小景画选	2494
陈眉公重订学古编	8443	陈秋日剪纸集	10709
陈梅庵三代书画集	2216	陈秋田画集	2216
陈美龄歌唱精华	11980	陈全波舞台艺术	12928
陈孟康书孙子兵法	8244	陈全胜画集	2406
陈孟昕画集	2411	陈日钓雕塑选	8636
陈孟昕人物线描	2411	陈荣胜画竹	2525
陈民布贴画集	10688	陈荣盛歌曲集	12046
陈敏钢笔书法	7516	陈汝衡曲艺文选	12970
陈明达古建筑与雕塑史论	8613	陈瑞献选集	6806
陈明兰三延婚期	4941	陈三两	6037, 11873
陈明允西湖奇遇	6281	陈三磨镜	3620
陈茗屋印痕	8576	陈三五娘	4056, 4113, 4254, 4590, 5752, 13229
陈铭志三首序曲与赋格	12212	陈三五娘	2345
陈凝丹画册	2054	陈三与五娘	2388
陈派唱腔选	11875	陈善元书法艺术作品选	8274
陈培荣画选	2940	陈少白诗词书法集	8128
陈沛彬书法选	8212	陈少鹿首创回文梅花画册	1706
陈佩珩先生人物画册	1698	陈少梅	2406, 2470, 2536
陈佩秋	2478	陈少梅画集	1931, 2001
陈佩秋画集	2498	陈少梅画辑	1885
陈佩秋书画集	2231	陈少梅画选	1756
陈朋画集	6765	陈少梅自用印廿八钮	8555
陈鹏潮剧唱腔作品选	11877	陈少平作品选	2964
陈鹏同画集	2297	陈绍光	5224
陈鹏作品	2321	陈绍锦画集	2796
陈平 姜宝林山水画集	2466	陈胜 吴广	5246
陈平画集	2454	陈胜·吴广	5752
陈平问故庐书法选	8274	陈胜国画集	2217
陈其宽画集	1898	陈胜王	5752
陈琪画集	2540	陈胜吴广	4254, 4255
陈琦版画集	3053	陈师曾北京风俗画写真	1698
陈启智书法作品集	8325	陈师曾画集	1744

中国历代图书总目·艺术卷

陈师曾画铜	1715	陈天轴画集	2463
陈师曾画选	1709，1715	陈田鹤歌曲选集	11496
陈师曾兰	1764	陈田鹤先生作品曲集	11514
陈师曾山水册	1723	陈铁生书法集	8326
陈师曾先生遗墨	1701，1703	陈廷友中国画选	2474
陈师曾印谱	8543	陈望版画集	3036
陈十梅粉画作品	2955	陈望版画五十年	3053
陈十四娘娘	8826	陈望版画新作	3047
陈石连油画展专辑	2804	陈望国画集	2116
陈世民画集	2321	陈伟添书法集	8262
陈守义作品集	1418	陈渭山水画集	2116
陈寿藩画集	2478	陈文骥画人体	2881
陈寿荣飞鹰集	2246	陈武生黄山摄影作品	8936
陈瘦竹戏剧论集	12699	陈武星砖刻版画	3057
陈叔常印存	8576	陈西川素描	2916
陈叔亮书法集	8203	陈惜惜之死	6037
陈树人的艺术	1711，1714	陈锡镇书千字文	8326
陈树人桂林山水写生集	1375，1706	陈曦书法选	8221
陈树人红棉小鸟	1764	陈夏雨雕塑集	8630
陈树人画集	1703，1704，1716	陈宪章戏剧艺术论	12949
陈树人画选	2034	陈向迅陈平速写集	2884
陈树人近作	1707	陈肖依	9607
陈树人中国画选集	1711	陈肖依·卢君	9607
陈双太和第四班	4874	陈小奇自书歌词选	8302
陈硕贞起义	5894	陈晓明画集	2246
陈思捷画集	6765	陈晓彦十岁书法作品集	8232
陈思禹摄影作品	8992	陈晓彦五岁书法作品集	8231
陈泰宏画集	2321	陈孝祥画集	1414
陈潭秋	6352	陈薪伊导演艺术	12805
陈殷庵先生小楷扇集	8118	陈杏元	9147
陈陶遗先生墨迹	8122	陈雄立画集	2173
陈天然画集	1386	陈雄立画辑	2035
陈天然书画集	1403	陈秀莪水彩画选	2939
陈天啸画辑	2034	陈秀庆风光摄影作品集	9139
陈天啸书千字文	8287	陈秀英 匡忠	4056

书名索引

陈学文彩墨创意	2263	陈毅在赣粤边	5454
陈雪敏作品集	2830	陈应华	2297
陈烟桥木刻选集	3043	陈英卖水	8811
陈言勿去录	3491	陈英明书画集	2478
陈研作品选集	1403	陈瑾美术文集	266
陈衍宁画选	1382	陈永革书法集	8274
陈一峰速写集	2892	陈永乐画集	2413
陈一军画集	2408	陈永锵画选	2001
陈怡	9634	陈永镇儿童画选	6756
陈怡画语	2916	陈幼坚平面设计师之设计历程	10221
陈宜明副教授速写专集	2916	陈余生画集	1398
陈贻亮戏曲文论选	12732	陈玉成	5194, 5274, 5305
陈义经书黄鹤楼诗联	8393	陈玉成战六合	5536
陈亦沁题图尾花集	10303	陈玉方小楷墨迹	8049
陈奕禧墨迹	8016, 8019	陈玉儿画册	1617
陈奕禧香泉墨宝	8016	陈玉圃画集	2174
陈毅 叶剑英	6315	陈玉圃山水画集	2482
陈毅出山	4179, 4255, 5536, 5632, 5894	陈玉圃水墨画集	2035
陈毅打游击的故事	4056	陈玉先、仓小宝、袁正阳、赵希玮、廖宗怡插图	
陈毅扭架连	5384		6607
陈毅和孩子	4447	陈玉先报刊美术精选	10294
陈毅将军	4346	陈玉先插图集	6615
陈毅军长	5752	陈玉先的速写	2872
陈毅诗《青松》	8149	陈聿强水印丝网版画	3053
陈毅诗：志士嗟日短，愁人知夜长，我则异其		陈钰铭速写集	2887
趣，一闲对百忙	8175	陈御史巧勘金钗细	5894
陈毅诗词书画屏	4255	陈御史巧勘银钟案	6214
陈毅市长	5536, 5632	陈元高书法选	8212
陈毅同志的故事	5454	陈元勋画集	2231
陈毅同志诗《冬夜杂咏》	8144	陈圆圆	13104
陈毅同志诗《红梅》	8144	陈远书法作品初集	8326
陈毅同志诗词选	8144	陈月舟画集	2321
陈毅同志在幼儿园	4010	陈云君诗书画选	2174
陈毅元帅	4179, 4255, 4346, 4347, 5752	陈云同志	2360, 2723, 2734
陈毅元帅的光辉一生	2363	陈云同志关于评弹的谈话和通信	12975

陈云同志和评弹艺术	12974	陈志华艺术论集	119
陈运权白描花鸟画集	2546	陈志精古民居画选	2279
陈则周刊头绘画	10323	陈智永楷书千字文	8401
陈增胜画集	2525	陈仲明书法集	8244
陈增胜猫画选	2576	陈州放粮	5536
陈章侯画博古牌	2971	陈朱钢笔字	7466
陈章侯会真记图	1617	陈沫龙画集	2246
陈章侯绘博古叶子	2974, 2975	陈子波百梅图	2536
陈章侯人物册	1609, 2974	陈子奋白描花卉册	2488, 2490, 2494
陈章侯水浒页子	2979	陈子奋画集	2055, 2116
陈章水油画作品集	2820	陈子奋先生治印	8560
陈肇汉自书诗	8212	陈子文手抄《紫泥法》墨迹	8067
陈真	5894, 5895, 6037	陈子毅画选	1957
陈真传	4347, 4447, 5895, 5896, 6037, 6038	陈子庄画集	2018
陈振国画集	2404	陈子庄画集	2263
陈振国书法作品集	8326	陈子庄画选	2454
陈震画集	2958	陈子庄谈艺录	714
陈正清书画集	2279	陈子庄写生稿	2001
陈正义书法集	8314	陈子庄作品选	1898, 1914
陈政多体字帖	8347	陈自照画集	2174
陈政明国画集	2246	陈宗瑞彩墨画集	1958
陈政明国画选	1931	陈醉论裸体画裸体及其他	548
陈政明国外写生画集	2055	晨	3552, 4113, 4179, 9806, 9830, 9841
陈政魏体千字文	8244	晨炊	3000
陈之奋白描花卉册	2488	晨读	4113, 4114
陈之佛的画	1377	晨风	9841
陈之佛工笔花鸟画集	2499	晨风吹来一缕油香	11981
陈之佛和他的画	2855	晨风庐琴会记录	10949
陈之佛花鸟画集	2509, 2512	晨歌	11471
陈之佛画集	2488, 2497	晨光读画随笔	116
陈之佛画选	2490, 2499	晨光歌选	11381
陈之佛染织图案	10269	晨晖	9854
陈之佛文集	539	晨鸡图	1756
陈之佛研究	523	晨露	9854
陈之泉书法集	8287	晨跑	4114

书名索引

晨曲	1723, 1776, 4179, 5752, 9841, 9854, 10444	成都市川剧院演出团说明书	13015
晨曲图	2647	成都市志	12956
晨声69声字结合练声曲	11065	成都四十年	8946
晨雾	2807	成都万佛寺石刻艺术	8649
晨雾——绍兴水乡	2727	成都望江楼	9993, 9994
晨曦	2877, 8866, 9798, 9806, 9816, 9880	成都武侯祠	4514
晨曦呼渡图	1764	成都武侯祠馆藏书画集	1489
晨星短歌	12436	成都音乐馆创立纪念演奏大会	10953
晨妆	1788	成都油画	2820
晨妆图	10464	成方圆程琳演唱歌曲	11706
湛北新风景油画作品选	2807	成方圆独唱歌曲选	11978, 12429
湛北新油画作品选	2820	成皋之战	5454
趁风上蓝天	4447	成功大会之后	4056
称汉传明	6177	成功的手术	3819
称苹果	4255	成功啦	4010
称心如意	4056, 4255, 4668	成功之道	8203
称心如意	2035	成功致富又快乐	3497
赪鳞跃彩	1885	成果喜人	3958
成本核算入门	6979	成汉飚书法集	8245
成才名言	8826	成弘夫山水画集	2466
成才名言集锦	8194	成弘夫山水速写集	2474
成才之路	7545	成化丛帖	8287
成长	2756, 3015, 3788, 9634	成化闰苏材小篆	8099
成长	2594, 2734	成化小楷	8245
成长的贺卡	3491	成吉思汗	5896, 6554
成都	9343, 9402	成吉思汗军歌	11759
成都杜甫草堂	9997	成吉思汗陵祭随想曲,作品2	12235
成都杜甫草堂一角	3005	成家宝书	381
成都风光	8918, 10496	成见作怪	5536
成都美术创作集	123	成昆铁路	9055, 9991
成都名胜	10454	成名格言	4846
成都盆景	10624	成名金曲	11737
成都情思	11811	成年人钢琴初步教程	11220
成都少年儿童美术作品选	1364	成年人应用钢琴教程	11231
成都诗婢家诗笺谱	1709	成器之路	10194

中国历代图书总目·艺术卷

成亲王法帖	8089	呈祥硬笔书毛泽东诗词选	7614
成亲王归去来兮辞	8027	诚实的孩子	5083
成亲王临化度寺碑	8037	诚实的孩子人人爱	5384
成亲王书竹枝词	8071	诚实的人	5896
成人钢笔字帖	7614	诚实篇	4255
成人钢琴曲选	12515	诚实人之死	5536
成人钢琴之路	12213	诚一堂琴谱	12301
成人声乐考级作品集	11361	诚一堂琴谈	11319, 12302
成人书法教程	7288	诚挚赠言	7516
成仙	5632, 6038	承担起孤独	116
成荫与电影	13208	承德避暑山庄	4447, 9299, 9869
成渝线上	2924	承德避暑山庄水心榭	9854
成语典故圆珠笔钢笔行草字帖	7490	承德避暑山庄烟雨楼	9793
成语动画廊	3423, 6729	承德风光	4347, 8939, 8957, 8968, 9333, 9364,
成语钢笔习字帖	7419		9417
成语故事	3519, 5455	承德风景	10508
成语故事 150	6683	承德金山	9250
成语故事大全	6519	承德金山亭	9086, 9994
成语故事连环画库	6439	承德揽胜	10508
成语故事选	5455	承德普乐寺	9065
成语画屏	2055	承德普宁寺	9065, 9086
成语画意	4668	承德普陀宗乘之庙	9066
成语及常用词语字帖	7672	承德山庄秋色	9066
成语及常用词语字帖	7672	承德外八庙	9817
成语精选钢笔行书字帖	7614	承德戏曲全志	12769
成语楷书字帖	8245	承德戏曲资料汇编	12769
成语连环八百阵书法大典	8326	承德烟雨楼	9066
成语千字文字帖	8393	承晋斋积闻录	7265
成语四字经钢笔四体字帖	7444	承霤居印稿	8515
成语图画故事	5384, 5455	承清馆印谱	8480
成语小楷习字帖	8153	承先启后 继往开来	1853
成语硬笔书法字帖	7590	城堡上的三尊大炮	6425
成兆才与评剧	12929	城防图	5305, 5632
丞相斩子	5752	城隍庙碑	8021, 8069
呈祥如意	4668	城隍山	1788

书名索引

城里姑娘到山区	3674	乘长风破万里浪	4668
城里来的表妹	5536	乘长风破万里浪	2669
城里来的姑娘	3718	乘车人物百态漫画技法	1242
城里来的好姑娘	3620	乘风破浪	3582, 4447, 4668, 9377, 9389, 13229
城里来了机修组	3760	乘风破浪解放海南特刊	12900
城楼剑影	6038	乘风破浪全面"跃进"	3072
城南旧事	5752, 13114	乘风仙子	4347
城濮大战	5753	乘凉晚会	444
城濮之战	5055, 5632, 5896	乘龙佳婿	4590, 4668
城墙山	2928	乘龙驾凤	4448
城市	2830, 6923, 6926	乘龙驾凤 粮棉丰收	3620
城市变奏	349	乘龙跨凤	4010, 4255
城市的眼睛	8613	乘龙跨凤 喜迎新春	4347
城市雕塑	8672	乘龙庆寿	2055
城市雕塑环境艺术	8677	乘龙仙女	4514
城市雕塑设计	8618	乘龙献宝	4590
城市雕塑艺术	8677	乘龙献寿	4776
城市风光	9898	乘胜前进	3870, 3916
城市风情系列	3519	乘胜前进暂夺钢铁优质高产低成本	3072
城市环境雕塑	8677	乘胜再"跃进"生产满堂红	3072
城市交通	4179	乘胜追击	7103
城市猎人	6932	乘象将军	4765
城市美容师	4347	程大利画集	2192
城市山水画集	2478	程大利山水画选	2470
城市新建筑	4347	程夫人勉夫教子	4590
城市之光	6177	程海清作品选	2411
城市支援农村,农村支援城市	3534	程辉山水画集	2478
城头就义	5896	程及水彩画	6910
城乡壁画选集	6618	程家焕作品集	2217
城乡交流	1724	程军书法篆刻选	8287
城乡实用钢笔字帖	7466, 7576	程君房墨赞	1059
城乡卫生歌	3387	程荔江印谱	8533
城乡住房布置与美化	10577	程琳歌唱精选	11978
城镇绿化	3346	程明泰画集	2174, 2217
城镇卫生要做到五洁	3329	程潜起义	5896

中国历代图书总目·艺术卷

程青溪释石涛山水卷	1641	程咬金·罗成	4753
程少峰印谱	8514	程咬金搬兵	3582, 3620
程十发	2279, 2297	程咬金劫皇杠	5633
程十发花鸟册	2494	程咬金劫王贡	5633
程十发花鸟习作	2494	程咬金卖扒\	5536
程十发画集	2263	程咬金全传	6038
程十发画辑	1885	程咬金让位	5753
程十发近作选	1898	程咬金招亲	4347, 4590, 5633
程十发书画	1866	程咬金招亲	2055, 2116
程十发仙乐仕女笺	3040	程毅强行草硬笔书法	7516
程氏墨苑	1024, 1025	程音章管乐曲集	12162
程氏印谱	8482	程骈油画作品选	2834
程氏竹谱	1552	程与天金石书法	8194
程树安电影电视评·论选	13163	程与天金石书法展览	8558
程遂山水册	1674	程元草书集	8422
程太广播电视盒带歌曲选	11926	程远作品选	2830
程文周摄影作品集	8991	程云鹤书法选集	8245
程锡铭书法集	8274	程允贤肖像雕塑选集	8635
程晓英	9527	程兆星版画	3064
程旭光画集	2246	程治宇书法作品集	8262
程序伯精细山水图册	1631	程子四箴	7829
程亚军画选	2018	惩罚	5194, 5339
程砚秋唱腔集	11871	惩罚恶虎的剑龙	6555, 6576
程砚秋唱腔选集	11872	惩奸除恶	6038
程砚秋的舞台艺术	12865	澄观图册	1588
程砚秋赴欧考察戏曲音乐报告书	11136	澄湖荷香	9105
程砚秋文集	12865	澄怀八友图	1590
程砚秋舞台艺术	12866	澄怀堂印谱	8498
程砚秋艺术评论集	12893	澄怀堂印剩	8515
程艳秋剧词	12857	澄鉴堂琴谱	12302
程扬书法篆刻	8287	澄兰室古缘萃录	1466
程咬金	5753, 6439	澄清堂帖	7777
程咬金 单雄信	4448	澄秋馆印存	8534
程咬金 秦叔宝	4590	澄心、天籁	168
程咬金·单雄信	2388	橙碧	2842

书名索引

橙路	7127	尺素遗芬	8023
秤的故事	5339	叱咤风云	5456
秤眼老章	5110	叱咤风云 威震疆场	4514
吃果果	9690	叱咤风云集	11369
吃喝饮食传说	6352	叱咤九四卡拉 OK 大歌厅	11514
吃与乐	6979	赤壁大战	5384
痴呆的伴侣	5753	赤壁斗智	6038
痴蝶受惊	10039	赤壁赋	7949, 8015, 8050
痴洪梅谱	1719	赤壁赋墨迹精华	7734
痴情郎巧遇红云女	6315	赤壁赋书画特展	1511
痴情女子	4834	赤壁怀古	7983, 8166
痴情小子	11709	赤壁凌霄	10624
池坊生花研究	10727	赤壁图	4860
池畔	9817, 9842, 9880	赤壁之战	5384, 5633, 5896, 6038
池畔倩影	9658	赤橙黄绿青蓝紫	5753, 5897
池趣	9891	赤胆红心绘新图	5159
池趣	2604	赤胆忠心	5055, 5056, 5083, 12206
池上篇	8073	赤胆忠心的好战士吴兴春	3123, 5083
池塘清趣	9854	赤胆忠心智斗敌顽	2740
池塘清趣	2657	赤道彩虹	10133
池塘鱼戏	4514	赤道战鼓	3757, 5110
池兴漫画集	3469	赤发灵官斗济公	6244
驰骋疆场	4807	赤峰立鸢	2657
驰骋疆场	2055	赤峰雅乐	12345
迟长胜硬笔书法	7490	赤脚好阿姨	3916
迟到	11704	赤脚兽医	3760
迟到的春天	5537, 5753	赤脚医生	3760, 5148
迟德顺作词歌曲选	11522	赤脚医生遍山村 合作医疗气象新	3217
迟鸿轩所见书目录	1464, 1471	赤脚医生创奇迹	3870
迟开的花朵	5537	赤脚医生防治好 合作医疗巩固牢	3217
迟轲教授学术研讨交流文集	480	赤脚医生好	5194, 9524
迟轲自选文集	116	赤脚医生好阿姨	3916
持花束的小姑娘	6850	赤脚医生来到我们家	3819
持扇的姑娘	6890	赤脚医生李健民	5194
尺木楼琴谱指法摘录	11319	赤脚医生心向党	11678

中国历代图书总目·艺术卷

赤脚医生在田间	3819	充满符号的戏剧空间	12828
赤裸的太阳	6717	充满理想	9560
赤桑镇	12085	憧憬	9008, 9016, 9533, 9582, 9607, 9635, 9658,
赤水春晨	1845		9659, 9691, 9719, 9745
赤水河——红军曾先后四次渡此河作战	9789	憧憬未来——影坛新秀董智芝	9582
赤水河纤夫	5897	虫	1489
赤天化工地速写	2866	虫类画参考	936
赤土中心魂	6406	虫谱	633
赤卫队员话当年	3674	虫情测报	3788
赤影战士	6381	虫趣天呈	10335
赤玉丹霞	8654	虫鱼谱	2540
赤子情	9289	崇藏墨皇北宋拓圣教序	7774
赤子心	313	崇高的精神——向华山救险英雄群体学习!	
赤子忠魂	5633		3356
冲啊！四驱小子	6382	崇高的职责	4980, 13261
冲不垮的防波堤	5247	崇高美的历史再现	9291
冲出哈尔滨	6039	崇善寺	9795
冲出牢笼	5897	崇尚冒险	13319
冲出亚洲走向世界	3346	崇文区少年宫学员书法习作选	8274
冲风斗雪见精神	1931	崇武民兵	12639
冲锋号	5305	崇武以东显神威	5753
冲锋在前	5753	崇祯借饷	5456
冲锋在前——记战斗英雄胡绪清	5456	宠物	10081
冲击视觉的音波	11160	抽象表现主义	586
冲击之歌	11620	抽象彩色摄影集	10148
冲破封锁线	5306	抽象绘画	589
冲破洪涛救亲人	5083	抽象派绘画	595
冲破黎明前的黑暗	5026	抽象摄影	8793
冲破罗网	5753	抽象图案	10314
冲破漫漫长夜	4941	抽象艺术	598
冲向世界屋脊	8971	抽象与移情	025
充电魔人	6702	仇大姑娘	5897
充分发挥笔杆子的战斗作用	247	仇大娘	5537
充分发挥贫下中农的作用，建设社会主义新农		仇敌与情侣	6039
村！	3134	仇恨	5306

书名索引

仇恨夫妻	5633	出国之前	3870, 5275
仇恨怒火燃胸怀	12172	出海	3005, 10454
仇侣	5633	出航	2716
仇深似海	5135	出航之前	5194
仇十洲画册精品	1572	出击之前	2734
仇十洲画文衡山写西厢记合册	1561	出将入相	9243
仇十洲人物册	1559	出卖灵肉的人	5456, 5537
仇十洲仕女册	1561	出卖心的人	5753, 5897
仇十洲移居图卷	1568	出门发财	2055
仇实父画六家细楷册	1566	出门见喜	4668
仇文合璧西厢记会真记全册	1568	出米岩	5537
仇文合璧赵飞燕外传全册	1568	出牧	1764
仇文合制西厢记图册	6745	出奇制胜	6039
仇晓	9036	出入平安	4807
仇寅书外国名诗	7444	出入平安 万事如意	4514
仇英《人物故事图册》	1582	出色的旅游摄影	8751
仇英斗丽图手卷	1589	出使西域	5633
仇英画风	1586	出水芙蓉	4668, 9023, 9031, 9607, 9635, 9659,
仇英画集	1587		9719
仇英山水	1573	出水芙蓉	2116
仇英作品展图录	1586	出水芙蓉戏鱼图	4835
仇占国画集	2321	出水蛟龙	3023
绸伞舞	4347	出膛的子弹	6039
绸舞	12655	出污泥而不染	10079
畴斋墨谱	1059	出新	3788
丑小鸭	5456, 5537, 6039, 6281, 6519, 7138	出原修子 叶智勇染色世界	10362
丑中美	12899	出云峰下	5339
臭秦桧	5456	出诊	1866, 2755
出版纸张工作三十五周年纪念册	306	出诊归来	3760
出大力、流大汗、为社会主义多作贡献	3296	出征	1840, 12589
出发之前	3020, 3021	出征成功: 喜十郎卷	7103
出港	3009	出征图	3582
出工	1764, 3719	出自积淀的水中	10838
出工图	3788	初、中级练耳教程	11064
出国参观考察报告	13223	初版年画缩样	3755

中国历代图书总目·艺术卷

初出茅庐	5056, 5633	初露锋芒	5897
初出少林	6039	初伦铜版画选	6919
初春	4765, 9880	初期职业话剧史料	12906
初春	2732	初晴	1756
初春的早晨	5247	初人艺术市场	211
初荡青波	1812	初上征途	10413
初荡新波	1845	初升的太阳	5384
初等口琴练习曲集	12484	初升的太阳——英明领袖华主席接见大庆家属	
初放	10060	业余文艺演出队	2352
初欢	13258	初试锋芒	1832, 6039, 9334
初会飙字军	5754	初踏黄金路	3009
初会寒江女	6039	初踏青山	1823
初级电子琴演奏法	11279	初探大别山	5456
初级钢琴曲集	12212, 12488, 12496	初唐 敦煌壁画 飞天	6621
初级钢琴曲选	12187, 12515	初唐书论	7365
初级钢琴音阶 和弦 琶音	11245	初唐四大书法家	7282
初级古筝教程	11338	初唐四杰	5897
初级国画临摹范本	2217	初吐芳心	13118
初级和声教程	11098	初拓宝贤堂帖	7741
初级色彩画技法	563	初拓爨龙颜碑	7787
初级摄影教程	8786	初拓董美人墓志	7846
初级视唱	11041	初拓董美人墓志铭	7830
初级视唱教程	11055	初拓高湛墓志	7788
初级小提琴练习曲选	12178	初拓汉张迁碑	7771
初级小提琴协奏曲精选	12178	初拓怀素草书自叙帖	7834
初级小学歌曲集	12004, 12006	初拓姬夫人志	7892
初嫁	5897	初拓快雪堂帖	7777
初刻拍案惊奇	6425	初拓李超墓志	7785
初刻拍案惊奇精选	6315	初拓洛神赋十三行	7777
初梨藏砂	10653	初拓三希堂法帖	7711
初犁归来	2745	初拓三希堂续法帖	7711
初恋的游戏	6519	初拓三希堂原本	7711
初恋的滋味	11725	初拓书谱	7232
初恋时，我们不懂爱情	4753	初拓司马景和妻墓志	7820
初露才华	6244	初拓思古斋兰亭序	7778

书名索引

初拓思古斋石刻	7778	初雪	6870
初拓王基碑	7788	初印芥子园画谱三集	661, 662
初拓颜勤礼碑	7937	初月楼论书随笔	7227
初拓张猛龙碑	7778	初战	5384
初拓张陶二夫人墓志	7842	初战雄州城	6039
初拓章草诀歌	8412	初绽	10053
初拓赵松雪道教碑	7949	初中钢笔正楷字帖	7444
初拓赵松雪六体千文足本	7949	初中古诗词曲钢笔行书字帖	7420
初拓赵子昂道教碑	7949	初中课本古诗钢笔字帖	7444
初拓真赏斋法帖	8024	初中音乐读谱法	11034
初拓郑文公碑	7778	初中优秀歌曲选	11484
初拓朱君山墓志铭	7786	初中语文插图集	6602
初夏	3000, 9842, 9869, 9880	初中语文课本文学名篇规范钢笔字帖	7576
初显身手	5754	初中语文重点语段行书字帖	7490
初醒	9402	除"四害"剥画皮	11464
初学风景画教室	637	除霸雪恨	5897
初学画虎	995	除霸迎阎王	5634
初学画马	630	除暴君	5897
初学画牛	631	除虫图	1805, 1812
初学毛笔字	7295	除盖障菩萨	6576
初学美术正规训练范画	615, 616	除害	1853, 4941, 5384
初学人物十八则	870	除奸	5754
初学入门琵琶谱	12308	除奸反特斗顽敌	5897
初学摄影常见失误	8765	除奸记	5339, 5384
初学摄影入门	8765	除奸易帜	6039
初学摄影知识 100 题	8770	除三怪	5634
初学手绘 POP 应用字汇	7641	除三害	4179, 5898
初学书法百例疑难问答	7344	除四害漫画集	3409
初学书法技巧入门	7288	除夕	3870, 6352
初学书法浅谈	7312	除夕暴动	5339
初学水彩画	1181, 1182	除夕夜晚多美好	11481
初学水墨画	712, 714	除夕夜战	4921
初学素描画教室	1118	除夕之夜	3870
初学小提琴 100 天	12472	除妖记	5456
初学照相技术	8734	除妖受骗记	6039

中国历代图书总目·艺术卷

除妖乌鸡国	6244	储云章草古诗十九首	8274
厨房与卫生间	10620	楚霸王	5898
锄草归来	2996	楚北杨氏兰亭砖塔铭摹本	7830
锄奸记	4941, 5537, 5634	楚楚风姿	9482
锄彝斋藏周毛鼎铭集拓本	7663	楚汉成皋之战	5634
锄月庐仿古印集	8536	楚汉相争	5898
雏凤凌空	3958, 4255, 4590, 5456, 8807	楚汉之战	5898, 6519
雏凤凌空——杨排风	4347	楚剧概言	12917
雏鸡	9344, 10039	楚剧曲调简编	12116
雏鸡·牵牛花画法	968	楚剧音乐	11156
雏鸟出壳的故事	5456, 5898	楚剧音乐概论	12134
雏鸭满院	4255	楚剧志	12946
雏燕	4056, 10067	楚剧志资料汇编	12931
雏燕展翅	5247, 9306, 9310, 10031	楚科奇海底的秘密——大西洋底来的人	5537
雏鹰	8631, 10060	楚灵王	5634
雏鹰比翅	3916	楚桥印稿	8496
雏鹰练翅要翱翔	2559	楚秦汉漆器艺术	420
雏鹰临松	10032	楚瑞中学音乐	11384
雏鹰在行动	6717	楚三怪娶亲	9237
雏鹰展翅	3788, 5456, 10012, 10013, 10039	楚三举鼎 钱王射湖	4668
雏鹰展翅	2558, 2559	楚山欲雨图	2613
橱窗陈列设计	10612	楚天风云	5634, 5898
橱窗广告设计自学指导	10751	楚天剧论	12688
橱窗广告语剪贴美术字	7646	楚天晚晴作品选	2246
橱窗设计	10610, 10614	楚图南书法作品	8302
橱窗设计艺术	10611	楚吴之战	5634
橱窗展示	10756	楚雄市民族民间舞蹈	12623
橱窗装潢图案	10610	楚雄彝剧音乐资料	12116
橱柜设计	10618	楚雄彝族自治州戏曲志	12770
储粮储草 备战备荒	3168	楚雄州戏曲志	12783
储蓄好	4255	楚学信书增广贤文	8377
储蓄实用美术	10187	楚艺术史	266
储蓄有余	4448	楚艺术研究	258
储蓄与生活漫画集	3482	楚英	5275
储云、沃兴华书画作品选	307	楚游	1931

书名索引

楚游寓目编	1455	褚遂良书伊阙佛龛碑	7894
楚雨湘烟入画图	2001	褚遂良书阴符经	7892
楚庄王	4668	褚遂良雁塔圣教序	7917, 7937
楚庄王图强	5898	褚遂良雁塔圣教序楷书字帖	7917
褚本兰亭订颖考	7203	褚遂良阴符经	7374
褚河南大楷习字范本	7834	褚遂良中楷字帖	8380
褚河南临兰亭绢本真迹	7841, 7850	褚小妹学文化	4921
褚河南孟法师碑	7834	处处都有小雷锋	4347
褚遂良	7894	处处岗哨	1832
褚遂良《孟法师碑》选字帖	7894	处处岗哨	2592
褚遂良《圣教序》楷书大字谱	7920	处处好地方	5110
褚遂良《雁塔圣教序》	7906	处处楼台处处花	4668
褚遂良《雁塔圣教序》笔法图解	7937	处处盛开向阳花　向阳院里育新人	3249
褚遂良《雁塔圣教序》描红本	7920	处处是亲人	5110
褚遂良大楷字帖	7911	处处是战场	3232
褚遂良法帖	7911, 7916	处处为社员着想	3958
褚遂良冯承素书兰亭序	7840	处处有雷锋	3870, 12140
褚遂良行楷字帖	7861	处处有亲人	3772, 3819, 3870
褚遂良行书二种	7927	处处注意到	3870
褚遂良楷书	7906	处世歌诀	6555
褚遂良楷书风格研究	7389	处世格言	8034
褚遂良楷书水写帖	8407	处世金言钢笔行书字帖	7546
褚遂良楷书习字帖	7898, 7917	处世箴言钢笔字帖	7576
褚遂良楷书字帖	7864	川北灯戏	12769
褚遂良孟法师碑	7875	川北皮影戏	12979
褚遂良孟法师碑楷书字帖	7917	川岛芳子	6102
褚遂良倪宽赞	7920	川底下村	2297
褚遂良圣教序字帖	7853, 7854	川江船夫号子	11778
褚遂良书儿宽赞	7840	川江怒涛	5898
褚遂良书法精选	7914	川剧《古墓香魂》	9949
褚遂良书法全集	7911	川剧《花田写扇》	9949
褚遂良书法选	7898, 7920	川剧《情探》的表演艺术	12918
褚遂良书孟法师碑	7857	川剧爱好者	12926
褚遂良书倪宽赞	7881	川剧表演身段教程	12956
褚遂良书学之研究	7288	川剧常识	12935

中国历代图书总目·艺术卷

川剧词典	12935	川西民俗	8901
川剧旦角表演艺术	12921	川西秋色	9907
川剧笛子曲谱	12112	川西三月	3819，3870
川剧高腔乐府	12842	川湘山水对屏	4255
川剧高腔曲牌	11139，11140	川岳生风	4256
川剧高腔曲牌词格	11153	穿彩珠	4347
川剧高腔音乐散论	11154	穿长靴的猫	7138
川剧胡琴、弹戏、唱腔	11865	穿和服的姑娘	9607
川剧胡琴曲牌	11837	穿江破雾	4347
川剧胡琴曲谱	12116	穿墙大侠	6717
川剧集锦	13235	穿山龙	5898
川剧揽胜	12933	穿山引水	1832
川剧脸谱	12926，12933	穿上红军鞋	3916
川剧脸谱选	12923	穿上了征衣的女郎	12356
川剧锣鼓牌子	12105，12126	穿上叔叔的服装	3552
川剧偶谈	12949	穿石斋竹谱	2117
川剧唢呐曲牌	12114，12135	穿树叶的精灵	6717
川剧弹戏曲牌	11837	穿靴子的公猫	7057
川剧晚会	12099	穿岩古榕	9078
川剧学习与研究	12931	穿衣不要妈妈帮	4114
川剧移植革命样板戏唱腔选段	11859	穿越封锁线	5457
川剧艺诀释义	12923	穿越时空	8637
川剧艺术概论	12938	穿越世纪	2834
川剧艺术形象谱	12945	穿越四季	116
川剧艺术研究	12920，12925，12931	传播学	6613
川剧艺闻录	12708	传法花鸟画集	2528
川剧艺苑春烂漫	12959	传法中国画集	2232
川剧音乐	11138	传国玺谱	8484
川剧音乐概述	12133	传家宝	3134，5247
川剧音乐问题研究资料	12840	传朴堂藏印菁华	8552
川剧志	12945	传奇形象	10772
川目连艺术论	12956	传奇英雄	13249
川南民歌	11767	传奇英雄罗宾汉	5537
川蜀起义	5898	传枪	12081
川西民间挑花图案	10347	传神秘要	868，869

书名索引

传神写意的中国绘画	590	传统图案白描画精选	2018
传神与会意	804	传统戏剧集锦	4056
传世雕塑	8678	传统戏剧人物画	4056
传世画藏	1491	传统戏曲的现代表现	12788
传世漫画	7026	传统线描人物	2408
传世名画	6836	传统杨柳青年画娃娃专辑	4765
传世最佳本集王圣教序	7801	传统艺术与当代艺术	100
传授	3719	传统音乐概论	10916
传授农艺	3674	传统与创新	1325
传授武艺	3674	传统与美德	6519
传丝公主	5898	传统与现代：音乐论集	10824
传统·现代艺术生活	114	传统与现代间——许常惠音乐论著研究	10834
传统保健养生三十法	7516	传统与欲望	593
传统大小调 五声性调式和声写作教程		传统中的现代	813
	11103	传喜讯	3819
传统工笔人物仕女画技法	872	传新艺 育新苗	3819
传统工艺奖作品集	10236	传艺	1812, 4347
传统工艺题材一百例	10226	传艺玉华州	6244
传统和声学	11071	传真心领	870, 876
传统和声学简明教程	11085	船	4903
传统花鸟画选	2540	船标灯	5275
传统画菊	979	船舶与航海	145
传统画兰	979	船舶与舰艇	5537
传统画梅	980	船舱秘密	5275
传统画竹	980	船长女儿的遭遇	5634
传统吉祥图案	10336	船厂喜事	3871, 3916
传统技艺匠师采访录	10704	船厂追踪	13241
传统京剧名段选	11878	船从远方来	11800
传统美术与现代派	578	船帆	12376
传统民族器乐曲欣赏	12259	船舰	4179
传统仕女参考资料	871	船台盛开大庆花	3021
传统是一条河流	10911	船台夜战	2933
传统苏绣图案	10365	船头大将	2372
传统题材图稿	1446	船下的秘密	5457
传统图案	10258	船舟借伞	9223

中国历代图书总目·艺术卷

窗	9417, 9431	闯王余部复仇记	6178
窗	2647	闯幽州	5634
窗的内外装饰	10739	创建话剧的意见	12836
窗花	10661, 10662	创立集体新生活，促进生产大发展	4941
窗花舞	12158	创奇迹，夺头名，迎接红五月！	3072
窗口	5385	创千秋伟业 绘四化新图	4056
窗帘的设计与制作	10616	创世纪	6991
窗帘设计	10606	创新路	3760
窗帘与居室装饰	10600	创新视觉图案精选	10255
窗帘与遮阳帘的选择与使用	10764	创新图案设计	10209
窗帘制作装潢技巧	10582	创业	5247, 5275, 5306, 13100
窗帘装饰 200 款	10597	创业艰难百战多	2776
窗帘装饰新款	10603	创业靠毛泽东思想	3916
窗旁装饰画	4348	创业年代	2861
窗前少女	9607	创业史	5003, 5634
窗饰艺术	10567	创意、制作、展示	10754
窗下一朵大红花	12004	创意版面设计指南	10756
窗形格硬笔书法教程	7614	创意报头设计	10323
闯出为人民服务的广阔天地	5159	创意插画基础入门	1236
闯宫刺康熙	6244	创意底纹设计	10319
闯关	5194, 5306	创意广告摄影实例	8770
闯关认夫	12114	创意基础设计	10380
闯虎穴三杀纪献唐	6039	创意精选	10399
闯活路	5056	创意空间店面设计	10612
闯江湖	5537	创意礼物盒包装	10399
闯将	5275	创意名片设计	10552
闯路	5171, 5194	创意曝光技巧	8781
闯入月亮山	6439	创意曲	12186
闯三关	5026, 6040	创意曲集	12453, 12489
闯滩	5275	创意人像摄影	8758
闯王李自成	4056	创意摄影	8725, 8786
闯王平叛	4010, 5339	创意摄影的奥秘	8793
闯王旗	3959, 4348, 5340, 5385, 9218, 13101	创意摄影手法	8786
闯王起义	4941	创意摄影完全指南	8710
闯王义军女将慧梅——京剧《慧梅》	9950	创意素描	1143

书名索引

创意速笔画法	1104	创作歌曲选	11402, 11414, 11418, 11436, 11442,
创意图案画集	10767		11451, 11454, 11455, 11467, 11667,
创意新体美术字	7642		11672, 11942
创意英文字设计	8596	创作歌曲选编	11473
创意有趣的插图	1234	创作歌曲选集	11436
创意与思维	8773	创作歌选	11389, 11392, 11396, 11402, 11406,
创意纸盒	10747		11409, 11418
创优异成绩 为祖国争光	3315	创作教程	088
创优质产品为生活增添锦绣	3329	创作漫画故事技法	1246
创造博士	3427	创作新歌	11396, 11409
创造才是生命	12672	创作新歌选集	11378
创造的世界	029	创作驿站·艺术村	119
创造和发展社会主义的民族的新音乐	10904	创作与构图	499
创造化肥保丰收	4921	创作与抓拍	8752
创造十年	5754	创作之歌	11381
创造鲜明的典型性格	13216	怆蝉书诀	7295
创造新生命	3504	吹㘈录	11001
创造性的麦克笔技法	10375	吹吹净	4179
创造性思维与视觉传播设计	10191	吹打	12245
创造性舞蹈	12571	吹肥皂泡的小姑娘	6890
创造性音乐教学新探	10815	吹鼓手	5898
创造一个梦	10889	吹管乐曲	12265
创造一个自我的世界	10606	吹过校园的风	5634
创造音乐的是人民	10984	吹号	3552
创造优异成绩为祖国争光	3296	吹画的艺术	858
创造与心智的成长	488	吹拉弹唱	10805
创造与永恒	190	吹牛大夫	6671
创造祖国美好的明天	3364	吹牛大王历险记	5898, 6519, 6555
创作版画雕刻法	8614	吹牛大王奇游记	7017
创作的探索	13081	吹牛大王奇遇记	7121
创作的意义	1343	吹泡泡	4179, 4256, 9560, 12143
创作辅导	11082	吹起金色的小喇叭	12018
创作歌集	11368, 11389	吹起芦笙跳起舞	12207
创作歌曲	11418, 11447, 11672, 11778	吹起鹰笛唱北京	12159
创作歌曲集	11409, 11418	吹气马戏团	5899

中国历代图书总目·艺术卷

吹气球	9582	春常在	10420
吹气猪历险记	6425	春朝曲	11540
吹塑纸版画	1216	春潮	3005, 5385, 8314, 9431, 12428, 12496
吹箫引凤	1886, 4057, 4114, 4179, 4348, 4448,	春潮滚滚	3871, 3916
	4514, 4590, 4668, 8808, 8845, 10444	春潮急	3871
吹箫引凤图	10444	春潮曲	11980
吹箫引玉	4256	春晨	2727
吹奏乐外国作品集	12554	春城	9066
吹奏乐中国作品集	12237	春城花卉	10053
炊事员小李	4941	春城花开	5003
垂钓	2928, 9659	春城节日	12278
垂钓藕香榭	4514	春城揽胜	9142
垂虹桥	1577	春城小姐杨晓燕	9659
垂棘山房藏印	8499	春城新客	9402
垂棘山房印存	8499	春城新姿	9881
垂帘听政	4348, 5899	春锄	6750
垂柳吐翠	10040	春雏	4114, 4179, 4448
垂瀑	9901	春催百花	10013
垂丝海棠	10089	春催锦绣花	4256
捶布舞	12605	春催桃李	3959, 4010, 5026
锤炼	3788, 3916	春催桃李壮	3916
锤震午朝门	5899	春到北海	9842
春	1853, 1866, 1915, 1958, 2843,	春到边疆	11953
	3552, 3582, 3620, 4057, 4114, 4179,	春到边疆	2423
	4256, 4348, 4668, 4669, 4807, 6040, 9105,	春到边寨	9794
	9113, 9347, 9786, 9800, 9830, 9842, 9854,	春到波密	9792
	9869, 9870, 9880, 9881, 9911, 10445	春到草地	3819
春	2613, 2636, 2647	春到草原	3020, 3719, 12268
春、夏、秋、冬	9078, 9795, 9881, 9898	春到长城	4057
春蚕	5754, 5899, 6040, 9355, 13132	春到大别山	3959
春蚕颂	8262	春到大凉山	12175
春草	4057, 9233, 9807, 9842, 10020	春到光荣之家	4114
春草闯堂	1915, 4057, 4114, 4179, 4777, 5385,	春到圭山	2596
	5457, 5634, 5635, 5899, 8807, 8808, 9953	春到黑龙潭	9086
春长在	2596	春到红旗渠	9986

书名索引

春到花城	4448	春芳	10464
春到华山	9911	春肥	3072
春到江南大地锦绣	1744	春风	1764, 1899, 1932, 4057, 4590, 9086
春到军属家	4114	春风	2604
春到拉萨	12310	春风·大海·热土	11491
春到漓江	9079	春风吹, 禾苗壮, "红小兵", 浇水忙, 贫下中农	
春到漓江	2425	好榜样, 广阔天地做课堂	3190
春到蓝园	10120	春风吹到了雅鲁藏布江	11436
春到鹿场	1832	春风吹到诺敏河	4895, 13229
春到洛阳	2610	春风吹动红领巾	12029
春到帕米尔牧场	9058, 12206	春风吹过千顷绿 公社带来万家欢	8135
春到人间	4180	春风吹来了	12034
春到沙石峪	2420, 2588	春风吹来树开花	11414
春到山村	9807	春风催好华	2636
春到山野	9842	春风荡漾	4057, 4114
春到石林	9798	春风得意	1958, 3582, 3620, 4057, 4180, 4514,
春到松花江	2776		4590, 9365, 10445
春到天坛	9257, 9259	春风得意	2055, 2117
春到田间	12153, 12161, 12278	春风拂面	2647
春到田头插秧忙	3674	春风歌片	11467
春到五老峰	9817	春风花鸟香	4514
春到五台山	9817	春风化雨	1840, 1846, 5306
春到西沟	9787	春风化雨满丝路	4115
春到小瀛洲	9830, 9854	春风烂漫	10464
春到新疆	11473	春风立马	1744
春到扬州瘦西湖	9257	春风牧笛	11760
春到沂河	12312	春风廿四	7234
春到颐和园	9038	春风千竿翠	2647
春灯图	3674, 10437	春风千里	2664
春的故事	375	春风日日香	9901
春的呼唤	9842	春风日日香	2192
春的情思	9113	春风送暖	1932, 3871
春的喧闹	3009	春风送医到水乡	9338
春的旋律	9817, 9870	春风桃李	4669
春泛西湖	9807, 9817	春风桃李颂园丁	3296

春风万里　　　　　　　　4115　　春谷嘤翔　　　　　　　　　　986
春风绣宇　　　　　　　　1866　　春灌乾坤·百福盈门　　　　 2117
春风绣宇　　　　　　　　2604　　春光　　　4010, 4180, 4348, 8826, 9795
春风燕舞　　　　　　　　8845　　春光遍地　　　　　　　　　 3959
春风燕语钢笔字帖　　　　7546　　春光灿烂　　　　　　　　　 1899
春风杨柳　　2756, 5110, 9055, 9800, 9830, 9891　　春光长照新宅第，幸福常临勤俭家　　1985
春风杨柳　　　　　　　　2423　　春光瑰丽　　　　　　　　　 4348
春风杨柳万千条　　　5171, 9105　　春光好 4057, 4115, 4180, 4256, 4348, 4448, 4514,
春风杨柳万千条　　　2418, 2420　　　　　4591, 9095, 9105, 9800, 9854
春风野火　　　　　　　　4942　　春光好　　　　　　　　　　 2624
春风又过江南　　　　　　2664　　春光烂漫　　　　 1886, 1915, 10445
春风又绿江南岸　　　　　9830　　春光烂漫散花坞　　　　　　 2596
春风又绿江南岸　　　　　2420　　春光明媚　　4180, 4256, 4348, 4448, 4514, 4591,
春风又一枝　　　　　　　9817　　　　　9070, 9095, 9830
春风跃马　　　　　　　　4115　　春光明媚　　　2438, 2440, 2444, 2454
春孵　　　　　　　　　　3788　　春光明媚满神州　　　　　　 4448
春孵忙　　　　　　　　　3959　　春光普照喜迎门　　　　　　 4448
春浮书屋印谱　　　　　　8496　　春光曲　　　　　　　　　 11491
春羔满圈　　　　　　　　3788　　春光融融　　　　　　　　　 9870
春歌　　　　　　　　　　5457　　春光似海　　　　　　　　　 8836
春歌恋曲醉神州　　　　 11718　　春光似箭我如飞　　　　　　 2716
春耕播种比蜂忙 哪有闲空把镇上 哥成模范要　　春光图　　　　 1985, 3959, 4256
　　入党 妹把红旗当嫁妆　　3552　　春光万里　　　3959, 4591, 9023
春耕干劲大确保大丰收　　3072　　春光无限好　　　　　 4057, 8821
春耕歌　　　　　　　　 11783　　春光妩媚　　　　　　　　　 9855
春耕曲　　　　　　　　 12246　　春光月月遍人间　　　　　　 1744
春耕时节　　　　　3582, 9053　　春归红楼　　　　　　　　　 5754
春耕图　　　　　　　　 10431　　春酣　　　1915, 4256, 4448, 4591, 4669
春耕下学插秧 颗颗标准行对行 阵阵稻香飘千　　春寒　　　　　　　　　　　 1764
　　里 丰收时节人成双　　3552　　春和景明　　　　　　　　　 8859
春耕显身手，夺取丰收粮　3534　　春和景明 国泰民安　　　　　4669
春耕运动画报　　　　　　3066　　春和楼删妒　　　　　　　　 5306
春宫怨　　　　　　　　　4057　　春和日丽　　　　　　　　　 4010
春姑　　　　　　　　　　9016　　春红引路　　　　　　　　　 8811
春姑娘　　1932, 4591, 9466, 12006　　春花　　　4765, 9431, 9451, 10079

书名索引

春花对屏	4180	春回大地福满人间	4257, 4515
春花集锦	4180	春回大地国强家富，喜满人间人寿年丰	1985
春花集锦	2500	春回大地花似锦	3959
春花季节	2781	春回大地图	2444
春花竞艳	4515	春回侨乡	4057
春花梦露	13197	春回天彭	1932
春花明媚	9096, 10047	春回天彭	2624
春花怒放	1744, 1853, 9307	春季到来遍地青	11773
春花秋实	4010, 4180, 10079	春季摄影	8793
春花秋月	3497, 10517	春假中的中山公园	1724
春花瑞鸟图	2611	春江波静山凝翠	2807
春花双鹤	10060	春江春	2949
春花似锦	8846	春江春	2117
春花吐艳	10060	春江钓图	7832
春花笑吐红	2492	春江谍影	5537
春花争艳	1932	春江放筏	3916
春华	8846, 9487, 9881, 9891, 10079	春江花月夜 1867, 3582, 4011, 4057, 4058, 4115,
春华长艳	3028	9058, 9795, 9796, 9798, 9807, 9842, 9870,
春华秋实 119, 3620, 4348, 4515, 8818, 9389,		10437, 12257, 12337, 13092
10625, 12792		春江花月夜	2035, 2174
春华秋实收成好 果甜瓜熟稻麦香	3674	春江流泉	2117
春华散记	3025	春江怒涛	2592
春晖	3041, 4348, 4669, 4847, 13110	春江奇缘	13114
春晖	2055, 2669	春江盛开大寨花	3871
春晖堂印谱	8533	春江水暖	4348, 9793
春晖堂印始	8498, 8509	春江水暖图	2624
春晖万里	4256	春江水暖鸭先知	9807
春回大地	3009, 4180, 4515, 9908	春江拥翠	1985
春回大地 福满人间	4010	春江月	4591, 6040, 8815
春回大地 福喜临门	4669	春江月圆	2444
春回大地 万象更新	4115, 4448	春江舟影	12207
春回大地 花果满山	3582	春郊牧马	1776
春回大地 万象更新	3620	春郊试马	4257
春回大地·国富民强	1915	春节	3871, 12329
春回大地百花艳 风吹群山万树青	4010	春节歌唱材料	11560

中国历代图书总目·艺术卷

春节歌曲选	11414	春恋	9870
春节歌曲选集	11445	春留人间	4942
春节快乐	4115	春绿满山坡	12282
春节慰亲人	3675	春绿山乡	3018
春节慰问	3871	春绿星湖	1853
春节序曲	12329, 12335	春满草原	2423
春节演唱歌曲选	11447	春满大地	2760, 4115, 4348, 4669
春节在南汪村	13239	春满大地福降人间	2055
春节组曲	12231	春满大课堂	3871
春景山水	1574	春满大院福满门	3072
春景山水画特展图录	2438	春满光荣人家	3916
春觉斋论画	471	春满果园	3553
春觉斋论画遗稿	471	春满花溪	1867
春来多播种 年来喜丰收	3552	春满华堂迎百福 瑞盈金屋纳千祥	2035
春来福到	4669	春满江南百花娇	12331
春来福到成家喜	2117	春满江山	4257
春来户户一窝鸡	4669	春满漓江	1840
春来花更香	2494	春满煤城	3772
春来牵牛	5385	春满乾坤	1744
春来万馨香	1886	春满乾坤福满门 天增岁月人增寿	2117
春来早	10413	春满乾坤万象更新	4180
春来早耕地 秋后多打粮	3620	春满人间 3959, 4115, 4591, 4669, 4942, 9870,	
春兰	10023	9891, 10431, 10445	
春兰秋菊	5899	春满人间	2117, 2596, 2647, 2648
春兰竹鸡	1664	春满人间福满门	2117
春烂	10431	春满山乡	3620
春雷	5247, 5275, 13241	春满神州	4591, 4777
春雷初动	1796	春满石城	1824
春雷初绽	10454	春满小瀛洲	9070
春雷颂	8245	春满校园	3819, 4011
春雷响喜讯传	11763	春满心田	3871
春蕾	10060	春满新安江	10422
春联	8156, 8161, 8167, 8203	春满影院暖人心	3819
春联的来历	5056	春满余江	9272
春联集	4911	春满园	2001, 3959, 4058, 9800

书名索引

春满园	2600	春暖莺鸣	4180
春满园林	8864	春暖早出勤	3621
春满月台	5247	春禽花木图	1578
春满枝头	4180, 4348, 9257	春情	9891
春满中华	4777	春秋霸主齐桓公	5899
春苗	5247, 5275, 13100	春秋笔特刊	12858
春苗出土迎朝阳	11910	春秋第一霸	5899
春苗茁壮	3871	春秋风云	6406
春明	9855	春秋故事	5754
春明翠羽	1958	春秋乐趣	12090
春明画卷	8863	春秋楼的故事	5635
春闹葵乡	1832	春秋配	3582, 4591, 5537
春闹枝头	4449	春秋战国	6519
春妮	9582, 9751	春秋战国时代儒、墨、道三家在音乐思想上的	
春年图	10536	斗争	10959
春妞	9548	春秋战国音乐史料	10962
春牛图	3553, 3582, 3620, 4348, 4515, 4847,	春曲	4449, 9870
	10405, 10407, 10410, 10445	春曲	2117
春牛图	2624, 2636	春趣图	2001
春牛向荣气象日新	3959	春泉小隐图卷	1575
春牛象	2988	春日	4058
春浓花艳	4449	春日芳踪	9842
春暖	3916, 3959, 4011	春日景和	4591
春暖北疆	9289	春日融融	2449
春暖播种的时候	5224	春色	9830
春暖茶乡	4449	春色	2648
春暖犊儿肥	3620, 3675	春色独浓	2613
春暖花开	1744, 2750, 2762, 2776, 2938,	春色满乾坤	4515, 8819
	3553, 3621, 3820, 4011, 4115, 4180,	春色满人间 艳阳照大地	2440
	4257, 4349, 4669, 5003, 10040	春色满堂	8821
春暖花开 喜气盈门	3553	春色满园 3583, 3871, 3960, 4058, 4180, 4257,	
春暖鸡肥人欢鱼跃	4257		4349, 4449, 4515, 4591, 4669, 4753, 8167,
春暖山寨	3788		9130, 9309, 9310, 9807, 9817, 10428
春暖时节	4942	春色满园	2418, 2424, 2427, 2440, 2449, 2664
春暖万家	4257	春色满园 万象更新	3583

中国历代图书总目·艺术卷

春色满枝	10405	春天·大水	6876
春色怡人	9066, 9133	春天大合唱	11938, 11941
春色迎窗	4847	春天的歌	12004, 12225
春山春水碧逶迤	9950	春天的歌声	12001
春山春水春意浓 新年新节新图景	4011	春天的歌舞	12234
春山叠翠	2429, 2636	春天的花	3316
春山飞瀑	2429	春天的花朵	12047
春山鹤鸣	4591	春天的脚步	5275, 9293
春山红叶	9121	春天的快乐	6860, 12090
春山积翠	2001	春天的气息	9870
春山积翠图	1579	春天的旋律	4349, 11465, 11529, 11737, 12038
春山晴霭图	1985	春天多美好	2444
春山图	4591, 4592, 4669	春天鼓舞着新农村	12327
春山新绿	2055	春天呵 多美好	12030
春山秀水	2444	春天来啦	3534
春山引渠图	10407	春天来了	4011, 4181, 10464, 11972, 12033,
春山玉帘	4592		12275, 12332
春深了	12143	春天树下的小道	2776
春深诗酒醉中华	8245	春天无限好	4181
春神	9431	春天舞曲	12163
春水	2732	春天之歌	11414
春水草堂遗墨	1701	春旺和九仙姑	5538
春水长流	13241	春望	9830
春水飞舟	9870	春舞	12207
春水绿波	9870	春雾茫茫	9807
春水绿洞庭	4847	春溪烟景图	2636
春水鱼戏图	2636	春溪涨绿	10625
春水与秋生	5224	春禧	4449, 4753
春水载深情	10407	春夏花艺	10733
春思曲	11367	春夏秋冬	3583, 4011, 4058, 4115, 4181,
春笋	5056, 5083		4349, 4592, 6615, 8212, 9070, 9096, 9106,
春桃	4942, 10032		10524, 12032
春天	3960, 4058, 4180, 4181, 4257,	春夏秋冬	2426, 2430
	6315, 9344, 9801, 9855, 9881, 9891, 9901,	春夏秋冬行好运，东南西北遇贵人	4753
	11910, 12001, 12208	春夏秋冬科学童话	6483

书名索引

春夏秋冬山水画四屏	4592
春夏秋冬山水四屏	4669
春夏秋冬四屏条	2432, 2436
春香传 1932, 3621, 4058, 4670, 4911, 5457, 5538, 12107	
春晓	1985, 2002, 2611, 2995, 3960, 4011, 4116, 8161, 9855, 9881, 11980, 12900
春晓	2503, 2636, 2648
春晓花开迎贵宾	2750
春雪	9794, 9842
春芽	4349
春妍 夏清 秋艳 冬馨	4116
春彦点评录	543
春艳	1915, 1932, 4116, 4257, 8836, 9817, 9870, 10431, 10454
春艳	2613, 2614, 2624
春艳图	2636
春雁凌空	10054
春燕	1846, 5306, 10026, 10060
春燕舞	4181
春燕展翅	3719, 4058, 10023
春野书声	3719
春夜	3005, 9891
春夜喜雨	8161, 8184
春彝轩印谱	8485
春意	9801, 9817, 9855, 9870, 10454
春意	2614
春意盎然	1867, 1886, 4116, 9796, 9817, 9870, 9881
春意盎然	2444, 2636, 2669
春意长留	4449
春意传新檐	2056
春意芳情	9898
春意满深谷	1812
春意浓	1932, 4011, 4449, 9870, 10454
春吟百咏	7490
春游	3583, 4515, 8808, 9469, 9807, 9831
春游(影坛新秀林芳兵)	9533
春游鼓山	1867
春游去	9801
春游图	4515
春与清溪长	10470
春雨	1985, 2931, 3021, 3023, 3025, 3719, 3820, 3871, 3917, 4059, 4449, 4515, 5306, 11522
春雨满江行	9079
春雨绵绵	9870
春雨时节插秧忙	3788
春雨添瀑声	2117
春雨渐渐桃李红	3960
春雨杂述	7178
春育新苗	3820
春园共读	4349
春苑花正红	10047
春韵	9871, 9905, 9908
春在堂铭	8029
春之晨	4181
春之晨	2614
春之城	8913
春之歌	4181, 4349, 9257, 9533, 9842, 11273, 11482, 11972
春之歌	2669
春之歌选	11386
春之花	10040
春之花束	6884
春之祭	12549
春之恋	9891
春之旅组曲,作品1	12186, 12198
春之梦	9476
春之曲	9881

中国历代图书总目·艺术卷

春之趣	4349	绰约多姿	9389
春之生	9796	绰约风姿	9011
春之声	9901, 12500	词，与歌同行	11096
春之舞	4116	词海小语	11096
春之园	6759	词乐曲唱	11157
春种千亩地 秋收万车粮	3621	词人纳兰容若手简	8058
春竹对屏	4670	词文精华钢笔字帖	7426
春渚记墨	1059	词与画	2297
纯	9476	词语的透视	6483
纯粹主义美学的现代性	077	词苑履痕录	11096
纯洁	9417, 9482, 9751	词苑漫笔	11097
纯洁无瑕	9402	茨冈歌曲集	12365
纯情	9431, 9451, 9757	茨冈幻想曲	12547, 12550
纯情的梦	11507	茨菇金鱼	1853
纯情少女	9659, 9691	茨萍常青	1867
纯全集	886	茨乡歌志	11813
纯真	4753, 8854, 9719, 9764	瓷板画珍赏	10659
唇亡齿寒	5004, 5026, 5538, 5635	瓷厂新手	3871
淳化阁法帖释文	7689	瓷城盛开友谊花	3772
淳化阁释文	7689	瓷都春色	10642
淳化阁帖	7706, 7707, 8037, 8080	瓷都歌选	11442
淳化阁帖跋	7689, 7690	瓷国游历记	10646
淳化阁帖考释	7690	瓷魂	10660
淳化阁帖释文	7690, 7691	瓷器	391, 425, 10640
淳化阁帖释文集释	7691	瓷器的彩绘	10641
淳化阁帖选	7707	瓷器话三国	427
淳化秘阁法帖	7707	瓷器上的龙纹特展目录	395
淳化秘阁法帖汇考	7691	瓷上肖像画技法	633
淳化秘阁法帖考正	7691, 7692	瓷塑	8658
淳化秘阁法帖源流考	7702	瓷娃娃	4942
淳化帖释文	7692	瓷艺与画艺	10649
淳熙秘阁续法帖	7778	瓷苑新葩	10657
醇墨溢彩	10564	辞海	017
醇香	8864	辞海钢笔字帖	7516
蠢驴子过河	5457	辞旧岁不忘阶级苦 迎新春永做革命人	3675

书名索引

辞旧岁新春好	2117	刺配沧州道	6086
辞郎州	5004	刺绣和贴花	10744
辞郎洲	5004, 5538	刺绣挑花补花图集	10358
慈爱之光	12900	刺绣图	3621, 10343
慈安皇太后	4670	刺绣图案	10343, 10354
慈悲的容颜	459	刺绣图案集	10354, 10359
慈悲为怀	461	刺绣图案集锦	10362
慈悲智慧	461	刺绣图集	10354
慈利壁画	6618	刺绣与编结	10358
慈母心	4257	刺绣针法革新	10347
慈首公遗墨	8128	刺绣之巧与艺	10358
慈溪农民画	1373	刺绣花样	10347
慈禧出逃	5538	赐福泉	4942
慈禧墓盗案	6040	赐荃堂藏画集	1482
慈禧罪恶史	5899	赐砚斋题画补录	778
慈祥的心灵	9691	赐砚斋题画偶录	748, 749
磁带、影视歌曲一百首	11925	赐衣堂文房四事	1032, 7203
磁铁的故事	13254	赐衣堂字学津要	7203
磁性录音标准化问题论文译编	13265	聪聪	9431, 9451
磁州窑陶瓷	10643	聪明宝宝动动脑	6702
磁州窑纹样	10223	聪明笨伯	7049
磁州窑装饰图案	10565	聪明的大象	6683
雌雄剑	5635	聪明的法官	5754
雌雄剑恩仇记	6040	聪明的鬼脑瓜	6717
此静轩印稿	8515	聪明的胡狼	6683
此君山房竹谱	1596	聪明的木娃	5754
此刻此地你我共有	8610	聪明的人	13240
此时无声胜有声	9431	聪明的傻爸爸	6946, 6947
次闲印存	8504	聪明的山村姑娘	6651
次闲印谱	8519	聪明的使者	5538
次中音号 上低音号演奏实用教程	11172	聪明的司卡班	5899
刺官棒	5635	聪明的天鹅	5385
刺官奉	5056	聪明的蜗牛	6040
刺虎	12067	聪明的乌龟	6683
刺客列传	6214	聪明的瞎子	6178

中国历代图书总目·艺术卷

聪明的小阿里	5056	从地球到月球	6717
聪明的小八哥	6683	从电影看人生	13077
聪明的小白兔	6683	从繁琐家务劳动解放出来，一心到社会主义建	
聪明的小母鸡	6040	设中去！	3072
聪明的小娃娃	9548	从分子说开去	3504
聪明的小熊	6683	从个人广告到克隆实验室	7026
聪明的小鸭子	6683	从工农兵中选拔大学生	3249
聪明的彦一	7075	从古典到浪漫	518
聪明的药方	5385	从古典的到浪漫的	196
聪明的一休 5900, 5901, 5902, 5903, 6040, 6041,		从古典走向现代	375
6042, 6281, 6282, 6315, 6382, 6406		从和尚到将军	6214
聪明的一休故事精选	6425	从幻想到创作	1081
聪明儿子糊涂爸	3482	从迹象到境界	824
聪明牌铅笔	5457	从寄园到壮暮堂	802
聪明屋里面卡通	1243	从简爱出发	13114
聪明与大头	6519	从交响曲到摇滚乐	10876
从"逼上梁山""三打祝家庄"谈到平剧改造		从旧艺术到新艺术	091
	12863	从具象到抽象	2321
从"枫洛池"的音乐编配谈陇剧音乐改革的一些		从军歌集	11381
体会	12116	从军去，中国的青年！	11381
从"克鲁什"仰望古城堡	1745	从空中看北京	9258, 9260
从"老三百"到千斤田	4942	从苦难到光明	6979
从"脸"字说起	12798	从来就没有什么救世主 也不靠神仙皇帝 要
从○开始	1143	创造人类的幸福 全靠我们自己	3179
从巴赫到贝多芬	12521	从来就没有无社会内容的音乐	10799
从巴洛克到古典乐派	10988	从浪漫到新浪漫	197
从白纸到白银	848	从立体到平面	2414
从百草园到三味书屋	5754, 6178	从两首古曲看儒法斗争	11335
从北京到凡尔赛	322	从流行歌曲看台湾社会	10836
从彩色到黑白	2321	从罗大佑到崔健	10874
从传统中创新	10232	从罗丹艺术谈舞蹈创作理念	12570
从此蜀道不再难 三峡夜航 引水上山 草原		从马夫到戏剧大师	5903
新貌	1745	从名画了解艺术史	589
从大禹到夏桀	6042	从魔窟里逃出来的人	5538, 6042
从德拉克罗瓦到新印象派	366	从奴隶到将军	5457, 5538, 5754, 5755

书名索引

从平面到三维	7653	从小爱科学——秋	3346
从祁连山到陇东	4942	从小爱科学——夏	3347
从乞丐到皇帝	5755	从小爱科学长大攀高峰	3297
从前没有人到过的地方	2987	从小爱劳动	1932
从三句话到一部动画片——三个和尚	13294	从小爱清洁	4116, 4257, 4350
从山水到山水画	922	从小爱学习	4011, 4258, 4350
从社会学见地来看艺术	007	从小爱游泳	4258
从胜利走向胜利	3100, 3675	从小保护嗓音	11122
从水手到囚徒	5538	从小锻炼健康成长	3316
从素描走向设计	1121	从小锻炼身体长大保卫祖国	3383
从题材欣赏绘画	531	从小锻炼身体好	3232, 3233
从涂鸦到金奖	612	从小锻炼身体好 长大要把重担挑 3820,	3872,
从涂鸦走向写生	2909	3917	
从文学之隅到影视文化之路	13068	从小健康成长 长大为国争光	4012
从我做起 从现在做起 为四化建设作贡献		从小讲礼貌	4258
	3329	从小讲卫生	4116, 4449
从乌东到德加	365	从小就爱学英雄	3233
从五音六律说到三百六十律	11020	从小就把根扎正	3917
从侮虐里起来	2977	从小就同风浪斗	3917
从舞蹈王国中走来	12620	从小就学写大字	7312
从物象到泛象	053	从小就走大寨路	3820, 3872
从西方到东方	2322	从小立志保国防	2056
从戏台到讲台	12792	从小立志为国争光	4350
从现在起我们应该有所准备！	3232	从小立志学科学	3960
从襄武秧歌的演变，看板腔体音乐的形成与发		从小立志学英雄长大为国建奇功	3316
展	12845	从小热爱科学	3381
从小爱海洋	4059	从小学本领故事画册	6483
从小爱画画	1267	从小学革命 立志为人民	5135
从小爱科学	1867, 3411, 3960, 4011, 4181,	从小学国画	913
	4670, 9342	从小学科学，长大攀高峰	3960
从小爱科学 长大攀高峰	4349	从小学科学立志攀高峰	3297
从小爱科学 立志接好班	4059	从小学雷锋	3960, 4181
从小爱科学 立志攀高峰	4059	从小学英模 长大建奇功	3367
从小爱科学——春	3346	从小学做大寨人	3872
从小爱科学——冬	3346	从小养成好的习惯 爱好 情趣	3347

中国历代图书总目·艺术卷

从小养成好习惯	6555, 6556	促销广告插画集	10370
从小养成好作风	3329	促织	5538, 5635, 5755, 6315
从小养成节约的习惯	3072	醋溜CITY	3504
从小要讲卫生	5340	醋溜族	3458, 3459
从小要做好苗苗	3339	爨宝子碑	7796
从小志气高	4258	爨宝子碑·爨龙颜碑	7797
从写实到荒诞	815	爨宝子碑集联	7796
从写实到象征	1418	爨宝子碑临习指南	7796
从徐霞客到梵谷	1079	爨宝子碑书画碑林作品选集	2174
从学徒到大师	528	爨碑集联	8117
从秧歌到地方戏	12901	爨碑之乡杰出书法家	8287
从游击队到主力军	5026	爨龙颜碑	7796, 7797
从渔民到科学家	5635	爨龙颜碑集联	7797
从政史鉴	6406	爨使君碑	7773
从质朴到绚烂	2834	爨乡书法作品集	8262
从自然到创作	980	崔白双喜图	1546
从草藏珍梅	8836	崔宝堂书法选	8275
丛林大逃亡	6439	崔谷平画集	2247
丛林大战	6282	崔广林唢呐作品集	12271
丛林斗巨蟒	6282	崔寒柏书法篆刻艺术	8314
丛林少女	9720	崔鸿林书法	8314
丛林夏日	3000	崔护求浆	8808
丛琳窗花集	10663	崔辉画选	1392
丛书集成三编	712	崔建伟摄影集	8985
丛书集成新编	302, 303	崔敬邑墓志	7816
丛书集成续编	308, 309, 310	崔君沛画集	2232
丛帖目	7665	崔俊恒插图作品	6614
丛文俊书法研究文集	7389	崔开西油画风景	2796
丛中笑	9389, 9417, 9533	崔开玺油画风景写生技法	1080
丛中笑——评剧《花为媒》	4116	崔开玺油画作品选	2820
丛中笑——评剧《为媒》	4116	崔连魁印存	8583
丛珠馆印谱	8481	崔培鲁画集	2521
粗笔山水	1659	崔庆国画集	2522, 2528
俎徕山	2601	崔庆专权	5755
促进农业技术改造是我们光荣的任务	3073	崔如琢画集	2192

书名索引

崔如琢画辑	2018	翠峰寻香录	12972
崔松石画集	2247	翠岗红旗	5084
崔桐诗卷	8057	翠岗红旗	5026, 13235
崔嵬的艺术世界	13207	翠岗清泉	1899
崔嵬与电影	13155	翠阁飞泉	2614
崔宪基油画集	2827	翠谷觳声	5275
崔晓东山水画集	2458	翠谷飞瀑	4777, 4808
崔岩素描作品辑	2902	翠谷鸣泉	4670
崔莺娘	9013, 9527	翠谷瀑声	9855
崔莺莺	9147	翠谷情思	2118, 2674
崔莹会见罗盛教的双亲	3621, 3772	翠谷涛声	2436
崔豫章水彩画选	2947	翠谷溪流	4670
崔振宽画集	2478	翠谷溪流	2444
崔志安刻字作品集	8588	翠谷犹闻铁龙吟	4449
崔子崇隶书前赤壁赋	8203	翠谷钟声	13229
崔子范画集	2516, 2528	翠湖城堡	9901
崔子范画选	2496, 2529	翠湖春色	9096
崔子范精品集	2529	翠湖春晓	12333
崔子范谈艺录	813, 814	翠湖名园	2449
崔子范艺术研究	808, 810	翠湖倩影	9635, 9659
崔子范作品选集	1958	翠湖情	9881
催	1854	翠华姑娘	8808
催春图	4181	翠华秀色	1932
摧毁巴列夫防线	5903	翠楼双娇	9540
摧毁豹子团	6519	翠峦碧波	9086
摧毁海底城	6283	翠毛狮	5755
璀璨的共青团徽章	3356	翠梅	8846
璀璨琉璃战国古珠	425	翠鸣秋艳	4116
萃书	8287	翠鸟	1663
萃文阁印集	8569	翠鸟·荷花画法	968
萃新画谱	1617	翠鸟衣	5755
翠柏长青	10060	翠禽秋实	1663
翠池双憩	9794	翠染太行祥云飞	1958
翠滴珠醉	9365	翠松红鹦	2624
翠点衣	12325	翠松寿鸟	1932

中国历代图书总目·艺术卷

翠微亭	5457, 5755	村市生涯	2847
翠衣国	5635	村头看村史	3719
翠羽春光	4777	村庄的黄昏	10725
翠羽鸣春	4592	存古堂琴谱	12304
翠园芳踪	9691	存几希斋印存	8485
翠园仙侣	4777	存见古琴曲谱辑览	12309
翠苑情深	9086	存素堂丝绣录	1270
翠云草	5385	存天阁秘笈	1272, 1572
翠云馆试帖	7832	存天阁谈艺录	479
翠嶂晓云	1958	存养斋印存	8518
翠枝流丹	10622	存在主义美学与现代派艺术	197
翠竹	2512, 2611, 2648	寸金难买寸光阴	3356
翠竹碧波	9807	寸金桥	5056
翠竹碧波送轻舟	9807	寸土不让	5247
翠竹碧梧居摘录琴谱	12240	寸心书屋曲谱	11876
翠竹呈秀	1958	蹉跎岁月	5755
翠竹杜鹃	4670	嵯岗红旗	5148
翠竹飞莺屏	4670	挫万物于笔端	264
翠竹鸣禽图	1915	错断葫芦案	5457
翠竹生辉	4777	错觉和视觉美术	10179
翠竹图	2512	错觉与视觉美术	125
翠竹无言	10047	错叩死神的门	6244
翠竹仙鹤图	4671	错杀华佗	5903
翠竹幽禽	2648	错误岛	6244
村村办好合作社	11406	错斩县令	5903
村村有余	4258	错中错	5635
村道	2796, 6845	错坠盘丝洞	6244
村风寸图	1932	沈安良竹笔隶书字帖	7532
村姑	9026	沈彬如画集	2238
村姑问路	13107	沈泊尘先生画宝	4868
村姑小姐	5903	沈勃画集	2534
村径柴门图	2614	沈粲草书千文卷	8415
村里来了文工团	3772	沈粲书法选	8087
村路	6850	沈宠绥曲学探微	12090
村上春树的音乐图鉴	10881	沈传薪歌曲选	11493

书名索引

沈从文笔下的湘西	6537	沈柔坚速写	2876
沈丹萍	9572	沈柔坚意大利之行	2335
沈光伟画选	2523	沈柔坚中国画选集	2183
沈行工油画集	2812	沈绍伦水彩画选集	2941
沈行工油画作品选	2836	沈石天山水册	1560
沈颢山水册	1563	沈石天山水真迹	1634
沈和年画集	2538	沈石田八段锦册	1565
沈鸿根钢笔行书字帖	7430, 7431	沈石田两江名胜图册	1572, 1573
沈芥舟山水册	1649	沈石田灵隐山图卷	1563
沈璟评传	12709	沈石田灵隐山图卷十四帧	1563
沈九娘	9645	沈石田墨笔山水册	1569
沈菊芳	4978	沈石田山水册	1563
沈君家传	8112	沈石田山水三卷合影	1572
沈钧儒纪念馆藏书画选集	2335	沈石田唐六如张梦晋花卉卷册	1570
沈括	1993, 5043, 5587, 5699	沈石田卧游册	1573
沈莒村选钞印学	8445	沈石田吴中奇境卷	1570
沈利亚摄影作品集	8910	沈石田溪山秋霁卷	1560
沈亮画集	2468	沈石田移竹图	1563
沈迈士画集	1994	沈氏五宫格楷书字范	8399
沈民义版画集	3050	沈思岩合唱曲集	11935
沈明臣萧皋别墅竹枝词	8164	沈铁民书千字文	8170
沈年润书法选	8268	沈万山和聚宝盆	5830
沈鹏行草书千字文	8226	沈文墨迹合璧	8041
沈鹏书长恨歌琵琶行	8159	沈文唐三先生画卷	1560
沈鹏书杜甫诗二十三首	8164	沈湘声乐教学艺术	11133
沈鹏书法选	7668	沈小霞相会出师表	5588, 6125
沈鹏书归去来辞	8416	沈雪江钢笔人体连写集	2272
沈鹏书李锐诗词选	8198	沈雪江钢笔人体速写集	2905
沈启鹏作品精选	2412	沈雪生画集	2527
沈蒨玉山水花卉画册	1708	沈亚威歌曲选	11469
沈荣华山水画集	2485	沈延毅书法选集	8295
沈柔坚版画选集	3050	沈岩书画集	2485
沈柔坚画集	1385	沈阳	10420
沈柔坚画集	2256	沈阳北陵	9091, 9836
沈柔坚画选	2335	沈阳北陵公园	9813

中国历代图书总目·艺术卷

沈阳部队版画选	3022	沈郁	9594
沈阳风光	9082, 9101, 10498	沈远《北西厢弦索谱》简谱	12052
沈阳工人漫画选	3406	沈曾植隶草十七种	8084
沈阳故宫	10103	沈曾植书册	8132
沈阳故宫博物馆工艺品选	10103	沈兆云	5016
沈阳故宫博物院藏明清绘画选辑	1584	沈知白音乐论文集	10828
沈阳南站	2733	沈周东庄图册	1578
沈阳市少年儿童书法集	8280	沈周画册	1577
沈阳市戏曲音乐集成	11161	沈周画风	1586
沈阳市戏曲志	12781	沈周画集	1587
沈阳小万寿寺梵乐的初步材料	12351	沈周精品集	1587
沈阳音乐学院歌曲选集	12559	沈周庐山高图	1586
沈阳音乐周歌曲选	11472	沈周山水	1582
沈阳杂技	12987	沈周山水册	1586
沈阳篆刻作品集	8572	沈周书画集	1587
沈耀初画集	1843	沈周题画诗	8178
沈耀初画集	2149	沈周写生册	1574
沈益华烫画艺术作品集	10721	沈周自书诗册墨迹	8078
沈尹默濬静庐诗膝	8189	沈子丞书画集	2011
沈尹默法书集	8152, 8159	沈子丞书画集	2287
沈尹默行书墨迹	8150	沈作常画集	2272
沈尹默论书丛稿	7260, 7262	畜旺年丰	3552
沈尹默论书诗墨迹	7273, 7290, 7668	曾安楚画集	2482
沈尹默墨迹二种	8334	曾达的囚犯	6314
沈尹默墨迹三种	8159	曾广振画集	2321
沈尹默手稿墨迹	8334	曾国安油画集	2813
沈尹默手书词稿四种	8164	曾胡彭左手札	8021
沈尹默书曼殊诗稿	8116	曾惠敏公书谱摹本	8024
沈尹默书毛泽东诗词	8239	曾江涛书画	2296
沈尹默书秦妇吟卷	8189	曾鲸的肖像画	1277
沈尹默书王右军题笔阵图后	7316	曾景充钢笔书	7414
沈尹默书小草千字文	8269	曾景充书法选	8211
沈尹默先生人蜀墨迹	8170	曾景初版画选集	3036
沈尹默小楷	8159, 8308	曾景文水彩画	6911
沈玉敏画集	2542	曾来德书法艺术	8302

书名索引

曾良奎画集	2231	重返少林	6171
曾良书法作品集	8231	重返战地	4050
曾明宜摄影作品集	8990	重逢	3579, 3769, 5000, 5302
曾荣华舞台艺术	12939	重归苏连托	12498
曾嵘画集	2246	重归苏莲托	12428
曾叔鸣楷书字帖	8401	重归锡尼河	5878
曾头市	5026, 5631	重合鸳鸯剑	5878
曾葳画集	2231	重回大娘家	3953
曾熙书兴学碑记	8127	重建家园	2996
曾先国画集	2473	重建中国精英艺术	112
曾贤谋国画	2173	重评《河殇》	13131
曾宪高画集	1403	重庆	8971, 9346, 9400
曾宪就书画石刻集	2263	重庆长江大桥	9866
曾献忠钢笔写生集	2916	重庆儿童诗画选	6757
曾杏绯花卉作品选	1957	重庆风光	8925, 8971
曾杏绯画集	2545	重庆港	1737
曾邕生易气书法	8261	重庆工人雕塑选	8660
曾云志速写集	2892	重庆工人画选	1355, 1362
曾正明选集	2296	重庆交响乐	11069
重编唐柳公权书玄秘塔碑	7906	重庆郊区民歌	11773
重唱对唱歌曲经典	11989	重庆抗战剧坛	12769
重唱歌曲集	11973, 11974	重庆抗战剧坛纪事	12788
重唱歌曲十首	12427	重庆老年书画选	2318
重唱歌曲选	11968, 11980	重庆木刻	3004
重订六书通	8458, 8462	重庆市博物馆藏四川汉画象砖选集	387
重订拟瑟谱	12301	重庆市梁平中青年画家作品选	1372
重订唐说砚考	1053	重庆书法篆刻精品集	8313
重定续三十五举	8453	重庆书法篆刻作品选	8242
重耳称霸	6020	重庆雾季艺术节资料汇编	348
重耳复国	5619	重庆戏曲志	12780
重耳走国楚成王打猎	3615	重庆新貌	2945
重返柳河湾	5738	重庆一日摄影佳作赏析	8710
重返农村当农民	3267	重庆与中国抗战电影学术论文集	13197
重返青山	5525	重庆之夜	10514, 10529
重返陕北	5052	重庆中国画选集	2113

重庆中国画院作品选	2017	"刁钻"之迷	6024
重上井冈山	3294，3912	"东北区第一届戏剧音乐舞蹈观摩演出大会"会	
重新安排林县河山——河南省林县提前三年实		演简报	13013
现《全国农业发展纲要》规定的粮食生产		"独立自主，自力更生"伟大方针的凯歌	8805
指标	3152	"多瑙河彼岸的萨坡罗什人"曲选	12414
重新学习继续革命	3267	《大刀进行曲》及其他	11703
重新走向辉煌	12951	《大闹天宫》动画片造型设计	13293
重新做人	12901	《当代世界电影》画卷	13050
重修净慈寺	6171	《当我们一同居住的时候》	10453
重修青藤书屋记	8018	《挡店》导演总结	12800
重修蜀先生庙碑	7975	《道德经》钢笔书法	7513
重修台湾省通志	271	《电力法》宣传组画	3386
重修棠荫书院记	8044	《东方红》半导体演奏器	11278
重修正文对音捷要真传琴谱大全	12292	《东方红》电影歌曲集	11883
重阳登高	6379	《东方红》歌曲	11883
重洋无阻隔 银针传友谊	1804	《东方红》歌曲集	11884
重振朝纲	5878	《动画大王》和我一起学写字	6649
重振精武	6171	《窦娥冤》歌剧选曲	11886
		《杜十娘》选曲	11893
D		《对花枪》夫妻团圆	13106
"打虎"	2053	《敦煌彩塑》女演员	9539
"打击侵略者"歌曲选	11560	［大荒涅槃］	13297
"大金"特务船的覆没	5740	［大兴朱氏三世遗墨］	8015
"大目标"师傅	5302	［大元敕赐开府仪同三司上卿玄教大宗师张公碑	
"大跃进"的花朵	8644	铭］	7945
"大跃进"雕塑选	8629	［大篆孝经］	8027
"大跃进"漫画参考资料	3405	［道济蔬果画册］	1653
"大跃进"美术作品选	1285	［邓石如篆书六种］	8036
"大跃进"速写集	2854	［董北苑山水］	1522
"大跃进"图画参考资料	1427	［董香光书画锦堂记］	8015
"大跃进"中的长春电影制片厂	13277	［读书斋题画诗］	1455
"大跃进"中的小主人	13242	［对山印稿］	8504
"捣蛋鬼"当英雄	5621	DD 和 BB 的幽默；漫画集	3449
"盗"官记	5740	澄净的大地	9142
"刁鱼鹰"上钩	5377	搭错车	6042

书名索引

搭错线	3427	打豹红少年	5159
达·芬奇	505, 1152	打豹记	5194, 5224
达·芬奇手记	499	打不断的电话线	5194
达坂城的姑娘	11809	打不断的线路	1812
达勃河随想曲	12260	打不尽豺狼决不下战场	12203
达达艺术和反艺术	098	打不尽豺狼绝不下战场	3179
达尔克罗兹音乐教育理论与实践	10838	打草	3621
达尔文	2785, 2790, 3373, 5385, 5457, 5635	打草场上	3621
达芬奇	6897	打草惊蛇	5636
达活泉的故事	5755	打草鞋	12017
达吉	13089	打场	3000
达吉和她的父亲	5026, 5027, 5340, 5385	打倒"四人帮", 生产打胜仗!	3269
达利	6798, 6830	打倒"四人帮", 江山万代红	11966
达利 蒙德里安画风	6804	打倒"四人帮"漫画集	3409, 3410
达利谈话录	528	打倒复活的日本军国主义	3179
达曼戈	5755	打倒美帝支援越南	12136
达摩百态画法鉴赏	872	打倒新沙皇	9265
达姆 达姆	12331	打稻场上	3719
达娜亚	6863	打得对, 打得好	11628
达山烽火	5306	打得好	3917
达维特	1070	打得好 打得准 打得狠!	3134
达文西论绘画	515	打得准	3719
达斡尔族民歌选	11797, 11798	打电话	3583, 3621, 8826, 9560, 9720, 9736
妲己进宫	5635	打电话的故事	4921
妲己乱朝	6042	打店	5538, 6042
妲己入宫	6406	打赌	5756, 5903, 6042, 6175
笪江上题唐模兰亭帖	7834	打风钻	2924
笪江上先生画筌	469	打狗阵敌	5903
笪江上先生书筏	7232, 7233	打狗岭	5224
答李淑一	11953, 11961	打谷场上歌声场	12334
靼鞑人的后裔	6178	打谷机旁庆丰收	12154
打"四人帮"	3960	打鼓骂曹	12069
打靶	3788, 12599	打鼓求救	6483
打靶归来	2750, 3820, 6750, 11611, 11961, 12265	打韩昌	3621
打败了雄狮的小野兔	6483	打虎	4181

打虎岭上摘蜜桃 碧莲池中网大鱼　　3553　　打球去　　4059, 4449, 9525

打虎上山　　12203　　打入山岛　　6178

打虎图　　3675　　打入总统府的女秘书　　6283

打虎小英雄　　4350　　打散构成　　10191

打虎英雄　　4449　　打缓定　　5056, 5903

打花鼓　　3583　　打坦克　　3820

打灰狼　　4258　　打铜锣　　12120, 12123

打击教唆犯　　3872　　打碗记　　5636

打击乐初级教程　　11266　　打网球　　9973

打击侵略者　　5172　　打网球的少女　　9691

打焦赞　　4059, 4350, 9231　　打误　　12092

打金枝　　4012, 4059, 4116, 4671, 4895, 5386,　　打雪仗的风波　　6042

　　9146, 9148, 9220, 9223, 9227, 9941, 9950,　　打洋行　　4942

　　12107, 12110, 12117　　打野猪　　5306

打井现场会　　3788　　打樱桃　　4671

打烂"四人帮"浙江有希望　　3269　　打渔富家　　4671

打狼　　5004, 5538　　打渔杀家　　1854, 3553, 4012, 5904, 6042, 12066,

打猎、井边会　　12129　　　　12069, 12071

打猎图《团结生威力, 打虎在齐心》　　3621　　打掌覆水　　12129

打龙袍　　2988, 3621　　打仗的故事　　6439

打銮驾　　4592　　打盅盘　　12604

打麻雀　　13242　　打猪草　　1756, 3820, 9146, 12092

打麦秸　　4921　　大阿福　　4181

打孟良　　4059, 4181　　大白鲸　　6651, 6652, 6671

打面缸　　6576, 12071, 12078　　大白鲨在行动　　6684

打鸟　　4895, 12114　　大柏地　　1824

打潘豹　　5056　　大摆地雷阵　　3719, 6042

打乒乓　　12631　　大摆迷魂阵　　5756

打乒乓球　　1832　　大摆竹钉阵　　5084

打破的水壶　　6852, 6890　　大败粘金罕　　6042

打破老皇历　　4921　　大办民兵师　实行全民皆兵　　3190

打破砂锅问到底: 万物寻源　　6439　　大办农业 大办粮食　　3553, 3583, 3621, 5004

打起锣鼓唱农庄　　11418　　大办农业 丰衣足食　　3583, 3675

打起锣鼓通街唱　　11560　　大办农业 五谷丰登　　3622

打乾隆　　4942　　大办农业、大办粮食　　3073

书名索引

大办农业，大办粮食	3553	大潮初动	13132
大办农业，大办粮食丰收图	3553	大潮汛之夜	5275
大办农业，夺取丰收	3553	大车又过咱山寨	3872
大办农业，五谷丰登	3554	大陈岛的新生	8873
大办农业大办粮食	3100	大成乐律全书	11011
大办农业大办粮食的小队长邱应生	5004	大成乐谱	11001
大办农业大办粮食中的模范社员赵万荣	4943	大乘妙法莲华经	7949
大办农业多产粮食	3100	大痴画诀	673
大办农业夺高产 大寨红花遍地开	3204	大除四害促进生产	3073
大办农业广积粮	3204	大窗花	3583
大办农业机械化 夺取农业大丰收	3233	大椿的故事	5340
大宝和小宝	5756	大丛林中	10437
大报仇	4943	大打矿山之仗	3190, 3191
大悲与大爱	096	大代华岳庙碑	7775
大本曲音乐	12107	大刀飞龙	6178
大笨狗	7121	大刀傅连信	5056
大鼻子矮怪物	7138	大刀关胜·金枪徐宁	4777
大比大学大竞赛	11628	大刀关胜金枪徐宁	4258
大变靠咱们大干	1833	大刀记	5306, 5307, 5340
大别山风光	4012	大刀将军	4777
大别山民间歌曲选	11796	大刀进行曲	11656
大别山颂	1867	大刀阔斧齐白石	8573
大别山下大寨花	3024	大刀劈敌	6315
大别山下万木春	9272	大刀螳螂	5904
大别山小英雄	5756	大刀王兰英	5756
大别山写生画集	2868	大刀王五	5904, 6043, 13118
大兵奇遇记	6991	大刀武将	4450
大伯教我识草药	3820	大刀武将	2056
大步前进	4903	大刀吓坏张财主	4943
大苍山下	5340	大岛渚的世界	13132
大草原上的小老鼠	6519, 6520	大盗霍震波	6352
大茶山	12606	大盗贼	5756, 6283
大唱革命歌曲	3123	大盗贼被捕记	6244
大唱革命歌曲 大鼓革命干劲	3134	大盗贼第二次出现	6043, 6214
大潮	337	大盗贼第三次出现	6043, 6214

中国历代图书总目·艺术卷

大盗贼第一次出现	6043	大地妈妈的孩子	5539
大得胜	10904	大地情	2297
大登殿	9223, 9231	大地深情	5636, 5756
大的给奶奶	4116	大地同春	1933
大的给你	1933	大地心窗	8955
大涤子画宋元吟韵	1641	大地由我巧安排	3179
大涤子兰竹画册	1617	大地与人	8897
大涤子山水	1598	大地之歌	10865, 11751, 12225
大涤子山水八帧	1617	大地重光	13235
大涤子山水册	1617	大弟	6556
大涤子题画诗跋	466, 749	大调曲子初探	12969
大地	9113, 9135	大叠水	9842
大地·牧歌·黄土水	112	大钉靴奇闻	5904
大地采风	10152	大顶子山鸥高又高	11789
大地春回	13290	大都会博物馆	6830
大地春暖 百花竞艳	3109	大都会博物馆《美术全集》	203
大地春晓	10431	大都会艺术博物馆	6830
大地的儿子	1298	大都市之光	9086
大地的丰采	9113	大毒蜘蛛	6315
大地的脉动 台湾河川风情	8968	大独裁者	13290
大地的女儿	1298, 5636	大渡河	5458
大地的深情	5636, 13114	大渡河上娘子军	2756
大地恩情	5904, 6043	大渡河铁索桥	9045, 9784
大地发春华	3960	大渡河之战	5636
大地风情	2174	大队办起了图书室	1812, 3788
大地轰鸣	2592	大队合作医疗好 五指山区幸福长	3872
大地回春 1958, 3534, 3583, 3960, 4592, 4671,		大队鸡场春意浓	1854
4895, 10410		大队科研室	3872
大地回春	2597	大队培训	10420
大地回春百花吐艳	3297	大队人马哪里来	11784
大地回春百花迎春	4515	大队图书室	3789, 6750
大地回春万象更新	4450	大队畜禽兴旺	3961
大地回春万象新	4258	大队鸭群	6750
大地集	10183	大队养鸡场	6750
大地皆春	8836	大队养鹿场	1854

书名索引

大队养猪场	3917	大干快变加速实现大寨县	3233
大队药厂	3760	大干快上	3820
大队造渔轮	3820	大干快上 夺取农业大丰收	3233
大发财源	4777, 4808, 4840	大干快上 迎接国民经济的新"跃进"	3217
大发明家的一生	5539	大干快上，为普及大寨县而奋战！	3269
大反攻歌曲集	11549	大干快上谱新曲 奔向四化起宏图	4012
大反攻前夜	6043	大干快上修水利 打好粮食生产仗	3233
大风暴	4903	大干快上支援农业	3233
大风暴中的红孩子	4943	大干快上支援农业机械化	3233
大风大浪我不怕	5340	大干社会主义 大批资本主义	3872
大风大浪中前进	2745	大干社会主义光荣	3269
大风歌	5539	大干社会主义有功 大干社会主义光荣	3250
大风集	8975	大干社会主义有理 大干社会主义有功 大干	
大风浪里炼红心	1841, 3820, 3872	社会主义光荣	3269, 3270
大风堂临摹敦煌壁画	1720, 6617, 6623	大干社会主义有理 大干社会主义有功 大干	
大风堂名迹	1272, 1509, 1886	社会主义光荣 大干了还要大干	3270
大风堂遗赠名迹特展图录	1933	大干声中催春来	3872
大风堂遗赠印辑	8586	大干四化争当模范	3326
大佛顶首楞严经	8107, 8115, 8116	大干之年	3820
大佛下的电影	5636	大刚和小晚的一天	4903
大福长寿	4777	大刚与小兰	12137
大福大富	2118	大港油田职工书法篆刻集	8314
大福大寿	4808	大搞炊具改革提高工效和菜饭质量	3073
大福大寿	2056	大搞工具改革加速实现农业机械化	3073
大福字	4592	大搞工业技术革命早日实现四个现代化	3297
大富大贵	4777	大搞技术革新，提高机械化，自动化水平	3250
大富贵亦寿考	2657	大搞技术革新加快社会主义建设步伐	3233
大富无边	4855	大搞技术革新争取高产优质低消耗	3191
大干才能大变	3204	大搞科学种田 发展合作医疗	3820
大干促大变	3820	大搞科学种田 实现农业四化	3772
大干促大变 普及大寨县	3249	大搞科学种田 加速农业发展	9277
大干促大变普及大寨县	3269	大搞科学种田 实现粮棉双高产	3204
大干大变绘新图	3217	大搞农具改革促进农业机械化	3191
大干苦战学大寨 加速建成大寨县	3249	大搞农田基本建设	9274
大干快变 掀起农田基本建设新高潮	3217	大搞农田基本建设 实行科学种田	3217

中国历代图书总目·艺术卷

大搞农田基本建设 争取农业更大丰收 3204 10107, 13126

大搞农田基本建设，夺把"四人帮"造成的损失 大观园 2427, 2436, 2449

夺回来！ 3270 大观园凹晶溪馆 9086

大搞农业十大基本建设 3073 大观园滴翠亭 9113

大搞群众运动加速实现水利化 3073 大观园沁芳亭 9997

大搞卫生消灭四害 3073 大观园全景图 4182

大搞综合利用，为国家创造更多财富 3179 大观园胜景 10517

大鸽子 3000 大观园图 1595

大歌唱家谈精湛的演唱技巧 11130 大观园游莲花池 3622

大革命写真画 9261 大观园中 2430

大公报画刊集萃 9037 大管吹奏入门 11169

大公鸡 3534, 3554, 3961, 4059, 4116, 4258, 大管高级练习曲选 12457

4450, 4592, 4841, 10407 大管教学曲选 12158

大公鸡 2560 大管教学曲选集 12458

大公鸡和漏嘴巴 5458 大管演奏法 11173

大公无私 5004 大管音阶及和弦练习曲 12457

大公无私的老队长 3675 大国发展养猪 3872

大谷穗 12590 大海 9079, 12547

大鼓干劲掀起林业生产新高潮 3073 大海 2450

大鼓研究 12962 大海啊，故乡 11476, 11485

大槐的故事 6043 大海搏鲨 6439

大观法帖总释 7677 大海的女儿 9736

大观楼长联 8062 大海航行靠舵手 3014, 11628, 11636, 11650,

大观楼丛画 1707 11661, 11961

大观楼风光：楼外楼 9075 大海航行靠舵手 干革命靠毛泽东思想 3163,

大观楼前勤习武 翠湖园中苦练功 4350 3168, 10671, 11648

大观楼新景 9831 大海交响曲 5756

大观录 749 大海浪花 12791

大观圣作之碑 7985 大海捞针 5458

大观帖 7949 大海清清任我游 4117

大观帖第六卷椎场残本 7787 大海情歌 2807

大观帖卷六 7713 大海新貌 2762

大观帖卷七 7713 大海扬波笑声爽 4515

大观帖考 7703 大海一样的深情 11970

大观园 1915, 4258, 4350, 9113, 9240, 9871, 大海之恋 9891

书名索引

大海作证	5636, 5757		11883, 11987, 12355, 12358, 12359, 12362,
大好山河	2440		12363, 12373, 12391, 12440
大号演奏实用教程	11173	大家唱选集	11584
大河奔流	5386, 13102	大家的衣服我来洗	3073
大河风	10700	大家动手 除害灭病	3233
大河寻源	518	大家动手 植树栽花 美化环境	3347
大河涨水沙浪沙	11948	大家动手大办农业大搞副食品生产	3100
大鹤山人手写诗稿小册	8115	大家都来参加乒乓球活动!	3073
大红灯	4350	大家都来唱"六一"	1765
大红花	3583, 4182, 4671, 12326	大家都来除"四害"	12027
大红花送给解放军	4182	大家都来跳个舞蹈	9960
大红花献给华主席	3917	大家都来学唱歌	11112
大红花献英雄	3534, 4450	大家都来学简谱	11043
大红菊	2624	大家都来支援农业!	3073
大红鱼	4117	大家都来做广播体操	3204
大蝴蝶	6214	大家歌唱总路线	11419, 11584
大虎	4943, 5636	大家跟着唱	11833
大虎和二虎	5194	大家来唱歌	11397
大花君子兰	10032	大家来唱革命歌	11614
大花瓶	3622	大家来唱革命歌曲	11614
大画幅摄影	8793	大家来唱新民歌	11773
大还阁琴谱	12294	大家来跳舞	12561
大荒写照	8971	大家来学简谱	11045
大灰狼和七只小羊	7139	大家来支援农业	3100
大灰狼罗克	6439	大家齐动手除害又灭病	3250
大鸡蛋	4182	大家起来	11366
大吉	4515	大家跳	12594, 12595, 12596, 12597
大吉大利	4258, 4592, 4808	大家一齐欢乐	4943
大吉大利	2056, 2118	大家一齐来唱歌	11778
大吉大利大有余	2174	大江东去	2019, 3014
大吉大利恭喜发财	2056	大江东去帖	8314
大吉图	2019	大江飞渡	5172
大吉祥	3583, 4808	大江风云	6244
大家唱	11365, 11366, 11372, 11392,	大江歌罢掉头东	5904
	11488, 11518, 11543, 11551, 11583, 11584,	大江行	5904

中国历代图书总目·艺术卷

大江激浪	5386	大口张开唱	11379
大江南北	9252	大跨越：纪念贵阳解放40年	8698
大江南北红烂漫 长城内外尽朝晖	3917	大兰花	10040
大江怒涛	5636	大懒虫历险记	5539
大江颂	11699	大狼骗婚记	7031
大江听壮歌，湖畔识明珠	8913	大浪淘沙	5307, 5539, 12312
大将	4808	大乐嘉成	11001
大将	2056, 2118	大乐律吕考注	10996
大将保平安	4777	大乐律吕元声	10999
大将关羽黄忠	2376	大乐元音	11326
大将军昌乐公府司土行参军张通妻陶墓志	7832	大雷雨	5757, 5904
大将军霍去病 飞将军李广	4350	大李、小李和老李	5056
大将徐海东	5904	大理	8949, 9389
大讲革命故事 占领农村文化阵地	3233	大理吹吹腔音乐资料	12116
大脚夫人	6043	大理洞经古乐	12351
大街上发生的事情	3405	大理风光	9796
大街小巷	3872, 3873	大理观音十塘	9871
大进军	6576, 6577	大理黑白版画	3048
大井朝晖	3622	大理花	2928, 10016, 10018, 10032, 10040
大揪什锦汤	12901	大理花	2496, 2723, 2729
大居士	6577	大理菊	10026, 10438
大决战	6577, 13149	大理三塔	9106, 9996, 9999, 10005
大军进行曲	11379	大理三塔 版纳秀色 西山龙门 石林春光	4350
大军西进	5458	大理社员织鱼网	9986
大开心幽默画廊：袁新廷漫画集	3450	大理石天然画精萃	10319
大楷九成宫醴泉铭	8232	大鲤鱼	4515
大楷习字帖	8134, 8383	大力发展捕鱼事业	3073
大楷新字帖	8135	大力发展机械化养猪事业	3297
大楷选字本字帖	7973	大力发展养猪事业	3073, 3191, 3233, 3250, 9269
大楷字帖 8137, 8138, 8140, 8141, 8144, 8146, 8153		大力发展养猪事业！	3074
大康书碑四通	8245	大力发展养猪业	3233, 3250
大康学篆	8358	大力开垦荒地取粮食丰收	3074
大康印稿	8562, 8573	大力开展"五讲""四美"活动	3329
大科学家拉尔夫124C·41+	6717	大力开展"质量信得过"活动	3297
		大力开展革命文艺活动 巩固社会主义思想文	

书名索引

化阵地	3217	大连美术家作品集	1373
大力开展群众体育运动	9270	大连市戏曲志	12778
大力开展社会主义劳动竞赛	3297	大连天津街	2716
大力开展社会主义群众性的歌咏运动	11584	大连造船厂	2716
大力开展以粮、钢为中心的增产节约运动		大连之恋	11518
	3074	大辽阳台山清水院创造藏经记碑阴	7949
大力普及革命样板戏	9178	大林和小林	5905, 6352
大力士	4350	大柳树下育新人	12158
大力士和数学迷	5757	大龙船	4059
大力水手	7017, 7018	大龙和小虎	5247
大力提倡师生在教学 会议 广播 交谈中使用普		大樟的故事	5224, 5248
通话	3367	大陆·港台红歌星	11733
大力增产化肥 支援农业生产	3191	大陆沧桑	8897
大力增产原煤矿石支援夺铁保钢大战	3074	大陆陈迹	8132
大力支农夺丰收	3217	大陆港台红影星	13220
大力支援农业	3115, 3234	大陆港台新歌选	11747
大力支援农业 争取粮食丰收	3622	大陆美术评集	100
大力支援农业 夺取更大丰收	3234	大陆名画家探访录	528
大力支援农业 巩固工农联盟	3115, 3234	大陆人体油画	2813
大力支援农业积极多作贡献	3250	大陆水彩名家技法	1176
大力支援农业技术改造	3074	大陆沿海地区重要城市表演场地概况	12838
大立毛泽东思想	11644	大陆音乐辞典	10801
大立毛泽东思想 大唱毛主席语录歌	11636	大路	9289
大丽花	2928, 10084	大路歌	11962, 11966, 12205, 12400
大丽花	2487, 2614	大路画展作品选	319
大丽菊	1846	大乱瑶池	5905
大丽菊·令箭荷花	10023	大轮船	3534
大丽菊海棠	10431	大轮船下水	3772
大连	8922, 8939	大罗汉	6577
大连表演艺术	12823	大马哈鱼回娘家	5386
大连风光	8933, 9418	大马戏集锦	3622
大连海滨	9807, 9817	大马戏团	3622
大连海滨疗养院	2716	大漫画	3482
大连海滩	9079	大猫和小猫	2648
大连老虎滩	1788	大美集团覆灭记	6382

中国历代图书总目·艺术卷

大勐笼笋塔	9993	大闹花灯赞宝山	12118
大蜜桃	4350	大闹技术革命高速建设社会主义!	3074
大绵羊	3584	大闹技术革命向机械化自动化进军	3074
大名府	5027, 5636	大闹技术革新大闹技术革命向高精尖进军	3074
大明湖	3584, 9790, 9807	大闹技术革新生产展翅高飞	3074
大明湖铁公祠	9807	大闹金兜洞	5637
大明奇冤	6244	大闹禁宫	6044
大魔王传奇	6044	大闹灵霄殿	5539
大漠·太阳与生命	9136	大闹龙宫	5905
大漠风情	9902	大闹满春园	9096
大漠孤烟直 长河落日圆	8161	大闹猛鬼城	6406
大漠枪声	5636	大闹娘娘宫	6044
大漠射雕	6044	大闹蟠桃园	6652
大漠深情	9245	大闹七星宴	5056, 5057
大漠夕阳红:新疆军区老战士书画作品选	217	大闹秦相府	5905, 6044
大漠西风歌	8275	大闹上官桥	5637
大漠勇士	6044	大闹史家村	5757
大漠之花	9560	大闹水井镇	5905
大漠紫禁令	13121	大闹桃花山	4778
大母神	053	大闹天宫	1765, 1867, 4060, 4350, 4351, 4450,
大木筏亚马孙河游记	6483		4753, 5027, 5340, 5386, 5458, 5539, 5637,
大南瓜	3584		5905, 6439, 6520, 8811, 9237, 9238
大脑皮层和机体的功能	4903	大闹天宫	2174
大闹百花楼	6178	大闹天津卫	5637
大闹汴梁	5757	大闹铁佛寺	6044
大闹登州	5637	大闹通天河	5458
大闹峨眉山	6044	大闹玩具会	6652
大闹飞云浦	5757	大闹万珍楼	6045
大闹福帅府	6044	大闹王家庄	2977
大闹广昌隆	6214	大闹望海站	5248
大闹国术馆	6044, 6179	大闹五台山	5539
大闹黑风山	6425	大闹五庄观	5539
大闹洪家关	5757	大闹演武场	5757
大闹胡廷	6044	大闹幽州城	5905
大闹花灯	5539	大闹忠义堂	2192

书名索引

大娘的心意	1833	大破玄武阵	5906
大娘家里暖如春	3873	大破云鹤镇	6045
大鸟在中国	5905	大破曾头市	5757
大胖小	9533	大菩萨的传说	6045
大炮	6425	大瀑布	9917
大炮的眼睛	6045	大起板	12275
大鹏出世	6352	大千百味	8913
大篷车	5540, 5637	大千世界	3043, 3482
大批促大干 普及大寨县	3250	大千印韶	8564
大批促大干大干促大变	3873	大迁移	6483
大批大干促大变	3217	大墙下的红玉兰	5458
大批资本主义 大干社会主义	3234, 3250, 3270	大桥卫士	5340
大飘偶笔	7203	大桥下面	5906
大飘所论碑帖簒列总目备览	7692	大桥争夺战	5458, 6245
大苹果给妹妹	4182	大青树下	3675
大苹果给你	4592	大青树下赞英雄	3675
大苹果给您	4258	大清河畔话当年	12279
大破"猫冬"旧习 大搞农田基本建设	3234	大庆	8923, 8924, 8926, 9280
大破东平府	5757	大庆道路宽又广	11672
大破环宇楼	5110	大庆雕塑选	8659
大破连环马	5027, 5757, 5905	大庆工人无冬天	1813, 1824
大破莲花洞	5458	大庆工人学"两论"创业有了指路灯	3270
大破迷魂阵	5758	大庆工人赞	3021
大破青龙关	6045	大庆红花遍地开	3873
大破四方台	5004, 5340	大庆红花迎朝阳	2762
大破天门阵	5637, 5758, 5905, 5906, 6045	大庆红旗	1846
大破天门阵 百岁挂帅 八姐闯幽州	4351	大庆红旗处处飘	3917
大破铜风阵	9243	大庆红旗处处飘扬 大寨红花遍地开放	3961
大破铜旗阵	5906	大庆红旗更鲜艳	11687
大破驼城阵	6214	大庆红旗飘	5172
大破万仙阵	4835	大庆红旗飘万代	11672
大破袭	5637	大庆红旗飘心头	11694
大破湘军	5906	大庆红旗迎风飘	3917
大破祥瑞寺	6045	大庆红旗迎风舞 大寨花开遍地香	3961
大破匈奴	5758, 5906	大庆红旗水飘扬	11694

中国历代图书总目·艺术卷

大庆花开朵朵红	3821	大上快上 搞好家田基本建设	3217
大庆花开映钢城	9338	大上农业 快上农业	3204
大庆画集	1813	大神后羿	5758
大庆金龙跨四海 大寨银河上九天	3873	大圣闹天宫	6245
大庆炼油厂	10101	大圣扬威	5637
大庆路上飞油龙	12205	大师的画	6761
大庆旗飘飘	11464	大师素描画廊	6904, 6905, 6906
大庆人之歌	12173	大师素描选	6901
大庆式企业目前的标准	3270	大师素描研习导引	1152
大庆速写	2859	大师兄闯衙门	4921, 4943
大庆速写选集	2860	大石山房十友谱	1023
大庆图案集	10252	大时代歌曲集	11547
大庆新歌	1841	大时代影视文丛	13165
大庆新貌	8925	大实话	11767
大庆英雄赞	9280	大势至菩萨	6577
大庆油加快了我的车	11966	大寿桃	3554, 4182
大庆油田	9047	大寿星	2002
大庆油田先锋五队在斗争中前进	9280	大书长语	7196
大庆原油滚滚来	3873	大树画册	3395
大庆原油进榆关	3873	大双喜	4060
大庆在前进	6600	大四杰村	3584
大庆赞	2935	大搜捕	13249
大庆战歌	5307, 11964	大太监李连英	13135
大庆战友送宝来	3873	大唐高僧	5758
大庆职工、家属创作歌曲选	11687	大唐故岳岭军副使王府君墓志铭	7842
大人国	5386, 6439	大唐回元观钟楼铭并序	7906
大人国和小人国	7018	大唐开国	6045
大人国历险记	6520	大唐三藏教序	7851
大人国与小人国	6245	大唐三藏圣教序	7772, 7773, 8037
大三峡	13298	大唐三藏圣教序碑	7773
大三弦曲选	12311	大唐王居士砖塔铭	7870, 7927
大嫂和二嫂	5458	大唐王居士砖塔之铭	7827, 7829, 7830, 7834,
大山之子	11988		7850
大善寺	6045	大唐西京千佛寺多宝佛塔感应碑文	7834, 7850
大上海	4835	大唐西京千福寺多宝佛塔感应碑	7827

书名索引

大唐西京千福寺多宝佛塔感应碑文	7854	大屠杀	6179
大唐西京千福寺多宝佛塔感应碑文	7828, 7863	大团结舞	3622
大唐中岳隐居太和先生琅耶王征君临终口授铭		大弯伏击战	5758, 6439
	7829	大王蛇搜索队	6045
大提琴初步教程	11178	大王与玉女	5758
大提琴创作曲	12166	大网头	3821
大提琴创作曲选	12166	大为画集	1398
大提琴独奏练习曲	12470	大为人物小品	878
大提琴独奏曲集	12467	大围山风光	322
大提琴高级练习曲 40 首, 作品 73	12464	大维特创作的现实主义基础	196
大提琴基础练习 170 首	12464	大卫	6779, 6787, 6836
大提琴教程	11186	大卫·科波菲尔	5758, 5759, 6577
大提琴教科书	12459	大卫·罗	6956
大提琴练习曲	12460, 12461	大卫 提索特画风	6804
大提琴练习曲, 作品 35	12461	大卫——眼耳口鼻	1143
大提琴练习曲集	12460	大西北的宝石	8943
大提琴每日练习	12472	大西北丝路掠影	2903
大提琴曲二首	12168	大西瓜	1933, 10109, 10470, 12004
大提琴曲十二首	12164	大西皇帝张献忠传奇	6214
大提琴曲四首	12174, 12178	大喜大福	4808
大提琴曲选	12179	大喜大寿	4778
大提琴实用教程	11182	大喜大寿图	2118, 2674
大提琴协奏曲	12465	大喜发财	4778
大提琴演奏法	11180	大喜日子里	3821
大提琴演奏教程	11181	大侠罗宾汉	5759
大提琴演奏艺术	11184, 11187	大峡谷奇观风光摄影精选	10149
大提琴演奏与教学文集	11188	大仙桃历险记	6046
大提琴音阶、琶音、音程	11187	大象比赛	4671
大提琴音阶练习	11189	大象博士招助手	5906
大同	8943, 9349, 10517	大象法官的故事	6425
大同大姊姊	3394	大象孵蛋	6046
大同市创作歌曲选	11473	大象和小老鼠	5906
大同寺庙塑像	8660	大象无形	2827
大同铜器	10648	大象醉了	6520
大头仔	3459	大小伙子	5906

中国历代图书总目·艺术卷

大写意花鸟画技法研究	953	大学生合唱歌曲选	11984
大写照	8910	大学生交响音乐欣赏	11277
大兴"五讲""四美"之风	3330	大学生乐理入门	11052
大兴安岭	8928	大学生美术鉴赏	116
大兴安岭版画	3047	大学生舞蹈教学指导	12593
大兴安岭的早晨	2723	大学生喜爱的歌	11707, 11708
大兴安岭民歌、民间音乐资料汇编	11800	大学生现代艺术鉴赏与修养	110
大兴干部参加劳动之风	3123	大学生音乐基础	10836
大兴水利移山造海	3074	大学生音乐基础教程	10838
大兴文明礼貌新风	3330	大学生音乐修养	10816, 10832
大型电脑动画片《封神榜传奇》	3519	大学生音乐修养 ABC	10836
大型电影学文库	13058	大学生音乐知识与赏析	10827
大型曲式学	11087	大学生音乐自修教程	10836
大型音乐舞蹈史诗《东方红》歌曲	11628	大学生之歌	11414, 11468, 12379
大熊猫	9306, 10060, 10079	大学生字帖	7375
大熊猫画谱	1004	大学师范书法教程	7375
大熊猫图	1788	大学书法	7267
大学	6316	大学书法草书临摹教程	7375
大学办到"公社"来	3873	大学书法创作教程	7375
大学办到咱山村	1841	大学书法行书临摹教程	7365
大学办在咱队里	3873	大学书法教程	7305, 7353
大学毕业回车间	3917	大学书法楷书临摹教程	7375
大学毕业茧未退	3917	大学书法隶书临摹教程	7365
大学大批促大干 大治之年庆丰收	3917	大学书法新编	7389
大学钢笔书法教程	7591	大学书法专业教学法	7344
大学归来	3873	大学书法篆书临摹教程	7365
大学基础乐理与视唱	11062	大学校园歌曲	11485, 11492
大学讲坛	1796	大学音乐	10815, 10830, 10832, 10834, 10836
大学毛主席著作	3124	大学音乐简明教程	10819
大学美术	131	大学音乐鉴赏教程	10889
大学生百唱不厌歌曲	11496	大学音乐教程	10821, 10824, 10834
大学生钢笔字帖	7591	大学音乐欣赏教程	10884
大学生歌曲	11514	大学硬笔书法	7604
大学生歌曲 173 首	12384	大学之年 大比之年	1788
大学生歌曲选	11447, 11448	大学综合性音乐教材	10823

书名索引

大雪天	4895	大泽龙蛇	5759, 5906
大雅楼画宝	3057	大泽山风光	8951
大烟斗侦探和皮皮狗	6729	大泽乡风云	5906
大岩洞——花卉	10026	大寨 3821, 3873, 8924, 8925, 8926, 8927, 9277,
大演革命样板戏 工农豪情贯长虹	3821	9333, 10420
大雁和蜜蜂	5458	大寨步步高	9272
大雁南飞	11881	大寨的春天	3821, 3873
大雁山	5307, 5386	大寨的种子	3821
大洋洲塔西提岛	9881	大寨河山重安排	8805
大洋洲土著艺术	369	大寨红花遍地开	3789, 3917, 3961, 11637,
大养鸡鸭 发展副业	4117	11672, 12266, 12333
大养其猪	9284	大寨红花遍地开	2492
大养特养其猪	4943	大寨红花遍地开 大庆红旗迎风展	3873
大一艺术设计 15 周年纪念第 11 年刊	288	大寨红花更鲜艳	11966
大义夫人	8826	大寨红花迎着风雨开	11687
大义灭亲	5458, 5637	大寨红旗	1846
大音乐会	13253	大寨红旗红万里	12335
大音乐家全书	10819	大寨红旗飘 丰收广积粮	3821
大英博物馆	212	大寨红旗映山河	3918
大英视觉艺术百科全书	166	大寨花开遍地红	11667
大鹰岭	5459	大寨花开朵朵红	3918
大鹰岭的战斗	5459	大寨花开红万代	11794
大庸张家界风光	9087	大寨花开红万里	11678
大有作为的新一代	8924	大寨花开满山红	12173
大余大利	2056	大寨花开四季红	2492
大盂鼎铭文	8361, 8362, 8365	大寨花开闭结果	3789
大鱼送国家	4351	大寨花开瓦房台	5172
大鱼图	3622	大寨花盛开	1841
大禹治服洪水	5637, 6484	大寨简介	9277
大禹治水	3622, 5386, 5459, 5759	大寨精神遍地开花	9267
大院盛开向阳花	3821, 3873, 12632	大寨精神传四方	3761
大院新春	3821	大寨精神大发扬 集体经济更巩固	3134
大约在冬季	11709	大寨精神放光彩	11688
大运河	8977	大寨精神放红光	5194
大泽烈火	5308	大寨精神开新花	3719

中国历代图书总目·艺术卷

大寨精神赞	8659	大战红孩儿	5540, 6245
大寨精神照长白	3789	大战红孩妖	6046
大寨路	11688	大战虎口岩	5194, 5195
大寨路上送货忙	3918	大战黄土坡	5906
大寨全景	9791	大战混星玻璃花	6046
大寨人的革命精神	3124	大战机器人	7034
大寨人心向红太阳	11672	大战金手指	6283
大寨山河重安排	9335	大战九头怪	6425
大寨速写	2860	大战恐龙洞	6556
大寨田上小愚公	3918	大战流沙河·偷吃人参果	6316
大寨县的六条标准	3234	大战马堂镇	5638, 6440
大寨县目前的标准	3270	大战盘古镇	5759
大寨新景	1824	大战前夕	6046
大寨新貌	1841, 3020, 9787, 9986	大战曲峪河	6751
大寨新貌	2594	大战石碣村	5759
大寨英雄谱	5110	大战石油王	6684
大寨玉茭丰收图	9985	大战四魔	6046
大寨在前进	8882	大战四平山	5759
大寨战歌	5194	大战通天河	5540, 6425
大寨之春	1846	大战瓦桥关	5638
大寨之路	1813, 1833, 5084, 5110, 5111, 5224	大战外星人	7103
大寨之县	8925	大战乌龙山	5759, 6440
大寨之县——昔阳	8921, 9336	大战肖天佐	6046
大寨之夜	3873	大战鸳鸯泺	5540, 5759, 6440
大寨子山歌震山河	3874	大战中途岛	6179
大寨组画	1841	大张旗鼓 大造声势 大除五害	3074
大战"气老虎"	5275	大丈夫的私房钱	13135
大战爱华山	5759	大侦探和小不点儿	6214
大战碧波潭	5540	大侦探乔麦皮	6316
大战变形罗汉	6316	大侦探小卡莱	6046, 6214
大战穿云关	6729	大侦探小卡莱丛书	6245
大战赌城	7089	大侦探新冒险记	6215
大战海怪	7089	大正琴风琴筝谱戏曲合刊大全	12057
大战韩昌	5759	大正琴工尺谱	12242
大战黑狼星	6702	大正琴戏曲谱	12057

书名索引

大郑线上好工区	5084	大众实用图画类典	1425
大治之年下四川	11796	大众水彩画	2923
大治之年新事多	1867	大众图书手册	600
大智禅师碑	7889	大众土风舞	12657
大中国青年军歌曲选	11361	大众戏法	12990
大中华进行曲	11379	大众学习音乐指南	10819
大中小楷字帖	8151	大众音乐教程	10790
大中学生钢笔临习字帖	7516	大周冯善廓浮图铭	7847
大中学生书法练习技法	7334	大周少林寺神王帅子记	7847
大中学生音乐欣赏	10872	大专院校京剧讲座	12891
大中专院校综合性音乐教材	10832	大转折	6578
大仲马名言硬笔书法字帖	7490	大篆基础入门	8361
大众插花	10600	大自然	9113
大众唱	11545	大自然的爱恋	10524
大众电视丛书	13163	大自然景观	10149
大众电影画刊	8811	大自然摄影	8728, 8734
大众电影知识	13048	大自然摄影手册	8731
大众歌片	11584, 11585, 11586	大自然探险	3505
大众歌曲	11555	大自然与风景	8793
大众歌曲选	11555, 12401	大自然之美	8930
大众歌声	11560, 11561, 12400	大自然之子	9140
大众歌舞曲选	11571, 11572	大自在	3435
大众歌选	11561	大字报画选	3405
大众吼声	11372	大字结构八十四法	7233, 7324
大众呼声	11555, 11556, 12357	大字麻姑仙坛记字帖	7854
大众健身舞	12601	大字入门	7270, 7271
大众救亡歌集	11370	大综合舞台艺术的奥秘	12852
大众美术字	7627	大足石刻 388, 4258, 10404, 10445, 10454, 10464,
大众魔术	12986, 12988, 12993	10508
大众魔术续集	12988	大足石刻线描	2370
大众铅笔画	2848	大足石刻研究	8650
大众摄影	8714, 8715	大足石刻艺术	8651
大众摄影入门	8765	大足石刻艺术题词选	8232
大众实用壁报 黑板报设计范本	10336	大足石窟艺术	8613
大众实用美术字	7640	呆伯特法则	7018

中国历代图书总目·艺术卷

呆是不呆	3505	带刺的仙人掌	5907
呆中福特刊	13287	带飞	5341
傣家春	9817, 9843	带角的老虎	5759
傣家人欢度泼水节 撒尼人爱唱丰收歌	4012	带经堂墨迹	8016
傣家少女	4060, 10464	带路人	5248
傣剧艺术与社会文化	12951	带露的花朵	11804
傣寨小学	3000	带枪的"神"	5760
傣族风情	9831	带枪的孢子	5907
傣族嘎秧	12618	带枪的人	4943, 13253
傣族赶摆舞	2345	带枪的新娘	5459, 5540
傣族姑娘	4060, 9560, 9582	带上妈妈的大红花	4182
傣族少女	9540	带手铐的"旅客"	5540
傣族少女	2357	带手铐的侦察员	5540
傣族舞蹈	9961, 12612	带响的弓箭	5224, 5248, 5276
傣族舞蹈《澜沧江船歌》	9235	带血的谷子	5540
傣族舞蹈艺术	12625	带血的十字项链	6046
傣族小姑娘	9548	带血的头巾	5541
傣族新歌	4012	带有七个尖角阁的房子	7052
傣族之家	2716	带鱼	2716
代表归来	3789	带着敌情观念 苦练杀敌硬功	3720
代表归来报喜讯	3789	带着摄影机上火线	13307
代表会后	3874	待到山花烂漫时	2762
代表人民意志鼓足干劲奋勇前进	3297	待渡	9377
代代红	1805, 3719, 3720, 5135	待渡	2727
代代相传	322, 3761	待发	8846
代俄勾兔汝演唱的彝族民间歌曲集	11806	待放	9403
代号"123"	6046	待风起航的油船	6853
代号"白牡丹"	6046	待嫁的女人	6179
代号叫蜘蛛	6179	待客如亲人	5004
代理队长	5308	待细把江山图画	2418
岱宗胜览	9058	待月西厢	9953
岱宗侠影	6046	待月西厢下	1915, 4117
带伴奏视唱曲 100 首	11060	待运	9334
带兵的人	5111	逮熊	5248, 5276
带操	9843	袋鼠男人	13149

书名索引

戴本孝山水画册	1651	戴铃铛的猫	5459
戴碧蓉	6665	戴鹿床金笺着色写生册	1633
戴兵摄影作品集	8985	戴面纱的房客	6556
戴畅中国画集	2232	戴明德画集	2279
戴春帆印存	8580	戴明贤书法篆刻集	8184
戴醇士仿倪高士避暑图精册	1609	戴皮围脖的妇人	6858
戴醇士仿石谷册	1609	戴荣华瓷画艺术	10656
戴醇士三卷合册	1617	戴纱巾的姑娘	4753
戴醇士山水	1632	戴上红花上北京	4450
戴醇士山水册	1617	戴胜芙蓉	1867
戴醇士山水花卉	1617	戴士和	2815
戴醇士山水花卉合册	1607	戴士和油画作品选	2821
戴醇士为何子贞画山水册	1647	戴手铐的"旅客"	5459, 5541
戴醇士赠何绥曼山水册	1629	戴手铐的旅客	5541
戴尔原、戴子高手札真迹	8064	戴手铐的侦查员	5541
戴敦邦古典文学名著画集	2411	戴顺智画集	2247
戴敦邦黑白插图选	6606	戴顺智线描	2408
戴敦邦画诀谱	712	戴太史大楷诗品	8117
戴敦邦画仕女	881	戴维历险记	6047
戴敦邦话艺录	1239	戴维祥画集	2232
戴敦邦绘画粉本精选	2408	戴卫封面插图选集	6605
戴敦邦聊斋人物谱	6610	戴卫人物画集	2403
戴敦邦水浒人物谱	2368, 2408	戴文节仿古山水	1617
戴敦邦水浒叶子	1985	戴文节仿古山水册	1617
戴敦邦图说诗情词意	2322	戴文节公行楷三种	8046
戴敦邦新绘《长恨歌》	6215	戴文节公花卉册	1591
戴敦邦新绘旧上海百多图	3430	戴文节公山水册	1641
戴宏森说唱艺术论集	12971	戴文节公书百字箴	8047
戴鸿涛硬笔书法	7615	戴文节菱芦庵图卷	1633
戴花要戴大红花	3134, 3675, 3720, 3961	戴文节菱芦图卷	1642
戴花要戴大红花	2588	戴文节山水册	1640
戴金盔的人	6843	戴文节山水卷	1640
戴进研究	796	戴文节销寒画课	1617
戴开武画集	1409	戴文节销寒小景册	1638
戴林画集	2056	戴文节纸本山水册	1618

戴务旃山水册	1618		4450, 4516, 4671, 4672, 5638
戴希斌画集	2470	丹凤朝阳	2057, 2503, 2514
戴熙千笔山水册	1683	丹凤朝阳鸳鸯戏水	4182
戴学正山水画谱	2454	丹佛	6653, 6665, 6666
戴一峰书法篆刻集	8287	丹果	1765
戴逸如漫画梁实秋幽默金句	3450	丹江湖	8854
戴逸如漫画林语堂幽默金句	3450	丹江河之歌	11406
戴昱综合绑画	1418	丹江口水利枢纽	9990
戴媛墨韵	8326	丹克拉小提琴练习曲20首	12477
戴战公主	9004	丹麦"康纳"美术展览会	6780
戴子高梦隐图	1609	丹麦王国国歌	12394
黛色参天	6622	丹墨斋名家题额	8245
黛玉钓鱼	4593	丹青不知老将至	858
黛玉调鹦图	1886	丹青恨	6047
黛玉读西厢	9950	丹青挥洒见精神	696
黛玉夺魁	4593	丹青恋	5907
黛玉焚稿	5638	丹青妙语	7466
黛玉扶琴	2372	丹青庙笔	1409
黛玉抚琴	3622, 4117	丹青意趣	719
黛玉进府	9147	丹青引	680, 9227
黛玉魁夺菊花诗	4060	丹青玉颜	9418
黛玉魁夺菊花诗	2604	丹青志	749
黛玉戏鹦图	4117	丹生富贵	4117, 4450, 4516, 4672
黛玉吟菊	4060	丹生麟子	4593
黛玉咏菊	4182	丹徒柳氏先德遗墨	7663
黛玉葬花	4012, 4060, 4671, 5541, 13110	丹霞朝翠	1958
黛玉葬花	2348	丹霞春色	1915
黛玉葬花图	4450	丹霞海螺峰	1788
丹参富贵 幸福有余	4351	丹霞锦绣	4672
丹顶鹤	9303, 10014, 10032, 10060, 10067	丹霞山	10496
丹顶鹤	2624	丹心谱	5459
丹东市戏曲志	12781	丹心铁骨	6179
丹柿	1776	丹心育战马	3874
丹枫迎秋	9843, 9881	丹心照红岩	11838
丹凤朝阳	3554, 3584, 4012, 4117, 4182, 4351,	丹崖白雪	4943

书名索引

书名	编号	书名	编号
丹增	5172	单簧管实用初级教程	11174
丹寨蜡染	10365	单簧管吐音演奏法	11174
丹寨苗族蜡染	10348	单簧管外国名曲	12459
丹竹图	2510	单簧管小协奏曲	12456
担当山水册叶	1657	单簧管演奏法	11169
担当山水画风	1690	单簧管演奏风格	12458
担当书画集	1659	单簧管演奏教程	11168
担架队员老杨	4875	单簧管演奏实用教程	11170
担土造田学大寨	3789	单簧管中国曲集19首	12161
单柏钦画集	1958	单簧管重奏教学曲集	12457
单柏钦画集	2232	单镜反光机彩色摄影	8724
单鞭夺槊	5760	单色剪纸制作	10709
单打双不打	13155	单声部视唱	11063, 11064
单刀对双枪	4450, 9967	单声部视唱教程	11054
单刀赴会	4182, 4259, 4516, 6520, 9231	单声部视唱练习	11042
单刀会	5057	单曙光画集	2471
单刀进双枪	9964	单弦盆曲	12140
单刀司令	5760	单弦牌子曲分析	12139
单德林速写集	2892	单弦牌子曲选集	12138
单等着阿布扎来到我身旁	11881	单弦牌子曲资料集	12138
单对位法	11073	单弦艺术经验谈	12966
单对位法大纲	11076	单弦音乐	12962
单凤朝阳	10404	单弦音乐欣赏漫谈	12976
单鼓舞	3534	单晓天小楷	8184
单鼓音乐	12320	单雄威艺术摄影集	8989
单鼓音乐研究	11349	单雄信 程咬金	4351, 4593
单行本琴音记	11327	单雄信踩营	5907
单簧管·萨克管双吐演奏教程	11174	单雄信招亲	6047
单簧管吹奏入门	11174	单音乐典	10783
单簧管独奏曲选集	12160	单应桂国画选	2002
单簧管基础教程	11170	单应桂画集	2414
单簧管教程	11170	单元居室成套家具	10620
单簧管教学曲选	12161, 12459	耽美手记	116
单簧管教学曲选集	12160	儋县调声及其他	11806
单簧管趣味练习曲集	12457	胆巴碑	8008

中国历代图书总目·艺术卷

胆剑篇	5057, 5459, 6578	当代彩墨画六人集	2217
旦东与抗战花灯	12949	当代草圣林散之研究文集	7296
但丁街血案	5027	当代插画精选	7060
但愿人长久	5760	当代插画年鉴	7060
诞生	13297	当代插画专集	7060
淡泊居士书法艺术集	8262	当代大写意篆刻集	8586
淡泊明志	8232	当代大学生	8303
淡彩技法	1169	当代大学生歌曲集	12384
淡彩五桢	12220	当代大学生歌曲选	11507
淡菜礁上的战斗	5159	当代的挑战	197
淡黄色的旋律	9403	当代的西绑福斯	316
淡绿色的记忆	7615	当代电视剧文论选	13132
淡如银月——影坛新秀董智芝	9582	当代电影	13144
淡水地区美术老师观摩展	1372	当代电影分析方法论	13065
淡水河上的风起云涌	8863	当代电影名片赏析	13155
淡水溪,浊水溪	11474	当代法国石版画	6920
淡香	9403	当代港台电影	13144
蛋彩画表现技法	1265	当代歌霸	11987, 11988
蛋彩画技法详解	1257	当代歌星好歌荟萃	11709
蛋糕里的阴谋	6047	当代歌星演唱歌曲集	12380
澹泊明志	8212	当代工笔、写意画马技法	1004
澹复虚斋画缘录	1464	当代工笔画学会作品选	2174
澹如居印谱	8521	当代工笔人物画谭概	883
澹一斋章谱	8528	当代贵州美术作品选	1368
澹园诗词书法选	8275	当代国画大师代表作品集	2297, 2322
澹园印谱	8508	当代国际标准交际舞教程	12593
澹远楼图	1472, 1706	当代和声	11088
惮庵印存	8509	当代湖南书法选	8221
当"长征"突击手 做"四化"排头兵	4012	当代花鸟画	2536
当爱已成往事	11507	当代华语电影论述	13158
当兵的人	11525	当代画家书法	8275
当兵歌	4870	当代画家作品集	1409, 1410
当彻底革命派 做红色接班人	3918	当代画坛	2297
当代报刊美术资料集	10283	当代话剧探讨	12910
当代标准交谊舞花样速成	12666	当代淮阴书法集	8232

书名索引

当代绘画艺术	1347	当代名家精品	2297, 2298
当代交谊舞花样 100 种	12667	当代名家楷书谱	8262
当代交谊舞花样荟萃	12663	当代名家墨宝初集	8117
当代交谊舞舞曲精选	12452	当代名家书董必武诗作品集	8287
当代教师优秀歌曲选	11507	当代名家书法赏析	7276
当代杰出画家	1403	当代名家书画扇集	2322
当代劲歌	11718	当代名家书千字文	8212, 8245
当代菊苑群英	12885	当代名家书千字文丛书	8326
当代剧坛沉思录	12696	当代名家书宋词百首	8287
当代军事题材电视纪录片创作论谈	13149	当代名家书写毛泽东诗词作品集	8303
当代雷锋	6484	当代名家中国画全集	2192, 2193, 2194, 2195,
当代连环画精品集	6578, 6579		2196, 2197, 2198, 2199
当代流行歌曲 200 首	11719	当代名人画海	1705
当代流行歌曲大全	11747	当代名人漫像印谱	8578
当代流行歌曲精选	11706, 11725, 12402, 12404,	当代名人书林	8119
	12406	当代名人真迹	8115, 8116
当代流行金曲大全	11751	当代女装	9635
当代流行拉丁舞	12643	当代青年歌曲选	12387
当代流行实用美术集成	10756	当代青年画家五人集	2118
当代美国电影	13187	当代青年书画一千家	2217
当代美国戏剧史	12793	当代青年喜爱的歌	11482, 11485, 11492
当代美国艺术家论艺术	370	当代青年欣赏实用钢笔书法丛帖	7490
当代美人画选	1958	当代青年篆刻家精选集	8589, 8590, 8591
当代美人画选	2035	当代球星——马多拉纳	9635
当代美术家	465	当代人	5638
当代美术家画库	1305, 1306	当代人体素描艺术	2909
当代美术家特集	1414	当代人体艺术	200
当代美术教学范画集	1449, 1450	当代人体艺术探索	629
当代美术片论	532	当代日本书法	8232
当代美术图案设计手册	10336	当代山水花鸟画家创意手稿	866
当代美术与文化选择	116	当代山水画佳作赏析	811
当代孟加拉艺术	13004	当代山水印象	2474
当代名画	818	当代扇面书画集	2298
当代名画大观	1718	当代少年儿童的榜样	3376
当代名家纪念绩范亭翰墨集	8275	当代少年儿童优秀歌曲 100 首	12046

当代摄影大师	8688, 8693	当代书坛名家精品与技法	8314
当代摄影新锐	8696	当代抒情歌曲	11487, 11984
当代摄影新锐 17 位影象新生代	8690	当代抒情歌曲集	11980
当代圣乐与崇拜	10919	当代水彩·水粉画艺术	2958
当代诗词手迹选	8314	当代水彩画技法	1165
当代十家篆刻字典	8468	当代水彩画精品集	2961
当代石膏·静物素描艺术	2909	当代水墨人物画家创意手稿	881
当代实力派画家精品	1341, 1342	当代苏俄戏剧	12711
当代世界插图精选	7063	当代素描	2895, 2906
当代世界美学艺术学辞典	035	当代素描教程	1127
当代世界实用图案	10733	当代速写	2903
当代世界书刊装帧艺术	10727	当代速写精粹	2903, 2904
当代世界摇滚金曲集	12407	当代台湾音乐文化反思	10836
当代室内设计 300 例	10580	当代陶瓷展	10648
当代室内设计选	10562	当代透视图技法	554
当代书法家精品集	8287, 8288, 8314, 8326	当代外国艺术	164, 165
当代书法家书毛泽东和老一辈革命家诗词集		当代外国影视艺术	13315, 13316
	8245	当代文化名人线描肖像	2404
当代书法家作品选	8262	当代文化艺术混相	112
当代书法精选	8245	当代文艺家画像	1300
当代书法名家作品鉴赏	7375	当代文艺名家书信手迹选	8262
当代书法名家作品选	8194	当代吴门五老画集	2199
当代书法墨迹	8184	当代舞厅舞	12667
当代书法艺术论	7353	当代西藏乐论	10913
当代书风	8326	当代西方电影美学思想	13074
当代书画家福寿作品大观	2232	当代西方美术运动	182
当代书画家墨迹选	2263	当代西方舞蹈美学	12573
当代书画家作品集	1327	当代西方舞台设计的革新	12831
当代书画家作品鉴赏	530	当代西方艺术理论述要	029
当代书画名家	310	当代西方艺术文化学	029
当代书画名家精英大典	335	当代西方艺术哲学	046
当代书画名家题签艺术大典	8314	当代西方哲学画廊	6579
当代书画选	2019	当代西游记	6426
当代书家墨迹诗文集	8184	当代戏剧	12688, 12724
当代书家五体千字文	8303	当代戏剧美学文论	12706

书名索引

当代戏剧审美论集	12703	当代硬笔书法精萃	7445
当代戏曲四十年	12782	当代硬笔书法欣赏	7434
当代纤维艺术探索	10764	当代优秀标志创意	10392
当代香港艺术双年展	287, 288	当代油画家自选集	2821
当代肖像素描艺术	2909	当代油画精品集	2830
当代小提琴演奏技巧	11182, 11183	当代油画九人集	2830
当代小学生歌曲选	12044	当代愚公换新天	3874
当代写意花鸟画画法	980	当代愚公绘新图	3789
当代写意花鸟画佳作赏析	805	当代展示设计	10754
当代新潮摄影集粹	8786	当代中国的工艺美术	10196, 10197
当代新闻摄影	8773	当代中国的美术状态	110
当代新闻摄影学	8752	当代中国电影	13149, 13314
当代学术入门	191	当代中国电影评论选	13121
当代学子赠言选萃	7490	当代中国工笔画	2280
当代炎黄书画精萃	2232	当代中国工笔画选集	2118
当代艺术	048, 1367	当代中国工艺美术品大观	10234
当代艺术家丙烯画材料与技法	1085	当代中国花鸟画大观	2518
当代艺术家绘画材料与技法丛书	616	当代中国花鸟画集	611
当代艺术家色粉画材料与技法	1201	当代中国花鸟画邀请展作品选	610
当代艺术家水彩画材料与技法	1193	当代中国画	2118
当代艺术家油画材料与技法	1085	当代中国画撷英	2280
当代艺术教育研究	219	当代中国画技法·赏析	702, 703
当代艺术科学主潮	039	当代中国画家·画风	548
当代艺术危机与具象表现绘画	056	当代中国画家丛书	1343, 1344
当代艺术新主张	2322	当代中国画家洪潮作品集	2322
当代艺术与人文科学	119	当代中国画家精品集	2280
当代意大利雕塑	8669	当代中国画家精品集粹	2263
当代意大利名家设计	10767	当代中国画家刘民怀作品集	2322
当代音乐教育	10821	当代中国画家项玉坤作品集	2322
当代印人名鉴	8569	当代中国画精粹	2232
当代印社志	8461	当代中国画精品集	2298, 2299, 2300
当代印学论文选	8459	当代中国画名家精萃	2057
当代英雄	1846, 3554, 3555, 6283, 13245	当代中国画名家十人精作选	2264
当代楹联墨迹选	8153	当代中国画名家作品	2174
当代影视艺术欣赏与评论	13144	当代中国画名家作品选	2300

中国历代图书总目·艺术卷

当代中国画名作选	2002	当代中国油画 10 家风格与技法研究	1080
当代中国画探索佳作选	2175	当代中国杂技	12998
当代中国画展入围作品集	2280	当代中国中青年写实油画家——郭润文	2834
当代中国画之我见	693	当代中国著名书法家作品选集	8326
当代中国绘画	2002	当代中华墨粹	2322
当代中国建筑美术名家作品集	2961	当代中年著名篆刻家作品选	8569
当代中国漫画集	3430	当代中日著名女书家作品精选	8221
当代中国美术	218	当代中外流行歌曲大观	12406
当代中国美术家画语类编	100	当代中外流行歌曲集锦	11704
当代中国名画鉴赏	811	当代中小学生喜爱的歌	12041
当代中国曲艺	12976	当代中学生歌曲选	11507
当代中国山水画	2466	当代著名书法家代表作	8315
当代中国山水画·油画风景展精品选	2831	当代著名书法家手书邓小平名言	8262
当代中国山水画·油画风景展作品集	1344	当代著名书法家手书毛泽东诗词	8245
当代中国山水画集	2461, 2474	当代著名书法家作品精选	8203
当代中国摄影艺术史	8706	当代著名书画家作品集	2280
当代中国摄影艺术思潮	8694	当代著名中国画家作品选	2118
当代中国手指画家作品集	2199	当代著名篆刻家作品精选	8573
当代中国书法大字典	8348	当代篆刻家大辞典	8462
当代中国书法艺术大成	8232	当代篆刻名家精品集	8591
当代中国书法作品集	8194	当代篆刻评述	8464
当代中国水墨现状	2264	当电影爱上古典乐	11158
当代中国陶瓷精品选	10654	当冬天开始歌唱	7137
当代中国舞蹈	12579	当好革命接班人	3179
当代中国戏剧家论谭	12732	当好人民勤务员	3821
当代中国戏曲	12853	当红军去	5341, 5386
当代中国线画	2909	当湖葛氏爱日吟庐藏联	7661
当代中国乡村田园画集	2232	当家人	3134
当代中国新文人画集	2118	当今彩墨集	2264
当代中国艺术家丛书	1348	当黎基玛花开的时候	12369
当代中国艺术批评	112	当年红军抢渡大渡河的地方	10102
当代中国音乐	10974	当年战场开红花	3761
当代中国影星	9031	当年战斗过的地方	3821
当代中国硬笔书法 21 家	7605	当谱	381
当代中国油画	2804	当前声乐创作问题	11084

书名索引

当晴朗的一天	12450	党的旗帜高高飘扬	11661
当石与火相遇	432	党的十一大光辉灿烂	11688
当太阳请假的时候	5760	党的颂歌	11726
当太阳升起来的时候	12004	党的委托	3821
当我长大的时候	12046	党的阳光照耀着祖国	11673
当我想你的时候	11714	党恩家庆 人寿年丰	4351
当心"老虎口"	3330	党费	5387
当心触电	3330	党给我武装	3918
当新长征的好后勤	3316	党锢之祸	6047
当阳长坂坡	3584	党和人民的好女儿——丁佑君	4879
当阳桥	4117	党课	3821
挡马 4060, 4182, 4183, 4450, 8809, 8811, 8836,		党领导人民战胜了洪水	1272
9939, 11835		党论电影	13305
党啊，亲爱的妈妈 11725, 11726		党旗飘飘摄影作品选	8901
党的"一大"在浙江嘉兴南湖开会时乘用的船		党是各族人民的红太阳	3100
	10100	党是各族人民的太阳	3100
党的第九次全国代表大会胜利万岁	3168	党是太阳我是花	3297, 12025
党的关怀暖人心	3918	党是阳光我是花	4183, 12027
党的关怀暖心窝	3918	党是阳光我是苗	12024
党的光辉照喀什	8951	党颂歌曲选	11726
党的光辉照延边	11972	党委会前	3018
党的好儿女张志新	1298	党心大快 军心大快 民心大快	3250
党的好儿子	4882	党员登记表	5057, 5111, 5541
党的好儿子——欧阳立安	4921	党员的手	4944
党的好儿子凌文明	4944	党政干部三大纪律、八项注意	3297, 3298
党的好干部——焦裕禄	3381	党支部是钢铁堡垒 连队干部是顶梁柱	3270
党的好女儿	11778	党支部书记	4944
党的好女儿毕英兰	5148, 5159	党支书的试验田	1745
党的好女儿张志新	4012, 5459	党重给了我光明	4944
党的话儿记在心	11607	党祖国军队英雄颂歌	11719
党的礼赞	11496	党最关心咱庄稼人	11699
党的领导是四化建设的胜利保证	3330	荡湖船	3961, 4060
党的女儿 4944, 5084, 5386, 6440		荡寇图	4868, 4869
党的女孩子周海斌	5276	荡秋千	4593, 6886, 9607
党的旗帜	12371	荡舟	9469

中国历代图书总目·艺术卷

刀笔画大全	1073	导演术	12799
刀插虎腹	5195	导演术基础	12802
刀斧大将	2118	导演提要	12798
刀斧将	2119	导演学概论	12803
刀斧神威	2057	导演学基础	12801, 12802
刀斧武将	2057	导演学引论	12801
刀光虎影	6047	导演艺术创新讨论集	12803
刀光剑影	4450, 5387, 6316	导演艺术构思	12805
刀光侠影蒙太奇	13301	导演艺术论丛	12802
刀痕的来历	5541	导演艺术民族化求索集	12804
刀剪女狐	6047	导演与表演诸问题	12797
刀枪剑棍闪烁生辉	9255	导演与电影	13209
刀枪闪闪 竞武争雄	4351	导演与演员	12797
刀枪武将	4451	岛民·风俗·画	824
刀味集	2975	岛上红旗	4944
导表演系教学计划专辑	12797	岛上历险记	5638
导沭整沂画册	8868	岛屿的飞翔	338
导弹	6426	岛屿色彩	270
导戏、看戏、演戏	12798	捣放树窝子经验	4911
导演"梁山伯与祝英台"随笔	12800	捣毁美人窟	6047
导演八论	12803	捣狼窝	5057, 5907
导演参考资料	12804	捣顽堡	5760, 6440
导演创作论	13211	祷文歌唱本	12440
导演档案	12805	蹈舞术	12660
导演的话	12907	到"公社"报到去	3555
导演的梦幻世界	13211	到奥林匹克运动会去 未来的世界冠军属于你	
导演的艺术创造	12800	们	3347
导演的自我超越	12804	到本世纪末，要力争使全国工农业的年总产值	
导演方法论	12799	翻两番，力争把我国人口控制在十二亿	
导演功课	13210	以内	3347
导演基础知识讲话	12803	到处洋溢着社会主义的新思想——天津市宝坻	
导演经验	12800	县小靳庄十件新事	9275
导演论	12799	到大风大浪中锻炼	3250
导演全程经纬录	12803	到大江大海去锻炼	3134, 3961
导演入门	12804	到大江大海去锻炼!	3251

书名索引

到大江大海中锻炼	3874	到新的岗位	3789
到敌人的后方去	3395	到业余学校去	3074
到敌人后方去	3961，11656	到宇宙去	3326
到第一线去到农业战线上去	3100	到战场上去高唱	11381
到坟墓里睡觉	5638	到珍宝岛去看望解放军	12630
到工厂去 到农村去！	3159	到治淮工地上	8640
到工农兵群众中去	3191	到祖国需要的地方去	2713
到工农中去扎根	3159	到最艰苦的地方去	4903
到广阔的天地里去	3204	倒长的树	5760，6352
到广阔的天地去	1813	倒挂金钟	10032
到海岸上去	8641	倒海翻江卷巨澜	1805
到江河湖海锻炼去！	3191	倒花篮	12610
到江河湖海去游泳	3134	盗杷设宴	5638
到劳动大学去	2351	盗官记	5760
到农村去 到边疆去	11673	盗海图	6047
到农村去 到边疆去 到人民最需要的地方		盗虎符	5541
去！	3251	盗魂	5638
到农村去 到边疆去 到祖国最需要的地方去		盗灵芝	10438
	3135	盗龙珠	6179
到农村去 到祖国最需要的地方去	3271	盗帅独眼龙	3430
到农村去 走与工农相结合的道路	3204	盗仙草	4012，4060，4117，4183，4259，4451
到农村去、到山区去	11415	盗仙草	2057
到农村去！	3115	盗腰牌巧遇杨家将	4060
到农村去，走与工农相结合的道路！	3218	盗音魔法师	7027
到农村去，到边疆去	11667	盗御马	4593
到农村去，到山区去	11415	悼杨铨	8123
到农村去接受贫下中农再教育	3191	道道工序把关 力争优质高产	3326
到农业生产第一线去	3101	道德宝章	7944
到农业生产第一线去！	3074	道德经小楷字帖	7990
到人民生活的源泉中去	3191	道尔顿	5387
到厦门平民学校演讲	5321	道姑劫法场	6047
到天安门去	2924	道古轩印谱	8518
到太空去旅行	3074	道行般若经	6579
到万里外去学习	4887	道济画册	1654
到小公鸡家做客	5638	道济蔬果册	1652

中国历代图书总目·艺术卷

道教碑	7990, 8006	得奖归来	3675, 3720, 4117
道教音乐	10918	得奖集体舞选集	12596
道教与戏剧	12697	得奖荣归	10407
道教与艺术	459	得鲤图	1668
道路交通安全宣传漫画册	3441	得利图	1959
道路只有一条	4944, 13259	得陇望蜀	5907
道人礼器临本	7757	得胜岁月	12332
道士	6406	得鱼大喜	3584
道是无情却有情	5907	得鱼自喜	3584
道坦雕塑选	8631	德	3370
道威以来梨园系年小录	12739	德·奥松维尔夫人肖像	6884
道因法师碑	7877, 7884, 7927, 7937	德·布罗里夫人像	6889
道与书画	130	德·库宁	6876
道与中国艺术	113	德奥古典音乐大师经典指南	10881
道在足下	071	德奥古典作曲大师中的最后一人	10867
道子墨宝	1508	德彪西	10884, 10889, 12500, 12544
稻场练武	3720	德彪西 管弦乐	11277
稻城	9136	德彪西 12 首钢琴练习曲	12532
稻海新浪	5135	德彪西的钢琴音乐	11229
稻禾青青麦穗黄	11581	德彪西的管弦乐曲	11271
稻穗螟虫	1730	德彪西钢琴曲选	12494, 12519
稻香果红	3720	德伯家的苔丝	6484
稻香季节	3720, 3821	德布西	11274
稻香千里	3011, 9053	德步西管弦乐曲	12454
稻香千里南泥湾 乌江天险起宏图 凉山盛开大		德慈禅书法作品集	8303
寨花 万水千山变通途	3961	德尔沃	6876
稻香千里飘 人人逞英豪	3101	德佛亚克(1841—1904)	12554
稻香鱼肥	4013, 4593	德弗札克交响曲与协奏曲	12554
稻香蔗甜	2732	德国表现主义戏剧	12725
稻蟹	1575	德国法兰克福城户外海报	10772
得不偿失：唐小鸭的故事	7075	德国风光	9911
得伏夏克新世界交响曲	12539	德国歌曲集	12368
得奖歌曲集	11574, 11576, 11581, 11620	德国古堡	9997
得奖歌曲集	11576	德国广告设计	10772
得奖广播歌曲集	11586	德国国民学校与唱歌	12558

书名索引

德国绘画雕塑百图	368	德拉克洛亚	503
德国绘画木刻展览会	358	德拉库拉	7052
德国绘画选	6804	德累斯顿绘画陈列馆	6777
德国街头广告	10768	德洛茜在异国	6684
德国进步电影在新道路上	13305	德天瀑布	9792
德国近代版画选集	6924	德瓦利奥那斯的小提琴协奏曲	11178
德国美术史话	375	德沃夏克第九交响曲，e 小调 作品 95	12541
德国民歌的音调	11142	德沃夏克交响曲与协奏曲	12554
德国慕尼黑	9807	德沃夏克协奏曲	12552
德国素描大系	6903	德沃扎克	10889
德国素描精品	6906	德沃扎克 b 小调大提琴协奏曲	12468
德国素描新选	6908	德沃扎克传	10860, 10861
德国物理学家爱因斯坦	3316	德沃扎克歌曲选	12427
德国戏剧广告	6979	德西美朵	9560
德国新电影	13118	德希达	7018
德国音乐	10981	德意志歌曲集	12367
德国音乐教育概况	10839	德意志六百年版画展览	6919
德国幽默画集	6943	德意志民主共和国"约翰·哈特菲尔德"摄影剪	
德国之秋	9855	辑艺术展览会	10132
德汉对照歌曲集	11445	德意志民主共和国版画和雕塑展览	6916
德宏傣剧音乐资料	12116	德意志民主共和国版画选集	6917
德宏傣族民歌 44 种	11806	德意志民主共和国歌曲十首	12371
德化民窑青花	432	德意志民主共和国国歌	12393, 12394
德化名家名瓷	10656	德意志民主共和国凯绑·珂勒惠支版画展览会	
德加	1134, 6785, 6787, 6793, 6826, 6830		6916
德加的艺术标志——粉笔画	1200	德意志民主共和国劳动人民业余美术作品展览	
德加画风	6804	会	6780
德加素描	6900	德意志民主共和国十五	6777
德嘉	6802	德意志民主共和国造型艺术选集	363
德觉桑布和鹰术师七兄弟	6440	德音堂琴谱	12294
德拉克罗瓦	6778, 6793, 6794, 6845, 6846, 6855	德隅斋画品	743
德拉克罗瓦论美术和美术家	125	德隅斋画品	743
德拉克罗瓦日记	508	德育	3370
德拉克罗瓦作品集	6799	德智体美劳宣传图片	3370
德拉克洛瓦	6830, 6897	德智体美全面发展 春风化雨人才辈出	3330

中国历代图书总目·艺术卷

德子论集	13163	登祝融峰记	8303
灯彩与秧歌	12625	等慈寺碑	7885, 7894, 7937
灯蛾	1745	等慈寺碑楷书	7390
灯光捕鱼	3822, 3961	等待情结	12730
灯光人像摄影	8724	等到满山红叶时	5460, 13102
灯光摄影	8746	等候	9389
灯光摄影布光技法	8758	等妈妈	4117
灯光夜市	3918	等我想一想	9582
灯花	5459, 5541	等一等吧	11540
灯花姑娘	5460	等着你	9476
灯会	4183	等着瞧	6632, 6640
灯火阑珊处	5760	邓白画集	2217
灯节	4117, 4516, 12275	邓邦述手书题记	1048
灯节降魔	5638	邓伯讷书集联	8016
灯亮心明	3874	邓超荣歌曲选	11492
灯心绒	5057	邓崇龙人体油画选	2815
灯芯绒	5027, 5084	邓尔雅书画印集	338
灯伢儿	5224, 5341	邓尔雅书千字文	8157
灯影侠	6048	邓芬百年艺术回顾	2280
登贝设计	10192	邓福星书法集	8246
登帝位的奴隶	4876, 4877	邓阜炳书画集	2264
登封少林风光	8698	邓高健画集	2411
登高图	3584	邓辉楚山水册	2461
登高望远	4672	邓辉楚山水画集	2474
登高英雄杨连第	5172	邓惠伯作品集	2175
登陆美利坚	3469	邓嘉德《三国演义》百图	2404
登陆演习	4593	邓婕	9659
登门请教	1813	邓景渊山水画集	2478
登攀	5276	邓肯论舞蹈艺术	12568
登攀颂	5308	邓丽君	9691
登攀之路	5760	邓丽君歌辑	11709
登山	4183	邓丽君经典名曲集锦	11747
登上世界最高峰	5004	邓丽君抒情歌曲影集	11979
登坛拜将	5638	邓丽君小姐	9659
登云山	4944	邓丽君演唱歌曲选	11704

书名索引

邓丽君演唱金曲	11747, 11988	邓石如书法篆刻全集	8089
邓丽君自选演唱歌曲 225 首	11979	邓石如书法篆刻艺术	8067, 8069
邓林画梅	2035	邓石如书庐山草堂记	8075
邓明阁书法篆刻集	8262	邓石如书司马温公家仪	8037
邓平祥油画集	2834	邓石如研究资料	7157
邓启生	5148	邓石如印存	8528
邓荣斌画集	2322	邓石如印谱	8485
邓散木白蕉钢笔字帖	7434	邓石如与《四赞》	7167
邓散木厕简楼印存	8560	邓石如篆	8099
邓散木临史晨碑	8246	邓石如篆千字文	8362
邓散木临乙瑛碑	8246	邓石如篆书	8064
邓散木临张迁碑	8232	邓石如篆书弟子职	8071
邓散木书法篆刻选	8151, 8184	邓石如篆书技法	8362
邓散木书画集	2323	邓石如篆书十五种	8045
邓散木印集	8574	邓石如篆书心经	8073
邓散木印谱	8566, 8567	邓石如篆书张子西铭阴符经	8089
邓散木楹联墨迹选	8212	邓世昌	6484
邓生才书法续集	8303	邓世昌血战黄海	5907
邓生才书法选集	8221	邓拓诗词墨迹	8175
邓石如的书法艺术	7305, 8080	邓拓诗词墨迹选	8194
邓石如法书选集	8060, 8069	邓拓书法选	8149
邓石如集	8104	邓拓书法作品选	8184
邓石如楷隶三种合册	8037	邓完白隶书	8049
邓石如楷书隶书三种墨迹	8366	邓完白隶书墨迹	8047
邓石如隶书	8082	邓完白墨迹三种	8067
邓石如隶书放陶孙诗评	8103	邓完白先生隶书墨迹	8037
邓石如隶书选	8060, 8367	邓顽伯先生心经	8020
邓石如隶书易经谦卦	8075	邓文华木刻集	3053
邓石如隶书张子西铭	8033	邓文欣仙鹤画集	2247
邓石如隶书字帖	8060, 8076	邓文原章草真迹	8057
邓石如墨迹二种	8093	邓先荷画集	1418
邓石如书白氏草堂记	8080	邓县彩色画象砖墓	387
邓石如书法集	8078	邓小平	9013
邓石如书法精选	8093	邓小平传奇	6352
邓石如书法选	8099	邓小平副总理访问美国	9286

中国历代图书总目·艺术卷

邓小平革命足迹篆刻	8574	狄克蹦跳舞专集	12645
邓小平理论诗画	2323	狄克历险记	5908
邓小平同志	1273, 1277	狄雷·岳云	2376
邓小平同志检阅三军	4516	狄雷牛通	4516, 4593
邓秀水彩	2948	狄梁公碑习字帖	8437
邓爷爷好	2376	狄青	6484
邓爷爷和我们一起过春节	4351	狄青 李广	4672
邓爷爷坐上我的车	4451	狄青夺征衣	4944
邓以蛰美术文集	530	狄青风云夺征衣	5027
邓以蛰全集	116	狄青夜夺昆仑关	5760
邓印存真	8538	狄青与双阳公主	4753, 9016, 9659
邓颖超同志和儿童	4351	狄仁杰断案传奇	8826
邓颖超在天津	8854	狄斯可舞入门	12668
邓雨贤音乐与我	10884	狄斯耐卡通经典全集	7079, 7080
邓远坡画集	2300	狄四娘	13010
邓在军电视艺术	13144	迪尔伯特原则	7013
邓斋印赏	8566	迪菲	6794
邓肇成画集	1412	迪斯科	12646
邓中夏	5639	迪斯科·交谊舞	12646
邓子敬美术作品选	1391	迪斯科动作50例	12646
低度开发的回忆	13144	迪斯科健身操	12646
低眉一瞬	9691	迪斯科健身舞	12646
低音吉他拍击演奏法	11207	迪斯科女郎	9691
低音吉他演奏法	11205	迪斯科入门	12646
低音练声曲	12441	迪斯科舞蹈入门	12668
低音提琴"横把位级进式"指法练习	11183	迪斯科舞霹雳舞跳法	12668
低音提琴独奏曲选	12180	迪斯科舞与健美操	12646
滴翠亭宝钗戏粉蝶	1899	迪斯科与霹雳舞	12646
滴水穿石	8204	迪斯尼卡通画法	1227
滴水观音	5907, 9328	迪斯尼乐园	7076, 9970
滴血的夜明珠	6215	迪斯尼乐园卡通词典	7081
狄德罗画评选	518	迪斯尼乐园制造欢乐的七大秘诀	13320
狄德罗美学论文选	064	迪斯尼名著绘画故事	7076
狄公传奇	6245, 6352	敌巢歼灭记	6316
狄家将	6520	敌巢探险	6179

书名索引

敌巢迁回战	6215	笛子基本演奏法	11301
敌后的文艺队伍	12774	笛子基础教程	11303
敌后剿匪	5761	笛子教材	11300
敌后奇袭	5084, 5460	笛子教学曲精选	12272
敌后枪声	6245	笛子练习曲选	12270
敌后武工队 4890, 4944, 4945, 5195, 5639, 5761,		笛子名曲集	12272
6440, 6484		笛子曲集	12265, 12269, 12270
敌后小英雄	5276	笛子曲选	12268
敌后侦察	5639	笛子入门基础教程	11305
敌前侦察	3822	笛子入门教材	11304
敌人从哪里窜犯, 就叫它在哪里死亡!	3109	笛子演奏技巧广播讲座	11303
敌人从哪里来 就把它消灭在哪里	3124	笛子演奏实用教程	11304
敌人从哪里来 就把它消灭在哪里	3115	笛子演奏艺术原理	11304
敌人胆敢来侵犯 就把它消灭在人民战争的汪		笛子与新竹笛演奏法	11302
洋大海之中	3153	笛子自修教程	11302
敌人磨刀 我们也磨刀	3124	邸立丰油画创意	2813
敌人在哪里窜犯 就把它消灭在哪里	3109	底莫站长	5387
敌营买枪	5761	底纹图片	10323
笛歌定情	4183	底纹运用	10212
笛菌突围记	5057	砥斋题跋	7226
笛情梦边	12899	砥柱中流	8954
笛曲讲座	11300	地藏经	6579
笛声送归舟	3000	地藏菩萨	6579
笛声引春来	2057	地道战	5135, 5148, 5159, 5195, 6426
笛仙	5761	地底的光	2863
笛艺春秋	11303	地动山摇何所惧 抗震救灾为人民	3251
笛音	1867	地方工业支农忙	2750
笛子吹奏法	11301, 11302	地方民歌	11813
笛子独奏曲	12267	地方戏唱腔选集	11864
笛子独奏曲八首	12262	地方戏剧集	12917
笛子独奏曲选	12262	地方戏曲唱片曲谱	12101
笛子独奏曲选集	12262	地方戏曲移植革命现代京剧唱腔选段	12124
笛子高级练习曲选	12271	地方戏曲音乐学术讨论会资料	10992
笛子基本功练习	11303	地方戏移植革命样板戏好	12874
笛子基本教程	11304	地花鼓	12611

中国历代图书总目·艺术卷

书名	编号	书名	编号
地脚镇的枪声——大西洋底来的人	5541	地下军火库	5761
地景艺术	039	地下粮仓	3874
地雷战	5084, 5111, 5148, 5159, 5172, 5195, 6316	地下魔窟	6179
地理绘画技法	637	地下世界	6382
地理摄影	8715	地下世界 中国贵州	8931
地球保卫战	6702, 6703, 6704	地下世界历险记	6717
地球超人	6440	地下王国	5639
地球大探险	7139	地下王国历险记	6666
地球的红飘带	6283, 6284, 6426	地下修械所	5387
地球反击	6671	地下印刷所	5639
地球号太空船的劫难	3469	地下游击队	5196
地球仍在转动	5639	地下战线	6048
地球三卫士	6520	地下作家	3497
地球探秘	3505	地心游记	6484, 6556, 6729, 7052
地山印稿	8500	地狱天堂	13298
地上长虹	5308	地狱之门	13218
地毯传统纹样	10359	地域审美特征初探	12723
地毯的故事	6556	地震	5248
地毯图案设计	10360, 10363	地震的奥秘	6979
地头学习	3720	地震来了怎么办	3498
地头学习会	3758	地震漫画作品选	3459
地图大探险	7139	地震美术宣传画册	10266
地图花边	10258	地址的信	080
地图上的绿房子	6426	地质学家李四光	5387
地下宝藏之谜	6382	地质之光	5387, 5460
地下长城	2755, 8805	地质之光——记科学家李四光	5387
地下城堡的毁灭	5460	地主的罪恶	5111
地下城历险记	6556	帝国反击战——《星球大战》续篇	5639
地下的星光	11699	帝国军官的反叛	6179
地下儿童团	5761	帝国特别调查官	6215
地下古城之谜	6382	帝王	4875
地下航线	5004, 5027, 5057, 5908	帝子乘风下翠微	4259
地下黄金城	5761	第1届中国油画学会展作品集	2821
地下尖兵	5542, 13229	第6届全国美术作品展览	291, 292
地下交通站	5639	第6届全国美术作品展览油画选	305

书名索引

第 7 届全国摄影艺术展览作品选	8804
第 10 届欧洲广告大赛优秀作品集	10772
第 26 届世界乒乓球锦标赛	3101
第 44 届戛纳国际广告节获奖作品集	10768
第 45 届戛纳国际广告节获奖作品集	10773
第 128 次谋杀	6179
第埃尔·萨菲斯	10768
第八个是铜像	5224
第八交响乐,作品第 65 号	12547
第八交响曲	12541
第八届百花奖最佳女演员吴玉芳	9607
第八届电影"百花"奖最佳女主角吴玉芳	9582
第八届香港国际电影节	13311
第八届亚洲艺术节	208
第八女神的风采	13054
第八尊雕像	5908
第二、三届中国电影金鸡奖第五、六届《大众电影》百花奖获奖演员李秀明、潘虹、斯琴高娃	9560
第二长笛协奏曲	12456
第二次全国少年儿童文艺创作评奖获奖歌曲集	12030
第二次世界大战间谍战	6440, 6441
第二次世界大战连环画	6441
第二次世界大战史连环画库	6316, 6317, 6426
第二次世界大战战史画库	6520
第二次握手	5387, 5460, 5542, 5761, 13104
第二次鸦片战争图画故事	6317
第二方案	5761
第二个春天	5084, 5276
第二个母亲	5761
第二回兴亚美术展览会要纲	343
第二回旋曲	12163
第二交响乐	12547, 12548
第二交响乐《抗日战争》	12225
第二交响乐《清明祭》	12231
第二交响曲	12228, 12234, 12540, 12549
第二届工人业余美术创作展览会目录	279
第二届广西戏剧展览会资料汇编	12935
第二届国际摄影艺术展览作品集	10134
第二届国际文化交流赛克勒杯中国书法竞赛作品集	8232
第二届国际篆刻艺术交流展作品集	8583
第二届河南艺术节资料汇编	349
第二届全国版画展览会作品选集	2991
第二届全国电视书法篆刻大赛获奖作品选集	8221
第二届全国美术展览会	1282
第二届全国美术展览会版画选集	2990
第二届全国美术展览会彩墨画选集	1724
第二届全国美术展览会的国画	1738
第二届全国美术展览会雕塑选集	8628
第二届全国美术展览会各民族人民生活作品选辑	344
第二届全国美术展览会漫画选集	3404
第二届全国美术展览会年画、宣传画选集	278
第二届全国美术展览会油画、水彩、素描选集	1283
第二届全国民间音乐舞蹈汇演优秀歌曲选集	11770
第二届全国民间音乐舞蹈会演优秀器乐曲选	12328
第二届全国摄影艺术展览会作品选	8877
第二届全国摄影艺术展览作品评选	8877
第二届中国京剧艺术节	12895
第二届中国曲艺节	13019
第二届中国艺术节艺术集锦	346
第二届中外咏梅翰墨精品博览	205
第二块血迹	5542, 6521
第二炮兵画册	1302

第二十届香港国际电影节	13312	第六届亚洲艺术节	207
第二十六届世界乒乓球锦标赛纪念画册	9248	第六双足迹	5908
第二十一个停房	5542	第廿二届香港国际电影节	13312
第二小奏鸣曲	12198	第廿一届香港国际电影节	13312
第二协奏曲，D小调作品22号	12466	第七个莲花瓣	5387
第二新疆舞曲	12146, 12224	第七届华北音乐舞蹈节理论研讨会文集	
第二自然	10570		10821
第九次浪涛	6886	第七届全国美术作品展览	310
第九个犯人	6179	第七届陶艺双年展	10659
第九个售货亭	6048	第七届香港国际电影节	13311
第九交响曲	12544, 12546	第七届亚洲艺术节	207
第九交响曲总谱	12539	第七届中国钢笔书法大赛获奖作品鉴赏集	7615
第九届百花奖获奖演员刘子枫、王馥荔	9635	第七届中国水彩画大展作品选	2958
第九届全国美术作品展览	338	第七条猎狗	5908, 6180
第九届全国美术作品展览·水彩、粉画特刊	1193	第三把钥匙	5248
第九届全国美术作品展览获奖作品集	338	第三波攻势	1369
第九届全国美展港、澳、台获奖者暨著名画家		第三帝国的兴亡	6215
作品选集	1348	第三帝国兴亡史	6441
第九届香港国际电影节	13311	第三丰碑	13057
第九弦乐四重奏	12541	第三个被谋杀者	5639
第六交响乐	12548	第三个人	5908
第六交响曲	12540, 12544	第三个时期的中国电影	13183
第六届"上海之春"歌曲选	11450	第三件棉袄	4945
第六届"上海之春"少年儿童歌曲选	12021	第三交响曲	12540, 12544
第六届电影金鸡奖最佳女主角岳红	9659	第三届电影"百花奖"获奖者	9527
第六届金鸡奖、第九届百花奖获奖演员方舒、		第三届电影"百花奖"最佳女演员陈冲	9527
王馥荔，岳红	9635	第三届电影"百花奖"最佳配角	9527
第六届金鸡奖、第九届百花奖获奖演员岳红、		第三届全国"书法学"暨书法发展战略研讨会论	
杨在葆	9635	文集	7375
第六届全国版画展览会作品选集	3032	第三届全国版画展览会作品选集	2993
第六届全国美术展览油画选	2792	第三届全国连环画评奖获奖作品选	6284
第六届全国美术作品展览儿童读物美术作品选		第三届全国青年歌手电视大奖赛获奖演员演唱	
	1302	歌曲选	11487
第六届全国美术作品展获奖作品	1300	第三届全国摄影艺术展览会作品选	8877
第六届陶艺双年展	10655	第三届全国摄影艺术展览作品评选	8877

书名索引

第三届全国楹联书法大展作品集	8326	第十三届亚洲艺术节	208
第三届山东省书法篆刻展览作品集	8326	第十四届全国版画展作品集	3064
第三届沈阳音乐周理论、学术报告选编	10801	第十四届全国摄影艺术展览作品集	8877
第三届亚洲国际美术展览会	346	第十四届香港国际电影节	13312
第三届中国电影金鸡奖最佳女主角获奖者潘		第十五届香港国际电影节	13312
虹、斯琴高娃	9560	第十一届香港国际电影节	13311
第三届中国电影金鸡奖最佳女主角获奖者潘虹		第十一届亚洲艺术节	208
和电影演员赵娜	9560	第十一届亚洲运动会金牌得主印集	8572
第三届中国书法篆刻电视大赛获奖作品选集		第四交响乐	12549
	8288	第四交响曲	12551
第三届中国艺术节	3383	第四届电视剧飞天奖集刊	13313
第三届中国艺术节活动指南手册	349	第四届国际版画双年展	6925
第三届中国艺术节文集	349	第四届国际文化交流赛克勒杯中国书法竞赛作	
第三女神	5542	品集	8327
第三女神(影片的主要演员张晓敏)	9533	第四届全国广告作品展优秀广告作品集	
第三十个春天	5224		10386
第三世界电影与西方	13066	第四届全国连环画评奖获奖作品选	6382
第三协奏曲,B调 作品61号	12467	第四届全国年画展获奖作品选	4765
第十八届全国摄影艺术展览作品集	8877	第四届全国人民代表大会胜利万岁!	3180
第十大行星	6730	第四届全国摄影艺术展览会作品选	8878
第十二届全国摄影艺术展览作品集	8877	第四届全国摄影艺术展览目录	8802
第十二届香港国际电影节	13311	第四届全国水彩、粉画展览作品集	2961
第十二届亚洲艺术节	208	第四届全国硬笔书法艺术作品展获奖作品选	
第十二夜	6352,7052,13249		7615
第十个弹孔	5542	第四届中国书坛新人作品展作品集	8315
第十届香港国际电影节	13311	第四届中国艺术节文献选编	218
第十九届香港国际电影节	13312	第四十一个	13092
第十颗星星	5460	第四小奏鸣曲	12199
第十六届全澳书画联展	1373	第五代导演	12804
第十六届全国摄影艺术展览作品集	8877	第五交响曲	12543,12544
第十七届全国摄影艺术展览作品集	8877	第五届"上海之春"音乐会歌曲选	11450
第十七届香港国际电影节	13312	第五届编织工艺奖特展	10365
第十七弦乐四重奏	12541	第五届国际摄影艺术展览作品集	10139
第十三届全国摄影艺术展览作品集	8877	第五届国际书法交流台北大展	8327
第十三届香港国际电影节	13311,13312	第五届全澳书画联展	1367

第五届全国摄影艺术展览目录	8878	第一个印象	9347
第五届全国优秀广告作品展获奖广告作品集		第一回胜利	1730
	10393	第一计	5004
第五届全运会集锦	9967	第一交响曲	12225, 12231, 12232
第五届全运会开幕式团体操	9967	第一届 摄影艺术展览作品选	8880
第五届全运会武术比赛女子全能冠军——郝致华	9560	第一届工人业余美术创作展览会得奖作品选集	1282
第五届世界青年与学生和平友谊联欢节中国美术作品选集	1283	第一届国际摄影艺术展览作品集	10133
第五届陶艺双年展	10653	第一届辽宁国画展图录	1985
第五届亚洲艺术节	207	第一届全国广告装潢设计展览优秀作品集	10370
第五协奏曲, A 大调 作品 219	12545	第一届全国漫画展览会作品选集	3405
第一百个新娘	5542	第一届全国少年儿童书法展览作品集	8327
第一步	2740, 5196	第一届全国摄影艺术展览目录	8876
第一层老茧	3789	第一届全国摄影艺术展览作品选	8878
第一次出诊	2933	第一届全国戏曲观摩演出大会戏曲音乐调查研	
第一次上课	2713	究队访问报告	11138, 11139
第一次上码头	5224	第一届全国音乐周会刊	11353
第一次世界大战	6484	第一届全国音乐周音乐会	12559
第一次挑重担	3822	第一届全国楹联书法大展作品集	8262
第一次巡逻	3789	第一届深圳国际水墨画双年展文集	862
第一次演出	2716	第一届深圳国际水墨画双年展作品集	6842
第一次战斗	5341	第一届陶艺双年展	10651
第一代红领巾	6521	第一课	3918, 5196, 5248, 5461
第一代上学	3622	第一块金牌	5908
第一封信	4013	第一列快车	13229
第一钢琴三重奏	12236	第一炉钢	2750
第一钢琴奏鸣曲, 降 B 小调	12188	第一炉钢水	3075
第一个成品	2923	第一罗马尼亚狂想曲	12503, 12546
第一个春节	5057	第一弥撒曲, 作品 45 号	12558
第一个春天	13255	第一面军旗的诞生	3961
第一个飞上蓝天的中国人	5908	第一名	5762
第一个节目	1813	第一神拳	7121
第一个任务	4903	第一声春雷	5308
第一个石油基地——玉门	8873	第一师范	3015, 3918

书名索引

第一师范水井	9339	滇南书画集	1568
第一舞台清卡	12795	滇土艺韵	219
第一弦乐四重奏	12223	滇西北秘境	9259
第一线上	5276	滇西民族民间器乐曲选	12348
第一小奏鸣曲	12194	滇戏唱腔选	11865
第一协奏曲	12546	滇中碧——江川	8946
第一协奏曲，A 小调	12546	滇中碧玉——江川	8894
第一新疆舞曲	12224	颠覆好莱坞	13155
第一冶金建设公司工人美术作品选	1291	癫狂的秩序	12571
第一冶金建设公司工人美术作品选集	1288	癫老头和魔帽服务中心	6521
第一站	5461	典藏画册	203
第一组曲	12540	典藏品图录	338
谛观有情	10916	典藏手绘封	1371
谛听阳光	595	典韦 许褚	4593
谛闲大师碑	8120	典韦许褚	4451, 4516
蒂结连理	9954	典型报告	13242
蒂默钢琴技巧练习新教程	12532	典型发言	5276
蒂萨河上	4945, 13261	典型在凤昔	10916
睇	9431	典雅	9487
缔结良缘	4593	典雅的书法	7166
滇池	9796	典子	5908
滇池泛舟	9807	点·线·面	1075
滇池霁月	2614	点播金曲 200 首	11743
滇池锦绣	9070	点滴不浪费 勤俭办企业	3153
滇池浪花	9808	点福点	4259
滇池晴云	9096	点歌台	11747, 11751
滇池西山	9796	点金术	4887, 5341, 5461
滇池新貌	9045, 9047, 9053	点石斋丛画	1465
滇剧《白蛇传》白会楼结亲	9944	点石斋画报	1270, 1671, 1692, 5341
滇剧传统剧目唱腔	11866	点石斋画报大全	1270
滇剧史	12933	点石斋画报的时事风俗画	1653
滇剧音乐	11833	点石斋画报附录	1270
滇兰拾味	9113	点石斋画报时事画选	3069
滇老翰墨书画选	1367, 1371	点线面	476
滇南采茶戏剧介绍	12921	点缀山河四季春	9808

中国历代图书总目·艺术卷

电报之谜	5461	电脑美术图案设计	133
电贝士歌曲集锦	12181	电脑美术与动画基础教程	1242
电贝司基础练习曲100首	12239	电脑美术字体实用设计创意资料集	7653
电波广告平面广告	10393	电脑美术作品制作与欣赏	134
电到农村	3720	电脑圈套	7033
电灯骑士	6245	电脑设计	135
电的学问	3505	电脑设计图形集锦	6744
电孵鸡	1854	电脑艺术学	053
电工伯伯来了	3622	电脑音乐	11162, 11163
电光幻影一百年	13192	电脑音乐 de 演奏与制作	11162
电化教育概论	13173	电脑音乐半月通	11100
电话行动	5762	电脑音乐的制作与技巧	11162
电话呼救者之死	6317	电脑与艺术共创未来	131
电话水线	5196	电脑圆你音乐家梦	11163
电吉他自学教程	11209	电脑中国画	2300
电吉他奏法解说	11205	电脑作曲	11101
电教幻灯与制片	13303	电气孵鸡	3534
电脑 MIDI 系统与多媒体音乐制作	11290	电闪雷鸣	5276
电脑动画	1231	电声乐队歌舞厅金曲配器总谱20首	12553
电脑动画原理精析	1231	电声乐队配器	11284
电脑广告设计	10395	电声乐队配器基础教程	11289
电脑广告实例分析与制作	10399	电声摇滚乐队基本训练法	11273
电脑绘图入门	130	电视、广告、服装人物设计	625
电脑绘制世界名人肖像画集	7145	电视报道的艺术	13202
电脑课堂	3505	电视表演	13219
电脑美术	131	电视表演学	13222
电脑美术创意	131	电视大学	4013
电脑美术精品设计	134	电视电话	4061
电脑美术立体设计	134, 135	电视电话传友谊	4593
电脑美术立体设计案例	135	电视电话通北京	4061
电脑美术平面设计	134, 136	电视动画	6441
电脑美术平面设计案例	136	电视歌曲	11920, 11921
电脑美术设计	130, 131, 133, 134	电视歌曲精选	11924, 11925
电脑美术设计技巧解析	134	电视广播员	9533
电脑美术设计实践	131	电视和电影照明技术	13223, 13225

书名索引

电视画面造型	13270	电视剧艺术文论集	13126
电视吉他讲座经典弹唱曲集	12183	电视剧原理	13066
电视纪录片及其审美选择	13297	电视剧作艺术	13083
电视纪录片论语	13298	电视连续剧《陈真》人物绣像	6605
电视纪录片制作	13298	电视连续剧《红楼梦》贾宝玉扮演者欧阳奋强林	
电视纪实片审美特质论	13297	黛玉扮演者陈晓旭	9560
电视纪实艺术论	13297	电视连续剧《红楼梦》贾元春扮演者成梅	9560
电视纪实与电视艺术	13066	电视连续剧《红楼梦》妙杏扮演者张丽玲	9560
电视教材声音艺术	13222	电视连续剧《红楼梦》林黛玉扮演者陈晓旭	
电视教唱英语歌曲	11471		9560
电视节目创意论	13086	电视连续剧《红楼梦》演员剪影	9561
电视节目大世界	13084	电视连续剧《红楼梦》演员乐韵	9607
电视节目制作	13202	电视连续剧《红楼梦》演员刘冬敏	9607
电视节目制作基础	13203	电视连续剧《红楼梦》尤三姐扮演者乐韵	9561
电视剧《红楼梦》黛玉扮演者陈晓旭	9659	电视连续剧《三国演义》艺术评论集	13158
电视剧《红楼梦》歌曲集	11926	电视连续剧《西游记》扮演者——董智芝	9582
电视剧《红楼梦》林黛玉扮演者陈晓旭	9691	电视连续剧红楼梦	13121
电视剧《红楼梦》中凤姐饰演者邓婕	9659	电视连续剧西游记歌曲集	12137
电视剧《杨家将》	13135	电视漫画赏析100幅	3482
电视剧《杨乃武与小白菜》	13135	电视美的探寻	13080
电视剧长短录	13158	电视美学	13075, 13076
电视剧初探	13049	电视片编辑理论与技巧	13084
电视剧导演创作与理论	13210	电视片艺术论	13052
电视剧的本色·方位·走向	13086	电视社会学	13183
电视剧的实践之路	13084	电视摄像	13268, 13271
电视剧的探索	13083	电视摄像技巧	13269
电视剧的戏剧冲突艺术	13066	电视摄像技术	13269
电视剧的足迹	13118	电视摄像艺术	13271
电视剧论集	13144	电视摄影与编辑	13272
电视剧美学	13078	电视摄影造型	13267
电视剧评论十人集	13135	电视摄制的艺术	13267
电视剧人物塑造艺术	13163	电视摄制学	13267
电视剧赏析	13165	电视声画论集	13269, 13270
电视剧审美特征探索	13077	电视声画艺术	13272
电视剧研究资料选编	13073, 13083	电视声音构成	13226

中国历代图书总目·艺术卷

电视塔下	5248	电视制片人的现状与发展前景	13285
电视特技技术	13227	电视制作大全	13203
电视图像艺术	13077, 13202	电视制作论集	13203
电视文化学	13066	电视专题论集	13316
电视文艺编导艺术	13212	电视专题拍摄百法	13270
电视文艺节目的创作	13086	电视专题片创作	13086
电视文艺论集	13061	电视专题片声画语言结构	13273
电视文艺学	13055	电塔上的雄鹰	2717
电视现场制作	13204	电网新珠放异采	9278
电视新闻摄制	13268	电霞艺术会五周纪念集	12745
电视学	13035	电业工人的一面红旗	4945
电视学引论	13063	电影	13022, 13024, 13025, 13033, 13034, 13035,
电视学原理	13061		13048, 13050, 13057, 13067
电视艺术 12 讲	13070	电影·电视·广播中的声音	13269
电视艺术辞典	13057	电影·电视歌曲选	11921
电视艺术的观念	13066	电影·电影人·电影刊物	13118
电视艺术的走向	13061	电影·歌剧选曲	11911
电视艺术概论	13058, 13066	电影 电视 戏剧 工艺美术图谱	10297,
电视艺术美学	13080		10303, 10309
电视艺术通论	13057	电影"陈三五娘"曲谱	12136
电视艺术学	13069	电影"女驸马"选曲	12112
电视艺术诱人之谜	13085	电影"佐罗"主角——阿兰·德隆	9659
电视艺术语言应用基础	13069	电影、电视、盒带最新流行歌曲	11709
电视艺术哲学	13067	电影、对外传播电影	13282
电视艺术枝叶谈	13136	电影《阿诗玛》中的阿诗玛与阿黑	13101
电视艺术纵论	13058	电影《布谷鸟又叫了》插曲	11894
电视音乐音响	11153, 11159	电影《城南旧事》	13110
电视幽默论	13221	电影《春晖》	13110
电视幽默论纲	13080	电影《春兰秋菊》	13110
电视与文化论丛	13058	电影《大地之子》中的海云(娜仁花饰)	13110
电视照明	13224, 13225	电影《凤凰之歌》插曲	11893
电视照明 ABC	13225	电影《寒夜》剧照	13113
电视照明方法	13224	电影《寒夜》中曾树生的饰演者潘虹	9561
电视照明理论与创作	13226	电影《何处不风流》	13110
电视照明艺术	13225	电影《黑蜻蜓》时装表演造型	13114

书名索引

电影《红高粱》女主角巩俐	9691，9720	电影《喜鹊岭茶歌》歌曲集	11923
电影《红楼梦》薛宝钗与贾母	13132	电影《乡情》	13111
电影《红楼梦》中林黛玉扮演者陶慧敏	9691	电影《小刺猬奏鸣曲》中的豆豆	13111
电影《红珊瑚》歌曲集	11907	电影《小街》中的演员——郭凯敏和张瑜	13108
电影《红霞》歌曲选集	11894	电影《心灵深处》	13111
电影《洪湖赤卫队》歌曲集	11908	电影《叶赫娜》演员玉香	9561
电影《洪湖赤卫队》歌曲选	11904，11908	电影《一幅僮锦》歌曲集	11904
电影《画中人》歌曲集	11894	电影《一盘没有下完的棋》	13111
电影《江山多娇》歌曲集	11899	电影《岳家小将》——岳云	13114
电影《精变》剧照	13113	电影《知音》中的小凤仙	13108
电影《柯棣华》剧照	13113	电影，第五种力量	13034
电影《孔雀公主》中的演员：唐国强，李秀明		电影 100 年	13191
	13108	电影百年发展史	13195，13196
电影《浪子燕青》女主角——上官玉环	9561	电影百题	13050
电影《梁山伯与祝英台》中之"化蝶"	13101	电影半路出家记	13177
电影《绿色的原野》歌曲集	11899	电影被我跑垮了	13132
电影《乱世佳人》主题曲	11929	电影笔记	13155
电影《苗家儿女》组歌	11899	电影编导简论	13205
电影《木棉袈裟》女主播林秋萍	9607	电影编导演随谈	13200
电影《牧马人》	13110	电影编剧	13059
电影《南方之舞》歌曲选集	11899	电影表演	13220
电影《南拳王》女主演宗巧珍	9582	电影表演基础	13214
电影《奇迹发生吗？》	13110	电影表演技艺漫笔	13217
电影《泉水叮咚》小演员方超	9548	电影表演控制论方法	13222
电影《人到中年》	13110	电影表演探索	13217
电影《人生》——女主角巧珍	9583	电影表演心理研究	13220
电影《少林寺》演员李连杰照	9548	电影表演艺术	13220
电影《十三陵水库畅想曲》歌曲集	11899	电影表演艺术概论	13221，13222
电影《水镇丝情》中徐妹子的饰演者吴海燕		电影表演艺术家李仁堂书法	8303
	9561	电影表演艺术探索	13218
电影《他们并不陌生》	13110	电影布景的设计和搭建	13223
电影《五朵红云》歌曲集	11904	电影布景设计	13223
电影《五朵金花》歌曲集	11904	电影策	13074
电影《舞恋》中的演员——程晓英	9540	电影场	13273
电影《勿忘我》	13111	电影常识	13024

中国历代图书总目·艺术卷

电影常用词语诠释	13051	电影的文学性讨论文选	13052
电影创造过程差	13078	电影的戏剧艺术	13059
电影创作津梁	13203	电影的叙事	13070
电影创作与评论	13202	电影的一代	13126
电影创作与社会主义市场经济	13318	电影的语言	13047
电影辞典	13049, 13070	电影的元素	13051
电影导演	13210	电影的昨天·今天和明天	13183
电影导演阐述集	13205	电影帝国	13064
电影导演的培养	13208	电影第七届百花奖最佳女配角王馥荔	9583
电影导演的任务	13206	电影第四届金鸡奖、第七届百花奖最佳女演员	
电影导演的探索	13206, 13207	龚雪	9583
电影导演的艺术世界	13211	电影第四届金鸡奖最佳女配角宋晓英	9583
电影导演工作	13206	电影电视表演基础	13219
电影导演基础	13206	电影电视布光艺术	13224
电影导演论	13205	电影电视辞典	13053
电影导演论、电影脚本论	13205	电影电视导演术	13213
电影导演与电视导播	13206	电影电视导演艺术概论	13211
电影导引	13061	电影电视歌曲精选 133 首	12420
电影到山村	3676	电影电视歌曲选	11917
电影到瑶寨	8805	电影电视广角镜	13155
电影的奥秘	13061, 13128	电影电视剪辑学	13272
电影的奥妙	13132	电影电视世纪	13314
电影的本性	13104	电影电视写作	13084
电影的创作过程	13082	电影电视艺术导论	13067
电影的读解	13155	电影电视制作预算	13282
电影的观念	13049	电影电视走向 21 世纪	13318
电影的画面与声音	13049	电影队在山村	3822
电影的理论	13035	电影儿童歌曲集	11899
电影的历史	13197	电影发达史	13172, 13184
电影的秘密	13200, 13201	电影发行放映工作经验汇编	13276
电影的七段航程	13061	电影发行放映技术管理制度汇编	13280
电影的奇迹	13031	电影发行放映技术考工题解	13284
电影的社会实践	13067	电影发行放映技术资格考试题解	13281, 13282
电影的视觉美感	13078	电影发行放映论文集	13283
电影的特技摄影	13264	电影发行放映企业财务管理	13282

书名索引

电影发行放映企业会计分录实例	13279	电影符号学的新语汇	13067
电影发行放映文件选编	13280	电影赋比兴集	13059
电影发行知识	13280	电影改编理论问题	13053
电影放映	13276	电影概论	13023, 13067
电影放映标准和质量	13280	电影歌片	11894, 11895, 11896, 11897, 11898,
电影放映单位的安全技术	13276		11899, 11900, 11901, 11902, 11903
电影放映的光技术	13279	电影歌曲	11908, 11910, 11924, 12420
电影放映发行小手册	13280	电影歌曲 100 首	12416
电影放映法	13274	电影歌曲 120 首	12418
电影放映光学	13277	电影歌曲集	11909, 11910, 11917, 12414
电影放映光学四讲	13274	电影歌曲集《革命历史歌曲表演唱》	11908
电影放映机、影片、银幕和放映场所	13277	电影歌曲选	11898, 11904, 11905, 11906, 11907,
电影放映机的电源设备	13278		11909, 11910, 11911, 11912, 11913,
电影放映机修理	13278		11914, 11917, 11918, 11921, 11922,
电影放映机应用知识	13275		12416, 12417, 12418, 12420
电影放映技术	13274, 13275, 13283	电影歌选	11889, 11890
电影放映技术辞典	13281	电影工程研究资料汇编	13305
电影放映技术规程汇编	13277	电影工作笔记	13082
电影放映技术讲话	13275	电影工作资料	13280
电影放映技术讲座	13279	电影故事	13289
电影放映技术经验汇编	13277	电影故事片《闪闪的红星》歌曲选	11909
电影放映技术手册	13280	电影观念讨论文选	13052
电影放映扩音机	13278	电影观赏	13064
电影放映扩音机实习教材	13278	电影观众学	13284
电影放映网管理基础	13282	电影广播歌片	11922, 11923, 11924
电影放映新光源技术	13280	电影轨范	13199, 13202
电影放映业务经验汇编	13277	电影海报	6929
电影放映应用技术手册	13284	电影海报选集	6956
电影放映与管理	13281	电影和导演	13207
电影放映与还音	13277	电影化妆	13226
电影放映与影院经营管理	13279	电影化装法	13226
电影放映装置的安装、设备和检查	13275	电影化装浅谈	13227
电影放映资料	13174, 13175	电影画集	13128
电影风格流派	13182	电影画刊	13051
电影符号学	13059	电影画面透视学	13264

中国历代图书总目·艺术卷

电影环球	13163	电影理论基础	13053
电影基础理论	13051	电影理论史	13187
电影基础知识大观	13065	电影理论史评	13191
电影记号学导论	13057	电影理论文选	13056
电影技巧与电影表演	13047	电影理论与批评	13160
电影技术百年	13204	电影理论与批评手册	13061
电影技术导论	13200	电影理论与实践	13067
电影技术基础	13201, 13204	电影历史及理论	13136
电影检查论	13304	电影丽歌五百首	11888
电影检查片	13264	电影垄断组织	13307
电影检阅论	13173	电影录音	13264
电影剪辑的奥秒	13266	电影录音工艺	13264
电影剪辑工作探讨	13265	电影录音技术标准	13265
电影剪辑技巧	13266	电影录音剪辑论文选	13268
电影剪辑师 Adlbe Premiere	13272	电影录音设备	13265
电影剪接概论	13271	电影论文集	13035
电影简话	13032	电影论文选	13054
电影鉴赏法	13087	电影漫画	13136
电影讲义	13021	电影媒介与艺术论	13067
电影胶片加工过程的控制	13264	电影美	13079
电影胶片洗印加工理论	13263	电影美术创作研究集	13224
电影教育	13024	电影美术导论	13226
电影教育的实际和设施	13022	电影美术概论	13225
电影教育论	13023	电影美术漫笔	13223
电影教育实施法	13022	电影美术散论	13224
电影界的新生活	13170	电影美术设计	13224
电影金鸡奖百花奖获得者龚雪,潘虹 斯琴高		电影美术师的天地	13225
娃	9583	电影美术造型	13225
电影经验	13059	电影美学 13072, 13073, 13074, 13075, 13076,	
电影就是电影	13100	13077, 13078, 13079, 13080	
电影剧作八讲	13083	电影美学初探	13074
电影剧作家的探索	13114	电影美学分析原理	13078
电影理论	13056	电影美学概述	13072, 13073
电影理论初步	13050	电影美学基础	13073
电影理论概念	13056	电影美学简论	13079

书名索引

电影美学教程	13079	电影趣闻录	13051
电影美学论文集	13074	电影人	13051
电影美学思考	13075	电影社会学研究	13061
电影美学问题	13073	电影社会学引论	13054
电影美学原理	13080	电影摄影 ABC	13270
电影门内	13049	电影摄影创作问题	13271
电影蒙太奇概论	13272	电影摄影法	13263
电影迷宫漫游	13067	电影摄影工作	13266
电影民歌五百曲	11888	电影摄影构图	13263
电影民族形式探胜	13074	电影摄影画面创作	13272
电影民族学论纲	13078	电影摄影技巧与理论	13267
电影名歌集	11888, 11889	电影摄影技术	13263, 13264, 13267
电影名歌一千曲	11888	电影摄影师的创作	13265
电影名片论析	13155	电影摄影艺术概论	13271
电影名片欣赏	13166	电影摄影艺术中的拍摄技巧	13269
电影明星	9561	电影摄影造型基础	13269
电影明星波姬小丝	10158, 10160	电影摄制计划与组织工作概述	13277
电影明星乐韵	9659	电影摄制组的工作	13275
电影明星林芳兵	9691	电影渗透谈	13059
电影明星张瑜	9013, 9561	电影诗人费里尼	13064
电影明星朱琳	9691	电影实践理论	13059
电影年鉴	13168, 13185	电影实景照明	13224
电影批评的艺术	13141	电影史	13194
电影批评集	13087	电影世界	13304
电影批评面面观	13160	电影世界探秘	13189
电影批评与创作问题	13088	电影市场营销	13285
电影片编辑理论与技巧	13084	电影事业之出路	13169
电影评论集	13104	电影是什么?	13053
电影评论写作学	13141	电影是怎样拍成的	13200, 13201
电影评论选	13113, 13122	电影是怎样拍的	13263
电影评论艺术	13136	电影术语词典	13022, 13062
电影浅说	13023	电影随想录	13177
电影求索录	13092	电影特技的秘密	13227
电影趣话	13050	电影特技摄影技术	13227
电影趣闻	13049	电影题花图案	10269

中国历代图书总目·艺术卷

电影通史	13175, 13176	电影新秀乐韵	9607
电影万恶史	13168	电影新秀夏菁	9635
电影王国旅游记	13063	电影新秀相虹	9562
电影妄想症	13158	电影新秀杨海莲	9562
电影文化、理论和批判	13064	电影新秀殷亭茹	9562
电影文化丛刊	13048	电影新秀余娅	9635
电影文学论	13172	电影新秀张玉屏	9562
电影文艺学	13063	电影新秀周洁	9562
电影戏剧表演术	13214	电影形态学	13079
电影戏剧中的表演艺术	13222	电影修炼魔法	13160
电影小博士	13070	电影宣传画集	3069, 3330, 3339, 3367
电影小演员	9548, 9561	电影宣传画小辑	3330
电影小演员	9659	电影宣传画选	3316, 3347
电影小演员陈日舜	9561	电影宣传画选集	3373
电影小演员方超	9561	电影宣传画艺术	1233
电影小演员华锋	9548	电影宣传学导论	13283
电影小演员姬晨牧	9561	电影宣传资料	13274
电影小演员刘迪、麦德(丹麦)、车莱西(赞比亚)		电影学	13053
	9561	电影学概论	13051, 13053
电影小演员刘露	9548	电影学基础	13053
电影小演员孟妍	9607	电影学简编	13059
电影小演员屈蕴真	9561	电影学论稿	13051
电影小演员沈洁	9562	电影学研究	13067
电影小演员田帅	9562	电影学引论	13054
电影欣赏	13122	电影学原理	13054
电影新潮	13132	电影研究	13122
电影新歌	11922, 12419	电影演技论	13214
电影新歌集	11888, 12413	电影演员	9003, 9011, 9533, 9608, 9635
电影新歌曲	11887, 11889	电影演员	9003, 9540
电影新歌五百首	11889	电影演员	9031, 9527, 9534, 9549, 9564, 9585,
电影新歌选	11890, 11891, 11892, 11893, 11908		9611, 9637, 9662, 9693, 9737, 9751
电影新片歌曲选	11912	电影演员	9661
电影新视野	13057	电影演员——陈冲	9003
电影新秀	9659	电影演员——陈肖依	9540
电影新秀鲍海红	9562	电影演员——方舒	9003, 9540

书名索引

电影演员——龚雪	9540	电影演员陈剑月	9583, 9660
电影演员——洪学敏	9540	电影演员陈佩斯	9720, 9736
电影演员——黄梅莹	9540	电影演员陈肖依	9533, 9549, 9562, 9583, 9608,
电影演员——李玲	9540, 9584		9635
电影演员——李秀明	9003, 9540	电影演员陈小艺	9751
电影演员——刘冬	9540	电影演员陈燕华	9013, 9563
电影演员——麻颖	9026	电影演员陈烨	9563, 9583, 9608
电影演员——马军勤	9003	电影演员陈烨、罗燕、徐娅	9583
电影演员——茅为蕙	9540	电影演员陈怡	9691
电影演员——潘虹	9540	电影演员程晓英	9533
电影演员——瞿颖	9026	电影演员丛珊	9013, 9583, 9608, 9660
电影演员——斯琴高娃	9003	电影演员达式常	9533, 9534
电影演员——王超、郑爽、孙海红	9026	电影演员邓婕	9660
电影演员——王薇	9541	电影演员的魅力	13220
电影演员——吴海燕	9003, 9541	电影演员丁岚	9008, 9563
电影演员——杨蓉	9541	电影演员东方闻樱	9563
电影演员——张弘	9026	电影演员董艳博	9660
电影演员——张闽	9541	电影演员董智芝	9013, 9584, 9608, 9636, 9660,
电影演员——张晓敏	9541		9736
电影演员——张瑜	9541	电影演员方青子	9660
电影演员——张瑜, 达式常	9541	电影演员方舒	9563, 9584, 9608, 9609, 9636,
电影演员——赵娜	9541		9660, 9692
电影演员——郑榕, 龚雪	9541	电影演员方舒	9585
电影演员白灵	9016, 9608, 9660, 9691	电影演员方舒	9660
电影演员白灵、邬君梅	9011	电影演员方舒、李羚	9017
电影演员白灵, 张鸣鸣	9736	电影演员方舒和日本演员田中裕子	9636
电影演员白玉娟	9635	电影演员傅春瑛	9660
电影演员宝珉	9562	电影演员傅丽莉	9609
电影演员鲍海红	9608	电影演员盖克	9584, 9609
电影演员常红艳	9031	电影演员盖丽丽	9661, 9720
电影演员车秀清	9608	电影演员高波	9661
电影演员陈冲	9527, 9533, 9549	电影演员高建华	9692
电影演员陈红	9764	电影演员高菱薇	9636
电影演员陈鸿梅	9608, 9660	电影演员龚雪	9549, 9563, 9584, 9609, 9636,
电影演员陈华	9583		9661, 9692

中国历代图书总目·艺术卷

电影演员龚雪、潘虹、斯琴高娃	9584	电影演员李凤绪	9610, 9636
电影演员龚雪与日本演员田中裕子	9636	电影演员李克纯	9610, 9661
电影演员巩俐	9016, 9023, 9692, 9757	电影演员李岚	9610
电影演员古孜丽努尔	9661	电影演员李玲	9584, 9610, 9636
电影演员顾红	9584	电影演员李玲、吴玉芳	9008
电影演员顾艳	9609	电影演员李萍	9585
电影演员韩月乔	9534, 9549, 9563, 9584, 9609,	电影演员李小健	9662, 9692
9636, 9692		电影演员李小力	9610, 9611
电影演员韩月乔	9661	电影演员李秀明	9549, 9564, 9585
电影演员何静	9584	电影演员李勇勇	9611, 9692
电影演员何晴	9609	电影演员李媛	9692
电影演员洪学敏	9011, 9016, 9564, 9584, 9609,	电影演员李媛媛	9757
9610		电影演员李芸	9611
电影演员洪学敏	9661	电影演员厉励华	9662
电影演员洪学敏、宋春丽	9008	电影演员梁彦	9585
电影演员洪学敏、宋春丽、李岚	9016	电影演员梁玉瑾	9692
电影演员侯佳	9736	电影演员林方兵	9007, 9585
电影演员胡竞竞	9636	电影演员林芳兵	9017, 9564, 9662, 9692
电影演员黄爱玲	9636	电影演员林俐	9611
电影演员黄爱玲、邬倩倩	9011	电影演员林强	9611
电影演员黄梅莹	9564	电影演员林晓杰	9692
电影演员姬培杰	9737	电影演员林晓杰、娜依、梁玉瑾	9023
电影演员嘉娜：电影《孤女恋》女主角	9661	电影演员刘冬	9534, 9564, 9585
电影演员姜黎黎	9534, 9549, 9564, 9584, 9610	电影演员刘培、潘婕	9737
电影演员解蕾	9737	电影演员刘信义	9585
电影演员金莉莉、潘婕	9023	电影演员刘旭凌	9637
电影演员金梦	9751	电影演员柳获 9014, 9662, 9693, 9720, 9751, 9757	
电影演员近影(1981)	9004	电影演员柳获、张琪	9662
电影演员靳嘉	9636	电影演员卢君、陈肖依	9014, 9017
电影演员剧照	9527	电影演员卢君、陈肖依夫妇	9585
电影演员阙丽君	9610	电影演员吕晓禾、吴玉芳	9008
电影演员乐韵	9014, 9610, 9636	电影演员鲁英	9662
电影演员乐韵	9661	电影演员路婕	9693
电影演员黎静	9610, 9636	电影演员论	13214
电影演员李爱群、董艳博	9016	电影演员罗燕	9011

书名索引

电影演员马军勤	9637	电影演员宋佳	9586, 9612, 9637, 9662
电影演员马兰	9585	电影演员宋金妆	9662, 9737, 9758
电影演员马晓晴	9031	电影演员孙红	9758
电影演员麦文琴、赵越、沈琳、胡泽红	9017	电影演员孙红姣	9751
电影演员麦文燕	9611, 9637, 9651, 9662	电影演员谭小燕	9017, 9023, 9758
电影演员麦小琴、常戎、高菱薇、麦文燕	9011	电影演员唐萍	9612
电影演员矛海彤, 林海海	9737	电影演员陶慧敏	9017, 9637, 9662
电影演员茅威涛	9660	电影演员田歌	9566, 9662
电影演员茅为蕙	9534	电影演员童欣	9720
电影演员娜仁花	9534, 9549, 9564, 9585, 9611,	电影演员万琼	9549, 9638, 9662
9637, 9662		电影演员万琼、梁玉瑾	9586
电影演员倪雪华	9585	电影演员王春丽	9612
电影演员欧阳滨	9611	电影演员王馥荔	9566, 9586, 9638, 9663
电影演员潘虹 9017, 9549, 9565, 9585, 9611, 9637		电影演员王惠	9663
电影演员潘虹、赵娜	9011, 9017, 9565	电影演员王姬	9014
电影演员潘捷	9757	电影演员王璐瑶	9693
电影演员潘婕	9751	电影演员王薇	9566, 9693
电影演员庞敏	9611	电影演员王晓燕	9586
电影演员普超英	9612	电影演员王心刚、李秀明	9549
电影演员普超英、张玲	9011	电影演员王雁	9612
电影演员翟颖	9737	电影演员王羊	9566
电影演员群英荟萃	9637	电影演员王之夏、张静	9693
电影演员任梦	9662, 9693	电影演员邬君梅	9011, 9612
电影演员任冶湘	9565	电影演员邬倩倩	9017, 9638
电影演员茹萍	9693	电影演员邬倩倩	9663
电影演员散论	13216	电影演员吴丹	9693
电影演员邵慧芳	9565	电影演员吴海燕	9566, 9612
电影演员沈丹萍	9549, 9565, 9586	电影演员吴竞	9586
电影演员沈丹萍	9662	电影演员吴莉婕	9693
电影演员沈洁	9565	电影演员吴玉芳	9586, 9612, 9638
电影演员沈敏	9662	电影演员吴玉芳、赵英、梁玉瑾	9017
电影演员石兰	9757	电影演员吴玉芳、赵英、梁玉瑾	9663
电影演员史兰芽	9737	电影演员武红、高宝宝、田冰	9023
电影演员斯琴高娃	9565	电影演员夏菁	9612, 9663, 9693, 9737, 9758
电影演员宋春丽	9565, 9566	电影演员相虹	9612

中国历代图书总目·艺术卷

电影演员肖霞	9751	电影演员张金玲	9613
电影演员肖雄	9534, 9566, 9586, 9612, 9638	电影演员张金玲	9567
电影演员肖雄、方超	9586	电影演员张力雄	9638
电影演员谢蕾	9720	电影演员张丽	9613
电影演员徐金金	9566	电影演员张利平	9613
电影演员徐励莉	9693	电影演员张莉	9664, 9694, 9737
电影演员许晴	9031, 9737	电影演员张玲	9638, 9664
电影演员许瑞萍	9586	电影演员张琪	9017, 9023, 9613, 9638, 9664,
电影演员许志威	9014		9720, 9737
电影演员薛淑杰	9612	电影演员张青	9638
电影演员阎青、高宝宝	9017	电影演员张伟欣	9567, 9694
电影演员杨凤一	9017, 9638, 9663	电影演员张文娟	9694
电影演员杨凤一	9663	电影演员张小磊	9613
电影演员杨丽萍	9017, 9638, 9663, 9693	电影演员张晓磊	9567, 9587, 9638, 9664, 9694
电影演员杨露	9758	电影演员张晓磊	9664
电影演员杨在葆	9586	电影演员张晓磊、赵越	9638
电影演员杨在葆、龚雪	9587	电影演员张晓敏	9664, 9758
电影演员杨在葆等	9587	电影演员张艳丽	9694
电影演员依苏拉汗	9587	电影演员张姜	9018
电影演员殷亭如	9566, 9587, 9612, 9613	电影演员张燕	9567
电影演员殷亭如	9663	电影演员张伊	9639
电影演员殷新	9549, 9566, 9567, 9587, 9663	电影演员张瑛	9720
电影演员于飞鸿	9737	电影演员张瑜	9006, 9014, 9018, 9534, 9550,
电影演员于莉	9587, 9663		9567, 9587, 9613, 9614, 9639, 9694
电影演员余雅	9693, 9694	电影演员张瑜、陈烨、张芝华	9014, 9018, 9587,
电影演员袁菲菲	9638		9614
电影演员袁茵	9737	电影演员张玉梅	9664, 9694
电影演员岳红	9663, 9694	电影演员张芝华	9614, 9639
电影演员岳虹	9638	电影演员章敛	9694
电影演员曾春晖	9013	电影演员赵静	9567, 9587, 9588, 9664
电影演员曾春晖	9691	电影演员赵娜和小演员方超	9567
电影演员曾丹	9635, 9660, 9736	电影演员赵艳红	9639
电影演员詹萍萍	9587, 9613	电影演员赵瑛	9694
电影演员张芳	9758	电影演员赵越	9614, 9737
电影演员张虹	9613, 9638, 9663, 9694, 9737	电影演员郑爽	9737

书名索引

电影演员周洁	9588, 9614, 9639, 9664, 9694	电影艺术美学散论	13081
电影演员周里京	9639	电影艺术诗学	13082
电影演员周丽娜	9534	电影艺术史	13175
电影演员周丽萍	9031	电影艺术四讲	13026
电影演员周雯琼	9694	电影艺术问题论文集	13073
电影演员朱碧云	9550, 9567, 9588, 9614, 9639,	电影艺术欣赏	13118
9664		电影艺术新论	13058
电影演员朱景芳	9664	电影艺术译丛	13026, 13027, 13028, 13029,
电影演员朱琳9014, 9018, 9588, 9614, 9639, 9664		13030, 13031	
电影演员朱琳、白灵、殷亭如	9008, 9018	电影艺术与电影文学	13056
电影演员朱琳、李凤绪	9012	电影艺术与电影文学基础	13035
电影演员朱琳和日本演员吉永小百合	9639	电影艺术在表现形式上的几个特点	13072
电影演员朱琪敏	9694	电影艺术资料丛刊	13025, 13026
电影演员朱时茂	9614, 9664, 9694, 9737, 9758	电影艺术纵横论	13054
电影演员朱时茂和丛珊	9567	电影意识论	13058
电影演员朱小青	9588	电影意义的追寻	13063
电影演员左翎	9695	电影音乐《青松岭》选段	12136
电影一百年名作精选丛书	13145	电影音乐《闪闪的红星》选段	12136
电影艺术	13021, 13022, 13059, 13065	电影音乐《小八路》选段	12136
电影艺术 ABC	13064	电影音乐地图	11160
电影艺术参考资料	13033, 13035, 13036, 13037,	电影音乐与管弦乐配器法	11137
	13038, 13039, 13040, 13041, 13042,	电影营销	13285
	13043, 13044, 13045, 13046, 13047	电影与传播	13047
电影艺术初论	13058	电影与当代批评理论	13160
电影艺术创作	13086	电影与电视特技效果的制作	13227
电影艺术词典	13052	电影与电影艺术鉴赏	13118
电影艺术导论	13059	电影与法律：现状、规范、理论	13062
电影艺术的灿烂新花	13097, 13098	电影与观众论稿	13284
电影艺术的多元结构	13054	电影与历史	13069
电影艺术的科学	13067	电影与垄断组织	13307
电影艺术概论	13024, 13025, 13052, 13060	电影与批评	13115
电影艺术鉴赏	13114	电影与文学	13050
电影艺术讲座	13051, 13052	电影与文艺	13021
电影艺术论	13023, 13064, 13069	电影与新方法	13141
电影艺术美漫谈	13075	电影与音乐的对话	11160

中国历代图书总目·艺术卷

电影与中国	13169	电影最好听	11159
电影语言	13048	电影作品选评	13128
电影语言的语法	13049	电影作为艺术	13034, 13052
电影语言现代化再认识	13070	电影作为语言	13075
电影语言学导论	13065	电站红花	5276
电影原理与制作	13058	电侦盘上的蓝点	4945
电影院经营法	13274	电子乐器	11278, 11281
电影院经营管理	13282	电子乐器及其电路原理	11279
电影阅读美学	13079	电子琴	11288
电影战线传喜讯	9275	电子琴12课	11289
电影照明工作手册	13223	电子琴伴奏民歌风抒情歌曲选	11984
电影照明工作手册	13223	电子琴初级教材	11279
电影哲学概说	13060	电子琴大赛独奏金曲	12557
电影政策法规重要文件汇编	13318	电子琴定级考试指定曲目	12240
电影之魂	12422	电子琴独奏曲20首	12557
电影之旅	13122	电子琴分级教程	11289
电影知识	13024, 13047	电子琴分级实用教程	11287
电影知识讲话	13050	电子琴和声编配	11281
电影制片厂的技术检查组织	13263	电子琴和弦集	12239
电影制片工艺学	13275, 13276	电子琴基本教程	11281
电影制片管理与故事片摄制过程	13280	电子琴基础教程	11289
电影制片手册	13281	电子琴基础训练	11279
电影制片学浅谈	13285	电子琴吉他弹唱流行歌曲集	11708
电影制片中的绘画与涂刷工作	13275	电子琴即兴演奏法	11290
电影制作经验谈	13283	电子琴技法教程	11283
电影制作手册	13202	电子琴简明教材	11281
电影中的革命歌曲选辑	11907	电子琴渐进教程	11286
电影中的排演	13206	电子琴教材	11279
电影中的人物、性格和情节	13072	电子琴教程	11279, 11280, 11288
电影中的特技和特技摄影	13227	电子琴金曲选萃	12556
电影中的现代魔术	13272	电子琴考级辅导手册	11290
电影中国梦	13122	电子琴考级系统教程	11286
电影中烟火技术	13226	电子琴考级预备教程	11288
电影追踪	13128	电子琴考级作品练习指南	12557
电影纵横	13189	电子琴练习曲	12239

书名索引

电子琴名曲精选	12556	电子琴演奏与应用	11291
电子琴名曲六十首	12238	电子琴与钢琴	11283
电子琴曲集	12557	电子琴与演奏	11280
电子琴曲谱	12556	电子琴原理·使用·维修	11282
电子琴曲谱中外名曲精选100首	12555	电子琴中国作品创作获奖作品曲集	12239
电子琴曲选	12557	电子琴中外名曲	12557
电子琴趣味教程	11288	电子琴自学辅导	11282
电子琴入门	11278, 11279, 11280, 11281	电子琴自学速成	11284
电子琴入门基础教程	11290	电子琴自学指导教程	11291
电子琴实用教程	11284	电子闪光灯摄影	8725
电子琴使用保养及演奏技法	11282	电子艺术学	056
电子琴世界名曲精选	12557	电子音乐	11288
电子琴是我的好朋友	11279	电子音乐技术	11278
电子琴手册	11286	电子游戏原画设定	1243
电子琴速成	11280	电子照相机摄影问答	8739
电子琴速成教程	11284	甸海春秋	5027
电子琴弹唱	11714	店面设计	10610, 10611, 10612, 10613
电子琴弹奏法入门	11279	店面设计与装修	10611
电子琴弹奏基础	11288	店堂春暖	2750
电子琴弹奏入门	11287	店堂装饰与商品陈列：上海商业街采风	10612
电子琴提高级讲座	11284	淀宝潭	5461
电子琴通俗演奏法	11280	淀上飞兵	5248
电子琴外国轻音乐歌曲简谱曲集	12556	淀上奇兵	9523
电子琴系列教程	11286	淀上神兵	3720
电子琴系统训练教程	11282	淀上新社员	3822
电子琴小演奏家	11285	淀上渔歌	3555
电子琴学习初步	11282	奠基礼	1854, 5341
电子琴学习指南	11282	刁呈健画集	2217
电子琴演奏大全	11285	刁光覃	12915
电子琴演奏法	11278, 11282, 11284	刁光覃、朱琳论表演艺术	12911
电子琴演奏基础训练	11286	刁光胤写生花卉册	1523
电子琴演奏及伴奏编配	11282	刁惠公墓志铭	7787
电子琴演奏技法与练习	11280	刁遵墓志	7816
电子琴演奏技巧	11289	叼羊图	1985
电子琴演奏入门	11282	貂蝉	8837

中国历代图书总目·艺术卷

貂婵拜月	4061	雕塑美	8610
貂婵漫步	9665	雕塑浅说	8614
貂蝉	4183, 4351, 4451, 4672, 9008, 9550, 9957,	雕塑入门	8625
	10445, 11889	雕塑术	8617
貂蝉	2357	雕塑头像技法	8619
貂蝉拜月	4061, 4183, 4259, 4516, 4672, 10445	雕塑小辑	8629
貂蝉拜月	2657	雕塑小品	8631
貂蝉吕布	4516	雕塑宣传画 水粉画 装饰画选辑	1291
貂蝉与吕布	5908	雕塑艺术	8602, 8612, 8624
雕虫札记	8576	雕塑艺术欣赏	8611
雕风塑韵	8611	雕塑与环境	8626
雕花镜框的秘密	6048	雕塑作品集	8672
雕刻版画	6918	雕塑作品选	8629, 8630
雕刻初步	8615	吊诡书院	1239
雕刻初步技法	8615	吊兰	1899
雕刻时光	13145	吊孝风波	6048
雕林漫步	8604	吊唁刘少奇主席	8146
雕龙集	8303	吊钟兰	10067
雕漆	10649	钓台新晴	4451
雕塑	8620, 8624, 8625, 8629	钓鱼	1933, 5224, 5225, 5388, 6284
雕塑·现实	8637	钓鱼迷三平	7042, 7044
雕塑——空间的艺术	8609	钓鱼手册	3450
雕塑春秋	354	钓鱼台公园	9257
雕塑的魅力	8607	钓鱼台国宾馆 9251, 9257, 9298, 9301, 9997, 9999	
雕塑雕塑	8608	钓鱼台国宾馆湖心亭	9087
雕塑绘画鉴赏辞典	106	钓鱼台一角	9911
雕塑基础	8620	钓鱼台之春	9994
雕塑基础技法	8619	钓鱼台之夏	9898, 9994
雕塑集	8658	钓鱼图	4259
雕塑技法	8617, 8619, 8620, 8622, 8626	调查队长	5262
雕塑家的笔记	8602	调查归来	1850, 3897
雕塑家看国外雕塑	8675	调汇编	12140
雕塑家刘开渠	8604	调寄庆东原	8145
雕塑鉴识	8611	调式和调的探索	11231
雕塑教学	8624	调式及其和声法	11040

书名索引

调式研究与旋律写作	11048	丁聪插图	6604
调式音动律	11051	丁聪画廊	3491
调性 无调性 泛调性	11058	丁聪漫画	3470
调性对位	11096	丁聪漫画选	3403, 3414, 3423
调子曲集	12104	丁丁捕盗记	6048
谍报女王	6215	丁丁和流浪汉	7018
谍报员	6048	丁丁历险记	6934, 6935, 6936, 6937, 6938, 7018
谍报员遇难	6048	丁丁在刚果	7018
喋血的鱼镖	5908	丁丁在美洲	7018
喋血孤城	6426	丁丁在鲨鱼湖	7019
碟花	13166	丁们的艺术	2175
蜓儿图	380	丁多列托	6897
蜓芜斋印稿	8560	丁方	2815
蜓芜斋自制印逐年存稿	8528	丁佛言书法选	8275
蝶	1489	丁敢闱	5248
蝶芬密叶	10054	丁观鹏	801
蝶酣花醉	13022	丁光燮风景画展特辑	2923
蝶花双喜图	4118	丁广茂硬笔书法	7605
蝶儿谱	380, 385	丁国富油画展专辑	2834
蝶恋	10026	丁黄印存合册	8485
蝶恋花 3622, 4013, 8807, 9365, 9403, 9431, 9938,		丁吉甫印选	8567
10013, 10079, 10084, 11464, 12647		丁剑阁 林墨源国画选集	2217
蝶恋花游仙答李淑一	11974	丁敬身先生印谱	8485
蝶双飞	4061	丁敬印谱	8546
蝶双飞——梁山伯与祝英台	4118	丁岚	9568
蝶舞花香	4061, 4351	丁乐春书法选集	8263
蝶舞枝头殷果红	2657	丁里艺术集	338
蹀舞	1846	丁立镇中国画选	2323
丁宝栋画集	2247	丁莲峰先生菊谱	1618
丁彬芳画集	2529	丁莲峰先生十八尊者图	1644
丁朝安画辑	2264	丁莲峰先生诸神朝天图	1644
丁成坤画集	2474	丁良贵画集	2300
丁丑劫余印存	8542	丁玲	8855
丁丑劫余印存释文	8460	丁龙泓印谱	8528
丁聪	1410	丁陇画纲	680

中国历代图书总目·艺术卷

丁苹书画集	1398	丁中一西部写生画集	2887
丁孟芳油画集	2818	钉耙宴	5542
丁年玉笺志	12737	钉耙会	6382
丁宁原俄罗斯写生作品选	2280	顶风劈浪迎朝阳	3918
丁锐香港速写集	2884	顶瓜瓜	4451
丁善德的音乐创作	10851	顶呱呱童话	6426
丁善德钢琴曲集	12192, 12196, 12197	顶技	12990
丁善德钢琴小品集	12212	顶门柱	5341
丁善德钢琴作品集	12218	顶逆流	3918
丁善德及其音乐作品	10876	顶水姑娘	12608
丁善德艺术歌曲集	11974	顶天立地	5196
丁绍光	2264, 2280	鼎炉谱	383
丁绍光画选	3049	鼎录	379
丁绍光艺术作品珍藏本	315	鼎寓同人书画展览会纪念册	1472
丁绍光作品集	3064	订好生产计划	3676
丁氏古墨斋印存	8485	订亲	9227
丁世昌画集	2540	订正六书通	8458
丁世谦画选	2408	定川草堂文集小品	1472
丁寺钟水彩画选	2958	定格十八岁	8786
丁同成画集	1407	定海抗英	5909
丁托莱托 贺加斯画风	6868	定海神针	6215
丁香	5111	定河东	5909
丁香	2717	定河山	5909
丁香和迎春	2714	定叫山河换新装	12051
丁香花	2841, 9075	定教来敌无路回	3874
丁香花	2717	定教山河换新装	3822
丁兴旺当家	5084	定军山	4061, 4183, 4351, 4945, 5388, 12085
丁玄煜遗录	1465	定南县戏曲志	12769
丁衍庸画集	2002	定山居士画集	1720
丁一林	2821	定山刻石	8648
丁满山水画集	2474	定四州	5057, 5388
丁佑君	4183, 5225	定位法舞谱	12585
丁寨"铁西瓜"	5196	定武兰亭	7776
丁昭光	3057	定武兰亭肥本	7776, 8424
丁振来书法作品集	8315	定武兰亭考	7204

书名索引

定武兰亭十三跋	7776	东北三省新闻摄影论文集	8739, 8746
定武兰亭瘦本	7776	东北三省音乐文集	10839
定武兰亭五种	7776	东北现代音乐史	10976
定武兰亭五字未损本	7776	东北新歌选	11395, 11397, 11410, 11411
定武兰亭序	7776	东北秧歌音乐	12151
定武兰亭真本	7776	东北艺术史	259
定县子位村管乐曲集	12156	东北音专创作歌曲选	11411
定窑白瓷特展图录	410	东不拉的传说	5640
丢勒	6897	东成西就	8204
东巴神系与东巴舞谱	12586	东东迷路	6704
东北蹦蹦音乐	12099	东方	5640
东北大鼓音乐艺术论	12976	东方杯国际水墨画大赛获奖作品集	2218
东北大秧歌	12612	东方宾馆藏画	2002
东北的好地方	11938	东方博雅社美术家作品集	2175
东北二人转史	12941	东方彩霞起	11446
东北二人转音乐	12132	东方插花艺术	10606
东北风光	1362	东方禅画	458
东北歌声	11384, 11389	东方春早	4061
东北虎	9304, 10018, 10040	东方瓷艺与荷兰德尔夫陶瓷	10728
东北抗联歌曲选	11726	东方大魔王	6048
东北抗日联军烈士纪念像	8656	东方大侠	6048
东北抗日联军流行歌曲选	11726	东方的龙：吴华仑的中国画作品	2057
东北旅行写生选辑	2857	东方的微笑	9963
东北美专图书馆馆藏西欧绑画图书目录	6776	东方的文明	193
东北民歌	11770	东方歌舞	1765, 4061, 9235, 9568, 9964, 9967
东北民歌选	11761	东方歌舞话芳菲	12568
东北民歌主题变奏组曲	12226	东方歌舞团	12672
东北民歌组曲	12329	东方歌舞一枝花	9218
东北民间歌曲选	11766	东方红	1348, 1765,
东北民族民间美术总集	10701		1777, 2762, 2996, 3381, 3676, 3720,
东北评选歌曲集	11397		3721, 3874, 4778, 4808, 4841, 4847,
东北群众歌曲集	11572		4860, 8879, 11556, 11561, 11637, 11651,
东北群众曲选	11556		11652, 11793, 11885, 12051, 12229
东北人民艺术剧院建院学习材料	12837	东方红 国际歌 三大纪律八项注意	11683
东北三省摄影艺术展览会作品选集	8879	东方红变奏曲	12187

中国历代图书总目·艺术卷

东方画廊藏画集	1368	东方戏剧美学	12706
东方魂	3049	东方先生画赞碑阴记	7834
东方既白	106	东方小故事	6441
东方既白	2323	东方小故事书画集	6763
东方金曲	11747	东方旭	5909
东方理想主义	2323	东方艺术丛谈	176, 361
东方美的历程	266	东方艺术美学	072
东方美术	165, 167	东方艺术市场	347
东方美术百图	203	东方艺术与西方艺术	241
东方美术交流学会中国画集	2019	东方艺术院书画集	2323
东方美术史	185	东方意象	2831
东方美术史话	188	东方音乐文化	10985
东方民族之音乐	10899, 10900	东方英豪	5640
东方明珠	8965	东方鹰术大王	5543
东方明珠——香港	8933	东方幽默禅	7027
东方女性人体艺术摄影集珍藏本	9031	东方与西方现代美术	035
东方女子	9023	东方欲晓	1765, 2750, 5909
东方破晓	2762, 2776	东方之声	12381
东方拳王	6245, 6246	东方之珠	10555
东方人物卡通造型	7067	东风	13242
东方色彩研究	560	东风遍地红旗舞 万里河山气象新	3115
东方少女	2376	东风吹遍春满园	3961
东方神韵	10531	东风吹彻内蒙古	3676
东方升起了金黄色的太阳	11943	东风吹春	12112
东方书画	489	东风吹得满园春	1788
东方书画长城巨卷	2280	东风吹来春色满城	3075
东方水墨	2019	东风第一枝	11586
东方朔	1985	东风浩荡梅花笑 瑞雪纷飞战旗红	1854
东方朔画赞碑	7938	东风解冻	5111
东方朔象赞	7785	东风劲吹 莺歌燕舞 山花烂漫 果实累累	3918
东方思维与中国书法	7390	东风漫画	3409
东方文样艺术	10288	东风送暖	1805, 1867, 3555
东方舞台上的奇迹	12908	东风送暖大地回春	1765
东方舞苑花絮	12672	东风万里情谊深	1833
东方戏剧论文集	12732	东风舞	2597

书名索引

东风压倒西风	3408，11943	东海小哨兵	2350
东风压倒西风漫画选集	3405	东海新城	1846
东风一曲乐无边	3584	东海巡逻	9339
东风又送《创业》来	3918	东海瀛洲	2035
东风朱霞	1854，1867	东海渔歌	12312，12331
东风竹平安	2664	东海之滨大寨花	5172
东港谍影	5388	东海之晨	10407
东皋琴谱	12294	东海祝福	4593
东观余论	7685	东海祝福	2057
东莞书画选	2323	东海最前线	5005
东莞印人传	8533	东汉　礼器碑	8375
东郭先生	4887，4895，5005，5028，5172，5196，	东汉碑刻的隶书	7767
	5225，12647	东汉封龙山颂	7766
东郭先生和狼	5225，5249	东汉科学家张衡	4946
东海长流水，南山不老松	2672	东汉鲜于璜碑	7766
东海朝晖	2057	东行平妖记	6441
东海朝辉	2057	东湖	9051
东海叠翠	2057	东湖春早	9106
东海风暴	4945	东湖风光	9096
东海骨肉情	5276	东湖书画院作品选	1368
东海凯歌	11943	东湖新景	4451
东海丽人行	9758	东辉之画	2525
东海猛虎	5249	东极清华太乙救苦天尊及诸仙尊	6628
东海明珠	6180	东江英烈传	5909
东海女民兵	9211	东江之春	9808
东海前哨筑长城	3015	东进！东进！	4013，5461，5543
东海人鱼	5005，5388，5461，8811	东进抗日	5058
东海日出	2801	东进序曲	5028，5058，5111，5308，5388
东海戏韵	2247	东京·香港·罗马	5762
东海哨兵	9524	东京爱的故事	6979，6980
东海索宝	5909	东京迪尼斯	10117
东海涛声	11747	东京银座 GGG 画廊	10773
东海铁壁	9338	东来紫气西来福，南进祥光北进财	1985
东海献福	2119	东莱明太宰赵公吉亭书重修普照寺碑	8054
东海小哨兵	5249，5277	东篱采菊	12895

中国历代图书总目·艺术卷

东篱绝色	10026	东山堡垒"铜山岛"	3135
东篱秋菊	10018	东山岛大捷	4890
东邻女	5640, 5909	东山岛英雄的保卫者	2925
东陵大盗	6048, 13126	东山帆影	1788
东陵盗宝	6048	东山抗日游击队	4946
东陵盗宝案传奇	6048	东山魁夷画意	12209
东陵窃案	6049	东胜神洲	5640
东岭朝霞	1933, 5543	东胜之战	5762
东路迷胡唱腔及伴奏	11831	东石印痕	8591
东门射旗	5910	东书堂砚铭	1049
东蒙民歌主题钢琴曲七首	12189	东魏·敬史君碑	7803
东蒙民歌主题钢琴小曲七首	12189	东魏敬使君碑	7803
东南奇秀武夷山	4351	东吴招亲	3584, 3622, 3623
东南书法研究社作品集	8288	东西方理念汇流	2818
东南亚5国名歌选	12388	东西方美术的交流	211
东南亚华文戏剧概观	13007	东西方戏剧进程	12789
东南英烈传	4911	东西方戏剧文化历史通道	12778
东南中国画	2247	东西方艺术辞典	167
东欧戏剧史	12788	东西方艺术精神的传统和交流	041
东平湖的鸟声	5159	东西剧坛竞风流	12732
东坡赤壁	9855	东西乐制之研究	10920, 10921
东坡春帖子词墨宝	7954	东溪风波	6049
东坡画传	6407	东霞写生	1618
东坡黄州寒食诗墨迹	7949, 7957	东乡县民间器乐曲集	12349
东坡居士洞庭春色赋墨迹	7955, 7956	东邪西毒	13155
东坡居士养生论墨宝	7954	东轩吟社画像	1601
东坡墨迹三种合册	7955	东寻西找集	511
东坡判案	5910	东亚乐器考	11352
东坡诗	8153	东阳木雕	8643
东坡诗意	2019	东阳木雕技艺	8618
东坡诗意图	4593	东阳木雕艺术	8646
东坡诗意图	2636	东洋美术史	184, 358
东坡题跋	725	东洋魔女	5640, 5641
东坡遗意	8016, 8021, 8027	东洋女谍	6049
东桥兰谱	1595	东游赋	8021

书名索引

东游记	6049	冬天的故事	5910
东园琴谱	12294	冬天的日出	10143
东岳揽胜	4118	冬天的童话	8968
东岳泰山	1899, 1959, 1985	冬天的早晨	3761
东泽画集	2199	冬天里的一把火	11708, 12555
东泽意象	2264	冬心画佛题记	868
东周列国故事	6484, 6485	冬心画马题记	986
东周列国故事精选	6317	冬心画梅题记	929
东周列国故事屏	2057	冬心画竹题记	929
东周列国志	6441, 6485	冬心先生画梅题记	929, 986
东周书法	7673	冬心先生画竹题记	929, 930
东洲草堂金石书画诗钞	1591	冬心先生隶书	8066
东庄论画	665	冬心先生题画记	671, 801
冬	2843, 4766, 4808, 9831, 9855, 9881, 10454	冬心先生杂画题记	780
冬不拉与冬不拉音乐	11338	冬心砚铭	1032
冬布拉乐曲选	12313	冬心斋研名	934
冬的遐想	10524	冬心斋研铭	1032
冬冬	9568	冬心斋砚铭	1032
冬冬买糖	5461	冬心自写真题记	868
冬瓜	2717	冬学歌本	11561
冬瓜上高楼	3555	冬雪	10454
冬瓜王子	5910	冬吟百咏	7491
冬花庵题画绝句	1630	冬云丽日	2057
冬花庵印存	8518	冬之旅	12366
冬花庵印谱	8528	冬至	8642
冬季摄影	8793	冬至梅花开白玉，春来柳叶吐黄金	2432
冬季体育活动	4061	冬子筹盐的故事	3874
冬景山水画特展目录	1482	董邦达山水真迹	1633
冬景山水画特展图录	1487	董必武	8859
冬旅之旅	12389	董必武　彭德怀	6318
冬梅	5058, 8996	董必武、陈毅诗书法字帖	8246
冬暖	5028	董必武名言	4835
冬青树	11611	董必武同志诗《九十初度》	8144
冬日梦境	9902	董必武同志题词	8136
冬笋白菜	1788	董辰生插图艺术回顾	6616

中国历代图书总目·艺术卷

董辰生古今人物画	2406	董其昌行书钢笔临本	7516
董辰生京剧人物画集	2357	董其昌行书习字帖	8082, 8096
董成柯书法作品集	8232	董其昌行书真迹	8093
董翠宝	4922	董其昌行书字帖	8080, 8099
董存瑞3961, 5085, 5172, 5196, 5388, 5641, 6353,		董其昌画集	1583, 1587
6485, 6556		董其昌鉴定宋元无款名画	815
董存瑞的故事	3822, 5342	董其昌临阁帖	8064
董存瑞的故事	2349	董其昌前后赤壁赋	8104
董存瑞式的战斗英雄——李成文	5388	董其昌书草诀歌	8064
董当年书法作品选	8315	董其昌书东方朔答客难	8096
董东山仿元人山水	1609	董其昌书法精选	8089, 8099
董东山仿元人山水册	1609	董其昌书法论注	7324
董东山山水册	1631	董其昌书法选	8082, 8099
董华亭书画录	776	董其昌书画集	1587
董吉泉西部山水画选	2474	董其昌书金刚经	8099
董继宁画集	1684	董其昌书品	8073
董加耕	5085	董其昌书勤政励学箴	8086
董巨遗刑	1270	董其昌宋元人缩本画跋	1579
董俊启山水画创意	2474	董其昌小楷习字帖	8086
董克俊版画集	3042	董其昌作品	1587
董克俊绘画作品选集	699	董其中版画选	3036
董蕾丝彩画选集	10721	董瑞芝画集	2264
董美人墓志	7874, 7881, 7884	董寿平画辑	1868
董米山水画谱	1602	董寿平书画集	2175
董其昌	8095	董寿平谈艺录	712
董其昌 八大山人山水画风	1585	董双成	1899
董其昌、丁卯小景图册	1587	董双成	2614
董其昌草书	8417	董思白墨录	8015
董其昌草书杜律诗册	8082	董思白先生书法阐宗	7230
董其昌草书习字帖	8086	董思翁山水两种合册	1561
董其昌大唐中兴颂	8099	董文华演唱歌曲选	11981
董其昌法书特展研究图录	8086	董文恪公山水画稿	1618
董其昌法帖	8089	董文敏宝鼎斋法书	8056
董其昌仿欧阳询千文	8099	董文敏曹娥碑	8049
董其昌行书	8082	董文敏公画禅室随笔	662, 664

书名索引

董文敏公秣陵诗	8021	董卓进京	5388
董文敏公书札册	8014	董卓之死	5910
董文敏行书日诗月诗真录	8037	动画背景技巧入门	1246
董文敏行书真迹	8080	动画大王	6579
董文敏秋兴八景	1568	动画的时间掌握	1239
董文敏秋兴八景册	1568	动画电影	13291
董文敏秋兴八景画册	1568	动画济公	6641
董文敏山水册	1572	动画乐园	6653
董文敏山水无上神品	1561	动画描绘基础	1231
董文敏书天马赋墨录	8037	动画描绘实技	1227
董文敏书眼	7204	动画明星各显神通	6653
董文敏写古诗十九首神品	8024	动画片《大闹天宫》中孙悟空大战哪吒	13091
董文书法作品集	8221	动画片的秘密	13291
董文艺术论	7353	动画设计与制作	1236
董希文画辑	1382	动画摄影台	13293
董希文素描集	2909	动画玩具资料	6629
董希文作品选	1380	动画小天地	1237
董希源画集	2119	动画形象大全	7136
董香光仿北苑夏山图卷	1569	动画形象二全	7139
董香光行书帖	8037	动画造型集锦	6629
董香光墨迹五种	8037	动画资料集	6629, 6632, 6653, 7066
董香光山水册	1561, 1562	动画走兽画谱	625
董香光山水画册	1562	动力的青春	13245
董香光手札	8037	动脑筋	4352
董欣宾画集	2323	动脑筋编结尾	6442
董欣武书春夜宴桃李园序	8275	动脑筋攻尖端	3075
董宜	5005, 5543	动脑筋爷爷精选本	6442
董阳孜作品集	8184	动脑筋爷爷图画本	6442
董源巨然合集	1526	动人的摄影作品	8710
董云翔	9695	动人的声韵醉人的音	12976
董兆惠速写	2904	动人的旋律	10830
董振平版画	3056	动人心弦	10889
董振堂画集	2264	动态	8786
董帆强画集	2119	动态人体解剖	162
董智芝	9614, 9665	动态摄影	8766

中国历代图书总目·艺术卷

动态素描	1140	动物画典	1425, 1426
动态速写入门	1130	动物画法	1104, 1109, 1125
动态资料大全	129	动物画法百科	628
动体摄影	8724	动物画集	1298
动体摄影技巧	8786	动物画技法	622, 623
动听的音乐	10884	动物画技法基础入门	1003
动物	4061, 4259, 9307, 9308	动物画技法入门	1001
动物	2559	动物画篇	2866
动物 花卉图案	10309	动物画谱	2877, 10323
动物 植物 卡通画图案设计	10223	动物画素描法	1099
动物 36 变	10303	动物画资料	987
动物百态荟萃	10303	动物画资料集	1427
动物宝宝丛书	6382	动物基础图案	10336
动物编	6521	动物集锦	4118, 4352
动物变形图案设计	10336	动物简笔画	632
动物彩色折纸	10682	动物卡通	6442
动物大乐园	6521	动物狂欢节	12548
动物大篷车	6704	动物漫画造型 2000	1225
动物大世界	2895	动物名片	8648
动物的奥秘	7007	动物母子图	2566
动物的脸谱	10773	动物平面造型设计	10323
动物的秘密	4922	动物屏	1730, 4259, 4451, 4594, 9313
动物雕塑	8629	动物屏：大熊猫·小熊猫·猴·豹猫	2569
动物工笔画小品选萃	2587	动物屏画	4183
动物故事	6442	动物器皿造型 800 图	10288
动物花卉	4352	动物趣味画	3430
动物花卉图案	10309	动物趣味小百科	7003
动物花卉图案集	10279	动物趣闻	5543
动物画	4061	动物山水屏	4516
动物画	2566, 2576	动物摄影	8752
动物画 800 图	10323	动物生态立体书	6442
动物画步骤	637	动物世界	4352, 4516, 9315, 10297, 10309
动物画参考	1426	动物世界	2575, 2577
动物画参考资料	1099, 10248	动物世界图集	10297
动物画的画法	627	动物世界写真	10150

书名索引

动物手工图样	10260	动物与古动物画册	2872
动物四条屏	4183, 4352, 4672	动物园	4013, 4061
动物四条屏	2580	动物园里的新鲜事	5762
动物四嬉屏	4673	动物园台湾出巡	3519
动物素描画	1102	动物造型集锦	10266
动物素描画法	1100	动物造型设计图集	10319
动物速写	1143, 2863, 2871, 2884	动物折纸	10675, 10764
动物条屏	4183, 4451	动物智慧故事 365	6426, 6427
动物童画集	1259	动物装饰	10255
动物头饰	10266	动物装饰创意图典	10323
动物图案	10252, 10255, 10257, 10263, 10323	动物装饰画集	10270
动物图案变化技法	10288	动物装饰图案	10283
动物图案参考资料	10255	动物装饰图集	10303
动物图案荟萃	10283	动物装饰造型	10294
动物图案集	10246, 10252, 10288, 10289, 10309	动物走兽画谱	1447, 1448
动物图案技法	10209	动员剿匪歌集	11385
动物图案全集	10283	动员起来为实现新时期总任务而奋斗	3298
动物图案设计	10221, 10223	动员起来消灭蝗虫	8868
动物图案设计初步	10223	动员全党全国工人阶级为普及大庆式企业而奋	
动物图案纹样集	10244	斗	3271
动物图案资料	10250, 10253, 10258, 10266	动员一切力量战胜干旱力争丰收	3101
动物图画资料	2883	动植物卡通画图案手册	6730
动物图集	10274, 10289	动植物摄影	8736
动物图谱与画法研究	633	侗笛迎春	9058
动物王国	3505	侗歌向着北京唱	11965, 12154
动物王国的欢乐	7121	侗歌在巴黎	11812
动物王国迷案大侦破	6684	侗剧音乐资料	11144
动物王国趣事	6521	侗寨的早晨	2745
动物王国折纸	10683	侗寨妇女	1805
动物写生	628, 2862	侗寨三月	3623
动物写生变形	10260	侗寨新声	1813
动物写真折纸	10709	侗寨新事	3772
动物形态写真	10152	侗寨新戏	3822
动物形象参考百图	1109	侗族大歌	11774
动物艺术造型 2000	10297	侗族民兵练武忙	3822

中国历代图书总目·艺术卷

侗族民歌	11784	洞悉心灵	6579
侗族女民兵	2745	洞仙歌	12054
侗族曲艺音乐	12143	洞箫吹奏法	11301
栋方志功版画集	6925	洞箫哪里去了	10913
洞房	9953	洞箫仕女图	1573
洞房花烛	4594, 4673, 9243, 9245	洞箫与笛子	11302
洞房花烛	2058	兜沙经	7660
洞房花烛夜	9223, 9227, 9240	斗八魔济颠归净慈	6246
洞房惊变	6180	斗彩名瓷	412
洞房梳妆迎新郎	13115	斗川岛	5225, 5389, 6442
洞壑清流图	2648	斗恶风 战暴雨	3874
洞生和冬生	5308	斗二郎	6653
洞天满影	1777	斗法伏三怪·捉拿金鱼精	6318
洞天琴录	11315	斗法降三怪	6246, 9245
洞天清录	378	斗方	4183, 4352, 4673
洞天清禄	1032	斗风雪保春羔	2592
洞天清禄集	1032	斗洪魔	6579
洞天清晓	1899	斗湖歼敌	5308
洞厅月夜	9817	斗鸡	10054
洞庭杯书画荟萃	2323	斗鸡	2648
洞庭春色	1756, 1813, 1833	斗鸡图	4118
洞庭春色赋·中山松醪赋	8012	斗奸风云录	5910
洞庭春晓	1959	斗狼记	5641
洞庭果熟	3015	斗笠	4922
洞庭红遍	3584	斗牛	5196
洞庭湖	8698	斗牛人	6318
洞庭湖畔育新人	3015	斗牛士之死	6049
洞庭湖区景色新	9272	斗牛舞	9961
洞庭湖上"红小兵"	3874	斗篷与新叶	6884
洞庭情深	2607	斗杀西门庆	5762
洞庭新歌	11661	斗鲨	5389
洞庭新歌	11661	斗鲨英雄	5910
洞庭新貌	3772	斗蛇	5461
洞庭珍果	1756	斗蛇记	5249
洞庭之晨	9801	斗神	6427

书名索引

斗室的散步	3498	都会之音	3393
斗熊	5389	都江堰	8924, 9066, 9843
斗熊记	5641	都江堰鸟瞰	9790
斗争生活出艺术 劳动人民是主人	3218	都柳江边	12265
斗智故事	6246	都柳江畔	1886
豆大的孩子	4895	都曼	5342
豆豆	9738	都门纪略中之戏曲史料	12745
豆腐佬相亲	5762	都市博览	3387
豆蔻	9031	都市底层	8949
豆蔻年华	8821, 9615, 9639, 9665, 9695, 9738	都市风光	9891
豆蔻年华(影视新秀茹萍)	9615	都市风光	2444
豆蔻镇的居民和强盗	6246	都市环境之艺术创造	10782
豆绿	9377	都市即景	4766
逗	9355	都市女郎	9615
逗逗	9451	都市相	3398
逗猫	2564	都市学生漫画	3393
逗趣的壁报插画	6610	都市之镜	2834
逗人喜爱的动物王国	6407	都市之眼	10615
逗双狮	3623	都市状态与品藻生活	2827
逗娃娃	3623	都是杜象惹的祸	184
逗熊猫	10027	都是裸体惹的祸	096, 521
窦娥冤	5641, 6382, 12071	都是毛主席的好孩子	3772
窦尔敦传奇	6180	都学习	3789, 3822
窦凤至素描	2916	都有一颗红亮的心	1805, 3758, 3772, 3789,
窦加	6826, 6898		11874, 12229
窦建德计战薛世雄	5910	都愿意	5225
窦立勋小提琴学术报告集	11184	毒贩子落网记	6049
窦女	5543	毒品海洛因	6049
窦氏	5762	毒手	6180
窦世魁画集	2323	独步云天	8646
窦天佑打插	6049	独裁者的爱情	6246
窦宪赐死	6049	独唱 重唱歌曲选	11462
都冰如画集	2247	独唱、重唱歌曲	11953
都和好书交朋友	3364	独唱、重唱歌曲选	11964
都会摩登	6762	独唱歌集	11933

中国历代图书总目·艺术卷

独唱歌曲 66 首	11970	独幕剧 ABC	12903
独唱歌曲 200 首	11941	独山花灯曲集	12100
独唱歌曲 200 首新编	11941	独生宝宝乐淘淘	4259
独唱歌曲集 11938, 11940, 11953, 11963, 11964,		独生女	9615
11965, 11966		独生娃娃白又胖	4259
独唱歌曲四首	11948	独生娃娃幸福多	1959
独唱歌曲写作浅谈	11090	独生娃娃壮	4259, 4352
独唱歌曲选 11953, 11963, 11964, 11965, 11970,		独生子女长得壮	4352
11971, 11974		独生子女好	4352
独唱歌曲一百首	11984	独生子女幸福多	4451
独唱歌选	11939	独生子女一枝花	4061
独唱民歌三首	11770, 11774	独生子女优秀书画作品选	1342
独唱曲集	11940	独特的魅力	12705
独唱曲选	12424	独秀	8837
独唱重唱歌曲选	11964	独秀峰	6246, 9801
独踹唐营	5543	独眼龙噘血面包岛	5762
独闯黑巢	6407	独眼龙落网记	5308
独胆女英雄	5196	独有英雄驱虎豹 敢教日月换新天	3721
独峰藏印集	8546	独自叩门	106
独贵龙的火炬	12098	独奏曲浅释	12453
独行客	13136	读	3000
独角兽号的秘密	7019	读	2604
独立苍茫自咏诗	824	读报组老人们	12591
独立时代	13301	读革命书 学革命人 当革命接班人	3218
独立制片	13283	读古人书 友天下士	8275
独立制片在台湾	13282	读古诗练书法	7434
独立自主 自力更生 大干社会主义	3251	读好书 学好样	1796
独立自主 自力更生 夺取工业生产的更大胜		读红色书方向明 唱革命歌鼓干劲	3721
利	3218	读红书心明眼亮	3721
独立自主自力更生	3168	读画丛谭	469
独立自主自力更生——上海工业新成就	9275	读画辑略	780
独立自主自力更生把我国建设成为强大的社会		读画记	749, 750
主义国家	3271	读画纪闻	662
独龙江边的"野人"	6180	读画录	750, 770, 771, 773
独木桥	6318	读画随笔	501

书名索引

读画闲评	773	读雪斋印存	8533
读画轩印存	8518	读雪斋印谱	8533
读画韵史	645	读雪斋印遗	8534
读画斋偶辑	1463	读云	2946
读画斋题画诗	8016, 8020	读者文摘十人插图集	6614
读剧杂识	12724	读者文摘题图集萃	7063
读毛主席的书 听毛主席的话	3721	犊山门	5762
读毛主席的书 听毛主席的话	10413	笃言画集	1706
读毛主席的书 听毛主席的话 按毛主席的指		赌据的风波	6049
示办事	3124	杜埃附近森－勒－诺布尔的一条路	2776
读毛主席的书 听毛主席的话 照毛主席的指		杜成义书画篆刻集	2264
示办事	3135	杜崇才摄影艺术技法集	8786
读毛主席的书 听毛主席的话 照毛主席的指		杜大恺线描	2408
示办事 做毛主席的好学生	3135	杜大恺作品	2300
读毛主席的书，做毛主席的好战士	3676	杜尔伯特报照片、插图汇集	6598
读毛主席的著作 听毛主席的话 做毛主席的		杜菲	6811, 6830
好学生	3075	杜凤宝插图集	6614
读毛主席书 听毛主席话	3676, 3721, 3755	杜凤海画集	2264
读毛主席书，听毛主席话，照毛主席的指示办		杜凤瑞	4946
事！	3721	杜弗诺伊钢琴练习曲，作品 120	12510
读毛主席著作 做红色接班人	3135	杜甫	5058, 5461, 5641, 6318
读谱法	11032, 11033	杜甫草堂	1730
读曲随笔	12732	杜甫草堂墨迹选	7718, 8069
读书	9228	杜甫草堂珍藏书画集	1489
读书粹语钢笔行书帖	7467	杜甫绝句	8161
读书灯	1032	杜甫梦游凤凰台	6049
读书乐篆谱	8499	杜甫诗	7546
读书图	2601	杜甫诗《江南逢李龟年》	8161
读书务农 无尚光荣	3218	杜甫诗《望岳》	8185
读唐诗 学写字	7375, 7605	杜甫诗小楷字帖	8075
读万卷书·行万里路	8212	杜甫诗意画选	1740
读万卷书；行万里路	8185	杜甫诗意画一百开	2458
读西厢	1765	杜甫诗意画展专刊	1730
读西厢	2058	杜甫望岳诗	8194
读信的姑娘	2730	杜甫形迹	6383

中国历代图书总目·艺术卷

杜工部秋兴八首	8019	杜牧阿房宫赋楷书帖	8194
杜海涛舞蹈人物速写	2883	杜牧诗	3330
杜和摄影作品集	8985	杜牧寻春图	1777
杜宏本书法集	8288	杜牧之书张好好诗	7843
杜鸿年版画集	3064	杜那耶夫斯基歌曲集	12366
杜鸿年版画选集	3036	杜凝眉	11926
杜华画集	2518	杜丘之死	6215
杜华林平面设计作品集	10328	杜荣尧画集	1418
杜金娥	5910	杜塞尔多夫	6871
杜鹃 1868, 1886, 10012, 10013, 10014, 10073		杜桑	526
杜鹃	2509	杜尚访谈录	541
杜鹃花3962, 10013, 10014, 10016, 10027, 10032, 10040		杜十娘 4184, 5462, 5543, 5641, 5763, 6485, 9223, 9228, 9568, 9947, 13105, 13108, 13241	
杜鹃花 鹧鸪	3676	杜十娘	2358
杜鹃花开	3919	杜十娘怒沉百宝箱	5543, 5763, 12128
杜鹃锦鸡	4013	杜石画集	2482
杜鹃鸟和杜鹃花	4895	杜氏画谱	1551
杜鹃女	6050, 9007	杜氏书谱	8014
杜鹃山 3789, 3822, 5111, 5249, 9211, 9273, 11860, 11861, 11863, 12123		杜世斌画集	2248
		杜松仁画集	2958
杜鹃山 第三场 情深如海 第五场 砥柱中流	11964	杜颂琴书法选	8246
		杜天清书画集	2280
杜鹃山——农民自卫军党代表柯湘 9211, 13098		杜维诺阿少儿钢琴练习曲	12521
杜鹃诗影	9311	杜锡瑞作品集	8288
杜鹃寿带	2503	杜显清国画选	2019
杜鹃双鸟	2614	杜显清国画选	2324
杜鹃小鸟	2636	杜异画集	2232
杜鹃与二郎	4352	杜应强版画选	3032
杜鹃之恋	11496	杜应强画集	2200
杜康醉刘伶	5762	杜应强山水画选集	2438
杜乐棋的奇遇	6318	杜泳樵油画集	2834
杜丽娘	9524, 13104	杜玉臻剪纸艺术	10704
杜门山海战	5277	杜之遂水彩画	1171
杜米埃	6778, 6855, 6898	杜滋龄画集	2200, 2300
杜牧	5641	杜滋龄写生作品选	2872

书名索引

杜滋龄意造	2035	短拍	11029
度曲须知	12734	短期美术训练班教材	601
渡海擒敌	5308	短尾巴的小花鹿	5462
渡假村	9891	段葆祥诗书作品集	335
渡江探险	13242	段赤城 杜朝选	3584
渡江战役	2762	段贯之书画集	2232
渡江侦察记	5028, 5249, 5342, 5543, 6442, 13229	段红玉	13108
渡口	5249, 5277	段刻傅书	8021
渡口激浪	5196	段龙	12606
渡口小艄公	5196	段七丁画集	2300
渡越惊涛骇浪的台湾美术	270	段生才书法鉴赏	8204
端起龙江化春雨	1833	段太尉逸事	6050
端石考	1032, 1033	段锡速写集	2892
端石论	1033	段秀实除暴	5763
端石拟	1055, 1056	段雪峰书画篆刻存稿	8233
端午	10470	段云书法作品选	8185
端午节	6353	段云自书诗词	8233
端溪名砚	1062	段正渠	1082
端溪研志	1048	段正渠素描	2899
端溪砚考	1053	段正渠油画作品选	2821
端溪砚坑记	1033	段志华书画	2248
端溪砚坑考	1050	段忠勇画集	2464
端溪砚谱	1008, 1009, 1056, 1057	断臂的维纳斯	595
端溪砚谱记	1053	断臂说书	3584, 11835
端溪砚石考	1033, 1034	断层与绵延	548
端溪砚史	1034	断肠悲歌	6246
端溪砚史汇参	1049	断喉剑	4766
端溪砚志	1034, 1035	断桥	1868, 4013, 10454, 11868
端研记	1035	断桥悲欢	5543
端砚记	1035	断桥花季	9130
端砚铭	1035	断桥柳影	9130
端阳喜	11884	断桥生死缘	6246
端友斋砚谱	1015	断桥夜雪	9808
端庄	9431, 9451	断手人	5910
短歌集	12440	断手以后	5342

中国历代图书总目·艺术卷

断太后、打龙袍	12077	队旗队旗我爱你	12011
断尾巴的老鼠	6050	队旗下	9720
断线风筝	5763	队旗迎风飘	12013
断织劝学	6485	队日	3962, 4013, 4014, 4184, 4352, 8846, 9720
断竹	4594	队小粮多	3875
锻炼	1824, 2755, 2995, 4946, 5085	对，就这样撒	3822
锻炼强健体魄	3376	对比艺术	818
锻炼身体	3124, 3356	对不起 没关系	4352
锻炼身体 延年益寿	4118	对唱OK金曲精选	11514
锻炼身体 保卫祖国 建设祖国	3721	对春联	3875, 3919
锻炼身体 讲究卫生	3367	对刺剑	9964
锻炼身体 人人强壮	3555, 3623	对敌斗争的光辉榜样	3115
锻炼身体 增强体质	3919	对敌宣传员	3721
锻炼身体 建设祖国 保卫祖国	3115	对对鸳鸯	8826
锻炼身体，建设祖国	3075	对歌	3585, 11881
锻炼身体保卫祖国	9247	对虎	4673
锻炼身体锻炼意志为实现四个现代化贡献力量		对花	4451, 11880, 12199, 12276
	3316	对花灯 板凳龙	12606
锻炼身体建设社会主义新农村	3234	对花枪	4516, 5910, 8809
锻炼身体增强体质	4259	对花枪	2058
锻炼小组舞	12595	对江楼阁易天立；锦绣山河缩地来	4594
队长扮演芝麻官	4118	对镜画容	9223
队长带回大寨花	3789	对菊图	2614
队队储备丰收粮	3773	对空射击手	4946
队队红旗过长江	3874	对空射击组	13257
队队有余	4013	对联钢笔四体字帖	7516, 7517
队队有渔	3773	对联集锦钢笔魏体字帖	7615
队队争比贡献多	3822	对联集锦硬笔书法	7546
队里蛋蛋多	3962	对联精选	8246
队里的大学生	3919	对联精选钢笔字帖	7591
队里的科学试验小组	3822	对联幽默	3470
队里年年添新仓	3875	对美术教学的意见	210
队里新事画不完	3919	对谱音乐	11068
队里又添新铁牛	3822	对青年艺术家谈谈技巧	123, 473
队列歌曲	11449	对青年艺术谈谈技巧	495

书名索引

对山草堂印谱	8496	敦煌壁画精品线描	6627
对山集	319	敦煌壁画乐史资料总录与研究	10970
对山印稿	8485	敦煌壁画临本选集	6618, 6623
对手赛	4014	敦煌壁画明信片集	6628
对谁狠？对谁亲？	3135	敦煌壁画摹本珍藏本	6625
对外影视文集	13064	敦煌壁画速写	2866
对伟大导师毛主席心怀一个"忠"字对伟大毛泽		敦煌壁画选	6617, 6618
东思想狠抓一个"用"字	3163	敦煌彩塑	387, 388, 390, 391, 401, 402, 406, 4184
对位法	11071, 11082, 11089	敦煌大幅飞天	6618
对位法概论	11068	敦煌飞天	6626
对位法概要	11090	敦煌佛影	461
对位化和声学	11072	敦煌供养人	6618
对位与赋格教程	11085	敦煌古乐	12053
对无产阶级伟大导师毛主席心怀一个"忠"		敦煌汉简书法精选	7737
字 对战无不胜的毛泽东思想狠抓一个		敦煌净土	2813
"用"字	3180	敦煌乐伎	6626
对西方艺术的再认识	053	敦煌觅珍	6628
对虾	1868, 5172	敦煌秘宝唐人书金刚经	7835
对虾仙女	6050	敦煌莫高窟	8602
对一种现代戏剧的追求	12692	敦煌莫高窟艺术	8602
对弈	1575	敦煌琵琶谱	11055
对弈图	9243	敦煌琵琶谱的解读研究	11332
对与错	6215	敦煌琵琶谱论文集	11056
对与错的趣味探索	3435	敦煌琵琶曲谱	11052
对月图	2300	敦煌曲子词	12214
对子先生	5910	敦煌石窟音乐	10964
敦好堂论印	8452	敦煌石室真迹录	8108
敦好堂印证	8495	敦煌手姿	6623
敦厚的诈骗犯	5543, 5544	敦煌书法	7737
敦煌	387, 407, 10524	敦煌书法库	7735
敦煌·吐鲁番佛教艺术	10525	敦煌书法艺术	7735
敦煌本柳公权书金刚经	7865	敦煌唐碑三种	7865
敦煌壁画	6618, 6619, 6620, 6621, 6623	敦煌唐代图案选	10244
敦煌壁画服饰资料	10347	敦煌唐代藻井图案	10245
敦煌壁画故事	6443	敦煌童话	6579

中国历代图书总目·艺术卷

敦煌图案	387, 10243	顿特小提琴练习曲 24 首	12477
敦煌图案集	10314	顿特小提琴练习曲与随想曲, 作品 35	12463
敦煌图案选	10240	顿珠和卓玛	5005
敦煌纹样拾零	10270	遁庵集古印存	8520
敦煌舞蹈	12586	遁庵印学丛书	8456
敦煌舞姿	12585	遁园说遁园诗序合刻	8109
敦煌写经	7741	多宝佛塔感应碑	8398
敦煌写卷书法精选	7735	多宝塔	7907
敦煌写卷书法研究	7365	多宝塔碑	7898, 7917, 7921, 7938
敦煌夜谭	13136	多宝塔分类习字帖	7842
敦煌遗书	7823, 7885	多宝塔感应碑	7877
敦煌遗书书法选	7719	多宝塔字帖	7854, 7857, 7859
敦煌遗书唐人楷书	7885	多才多艺的罗蒙诺索夫	5804
敦煌艺术	247, 6627, 10496	多采多姿的民俗音乐	10907
敦煌艺术剪纸	10709	多彩	1854
敦煌艺术叙录	8602	多彩的城市	3505
敦煌艺术宗教与礼乐文明	458	多彩的绘画	542
敦煌印集	8543	多彩的居室	10565
敦煌藻井图案	10240	多彩的世界	8846
敦煌之春	1724	多彩的银屏	13203
敦煌装饰画	6625, 6627	多彩多姿	8864
敦煌装饰图案	10563, 10564	多彩世界	336
敦刻尔克大撤退	6427	多彩童话世界	6443
蹲鸡窝的孩子	5641	多产果 产好果	3761
钝刀集	8537	多产化肥夺丰收	3789
钝吟书要	8016, 8021, 8047	多出化肥 支援农业	3191
顿巴斯矿工	10127	多出精品 繁荣创作	13086
顿巴斯矿工的劳动和生活	4887	多出矿石多炼钢	3204
顿立夫治印	8560, 8561	多出煤出好煤支援社会主义建设	3234
顿立夫治印续集	8561	多尔衮摄政	6050
顿立夫篆书唐诗六十首	8561	多福·多寿·多禄·多喜	1986
顿特练习曲与随想曲 24 首	12475	多福多寿	1959, 2002, 4451, 4594, 4835
顿特小提琴练习曲	12471	多福多寿	2058, 2119
顿特小提琴练习曲, 作品 37	12461	多福多寿多男子	3623
顿特小提琴练习曲, 作品 37	12470	多福多寿喜有余	2119

书名索引

多功能 3500 常用汉字钢笔字帖	7605	多体钢笔字帖 100	7434
多功能常用成语钢笔字帖	7605	多体实用钢笔字帖	7445
多功能常用词汇钢笔字帖	7615	多体书法毛主席诗词选	8246
多功能儿童简笔画	1258	多头蛇妖	5911
多功能儿童趣味动物画库	6762	多为农业献骏马	1813
多功能钢笔字帖	7517	多为祖国献才华	3298
多功能洗澡机	7068	多为祖国献石油	8884
多功能中国古典气功名言精论粹要钢笔书法		多喜多福多寿	4778
	7467	多喜图	4352
多功能中国书法大字典	8351	多像咱们老支书	3875
多国血拼克仑要塞	6427	多形字体设计	8597
多好玩	9007	多养鸡多生蛋	4184, 4259
多镜头幻灯机的制作与使用	13302	多养牲畜多积肥	3075
多快好省满堂红	11419	多养猪养好猪	3075
多亏党的好领导	11789	多依则选集	6773
多炼钢铁，支援农业	3075	多用钢笔楷书字帖	7467
多禄状元堂	4778	多用钢笔书法速成字帖	7365
多萝茜	5763	多用四体钢笔书法字典	7434
多萝茜奇遇记	5763	多元与选择	539
多媒体音乐制作宝典	11163	多元主义	198
多梦的年华	9023	多造林改造自然 勤植树美化环境	4259
多瑙河彼岸的萨坡罗什人	13002	多种经营全面发展	3962
多年的愿望	4946	多种经营万紫千红	4946
多声部民歌研究文选	10905	多种葵花献给国家	3075
多声部视唱教材	11044, 11047	多种棉花 支援国家	3115
多声部视唱曲 80 首	12432	多种蔬菜送国家	4184
多事狗爱我	6940	多种纸材的版艺术	1214
多寿	1933	多装快跑	4062
多寿福乐图	4860	多姿	9451, 10020
多寿图	4259	多姿多彩的银幕美	13079
多寿图	2648	多嘴妹	11678
多莎阿波	5763	哆叭咪发梭	12029
多特和袋鼠	6653	掇盒拷寇	12129
多体钢笔毛笔优秀字帖	8233	夺宝莲花洞	6246
多体钢笔书法丛书	7562	夺鞭	5277

中国历代图书总目·艺术卷

夺标：世界体育集锦	10525	朵瓣归仓	3822
夺刀	5544	朵朵红花寄深情	1854
夺丰收 广积粮	3204, 3234	朵朵红花颂先进	3962
夺丰收广积粮	3218	朵朵红花献英雄 千万铁人如潮涌	3271
夺丰收喜开镰 麦收时节	12266	朵朵红花向太阳	12011
夺钢凯歌	3875	朵朵花儿向太阳 颗颗红心向着党	3721
夺钢前哨	1824	朵朵葵花朝太阳 颗颗红心向着党	3124
夺钢英雄	3875	朵朵葵花向太阳	1796
夺高产 迎丰收 大寨红花遍地开	3191	朵朵鲜花处处开	11436
夺回我的枪	5111	朵朵鲜花献英雄	3623, 3624, 4673, 9769
夺金塔	5342	朵朵友谊花	4062
夺锦楼	5544	朵朵争艳	3962
夺魁	4594, 4673	朵云	796, 797
夺煤英雄于四元	5005	朵云轩藏画选	1515
夺棉记	5277	朵云轩藏书法篆刻选	7158
夺彭城	5005, 5763	朵云轩藏书画精品集	1485
夺枪	5462	朵云轩金石书画	292
夺枪记	4922, 5249, 5342	朵云轩木版水印信笺	3009
夺秋魁曲谱	12129	朵云轩首届中国书画拍卖会作品集	2218
夺取农业大丰收誓为革命多贡献	3251	垛草	2776, 2777
夺取全国胜利	2762, 2763	垛田春色	8882
夺取生产新胜利 革命到底志不移	3875	弹弓和南瓜的故事	5308
夺取世界冠军	13245	弹弓老人	4871
夺取抓革命 促生产、促工作、促战备的新胜		弹曼陀铃的人	2729
利!	3218	弹棋经	12981
夺图记	5058		
夺襄阳	6050	**E**	
夺盐记	5389	"二七"大罢工革命史画选	1290
夺盐战	5309	"二七"大罢工纪念塔	9333
夺洋马	5763	《儿童》1982年挂历	10453
夺印 3676, 3677, 5058, 5059, 5085, 5111, 5342,		阿房宫图轴	10453
13095		婀娜多姿	9347, 9476, 9568, 9615, 9639, 9665
夺油赞	3875	俄、英、德、法电影名词术语汇编	13032
夺阵地	5277	俄国·前苏联童话	6443
夺舟记	5389	俄国的艺术实验	372

书名索引

俄国素描大系	6903	俄罗斯列宾美术学院人体作品辑	6880
俄国素描新选	6908	俄罗斯列宾美术学院学生肖像素描集	6908
俄国西洋画史	568	俄罗斯列宾美术学院学生优秀作品集	6826
俄国戏剧史概要	12759	俄罗斯美术百年巡礼	6808
俄国巡回展览画派	579, 581	俄罗斯美术家人体解剖素描集	6895
俄国演剧法择要	12710	俄罗斯美术史话	376
俄汉对照歌曲集	12379, 12382	俄罗斯民歌珍品集	12413
俄汉对照歌曲选	12371	俄罗斯民间舞蹈	12656
俄汉对照美术专业常用词汇编	473	俄罗斯民族的心声	10863
俄汉对照苏联歌曲集	12368	俄罗斯名家论演技	12819
俄汉对照苏联民歌集	12411	俄罗斯男舞	12655
俄华对照苏联歌集	12360	俄罗斯人体、肖像画	6871
俄华对照苏联歌集火光	12361	俄罗斯抒情歌曲集	12427
俄罗斯博物馆藏画	6876	俄罗斯抒情歌曲七首	12427
俄罗斯当代版画·插图艺术	6830	俄罗斯苏联美术史	368, 369
俄罗斯当代油画	6880	俄罗斯苏维埃社会主义共和国	10129
俄罗斯当代著名画家米哈依诺夫 斯威特兰		俄罗斯素描解剖教程	1134
娜 鲍里斯 雅克宁作品选	6837	俄罗斯素描精品	6906
俄罗斯风景画	6871	俄罗斯铜版画	6917
俄罗斯歌剧选曲	12414	俄罗斯舞	12654
俄罗斯古典歌剧的世界意义	13003	俄罗斯巡回画派精品集	6868
俄罗斯合唱歌曲集	12425	俄罗斯巡回画派精品续集	6877
俄罗斯和苏联合唱珍品集	12433	俄罗斯演员论舞台艺术	12811
俄罗斯画家——格里采	6880	俄罗斯音乐家论西欧音乐	10980
俄罗斯画家——莫伊谢延科	6880	俄罗斯音乐史	10981
俄罗斯画家——普拉斯托夫	6837	俄罗斯音乐史纲	10979
俄罗斯画家尼古拉·费迅油画作品	6876	俄罗斯印象	8906
俄罗斯绘画作品选	6807	俄罗斯之冬	8901
俄罗斯建筑史	171	俄罗斯最早的摄影艺术家	8681
俄罗斯近代历史名画集	6876	俄米塔希博物馆	6830
俄罗斯近代油画精品集	6876	俄文书法示范	8593
俄罗斯静物画	6871	俄文习字帖	8593
俄罗斯卡通故事精粹	6808	俄语名歌88首	12390
俄罗斯列宾美术学院版画系学生作品集	6926	俄语书写	8594
俄罗斯列宾美术学院建筑系学生作品集	6837	峨眉	9843

峨眉刺	9255	扼杀《园丁之歌》是为了篡党夺权	13100
峨眉风光	9843	扼守倍蒽	5059
峨眉风景	9037	扼住命运咽喉的人	10865
峨眉金顶	9831	恶毒的用心 卑劣的手法	13097
峨眉冷杉林	9087	恶风	6247
峨眉情	5911	恶梦	5462, 5544
峨眉山	4184, 4516, 8949, 9855, 10508	恶梦惊醒	6050
峨眉山传说	4516, 4517	恶魔导演的战争	5911, 6050
峨眉山花鸟	2519	恶魔的末日	6215
峨眉山景志图	1591	恶魔的挑战	6318
峨眉胜景	2436	恶魔设下的陷阱	6521
峨眉松涛	9843	恶声	13149
峨眉天下秀	1959, 4352, 4353, 4517, 9070	恶战黑尸面	6180
峨眉雪景	9843	恶战熊本	6050
峨嵋处处有歌声	1803	饿极了的毛毛虫	6318
峨嵋春色	4673	鄂尔多斯	9137
峨嵋风光	4594	鄂尔多斯风暴	5059, 5111
峨嵋积雪	1777	鄂尔多斯婚礼	4517
峨嵋林曦	4766	鄂尔多斯蒙古族民歌视唱练习202首	11818
峨嵋山歌	11950	鄂尔多斯民间歌曲	11796
峨嵋山水	4594	鄂尔多斯民间歌曲选	11789
峨嵋山月歌	12178	鄂尔多斯民间音乐简述	10907
峨嵋山中心亭	9995	鄂尔多斯舞	12605
峨嵋松涛	9817	鄂公柯说琴	11319
峨嵋秀色	9114	鄂伦春的春天	3677
峨嵋远眺	9808	鄂伦春的新一代	3721
峨影厂志	13282	鄂伦春姑娘	5136
峨影三十年	13281	鄂伦春民歌集	11784
娥眉月	11540	鄂伦春牧歌	4062
鹅	1489	鄂伦春舞曲	12223
鹅场秋色	3000	鄂伦春新歌	5277
鹅幻汇编	12982	鄂温克民间美术研究	10707
鹅毛扇舞	3555, 3585	鄂西山歌初探	11796
额博内蒙古风情摄影艺术大画册	9127	鄂西土家族传统情歌	11821
厄洛斯和安泰洛斯	6858	鄂豫皖红军歌曲选	11714

书名索引

遏云仙馆曲谱	12294	儿童一生命的初步	10139
鳄鱼	6353	儿童百科知识简笔画典	2895
鳄鱼49号	5911	儿童版画选	3045
鳄鱼阿伯特	6641	儿童报头资料	10253
鳄鱼的眼泪	5085	儿童采风速写集	2895
鳄鱼和大蟒的决斗	4946	儿童彩笔技法基础入门	1267
鳄鱼苏瓦拉	6353	儿童彩墨画	994
恩爱百年	2119	儿童彩墨画教程	703
恩爱夫妻	4673	儿童彩色故事108精选	6443
恩爱夫妻	2388	儿童彩色画选	6763
恩爱情深	4594	儿童彩色水笔画入门	1262
恩爱图	4594	儿童彩色写生	1255
恩比天高感肺腑 情似海深暖人心	3962	儿童插画设计	6610
恩恩爱爱	2058	儿童唱歌法	11110
恩格斯	1276	儿童初级手风琴教程	11235
恩格斯像	2734	儿童创意画	2904
恩玛蒂奶奶	5197	儿童创作画	994
恩施地区民歌集	11796	儿童创作画入门	1265
恩施地区摄影作品选	8928	儿童大世界连环画精选	6353
恩斯特画风	6804	儿童大提琴曲100首	12180, 12477
恩与仇	5544, 5763	儿童的莫扎特	12498
恩怨相报	6050	儿童的舒伯特	10868
恩泽四海	4808, 4847	儿童的小奏鸣曲	12498
恩珠萍的遭遇	6050	儿童的幽默	7027
儿歌	3624	儿童电影理论研究资料	13301
儿歌剪纸	10669	儿童电子琴	11282
儿歌向着北京唱	3823	儿童电子琴初级教本	11282
儿欢母笑	4118	儿童电子琴大教本	11286
儿女风尘记	6050, 6051	儿童电子琴教程	11282, 11283
儿女记	5085	儿童电子琴练习曲	12555
儿女情长	4517	儿童电子琴实用教程	11280
儿女英雄	6051	儿童电子琴速成	11283, 11288
儿女自有擎旗者化作力量继开来	3316	儿童电子琴弹唱	12239
儿勤母巧	4260	儿童电子琴弹唱入门	11282
儿童 6791, 8786, 9639, 9640, 9665, 9695, 9751		儿童电子琴演奏辅导	11284

中国历代图书总目·艺术卷

儿童电子琴演奏入门	11280		12018, 12020, 12032
儿童钓鱼	3585, 3624	儿童歌曲 100 首	12035, 12047
儿童叠纸艺术	10688	儿童歌曲创作	10852
儿童动画画谱	6672	儿童歌曲创作与伴奏	11097
儿童风景画技法	633	儿童歌曲二十首	12007
儿童风琴谱	12185	儿童歌曲集	12002, 12011
儿童讽刺诗画集	3412	儿童歌曲七首	12004
儿童钢笔字入门	7546	儿童歌曲十首	12011
儿童钢琴·电子琴演奏入门	11240	儿童歌曲写作概论	11094
儿童钢琴、电子琴演奏入门	11240	儿童歌曲选	12002, 12011, 12013, 12017, 12018,
儿童钢琴初步	11220		12023, 12024, 12025, 12029, 12030
儿童钢琴初步教程	11221, 11228	儿童歌曲选粹	12044
儿童钢琴第一课	12189	儿童歌曲作法	11079, 11091
儿童钢琴电子琴入门	11235	儿童歌舞	4260, 12634
儿童钢琴进阶练习曲 50 首	12515	儿童歌舞创编与实例	12637
儿童钢琴曲 10 首	12490	儿童歌舞创作浅谈	12632
儿童钢琴曲集	12189, 12490, 12505	儿童歌舞基础知识	12635
儿童钢琴曲七首	12194	儿童歌舞及舞蹈基础训练	12637
儿童钢琴曲三首	12189	儿童歌舞剧选	12647
儿童钢琴曲四首	12190, 12197	儿童歌舞选	12635
儿童钢琴曲选	12203	儿童歌选	12002, 12004, 12011, 12013
儿童钢琴曲一百首	12210, 12211	儿童公园	4014
儿童钢琴入门	11242	儿童古诗词歌曲 42 首	12039
儿童钢琴手指练习	11233	儿童古诗词歌曲集	12049
儿童钢琴四手联弹	12537	儿童故事连环画精选	6247
儿童钢琴四手联弹曲集	12532	儿童挂历(1983)	10464
儿童钢琴小品百首	12215	儿童国画	714
儿童钢琴小曲集	12194	儿童国画入门	714, 715
儿童钢琴学习指南	11247	儿童和白兔	4118
儿童钢琴训练指南	11255	儿童黑白画	6761
儿童歌唱发声	11123	儿童黑白画入门	6763
儿童歌唱训练漫谈	11118	儿童黑白线条画教程	1267
儿童歌唱总路线	12007	儿童画	1251, 1262, 6748
儿童歌迷 120 首	5911	儿童画报	5389, 5462
儿童歌曲	12002, 12004, 12007, 12011, 12013,	儿童画初级教程	1267

书名索引

儿童画创作	1259	儿童绘画示范图三千例	10289
儿童画创作指导	1262	儿童绘画世界	6762
儿童画的构成和指导	1260	儿童绘画图典	6760
儿童画的认识与指导	1265	儿童绘画心理与绘画指导	1256
儿童画典	1253	儿童绘画心理之研究	1250
儿童画法百种	1423	儿童绘画学习入门	1258
儿童画辅导	1266	儿童绘画训练	1251
儿童画画速成方法	1251	儿童绘画与心智发展	492
儿童画集	6762	儿童绘画之心理	1250
儿童画技法	1258	儿童绘画之研究	1251
儿童画教材	1250	儿童绘画指南	1260
儿童画教程	1257, 1265, 1267	儿童绘画资料大全	6768
儿童画廊	6318	儿童绘画资料集	6757
儿童画临摹范本	1254	儿童绘画资料精选 10000 例	6428
儿童画谱	6758	儿童绘画作品观摩	6762
儿童画启蒙教程	1267	儿童活叶歌选	12007
儿童画赏析	1266	儿童集体舞	12633, 12634
儿童画十家	6758	儿童集体舞选	12633
儿童画选	6745, 6758	儿童家庭智力装饰画	10289
儿童画资料	6758	儿童假日组曲	12169
儿童画资料集	1427	儿童剪贴画	10669
儿童绘画	1260	儿童剪贴装饰画技法	1260
儿童绘画 100 课	1267	儿童剪纸	10697, 10709
儿童绘画参考	1262	儿童简笔画	1109, 1114, 1121, 1125, 1143
儿童绘画参考：动物画册	1262	儿童简笔画大全	1257
儿童绘画大参考	1254	儿童简笔画大王	1260
儿童绘画基础	1255	儿童简笔画教程	1114, 1127
儿童绘画基础入门	1112	儿童简笔画起步	1260
儿童绘画基础训练教程	1262	儿童简笔画续集	1118
儿童绘画技法入门	1258	儿童简笔山水画	1260
儿童绘画家庭辅导	1254	儿童简笔水墨画	2058, 2175
儿童绘画教与学	1262	儿童简笔头饰画	1257
儿童绘画入门	1254, 1256, 1260	儿童交通工具与兵器画技法	1257
儿童绘画赏析	1266	儿童交通公园	3535
儿童绘画示范图 1200 例	6758	儿童教育漫画	3396

中国历代图书总目·艺术卷

儿童节前夕	4260	儿童美术鉴赏指导法	500
儿童节日舞蹈	12636	儿童美术启蒙	1262
儿童节奏乐队	12186	儿童美术禽鸟画技法	1003
儿童节奏乐曲	12143, 12245	儿童美术人物山水画技法	867
儿童静物画技法	1257	儿童美术书法篆刻技法	7168
儿童居室	10591	儿童美术蔬果鱼虫画技法	867
儿童剧散论	12915	儿童美术水彩水粉画技法	1194
儿童卡通大王变形画	1246	儿童美术速写素描技法	1268
儿童卡通故事	6678	儿童美术资料大全	6760
儿童卡通画	6730	儿童美术字谱	7626
儿童卡通画技法	1237	儿童美术作品	6761
儿童卡通简笔画	2899	儿童谜语歌曲	12040
儿童卡通教室	1246	儿童谜语歌曲集	12011
儿童卡通漫画描绘入门	1231	儿童民歌集	12013
儿童卡通描画本	1246	儿童民间歌曲	11767
儿童科普漫画	3430	儿童民族乐队实用手册	11351
儿童科学把戏	12984	儿童民族舞蹈组合选	12634, 12637
儿童蜡笔画	1200	儿童名歌改编的通俗钢琴曲集	12526
儿童乐曲二首	12327	儿童魔术	12993
儿童乐园	1933, 4062, 4118, 4353, 8827, 10106	儿童魔术大观	12991
儿童礼品画库	6758	儿童木刻版画基础训练	1216
儿童历史启蒙	6443	儿童木偶	12979
儿童立体手工	10689	儿童泥工制作	8622
儿童立体纸工艺术创造	10709	儿童捏塑艺术	8623
儿童连环画	5911, 5912, 6247, 6318, 6319	儿童琵琶演奏法	11341
儿童连环画精选	6319	儿童普检日	3823
儿童漫画	1244, 3392, 3412	儿童铅笔字辅导	7546
儿童漫画佳作选：包青天审奇案	3482	儿童铅笔字入门	7426
儿童漫画佳作选：聪明的猴仔	3491	儿童铅笔字帖	7426
儿童漫画佳作选：获奖作品精选	3482	儿童情节性美术资料大全	6730
儿童漫画佳作选：小刺猬	3491	儿童趣味版画	1214
儿童漫画选	3411	儿童趣味钢琴曲40首	12213
儿童美术 ABC	1267, 1268	儿童趣味钢琴曲集	12217
儿童美术动物画技法	1003	儿童趣味国画	707
儿童美术花卉画技法	975	儿童趣味国画新技法	705

书名索引

儿童趣味画起步	1256	儿童手风琴初级教程	11247
儿童趣味绘画	1256	儿童手风琴教材	11240
儿童趣味剪纸	10709	儿童手风琴教程	11235, 11240
儿童趣味简笔画	1268	儿童手风琴曲选	12211
儿童趣味立体简笔画	2884	儿童手风琴入门	11235, 11238, 11248
儿童趣味漫画 100	3435	儿童手工画技法	1251
儿童趣味面塑	10705	儿童手工折纸造型	10684
儿童趣味音乐知识	10827	儿童书法	7375
儿童趣味折纸	10687	儿童书法入门	7289
儿童人物画技法	1257	儿童书法指导	7324
儿童人像摄影作品选	8920	儿童书画教学 60 讲	703
儿童色彩画	6764	儿童书面教学 60 讲	7324
儿童色彩画技巧入门	1268	儿童树叶拼贴画	10718
儿童色彩画教程	1268	儿童竖笛启蒙教材	11169
儿童色彩画起步	1256	儿童水笔画	2961
儿童色彩画入门	1182, 1265	儿童水墨画技法	1257
儿童色彩画训练教程	1265	儿童水墨画教与学	861
儿童色彩画指导	1262	儿童水墨画训练	863
儿童少年歌舞选	12633	儿童水墨画指导	861
儿童摄影	8728, 8758, 8766	儿童四季歌	12007
儿童摄影画册	8899, 8908	儿童素描技巧入门	1268
儿童摄影技术	8731	儿童素描教程	1152
儿童生活画集	6745	儿童素描入门	1128, 1140
儿童生活剪影	12211	儿童素描速成	1128
儿童生活剪纸	10669	儿童速写辅导	1128
儿童生活漫画	3393	儿童速写训练指导	1128
儿童生活漫画集	3411	儿童陶塑	8663
儿童生活明星片	9522	儿童题材图案集	10309
儿童生活影画	6743	儿童天地	6757
儿童圣咏歌集, 作品四十七号	12440	儿童条屏	3555
儿童诗歌	12437	儿童图画之研究	1250
儿童诗歌救国公债	3066	儿童图书	1250
儿童实用装饰图案 1000 例	10569	儿童涂色	5136
儿童视唱初步	11041	儿童涂色画册	2926
儿童视唱练耳教程	11057	儿童团长	5172, 5225

中国历代图书总目·艺术卷

儿童团长铁柱儿	5172	儿童写生画	1266
儿童团长伊德日乎	5277	儿童写生画教程	1268
儿童团长张德新	3790	儿童写生画入门	1253
儿童团员的英勇故事	4878	儿童写生教程	1258
儿童玩具画	6761	儿童写意画入门	857
儿童玩具巧制作	10718	儿童新唱游	12626
儿童玩具世界	10717	儿童新歌选	12004, 12007
儿童文画	3067	儿童新歌选集	12007
儿童五线谱入门	11054	儿童新舞蹈	12626
儿童武书	4184	儿童新装鲜如花	4353
儿童舞蹈 24 则	12636	儿童形象资料	6759
儿童舞蹈编导	12636	儿童学读谱	11062
儿童舞蹈基训 20 课	12637	儿童学二胡电视教程	11312
儿童舞蹈教程	12636	儿童学二胡入门	11312, 11313
儿童舞蹈教学指导	12635	儿童学国画	690, 697, 707, 715, 719
儿童舞蹈启蒙	12636	儿童学画	1252, 1258
儿童舞蹈训练指南	12634	儿童学画 200 例	1252
儿童舞和辅导	12634	儿童学画范本	1452
儿童舞基训教材	12634	儿童学画分步练	1254
儿童舞剧《我爱敦煌》	9950	儿童学画辅导	1253
儿童舞曲	12147	儿童学画辅导丛书	1260
儿童舞曲十二首	12451	儿童学画技巧入门	1268
儿童戏剧研究文集	12979	儿童学画教程	1252
儿童戏剧艺术的魅力	12980	儿童学画卡通画卡通速成	1246
儿童线描画入门	1140	儿童学画入门	1252
儿童线描集成	719	儿童学画入门教材	1252
儿童线描写生	1258	儿童学画套书	1252
儿童线描写生教程	1261	儿童学色彩	1181
儿童相	3398	儿童学书法	7267
儿童肖像画大全	1251	儿童学书法分步练	7335
儿童小幻术	12983	儿童学书法阶梯	7344
儿童小提琴教程	11184, 11190	儿童学水墨画	862
儿童小提琴指导	11189	儿童学唐诗硬笔字帖	7591
儿童小演员王佳莹、方超	9568	儿童学舞蹈	12672
儿童小组曲	12194	儿童学习五线谱 50 课	11057

书名索引

儿童学习小提琴智力开发卡片	11189	儿童纸版画	3061
儿童学线描	1140	儿童纸版画入门	1215
儿童眼中的世界	9035	儿童纸工	10667
儿童演员	9550, 9568	儿童智慧简笔画	1259
儿童演员沈洁	9568	儿童智力变形画	1256
儿童演员张磊	9588	儿童智力简笔画续集	1259
儿童扬琴入门	11349	儿童智力魔术	12994
儿童一日一笑	3498	儿童装饰画资料	10255
儿童一日一写	7577	儿童自学绘画365天	1253
儿童益智故事	6704	儿童自由画研究	1250
儿童益智漫画	3420	儿童组曲	12188
儿童音乐	10787, 10788, 10805	儿童作曲专集	12043
儿童音乐会	10950	儿戏图	2035
儿童音乐基础教程	11061	儿子	4946
儿童英汉对照歌	12037	儿子的对象	5059
儿童英语歌曲	12445, 12447	而今迈步从头越	2763, 2841
儿童英语歌曲集	12448	而今我谓昆仑	8971
儿童影视新歌选	12039	尔虞我诈	5641
儿童硬笔中国画入门	707	耳朵在这儿	9344
儿童幽默故事画	3427	洱海三塔	9087
儿童幽默画	3417, 3430	洱海之滨	9789
儿童幽默画集	6940	二〇四号渔船	5112
儿童油画棒绘画技法	1200	二百九十汉印存	8485
儿童游乐动物园	10107	二百兰亭斋古铜印存	8541, 8547
儿童游戏屏	2119	二百兰亭斋鉴藏书画录	1455
儿童与小提琴	11185	二百兰亭斋帖	7710
儿童与演剧	12811	二百兰亭斋温虞公碑	7830
儿童园地	12490	二百兰亭斋温虞公碑宋拓本	7828
儿童照片的拍摄秘诀	8746	二百年俄罗斯素描精典	6904
儿童折叠剪纸	10712	二笔画	1254
儿童折纸	10666, 10692, 10705, 10747	二部歌曲写作基本技巧	11087
儿童折纸入门	10697	二部歌曲写作基础	11083
儿童筝曲集	12317	二窗淘墨	2324
儿童之歌	12002	二闸虎头礁	5197
儿童知识图典	6383	二次大战后的视觉艺术	511

中国历代图书总目·艺术卷

二次大战中的美国电影	13156	二胡练习法	11307
二次伐辽	5763	二胡练习曲	12274
二打白骨精	5912	二胡练习曲60首	12283
二打瓦岗山	5764	二胡练习曲选	12280
二度梅	4451, 8809, 9344, 12920	二胡流畅练习曲26首	12287
二度姻缘	6051	二胡名曲集	12288
二刚小品画	2218	二胡名曲欣赏	12284
二个在读书的女孩	6850	二胡曲八首	12275
二顾茅庐	3585	二胡曲集 12274, 12276, 12281, 12282, 12284,
二号太平间	6051	12285, 12287
二胡	12285	二胡曲九首及其演奏艺术要求	12282
二胡、三弦、钢琴三重奏曲集	12152	二胡曲十首	12278
二胡、竹笛自修	11314	二胡曲选 12273, 12274, 12277, 12281
二胡必修教程	11314	二胡曲选及演奏技法	11315
二胡常识	11308	二胡入门	11307, 11314
二胡初级教程	11312, 11313	二胡入门基础教程	11315
二胡创作曲集	12275, 12284	二胡学习手册	11306
二胡独奏曲八首	12275, 12276	二胡演奏法	11306, 11310, 11315
二胡独奏曲集	12275, 12286	二胡演奏革命传统歌曲100首	12286
二胡独奏曲精选	12288	二胡演奏基础	11311
二胡风格练习曲158首	12285	二胡演奏技法与练习	11311
二胡高胡曲集	12284	二胡演奏技术简要练习曲	11307
二胡广播讲座	11308	二胡演奏教程	11313
二胡广播教学讲座	11311	二胡演奏京剧曲调100首	12288
二胡基本教程	11314	二胡演奏少儿歌曲100首	12287
二胡基础教程	11306, 11310, 11314	二胡演奏世界名曲100首	12286
二胡基础练习三百首	12285	二胡演奏抒情歌曲100首	12285
二胡基础训练	11310	二胡演奏艺术	11311, 11312
二胡基础演奏法	11315	二胡演奏中国民歌200首	12286
二胡技法与名曲演奏提示	11315	二胡音程与琶音练习	11313
二胡技巧练习曲	12283	二胡音阶 琶音练习	11313
二胡讲座	11309	二胡音阶练习	12284
二胡教材	11307	二胡重奏练习	12288
二胡教程	11312, 11314	二胡自修教程	12277
二胡乐曲选集	12276	二胡自学基础	11311

书名索引

二胡奏法教程	11310	二笺精舍印赏	8522
二虎搬泉	5764	二期抗战新歌	11374
二虎子	4911	二期抗战新歌初集	11375
二黄寻声谱	11136	二期抗战新歌续集	11379
二黄寻声谱续集	11136	二乔	9524, 9588, 9665
二簧、西皮考源诸说	12877	二泉映月	5462, 5544, 12165, 12166, 12174,
二簧西皮胡琴谱	12272		12226, 12280
二夹弦唱腔音乐初探	11149	二人台	11833
二夹弦音乐初探	10992	二人台牌子曲选集	12114
二借芭蕉扇	5913	二人台舞蹈	12613
二金蜨堂尺牍	8028	二人台音乐	11833
二金蜨堂癸亥以后印稿	8513	二人台资料汇编	12921
二金蜨堂印存	8523	二人转本体美学	12954
二金蜨堂印谱	8509, 8510	二人转辞典	12931
二金蜨斋印谱初集	8515	二人转的创作与表演	12931
二进宫	3585, 9231, 12075, 12085, 12242	二人转曲调介绍	12117
二进湖州城	5641	二人转曲谱选集	12105
二进荣国府	5641	二人转史料	12922, 12926, 12927
二进十字坡	5764	二人转舞蹈	12613
二进杏花村	5225	二人转研究	12922
二刻拍案惊奇	6428	二人转研究资料	12924
二刻拍案惊奇精选	6319	二人转音乐	11146
二郎神	6444	二商	5642
二郎神·李天王	2376, 2388	二声部视唱	11045
二六七号牢房	5462, 5764	二声部视唱教程	11065
二龙山聚义	5764	二十城市职工革命歌曲演唱广播比赛得奖歌曲	
二龙戏珠	4517, 4594, 9350, 9403	集	11620
二马当家	3459	二十六个姑娘	6051
二马剧场	3441	二十三年份国产电影发达概况	13170
二妙	1596	二十世纪版画发展史	1206
二妙竹谱	1455	二十世纪的音乐语言	11095
二铭室印谱	8526	二十世纪国外戏剧概观	12724
二年来的协大抗建剧团	12904	二十世纪和声	11085
二妞把关	5309	二十世纪末中国现代水墨艺术走势	811
二女争夫	5641	二十世纪宁波书坛回顾	8327

二十世纪群众喜爱的歌　　11755　　二十四首随想曲　　12465
二十世纪视觉传达设计史　　10198　　二十四书品　　7204
二十世纪书法经典　　8130, 8288, 8289, 8290　　二十四小时　　5764
二十世纪四川已故著名书画家选集　　1373　　二十四砚斋题赠录　　1053
二十世纪外国名歌　　12392　　二十一世纪视觉艺术新展望国际学术研讨会论
二十世纪西方绘画　　520　　文集　　056
二十世纪西方美术理论译丛　　126　　二十一世纪英杰广场杯少儿书法精品集　　8275
二十世纪下半叶中国画家丛书 2264, 2265, 2266,　　二士争功　　5005, 5389
2267　　二室一厅布置　　10594
二十世纪新浪潮黑白摄影新技法　　8766　　二树紫藤花馆藏书目录　　7656
二十世纪匈牙利绘画(临摹品)展览　　6780　　二树紫藤花馆印选　　8507, 8508
二十世纪艺术家论艺术　　032　　二探鼓浪洲　　5913
二十世纪艺术文化　　101　　二探武家寨　　6181
二十世纪音乐　　10988　　二堂舍子　　11829, 12069, 12071, 12086
二十世纪音乐概论　　10802　　二童献寿　　2396
二十世纪音乐精萃　　10871　　二娃子　　3403, 3404
二十世纪音乐艺术的不倦探索者　　10984　　二万常用钢笔行书字帖　　7467
二十世纪中国电影艺术流变　　13197　　二王尺牍集　　7824
二十世纪中国美术书法家作品拍卖库　　338　　二王法书管窥　　7792, 7820, 8136
二十世纪中国美术文选　　219　　二王法帖行楷八种　　7800
二十世纪中国名歌　　11532　　二王行书　　7821
二十世纪中国名人墨宝　　8327　　二王墨影　　7789
二十世纪中国书法史　　7167　　二王书法　　7390
二十世纪中国书画艺坛湖州十家　　1717　　二王书艺论　　7812
二十世纪中国水墨画大观　　2324　　二王帖　　7774
二十世纪中国戏剧思潮　　12786　　二王帖目录评释　　7773
二十世纪中国音乐美学文献卷　　10848　　二王帖评释　　7220
二十世纪中国影视歌曲　　11930　　二王真迹　　7788
二十世纪中外名歌名曲大回响　　12389　　二小放牛郎　　6556
二十四番花信风　　3585　　二小奇遇　　4895
二十四画品　　750, 751　　二小子当国防军　　4879
二十四节农事图　　3677　　二雄凛凛　　4778
二十四节气表　　10410　　二佾缀兆图　　12584
二十四桥吹箫谱　　12261　　二渔夫　　5028
二十四琴品　　12307　　二月　　5544, 5913

书名索引

二月风暴	5389, 5544	发抖的蓝精灵	7068
二战惊险战争故事	6444	发奋图强，建设社会主义！	3109
二只鸟	2624	发奋图强，攀登科学技术高峰	3109
二重唱歌曲选	11964	发奋图强大办农业鼓足干劲多收粮食	3075
二子开店	4766	发奋图强力争农业好收成	3115
二子庆寿	4808	发奋学大寨 建设新山区	5173
		发愤图强	3624
F		发愤图强 自力更生	3109
"飞毯"	5527	发愤图强建设祖国	3075
"飞毯"的风波	5622	发愤图强自力更生 自己动手丰衣足食	3585
"飞天"与"金鸡"的魅力	13315	发福生财	4673, 4778, 4808
"凤庆"轮远航胜利归来	9053	发福生财家家乐	4673
"凤凰"飞到我的家	1929	发福生财全家乐	4778
"佛子岭水库速写"之一	2850	发光的动物	6704
"伏虎"记	5170	发挥更大的积极性和创造性为建设社会主义而	
"福"字	1955	奋斗！	3101
"复仇"行动	6422	发挥工人阶级的主力军作用加速实现四个现代	
《法界源流图》介绍与欣赏	453	化	3298
《非乐》浅释	10962	发髻的故事	5642
《风景》四条屏	9078	发家致富	2119
《风雪夜归人》的舞台艺术	12909	发蒙执笔写字管见图式	7231
《封神榜》荧屏后的彩虹	13140	发明、发现的奥秘	7007
《佛教画藏》系列丛书	6574	发明创造大探险	7139
《佛遗教经》译注	7914	发明创造画典	6428
《父与子》全集	6940, 7013, 7016, 7026	发明大王	5462
[法帖]	7710	发明大王爱迪生	3482
[樊云门手写诗]	8021	发明与发现	3505
[方氏墨谱]	1023	发烧天碟	10895
[飞影阁画报]	1598	发烧一族	6704, 6705
[风景画]	9139	发烧友	10827
[缶庐印存]	8523	发射成功	4452
[傅淏印谱]	8457	发生在旅店里的故事	5173
[傅山书孝经]	8015	发声常识与嗓音保健	11134
发财发财财宝来	4835	发烫的手指	5764
发财如意	2119	发现·捕抓·创造	8687

中国历代图书总目·艺术卷

发现·发明的故事	3470	义	3076
发兴老头	5059	发扬实事求是艰苦奋斗的优良传统	3101
发型	10517	发扬铁人精神，造就一支反修防修的铁人式队	
发扬"五四"精神 勇当新长征突击手	3316	伍	3271
发扬"一滴水"精神	3018	发扬王杰同志革命精神	3135
发扬大庆自力更生精神	3135	发扬我军一不怕苦二不怕死的革命精神	3180
发扬革命传统 争取更大光荣	3721，3761，	发扬我军一往无前的战斗传统	3191
3773，3875，3962		发扬无产阶级革命精神 坚持参加集体生产劳	
发扬革命传统 坚持参加劳动	3116	动	3235
发扬革命传统从胜利走向胜利	3075	发扬先进思想 推广先进经验	3116
发扬革命传统加强战备训练	3234	发扬延安精神	3180，3330
发扬革命传统永远前进	3135，3180	发扬延安精神 到工农兵中去	3191
发扬革命传统争取更大光荣	3234，3271，3374	发扬延安作风艰苦奋斗夺取农业丰收	3101
发扬革命加拼命的精神，大干社会主义	3251	发展多种经营 增加集体收入	3677
发扬革命精神 夺取新的胜利	3234	发展多种经营争取全面大丰收	3076
发扬革命精神为实现第三个五年计划而奋斗！		发展多种经营争取全面增产	3109
	3135	发展儿童嗓音的初步方法	11111
发扬革命英雄主义 人人争当五好民兵！		发展副业为国家	3962
	3101	发展工农兵理论队伍推动上层建筑领域社会主	
发扬革命英雄主义，人人争当五好民兵！		义革命	3251
	3109	发展工业以钢为纲	3251
发扬革命战争年代的光荣传统	9278	发展旱田灌溉 实行科学种田	3153
发扬共产主义风格广泛开展技术革新运动		发展集体生产争取农业丰收	3109
	3075	发展经济 保障供给	3316
发扬光荣传统	9270	发展科技 振兴中华	3376
发扬光荣传统 保持革命精神	3251	发展农民理论队伍	3235
发扬国际主义精神随时准备同越南人民并肩作		发展农业生产 大搞科学试验	3116
战	3135	发展生产	8140，8142
发扬会战传统 坚持"两论"起家	3271	发展生产 年年丰收	3116
发扬艰苦奋斗的创业精神	3326	发展生产 重建家园	3271
发扬艰苦奋斗的光荣传统	3376	发展体育运动 增强人民体质 3153，3180，3192，	
发扬艰苦奋精神	3823	3316	
发扬雷锋精神	3376，8212	发展体育运动为四个现代化服务	3316
发扬雷锋精神 学习硬骨头六连	3298	发展养猪事业 促进农业生产	3205
发扬民兵的光荣传统为了建设为了保卫社会主		发展中的深圳特区	9075

书名索引

发展中的宿县地区	8894	法国歌曲选	12378
发展中的西江第一农业社	8873	法国公园雕塑	10110
伐木歌	12545	法国古堡	9994, 9997
伐木工人歌	11673	法国广告设计	10773
伐妮娜与烧炭党人	5544	法国画家雷诺阿美术作品选	6852
伐齐破燕	5913	法国画家素描	6899
伐子都	3585, 5544	法国皇家花园	10146
阀门师傅	5277	法国皇太子	9665
法、英、意、美现代木刻选集	6916	法国绘画史	582, 595
法伯摄影集	10139	法国绘画选	6852
法藏敦煌书苑精华	7734	法国近代绘画选	6794
法场换子	12075	法国克劳德·伊维尔油画技法	1076
法场制敌	5913	法国美术史话	374
法常禅画艺术	804	法国木刻选集	6915
法鼓艺术初探	10911	法国女孩	10455
法官和他的刽子手	5462	法国女名星苏菲玛索	9665
法官与刽子手	5463, 5545	法国圣伊坦尼雪景	9881
法国	10455	法国十九世纪农村风景画	6848
法国 250 年	6850	法国十九世纪农村风景画选	6848
法国 250 年绘画展览	6785	法国世界民族艺术博物馆浮雕	8672
法国 250 年绘画展览作品选	6849	法国素描大系	6905
法国巴比松风景画派	515	法国素描精品	6906
法国巴黎埃菲尔铁塔	10146	法国素描新选	6908
法国巴黎艾菲尔铁塔	9993	法国物理学家居里夫人	3316
法国巴黎艾菲尔铁塔风光	9871	法国现代画展选辑	6852, 6853
法国巴黎风光	9087	法国现代美术	369, 370
法国巴黎亚历山大三世桥桥头堡雕塑	10109	法国印象派先驱	1071
法国博物馆之旅	212	法国影视教材	13204
法国当代电影史	13185	法国幽默画集	6943
法国当代画家作品选	6826	法国组曲	12491
法国电影	13306, 13307	法海寺壁画	6621
法国雕刻	8675	法华经	6579
法国雕塑三大家	8607	法华寺碑	7835, 7842, 7877
法国凡尔赛宫雕塑	8671	法华寺碑习字帖	7921
法国风景	9140	法界蒙薰	4847

中国历代图书总目·艺术卷

法句经	3505	法帖谱系	7705, 7706
法拉第的故事	5764	法帖谱系杂说	7706
法拉拉小提琴初步进阶练习法	11177	法帖神品目	7656, 7657
法兰克福城市雕塑	8675	法帖释文	7677, 7678
法兰克福之晨	9881	法帖释文刊误	7678
法兰西大盗智斗福尔摩斯	6353	法帖释文考异	7678
法兰西近代画史	569	法帖通解	7678
法兰西小英雄	5913	法帖音释刊误	7679
法老的雪茄烟	6938	法庭内外	5545
法利亚	10895	法庭上的普鲁内(局部)	6866
法律博士	6717, 6718	法网恢恢	5642
法律面前人人平等	3317	法西斯细菌	5642, 5764
法门寺	9243	法相传真	461
法门寺地宫珍宝	10508, 10525	法雅	10881
法门寺唐代真身宝塔地宫文物	406	法意美术考察	366
法门寺印谱	8566	法婴秘笈	12748
法墨珍图记	1455	法制名言书法选	8212
法尼娜·法尼尼	5764	法制宣传美术资料	10283
法商百代公司戏片总目录	11822	珐琅彩	408
法式善家藏名人手札	7658	珐琅彩·粉彩	432
法书	7204, 7236	珐琅器鉴赏与收藏	420
法书举要	7220	珐琅之劫	6730
法书考	7204	帆	6890, 9808, 9882
法书名画	7664	帆船	1777, 10517
法书名画见闻表	726	帆影	9817
法书名集	7743	番僧音乐曲本	12350
法书释辨	7204	番易姜變尧章续书谱	8033
法书通释	7198	翻拍摄影技法	8746
法书要录	7178, 7179, 7199, 7200	翻摄基本技术	8722
法书苑	7179	翻身	4873, 5913
法斯宾达论电影	13062	翻身不忘本 幸福万年长	3677
法贴谱系	7706	翻身不忘本 忆苦才知甜	3677
法帖附记	7205	翻身不忘共产党 幸福感谢毛主席	3790
法帖刊误	7676, 7677	翻身不忘共产党 幸福全靠毛主席	3172
法帖名画神品目	1453	翻身唱	11561

书名索引

翻身道情	12173	樊梨花大战杨蕃	3585
翻身的牧童	12166	樊梨花点兵	3585，4946
翻身的奴隶	3677	樊梨花归唐	9240
翻身的日子	5389, 12196, 12201, 12330	樊梨花穆桂英	4260
翻身花儿开	11569	樊梨花薛丁山成亲	4353, 13115
翻身姐妹	1788	樊梨花与薛丁山	9014
翻身牧歌	11881	樊梨花与薛丁山	2368
翻身农奴爱戴华主席	2763	樊梨花斩子	5913
翻身农奴的期望	3024	樊明体水彩画	2940
翻身农奴歌颂党	3722	樊圻《山水图册》	1678
翻身农奴热爱华主席	1846, 1847	樊孝菊	5157
翻身农奴迎亲人	3919	樊兴书国画集	2300
翻身全靠毛主席	3962	樊秀才	4946
翻天覆地十五年	11586	樊一波画集	2232
翻译琴谱之研究	11332	樊智圃素描速写集	2916
凡·高	511, 521, 1152, 6783, 6827	繁花	1886, 9310
凡·高画风	528	繁花锦寿	4860
凡·高论	518	繁花锦羽	4673
凡八只	12326	繁花似锦	1933, 2002,
凡调	12326		2842, 4062, 4260, 4673, 4766, 9062, 9106,
凡尔登大屠杀目睹记	6051		10012, 10040, 10047, 10054, 10060, 10079
凡尔纳科幻故事连环画精选	6521	繁花似锦	2657
凡尔纳全集	6521, 6522	繁花似锦 欣欣向荣	4062
凡尔纳探险小说精粹	6485	繁花似锦迎四化	3326
凡尔赛宫雕塑	8671	繁花争艳	10060
凡尔赛以后的欧洲	6930	繁华的上海南京路	2058
凡夫壮举 伟人弱点	6407	繁华如梦	6522
凡将斋印存	8569	繁简对照楷书字帖	8146
凡人小事	5642, 13111	繁简体草书字帖	8422
烦恼的喜事	5913	繁忙的渔港	9790
樊昌哲画集	2540	繁难字体楷书法	7335
樊江关	4184, 4946, 8811, 9223, 9228, 12077	繁荣昌盛	3364，4184
樊江关姑嫂比例	4778	繁荣昌盛	2624
樊梨花	4062, 4184, 4452, 5913, 9223	繁荣昌盛 兴旺发达	4062
樊梨花	2376	繁荣的村镇	3624

繁荣的码头	3790	反右派斗争歌曲选	11581
繁荣的上海港	3790	反右派斗争漫画选集	3406
繁荣的上海黄浦江	4062	反正前后	5642
繁荣的水乡	2730	反字篆刻字典	8468
繁荣富强	4452, 4778	返工	4895
繁荣幸福	4353, 4452	返回源始	052
繁塔	5913	返母校	3677
繁体书法十诀字帖	8212	犯长安	5059, 5389
反"EG"行动	6051	饭岛直子写真集	10148
反"右"派斗争漫画选集	3405	饭店风波	5309
反帝反修漫画专刊	3409	饭店内外	5277
反帝风暴	8644	饭店新兵	5277
反帝烈火	3011	饭牛闲话	3459
反帝小战士	3722	饭前把手洗干净	4062
反帝之歌	12368	饭热菜香赤子心	4118
反对霸权主义 维护世界和平	3347	饭桶超人	6522
反对帝国主义, 争取民族解放!	3076	泛楚图	1595
反对侵略战争, 保卫世界和平!	3404	泛音准弦	12294
反对使用原子武器	2987	泛引乐纬	10947
反对细菌战	4885, 8868	泛舟玄海	131
反对资产阶级艺术学的反科学观点	196	范保文画集	2454
反腐倡廉漫画	3482	范沧桑水粉画作品及技法	1182
反攻	11933	范长寿钢笔隶书集	7467
反劫机事件	6320	范达鱼骨雕塑艺术	8667
反璞归真	11134	范奉臣书法作品集	8275
反侵略漫画选集	3402	范夫得画集	2532, 2546
反山东	5642, 5765	范唯复仇	5765
反弹琵琶	9941, 9976	范节庵刻竹治印书画合集	2200
反弹琵琶(董智芝)	9973	范进中举	5389, 5463, 5545, 5765
反弹琵琶伎乐天	9939, 9941	范宽山水画	1545
反弹琵琶舞	13111	范宽溪山行旅	1546
反特洋片	12984	范蠡和西施	4260
反维持	6051	范蠡与西施	2373
反西凉	4911, 5389	范涛	5642
反向思维艺术	586	范汝寅书法集	8290

书名索引

范瑞娟	9568	梵蒂冈博物馆	6877
范瑞娟表演艺术	12940	梵高	6771, 6830
范瑞娟唱腔选集	11869	梵谷	6860, 6871
范瑞娟越剧艺术影集	12959	梵谷传	6863
范瑞生作品选	2961	梵谷噢！梵谷	6830
范润华楷狂对照选	8303	梵谷星月夜	543
范生赠金	1698	梵净山	2801
范石甫书画	2200	梵天变	6718
范氏琴瑟合谱	12294	梵王宫	4904, 5005
范文钢笔行书字帖	7467	梵字的写法	8596
范文钢笔楷书字帖	7467	方百花	4184
范无病除暴	2058	方本幼作品选	2267
范县戏曲志	12770	方滨生字贴书唐人咏诸葛亮诗	8185
范小牛和他的小伙伴	5277	方成、钟灵政治讽刺画选集	3404
范扬	2324	方成连环漫画集	3420
范扬画集	2248	方成漫画	3506
范扬教你画山水	922	方成漫画选	3411, 3413, 3414, 3421
范寅书李杜诗	8023	方成谈漫画艺术	1247
范芸安画选	2529	方楚雄	806
范曾·萧瀚旅欧合作作品集	2267	方楚雄画集	2175
范曾画集	1959	方楚雄画选	1916
范曾画辑	1915	方从义	802
范曾怀抱	2036	方寸万千	8462
范曾绘画壹佰幅作品	2248, 2404	方寸之间见世界	427
范曾历下吟草	8417	方鄂秦作品	2300
范曾书法壹佰幅作品	8275	方方登月	5463
范曾书画集	2119	方方圆圆	6284
范曾逸兴	2036	方傅鑫书历代百花诗帖	8204
范曾作品	2324	方环山画册	1607
范缜	5005	方季惟摄影辑	8979
范正红篆刻集	8577	方济众画册	1899
范仲华娶亲	13118	方济众画集	1899, 1916, 1959
范筑先一门忠烈	4869	方济众画集	2248
范字练习帖	8119	方济众画辑	1959
贩马记	3624, 12086	方济众作品	2280

中国历代图书总目·艺术卷

方健群画集	2120	方书九作品选	320
方介庵篆刻	8528	方书乐书画选	314
方介堪印选	8562	方舒	9615, 9640
方君璧画集	1376	方唐世界	3519
方骏课稿	921	方向	5278
方骏水墨画选	2058	方向画集	2248
方克城硬笔隶书选	7591	方向盘	5309
方块字的超越	7375	方向盘上的风波	5249
方腊	5463	方小石画集	2036, 2058
方腊传	5278, 5309	方小石画辑	1959
方腊得宝	5028	方学辉黑白摄影集	8859
方腊起义	4885, 5278, 5309	方岩胜景	4594
方腊巧计退敌兵	5059	方岩仙境	4673
方腊义军息坑大捷	3963	方牧敏画册	2248
方腊与宋江	5765	方玉润书札	8022
方灵漫画选	3403	方元长印谱	8482
方铝国画	1394	方圆趣味书法	8290
方铝现代画	1405, 1407	方圆之间	1412
方慕萱中国画集	2267	方增威画集	2540
方楠画集	2248	方增先	2301
方脑壳外传	3470	方增先古装人物图集	2404
方卿戏姑	9228	方增先画集	2002, 2019
方庆云书法作品选	8275	方增先画集	2267
方去疾篆唐诗	8359	方展谋画集	2324
方人定画集	1933	方召麐书画第一集	2280
方荣翔文集	12895	方召麐书画选集	2002
方山虎山水册	1685	方召麐作品集	2200
方少青画集	2248	方阵纵横 成语奇观	7517
方石书话	7205	方正学临麻姑山仙坛记	8053
方氏墨海	1061	方志恩书法艺术	8327
方氏墨谱	1025, 1026	方志敏	5390, 5463, 5545
方世聪画选	2790	方志敏的故事	5390
方世玉	13149	方仲华书画选	2200
方世玉打擂台	5642, 5765, 6444	方舟二号历险记	6320, 6321
方世玉大破金光阵	13118	方子丹教授临文衡山诗卷怀素自叙帖	8423

书名索引

方宗珪论寿山石	8652	防空知识	5112
芳	9695	防汛战斗之歌	11574
芳草	9466，10067	防止病从口入	3364
芳草遍连天	10047	防止工厂触电事故	4895
芳草恋	10060	防止火灾保卫建设	4922
芳草青青	10027	防止孕畜掉驹	8873
芳草如茵	9070	防治气肿疽和炭疽病	8873
芳草小花	9665	防治血吸虫病	4896，13237
芳草茵茵	10047	防治猪丹毒	8873
芳芳	9347，9541，9568，9588	防治猪瘟	8873
芳芳	2648	房地产广告实例精选	10372
芳芳和小达达	5463	房东大娘	5197
芳菲	9640，10084	房东的女儿	4260
芳华	9695，9720	房间布置	10573
芳华虚度	13290	房间布置特集	10582
芳华正茂	3370	房间美化技巧	10599
芳华之歌	7467	房间油漆与粉刷花漏图案集	10575
芳坚馆书髓	7205	房间装饰与设计	10574
芳龄	9695	房龙图话	7066
芳萍	4971	房龙音乐	10890
芳情相思知多少	9245	房前屋后果树香	4260
芳容	9665，9695，9738，9776	房屋装修与配色	10599
芳香	9389，9469，10084	房新泉画集	2058，2248
芳香的鲜花	9312	仿古碑体字帖	8146
芳香的一瞬	10163	仿古山水	2444
芳香撒人间	4594	仿古山水册	1692，1693
芳心	9695	仿六如山水图	1670
芳艳	9720	仿罗马式艺术	374
芳韵	4808	仿宋人画册	1588
芳泽满堂	9418	仿宋体	7642
芳姿	9476，9695，9720，9738	仿宋体习字	7640
芳姿　夏日少女	9745	仿宋体字库	7647
防洪治涝　夺取丰收	3153	仿宋元八家册	1588
防火保安全	13245	仿宋字及外文字结构与书法彩色缩印本	7636
防火防爆	3330	仿宋字技法	7647

仿宋字结构与书法	7261	纺织女工	5112, 9959, 12599, 12600
仿宋字书写技法	7640	纺织品图案设计基础	10359
仿宋字写法	7632	纺织品装饰艺术	10361
仿宋字写法与练习	7642	纺织战歌	5249
仿唐乐舞	9964	舫山碑苑作品集	8303
仿魏体字帖	8389	放大本张玄墓志	7808
仿相水彩画	1194	放大九成宫集联	7928
仿宣纸水写帖(汉)曹全碑	8371	放大兰亭序集联	7800, 7801
仿影	8343	放大圣教序集联	7804, 7821
仿元人春山图	2614	放大宋拓玉版十三行	7804
仿元人花果小品图	2624	放大王羲之黄庭经	7804
仿赵文敏山水	10455	放大赵孟頫寿春堂记	7997
仿真纸模型飞机	10707	放鹅姑娘	5913
访朝鲜民主主义人民共和国写生	2857	放风筝	4062, 4118, 4260, 4452, 11940, 12263,
访富问福	4353		12589
访霜红龛诗意	1986	放风筝去	4353
访苏速写	2854	放风筝舞	12588
访问	3722	放蜂时节	5309
访问海底城	6522	放蜂之前	5309
访问老红军	3823	放鸽	4062
访问老贫农	10413	放鹤亭	9998
访问苏联电影事业资料汇编	13175	放火箭	4184
访问苏联画家	504	放开青春的歌喉	11703
访校友拜老师	3963	放庐藏印	8535
纺车	12186	放马山歌	11785
纺纱织布为人民	3919	放牧	3535
纺线的奥弗涅牧羊女	6846	放牧的羊	6846
纺织	10347	放牧归来	6871
纺织工人无限热爱周总理	1847	放牛的孩子	4885
纺织工人学大庆	12158	放牛娃智捉敌人	5173
纺织工人学大庆土家喜爱咚咚亏	12158	放排歌	1841
纺织工血泪仇	5278	放色海外	13273
纺织姑娘	3555	放生	6051
纺织红旗歌选	11419	放声歌唱红太阳	11790
纺织机旁炼红心	12600	放声歌唱华主席	11688

书名索引

放声歌唱毛泽东思想	11637	飞吧，足球	5545
放声歌唱毛泽东思想	11637，11644	飞吧小海燕	3963
放声歌唱毛主席	11733	飞吧新中国的少年	3963
放声歌唱毛主席革命文艺路线的伟大胜利		飞吧祖国	3367
	11645	飞白录	7226
放声歌唱毛主席凯歌阵阵迎国庆	11645	飞奔吧，小火车	12628
放声齐唱东方红	11637	飞奔的小矿车	12322
放翁题跋	7685	飞兵搞G城	6247
放下你的猎枪	6284	飞兵激战龙源里	5390
放下三棒鼓，扛起红缨枪	11881	飞兵战郧城	5342
放下武器的人	5390	飞叉王	5309
放学归来	3761	飞车夺宝	6216
放学路上	3773，3875	飞车救人质	6556
放学路上友谊花	4260	飞车擒特	5250
放学全	5173	飞车小凤凰	4517
放学以后	5173，5197	飞驰吧"周恩来号"机车	3963
放学之后	1814	飞驰之歌	11532
放鸭	3535	飞出樊笼	6407
放鸭记	5249，5278	飞出牢笼	4946
放鸭童	5545	飞船失踪之谜	6321
放鸭子	4911，5309	飞床	7027
放眼未来	9344	飞翠流丹	9794
放养水生饲料 发展养猪事业	3205	飞刀仇	6247
放映电工基础	13276	飞刀闯关	6216
放映电工学	13278	飞刀华	5005
放映电工学实习教材	13278	飞到胜利的最前方	11939
放映之前	3823	飞到月宫接嫦娥	12011
放纵性感	9032	飞碟大追捕	6444
飞	9347	飞碟之谜	5545
飞吧	4119	飞蝶之谜	5463
飞吧！风筝	4260	飞夺泸定桥	5342
飞吧！金色的凤凰	9941	飞夺泸定桥 强渡大渡河	4353
飞吧！小燕子	2566	飞鬼语略	1052
飞吧！足球	5765，10455	飞鸽传深情	4452
飞吧，小鹰	4184	飞阁凌空	8863

中国历代图书总目·艺术卷

飞狗阿灵	5642	飞来凤	1777
飞行	145	飞来一池伴冰峰	9793
飞行爆炸队	5463	飞流直下	9808, 9817, 9818, 9882
飞行的尸体	6051	飞流直下三千尺	1916
飞行交响曲	5642	飞龙入侵·患难之交	7081
飞鹤	10054	飞马报捷	2059
飞虹	5342	飞马夺标	4594
飞虹生辉	8864	飞马夺魁	4353
飞虹映秋	1933	飞马献艺	1959
飞鸿堂砚谱	1049	飞马勇士	5642
飞鸿堂印萃	8514	飞马追踪	5545
飞鸿堂印存	8526	飞毛腿的故事	5225
飞鸿堂印谱	8485, 8486	飞毛腿罗祖长	5085
飞鸿堂印人传	8452	飞木马	6051
飞鸿堂印余	8486	飞瀑	9808, 9908
飞鸿遗迹	8529	飞瀑	2424
飞鸿中国画集	2200	飞瀑·烟云·黄君璧	109
飞狐外传	6485	飞瀑彩虹	9917
飞虎	2575	飞瀑垂帘	2454
飞虎反关	5545	飞瀑谷	2450
飞虎反商归周	5545	飞瀑巨流	9130
飞虎山	11938	飞瀑流晖	9905
飞虎山收李存孝	3585	飞瀑鸣泉	9122
飞回来的鸽子	4922	飞瀑奇观	9871
飞机	4119, 4184	飞瀑图	9921
飞机船舶汽车绘画参考资料	10289, 10309	飞瀑仙景	2811
飞机发展图	4260	飞瀑迎春	9905
飞机和火箭	3470	飞禽百图	9311
飞机喷农药	3677, 3678	飞禽画参考	1427
飞机与火箭	3506	飞禽天地	10183
飞机运鱼苗	1796	飞禽图	3555
飞将军	5765	飞禽走兽画法全集	626
飞进画中来	9389	飞人	7042, 7043
飞来的仙鹤	4260, 5913	飞人梦境	6719
飞来峰	6051	飞伞神枪	5545

书名索引

飞上科学的兰天——记科学家吴仲华的故事　　　　飞向天魔星之前的激战　　　　　6522

　　　　　　　　　　　　5390　　飞向未来　　　4063, 4353, 4452, 5464

飞上蓝天　　　　　5913, 9344　　飞向新的高度　　　　　　　　　2751

飞鼠　　　　　　　　　　7033　　飞向祖国的蓝天　　　　　　　　3919

飞速前进　　　　　　　 12204　　飞雪迎春　　1805, 1814, 1854, 2777, 2780, 3823,

飞腾吧，伟大的中华　　　3339　　　　　　　　3963, 5225, 5278

飞腾的广西　　　　　　 13242　　飞雪迎春　　　　　　　　　　　2422

飞天　　　4062, 4517, 8809, 9355, 10103　　飞崖走壁五英雄　　　　　　　4947

飞天大圣李哪吒 八臂哪吒项充　　4674　　飞燕曲　　　　　　　　　　　5546

飞天伎乐资料　　　　　　6758　　飞燕迎春　　　　　　 4185, 8846

飞天少女猪事丁　　　　　7004　　飞燕鸳鸯　　　　　　　　　　 1899

飞天神鼠　　　　　　　 13136　　飞莺OK　　　　　　　　　　 11708

飞天舞　　　　　 4063, 9947　　飞鹰　　　　　　　　　　　　 1724

飞图宝丽金　　　　　　 11514　　飞鹰崖　　　　　　　　　　　 5250

飞图卡拉OK金曲　　　　11507　　飞影阁丛画　　　　　　 1598, 1700

飞图镭射卡拉OK流行榜　 11501　　飞影阁画报　　　　　　　　　 1599

飞砣风　　　　　　　　　4595　　飞影阁画册合编　　　　　　　 1604

飞砣风　　　　　　　　　6216　　飞影阁士记画册　　　　　　　 1605

飞舞　　　　　　　　　　1868　　飞跃高加索的琴韵　　　　　　10885

飞袭双龙桥　　　　　　　5278　　飞越'97　　　　　　　　　　 3498

飞霞春色　　　　　　　 10455　　飞越封锁线　　　　　　　　　 6284

飞霞叠翠　　　　　　　　1916　　飞越秦岭　　　　　　　　　　 1765

飞相扫心　　　　　　　　2249　　飞越天险　　　　　　　　　　13245

飞翔的歌　　　　　　　 10517　　飞越外太空　　　　　　　　　 3470

飞翔的歌声　　　　　　 11356　　飞舟跨海迎亲人　　　　　　　 5342

飞向北京　　　　　　　　4517　　飞舟练武　　　　　　　　　　 4014

飞向兰天　　　　　　　　4185　　飞珠打坏总　　　　　　 5765, 6444

飞向蓝天　　1933, 3963, 4063, 5546, 5643　　飞珠溅玉　　　　　　　　　　9350

飞向美好的明天　　　　　4063　　飞姿流韵　　　　　　　　　　12571

飞向明天的新生活　　　 11700　　非彩画概论　　　　　　　　　 2922

飞向冥王星　　　　　　　5463　　非草书　　　　　　　　　　　 7205

飞向冥王星的人　　　　　5463　　非常花语非常图典　　　　　　10223

飞向太空　　4014, 4260, 4353, 5806, 6407　　非常盼望的一天　　　　　　　4063

飞向太平洋　　　　　　　5643　　非常生肖非常图典　　　　　　10221

飞向太阳　　　　　　　 11502　　非常时期的电影教育　　　　　13023

中国历代图书总目·艺术卷

非常时期的戏剧	13001	菲律宾风帆	9808
非常时期我国音乐应有之趋向	10951	菲律宾风光	9843
非常事件	5005	菲律宾花边刺绣术图说	10722
非常星座非常图典	10221	菲律宾日落景色	9855
非常姿态	3506	肥遯庐藏名人花卉画轴	1473, 1572
非澹泊无以明志，非宁静无以致远	8204	肥遯庐藏名人山水画轴	1649
非凡的埃玛	5765	肥猪兴旺五谷丰登	3076
非凡的公主	6641, 6648	淝水之战	5059, 5390, 5546
非凡的公主希瑞	6653	匪巢覆灭记	5464
非凡小Q仔	7044, 7045	匪窝里的搏斗	5914
非非歌曲集	11366	匪窝里的战斗	5643
非哭非笑的悲剧	805	匪穴擒敌	5464
非洲雕刻	8605	斐露丝	10192
非洲雕塑	8678	斐然斋印存	8515
非洲风光	9060	翡翠城的奇遇	6051
非洲和美洲工艺美术	10733	翡翠岛历险	6653
非洲黑白画艺术	7145	翡翠玛瑙汤	4353
非洲黑人艺术	367	翡翠塔传奇	6181
非洲菊	10015	废品堆上闹革命	5160
非洲历险记	6353, 6641	废弃与超越	8907
非洲美术作品选	6794	废物变成新玩具	10227
非洲杀人蜂	6216	废墟上	5914
非洲图案集	10773	沸腾的柴达木	9267
非洲写生	2866	沸腾的船厂	4452
非洲艺术	369, 376, 8674	沸腾的船台	2860
非洲艺术精品集	8675	沸腾的钢城	3823
非洲音乐	10863	沸腾的工地	1290
非洲在怒吼	11953	沸腾的矿山	3020, 3823
非洲之歌	11953	沸腾的炉前	3875
非洲紫罗兰	10032	沸腾的马钢	3005
非主流古典CD	10879	沸腾的码头	12335
菲奥里洛36首练习曲	12466	沸腾的群山	5197, 5250, 5343
菲多拉	6860	沸腾的山村	3773
菲菲	9738	沸腾的山谷	1814
菲力普的礼物	7103	沸腾的夜晚	5278

书名索引

沸腾的油田创业庄	3919	费新我书法集	8327
沸腾在矿山	3790	费新我书法选	8175
费丹旭	792	费正油画作品选	2821
费吉卡	4947	分别功德品	7945
费加罗的婚礼	6579	分兵出击	5765
费加罗的婚姻	11151	分道扬镳	6051, 6052
费克歌曲选	11471	分果果	4260
费克斯和福克西	6632	分级福音诗歌	12436
费朗斯——世皇太子和王妃	9640	分界线上的乡村	5059
费声福短篇连环画选集	6353	分开怎么能活下去	4947
费太公家传	8109	分开怎能活下去	13245
费雯丽	10146	分类画范自习画谱大全	1422, 1423
费翔	9665	分类十字图案	10345
费翔·踏浪	9695	分隶存	7205
费翔《夺标》歌曲全集	11981	分隶偶存	7224
费翔的歌	9957	分列式进行曲	12223
费翔跨越四海的歌声	11980	分秒必争	3823
费翔演唱的歌	11709	分内事	3761
费翔演唱歌曲选	11981	芬芳	10054, 10060, 10074
费翔演唱专辑	11980	芬芳：杨健健水粉花卉	2949
费翔与刘小华	9695	芬芳四溢	4674, 10040, 10047
费晓楼百美画谱	1639	芬格尔的鬼	5765
费晓楼补景美人册	1609, 1610	芬格尔的鬼魂	5765
费晓楼补景仕女册	1628	芬兰版画选集	6917
费晓楼传神佳品	1653	芬兰版画艺术展览	6916
费晓楼临耕烟十万图	1618, 1635	芬兰共和国国歌	12394
费晓楼美人册	1610	芬兰颂	12546
费晓楼摹古百美图	2019	芬兰艺术展览会	362
费晓楼仕女册	1618	芬奇论绘画	474
费晓楼仕女册页	1633	芬奇作品选集	6774
费晓楼仕女画	1653	纷纷飘坠的音符	11476
费晓楼仕女画册	1633	汾河怒潮	4947
费晓楼仕女画谱	1680, 1681	汾河湾	12075
费晓楼写景仕女册	1633, 1637	汾江文艺	279
费欣素描头像选	6896	汾酒的传说	5643, 6181

中国历代图书总目·艺术卷

汾水长流	5085	奋发图强 建设祖国	3722
焚香运墨厣印存	8529	奋发图强 振兴中华	3356
粉笔画	1200	奋发图强 赶超世界先进水平 为伟大领袖毛	
粉笔技法教程	7615	主席争光	3172, 3180
粉笔书法	7445, 7605	奋发图强 自力更生	3124
粉笔字临摹教程	7605	奋发图强 自力更生 建设祖国	3124, 3163
粉彩画基础技法	1200	奋发图强改天换地	3136
粉彩画小技巧100	1200	奋发图强加速社会主义建设	3235
粉彩技法百科	1182	奋发图强争取农业大丰收	3124
粉粹美帝细菌战	3068	奋发图强自力更生 发展生产重建家园	3251
粉蝶	5546	奋飞	4517
粉红牡丹	9313	奋飞吧 广西	3356
粉红涅女郎	3519	奋飞吧 中华	3356
粉画	2947	奋飞吧，中华	3347
粉画技法	1200	奋进	1986, 8149
粉画十年作品集	2956	奋力除害保牧群	3823
粉画欣赏	2947	奋起的广西	8698
粉画选	2940	奋起毛泽东思想千钧棒痛打落水狗	3159
粉画选集	2938	奋勇前进	12372
粉墨春秋	12864	奋勇杀敌	2120
粉墨丛谈	12738	奋战七峰山	4947
粉墨登场	12889	奋战天兵	5914
粉墨集	12715	愤怒的天使	6216
粉墨絮语	12693	丰	3585, 4119, 4354, 4452, 4517, 4518
粉碎"巴巴罗沙计划"	6052	丰碑	1344, 1886, 1933
粉碎"四人帮"漫画集	3410	丰产丰收 颗粒归仓	3678
粉碎"四人帮"漫画选	3410	丰产红旗遍中原	11419
粉碎"四人帮"普及大寨县	3271	丰产卫星组歌	11586
粉碎"四人帮"生产打胜仗	3251	丰登图	1959
粉碎"四人帮"生产得解放	3271	丰丰历险记	5546
粉碎"四人帮"扬眉吐气地大干社会主义	3271	丰福生	5139
粉印版画	3061, 3064	丰福生怎样学习毛主席著作	3136
奋斗	8140, 8142	丰富	4452
奋发图强 自力更生 发展生产 重建家园	3235	丰富的菜篮子	8698
奋发图强 改造自然	3722	丰富的苏维埃生活是美术创作的基础	493

书名索引

丰富多采的各族群众体育活动	2934	丰收场上斗山歌	3625
丰富多采的民族群众体育活动	3823	丰收场上机声隆	3919
丰富多彩 欣欣向荣	3790	丰收场上披新装	3824, 3875
丰富多彩的藏族歌舞	12604	丰收场上舞银球	3824
丰富有余	4518	丰收场上学理论	3824
丰乐亭记	7956	丰收场上赞新绸	3919
丰乐图	1847, 3624, 4119, 4354, 4452	丰收场上找差距	3875
丰满道上	1765	丰收大鱼	4354
丰年	4354, 4452, 9418	丰收的歌儿飞满山	3824
丰年大有余	4674	丰收的果实	4014
丰年福临门	2120	丰收的欢乐	3625
丰年高寿	2059	丰收的喜悦	1756, 1933, 3535, 3790, 3824,
丰年吉庆乐有余	2059		8802, 8811, 9640
丰年吉庆有余	2059	丰收的喜悦	2727
丰年乐	4185, 4452, 4453, 4595	丰收地里有亲人	3963
丰年乐 喜迎春	4119	丰收福	4518
丰年乐·喜迎春	2120	丰收福	2059
丰年乐喜迎春	4261	丰收富裕	4354
丰年乐有余	2120	丰收歌	3625, 4453, 11961, 12278, 12902
丰年猫欢	4453	丰收歌舞	3773, 3963
丰年人长寿	4518	丰收归来	3625
丰年送宝	2059	丰收果儿运不完	4453
丰年有余	4453, 4595	丰收后	3722
丰年有余家家富	4595	丰收花儿漫高原	12267
丰润张子隶书朱柏庐治家格言	8109	丰收花鼓舞	4354
丰沙钱之秋	1731	丰收欢乐图	3585
丰沙之春	1745	丰收季节试新车	1814
丰实图	4185	丰收景象多又多	4453
丰收	1745, 1814, 1960, 3624, 5643, 6181, 11411,	丰收乐	1868, 1916, 1934, 3555,
	11766, 12247, 12335		3556, 3586, 3625, 3963, 4014, 4063,
丰收不忘共产党 支援国家贡献多	3678		4119, 4185, 4261, 4354, 4453, 4518, 4595,
丰收不忘国家 增产不忘储备	3919		4674, 10410, 12265, 12283, 12630
丰收场上	3790	丰收连年	4354
丰收场上摆战场	3823	丰收路上	3790
丰收场上唱丰收	3823	丰收锣鼓	4355, 12334

丰收忙　　　　　　　　　3761
丰收年　　　　3586，3964，10404
丰收年唱丰收歌　　　　　11600
丰收曲　　　　4063，9482，13229
丰收时节　　3556，3824，3875，4014
丰收硕果　　　　　　　　4453
丰收硕果喜万家　幸福花儿香千里　　4355
丰收硕果献给党　　　　　4355
丰收图　1868，3535，3556，3678，3761，4261，4453，10405
丰收图　　　　　　　　　2624
丰收五不忘　　　　　　　12120
丰收舞　　4014，4261，9961，12610，12638
丰收舞曲　　　　　　　　12329
丰收喜报　　　　3556，3625
丰收喜讯迎东风　麦浪滚滚架飞龙　今朝进军机械化　一片黄金一片红　　3076
丰收喜迎毛主席　　　　　3625
丰收小曲响云霄　　　　　3678
丰收幸福　　　　　　　　4355
丰收秧歌　　　　　　　　12228
丰收迎友人　　　　　　　3761
丰收有余　4119，4261，4355，4674，8859，10404
丰收鱼儿运不完　　　　　3964
丰收渔歌　　　　　　　　12173
丰收运动会　　　　　　　3875
丰收在望　　　　3586，3625
丰收赞歌　　　　　　　　4063
丰收之歌　　2751，11785，12170，13229
丰收之歌　朱湖食堂　　　4947
丰收之后　3722，5112，5225，6751，9149
丰收之前　　　　　　　　3556
丰收之忧　　　　　　　　5464
丰收组歌　　　　　　　　11940
丰寿福富喜　　　　4185，4354

丰硕　　　　　　　　　　10106
丰隐庐草书陶诗帖　　　　8109
丰韵　　　　　　　　　　9403
丰泽园——毛主席故居　　9327
丰中铁作品选　　　　　　1276
丰姿　　　　　　　　　　9431
丰子恺彩色漫画选集　　3410，3414
丰子恺存画　　　　　　　3401
丰子恺儿童漫画集　　3427，3441
丰子恺儿童漫画欣赏　　　3441
丰子恺护生画集选　　　　3519
丰子恺画笔下的鲁迅小说选　　3420
丰子恺画存　　　　　　　3401
丰子恺画集　　　　　　　3409
丰子恺绘画鲁迅小说　3414，3415，6603
丰子恺金句漫画　　　　　3483
丰子恺连环漫画　　　　　3483
丰子恺连环漫画集　　　　3411
丰子恺论艺术　　　　　　096
丰子恺漫画　　　　　　　3416
丰子恺漫画品读　　　　　1247
丰子恺漫画全集　　　　　3519
丰子恺漫画小说选　　　　3450
丰子恺漫画选　　　3415，3416
丰子恺书法　　　　　　　8195
丰子恺书画集　　　　　　1841
丰子恺文集　　　　　　　102
丰子恺遗作　　　　　　　307
丰子恺艺术随笔　　　　　548
风　　　　　　　　　　　1986
风暴　4947，5028，5085，5309，5546，13245
风暴岛　　　　　　　　　6052
风暴中的雄鹰　　　　　　5086
风波　　　　　5309，5546，13237
风波亭　　　　4947，5464，5643

书名索引

风采	9106, 9482, 9487	风和日丽	2444
风车车	4119	风和月亮	11485
风尘三侠	4261, 6284	风荷	10047
风吹稻花香	2717	风虎云龙	4841
风吹牡丹	4185	风华	9588, 9615, 9745
风吹唢呐声	5914	风华绝代掌中艺	12979
风从东方来	5006, 13261	风华正茂 1833, 3791, 3919, 5278, 9665, 9695,	
风调雨顺	1960, 4595, 4778	10426	
风调雨顺国富民丰	4518	风景 1169, 2792, 2805, 2928, 6848, 6884, 6886,	
风调雨顺国泰民安	4518	9127, 9128, 9808, 9855	
风调雨顺吉庆吉祥	2120	风景·建筑水粉画写生与分析	1188
风帆	5766, 9831	风景·人物	9568
风格 流派 史迹	196	风景 建筑 装饰图案	10566
风格的诞生	086	风景、冷光集	1194
风格素描	2916	风景、暖光集	1194
风格问题	10204	风景钢笔淡彩画法	633
风格与世变	591	风景花卉	4595
风骨峥嵘	9365	风景花卉剪影装饰	10568
风光	9142	风景画	625, 6880
风光歌曲 100 首	11471	风景画步骤	637
风光歌曲集	11702	风景画法	621, 899
风光花鸟屏：春、夏、秋、冬	2432	风景画技法	636
风光集锦	4014	风景画临本	2798
风光明信片	9831	风景画论	629
风光屏	9087	风景画小品	1298
风光人物活页摄影选	8879	风景画写生基础和速写	632
风光如画	9087	风景画写生技法	632
风光如画的长江下游	9075	风景基础技法	637
风光摄影 8731, 8736, 8746, 8752, 8758, 8773,		风景基础图案	10336
8793, 9040		风景简笔画	1121
风光摄影技巧	8724, 8781, 8786	风景名胜图案	10260
风光摄影实践谈	8739	风景人物水彩画艺术	1181
风光挑织图案	10358	风景人像摄影	8746
风光无限好	2422	风景如画	4453
风和日丽	9855	风景色彩写生基础入门	1182

中国历代图书总目·艺术卷

风景摄影	8793, 9796, 10132, 10150	风景装饰画	10266, 10274
风景摄影的艺术	8766	风景装饰画法	10209
风景摄影高级教程	10152	风景装饰画资料	10266
风景摄影技法	8793	风景装饰集	10283
风景摄影漫话	8777	风景装饰图案	10567
风景摄影入门	8771, 8793	风菊	10040
风景水彩基础技法	1185	风口劲松	5250
风景四条屏	9079	风口岭	5278
风景素描	626, 633, 2850, 2895, 6903, 6904	风来翰墨香	8263
风景素描基础技法	634	风雷	5546
风景素描技法	1134	风雷电	4890
风景素描速写	2910	风雷渡	12080
风景素描写生技法	1130	风雷山神庙	5766
风景素描选	2877	风雷颂	11884
风景速写	1152	风雷引	12294
风景速写画法	1140	风雷之歌	11620
风景速写技法	1118	风流禅	3506
风景图案	10260, 10270	风流皇后	8837
风景图案 2000 幅	10294	风流女郎	9666
风景图案集	10261	风流骑士	9764
风景图案设计	10223, 10336	风流千古	1960, 4261, 13108
风景图案设计初步	10221	风流人物	9026
风景习作选	1295	风流人物数今朝	5006
风景小品	2874	风流儒雅写春秋	12954
风景写生	2869	风满潇湘	5914
风景写生钢笔技法	1144	风靡·狂潮·新歌 100 首	11487
风景写生画技法	634	风靡港台的情调钢琴小公主——孙颖小姐	
风景写生技法	637		9764
风景形态写真	9142	风靡金曲 "巨星" 演唱会	11710
风景油画	1085	风靡世界的运动舞	12654
风景油画技法	1070	风魔小次郎	7089, 7090
风景照片的拍摄法	8781	风弄新篁引鸟声	1824
风景这边独好	2899, 3018, 3875, 4355, 4674	风琴·手风琴伴奏基础知识	11229
风景这边独好	2420, 2421	风琴、钢琴弹奏法	11233
风景装饰	10563	风琴伴奏歌曲集	11442

书名索引

风琴钢琴教材	11221	风雪摆渡	11833
风琴胡琴京调曲谱大观	12065	风雪采油工	12592
风琴胡琴小调大观	12152	风雪大别山	3964, 5112, 5136, 5390
风琴基本教程	11221	风雪高原汽车兵	12267
风琴简易伴奏法	11220	风雪红梅	5197
风琴教科书	11211	风雪黄昏	13108
风琴课本	11220	风雪昆仑春长在	1824
风琴练习曲	12192	风雪郎哇山	5225
风琴练习曲集	12185	风雪隆山岭	5278
风琴名曲选	12485	风雪莽昆仑	11928
风琴谱	12484	风雪爬犁	12337
风琴实用教程	11236	风雪配	4261, 4453, 4595, 5766, 9947
风琴手风琴简易伴奏教程	11241	风雪配	2059
风琴弹奏法	11212, 11224	风雪祁连山	4947
风琴戏曲谱	12185	风雪哨所	5226
风琴小调指南	12185	风雪送暖	3920
风琴演奏法	11216	风雪送亲人	3824
风情	8992	风雪铁骑	1796, 1801, 3678, 8997
风情大王	3470, 3471	风雪同归	3773
风晴雨露竹屏	4595	风雪万里行	5914
风庆轮远航胜利归来	9789	风雪无阻	1740
风趣	4766	风雪小红花	12631
风趣的笑话 幽默的漫画	6980	风雪雄鹰	5310
风扫残云	5766	风雪夜归人	5643
风神与花精	6383	风雪夜里	12105
风水树	4947	风雪夜林冲上梁山	6052
风俗画·历史画·军事画	473	风雪云梦关	5914
风俗刻纸	10666	风雅	9431, 9476
风俗图案设计	10214	风雅颂	12233
风俗与女性生活	6862	风雅楹联集萃	7577
风先生和雨太太	6181	风雨布良山	5766
风信子	7591	风雨采油样	3824
风宣玄品	12288	风雨涤新苗	3920
风穴寺	9995	风雨归牧	1777
风雪	5546	风雨归舟	1731

风雨河神庙	12118	风云雷电谱雄歌	13092
风雨鸡鸣	1789	风云突起	5914
风雨龙爪坡	5310	风云万里	5279
风雨楼名人尺牍集妙	7661	风云五万里——新安旅行团画册	8894
风雨楼名人墨迹集妙	7662	风韵 8846, 8859, 9470, 9666, 9721, 9758, 10517	
风雨楼扇粹	1497, 1498	风韵方遒	9695
风雨楼所藏楹联	7661	风韵四条屏	9666
风雨罗霄路	5343, 5390, 5546	风韵自得——影坛新秀董智芝	9588
风雨杞果树	5343	风展红旗气象新——祖国在社会主义大道上胜	
风雨牧归图	2301	利前进	9278
风雨南洋行	12772	风展红旗如画	1805, 11694
风雨桥	5310	风筝	4355, 10674, 10684, 11474, 13249
风雨如磐	5546	风筝不断线	494
风雨上学	12632	风筝城——潍坊	9855
风雨双河	5914	风筝的学问	10682
风雨送课	3722	风筝都书画集	2059
风雨桃花洲	5059, 5086, 5546	风筝放到台湾去	4261
风雨同舟(白蛇传)	9223	风筝飘飘	5343, 5390, 5391, 6444
风雨桐林寨	5343	风筝司令	5343
风雨无阻	3964, 9336	风筝误	6383
风雨无阻	2595	风筝越海	1805
风雨下钟山	5914	风竹	1654, 1676, 10455
风雨杏花村	5278	风姿 8818, 8837, 8846, 9476, 9541, 9666, 9721,	
风雨夜空矸飞贼	5278	9758	
风雨夜来人	4947	风姿花传	12732
风雨银幕	13050	风姿流韵	12574
风雨侦察兵	6052	枫	10067
风雨之夜	6408, 13287	枫·和平玫瑰的故事藤野先生	5546
风浴艳裝	10110	枫丹白露森林	6846
风月无边	4518, 4595	枫林集	8574
风云岛	5343	枫林夕照	9831
风云儿女	5766	枫洛池	3625, 4261, 5028, 5464
风云集	1281	枫桥新月	4261
风云际会	2019, 13160	枫桥夜泊	8161
风云际会法	8514	枫树场的战斗	5766, 6444

书名索引

枫树花红	10047	封思孝水彩画	2949
枫树湾	5279, 5310, 5343	封主大复仇	6248
枫叶	10102	疯狂的海洛因	6383
枫叶白头鹞	2625	疯狂的拔头士	10986
枫叶红了的时候	5343	疯狂恶魔	6248
枫叶奖 1992 国际水墨大赛	6841	疯狂列车	6216
枫叶奖 1994 国际水墨大赛入选作品	2249	疯狂摇滚	10989
枫叶鹦鹉	1899	疯狂政治秀	3492
枫叶映风姿	9666	疯僧戏县主	6052
封惠芬	5059	疯僧戏宰相	5547
封龙山颂	7764	疯秀才断案	4754
封面摄影与设计	10137	蜂抱楼琴谱	12294
封面图案集	10240	蜂高无坦途	8185
封泥汇编	8541	蜂壶叠翠	9087, 9902
封泥考略	8515, 8536	峰奇色秀春意暖	9075
封三娘	5547, 5766, 5915	烽火长桥	5310
封三娘巧点鸳鸯谱	6321	烽火孤儿	6052
封神榜 3430, 4766, 5464, 5915, 6354, 6641, 8837		烽火红缨	12650
封神榜传奇	6730	烽火金刚台	5112
封神榜故事屏	4779	烽火里程	5464
封神榜后记	6408	烽火列车	5028
封神故事连环画集	6285	烽火棋盘崖	5310
封神故事条屏	2059	烽火桥头	5547
封神人物	2373, 2377	烽火情侣	6354
封神武将	4674	烽火少年	5197, 5226, 5250
封神演义	6247, 6285, 6444	烽火岁月	5547
封神演义	2059	烽火天涯路	6248
封神演义故事	4518	烽火童年	3824
封神演义故事屏	4518, 4674	烽火乌拉银河	5464
封神演义人物	4518	烽火戏诸侯	4185, 5059, 5547
封神演义人物	2377	烽火征程	6052
封神演义图	4518	蜂巢	6863
封神演义武将	4453, 4454	蜂蝶闹	12054
封神战记	6705	鄂中铁作品选	3028, 3059
封氏印谱	8486	冯宝佳多体钢笔字帖选	7562

中国历代图书总目·艺术卷

冯宝佳多体字帖选	7605	冯向杰画集	2324
冯宝佳钢笔字帖	7517	冯向杰水彩画选	2940
冯葆富艺术嗓音医学论文集	11131	冯向杰体育速写	2889
冯长江画集	2175	冯学敏摄影艺术	8980
冯大彪行草常用古诗选	8246	冯学敏摄影作品集	8960
冯大彪行草三字经弟子规	8233	冯益信国画选	2454
冯大中精品集	2233	冯英杰画集	2324
冯登紫篆刻选集	8580	冯玉梅劝夫抗金	4896
冯法祀画集	1414	冯玉萍	5136
冯法祀画选	1383	冯玉琪杜洙油画选	2787
冯贵林画集	2200	冯玉琪油画选	2785
冯国语硬笔书法	7445	冯玉祥	6354
冯怀荣油画作品选	2821	冯玉祥军歌选	11483
冯济泉书法选	8315	冯玉祥先生在泰山刻石选	8650
冯骥才画集	2120	冯远画集	2175
冯建吴画选	1934	冯远作品	1693
冯建吴作品集	2324	冯运榆画人物	881
冯健亲画集	1418	冯增木画集	2233
冯进文抢水	4904	冯兆平	3050
冯烂王智闯敖关卡	5643	冯兆平版画选	3056
冯联承书法集	7517	冯治才诉苦记	4877
冯明速写	2887	冯中衡三峡水彩画	2958
冯墨石画集	2249	冯淳湖仿郎世宁画图	1717
冯木匠做黑板	4885	冯子存笛子曲集	12270
冯凭画选	1934	冯子存笛子曲选	12262
冯凭窗扇书画集	319	缝补绣花图案集锦	10359
冯凭书画选集	2175	缝绣图案集	10354
冯少佳歌曲选	11508	讽刺画	3520
冯师韩先生书画集	1287	讽刺诗与漫画系列丛书	3506
冯石甫冯祥伦父子画集	2249	讽刺与幽默	3413, 3417, 3431
冯氏金文研谱	1061	凤钗订婚	9223
冯氏乐书	10948	凤城品花记	12748
冯遂川画册	2525	凤串牡丹兆丰年	4454
冯武何焯墨迹	8016	凤翠	9721
冯锡宽篆刻千山名胜印谱	8583	凤冠梦	9238

书名索引

凤冠霞帔	10625	凤凰纸扎	10712
凤归来	5643	凤梨与凤姑	5464
凤鹤鸳鸯	4262	凤楼昭阳	8827
凤还巢 5766, 5915, 6248, 9228, 9231, 9944, 9950,		凤鸣朝阳	1934
11828, 12071, 12107		凤鸣丹山	12295
凤还巢	2120	凤鸣福至	2120
凤还巢拾玉镯	8846	凤鸣关	4518
凤凰	1663	凤鸣岐山（周洁）	9956
凤凰二乔	4595	凤鸟图案研究	10263
凤凰和鸣双喜图	4063	凤庆民族民间器乐曲集成	12349
凤凰花开	3964	凤庆唢呐曲选	12271
凤凰花开	2036	凤求凰 4355, 4595, 4596, 4674, 5643, 12295	
凤凰锦鸡对屏	4355	凤嫂	5343
凤凰来仪	3625	凤山楼印志	8529
凤凰岭上祝红军	11881	凤墅残帖释文	7692, 7693
凤凰楼	8837	凤双飞	8827
凤凰鸣春	4119	凤四老爹	5915
凤凰牡丹	4119, 4185, 4355	凤台春色	10445
凤凰牡丹	2499	凤头岭	5766
凤凰牡丹图	4119	凤尾鱼	1868
凤凰涅槃	11985	凤舞富贵	4809
凤凰娶妻	4595	凤舞富盈门 龙飞福常在	2036
凤凰娶亲	6052	凤舞贺新春	2059
凤凰山	2019, 4262	凤舞龙姿	9252
凤凰山救匡胤	3586, 3625	凤舞庆有余	4519
凤凰山牡丹写生资料集	2863	凤舞鱼歌喜发财	2059
凤凰山上木棉红	5310	凤仙	5547
凤凰生日小楷帖	8379	凤仙促读	2003
凤凰双喜图	4454	凤仙李子	1667
凤凰图	2120	凤仙与龙爪	4947
凤凰戏牡丹	4518	凤先生仕女册	1719
凤凰与牡丹	3556	凤翔木版年画	3000
凤凰展翅	12264	凤翔泥塑	8626
凤凰展翅幸福来	3586	凤翔四化 龙腾九洲	4014
凤凰振羽	9855	凤阳歌	11361

凤阳花鼓	11826	佛教艺术造像	463
凤阳花鼓唱新歌	9338	佛教音乐漫谈	10918
凤阳花鼓歌曲选	11806	佛教与雕塑艺术	454
凤阳惊梦	6285	佛教与东方艺术	451
凤仪殿擒敌	5766	佛教与佛教艺术	454
凤仪亭	4119, 4185, 4453, 5391, 12129	佛教与工艺杂项	459
奉使图	1695	佛教与民族绘画精神	697
奉天讨罪	5643	佛教与戏剧艺术	12725
奉贤县民间舞蹈集成	12619	佛教与音乐艺术	454
奉献	3042, 11714	佛教与中国舞蹈	12579
奉献集	8222	佛教造像法	463
奉献者之歌	11726	佛教造像量度与仪轨	461
佛本生	6579	佛经变相美术创作之研究	446
佛雕之美	459	佛经故事精萃	6408
佛法与书法	7305	佛经民间故事绘图本	6383
佛光	8846	佛经中的故事画册	6383
佛光普照	4779	佛拉门哥吉它演奏曲集	11200
佛国造像艺术	460	佛兰德与荷兰绘画	532
佛汉·威廉士	11275	佛乐童欢	4120
佛画世界	2403	佛曲	12133
佛家珍言	7546	佛山公	3471, 3520
佛教的文化思想与艺术	446	佛山画院画集	1370
佛教东传与中国佛教艺术	452	佛山秋色	10670, 10692
佛教歌曲集	12052	佛诗	6580
佛教故事集	6383	佛说四十二章经	7843
佛教美术讲座	460	佛陀格言钢笔字帖	7605
佛教美术史印度篇	437	佛陀十大弟子	6485
佛教美术史中国篇	437	佛陀世界	458
佛教名胜写生集	2906	佛陀说	3498
佛教人物百图	883	佛西论剧	12710
佛教圣地——五台山	9856	佛像	459, 4754, 8667
佛教题材当代名家中国画集	2176	佛像大观	460
佛教艺术	450	佛像的诞生	449
佛教艺术百问	451	佛像雕刻入门	447
佛教艺术的传人	455	佛像概说	437

书名索引

佛像鉴定与收藏	461	弗克斯和福克斯	6653
佛像神相	459	弗拉达·鲁斯	5767
佛像小百科	449	弗拉戈纳尔	6853
佛像疑案	6181	弗拉芒克	6856
佛像艺术	449, 456	弗拉门科吉他演奏法	11209
佛像之美	448	弗朗康墨大提琴练习曲, 作品 35	12461
佛心慧语钢笔字帖	7577	弗林特的金窟	5767
佛学文物馆	456	弗隆尼基	6856
佛遗教经	8378, 8387	弗洛伊德画集	6877
佛子岭的春天	2714	伏兵敌后	5279
佛子岭水库	2924, 8869	伏兵马陵道	5644
佛子岭水库	2714	伏尔加船夫曲	12411
佛子岭水库画集	1282	伏尔加河之旅	10146
佛字集	8352	伏尔泰	1144
缶庐翰墨	8129	伏虎	4596
缶庐写生妙品	1701	伏虎吉祥	2120
缶庐印存	8522, 8533	伏虎罗汉	10107
缶庐印集	8523	伏虎奇缘	5915
夫妻打赌	4947	伏虎司机	5767
夫妻观灯	4185, 4454, 4596	伏击雁门关	6384
夫妻和睦 吉庆有余	4779	伏击战	5310
夫妻桥	5028, 5465	伏龙寺	5547, 6181
夫妻双方有实行计划生育的义务	3347	伏庐藏印	8529
夫妻同登庆功台	1855	伏庐书画录	1473
夫妻相爱(白蛇传)	9223	伏庐玺印	8549
夫妻笑话	3506	伏庐选藏铃印汇存	8537
夫妻学文化	3625	伏魔少年	6705
夫妻英雄	4454, 4596	伏牛决策	5465
夫妻英雄	2373, 2388	伏文彦画集	2267
夫妻幽默	6963	伏羲与八卦	3483
夫妻镇边关为国建奇功	4596	伏妖救群婴	5547
夫人城	5006, 5028, 5766	伏兆娥剪纸集	10712
夫人属牛	5643	凫舟话柄	783
孵娃娃	5465	扶花曲	13122
弗·伊·列宁	8995	扶老携幼	1916

中国历代图书总目·艺术卷

扶桑	9305, 10012, 10013, 10018	芙蓉幽禽图	1765
扶桑花	10020, 10047	芙蓉鱼塘	2636
扶桑花妍	10060	芙蓉鸳鸯	1900, 2003, 2020, 4454, 10455
扶我上战马的人	5767, 5915, 6522	芙蓉鸳鸯 喜鹊梅花	4262
扶余剪纸	10673	芙蓉镇	5915
芙蓉	1745, 1900, 2003, 10405, 10431	芙瑞达	5548
芙蓉出水	8815	拂晓出击	5391
芙蓉翠鸟图	2636	符秦建元四年产碑	7766
芙蓉国里尽朝晖	1796, 1805, 1855, 1868	服饰潮	10362
芙蓉湖上	1777	服饰图案	10328
芙蓉花	1731	服饰图案纹样 1000 例	10309
芙蓉花	2601	服饰艺术与美	10357
芙蓉花开	4947	服务到工地	4014
芙蓉花仙	9079, 9087	服务到矿山	3824
芙蓉花仙	2604	服务到田头	3791
芙蓉花仙与仙童	13118	服务上门树新风 跋山涉水为革命	3875
芙蓉江游记	2474	服务新风	3964
芙蓉锦鸡图	1547, 1986	服务员	13242
芙蓉莲余	3586, 10027	服务组	1756
芙蓉联姻	4674	服务做足 100 分	3441
芙蓉楼送辛渐	8175	服绣图案	10354
芙蓉芦雁	1916	服装吊卡设计	10380
芙蓉鹭鸶 牡丹孔雀 青松仙鹤 荷花白鹅	4120	服装工艺美术	10359
芙蓉女	9666	服装花饰技法图说	10365
芙蓉屏	4896, 6580	服装画技法	629
芙蓉情偶	8837	服装美	9588
芙蓉双鸽	1745	服装效果图技法	629
芙蓉双鸭图	1868	服装用品服饰图案	10253
芙蓉水鸟	1756	服装用品装饰图案	10350
芙蓉图	2003	服装与室内装饰	10360
芙蓉舞	4262	服装装饰图案	10354, 10364
芙蓉小鸟 茶花斑鸠 牡丹双燕 月季双鸟	4355	俘房	5644
芙蓉小鸟杜鹃双鸽对屏	4356	浮草日记	13249
芙蓉新花	3964	浮芥亭印存	8527
芙蓉映碧俪情深	1886	浮莲游鱼	10040

书名索引

浮山民俗与剪纸	10684	福到了	4675, 8846
浮生闲想	10989	福到人家	4356
浮士德	12450	福到我家	4779
浮士德百三十图	7058	福到喜到庆有余	4766
浮士德天谴曲选三首	12452	福到眼前	4809
浮士德天谴曲选三首	12452	福到咱家	4596
浮世绘大场景	370	福灯高照	2003
浮云体	7640	福灯高照	2060
浮云掩月	11540	福灯如意	4356
浮舟沧海立马昆仑	2200	福地生财	4779
符号中国	2325	福鼎	8946
符骥良印存	8591	福尔摩斯探案	7052
符拉基米尔·罗斯齐斯拉伏维奇·加尔金	13216	福尔摩斯探案全集	6486
符罗飞画集	1277	福丰	4356
符秦建元四年产碑	7799	福富	4596
涪江新貌	1731	福富长乐利国利民	4809
福 3625, 4063, 4120, 4185, 4262, 4356, 4454,		福富丰年	4754
4455, 4519, 4596, 4674, 4675, 4754, 4779,		福富花开	4779
4809		福富康乐	4596
福	2059, 2060, 2120	福富临门	2060
福、寿、富、喜	4675	福富满堂	4856
福安市实验小学学生书画作品	6768	福富满堂	2060
福庵藏印	8525, 8526	福富平安	4779
福庵所藏印存	8510	福富庆丰年	4675
福庵印稿	8534	福富如意	4809
福春	4675	福富寿喜	4675, 4779, 4835, 4841
福春	2060, 2120	福富寿喜	2060, 2121
福春富	2060	福富寿喜屏	4779
福从天降	4779	福富寿喜屏	2060
福大财大元宝来	4779	福富寿禧	4356, 4519, 4596, 4675, 4676, 8837
福大寿多	2121	福富寿禧	2060, 2121, 2201
福大寿高	4766	福富寿禧仕女图屏	2121
福大寿高喜成双	4856	福富寿禧万年长	2061
福大寿高喜成双	2121	福富双临	1960, 4519
福到春来	9482	福富双喜	4835

中国历代图书总目·艺术卷

福富双喜来	4596	福建民间器乐曲选	12343
福富双禧图	4520	福建民间音乐简论	10907
福富同来	4356	福建民间音乐研究	10905
福富有余	4356, 4809	福建木雕木画集	2991
福富有余	2061, 2121	福建南音初探	12134
福富有余万年春	4779	福建南音及其指谱	11351
福富有余喜临门	4780	福建年画	4356, 10470
福富余余	4356	福建漆画	2783
福富字门画	4520	福建漆器	10640
福贵双禧	2061	福建前线	8878
福贵有余	2121	福建前线速写	2854
福虎娃娃	4262	福建前线写生集	2855
福建	8930, 8937, 8939, 8965	福建厦门鼓庄花园	9096
福建茶	9418	福建山水	8965
福建瓷塑	8660	福建摄影家作品集	8960
福建地方戏剧	12956	福建省高甲戏音乐	12107
福建电影发行放映改革开放十四年	13188	福建省歌曲创作评选获奖歌曲集	11468
福建风光	9856, 10496, 10517	福建省各级政协书画大观	2325
福建歌选	11792	福建省画院作品集成	1368
福建革命民歌选集	11796	福建省立音乐专科学校创立周年纪念刊	
福建工艺美术	10234		10953
福建工艺美术选集	10229	福建省民盟书画学会作品选	1372
福建工艺美术学校四十周年校庆作品集	314	福建省邵武市大阜岗乡河源村的"跳番僧"与	
福建广播歌曲	11697	"跳八蛮"	12947
福建华安仙字潭摩崖石刻研究	8652	福建省首届畲族歌会文集	10909
福建画院画集	322	福建省文史研究馆书画诗词选	2218
福建积翠园艺术馆藏书画集	1484	福建省戏剧年鉴	12935, 12936
福建剪纸	10665	福建省中师第五届学生美术作品巡回展览优秀	
福建九龙江	9040	作品选	1371
福建老根据地革命歌曲	11576	福建省注册商标大全	10380
福建龙岩市苏邦村上元建醮大傩与龙岩师公戏		福建师范大学美术系教师论文集	133
	12956	福建师范大学艺术学院美术系教师作品选	322
福建民间雕塑	8629	福建师生书画作品·论文辑	322
福建民间歌曲选集	11770	福建石林	10508
福建民间美术	10692	福建寿宁四平傀儡戏奶娘传	12981

书名索引

福建书法作品集	8327	福满财丰	2061, 2121
福建戏曲剧种	12843	福满财富	2122
福建戏史录	12758	福满财旺	4780
福建新歌	11792, 11793	福满门	1960, 4520, 4597
福建逸仙艺苑画册	2201	福满门	2061, 2122
福建音乐史料	10964	福满前坤	4860
福建优秀歌曲选	11532	福满乾坤	4841, 4847
福建漳浦剪纸集	10712	福满人间	4185, 4262, 4357, 4856
福建筝曲选	12317	福满人间	2062
福建制花与彩扎	10668	福满人间 春暖大地	4357
福将	4676	福满人间气象新·喜临大地风光好	4754
福降人间	4357	福满堂	4455, 4676, 4754
福克环球历险记	5916	福猫贺春图	9316
福来到	2036	福宁康寿	2122
福来富到	2121	福气盈门	4597
福佬民歌	11821	福如东海	4357, 4455, 4520, 4597, 4676, 4809
福乐长寿	8275	福如东海	2122
福乐吉祥	4780	福如东海 寿比南山	4597
福乐如意	2061	福如东海 寿比南山	4809
福乐寿禧	4520	福如东海 寿比南山	2122, 2648
福乐寿禧降人间	4520	福如东海·寿比南山	2062
福乐图	4676, 4841, 4847	福如东海长流水	2122
福临大地 喜唱人间	3586	福如东海长流水 寿比南山不老松	4520, 4521
福临富裕门	2121	福如东海寿比南山	4520
福临门	4262, 4676	福如东海水长流	4780
福临门 接财神	2061	福瑞临门	4357
福禄寿财满华堂	2061	福洒人间	2122
福禄寿喜	2003, 4676, 4841, 8222, 8837, 8846,	福洒神州	4809
	9451	福山寿海	4597
福禄寿喜满华堂	2061	福山王氏先世及族戚书简	8109
福禄寿喜庆满堂	2061	福山王文敏公墨迹手札	8037
福禄寿禧	4520, 4676	福上福	2122
福禄寿禧	2061	福上添喜乐有余	4780
福禄寿禧书法字汇	8353	福上有余	4754
福禄鸳鸯	1789	福寿	4185, 4357, 4521, 4677

中国历代图书总目·艺术卷

福寿	2062, 2122	福寿乐	4781
福寿安康	4262	福寿临门	1960, 4262, 4357
福寿安康	2062, 2122	福寿临门	2063
福寿财宝乐有余	4780	福寿满门	4521, 4598
福寿财喜	4597, 4780	福寿满人间	2063
福寿财喜进家门	4677	福寿满堂	4357, 4521, 4598, 4677, 4809
福寿财禧	4357, 4677	福寿满堂	2063, 2123
福寿常春	2062	福寿满堂庆有余	4455
福寿大观	8361	福寿绵长	4455, 4677, 4781, 4841
福寿斗方	4597, 4677	福寿绵长	2036, 2063
福寿二将	4809	福寿平安	4521, 4847
福寿富贵	4780	福寿平安	2123
福寿富禧	4521, 4677	福寿齐来	4521, 4781
福寿合美	2062	福寿齐来	2063
福寿和合四季平安	2062	福寿齐全	2064
福寿和美	2122	福寿齐天	4754, 4781, 4809, 4835, 4841, 4856
福寿吉庆·丰年有余	2062	福寿齐天	2064, 2123
福寿吉庆喜万年	4809	福寿齐天万户春	4860
福寿吉喜	4677	福寿麒麟	4781
福寿吉祥	4455, 4597, 4809	福寿千年	4810
福寿吉祥	2062, 2122	福寿千秋	2123
福寿吉祥图案	10303	福寿日月增	4810
福寿将	2062, 2122	福寿荣华	4357
福寿将军	4780	福寿如意	1934, 4455, 4598, 4677, 4754, 4810,
福寿久长	2123		4835, 8818
福寿康健	4521	福寿如意	2064, 2123, 2124
福寿康乐	1934, 1986, 4186, 4357, 4455, 4521,	福寿如意万万年	2124
	4597, 4677, 4780, 4860, 8821, 9355	福寿如意喜盈门	4781
福寿康乐	2036, 2063, 2123	福寿如意招财进宝	2064
福寿康乐喜盈门	4186	福寿生财乐有余	2124
福寿康乐喜有余	2123	福寿双全	4357, 4521, 4598, 4599, 4677, 4678,
福寿康宁	4455		4766, 4781, 4810, 4835, 4841, 4847, 4860
福寿康宁	2036, 2063	福寿双全	2064, 2124
福寿康宁吉祥图案瓷器特展图录	417	福寿双全 富喜如意	4599
福寿康泰	4357	福寿双全 事事如意	4599

书名索引

福寿双全合家欢	4522	福寿延年	2065
福寿双全金玉满堂	4810	福寿迎门]	4679
福寿双全娃娃乐	4522	福寿迎新	2065
福寿双全娃娃喜	4522	福寿盈门]	4263, 4358, 4522, 4841
福寿双全喜临门]	4678	福寿盈门]	2065
福寿双童	4810	福寿永驻	4856
福寿双喜	4522, 4599, 4678	福寿有余	4522, 4523, 4599, 4679, 4782
福寿双余	4522, 4835	福寿有余	2065, 2124, 2125
福寿双至	4860	福送万家人增寿	4810
福寿双至	2036	福送万家人增寿	2065
福寿同来	4810	福娃	2065
福寿同来	2124	福娃欢乐	4455
福寿同来喜有余	4781	福娃戏鱼	4856
福寿同乐	4678, 4810	福娃戏鱼	2125
福寿同乐图	2064, 2672	福喜	4596
福寿同庆	2064, 2124	福喜春禄寿	2066
福寿图 1934, 1960, 2020, 3556, 4120, 4186, 4262,		福喜丰字斗方	4263
4357, 4358, 4455, 4522, 4599, 4678, 4781,		福喜临门]	4186, 4263, 4810, 8846
4810, 4841, 9355		福喜满堂	4186, 4679, 4782
福寿图	2037, 2124	福喜平安	2066
福寿万年 1960, 2020, 4186, 4263, 4522, 4599,		福喜双降	4841
4678, 4782, 8821		福喜双全	4358
福寿万年	2064, 2065, 2124	福喜双全富有余	2125
福寿无边	4186, 4358, 4522	福喜有余吉祥如意	4782
福寿无疆	4522, 4599, 4782	福禧丰年	4599
福寿喜	2065	福禧临门]	4523, 4600, 10455
福寿喜富	4522	福禧临门]	2125
福寿喜进家门]	4836	福禧满堂	2125
福寿喜临门]	4599	福囍屏	3626
福寿喜满堂	2065	福祥	4679
福寿喜迎门]	2124	福祥寿禧	4679
福寿喜盈门]	2065	福祥图	1916
福寿祥和国泰民安	4810	福星乘风来	4455
福寿幸福	2065	福星高照	2003, 4263, 4523, 4679, 8846
福寿延年	1916, 4841	福星高照	2125

中国历代图书总目·艺术卷

福星高照乐新年	4836	福字大观	7737
福星高照神州欢庆	2066	福字斗方	4358, 4456
福星高照新年好	4782	福字斗方	2066
福星拱照	4754, 4847	福字金牌到咱家	2003
福星寿星	4455	福字图	8827
福星小子	6991, 6992, 7004, 7122	扶鹤堂藏张朋画集	2233
福音短歌	12440	扶花女孩	9738
福音圣诗	12437	抚顺	8922
福音诗歌	12435	抚顺市戏曲志	12778
福迎寿星来	2125	斧峰叠翠	10625
福余欢喜	4358	斧劈皴	919, 920
福宇斗方	4600	府河纤夫	5279
福在眼前	4811	俯瞰北京	8897, 9114
福泽万代	4847, 4856	俯瞰桂林	9978
福泽万代	2066	俯瞰中国	9096
福兆丰年乐百余	2066	釜底抽薪	5644
福兆丰年万事兴	4811	辅导你弹琴的孩子	11261
福照龙年	4679	辅导员	3824, 3876, 3964
福中福 富上富	2125	辅仁校友书画集	2281
福中福·富上富	2125	腐蚀	5767
福中寿	2125	簠斋古印集	8544
福州城里捉"舌头"	5006	父(母)子(女)同步小提琴讲座	11187
福州雕刻艺术	8636	父母之友	11283
福州工艺纸花	10428	父女同走革命路	3920
福州海内外书画家作品集	2281	父英雄 子好汉	3678
福州画院中国画选集	2201	父与子 4947, 5916, 6930, 6932, 6943, 7004, 7013,
福州郊区	8946	7019	
福州四十年	8946	父子保国	4456, 4600
福州脱胎漆器	10640	父子比武	3722, 3755
福州文坛回忆录	262	父子春秋	3417
福州乌龙江大桥	9990	父子俩	1814
福州五一路	9789	父子情深	5644
福州熊猫	10470	父子英雄	4456, 4523, 4811
福州影评	13141	父子英雄	2373, 2377
福字	1960, 4358, 4456, 4847, 4860	父子幽默	7019

书名索引

付林磁带影视歌曲一百首	11925	复仇行动	6321
付林歌曲精选	11508	复仇历险记	5767
负暄野录	8450	复仇女神	6444
妇女	4875	复仇奇遇	5916
妇女爱唱幸福歌	11600	复仇与宽恕	5767
妇女捕鱼队组歌	11778	复旦摄影年鉴	8866
妇女撑起半边天	3791	复调写作及复调音乐分析	11099
妇女儿童服装花饰图案	10351	复调音乐	11077, 11091
妇女歌曲	11442	复调音乐基础教程	11094, 11101
妇女歌曲选集	11389	复调音乐教程	11099
妇女号归航	3876	复调音乐写作基础教程	11090
妇女集	6862	复对位法	11071
妇女阑泥队	3824	复对位法大纲	11073
妇女们！为大办农业贡献力量	3101	复对位法与卡农	11076
妇女能顶半边天 3218, 3761, 3824, 9278, 12600		复公墨宝	8126
妇女能顶半边天 管教山河换新颜	3235	复活	5767, 5916, 6486
妇女什么都能干，什么都干得好	3076	复活巨神兵	7103
妇女心中的歌	11704	复活之后	5548
阜新蒙古剧志	12766	复试	13241
阜新农机厂	5141	复兴歌曲初集	11374
阜新市戏曲志	12782	复兴歌曲集	11381
阜新书法篆刻作品集	8246	复兴军歌集	11366
阜阳剪纸	10674	复兴圣歌	12439
阜阳剪纸集	10675	复兴诗歌	12434
阜阳农民画选集	6746	复兴之路	13128
驸马与公主	13122	复员不恋城奔赴新农村	3876
赴会之前	1833	复员回到了家	3824
赴蟠桃	12054	复原回来第一仗	3920
赴汤蹈火	5644	复原脸型	6052
赴西凉借兵	5916	复中影集	8917
赴宴斗鸠山	2933	副业生产景象	9985
复仇	5548	副业生产四季图	3586
复仇的故事	7091	副业兴旺	4120
复仇的光焰	5548	赋格初步	11069
复仇的竹尖桩	3136	赋格曲	11080

赋格曲写作	11085, 11086	傅梅影国画选集	2532
赋格写作技术纲要	11077	傅梅影画集	2176
傅	9640	傅乃琳沈毅油画选	2798
傅抱石册页	2325	傅其伦书法篆刻集	8276
傅抱石东北写生画集	2857	傅强画集	1403
傅抱石东北写生画选	1789	傅青主花鸟册	1645
傅抱石访问捷克斯洛伐克写生作品选集	1738	傅青主墨迹	8054
傅抱石访问罗马尼亚写生作品选集	1738	傅青主先生法书南华经	8037
傅抱石关山月东北写生画选	1789	傅青主先生临本兰亭墨迹	8037
傅抱石关山月合作山水图	2425	傅青主先生墨迹小楷金刚经	8054
傅抱石画集	1739, 1900, 1986	傅青主先生小楷佩觿集	8055
傅抱石画集	2201	傅青主先生小楷玄天上帝文真迹	8055
傅抱石画辑	1855	傅青主先生小楷曾子问	8055
傅抱石画论	697, 719	傅青主先生自书诗稿墨迹	8037
傅抱石画选	1765, 1934	傅青主征君墨迹	8053
傅抱石画选	2037	傅庆信风光摄影诗	9122
傅抱石美术文集	517	傅全香	9953
傅抱石山水画技法解析	918	傅荣遹债	12129
傅抱石山水人物图册	2176	傅瑞亭回文联墨迹	8315
傅抱石扇面集	1277, 1278	傅山	5916
傅抱石速写集	2873	傅山草书千字文	8078
傅抱石谈艺录	906, 921	傅山行草书墨迹	8099
傅抱石浙江写生画集	2857	傅山画集	1663
傅抱石浙江写生画选	2857	傅山乐饥斋诗草精选	8082, 8104
傅伯言书法作品集	8327	傅山论书法	7267
傅春华	5173, 5198	傅山论书画	801
傅大卣手拓印章集存	8542	傅山墨迹三种	8093
傅二石画集	2454	傅山书丹枫阁记	8089
傅庚辰歌曲选	11471	傅山书法	8069
傅耕野书画集	2325	傅山书法选	8075, 8099
傅公柯存碑目录	7660	傅山书法艺术研究	7344
傅光普先生画法	1706	傅山书翰精选	8093
傅家宝书画集	2249	傅山书行草精品五种	8089
傅晶歌曲选	11522	傅山书画选	1657
傅猎夫的艺术世界	339	傅山书兰亭序	8090

书名索引

傅山书李御史暨汾二子传	8090	富春山居图卷	1546
傅山小楷金刚经	8082	富春山居新图	1934
傅尚媛花卉水彩临本	1188	富到福到年年有余	9418
傅石霜画集	2537	富到农家	2126
傅士荣摄影集	8962	富弗	6653
傅书中画集	2546	富福	4600
傅天仇雕塑集	8631	富福平安	4679
傅文刚画集	2411	富福寿禧	4358
傅文卿集印	8514	富福有余	4456
傅希林画集	1395	富富有余	4186, 4523
傅小石画集	2037	富富有余	2126
傅小石梦幻仕女图	2396	富富裕裕	4358
傅小石左笔画集	2233	富贵	4782
傅尧笙陶瓷国画集	2218	富贵白头	2636
傅耀华小楷滕王阁序	8233	富贵白头寿带天竹	4680
傅以新水墨画选	2249	富贵宝宝	4811
富	4063, 4120, 4263, 4358, 4456, 4523, 4782	富贵长春	4263, 4457, 4600, 4680
富	2066	富贵长春图	4601
富·禧	2066	富贵长青	4359
富(年画)	10455	富贵长寿	1934, 4263, 4359, 4523, 4524, 4601,
富察铸卿画册	2176		4680
富春大岭图	1986	富贵长寿	2067, 2648, 2664
富春福	4679	富贵长寿图	4457, 4524, 4680
富春江	1789, 1824	富贵长寿图	2637
富春江	2723	富贵多寿	2126
富春江画报连环画精选	6052, 6053	富贵福禄寿	4848
富春江芦茨溪	1724	富贵福寿禧	4523, 4600
富春江畔	1731, 2928, 9801	富贵和平图	4600
富春江畔的传说	13122	富贵花开	4456
富春江上	2928	富贵花篮	4359
富春江上运输忙	1824, 1841	富贵吉祥	4600, 4782
富春江图	1916	富贵进家人财旺	2037
富春江严陵濑朝雾	1731	富贵乐	4359
富春江之晨	9808	富贵满堂	4782
富春山居图	825, 4860	富贵满堂	2037, 2126

中国历代图书总目·艺术卷

富贵满园	4359	富丽和平	4063
富贵猫	10086, 10087	富连成三十年史	12859
富贵猫蝶图	4600	富饶的祖国海疆	3920
富贵牡丹屏	4523	富饶美丽的大兴安岭	8931
富贵平安	1916, 4263, 4523, 4680, 4811	富饶美丽的赋春	1766
富贵平安娃娃乐	4836	富商贝尔的故事	6216
富贵荣华	4523	富上加富	4457
富贵荣华春长在	4782	富上加富	2067
富贵如意	4842	富上有余人增福	2126
富贵寿带	4456	富士山下看熊猫	4120
富贵寿禧	1986	富寿图	2067
富贵双官	4523	富寿喜福财	4358, 4601
富贵双喜和美幸福	4523	富喜连年	2126
富贵双鱼	4456	富喜如意	2126
富贵童年	4263	富禧万年	4836
富贵图	4600	富县民间剪纸选	10676
富贵图	2066	富阳秋色	2590
富贵万年	2066	富余长乐	2067
富贵喜有余	4782	富余连年	4186, 4524
富贵幸福	4860	富余图	4524
富贵延年	4600	富余图	2569
富贵有余	3556, 4186, 4263, 4359, 4456, 4600,	富裕的斯大林集体农庄	4896
	4680, 4782, 4842	富裕歌	4811
富贵有余	2067	富裕光荣	4457
富贵有余 延年益寿	4836	富裕光荣 丰收有余	4120
富贵有余万年春	4811	富裕连年	4457, 4524
富贵有余喜临门	4456	富裕茂盛	1986
富贵有余延年益寿	4836	富裕千秋	4601
富贵桢祥	4264	富裕童喜	4186
富贵桢祥	2611	富裕图	4186, 4359
富进家门	4457	富裕娃娃	4524
富兰克林	3330, 3387	富裕有余	4264, 4359
富乐图	4457	富裕之路	4457
富乐图	2126	富裕之路宽又广	4524
富丽白头 荷塘飞翠 秋耀金花 双鹤戏梅	4120	富中奇画集	2325

书名索引

富字	4457, 4848	"公社"新人	3680
富字到我家	1960	"公社"新社员	3724
缚龙岭上战妖风	5391	"公社"迎贵宾	3681
缚妖魔	5916	"公社"渔场	3878
蝮蛇	6053	"公社"渔歌	3681
		"公社"之春	3921
G		"归来堂"的烛光	2365
"钢鳗"号潜艇	7026	"鬼村"艺影	8638
"革命英雄主义的赞歌"宣传画	3339	"贵州现象"启示录	261
"跟我走！"	8803	《感悟》精粹硬笔书法	7603
"公"树的秘密	5303, 5336	《刚果河在怒吼》歌曲集	11884
"公"字的凯歌	5145	《公关小姐》	13140
"公社"半边天	3827	《古画品录》解析	806
"公社"初春	3011	《国际歌》《三大纪律八项注意》隶书字帖	
"公社"春来早	3878, 11948, 12279		8367
"公社"的鹅群	3827	《国际歌》《三大纪律 八项注意》《东方红》	
"公社"的红枣	3965		12398
"公社"的节日	3878, 3921	《国际歌》和巴黎公社革命音乐	10860
"公社"的小主人	3724	《国际歌》响彻全球	5191
"公社"姑娘	3006, 3011	《国际歌》作者鲍狄埃和狄盖特	10858
"公社"湖畔	3878	《过渡》演出特辑	12903
"公社"鸡场	3827	(革命现代舞剧)草原儿女	9215
"公社"蕉林忙	3921	(革命现代舞剧)沂蒙颂	9215
"公社"姐妹忙插秧	11954	[耕野山房藏人物画册]	1598
"公社"科学研究所	3078	[耕织图]	1529
"公社"荔枝红	3827	[公历一九六七年(阴历丁未年)月建表节气表]	
"公社"农机现场会	3827		10414
"公社"女民兵	12600	[龚半千画诀]	899
"公社"素描	11954	[共青团中央 教育部 文化部等向全国少年儿	
"公社"托儿所	3078	童推荐十二首儿童歌曲 三个儿童集体	
"公社"小社员	3792, 3878	舞蹈]	12633
"公社"新春	3878	[古铜印谱]	8455
"公社"新果	3628	[古香斋印选]	8455
"公社"新苗	3827	[故宫日历图书]	1270
"公社"新气象	3792	[观世音菩萨三十相]	1560

中国历代图书总目·艺术卷

条目	编号	条目	编号
［国画集］	2587	改琦红楼梦人物图	1678
嘎达梅林	5644，5916，11785，12177	改琦红楼梦图咏	1690
嘎达梅林交响诗	12330	改琦画稿	1599
嘎达梅林主题变奏	12157	改琦仕女画谱	1687
嘎达梅林主题幻想曲	12157	改山治水植青松 扎根山区干革命	3218
嘎拉大参	5391	改天换地	3824
嘎拉渡口	4948，5112	改天换地夺丰收	4014
该爱谁	5767	改土英雄 养猪模范	3876
陔华吟馆书画杂物目	220	改邪归正的天狗	6705
垓下大战	4601	改造荒滩建农场	3722
改变历史的五年	13189	改造黄河的第一步	13239
改订拜耳钢琴教科书	11212	改造穷山区 建设新农村——湖南省岳阳县毛	
改订历代流传绑画编年表	1325，1327	田区	3136
改革才能开创文艺工作的新局面	217	改诏救驾	5767
改革和发展民族戏曲艺术	12700	改正不良书写习惯习字法	7562
改革开放二十年的中国电影	13320	丐侠闹羊城	6285
改革开放建设有中国特色的社会主义	3376	盖叫天表演艺术	12878
改革开放中的陕西	8965	盖叫天的舞台艺术	13229
改革农具促进生产	3076	盖世兵圣 孙武	6444
改革与创新	9293	盖世神威	4811
改革与发展	13319	盖世雄风	4861
改革与中国电影	13317	概念 艺术 设计	10570
改革之光	9293	干！干！干！	11419
改革之声	11714	干部必须坚持参加集体生产劳动——吴堡县三	
改革中的武汉杂技	9270	级干部参加集体生产劳动事迹	9275
改进服务态度提高服务质量	3317	干部参加集体生产劳动的伟大革命意义	3116
改良捏面土作法分析（入门）	8622	干部参加劳动 社员争做五好	3678
改名儿	5465	干部到农业生产第一线去！	3251
改七芗红楼梦临本	1618	干部坚持劳动 才能坚持革命	3136
改七芗人物山水花果册	1631	干部深入基层 带头大干苦干	3218
改七香百美嬉春图长卷	1618	干部下田，保持劳动本色 将军当兵，发扬三八	
改七香补景美人册	1615	作风	3678
改七香红楼梦临本	1618，1637	干部在田头	3535
改七香红楼梦图	1629	干草车	6858
改琦白描仕女画稿	1676	干干净净	4264

书名索引

干干净净吃鲜果	4359	甘肃美术作品选	1358
干革命 干到底	11607	甘肃美术作品选集	336
干革命干到底	11607, 11614	甘肃民间剪纸	10663, 10665, 10669, 10682
干革命要刀对刀枪对枪	2763	甘肃民间民俗美术	10697
干劲大得很	11778	甘肃木刻选	2995
干青木刻初集	2975	甘肃年画	4601
干群是一家	3626	甘肃日报收藏书画集	2233
干舞集	526	甘肃省纪念毛主席《在延安文艺座谈会上的讲	
干一辈子革命 读一辈子毛主席的书3124, 3125		话》发表三十周年创作歌曲选	11454
干燥花的世界	10578	甘肃省少儿歌曲获奖作品集	12037
廿工鸟	5644	甘肃石窟艺术壁画编	6628
廿国宝与王莲莲	5548	甘肃书法作品选集	8146
廿国亮眼中的巩俐	13219	甘肃文史资料选辑	12793
廿苦集	12724	甘肃新民歌选	11778
廿露寺	4186, 4948, 5391, 9231	甘蔗地边	5250
廿罗十二为丞相	6053	甘蔗林	1766
廿罗十二为使臣	6053	甘蔗田	5060
廿珉书法集	8315	甘孜藏画	1365
廿南写生画选	2866	柑林曲	9211
廿洒热血为人民	5160	赶"摆"	3586
廿尚时高胡演奏曲选	12284	赶部队	5465
廿氏印集	8481	赶场	5548
廿薯"下蛋"创高产	5173	赶大车	11785
廿薯庄浪民间歌曲选	11807	赶到北京送喜报	10431
廿肃	8930, 8931, 8933, 8937	赶河湾	12902
甘肃版画选	3028	赶花会	1766, 12310
甘肃采风	2875	赶集	3626, 10455
甘肃彩陶	394, 10646	赶集归来	3586, 3626
甘肃雕塑作品选	8630	赶江南歌曲集	11442
甘肃敦煌莫高窟菩萨像	404	赶江南歌选	11442
甘肃风光明信片	10517	赶街路上	9568
甘肃歌曲创作选	11412	赶驴	1766
甘肃歌曲选	11468	赶路	11586, 12263, 12274
甘肃公路画册	8699	赶路柳摇金	12263
甘肃军转干部书画集	2176	赶马调	11785

中国历代图书总目·艺术卷

赶年集	1934	擀毡舞	12605
赶女婿	8821	纑雪斋集印谱	8504
赶坡会	3586	淦钧阵	5198
赶三关	12066	赣东北采茶戏音乐	12112
赶上英国	11943	赣江风雪	5160
赶毡舞	12605	赣江两岸好风光	12330
赶猪记	5226, 5250	赣江新歌	11397
赶着马车喜盈盈	12278	赣剧唱念教材之《唱腔部分》	11865
敢教日月换新天	1814, 3723, 6599, 11637	赣剧南昌采茶戏高安采茶戏折子戏	12124
敢抛头颅换公正	5644	赣剧新秀涂玲惠唱段专辑	11873
敢想敢干	3406	赣剧演出评介文章选辑	12923
敢想敢干，作技术革命的急先锋！	3076	赣剧演出评论文集	12921
敢想敢干的徐祖英	4948	赣剧音乐	12101
敢想敢干苦干巧干	3076	赣剧字韵	11150
敢想敢做	3069	赣南采茶戏传统剧目纲要	12938
敢于斗争敢于胜利	3101	赣南采茶戏音乐	12100, 12107, 12112
敢于斗争敢于胜利的人民是不可战胜的	3116	赣州地区戏曲志	12778
敢于胜利 善于斗争	3136	冈特·兰堡	10773
感动了他	4948	刚劲挺拔	8819
感官艺术	532	刚下火线 又上战场	3218
感光测定	8682	刚正不阿	9228
感剑堂选书画扇谱	1494	钢(风)琴	11233, 11236
感慨话当年	13177	钢笔 圆珠笔 铅笔字帖	7420
感情	5767	钢笔、墨水画技法	1125
感受泥性	8663	钢笔 3500 常用字五体小字典	7577
感受诱惑	119	钢笔草书十讲	7605
感悟之美	8991	钢笔草书速成 60 讲	7615
感谢信	4885	钢笔草书速成教程	7591
感兴诗习字帖	8437	钢笔草书字帖	7491
感性	2899	钢笔常用四体字典	7445
感性的摄影技巧	8794	钢笔常用字简繁楷行对照字帖	7517
感应经印谱	8486	钢笔常用字帖	7445
感应篇印谱	8508	钢笔常用字字帖	7434
橄榄坝椰林	9856	钢笔淡彩画技法	1109
橄榄歌	4120	钢笔多体千字文	7577

书名索引

钢笔仿宋体描摹字帖	7615	钢笔行书教法	7517
钢笔仿宋字技法	7491	钢笔行书精品集	7467
钢笔仿宋字练习册	7546	钢笔行书举要	7434
钢笔仿宋字书法	7411	钢笔行书快速连写法	7467
钢笔仿宋字帖	7467	钢笔行书练习	7409
钢笔风景画	2850	钢笔行书练习法	7547
钢笔风景画法	1104	钢笔行书六步	7591
钢笔风景画技法	1104	钢笔行书实用技法字帖	7491
钢笔风景画帖	2883	钢笔行书实用字帖	7434
钢笔风景速写技法	1110	钢笔行书速成60讲	7577
钢笔风景速写技法指导	1144	钢笔行书速成技法	7445, 7563
钢笔行草	7491	钢笔行书速成教程	7591
钢笔行草描临字帖	7562	钢笔行书速成习字帖	7445
钢笔行草书千家诗	7414, 7415	钢笔行书唐诗绝句200首	7445
钢笔行草书题画诗绝句百首	7445	钢笔行书唐诗绝句百首	7415
钢笔行草书章法	7591	钢笔行书通用汉字7000	7517
钢笔行草章法字帖	7426	钢笔行书习字帖	7426
钢笔行草字汇	7415	钢笔行书艺术字帖	7591
钢笔行楷百日速成	7577	钢笔行书中外赠言	7468
钢笔行楷描临字帖	7563	钢笔行书字典	7445
钢笔行楷名人名言录	7445	钢笔行书字帖	7408, 7411, 7415, 7426, 7434,
钢笔行楷帖	7491		7446, 7468, 7491, 7547, 7591, 7605, 7606
钢笔行楷五千姓	7563	钢笔行书字帖八体	7434
钢笔行楷自学教程	7577	钢笔画	1102
钢笔行书	7426	钢笔画大全	1101
钢笔行书(隶书)标准字帖教材	7605	钢笔画的画法	1097
钢笔行书77天便捷速成法	7546	钢笔画法	1144
钢笔行书百日通练习帖	7563	钢笔画技法	1107, 1110, 1144
钢笔行书标准快写法	7577	钢笔画临本	1092
钢笔行书基本技法	7445	钢笔画世界风光	2877
钢笔行书基础教程	7426	钢笔画学习	1094
钢笔行书基础要津	7546	钢笔绘画艺术	1144
钢笔行书技法	7563	钢笔楷行草书法	7547
钢笔行书佳作选	7615	钢笔楷行书标准教材	7434, 7563
钢笔行书教程	7546, 7591	钢笔楷行书标准习字帖	7615

中国历代图书总目·艺术卷

钢笔楷行书基础入门	7563	钢笔楷书速成教材	7518
钢笔楷行书技法	7547	钢笔楷书速成教程	7592
钢笔楷行书技法指南	7517	钢笔楷书帖	7492
钢笔楷行书字帖	7420, 7435, 7517, 7547, 7577, 7578	钢笔楷书通用汉字7000	7435
		钢笔楷书习字帖	7427
钢笔楷行要领	7435	钢笔楷书学习字帖	7518
钢笔楷书	7420, 7435, 7491, 7492, 7563	钢笔楷书艺术字帖	7592
钢笔楷书《红楼梦》诗词歌赋对联选	7547	钢笔楷书指南	7606
钢笔楷书(魏碑)标准字帖教材	7606	钢笔楷书字典	7435
钢笔楷书百日通练习帖	7578	钢笔楷书字帖7420, 7427, 7446, 7468, 7492, 7616	
钢笔楷书标准练习法	7578	钢笔楷书字形法	7592
钢笔楷书成语字帖	7547	钢笔楷书魏字帖	7435
钢笔楷书古诗词精华	7468	钢笔快写	7616
钢笔楷书行书教材	7563	钢笔快写技法	7547
钢笔楷书行书教程	7563	钢笔快写字帖	7548
钢笔楷书行书字帖	7420, 7426, 7435	钢笔隶草篆佳作选	7616
钢笔楷书基本技法	7446	钢笔隶书金歌字帖	7548
钢笔楷书基本技巧习字帖	7591	钢笔隶书描临字帖	7564
钢笔楷书基础教程	7426, 7427	钢笔隶书千家诗	7427
钢笔楷书基础要津	7547	钢笔隶书速成60讲	7616
钢笔楷书技法	7563, 7592	钢笔隶书速成教程	7592
钢笔楷书佳作选	7616	钢笔隶书习字帖	7427
钢笔楷书间架结构习练手册	7492	钢笔隶书小字帖	7446
钢笔楷书教程	7547	钢笔隶书字帖	7446, 7492, 7578, 7616
钢笔楷书精品集	7468	钢笔隶篆草书精品集	7468
钢笔楷书练习册	7518	钢笔临古代墓志铭帖五种	7446
钢笔楷书六步	7592	钢笔临帖	7415
钢笔楷书描临字帖	7564	钢笔临帖八种	7468
钢笔楷书强化训练字帖	7592	钢笔临帖发凡	7468
钢笔楷书入门	7492, 7518	钢笔临帖十一种	7435
钢笔楷书入门与提高	7616	钢笔临帖一径	7427
钢笔楷书实用技法字帖	7446	钢笔临帖指南	7518
钢笔楷书实用字帖	7564	钢笔临写古帖指南	7592
钢笔楷书速成	7564	钢笔临写历代名帖	7447
钢笔楷书速成60讲	7578	钢笔六体对联字帖	7578

书名索引

书名	编号	书名	编号
钢笔毛笔两用字帖	7733	钢笔书法精讲	7564
钢笔美术字练习	7408	钢笔书法精品选	7420
钢笔描红字帖	7427, 7518	钢笔书法精英榜	7518
钢笔描影字帖	7427	钢笔书法练习	7578
钢笔铅笔两用速成写字本	7406	钢笔书法练习册	7606
钢笔签名设计技巧集锦	7492	钢笔书法六体集联	7428
钢笔三体技法字帖	7616	钢笔书法秘诀	7548
钢笔山水画集	2889	钢笔书法名作选系列	7592
钢笔山水画技法	1110	钢笔书法强化训练	7548, 7617
钢笔十体书法字帖	7447	钢笔书法窍门	7518
钢笔手绘世界风光图案集锦	2887	钢笔书法入门	7421
钢笔书法 7411, 7415, 7420, 7427, 7435, 7469,		钢笔书法入门百题解答	7436
7548		钢笔书法入门捷径	7606
钢笔书法半月通	7548	钢笔书法入门练习册	7428
钢笔书法必读	7420	钢笔书法实践	7421
钢笔书法便捷钢笔字帖	7469	钢笔书法四体常用5000字	7548
钢笔书法成语常用1000条	7578	钢笔书法速成教材	7469
钢笔书法初步	7518	钢笔书法速成教程	7469
钢笔书法创作技法	7606	钢笔书法唐诗百首	7492, 7493
钢笔书法导游诗集	7578	钢笔书法唐诗宋词欣赏	7548
钢笔书法范本	7469	钢笔书法唐宋词帖	7447
钢笔书法格言三千条	7415	钢笔书法题画技法	7579
钢笔书法绘图千家诗	7447	钢笔书法通论	7447
钢笔书法获奖作品赏评	7606	钢笔书法五体字典	7421
钢笔书法基础	7447, 7518	钢笔书法习字帖	7447
钢笔书法基础教程	7616	钢笔书法欣赏与练习	7493
钢笔书法集	7492	钢笔书法欣赏与练习——名人名言撷英	7469
钢笔书法技法与创作	7548	钢笔书法学生小字典	7447
钢笔书法技巧成语字帖	7435	钢笔书法学习精要	7518
钢笔书法技巧要领	7436	钢笔书法学与用	7592
钢笔书法佳作系列	7616	钢笔书法雪莱诗选	7548
钢笔书法简论	7428	钢笔书法一点通	7606
钢笔书法简明教程	7518	钢笔书法与装饰艺术	7436
钢笔书法教程	7469, 7564, 7578, 7592, 7606	钢笔书法指南	7519
钢笔书法进程帖	7564	钢笔书法中医辨证施治歌诀	7447

中国历代图书总目·艺术卷

钢笔书法自修教程	7592, 7593	钢笔圆珠笔名家书法	7448
钢笔书法自学教程	7469	钢笔圆珠笔实用技法字帖	7448
钢笔书法自学入门	7519	钢笔圆珠笔正楷字帖	7448
钢笔书法自学指南	7447	钢笔正草对照字帖	7519
钢笔书法自学字帖	7579	钢笔正楷77天便捷速成法	7519
钢笔书法字典	7436, 7448, 7519	钢笔正楷行楷字帖	7548
钢笔书法字帖	7436, 7448, 7469, 7470, 7519	钢笔正楷行书速成自学字帖	7519
钢笔书法字帖人生哲理妙语	7606	钢笔正楷行书字帖	7410, 7436, 7470
钢笔书法作品技法	7493	钢笔正楷行书字帖及练写窍门	7493
钢笔书谱	7428	钢笔正楷描红本	7416
钢笔书写技法	7593	钢笔正楷字入门	7593
钢笔书写字帖	7412	钢笔正楷字帖	7408, 7409, 7410, 7448, 7493
钢笔书中国古代楷行名帖	7448	钢笔正字习字帖	7519
钢笔水彩画技法	1130	钢笔篆隶楷行书法欣赏	7549
钢笔四体书	7421	钢笔篆书速成教程	7593
钢笔四体书法	7436, 7606	钢笔字百日速成练习法及字帖	7448
钢笔素描	1121	钢笔字草写法	7416
钢笔速写	2904	钢笔字的写法和练习	7407
钢笔唐宋词选	7519	钢笔字多体对照字帖	7470
钢笔魏碑描临字帖	7564	钢笔字范	7406
钢笔魏碑速成教程	7593	钢笔字规范写法	7617
钢笔魏碑体字帖	7493	钢笔字技法	7470
钢笔五体字帖	7564	钢笔字技法举要	7416
钢笔五体字帖及写法	7412	钢笔字结构70法	7416
钢笔习篆	7448	钢笔字快写	7416
钢笔习字速成贴	7470	钢笔字快写法	7448, 7549, 7579
钢笔习字帖	7406, 7421	钢笔字快写技法	7593
钢笔习字要诀	7617	钢笔字练习册	7421
钢笔系列字帖	7412, 7413	钢笔字练习法	7410
钢笔小楷字帖	7436	钢笔字面面观	7470
钢笔写生画	2895	钢笔字名人名言录	7449
钢笔写字帖	8342	钢笔字入门	7428
钢笔新魏体书写技法	7448	钢笔字三体字帖	7416
钢笔与色调漫画技法	1242	钢笔字书写技法	7449
钢笔圆珠笔金曲字帖	7470	钢笔字书写门径	7416

书名索引

钢笔字书写新技法	7564	钢花怒放春烂漫	3317
钢笔字书写要法	7606	钢花四射	12332
钢笔字速成教材	7493	钢粮丰收	3556
钢笔字速成三步法	7579	钢枪在手	5113
钢笔字速成训练教材	7519	钢琴	11252, 11257, 11259, 11261, 12190
钢笔字帖	7408, 7409, 7421, 7436, 7449, 7470, 7493, 7520, 7549, 7564, 7617	钢琴·电子琴世界名曲精选	12515
		钢琴、小提琴、大提琴三重协奏曲，作品 56 号	
钢笔字帖·行书	7470		12551
钢笔字帖荟萃	7428	钢琴(业余)考级指南	11261
钢笔字帖及练习方法	7416	钢琴八度技术练习教程	12212
钢笔字帖实用手册	7449	钢琴伴唱《红灯记》	9150, 9151, 9156, 11856,
钢笔字帖与欣赏	7494		12201
钢笔字帖最新技法	7606, 7607	钢琴伴唱《红灯记》、钢琴协奏曲《黄河》、革	
钢笔字写法	7410	命交响曲音乐《沙家浜》彩色电影剧照	
钢笔字写法及多体字帖	7428		13096
钢笔字写法九讲	7409	钢琴伴奏谱	12189
钢笔字循序练习册	7449, 7607	钢琴伴奏曲	12496
钢笔字与毛笔字对照练习法	7353, 7354	钢琴伴奏艺术纵横	11255
钢笔字章法浅谈	7593	钢琴必修教程	11252
钢笔字正写法	7436	钢琴变奏曲	12192
钢笔字自学讲义	7449	钢琴变奏曲集	12196
钢鞭怒挥	4948	钢琴表演艺术	11245
钢厂铁姑娘	3825	钢琴初步教程	11219
钢厂新人	5279	钢琴初步教程，作品 599	12495
钢厂一角	2928	钢琴初步教程新编	11241
钢城儿歌赛银河	12026	钢琴初步学习曲	12512
钢城虎将	13242	钢琴初级教材	11223, 11229, 11233
钢城新歌	12205	钢琴初级自学教程	11236
钢蛋和虎英	5198, 5344	钢琴初级综合教程	11255
钢都	2735	钢琴的调律及维修	11226
钢骨铁筋	5112	钢琴的购置、保养和维修手册	11238
钢骨铁筋阮日春	5112	钢琴的艺术	11214
钢骨铁筋颂	5391	钢琴电影名曲集	12498
钢花遍地开	13229	钢琴电子琴集体课综合教材	11245
钢花怒放	11880	钢琴电子琴两用教材	11238

中国历代图书总目·艺术卷

钢琴电子琴速成教程	11261	钢琴家教指南	11255
钢琴调律与有关技术	11244	钢琴家论演奏	11243
钢琴独奏曲	12190	钢琴简易小奏鸣曲选	12537
钢琴独奏曲集	12190, 12485	钢琴讲座	11228, 11229
钢琴独奏曲选	12209	钢琴教本	12487
钢琴短曲集	12187	钢琴教程	11242, 11261
钢琴分级教程	11261	钢琴教科书	11211
钢琴分级实用教材	11248	钢琴教学法	11241, 11259, 11261
钢琴分级实用教程	11248	钢琴教学论集	11218
钢琴复调小曲十一首	12206	钢琴进阶25曲	12488
钢琴和管乐协奏曲	12549	钢琴进阶25曲,作品100	12496
钢琴和声教程	11218	钢琴经典名曲	12526
钢琴和声学教程	11218	钢琴考级	11252
钢琴基本技术练习	11259	钢琴考级跟我学	11257
钢琴基本教程	11216, 11217, 11224	钢琴考级曲目演奏指南	11262
钢琴基本练习曲61首	12211	钢琴考级与钢琴教学	11249
钢琴基本弹奏法	11212	钢琴考级作品练习指南	11255
钢琴基础教程	11226, 11227, 11249, 11257	钢琴快速练习曲,作品299	12495
钢琴及其调律	11261	钢琴快速练习曲50首,作品740（699）	12496
钢琴即兴伴奏	11236, 11252	钢琴快速演奏训练法	11249
钢琴即兴伴奏基础	11259	钢琴联弹曲集	12485
钢琴即兴伴奏教程	11246, 11249	钢琴练习曲精选80首	12219
钢琴即兴伴奏教程新编	11261	钢琴练习曲四首	12206
钢琴即兴伴奏实用教程	11241	钢琴练指法	11217
钢琴即兴伴奏与键盘和声	11261	钢琴恋曲	12218
钢琴即兴配奏技能	11249	钢琴流畅练习曲	12495
钢琴即兴演奏教程	12218	钢琴流畅练习曲,作品299	12495
钢琴集体课教程	11261	钢琴名曲	12526
钢琴技法初步练习	12512	钢琴名曲大全	12498, 12507
钢琴技巧的一切	11228	钢琴名曲的演奏诠释	11229
钢琴技巧基本教程	11257	钢琴名曲集	12499
钢琴技巧练习	11226	钢琴名曲精选	12518
钢琴技巧指导法	11229	钢琴名曲选	12508
钢琴技术的合理原则	11229	钢琴配弹教程	11257
钢琴家	12504	钢琴普及教程	11243

书名索引

钢琴普及实用教程	11262	钢琴小奏鸣曲集	12522
钢琴前奏曲二十四首	12220	钢琴小组曲	12195
钢琴巧技练习曲 15 首，作品 72	12500	钢琴协奏两首	12502
钢琴曲集	12189, 12194, 12486, 12502	钢琴协奏曲——献给青少年	12213
钢琴曲七首	12194	钢琴协奏曲——黄河	12201
钢琴曲三首	12209	钢琴协奏曲一黄河	12201
钢琴曲四首	12214	钢琴协奏曲黄河	12201
钢琴曲五首	12208	钢琴选曲	12196
钢琴曲选	12191, 12196, 12208	钢琴学	11212
钢琴入门	11262	钢琴学习实例指导	11225
钢琴师	9666	钢琴学习使用指南	11249
钢琴十步训练法	11259	钢琴学习指南	11246
钢琴实用教程	11244	钢琴演奏的科学训练	11249
钢琴是怎样奏出乐曲的	11249	钢琴演奏法	11211, 11215
钢琴手	2801	钢琴演奏基础训练	11241
钢琴手册	11259	钢琴演奏技巧	11227
钢琴四手联弹曲集	12197	钢琴演奏教学法	11238
钢琴踏板的使用及标记法	11244	钢琴演奏之道	11242
钢琴踏板法指导	11244	钢琴演奏中的触键与表情	11253
钢琴弹奏的基本法则	11225	钢琴演奏中外抒情曲集	12526
钢琴弹奏法	11215	钢琴艺术博览	11257
钢琴弹奏技巧	11243	钢琴艺术的新主人	3025
钢琴弹奏艺术	11261	钢琴艺术三百年	11259
钢琴天天练练	11262	钢琴艺术史	11262
钢琴童谣	12215	钢琴艺术之路	11229
钢琴娃娃	11257	钢琴音乐教程	11262
钢琴维修及弹奏	11255	钢琴音乐三百年	12519, 12520
钢琴文化 300 年	11252	钢琴音乐文选	11262
钢琴文化三百年	11253	钢琴音乐欣赏	11246
钢琴五重奏	12222, 12223, 12543	钢琴音乐研究	11225
钢琴小品八首	12212	钢琴与风琴即兴伴奏法	11241
钢琴小品集	12220	钢琴圆舞曲集	12219, 12526
钢琴小曲集	12211	钢琴之王——李斯特	10868
钢琴小奏鸣曲 30 首	12215	钢琴知识问答	11244
钢琴小奏鸣曲大全	12532	钢琴指导法及琴童心理分析	11246

中国历代图书总目·艺术卷

钢琴中级教材	11234	钢铁运输线	2751, 13237
钢琴综合教程	11262	钢铁战士	5086, 5644, 6181
钢琴奏鸣曲, 降 D 小调	12188	钢铁战士麦贤得	5136
钢琴奏鸣曲集	12499, 12520	钢铁之歌	11586
钢琴奏鸣曲两首	12191	钢与渣	5645
钢琴奏鸣曲五首	12496	钢珠飞车	4948, 13242
钢琴左手练习曲集	12508	缸鱼	3626, 4524
钢人	4922, 4948	岗上雄居图	2020
钢人鲁佛祥	4948	港澳掠影	9114
钢人铁马	13229	港城保卫战	5548
钢水奔流	12335	港城追古扇	5767
钢水映红半边天	3825	港九爱国同胞动员起来, 坚决反击英帝国主义	
钢丝飞燕	4264	的挑衅!	3159
钢铁边防线	5310, 5344	港九枪声	6053
钢铁长城	4264, 4359, 4457, 9550, 9769, 9984	港口小尖兵	5344
钢铁的火花	4948	港阔友谊深	5310
钢铁防线	3825	港台霸中霸全新冠军榜极品金曲	11737
钢铁工人评千秋	1833, 3825	港台百唱不厌歌曲	11743
钢铁工人心向党	11683	港台当代摄影	8946
钢铁洪流	2755, 3825	港台电影·电视歌曲选	11926
钢铁洪流永向前	11909	港台风光	9075, 9096
钢铁尖兵陆焕光	5173	港台歌词钢笔字帖	7449
钢铁就是力量	3407	港台歌王狂歌劲曲 100 首	11733
钢铁联防队	5198	港台歌星金曲荟萃	11710
钢铁盛开"跃进"花	3076	港台歌星劲曲 100 首	11714
钢铁是怎么样炼成的	5173	港台歌星流行歌曲精选	11710
钢铁是怎样炼成的	5060, 5226	港台歌星演唱曲集	11706
钢铁是这样炼成的	1814	港台国语名曲	11726
钢铁卫星飞上天	11586	港台海外藏历代法书	7733
钢铁舞	12638	港台金榜名曲	11737
钢铁向导	5465	港台金曲 100 首	11719
钢铁冶炼轧制安全生产	5644	港台金曲大流行	11743
钢铁意志	3964	港台金曲极品	7549
钢铁英雄	3556	港台金曲精选	11737
钢铁运输兵	5028	港台明星叶倩文	9032

书名索引

港台流行歌曲	11704	高昌壁画菁华	6617
港台流行歌曲 101 首	11726	高昌砖书法	412
港台流行歌曲精选	11704, 11705	高唱"跃进"歌	11600, 11607
港台流行金曲	11737	高唱《三大纪律八项注意》歌	8882
港台流行金曲 500 首	11748	高唱革命歌	11620, 11621
港台六大导演	13208	高唱革命歌奋勇向前进	3192
港台美术字	7637, 7641	高唱革命歌曲	3679
港台朦胧诗钢笔字帖	7470	高唱革命歌胜利向前进	3180
港台猛碟金曲精品曲目	11743	高唱革命战歌 发扬革命传统	3791
港台明星	9026, 9033	高唱革命战歌胜利前进	11652
港台明星郭富城	9032	高唱国际歌团结向前进	3192
港台明星胡慧中	9033	高唱凯歌还	3876
港台明星黎明	9032	高唱凯歌迎春天	11600
港台明星林志颖	9033	高唱颂歌庆"十大"	11455
港台明星刘德华	9032, 9033	高唱无产阶级战歌	3192
港台明星汪明荃	9033	高朝的故事	5768
港台明星叶倩文	9033	高宠牛皋	4457
港台明星张学友	9032	高传和书法选	8303
港台明星钟楚红	9032	高大完美的形象 辉煌壮丽的颂歌	12871
港台热门歌曲	11738	高濂游山水册六帧	1562
港台笑话漫画	3441, 3442	高濂游山水长卷	1618
港台星歌	11705	高濂游写景山水册	1640
港台原版磁带金曲精选	11719	高德星画集	2540
港台最新流行歌曲精萃	11719	高等美术院校考生试卷选	346
港艺汇萃	306	高等美术院校考生指导	218
杠棒的故事	3825, 5310	高等摄影教程	8758
杠杆的作用	4896	高等师范院校手风琴教程	11236
杠杠民兵	5279	高等师范院校水彩画教材	1176
高傲的野蛮人	530	高等师范院校音乐教学论稿	10830
高宝庆书法选	8246	高等学校招生考试大纲	015
高标准 严要求 一丝不苟 精心设计 精心		高等艺术院校(系科)报考指南	354
施工 让毛主席满意	3172	高等艺术院校教师人体习作选	1307
高伯龙作品选	2411	高等艺术院校招生升学指导与考试大纲	344
高才林草字千文	8420	高等音乐院校钢琴教学练习曲选	12198
高仓美贵	10156	高等音乐院校钢琴教学曲选12198, 12494, 12496	

中国历代图书总目·艺术卷

高等音乐院校钢琴教学曲选	12496	高凤章摄影集	8907
高等院校文科系列教材	10389	高凤章摄影作品选	8906
高低调人像摄影技巧	8742	高凤志	5173
高地激战	6181	高夫人东征	5465
高地上的勇士	4948	高夫人夜绣闯王旗	2354
高帝画选	1395	高夫人与红娘子	4601
高冬·建筑水彩画写生与分析	1180	高夫人在绣闯王旗	13101
高冬水彩画集	2961	高福海画集	2249
高度警惕	8999	高高的苗岭	5344
高而颐画集	2951, 2962	高高的乌兰哈达	5344
高尔夫球	9978	高歌"跃进"报丰收	3535
高尔基	2785, 2790, 3000, 3388	高歌欢庆五届人大	11694
高尔基——苏联伟大的文学家和思想家	3370	高歌欢舞颂苗岭	12638
高尔基的童年	2990	高歌猛进的肃北蒙族自治县	8804
高尔基和电影	13032	高歌颂党庆胜利	11688
高尔基教养院	5768	高歌赞靖港	11962
高尔基语录	8195	高格调插花法	10742
高二适草书长卷	8175	高更	6786, 6827, 6863, 6869, 6877
高二适墨迹	8290	高更 塞尚画风	6864
高二适书法选集	8185	高庚	1085
高放画集	2325	高宫夕照	9818
高飞	3964	高官子弟	13118
高飞吧,小孔雀	10032	高冠华	2301
高风劲节	2614	高冠华画集	2249
高风亮节	2037, 2126, 2637	高冠华画选	2067
高风亮节 香远益清	4359	高桂英 洪宣娇	4121
高峰画集	2325	高行健戏剧研究	12693
高峰奇迹	5645	高胡技法	11311
高凤翰	793	高卉民画集	1278
高凤翰画集	1693	高机与吴三春	5645
高凤翰绘画研究	814	高级钢琴音阶 和弦 琶音	11257
高凤翰书画集	1685	高级黑白摄影	8742
高凤翰左手书手札	8037	高级间谍列那狐	6285
高凤莲西部剪纸作品集	10712	高级口琴独奏名曲集	12185, 12186
高凤英	5250	高级口琴练习法	11213

书名索引

书名	编号
高级小学歌曲集	12004, 12007
高级中学英语第三册数学简笔画	1144
高季笙画选	2176
高奇峰正瓶花谱	10571
高加索山的囚犯	5548
高家兄弟	5279
高建成	6585
高建民书法作品集	8233
高剑父陈树人高奇峰画选	1713
高剑父诞生一百二十周年作品集	2325
高剑父画集	1720
高剑父画集	2176
高剑父画论述评	684
高剑父画选	2126
高剑父鹭鸶	1777
高剑父诗文初编	548
高剑父写生稿	2126
高剑父椰子	1766
高剑僧双鹿图	1777
高渐离	5768
高节图	2003
高节图	2067, 2201, 2669
高洁	2782, 9432
高洁清晖	1916
高镜明书画集	2068
高举"鞍钢宪法"的光辉旗帜，夺取工业生产的更大胜利！	3235
高举"鞍钢宪法"伟大红旗掀起抓革命促生产高潮	3272
高举《鞍钢宪法》的光辉旗帜　夺取钢铁工业的更大胜利	3192
高举《鞍钢宪法》的光辉旗帜，夺取工业生产的更大胜利！	3172
高举鞍钢宪法光辉旗帜，夺取工业生产的新胜利！	3272
高举大庆红旗夺取新的胜利	3298
高举大庆红旗阔步前进	9284
高举大寨红旗大干社会主义	3272
高举大寨红旗夺取农业丰收	3251
高举队旗向前进	12032
高举革命大旗	11621, 11950
高举革命红旗　发展戏曲艺术	12714
高举红灯　前赴后继	2740
高举红灯不断革命 紧握枪杆坚持斗争	3723
高举红灯打豺狼	1806
高举红旗　将革命进行到底	3272
高举红旗大步走	11661
高举红旗跟党走	11443
高举红旗沿着党的道路飞跃前进	3076
高举列宁主义的战斗旗帜前进	6746
高举毛泽东思想的旗帜前进	3077
高举毛泽东思想的旗帜前进！	3077
高举毛泽东思想红旗，把毛泽东思想真正学到手	3136
高举毛泽东思想红旗奋勇前进	3077, 3136
高举毛泽东思想伟大红旗　在华主席为首的党中央领导下胜利前进	3272
高举毛泽东思想伟大红旗……	3159
高举毛泽东思想伟大红旗，勇当开路先锋！	3136
高举毛泽东思想伟大红旗的英雄钻井队	5136
高举毛泽东思想伟大红旗奋勇前进	3153, 3159
高举毛泽东思想伟大红旗突出政治所向无敌	3153
高举毛泽东思想伟大红旗为实现"五个一千万亩"而奋斗！	9263
高举毛主席的伟大旗帜　将无产阶级革命事业进行到底	3272
高举毛主席的伟大旗帜　紧跟华主席前进	3272

高举毛主席的伟大旗帜 紧跟华主席胜利前进		高空金花	1745
	3272	高老头	5645, 6053, 6522, 6580
高举毛主席的伟大旗帜 紧跟英明领袖华主席		高老庄	4601, 5465, 5548, 5645
胜利前进	3273	高老庄八戒得子	6653
高举毛主席的伟大旗帜 为实现国防现代化而		高粱	2996, 3006
奋斗	3273	高粱河之战	5768
高举毛主席的伟大旗帜 在华主席领导下胜利		高粱红	3723
前进	3273	高亮联防队	5311
高举毛主席的伟大旗帜 在以华主席为首的党		高龙巴	6522
中央领导下奋勇前进	3298	高龙现代形拓艺术作品选	8569
高举毛主席的伟大旗帜 走我国自己工业发展		高龙形拓精粹	8574
的道路	3273	高楼平地起	4063
高举毛主席的伟大旗帜，为加速实现新时期的		高炉	2928
总任务而奋斗	3298	高炉边的彝家	4949
高举毛主席的伟大旗帜紧跟华主席胜利前进！		高炉层层起 太行日日新	3791
	3298	高路入云端	1847, 1868, 9339
高举毛主席的伟大旗帜前进	3273	高络园印存	8577
高举毛主席的伟大旗帜胜利前进	281	高马得教你画戏曲人物	883
高举毛主席伟大旗帜 紧跟华主席胜利前进		高明笛子曲选	12270
	3273	高南阜先生研史年谱	1053
高举毛主席伟大旗帜前进	11688	高南阜砚史	1051
高举十二大旗帜奋勇前进！	3339	高南阜左手书画合璧	1638
高举总路线红旗 建设稳产高产农田——广东		高年级小学生歌曲	12032
省珠江三角洲地区	3136	高培新翰墨	8276
高句丽好大王碑	7824	高沛明线描	2540
高军虎书法集	8303	高佩雄画选	2068
高康大	7031	高平民间艺术	10713
高考美术指导范本	1448	高其佩花卉册	1777
高考水粉画范本	2956	高其佩画册	1653
高考素描技法图析	1128	高其佩画集	1682
高考素描头像范画集	1110	高其佩人物指画	1656
高考素描头像画法	1110	高奇峰先生遗画集	1706
高考音乐强化训练	11062	高奇峰鹰	1777
高考应试素描训练	1134	高启云书画集	2249
高克恭研究	802	高腔学术讨论文集	11150

书名索引

高桥由美子写真集	10146	高士其	5645
高邑园书画扇集	1649	高氏家藏印集	8486
高庆春书法篆刻集	8327	高氏三世涌芬帖	8037
高僧	6580	高式熊篆书观月记	8363
高山冰花	10018	高守本歌曲选	11508
高山插秧	3964	高书小楷	8122
高山大嗣	5006	高爽泉楷书二种	8057
高山顶上稻谷香	3825	高爽泉书千字文	8047
高山夺丰收	3920	高水发画集	2249
高山放牧	3018	高松菊谱	623, 935
高山峻岭开新河	9273	高松菊谱·翎毛谱	935
高山粮川	2996	高松翎毛谱	623, 987
高山流翠	2444	高松庐百花画集	2516
高山流水	4524, 5768, 9891	高松竹谱	935, 1551
高山苗歌	12164	高速度地建设社会主义	3077
高山牧场	8827	高速度地前进!	3298
高山青松	12842	高速度发展养猪的大红旗	4949
高山情歌	4187	高速度革新红旗手刘孝安	4949
高山哨所	5198	高速发展养猪事业，农牧双喜满堂红!	3077
高山松	11668	高速潜车	9377
高山下的花环	5768, 5769, 5916, 6053, 13141	高台雅集	1935
高山巡逻	4015	高唐女	6053
高山仰止	1745	高唐州	5029, 5645
高山仰止	2201	高天祥画选	2037
高山族的音乐	11351	高田明美画集	7091
高尚的人——模范饲养员王传河	3137	高桐轩	793
高射炮垒	4885	高文安室内设计作品集	10601, 10606
高升诗《村居》	8167	高文举	5029, 5548
高盛麟表演艺术	12894	高文澜剧作及评论文选集	12892
高师傅	5250	高西园诗画录	1599
高师钢琴伴奏实用教程	11262	高希舜画集	1900
高师钢琴即兴伴奏歌曲选	12220	高峡平湖	4360, 4524, 9792
高师艺术教育改革试验与研究	219	高峡山平湖粮鱼双丰收	3964
高师音乐教育学	10832	高峡书法艺术	8157
高士传图像	3042	高峡书唐诗	8151, 8161

中国历代图书总目·艺术卷

高峡之春	4264	高原青春	2732
高相国画集	2461	高原晴雪	1731
高小岩书法选	8204	高原秋色	9079
高小岩书孔子事迹图解	8263	高原盛开大寨花	3825, 3876
高校现代广告摄影作品技法赏析	8786	高原盛夏	9891
高校英雄传	6522	高原水乡	3964
高信峰书集	8315	高原腾龙	8910
高雄县皮影戏五大戏团研究报告	13020	高原峡谷	8642
高雄县乡土之美特展	349	高原新家	10426
高学敏剪纸艺术	10679	高原新貌	3876
高压工人歌声	11419	高原雄鹰	8985
高雅的书法 精美的绘画	848	高原印集	8578
高岩松画集	2540	高原油田之夜	3021
高燕插图集	6605	高原子弟兵	1777
高扬邓小平理论旗帜	8787	高瞻图	1935
高一峰画集	1986	高瞻远瞩	4121, 4524
高一呼油画集	2811	高瞻远瞩	2201
高逸鸿书画选	1960	高占祥摄影作品集	8991
高逸图	1525	高占祥书法选	8263
高音练声曲,作品9	12441	高占祥书法作品集	8327
高邑之行书四条屏	8069	高哲睿潮筝遗稿	11340
高邮	1577	高喆民速写作品集	2916
高邮风光	9843	高贞碑	7824
高玉宝	5198	高振美画集	1418
高玉星画集	2301	高振远画集	2201
高元钧和他的山东快书	12970	高治国书法选集	8247
高原晨曲	1886	高中古诗文钢笔书法	7436
高原春晓	1745, 1756	高中优秀歌曲选	11485
高原风雪	5391	高忠宪公墨宝	8057
高原古刹	12338	高忠宪公诗手稿真迹	8050
高原红哨兵	5226	高州版画	3028
高原旷匪记	5548	高州澄海农民版画选	3025
高原军民鱼水情深	3679	高州水果画集	2537
高原璞玉放异彩	8913	高兹基的铅笔画与水彩画	1098
高原青春	2735	高宗皇帝御制翰墨志	7169, 7170

书名索引

高宗御制题书画诗目录	1455	戈壁新苗	2751
羔肥娃娃壮	3626	戈春艳	9568
羔羊的歌圣诗集	12351	戈达尔	13214
搞好环境卫生 建设清洁文明城镇	3339	戈尔陀夫斯基论文集	13202
搞好环境卫生 增进人民健康	3137	戈江两岸尽朝晖	3876
搞好幻灯工作	13302	戈洛维娜像	6882
搞好计划生育 为农业大变贡献力量	3235	戈壁黑白画	6758, 6763
搞好计划生育的热心人	3235	戈壁线描画	2325
搞好农村饮水卫生	3347	戈沙版画选	3036
搞好农业 多打粮食 以实际行动支援越南兄		戈沙画集	3056
弟!	3137	戈雅	503, 505, 6862
搞好农业广积粮	2934, 3205	戈雅 卢梭画风	6865
搞好食堂卫生	4949	戈雅画集	6877
搞好卫生增强人民健康	3761	哥白尼	2790, 3388, 5646
搞好饮食卫生, 预防食物中毒!	3077	哥哥爱我吗	11540
搞好饮水卫生 预防疾病传染	3331	哥哥穿上了新军装	3791
搞试验 夺丰产	3723	哥哥聪明透顶	5060
稿本曲谱	11030	哥哥戴上了红领巾	1814
藁诀集字	8413, 8417	哥哥的……	4015
告别大师	13158	哥俩好	3723, 5060, 5086, 9615
告别古典主义	197	哥仑布	5465
告别愚昧	3506	哥伦布	5465, 5769
告诚	6053	哥仁和媳妇们	5769, 5917
告亲夫	5917	哥特艺术鉴赏	181
告身帖	7928	哥雅	6784, 6831, 6844, 6853, 6898
告诉妈妈好消息	1961	哥耶画册	6914
戈壁春风	5391, 5465	鸽	1756
戈壁春早	4015	鸽	2301
戈壁恩仇录	2068	鸽王	7033
戈壁红医	5226	鸽仙	6486
戈壁歼匪记	6053	鸽异	5646
戈壁绿涛	8950	鸽赞牡丹春	1766
戈壁枪声	5344	鸽子	4121, 10032
戈壁守井人	5344, 5392	鸽子的秘密	5279
戈壁滩变绿洲	8874	鸽子凌霄 秋菊小鸟	4524

中国历代图书总目·艺术卷

鸽子牡丹	2614	歌唱妇女新面貌	11678
搁笔记	6054	歌唱光荣的八大党员	11436
割草记	5279	歌唱红军	12411
割发代首	5917	歌唱呼伦贝尔征歌选集	11802
歌	11123	歌唱华东战斗英雄	11565
歌——跨海的金桥	12387	歌唱华主席	12229
歌八百壮士	11543	歌唱婚姻法	11398
歌霸	11738	歌唱基础与练习	11121
歌霸·霸歌	11751, 11988	歌唱基础知识	11126
歌霸极品金曲	11743	歌唱技法训练问答	11133
歌霸金碟	11743	歌唱技巧与表现	11120
歌本	11448, 11462	歌唱家的卫生	11112
歌本子	11538	歌唱家李谷一	9527, 9588
歌唱"美上加美"的地方	11476	歌唱家王海萍	9666
歌唱"三面红旗"	11607	歌唱家演唱歌曲集	11474
歌唱吧 小海燕	12031	歌唱家朱明英	9550
歌唱吧,同志们!	11398	歌唱焦裕禄	11637, 11638
歌唱百日速成	11130	歌唱教程	11134
歌唱百日速成练习曲	11130	歌唱井冈山	11967
歌唱长江大桥	11415	歌唱敬爱的周总理	11688, 11694
歌唱春天	12191	歌唱快乐的节日	12011
歌唱大团结	3587	歌唱快乐节日	12011
歌唱的方法	11118	歌唱浪花	11796
歌唱的理论与实际	11116	歌唱老三篇	11650
歌唱的艺术	11119, 11120	歌唱雷锋	11614, 11628
歌唱的钥匙	11134	歌唱理论与技巧	11131
歌唱二郎山	11621	歌唱理论与鉴赏	11126
歌唱二小放牛郎	12002, 12018	歌唱领袖华主席	3920
歌唱发声与保护的探讨	10992	歌唱领袖毛泽东：推荐歌曲	11508
歌唱发音不正确的原因及纠正方法	11114	歌唱毛泽东	12310
歌唱发音的机能状态	11111	歌唱毛泽东思想的新时代	11650
歌唱发音的科学基础	11114, 11116	歌唱毛主席	11789
歌唱番禺	11419	歌唱民族大团结	3791
歌唱方法百花苑	11124	歌唱南泥湾	3965
歌唱丰收	3723, 8802	歌唱你啊,祖国	11697

书名索引

歌唱农业纲要四十条	11943	歌唱我们的节日	12007
歌唱农业合作化	11578, 11581	歌唱我们的新西藏	11678, 11684
歌唱女战斗英雄郭俊卿	11392	歌唱我们亲爱的祖国	3317, 4015
歌唱贫农下中农	11450	歌唱我们伟大的祖国	3125
歌唱普及大寨县	11678	歌唱我们心中的红太阳	11645, 11648
歌唱人间新天堂	11443	歌唱五年计划	11576
歌唱社会主义	11412	歌唱五年计划专刊	11577
歌唱社会主义好	3587, 3679, 3723, 4264	歌唱心理学	11126
歌唱社会主义建设总路线	11586	歌唱新农村	4187, 11586, 11600
歌唱社会主义祖国	3218	歌唱新时期总任务	11694
歌唱胜利	11556	歌唱新一代最可爱的人	11697
歌唱胜利 勇猛前进	4949	歌唱修养与技能培育	11133
歌唱十月	11436	歌唱学习手册	11120
歌唱十月红彤彤	4015	歌唱训练	11125
歌唱石油工人	11954	歌唱演员	9615, 9695
歌唱水利化	11600	歌唱演员沈小岑	9589, 9615
歌唱四届人大	11678	歌唱演员苏小明	9568
歌唱太行山联唱	11389	歌唱演员索宝丽	9615
歌唱天安门	11419	歌唱演员郑绪岚	9568
歌唱王杰	11628, 11629, 11638	歌唱演员朱明瑛	9569
歌唱伟大、光荣、正确的中国共产党	11661	歌唱养猪模范祝瑞香	11778
歌唱伟大的党	11961	歌唱咬字训练与十三辙	11122
歌唱伟大的领袖毛主席 歌唱伟大的中国共产党	11650	歌唱一点通	11132
歌唱伟大的毛泽东思想	11650	歌唱医学基础	11117
歌唱伟大的毛泽东思想 歌唱伟大的人民群众	11638, 11645	歌唱艺术	11117
歌唱伟大的毛泽东思想	11638	歌唱艺术漫谈	11117
歌唱伟大的毛泽东思想歌唱伟大的人民群众	11645	歌唱艺术手册	11117
歌唱伟大的毛泽东思想歌唱伟大的人民群众	11638	歌唱艺术欣赏	11130
歌唱伟大的祖国	11607	歌唱艺术知识	11124
歌唱温水溪	12590	歌唱英明领袖华主席	11688
歌唱我们的好队长	3679	歌唱英雄陈波	11452
		歌唱英雄麻俊坤	11600
		歌唱英雄渠	12638
		歌唱友谊	8627
		歌唱与发声	11124

中国历代图书总目·艺术卷

歌唱与欣赏	11123	歌词美学风韵	11097
歌唱语言概论	10992	歌词审美小札	11091
歌唱语言艺术	11125	歌词诗词赠言钢笔圆珠笔字帖	7449
歌唱语音练习曲	11123	歌词写作常识	11083
歌唱语音训练	11130	歌词写作知识	11080
歌唱咱们解放军	11679	歌德诗选	7450
歌唱张万兴	11392	歌德写作的别墅	3000
歌唱知识与技能训练	11127	歌队指挥法	11105
歌唱志愿军英雄黄继光	11406	歌儿飞向天安门	12029
歌唱中朝友谊	11697	歌儿越唱煤越多	11419
歌唱中国共产党歌选	11586	歌飞大寨路	11688
歌唱总路线 1739, 11574, 11587, 11774		歌丰收	3556
歌唱总路线歌曲集	11419	歌海	12392
歌唱总路线歌曲选	11607	歌海集粹	12430
歌唱总路线歌选	11419	歌海浪花	11796, 11804
歌唱总路线推荐歌曲	11419	歌海情潮	11812
歌唱祖国 9005, 11565, 11600, 11601, 11621,		歌海新声	11479
11714, 11756		歌集 11377, 11392, 11436, 11569	
歌唱祖国 建设祖国	3356	歌剧·声乐艺术随笔	10885
歌唱祖国的春天	11406, 12001	歌剧"卡门"分析	13003
歌唱祖国万古长青	3587	歌剧"星星之火"选曲	12092
歌唱祖国万年强	12628	歌剧《阿依古丽》选曲	11886
歌潮	11714	歌剧《爱格蒙特》序曲	12542
歌吹是扬州	2003	歌剧《白毛女》	9218
歌词创作概论	11092	歌剧《白毛女》选曲	11881
歌词创作简论	11086	歌剧《草原之歌》序曲	11881
歌词创作学习资料	11086	歌剧《第一百个新娘》	9950
歌词创作艺术	11094	歌剧《第一百个新娘》剧照	9944
歌词创作与音乐	11097	歌剧《费加罗的婚姻》序曲	12449
歌词创作杂谈	11090	歌剧《费加罗的结婚》选曲	12449
歌词的背后	11092	歌剧《洪湖赤卫队》选曲	11880, 11885, 11886
歌词的审美与技巧	11097	歌剧《江姐》选曲	11885, 11886
歌词的抒情艺术	11097	歌剧《鲁斯兰与柳德米拉》序曲	12545
歌词钢笔行书字帖	7449	歌剧《鲁斯兰与柳德米拉》序曲	12545
歌词例话	11097	歌剧《纽伦堡的名歌手》序曲	12549

书名索引

歌剧《塞维利亚的理发师》序曲	12450	歌迷自选最新金曲	11710
歌剧《伤逝》选曲	11887	歌女红牡丹特刊	13289
歌剧《威廉·退尔》序曲	12449	歌暖情怀	9615
歌剧辞典	13008	歌片	11419, 11420, 11421, 11422, 11423, 11436,
歌剧概论	13001		11437, 11587
歌剧霍万希那前奏曲 莫斯科河上的黎明		歌谱	11030
	12450	歌曲	11389, 11402, 11403, 11423, 11424, 11437,
歌剧霍万希那前奏曲莫斯科河上的黎明			11443, 11446, 11471, 11614, 11779, 12007
	12450	歌曲、器乐曲	11462
歌剧集	11879	歌曲百法	10949
歌剧群芳谱	13008	歌曲伴奏的编配与弹奏	11249
歌剧入门指南	13009	歌曲伴奏基础	11164
歌剧选曲	11880, 12098, 12423, 12450	歌曲伴奏教程	11263
歌剧研究与舞蹈	12900	歌曲部分	11437
歌剧伊凡·苏萨宁序曲	12450	歌曲创作	11077, 11079, 11086
歌剧伊万·苏萨宁序曲	12450	歌曲创作 90 题	11094
歌剧艺术欣赏	13008	歌曲创作基础知识	11087
歌剧艺术之理念与实践	13008	歌曲创作集	11455
歌剧音乐研究	11137	歌曲创作讲座	11083, 11091
歌剧与乐剧	13000	歌曲创作漫谈	11084, 11086, 11100
歌库	11496	歌曲创作浅谈	11082
歌乐会	11385	歌曲创作十六讲	11095
歌林	12355, 12356	歌曲创作探索	10994
歌录	12326	歌曲创作选	11607
歌满荒原	11532	歌曲创作选集	11406, 11407
歌满三峡	11523	歌曲创作札记	11088
歌迷	10817, 10818	歌曲创作知识	11086
歌迷大世界	11496, 11514	歌曲大王	11889
歌迷大世界：系列之几	11496	歌曲分析与处理	11097
歌迷点歌 100 首	11719	歌曲分析与写作	11091, 11101
歌迷世界歌词精选钢笔字帖	7470	歌曲分析与旋律写作	11100
歌迷手册	11508	歌曲副刊	11424
歌迷天地	11719, 11720	歌曲钢琴伴奏的写作	11083
歌迷之友丛书	11492	歌曲钢琴伴奏的写作方法	11099
歌迷之友新歌精选 127 首	11727	歌曲钢琴即兴伴奏	11263

中国历代图书总目·艺术卷

歌曲合订本	11446	歌曲作法教程	11077, 11092, 11102
歌曲汇钞	12435	歌曲作法浅谈	11082
歌曲即兴伴奏编配法	10994	歌曲作法十二讲	11102
歌曲即兴伴奏初级教程	11244	歌曲作品选	11796
歌曲集	11362, 11403, 11424, 11437, 11443,	歌日	3626
	11601, 12013	歌声·春天·孩子	12046
歌曲集锦	11479	歌声春天属于孩子	12048, 12050
歌曲精华	12413	歌声荡漾	1961
歌曲精华银花集合刊	11889	歌声飞遍亚非拉	12021
歌曲精品全集	11733	歌声飞向中南海	12631
歌曲精选	11743	歌声回荡	9721
歌曲精选与指导	11751	歌声嘹亮	11132
歌曲手风琴伴奏的编配	11229	歌声中的20世纪	11532
歌曲四首	11941	歌声中的云南	11819
歌曲五十首	11502	歌声中的祖国	11532
歌曲写作	11084	歌诗之路	11089
歌曲写作初阶	11091	歌手	9534
歌曲写作教程	11095, 11100	歌手吐尔地和他的琴弦	5344
歌曲写作问答	11083, 11091	歌颂广州书法集	8276
歌曲写作与结构分析	11097	歌颂敬爱的领袖华主席	11464
歌曲写作与小乐队配器	11100	歌颂领袖毛泽东	11607
歌曲写作知识	11086	歌颂毛主席	11387
歌曲旋律100年	10977	歌颂毛主席小楷帖	8122
歌曲选	11438, 11443, 11446, 11448, 11449,	歌颂社会主义好	4264
	11465, 11467, 11474, 11929	歌颂社会主义精神文明建设优秀歌曲十二首	
歌曲选编	11455		11483
歌曲选集	11392, 11398, 11403, 11412, 11415,	歌颂伟大的祖国伟大的党	11727
	11438, 11579	歌颂伟大祖国 迎接新世纪太阳	11756
歌曲选辑	11403	歌颂新人新社会 辉映红旗红太阳	3626
歌曲演唱	11438	歌坛·歌曲·歌星	11502
歌曲一千种	12400	歌坛红星	4754
歌曲英雄麻俊坤	11438	歌坛集萃	11479
歌曲作法	11068, 11072, 11077, 11090	歌坛"巨星"金曲钢笔字帖	7450
歌曲作法简明教程	11072	歌坛民族之花	11804
歌曲作法讲话	11076	歌坛明星	9615

书名索引

歌坛群星名曲	12402	歌星	2377, 9027
歌坛抒情音乐会	11972	歌星——程琳	9589
歌坛新星	11471	歌星——李玲玉	9738
歌坛新秀	9527, 9615	歌星、电影演员	8694
歌坛新秀歌曲选	12377, 12378, 12380	歌星成方圆	9615, 9640, 9666
歌坛新秀李玲玉	9696	歌星成功之路	11126
歌坛新秀朱明瑛	9589	歌星成名金曲 100 首	11754
歌坛旋风	11532	歌星成名曲选萃	11720
歌王卡拉 OK 极品金曲	11502	歌星的歌	12402, 12403
歌王世界	11727	歌星风采	9769
歌舞春秋	12863	歌星李晓春	9615
歌舞电影纵横谈	13145	歌星名曲精选	11733
歌舞集	12143	歌星手册	11733
歌舞纪录片"百凤朝阳"中的"欢乐的青年"镜		歌星苏虹	9696
头之一	13089	歌星索宝莉	9640
歌舞纪录片"百凤朝阳"中的"孔雀舞"镜头之		歌星演唱歌曲专辑	11472
一	13089	歌星殷秀梅	9615
歌舞纪录片"百凤朝阳"中的"走雨"镜头之一		歌选	11387, 11403, 11404, 11407, 11438, 11450,
	13090		11549, 11551, 11629
歌舞剧《刘三姐》唱腔集	11886	歌选小集	11392
歌舞剧《刘三姐》选曲	11886	歌选一百首	11390
歌舞闹元宵	4457	歌学谱	10934
歌舞庆丰年	3626, 4457, 4458	歌咏常识	11110
歌舞庆丰收	4121	歌咏队	11392
歌舞庆升平	4601	歌咏工作讲话	11109
歌舞庆新年	4681	歌咏工作经验	11110
歌舞曲选集	11403	歌咏团的组织和训练	11112
歌舞曲艺放新彩	9273	歌咏指挥	11105
歌舞升平	4601, 9976	歌咏指挥法	11105
歌舞升平	2068	歌咏指挥基础知识	11106
歌舞厅音响	11162	歌友卡拉 OK 金曲	11508
歌舞演员	9569	歌友卡拉 OK 金曲大全	11508
歌舞音乐选	12094	歌与画	3252
歌舞与舞蹈音乐	12148	歌与剧	11385
歌仙刘三姐	4264	歌与诗二重唱	11518

歌者	6860	革命的号角 战斗的武器	11661
歌者之歌	12357	革命的红灯	12871
歌仔调之美	12958	革命的老英雄	1855
歌仔戏概论	12959	革命的老英雄——朱德总司令和彭德怀副总司	
歌仔戏史	12956	令	4015
歌仔戏艺术研究丛书	12956	革命的女战士 生产的红旗手	3137
革命	4882	革命的文艺工作者到工农兵群众中去	3192
革命样板戏	11854	革命的摇篮	9280
革命样板戏《红色娘子军》电影剧照	13096	革命的一家	5006
革命样板戏《智取威虎山》《红灯记》唱段学习		革命的友谊	3626, 3627
札记	12871	革命的智慧能胜天	2740
革命样板戏唱段选曲	11854	革命电影阔步前进	13098
革命样板戏好	3252	革命斗争的先锋 生产建设的闯将	3137
革命样板戏论文集	12875	革命儿歌好	3235
革命样板戏选曲	11841	革命儿童歌曲选	12024
革命样板戏学习材料选编	12874	革命侠	4949
革命样板戏影片摄制总结汇编	13266	革命歌	11539
革命芭蕾舞剧《白毛女》伴唱歌曲	12096	革命歌曲	11556, 11565, 11609, 11610, 11611,
革命梆声	5198		11614, 11615, 11621, 11629, 11650,
革命、情欲残酷物语	13062		11652, 11656, 11661, 11662, 11668,
革命传统大发扬	3761		11673, 11679, 11790
革命传统代代传 3180, 3192, 3205, 3773,	3825,	革命歌曲	11656
4121		革命歌曲(14首)	11610
革命传统歌曲100首	11714	革命歌曲八首	11615, 11616
革命传统歌曲选集	11587	革命歌曲大家唱	3679, 11622, 11714
革命传统教育故事	6523	革命歌曲二十首	11616, 11638, 11662
革命传统万代传	3920	革命歌曲歌词一百首	11629
革命闯将	5136	革命歌曲歌片	5113
革命闯将陆荣根	5144	革命歌曲集	11365, 11587, 11611, 11616, 11622,
革命促生产 山河换新颜	3876		11629, 11656, 11668
革命代代如潮涌	3876	革命歌曲解说	11081
革命到底	8141	革命歌曲精选212首	11727
革命的根本 力量的源泉	3723	革命歌曲六十首	11607
革命的故事	5029	革命歌曲三十首	11668
革命的好干部群众的好管家	4949	革命歌曲三首	11662

书名索引

革命歌曲十八首	11652	革命交响音乐智取威虎山	12228
革命歌曲十三首	11622, 11629	革命交响音乐智取威虎山主旋律乐谱	12228
革命歌曲十三首	11610	革命接班人	3723, 3876
革命歌曲十首	11616	革命京剧音乐常识	11145
革命歌曲五十首	11629	革命精神代代传	3761, 9987
革命歌曲选 11464, 11581, 11610, 11611, 11612,		革命精神代代传 劳动世家萃萃红	3679
11616, 11617, 11622, 11623, 11630,		革命军事委员会	5917
11631, 11639, 11652, 11656, 11657,		革命军中马前卒	5646
11658, 11662, 11668, 11673, 11674, 11688		革命课堂	3965
革命歌曲选	11581, 11652, 11662	革命老妈妈	4949, 5279
革命歌曲选汇编	11662	革命老人杨庆居	5006
革命歌曲选集	11623	革命老一辈	4264
革命歌曲选辑	11623	革命历史歌曲	11652, 11653, 11654, 11655
革命歌曲一百首	11631	革命历史歌曲表演唱	11612, 11631
革命歌声	11631	革命历史歌曲选	11655
革命歌选	11617, 11645, 11688	革命历史画创作经验谈	624
革命工人的好榜样王明福	5160	革命历史画选	1287
革命故事会	3825	革命历史民歌	11790
革命红旗	3723	革命历史民歌五首	11790
革命红旗代代传	3723	革命历史名城——遵义	9047
革命后代在成长	3137	革命烈士诗抄	7471, 11950
革命纪念地 1868, 2863, 3791, 3965, 9323,		革命烈士诗抄钢笔字帖	7579
9324, 10101		革命烈士诗抄书信钢笔楷行书字帖	7437
革命纪念地	2433	革命烈士书信钢笔字帖	7579
革命纪念地韶山	10100	革命领袖的青少年时代	6384
革命纪念地写生选	1869	革命领袖勤学苦练的故事	4922
革命纪念地延安	9047, 10100	革命领袖诗抄硬笔书法集	7471
革命纪念日唱歌集	11367	革命路上又相逢	3876
革命加拼命, 誓把"四人帮"造成的损失夺回		革命路线育新苗	3015
来!	3273	革命民歌唱千秋	11734
革命家史代代传	3679	革命民歌五首	11790, 11792
革命家庭 3627, 5006, 5060, 5086, 5392, 13090		革命民歌选	11796
革命将领波尔霍明克传	13250	革命母亲夏娘娘	4949, 6054
革命交响音乐沙家浜	12228	革命枪杆代代传	3723
革命交响音乐沙家浜总谱	12228	革命枪杆绘新图	12871

革命青年的榜样　　5148
革命青年高秀兰　　5173
革命青年进行曲　　11662, 11663
革命青年应该努力做到身体好　学习好　工作好　　3205
革命群众歌曲选　　11617, 11703
革命人爱看革命样板戏　　3252
革命人爱看革命戏　　3014
革命人民敬仰的地方——韶山　　9785
革命人民团结紧　永远紧握手中枪　　3723
革命人喜欢革命画　　3876
革命人要听毛主席的话　　11631
革命声传画舫中　　3876, 3877
革命圣地　　3762, 3773, 3791, 3920, 4015, 10099, 10100
革命圣地——延安　　9322, 9323, 9324
革命圣地放光芒　　10102
革命圣地井冈山　　9045
革命圣地延安　　4922, 9321, 9324, 10099, 10100
革命圣地展新貌　　8884
革命胜地　　3679
革命胜迹印谱　　8557
革命师生是同一战壕的战友　　3218
革命师生是同一战壕里的战友　　3219
革命师生同战壕共战斗　　3219
革命史迹风光　　3588
革命抒情歌曲二十首　　11448
革命文艺演唱材料　　12963
革命武装，代代相传　　3723
革命先烈家书选　　7520
革命先烈名言录　　7520
革命先烈诗抄集　　7520
革命先驱画传　　1307
革命先驱夏明翰　　5769
革命现代样板戏唱腔选段　　11841

革命现代样板戏选曲　　11849
革命现代芭蕾舞剧《白毛女》　9151, 9156, 9157, 12902
革命现代芭蕾舞剧《白毛女》伴唱歌曲　　11884
革命现代芭蕾舞剧《红色娘子军》　9150, 9151, 9157, 12097
革命现代京《智取威虎山》　　12081
革命现代京剧　　2932, 2933, 2934
革命现代京剧　革命现代舞剧剧照集锦　　9212
革命现代京剧样板戏《海港》选段　　11841
革命现代京剧样板戏《红灯记》　　11849
革命现代京剧样板戏《红灯记》选段　　11841
革命现代京剧样板戏《智取威虎山》　　11848, 11849
革命现代京剧样板戏《智取威虎山》选段　　11841
革命现代京剧样板戏选曲　　11841
革命现代京剧《杜鹃山》　5226, 9212, 9213, 9215, 9275, 9936
革命现代京剧《杜鹃山》《平原作战》唱段选辑　　11860
革命现代京剧《杜鹃山》——农民自卫军党代表柯湘　　9936
革命现代京剧《杜鹃山》《平原作战》唱段选辑　　11861
革命现代京剧《杜鹃山》彩色影片剧照　　9935
革命现代京剧《杜鹃山》彩色影片剧照——杜鹃山农民自卫军党代表柯湘　　9213
革命现代京剧《杜鹃山》剧照　　9209, 9935
革命现代京剧《杜鹃山》剧照　　9935, 9936
革命现代京剧《杜鹃山》主要唱段　　11861
革命现代京剧《杜鹃山》主要唱段　　11860
革命现代京剧《杜鹃山》主要唱段京胡伴奏谱　　12280
革命现代京剧《杜鹃山》主要唱段选　　12874

书名索引

革命现代京剧《海港》 2934, 5198, 9152, 9157, 9178, 9196, 9197, 9198, 9209, 9213, 9270, 11856, 11857, 12083, 12084

革命现代京剧《海港》彩色电影剧照 13096

革命现代京剧《海港》剧照 9270, 9933

革命现代京剧《海港》选曲 11841

革命现代京剧《海港》主要唱段 11862

革命现代京剧《海港》主要唱段选辑 11859

革命现代京剧《海港》主要唱段选辑 11857

革命现代京剧《红灯记》 2933, 5173, 5174, 9152, 9157, 9158, 9159, 9160, 9161, 9162, 9163, 9164, 9178, 9179, 9180, 9181, 9182, 9198, 9199, 9275, 11842, 11843, 11844, 11848, 11851, 11854, 12082, 12084

革命现代京剧《红灯记》 11857

革命现代京剧《红灯记》彩色电影剧照 13096

革命现代京剧《红灯记》唱段 11851, 11852

革命现代京剧《红灯记》唱段选词 11852

革命现代京剧《红灯记》评介文章选编 12871

革命现代京剧《红灯记》选段 12203

革命现代京剧《红灯记》选曲 11840, 11844

革命现代京剧《红灯记》选曲 11840

革命现代京剧《红灯记》主要唱段 11862

革命现代京剧《红灯记》主要唱段 11844

革命现代京剧《红灯记》主要唱段选 11848

革命现代京剧《红灯记》主要唱段选 11844

革命现代京剧《红灯记》主要唱段选集 11852

革命现代京剧《红灯记》主要唱段选辑 11844, 11854

革命现代京剧《红灯记》主要唱段学习札记 12871, 12873

革命现代京剧《红灯记》主要的唱段 11845

革命现代京剧《红色娘子军》 3758, 9182, 9183, 9184, 9185, 9186, 9187, 9188, 9270, 12083, 12084

革命现代京剧《红色娘子军》 11857

革命现代京剧《红色娘子军》彩色电影剧照 13096

革命现代京剧《红色娘子军》剧照 9199

革命现代京剧《红色娘子军》主要唱段 11862

革命现代京剧《龙江颂》 5198, 5226, 9199, 9200, 9201, 9210, 9213, 9215, 9270, 9275, 10417, 11857, 11858, 12082, 12083, 12084

革命现代京剧《龙江颂》 11857

革命现代京剧《龙江颂》剧照 9201, 9933

革命现代京剧《龙江颂》剧照 9933, 9934

革命现代京剧《龙江颂》主要唱段 11862

革命现代京剧《磐石湾》 12084

革命现代京剧《平原作战》 5279, 9213, 9214, 9215, 9216, 9273, 11861, 12084

革命现代京剧《平原作战》 9216

革命现代京剧《平原作战》(主旋律乐谱) 12874

革命现代京剧《平原作战》剧照 9216, 9273, 9936, 13097

革命现代京剧《平原作战》主要唱段 11862

革命现代京剧《平原作战》主要唱段 11861

革命现代京剧《平原作战》主要唱段选集 11859

革命现代京剧《奇袭白虎山》 12085

革命现代京剧《奇袭白虎团》 2934, 3773, 5144, 5198, 9201, 9210, 9214, 9216, 9270, 12083, 12085

革命现代京剧《奇袭白虎团》彩色电影剧照 13096

革命现代京剧《奇袭白虎团》剧照 9934, 9935

革命现代京剧《奇袭白虎团》选曲 11841

革命现代京剧《奇袭白虎团》主要唱段 11862

革命现代京剧《沙家浜》 1802, 2933, 5149, 5174, 9152, 9164, 9165, 9166, 9167, 9188, 9189, 9190, 9191, 9201, 9202, 9214, 9931, 11845, 11846, 11848, 11852, 12081,

12083, 12084

革命现代京剧《沙家浜》 11858
革命现代京剧《沙家浜》唱词选段 11852
革命现代京剧《沙家浜》唱段选 11858
革命现代京剧《沙家浜》唱段选 11852, 11853
革命现代京剧《沙家浜》剧照 9167
革命现代京剧《沙家浜》选曲 11840
革命现代京剧《沙家浜》主要唱段 11862
革命现代京剧《沙家浜》主要唱段 11853
革命现代京剧《沙家浜》主要唱段选 11846
革命现代京剧《沙家浜》主要唱段选 11846
革命现代京剧《沙家浜》主要唱段选辑 11846
革命现代京剧《沙家浜》主要唱段选辑 11846, 11848, 11853

革命现代京剧《智取威虎山》 1803, 5149, 9150, 9152, 9167, 9168, 9169, 9170, 9171, 9172, 9191, 9192, 9193, 9194, 9202, 9203, 9214, 11846, 11847, 11848, 11849, 12081, 12082, 12084, 12870

革命现代京剧《智取威虎山》《红灯记》《沙家浜》主要唱段 11853

革命现代京剧《智取威虎山》《红灯记》《沙家浜》主要唱段选 11853

革命现代京剧《智取威虎山》《红灯记》《沙家浜》主要唱段选编 11853

革命现代京剧《智取威虎山》《红灯记》《沙家浜》主要唱段选辑 11853

革命现代京剧《智取威虎山》 9931, 11853
革命现代京剧《智取威虎山》唱词选段 11853
革命现代京剧《智取威虎山》唱段选 11853, 11854

革命现代京剧《智取威虎山》剧照 9172
革命现代京剧《智取威虎山》剧照 9934
革命现代京剧《智取威虎山》评介文章选编 12871

革命现代京剧《智取威虎山》选曲 11841
革命现代京剧《智取威虎山》选曲 11848
革命现代京剧《智取威虎山》样板戏 9172
革命现代京剧《智取威虎山》主要唱段 11862
革命现代京剧《智取威虎山》主要唱段 11848
革命现代京剧《智取威虎山》主要唱段教唱辅导 12873
革命现代京剧《智取威虎山》主要唱段选 11848, 11849
革命现代京剧《智取威虎山》主要唱段选辑 11854
革命现代京剧《智取威虎山》主要唱段选学 11849
革命现代京剧《智取威虎山》主要唱段学习体会 12871
革命现代京剧《智取威虎山》主要唱段学习札记 12871, 12873

革命现代京剧彩色影片《杜鹃山》柯湘剧照 9936

革命现代京剧彩色影片剧照《平原作战》 13098

革命现代京剧常识 12873
革命现代京剧常识及选场分析 12874
革命现代京剧唱词选段 11854
革命现代京剧唱段选集 11863
革命现代京剧唱腔选集 11145
革命现代京剧杜鹃山 12875
革命现代京剧短小唱段选 11861
革命现代京剧分析 12842
革命现代京剧红灯记 12871
革命现代京剧沙家浜 1806, 9173
革命现代京剧选场分析 11859
革命现代京剧学唱常识介绍 12875
革命现代京剧样板戏《智取威虎山》 9173, 9174
革命现代京剧音乐介绍 12875

书名索引

书名	编号
革命现代京剧音乐学习札记	11145
革命现代京剧音乐知识	12874
革命现代京剧英雄人物	9203
革命现代京剧智取威虎山	9174
革命现代京剧主要唱段选	11859
革命现代京剧主要唱段选	11862
革命现代京剧主要唱段选集	11861
革命现代剧《红灯记》秦腔试验演出本主要唱段选	11858
革命现代剧英雄人物	3773
革命现代泥塑	8659
革命现代舞剧	9174
革命现代舞剧《白毛女》	5198, 9174, 9194, 9203, 9204, 9205, 9210, 9214, 11885, 12097, 12098, 13096
革命现代舞剧《白毛女》《红色娘子军》歌曲选	11885
革命现代舞剧《白毛女》伴唱歌曲	11885
革命现代舞剧《白毛女》彩色电影剧照	13096
革命现代舞剧《白毛女》歌曲选	11885
革命现代舞剧《白毛女》剧照	9934
革命现代舞剧《白毛女》喜儿剧照	9934
革命现代舞剧《草原儿女》	9216, 9217, 9936, 9937, 13098
革命现代舞剧《草原儿女》《沂蒙颂》选曲	11885
革命现代舞剧《杜鹃山》	9937
革命现代舞剧《红色娘子军》	2740, 2933, 5174, 8659, 9152, 9174, 9175, 9195, 9205, 9206, 9214, 12097, 12098, 12648
革命现代舞剧《红色娘子军》	12097
革命现代舞剧《红色娘子军》剧照	9934
革命现代舞剧《红色娘子军》剧照选集	9195
革命现代舞剧《红色娘子军》组曲	12204
革命现代舞剧《龙江颂女》喜儿剧照	9934
革命现代舞剧《沂蒙颂》	9216, 9217, 9937, 13098
革命现代戏	3723
革命现代戏唱腔选	11840
革命现代戏广播教唱戏曲选段介绍	11840
革命现代戏曲选段	11839, 11840
革命现代豫剧《朝阳沟》唱腔选集	11863
革命新歌	11632
革命样板戏《红色娘子军》电影剧照	9267
革命样板作品剧照选集	9217
革命摇篮——井冈山	3965, 9047
革命摇篮井冈山	3965
革命摇篮石景山	3920
革命医院创业史	5086
革命英雄	3724
革命英雄百世流芳 军人家属万人尊敬	4264
革命英雄故事	5160
革命英雄画谱	6321
革命英雄谱	6321
革命英雄作榜样	3137
革命英雄作榜样(素描)	5113
革命友谊深如海	3825
革命又有了掌舵人	3920
革命与艺术	004
革命杂技	9210
革命赞歌	9248
革命战斗故事连环画精选	6523
革命战斗英雄故事	6445
革命战士旗扛到底	5174
革命战争摄影作品选集	10102
革命者长青	5029
革命真理代代传	3877
革命争先进 大干最光荣	3965
革命志士名言诗抄书信钢笔行书字帖	7450
革命自有后来人	3680
革新闻将	3825

中国历代图书总目·艺术卷

革新红旗舞东风	11607	格里什卡和他的熊	6054
革新花开又一枝	3791	格列佛漫游小人国	5549
革新生产双丰收	4949	格列佛游记	6354, 6557, 7052
革新是评剧音乐的生命线	12929	格列柯	6856
革新颂	6598	格林卡	5060, 6580, 10890
革新之花	12589	格林卡歌曲选	12364
阁罗号	6054	格林卡合唱歌曲选	12426
阁帖	7835	格林卡和俄罗斯强力集团	10885
阁帖汇考	7693	格林童话	6445, 6486, 6523, 7045
阁帖评语	7205	格林童话钢笔楷书字帖	7494
格达活佛	6054	格林童话精选	6730
格斗	5548, 12639	格林童话连环画	6354
格斗英雄	5548	格林童话连环画库	6428
格尔甲的歌	4949	格林童话全集	6428
格格歌曲选	11821	格鲁吉亚民间舞蹈	12657
格格巫的发财梦	7068	格鲁吉亚苏维埃社会主义共和国	10129
格格巫的魔盒	7068	格罗塞原始艺术研究	191
格格巫自食恶果	6632	格玛	5345
格古要论	378	格萨尔	4360
格拉西莫夫论文集	13033	格萨尔赛马称王	9950
格拉祖诺夫	1134	格萨尔王	5465, 9224
格兰特船长的儿女	5549, 5646, 6486, 6706, 6730	格萨尔王传	5769, 5917, 6181
格累兹	10455	格萨尔王焚妖尸	5917
格雷汉姆夫人像	6886	格萨尔王赛马夺冠	10483
格里爱尔的青铜骑士	11140	格桑啦	11794
格里爱尔的声乐协奏曲	11076	格言联璧钢笔字帖	7579
格里包夫	13215	格言诗歌散文钢笔书法	7471
格里高莱斯库	6786	格言印谱	8501, 8562
格里戈良小提琴音阶和琶音练习	12179	格言硬笔书法	7617
格里格	10890, 10895	隔江山色	590
格里格, 霍尔赛组曲 作品第40号	12499	隔头七	5006
格里格的和声研究	10905	葛蓓莉娅	2842
格里格钢琴抒情小品集	12522	葛成	4949
格里格钢琴抒情小品选	12500	葛春学画集	1405
格里格钢琴协奏曲, a 小调 作品 16	12500	葛春学装饰艺术集	10328

书名索引

葛鸿桢论书文集	7390	各行各业都来支援农业	3077, 3219
葛鸿桢书画集	2176	各行各业都来支援农业，力争粮食丰收	3101
葛介屏书法金石集	8233	各行各业都要关心农业 支援农业 为农业的	
葛巾	5549, 5646, 5917	发展开绿灯	3299
葛利格	10885	各行各业齐动员 大干农业做贡献	3235
葛麻选曲	12105	各行各业要为普及大寨县作出贡献	3252
葛嫩娘	5646	各行各业支农忙	3877
葛饰北斋作品	6926	各行各业支援农业，争取粮食更大丰收	3102
葛晶山水画集	2466	各类活动广告设计	10395
葛优 马晓晴	9758	各门类艺术的特征	024
葛优、马晓晴	9751	各民族大团结万岁	3356
葛洲坝	4121	各民族人民大团结万岁！	3077
葛洲坝通航	4264	各派京剧琴谱	12068
个人卫生习惯化	3077	各派越剧琴谱	12100
个性家居	10597	各体汉字书写要法	7324
个性居室	10620	各条战线支农忙 协作花开遍地春	3920
个性卡片制作	10709	各显神通	2068
个性空间	10583	各种书体源流浅说	7250
个性名片设计	10558	各种特技摄影方法简述	13266
个性针织 DIY	10773	各种题材摄影研究	8724
各地风光挂历	10438	各族儿童齐欢庆	4015
各地期刊新歌选萃	11479	各族儿童热爱华主席	10428
各方小仙大斗法	6632	各族儿童心向华主席	12027
各国电影检阅制度	13304	各族人民参观造船厂	3825
各国电影摄影棚的调查分析评论	13266	各族人民大团结	3773, 9959
各国各族人民大团结万岁	3219	各族人民大团结 万众一心奔四化	3317
各国国歌歌词钢笔字帖	7579	各族人民大团结万岁	3219, 3317, 3364
各国国歌汇编	12399	各族人民大团结向四个现代化进军	3299
各国国歌评述	12392	各族人民的共同心愿	8807
各国集体舞	12653	各族人民的心声	3299
各国科学电影概况	13308	各族人民的心愿	3825, 3877
各国舞蹈新选	12651	各族人民高唱东方红	3219
各国写生	2870	各族人民歌唱红太阳	11650
各国音乐文化	10923	各族人民歌唱华主席	11694
各行各业大力支援农业	3205	各族人民歌唱毛主席	3773

中国历代图书总目·艺术卷

各族人民欢庆四届人大	11679	给您照个相	9525
各族人民齐唱《东方红》	9149	给农业以现代化的技术装备是工人阶级的光荣	
各族人民齐欢庆	3965	任务	3077
各族人民亲密团结 伟大祖国繁荣富强	3116	给女民兵示范	3680
各族人民热烈欢庆第五届全国人民代表大会胜		给青海披上绿装	3077
利召开	3299	给群山穿上新衣	3078
各族人民颂四化 欢歌曼舞庆丰年	4360	给人类以欢乐与慰藉	10876
各族人民团结起来，争取更大的胜利	3219	给世界带来欢乐的人	5917
各族人民心向党	3877	给台湾小朋友	4187
各族人民心向华主席	11688	给太阳洗脸	6486
各族人民衷心爱戴华主席	3920	给娃娃做新衣	3588
各族人民衷心热爱英明领袖华主席	3299	给我和海迪阿姨照张相	4360
各族同心土变金	3724	给我一匹马	5060
各族兄弟访问金星"人民公社"	3627	给我一支枪	5029
各族运动员团结齐向前	3236	给小朋友讲故事	6684
给爸爸讲故事	6684	给新县长献礼去	12092
给嫦娥阿姨拍个照	4187	给爷爷讲故事	6684
给初生者以和平	13300	给幼儿园小朋友唱的歌曲	12011
给初学画者的信	1096	根	9470, 10464
给初学木刻者	1204	根本进	6956
给高原披上绿装让青海更加美丽	3077	根的作用	4904
给歌词插上翅膀	11087	根雕	8625
给绘画青年	485	根雕技法	8622
给将军回信的时候	5060	根雕艺术	8624, 8626, 8647
给解放军叔叔补衣服	3116	根雕珍品集	8646
给军属拜年	3588, 3627, 3680	根雕制作技法	8623
给老师拜年	3965	根魂	8647
给妈妈打电话	4187, 9007, 9027	根基	5250
给妈妈讲故事	6684	根据法律	13259
给毛主席拜年	3588	根据中国共产党在整个社会主义历史阶段的	
给妹妹回信	3826	基本路线，全国人民在新时期的总任务	
给模范饲养员拜年	3680	是：……	3299
给奶奶讲故事	6684	根深苗壮	3791
给你大苹果	4187	根深叶茂桔满园	3791
给你照个相	4187, 4360	根艺	8625

书名索引

根艺创作与欣赏	8619	跟我学手风琴弹唱	11263
根艺技法	8621	跟我学唢呐	11304
根源之美	256	跟我学小号	11173
根治稻螟虫	13236	跟我学小提琴	11189
根治黄河 为民造福	3762	跟我学扬琴	11349
跟紧毛主席 战旗扛到底	5160	跟我学扬琴弹唱	11350
跟前辈学习把青春献给农业	3125	跟我学硬笔书法字帖	7520
跟随毛主席长征	4949	跟我学圆号	11174
跟随太阳走的人	13262	跟我学月琴	11341
跟我学长笛	11174	跟爷爷去打猎	5029, 5113
跟我学唱歌	11130, 11131	跟着感觉走	11714, 11715
跟我学大提琴	11190	跟着共产党 永远闹革命	9176
跟我学笛子	11304	跟着共产党, 贯彻总路线	11424
跟我学电贝司	11289	跟着共产党振兴中华	3340
跟我学电子琴	11289	跟着华主席胜利向前方	11689
跟我学电子琴选曲	12238	跟着华主席胜利向前进	11689
跟我学电子琴选曲100首	12238, 12240	跟着卡拉OK学唱	11496, 12407
跟我学二胡	11313	跟着老马转	5006
跟我学钢琴	11255	跟着领袖华主席	11689
跟我学钢琴弹唱	11263	跟着毛泽东 世界一片红	10672
跟我学古筝	11340	跟着毛泽东世界一片红	3160
跟我学画	1259	跟着毛主席 奋勇向前进	2739
跟我学吉他	11207	跟着毛主席奋勇向前进	2741
跟我学吉他弹唱	11210	跟着毛主席高唱团结歌	11679
跟我学剪纸	10707	跟着毛主席跟着共产党	11610
跟我学爵士钢琴	11259	跟着毛主席阔步前进	11680
跟我学爵士鼓	11266	跟着毛主席向前进	11674
跟我学卡通	1244	跟着毛主席向前走	11680
跟我学口琴	11257	跟着毛主席走社会主义道路	2745
跟我学拉丁舞	12645	跟着奶奶学花枪	9231
跟我学琵琶	11341	跟踪者	6216
跟我学琵琶弹唱	11342	跟踪追击	5086, 5113, 5250, 5345
跟我学萨克斯管	11173	更爱本行	3920
跟我学摄影	8766, 8787	更不可	6384
跟我学手风琴	11258	更大的干劲鼓起来	11601

中国历代图书总目·艺术卷

更高地举起马克思列宁主义的旗帜前进！		耕耘	3015
	3102	耕耘集	13145
更高地举起毛泽东思想伟大红旗	11645	耕耘记	5086
更高地举起毛泽东文艺思想的旗帜前进	3109	耕耘者之歌	11702
更上一层楼	4187, 4949	耕织全图	3588
更生歌曲集	11374	耕织图	1594
更喜今日神州	4121	庚和录	10944, 10950
更喜岷山千里雪	2764, 3921	耿安辉画集	2478
更喜岷山千里雪 三军过后尽开颜	1274	耿大鹏摄影作品选	8981
庚地心目中的中国英雄	3507	耿耿忠心干革命 孜孜不倦育新人	3965
庚癸原音四种	11015	耿杰诗画集	2325
庚娘	5549, 5769, 9957	耿莲凤张振富二重唱歌曲选	11972
庚斯博罗	6790	耿荣兴摄影作品集	8913
庚辛赏编	1455	耿兴余摄影作品集	8982
庚子书画记	1455	工笔草虫画法	994
庚子消夏记碑帖考	7702	工笔古代人物画范图	878
庚子销夏记	751	工笔花卉	865
庚子销夏记校文	752	工笔花卉(牡丹·水仙)画法步骤	956
畊先印谱	8496	工笔花卉画法步骤	857
耕、种、管、收农业生产四扇屏	3627	工笔花卉技法	938, 972
耕，种，管，收农业生产四扇屏	3680	工笔花鸟	949, 975, 980
耕读小说	3755	工笔花鸟白描图集	2552
耕读小学	3724	工笔花鸟对屏	4264, 4360
耕读育新人	3724	工笔花鸟画	958, 963
耕海	2756, 3826	工笔花鸟画册	2003
耕牛图	4360	工笔花鸟画的特技与肌理	963
耕香馆画剩	6839	工笔花鸟画法步骤	956
耕烟散人绢本着色山水册	1637	工笔花鸟画范画集	968
耕烟散人拟宋元遗意山水	1639	工笔花鸟画技法	940, 956, 958, 964, 975
耕烟溪山无尽图卷	1618	工笔花鸟画技法研究	980
耕砚斋印稿	8443	工笔花鸟画谱	2037
耕云播雨	5029, 5060	工笔花鸟基础技法	953
耕云播雨夺丰收	3877	工笔花鸟技法	940, 942, 943
耕云记	5029	工笔花鸟入门	980
耕云书屋印谱	8499	工笔画法	857

书名索引

工笔画法花鸟合订本	949	工厂美术	085
工笔画图稿选萃	715	工厂美术工作与新闻工作	472
工笔画小品选萃	2546	工厂企业防尘防毒	5466
工笔菊花对屏	4360	工厂是我的大学	5086
工笔翎毛技法	1005	工厂素描集	2849
工笔牡丹	956	工厂卫生	8869, 13255
工笔牡丹技法	980	工程师讲的故事	4950
工笔禽鸟画法	959, 975	工程素描	2884
工笔人体画技法	881	工程字的书写方法	7635
工笔人体艺术	2408	工程字法	7520
工笔人物	872, 883	工尺本	11033
工笔人物画	875, 878, 883	工尺大观	12243
工笔人物画法	880	工尺谱	11030
工笔人物画法步骤	857	工尺谱常识	11044
工笔人物画基础技法	873	工尺谱浅说	11045
工笔人物画技法	872, 874, 876	工地党课	3826
工笔人物画教程	881	工地的早晨	2760
工笔人物画探	880	工地捷报	1756
工笔人物技法	881	工地理论小组	3826
工笔人物入门	881	工地怒潮	1855
工笔人物新画	2003	工地怒火	3921
工笔山水	922	工地批判会	3826
工笔山水技法	923	工地枪声	4904
工笔仕女画法步骤	874	工地青年	13242
工笔水墨走兽画法	995	工地上	12169
工笔鹰技法	1005	工地霞光	2422
工笔月季画法	961	工地新事多	3877
工笔重彩草虫谱	981	工地宣传员	3877, 3921
工笔重彩花鸟画临摹范本	981	工地一课	12267
工笔重彩人物	874	工地一条龙	4950
工笔重彩人物画法	870, 871	工地战旗红	3877
工笔重彩人物画技法	874, 875	工会主席哪里去了	4904
工笔重彩人物画临摹范本	882	工间活动	1731
工笔重彩山水画临摹范本	923	工具改革的一面红旗	4950
工厂黑板报报头资料	10250	工具简笔画	1121

中国历代图书总目·艺术卷

工农兵	8656	工农大联欢	3535
工农兵唱歌手册	11565	工农革命歌	11658
工农兵歌唱手册	11572	工农互助 发展生产	3627
工农兵歌曲	11663, 11668	工农画选	1356
工农兵歌曲创作选	11454	工农画页	3407, 3408
工农兵歌曲集	11663	工农联欢	3680
工农兵歌曲选	11658, 11674, 11675	工农联盟	3556, 3774
工农兵革命歌声	11645	工农联盟 城乡互助	3680
工农兵画集	1283, 1289	工农联盟 奋发图强	3680
工农兵画选	1289, 1291	工农联盟 互相支援	3627
工农兵画页	6748	工农联盟 建设祖国	3627, 3680
工农兵美术、摄影作品选	279	工农联盟万象春	3588
工农兵美术创作学习资料	086	工农情谊深	3826
工农兵美术作品欣赏	091	工农群众知识化知识分子劳动化	3078
工农兵人物画资料	1288	工农商学兵都来学习好八连	3116
工农兵人物写生	2859, 2860	工农商学兵共同"跃进", 农林牧副渔全面丰收	
工农兵生活速写	2858, 2859		3535
工农兵是文艺的主人	3192	工农同唱丰收歌	3791, 3826
工农兵文艺	086	工农同庆丰收年	3680
工农兵文艺创作选	11455	工农同舟心连心	3680
工农兵文艺红烂漫	3193	工农习字帖	7407
工农兵戏剧演唱选	11858	工农喜迎春	3826
工农兵新歌	11569, 11675	工农协作紧农具大革新	3078
工农兵形象素描选	2861	工农携手保丰收	3877
工农兵形象选	1288, 1289, 1833, 2935, 3877,	工农携手夺丰收	3877
3965		工农携手发展生产 城乡合作建设祖国	3627
工农兵学员毕业实践成果丰硕	3877	工农携手庆有余	3627
工农兵学员之歌	11680	工农携手生产"跃进" 城乡互助经济繁荣	3680
工农兵演唱	11680, 12963, 12964	工农携手向前进	3273
工农兵直接掌握毛泽东思想的好榜样龙老化		工农兄弟的友谊	8870
	5160	工农业"大跃进"画展选集	1283
工农兵中堂对联	1777	工农业生产蒸蒸日上	3356
工农并肩齐"跃进" 城乡同庆大丰年	3627	工农一家亲	3556, 3877
工农并举持续"跃进"	3535	工农一家人	11658
工农创作歌曲集	11601	工农一家喜迎春	3791, 3826

书名索引

工农一线连	3921	工人理论小组	1841, 3826
工农友情	3627	工人力量大	11623, 11624
工农自编歌曲选	11424	工人漫画选集	3407
工人爱唱大庆歌	11680	工人美术作品选	281
工人参加管理坚持企业社会主义方向	3273	工人师傅上讲台	3180, 3193
工人出身的厂长	4922	工人送到抽水机 知识青年来落户	3680
工人创作歌曲集	11438	工人谈画画	472
工人创作歌曲选	11601	工人舞蹈选	12594
工人创作画	1281	工人下乡传技术	3680
工人大合唱	11551, 11556	工人新村晨曦	8882
工人的歌声	11556	工人新歌	11587
工人的画	1282	工人新歌选	11572
工人翻身联唱	11390	工人演唱	442, 443
工人歌集	11547, 11551, 11561	工人姚玉卿歌曲创作选集	11390
工人歌曲	11551, 11556, 11561, 11668	工人业余生活	9287
工人歌曲创作选	11572	工人医生	3018
工人歌曲集	11561, 11565, 11579	工人赞	12311
工人歌曲选	11574, 11579, 11675, 11680, 11697	工人之歌	11387
工人歌声	11538, 11557, 11561	工商美术	10368
工人歌选	11538, 11561, 11565, 11574	工商美术设计表现手法	10380
工人画选	1282	工商用美术字	7628
工人讲师上讲台 教育革命谱新篇	3219	工藤静香写真集	10145
工人阶级必须领导一切	3163, 3168	工业产品速写	2906
工人阶级必须领导一切!	3163	工业花开朵朵红	5250
工人阶级的好女儿赵春娥	5646	工业建设与工人生活	2851
工人阶级的好战士	5087	工业美术设计基础	10178
工人阶级的好战士——刘昆	3125	工业美术题画	10380
工人阶级的女儿——赵春娥	5646	工业美术新潮	10179
工人阶级万岁	11561	工业美学及造型设计	10179
工人阶级硬骨头	11632	工业品造型设计	10178
工人阶级硬骨头玉芝桐	5160	工业普查是实行现代化管理的重要基础工作	3364
工人阶级永远领导学校	3878	工业设计	10189
工人阶级有志气 自力更生创新业	3205	工业设计与展示设计	10768
工人理论队伍在成长	3022	工业摄影	8739
工人理论队伍在斗争中成长	3252		

工业盛开"跃进"花　　3791　　工艺美术开新花　　3965
工业实用美术设计　　10180　　工艺美术论丛　　10177,10178
工业新城株洲　　8931　　工艺美术论集　　10179
工业学大庆　3024,3180,3181,3193,3252,3791,　　工艺美术论文选　　10175,10178
　　9267,11967　　工艺美术设计　　10257
工业学大庆 农业学大寨　3758,3774,3792,　　工艺美术设计名作选　　10773
　　3826,3827,3878,3921　　工艺美术手册　　10181
工业学大庆　当社会主义的创业派　　3181　　工艺美术图案资料选编　　10249
工业学大庆　夺取新胜利　　3193　　工艺美术文选　　10179
工业学大庆 农业学大寨　全国学人民解放　　工艺美术欣赏　　10190
　　军　解放军学全国人民　　3193　　工艺美术研究　　10181
工业学大庆　普及大庆式企业　　3274　　工艺美术与工艺美术教育　　10199
工业学大庆的先进典型——开滦煤矿　　9273　　工艺美术院校高考指南　　10226
工业学大庆挂图　　9270　　工艺美术制图　　10209
工业学大庆普及大庆式企业　　3299　　工艺美术专业考生辅导　　10227
工业战线上的"穷棒子社"　　5006　　工艺美术作品选　　10230
工业战线上的一面红旗　　5136　　工艺美学　　10186
工业支援农业城市支援农村　　3078　　工艺品——罗汉　　8632
工业支援农业加强工农联盟　　3078　　工艺品屏条　　9355
工业支援农业是工人阶级的光荣任务!　　3078　　工艺图案集　　10243
工艺　　10191,10569　　工艺图案设计　　10212
工艺变形人物　　10676　　工艺文化　　10183
工艺概论　　10180　　工艺文化研究　　10186
工艺美术　　10187,10188,10314　　工艺新花　　3878,4063,4187
工艺美术报考指南　　10181　　工艺新教材　　10661
工艺美术参考资料　　10248,10249　　工艺薪传　　10234
工艺美术创新概论　　10200　　工艺意匠　　10174
工艺美术辞典　　10180　　工艺之光　　10228
工艺美术的方向问题　　10226　　工艺制作　　10682
工艺美术概论　　10183　　工用锯拉奏法　　11177
工艺美术高考指南　　10181　　工余　　9432
工艺美术工作经验介绍　　10174　　工运先锋　　5917,5988
工艺美术荟萃　　8994　　工作服　　4911
工艺美术技法讲话　　10173　　弓步崩枪　　9964
工艺美术教程　　10189,10190　　弓带缘　　8821

书名索引

弓上弦剑出鞘	3317	"公社"的节日	1841
弓形轩章草诀歌集	8195	"公社"的女电工	4950
弓舞	3965，4187	"公社"的羊羔	1814
弓砚缘	5917	"公社"的羊群	6751
公案	6486，6580	"公社"的早晨	12598
公共关系学	6613	"公社"管家	5279
公共摄影手册	8759	"公社"孩子的歌	5087
公共食堂标语画	3078	"公社"荷塘	1869
公共食堂好	3078	"公社"假日	1806，1814
公共食堂实话好	4950	"公社"气象员	1833
公共食堂万年红	3078	"公社"养鸡场	1814
公共艺术设计	131	"公社"养猪场	2723
公关广告艺术	10389	"公社"游记	1757
公关小姐	8860	"公社"鱼塘	6751，10422
公关用品	10399	公孙大娘	2614
公鸡报晓	2717	公孙大娘舞剑图	4187，4264，4601
公鸡过桥	6706	公演《最后关头》特刊	13009
公鸡和太阳	12012	公演三兄弟纪念特刊	12752
公鸡金嗓子的故事	5769	公演手册	13011，13012
公交歌声	11488	公益广告初探	10399
公历一九六三年、农历癸卯年、傣历丁丑年历		公益活动海报	10380
画	10405	公元1962年——夏历壬寅年日历、节日、节气	
公历一九六三年(阴历癸卯年)月建表节气表		表	10404
	10405	公元二十八世纪太空斗士	7046
公历一九六四年岁次甲辰阴阳历春牛图		公元一九六六年岁次丙午农历图	10413
	10407	公元一九六七年历图	10414
公历一九六五年(阴历乙巳年)月建表节气表		公元一九六五年(乙巳)农事节气表	10411
	10410	公元一九六五年岁次乙巳阴阳历春牛图	
公历一九六五年(阴历乙巳年)月建表节气表			10411
	10410	公园佳景	10120
公路法习字帖	8315	公园里	10110
公民诗歌	12434	公园山血案	6354
"公社"产院	1757	公园小景	10105
"公社"春常在	6751	公园秀色	9114
"公社"的阿斯尔	12278	公园一角	1778，10103

中国历代图书总目·艺术卷

公正无私廉洁律己	6445	攻克技术关为实现四个现代化做贡献	3299
公正舆论	5549	攻克济南	5392
公主	9752	攻克锦州	2730
公主的羽衣	6054	攻克科学城堡攀登科学高峰	3299
公主嘻·穆鲁娜	13105	攻克科学城堡攀登世界高峰	3299
公主选亲	5769	攻克水下堡垒	4922, 4950
公主与素珍	9950	攻克死星	6322
公主与王后	5769	攻克台子镇	6181
公主与王子	3364, 4360, 9032, 13105	攻克泰兴	6285
公子扶苏	5917, 6054	攻克潍城	5392
功臣门第春光暖·革命人家幸福多	2068	攻魏题跋	7703
功臣谱	2365	攻取沈阳城	6054
功夫猫	6719	攻守同盟	5647
功夫片	13300	攻书不怕难	3965
功盖千秋	4681	攻协歌曲集	11549
功满取经回	5549	供春图	2127
功业千秋	4842	供销社来了新货	1801
功业千秋	2068	供应城市更多的蔬菜	3102
功与罪	5917	宫	12303
功在千秋扶贫书画集	2301	宫藏扇画选珍	1486
功昭日月	2811, 4848	宫灯	10616
功昭日月	2068	宫娥	9007
功照日月	4811, 4842	宫花	10023
攻打边家寨	5646	宫花剑影	5918
攻打那横山	5466	宫立龙	2818
攻打牛驼寨	5030	宫梦弼	5647
攻打紫竹林	5311	宫女图	5770
攻读	1814, 1825, 2756, 4265	宫女献酒	9342
攻关莫畏难	3965	宫廷杀手江湖客	9246
攻击斯卡柏湾	6322	宫廷艺术的光辉	539
攻击塔兰托	6054	宫廷游	9254
攻坚集	12686	宫廷之雅	425
攻克伯林	13250	宫装少女	9569
攻克邓县	5113	恭贺年禧	4458
攻克淮安	6054	恭贺新春	1935, 1961, 4360, 4524, 4681, 10408

书名索引

恭贺新年	4360	龚端毅公手札	7235
恭贺新喜	3557, 4458	龚二	5174
恭贺新禧	1935, 4121, 4360, 4361, 4458, 4601,	龚高士山水册	1619
	4602, 9403, 9451, 9470, 10470	龚继先画集	2519, 2522
恭贺新禧	2068	龚建新国画头像选	2356
恭王府花园	9301	龚建新速写集	2899
恭喜	9451	龚建新肖像画	2408
恭喜成才恭喜发财	4525, 4458, 4525, 4602, 4681,	龚晴皋书风	8105
	4783, 4811, 4812, 4848, 4861, 9482, 10120	龚望临汉石门颂	8369
恭喜发财	2037, 2068, 2069, 2126, 2127	龚望书法集	8304
恭喜发财；万事如意	2003	龚文桢工笔花卉	2069
恭喜发财福满堂	4812	龚文桢画集	2525
恭喜发财福万代	2127	龚贤	792
恭喜发财富富有余	4766	龚贤册页	1674
恭喜发财聚宝来	2127	龚贤画集	1693
恭喜发财来	4836	龚贤精品集	1690
恭喜发财乐有余	4812	龚贤山水卷	1681
恭喜发财寿有余	4856	龚贤书画精品选	1696
恭喜发财万宝来	4836	龚贤研究	520
恭喜发财喜有余	4783	龚贤研究集	803
恭喜发大财	4836	龚贤作品	1693
恭喜发大财	2127	龚雪	9569, 9589, 9616, 9666
恭禧发财	4602, 4681, 4842, 9497	龚雪和日本演员田中裕子	9640
龚安节先生画诀	891	龚莹	9616
龚安书先生画诀	892	龚自珍己亥杂诗行书钢笔字帖	7549
龚半千课徒画稿	1658	龚自珍魏源手批简学斋诗	8058
龚半千山水册	1615	觥记注	381
龚半千山水册精品	1650	巩固工农联盟	10408
龚半千山水长卷	1667	巩固工农联盟 发展集体经济	3724
龚半千山水画课徒稿	903	巩固工农联盟 加强无产阶级专政	3758
龚半千山水精品	1650	巩固国防 保卫祖国	3628
龚半千授徒画稿	1649	巩固集体经济，发展农业生产	3125
龚半千细笔画册	1618	巩固人民民主专政 发扬光荣革命传统	3628
龚德龙作品	2552	巩固无产阶级专政 保卫社会主义祖国	3921
龚定庵诗文真迹三种	8052	巩固无产阶级专政 加速社会主义建设	3878

巩固祖国国防 保卫世界和平	3557	共和国的春天	3376
巩俐·张艺谋电影杰作与小说	13145	共和国将军墨宝集	2325
巩俐写真集	9027	共和国庆典报头图案集	10336
巩县戏曲志	12772	共和国卫士	4783, 9696, 9721
琪桐花 铜绿雀	3681	共和国英雄	6523, 6580
共产党好 共产党亲	11978	共和国元帅	6322
共产党领导农民走合作化道路	8874	共和国之恋	13295
共产党人的根本宗旨	6557	共墨斋汉印谱	8545
共产党是人民的红太阳	3125	共谋增产大计	3725
共产党万岁	3078, 3724	共青团林之歌	11415
共产党万岁 毛主席万岁	3628, 3725	共青团之歌50首	11708
共产党员闯建章	4950	共庆澳门回归祖国	351
共产主义大合唱	11944	共商大计	3966
共产主义的积极建设者	10129	共同的荣誉	4681
共产主义的凯歌	4950, 11443	共同的心愿	3921
共产主义建设的宏伟纲领	10131	共同富裕	4265
共产主义建设工程中的新机械	10127	共同富裕万家乐	2069
共产主义接班人	9745	共同进步	10413
共产主义理想一定要实现	3347	共同前进	1833
共产主义理想引导我们不断前进	3367	共同战斗	3792
共产主义诗画	3069	共学光辉篇	3966
共产主义是天堂	11779	共饮甘泉	2127
共产主义万年青	11779	共织鸳鸯	4681
共产主义小英雄	5149	贡嘎山南麓田湾河	8969
共产主义新人	4950	贡维珺教授书法选辑	8263
共产主义一定要实现	3347	贡献	4911
共产主义战士——雷锋	3116, 3382, 9023	勾践称霸	5918
共产主义战士雷锋	3381, 5199, 6322	勾月亮	1317
共产主义战士欧阳海	3125, 3966	沟	5114
共产主义战士杨水才	3774, 5160, 5174	沟口健二的世界	13220
共产主义之花	4950	沟渠纵横成河网	10669
共大毕业回山乡	3878	篝火正旺	5345
共读西厢	9012	苟正翔山水画集	2474
共和国保卫者	9246, 9764	狗的奥秘	7007
共和国不会忘记	11720	狗的故事	6523

书名索引

狗的天堂	7027	孤岛奇遇记	6054
狗神探传奇	6354	孤岛少先队	4923
狗剩团长	5918	孤岛野人	6355
狗项圈的秘密	5918	孤岛遗恨	6248
狗眼看世界	3471	孤独的上小猪	6323
狗爷	6285	孤独的小马驹	12647
狗仔	6523	孤儿与金草鞋	6054
枸杞舞	9960	孤帆决斗	5060
构成	133	孤坟鬼影	6216
构成·设计	125	孤军血泪	6055
构成基础	140	孤漠惊雷	6323
构成设计	131, 141	孤女的命运	11710
构成艺术	141, 10180	孤女血泪	5918
构成艺术教程	140, 141	孤山枫林	9787
构成艺术资料精选	10236	孤星血泪	5549, 5770
构成应用	10212	姑姑当了工程师	4063
构画与绘画分析	555	姑娘插秧在云间	12331
构图	8691	姑娘的婚事	4361, 5006
构图的技法	557	姑娘的心	6055
构图的诀窍	8710	姑娘的心愿	5647
构图法 ABC	137	姑娘坟	5770
构图法讲话	552	姑娘和八哥鸟	5030, 5114
构图法示例	137	姑娘今年廿八	6181
构图基础入门	139	姑娘们的手工活	10684
构图与意境	712	姑娘生来爱唱歌	11950
构图与用光	8699	姑娘失踪以后	5770
构图中心技巧释秘	140	姑娘追	2929
购物袋设计实例	10756	姑嫂对弈	4187
购销组到咱村	3792	姑嫂和	12110
沽水翰墨舟	2250	姑嫂红	3725
孤胆歼敌	5466	姑嫂看画	4950
孤胆英雄	4950, 5392, 5466, 5770, 6054	姑嫂鸟	12647
孤胆英雄岩龙	5392, 5466	姑嫂选笔	3681
孤岛长城	5311	姑嫂学艺	4015
孤岛历险记	5770	姑嫂英雄	3589, 4361

中国历代图书总目·艺术卷

姑嫂英雄(剧照)	9224	古堡里的小飞人	6684
姑苏春	5466, 5647, 6445	古堡里的信号	5770
姑苏春浓	2940	古堡迷案	6055
姑苏丹心	5549	古堡女奴	5918
姑苏繁华图	1681, 1696	古堡奇案	7032
姑苏虎丘	9898	古堡枪声	5647
姑苏激战	5549	古堡魏蛾	4766
姑苏恋	13118	古堡雄姿	9921
姑苏四季	9128	古堡幽灵	5770
姑苏秀色	2003	古堡幽影	6580
姑苏一怪	4766	古本戏曲版画图录	3059
姑苏园林	9096	古本戏曲十大名著版画全编	3057
姑溪题跋	747	古本小说版画图录	3057
菰里瞿氏四世画卷题词	779	古本小说四大名著版画全编	3057
辜留奈瓦德	6898	古兵精舍古印汇初集	8529
甌庐画萃	1702	古玻璃鉴赏与收藏	421
古埃及两河流域艺术精品资料图集	410	古茶壶精华录	401
古奥运会传奇	5918	古刹斗敌	5918
古巴版画展览	6919	古刹风云	5919
古巴歌曲集	12369	古刹行宫	9300
古巴歌曲选	12371	古刹奇缘	6248
古巴美术作品集	6781	古刹钟声	13242
古巴谚语印谱	8556	古侨公书离骚经原刻	8024
古巴主权决不允许侵犯!	3110	古长城内外	2997
古柏	1724	古长城畔绘新图	1833
古柏白描画谱	981	古长城外	1724
古柏百图	1986	古城北京展新颜	9062
古宝盗窃案	6248	古城长安	9871
古宝贤堂法书	7660	古城风云	5087
古堡	9798	古城烽火	5919
古堡春色	2801, 4812	古城会	4121, 4361, 4458, 4602
古堡的烽烟	4950	古城会	2127
古堡的秘密	5647	古城聚义	5919
古堡风情	2445	古城流霞	9871
古堡烽烟	4951, 5006	古城芜湖	9818

书名索引

古城西安	9122，10508	古代将军	2388
古城新灯	2422	古代科学家故事	5549
古城新貌·跃进中的塘沽盐场	4951	古代隶书一百种	8371
古楚三名印谱·并叙	8577	古代罗马艺术	174
古船·女人和网	13145，13150	古代蒙学钢笔字帖	7565
古船·女人与网	13150	古代民窑陶瓷	432
古词钢笔字帖	7579	古代名家草字汇	8418
古词名篇钢笔字帖	7520	古代名将	2377
古瓷辨赏	421	古代名楼	4602
古瓷汇考	385	古代名女	4525
古瓷鉴赏与收藏	421	古代名女屏	2377
古瓷器	425	古代名诗钢笔楷书字帖	7521
古瓷珍赏	412	古代名言新魏体钢笔字帖	7411
古瓷指南	412	古代摩尼教艺术	451
古萃今承	1484	古代谋略最新译注	7579
古代埃及艺术	8604	古代女杰图	4265
古代爱情诗钢笔字帖	7521	古代女科学家	4361
古代波斯图案	10724	古代女文学家	2363
古代才女	2368	古代女贤图	2373
古代长安名画家及作品	801	古代女英杰——蔡文姬	4064
古代长安书法	7158	古代女英杰——花木兰	4064
古代聪慧儿童	4681	古代女英杰——梁红玉	4064
古代大将	4602，4681，4783	古代女英杰——文成公主	4064
古代大探险	7139	古代女英雄	4064，4361
古代的夏威夷及其艺术	364	古代女英雄屏	3535，4525
古代儿童的故事	3589，4064，4121	古代女英雄屏	2388
古代妇女条屏	4121	古代启蒙读物钢笔字帖	7471
古代歌曲	12051	古代器型纹样精选	10283
古代格言警句行草字帖	8291	古代人物服装参考资料	10349
古代格言硬笔书法训练	7471	古代人物画线描稿	1916
古代画家的儿童画选集	1507	古代人物图像资料	10297
古代画家的故事	6055	古代散文钢笔字帖	7411
古代画论辑解	688	古代散文精华钢笔字帖	7565
古代画人谈略	795	古代散文名篇钢笔正楷字帖	7437
古代将军	4602	古代散文名篇钢笔字帖	7617

中国历代图书总目·艺术卷

古代散文名篇硬笔书法	7549	古代英雄	2388
古代散文选	5919	古代英雄故事屏	4783
古代山水诗二十二首	8374	古代英雄人物屏	4603, 9228
古代少年勤学图	2365	古代咏花诗钢笔字帖	7437
古代少年英杰	2377	古代勇士	2377
古代神话	4602	古代寓言故事	5345, 5392
古代神话传说	6323	古代寓言名篇钢笔书法	7521
古代仕女	4064, 4525, 4602, 4603, 8855	古代智童	2377
古代仕女画法	882	古代中亚丝路艺术探微	461
古代仕女屏	4064, 8827	古代装饰花纹选集	10241, 10243
古代书法家轶事百则	7265	古代尊老爱幼图	4525
古代书法名家作品鉴赏	7375	古邸之怪	5550
古代书法欣赏	7289	古帝王图	1526
古代丝绸之路的音乐	10967	古滇艺术新探索	104
古代丝路	8890	古典、创新、抒情、谐谑	10866
古代陶瓷大全	406	古典CD鉴赏	10890
古代体育	1935	古典CD解读	10877
古代武将	4458, 4525, 4603, 4681, 4783	古典芭蕾	12658
古代武将	2373	古典芭蕾基本教程	12658
古代武将线描图谱	2408	古典芭蕾基本训练	12658
古代舞蹈	4121, 4187, 4361	古典芭蕾双人舞	12658
古代西亚埃及美术	176	古典芭蕾双人舞教学法	12658
古代希腊 罗马 埃及人物图案3000例	10761	古典芭蕾双人舞教学选	12639
古代玺印	427	古典大师	11108
古代戏剧鉴赏辞典	12851	古典风油画	2798
古代戏曲发展史	12793	古典钢琴乐曲装饰音	11221
古代戏曲美学史	12783	古典工艺菁华	10197
古代戏曲思想艺术论	12786	古典吉他独奏重奏曲精选	12183
古代小英雄	4121	古典吉他高级教程	11203
古代笑话	5549, 5770, 5771	古典吉他技巧入门	11198
古代新疆的音乐舞蹈与古代社会	10966	古典吉他经典弹奏	11208
古代艺术辞典	032	古典吉他考级标准曲目	12184
古代艺术三百题	256	古典吉他考级曲集	12184
古代音乐史料说明	10954	古典吉他考级曲集详析	11208
古代英雄	4458, 4525, 4603, 4783	古典吉他考级曲全集	12184

书名索引

古典吉他名曲 50 首	12479, 12482	古典音乐通 200 问	10895
古典吉他名曲集	12478, 12482	古典音乐小百科	10881
古典吉他名曲新编	12480	古典音乐欣赏 50 讲	10895
古典吉他曲集	12479	古典音乐欣赏入门	10890, 10896
古典吉他实用教程	11210	古典音乐意外史	10926
古典吉他速成	11202	古典油画技法奥秘	1082
古典吉他弹奏法	11191	古典油画技法入门	1081
古典吉他新教本	11191	古典与浪漫时期初级钢琴曲选	12515
古典吉他新教程	11208	古典与现代	818
古典吉他演奏教程	11206	古典与象征的界限	198
古典吉他中级教程	11203	古典之门音乐丛书	10885
古典吉他自学教程	11210	古典最流行	10885
古典吉它世界名曲精选	12482	古典作曲家排行榜	10890
古典吉它演奏教程	11200	古殿云影——北京天坛祈年殿	9921
古典建筑形式	10782	古董瓷器	410
古典名盘收藏术	10890	古董文物精品鉴赏	412
古典名曲欣赏	10861	古都北京	9114, 9128
古典派管弦乐曲解说	11267	古都春晓	6055
古典人物白描画谱	883	古都风云	6055
古典书法理论	7276	古都开封	8957
古典书学浅探	7390	古都西安	8933, 8939, 8950, 8957
古典抒情歌曲集	12426, 12427	古帆雄姿	4766
古典舞蹈	4064	古芬阁书画记	1465
古典舞蹈基础	12658	古风堂艺谈	109
古典舞蹈屏	4265	古风图案	10294
古典舞基本训练	12638	古佛画谱	1704
古典舞基训教材	12637	古高士传印谱	8515
古典舞训练常识	12638	古歌七曲	11375
古典戏曲导演学论集	12803	古古打工族	3520
古典戏曲人物脸谱	12877	古古话保险	3520
古典戏曲声乐论著丛编	11140	古古经济学	3520
古典学	191	古古流行语	3521
古典艺术	370	古古生意经	3521
古典音乐第一课	10895	古古市场谱	3521
古典音乐入门	10927	古古谈判术	3521

中国历代图书总目·艺术卷

古古营销术	3521	古今碑帖集成	7671
古怪清圆	1588	古今碑帖集联大观	7671
古桧黄鹰图	1542	古今碑帖考	7703
古国幻游记	7052	古今尺墨迹大观	7663
古汉字黑白装饰画	10283	古今大观	1472
古河英魂	5919	古今大战秦俑情	13136
古华山二十四景	1591	古今雕塑艺术	8607
古画·临摹·实技	719	古今对联行书字帖	8429, 8433
古画大观	1501	古今对联五百首三体钢笔字帖	7593
古画解读	818, 819	古今法书苑	7179
古画录	1269	古今歌曲大观	11365
古画品录	726, 727	古今格言	7593
古画品录·续画品录	727	古今格言书法	8204
古画评三种考订	783	古今花鸟画范	1447
古画奇缘	5771	古今画萃	1497
古画微	781	古今画鉴	748, 774
古画疑案侦破记	5919	古今集论字学新书	7179
古欢室题画诗	7147	古今建筑	1277
古建筑图案	10253	古今京剧精彩唱段钢笔书法字帖	7471
古建筑写生与透视画选	2883	古今乐府声律源流考	11001
古建筑砖木雕刻图案	10266	古今乐录	10942, 10943
古鉴阁藏定武兰亭集联拓本	8115	古今乐律工尺图	11030
古鉴阁藏汉华山碑集联拓本	7710	古今名笔便学临池真迹	8014
古鉴阁藏汉礼器碑	7750	古今名画大观	1475
古鉴阁藏怀仁圣教集联揭本	8115	古今名画集粹	1487, 1488
古鉴阁藏怀仁圣教集联拓本	7775	古今名家书法集锦	7672, 7673, 7741
古鉴阁藏晋月仪帖集联拓本	8109	古今名家素描探讨	1098
古鉴阁藏唐麻姑仙坛记集联揭本	8115	古今名家楹联室名选	7669
古鉴阁校碑图	1701	古今名句硬笔书法习字本	7549
古将	4681, 4783, 4812	古今名联钢笔字帖	7521
古将	2377, 2389	古今名联铅笔、圆珠笔、钢笔字帖	7417
古今百家名联墨迹欣赏	7725	古今名联五体书	8212
古今百家书法名作欣赏	7324	古今名人画稿 1496, 1497, 1498, 1506, 1510, 1511	
古今百家篆刻名作欣赏	8466	古今名人画谱	1517
古今百美图	1693	古今名人联句欣赏	8291

书名索引

古今名人名联钢笔行书字帖	7471	古今杂体吟	7221
古今名人墨迹大观	7713	古今赠言精萃	7471
古今名人书法大观	7666	古今中乐90题	10969
古今名人书画金石真迹初集	1645	古今中外比喻精典	7617
古今名人书画扇谱集锦	1465, 1496	古今中外聪明娃	6445, 6446
古今名人书诗集粹	7733	古今中外电影名歌选	11888
古今名扇录	10615	古今中外各国装饰的风格	10725
古今墨论	1058	古今中外交通运输工具	6524
古今器皿	10616	古今中外历史人物图谱	2389
古今幼学诗帖	8427	古今中外论长庚	12891
古今人物百图	1693	古今中外名歌集	12354
古今人物画谱	1423	古今中外名歌选粹	12392
古今声律定宫	11002	古今中外名诗钢笔行书字帖	7471
古诗词五体书法字帖	8276	古今中外人体服装画谱	621
古今仕女画谱	1467	古今中外陶磁汇编	10640
古今书法名作鉴赏大成	7335	古今中外笑话	6182
古今书法要论	7376	古今中外用人名言书法选	8222
古今书画鉴定	539	古今中外幽默笑话集	3507
古今书评	7201	古今字书吟	7221
古今书识篇	7231	古今字体吟	7221
古今谈丛二百图	1693	古金像血案	6216
古今通俗钢琴名曲	12516	古锦其速写	2900
古今图书集成	239, 253	古锦图案集	10243
古今图书集成图	3057	古经新说	3471
古今玺印评改	8465	古井新生	5280
古今砚谱	1035	古镜迷影	5771
古今印萃	8522	古剧说汇	12754
古今印赏	8482	古刻丛钞	266
古今印史	8442, 8443	古窑之春	5466
古今印说补	8443	古兰经故事精萃	6408
古今印选	8481, 8482	古老盐湖换新装	3022
古今印则	8443	古乐的沉浮	10968
古今印制	8452	古乐集锦	10968
古今楹联汇刻	8090	古乐经传	11002
古今楹联汇刻小传	495	古乐经传全书	10999

中国历代图书总目·艺术卷

古乐筌蹄	10928, 10998	古茜与德茜	5007
古乐仕女	4265	古腔新论	12949
古乐书	11002	古桥激战	6055
古乐书佚文辑注	10969	古琴初阶	11334
古乐义	11002	古琴奇缘	6216
古力克冒险记	6654	古琴曲汇编	12309
古莲开新花	4265	古琴曲集	12310, 12313, 12314
古龙妙语精选钢笔字帖	7494	古琴曲谱	12295
古楼幻影	6557	古琴疏	11319, 11320
古律辑考	11002	古琴弦歌合唱套曲——胡笳吟	12053
古律经传附考	11003	古琴弦音	11336
古律吕考	11018	古琴学	11330
古罗马浴室	6866	古琴演奏法	11342
古玛河春晓	5647	古琴艺术与中国文化	11339
古貌雄风迎嘉宾	8892	古琴音乐艺术	11338
古梅阁仿完白山人印剩	8508	古曲	12057, 12162
古梅阁仿完白山人印剩续编	8508	古趣集	3421, 3428
古美术集记	249	古趣今画	3507
古庙怪影	6055	古趣图	3521
古庙魔影	6055	古趣一百图	3423
古名篇硬笔行草	7437	古人勤学的故事	5466
古墨缘	1455	古人勤学故事	5392
古墨斋印剩	8532	古人说	3459
古木逢春	10040	古榕	10054
古木遥山图	1545	古塞新湖	2590
古墓沉冤	5771	古诗百首钢笔字帖	7593
古墓香魂	9950	古诗词钢笔行书字帖	7494
古墓冤魂	5919	古诗词钢笔字帖	7417, 7471
古南戏遗响	12931	古诗词歌曲选集	11508
古傩蜡染	10358	古诗词名句	8175
古漆器鉴赏与收藏	421	古诗词屏	4861
古器物图谱	381	古诗词新唱	12454
古器物造型	407	古诗词吟唱曲	11488
古器总说	379	古诗词硬笔书法鉴赏字帖	7472
古茜和德茜	4951, 5006	古诗词硬笔字帖	7565

书名索引

古诗钢笔楷行字帖	7413	古书画鉴定秘要	107
古诗钢笔楷书字帖	7437	古书画鉴赏概论	798
古诗钢笔书法	7472	古书画伪讹考辨	798
古诗行草集粹	8347	古书论精美译评	7312
古诗画意	2003	古树芳踪	10023
古诗画意	2037, 2069, 2127, 2176, 2201	古树奇松	10012
古诗画韵	4812	古树新花又一枝	12949
古诗佳联字帖	8212	古丝绸道	9066
古诗今画	1961	古丝路音乐暨敦煌舞谱研究	12586
古诗楷行二体钢笔字帖	7579	古寺雄风	8837
古诗楷书学生字帖	8167	古寺疑案	6055
古诗名篇钢笔字帖	7521	古松	1789
古诗墨翰	7738	古松双鹤	2069
古诗书法	8167	古隧道的秘密	5647, 5771
古诗书画屏	4122	古塔魔影	5550, 6056
古诗四首	2201	古塔清荫——常州文笔塔	9921
古诗四体字帖	8204	古陶瓷收藏与鉴赏	427
古诗童趣图	2218	古天文台	9298
古诗童之路	6055	古田	10420
古诗文标准行草书	8222	古田光辉梁层林	2757
古诗文钢笔习字帖	7410	古田光辉照征途	3878, 3921
古诗文钢笔字帖	7421	古田会议	2746, 2764
古诗文行书帖	8426	古田会议会址	10099
古诗文名篇	7607	古田书法集	8291
古诗五十首行书隶书字帖	8204	古田颂歌	11967
古诗习字帖	8149	古铁斋印谱	8504
古诗小楷范本	8276	古铁斋印学管见	8455
古诗新画	3399	古帖今临晋唐小楷法帖七种	8393
古诗意山水屏	2020	古帖新临	7521, 8291
古诗意山水屏	2127	古帖新释	8012
古诗意山水条屏	2433	古铜瓷器考证	381
古手川佑子	10156, 10158	古铜鼓图录	10241
古寿千幅	7670	古铜器	432
古书画副本摹制技法	692, 697	古铜印汇	8486
古书画过眼要录	1278	古图奇踪	5648

中国历代图书总目·艺术卷

古图形玺印汇	8541	古意盘磚	8501
古玩店里的黑影	5550	古印藏真	8515
古玩品	380	古印集成	8513
古玩疑案	5771	古印精粹	8548
古文观止钢笔字帖	7417	古印杂存	8486
古文观止精品钢笔行书字帖	7579	古优解	12752
古文名篇钢笔楷书字帖	7593	古优解补正	12752
古文名篇钢笔书法	7617	古玉博览	415
古文名篇钢笔字帖	7413, 7472	古玉掇英	417
古文名篇小楷字帖	8391	古玉精萃	404
古文千字文	7662	古玉精英	406
古纹新样集	10243	古玉器	412
古蜗篆居印述	8504	古玉图考	380, 384
古屋空宅鬼唱诗	6323	古玉图录	381
古吴轩	2069	古玉纹饰器形	432
古舞新韵	9978	古玉玺印	8534
古歙山川图	1594	古玉撷珍	412
古玺汇编	8540	古玉印汇	8535
古玺今选	8536	古玉印精萃	8546
古玺新编	8458	古玉至美	413
古玺印	414	古元的木刻	2990
古玺印概论	395	古元木刻选	2995
古玺印精品集成	8551	古元木刻选集	2985
古玺印与古玺印鉴定	8550	古元水彩画选	2939
古峡迷雾	5087, 5550, 5919	古元水彩画选集	2950
古贤诗意图卷	1575	古元水彩画选辑	2944
古香图谱	12982	古园新春	9133
古肖形印臆释	8458	古园新貌	9257
古埙考释	12244	古月轩名瓷	10657
古训精集钢笔字帖	7565	古镇传奇	6182, 6183
古砚记	5648	古镇奇兵	6056
古洋河畔的战斗	5648	古镇奇冤	6183
古仰王抢亲	6355	古镇小考	451
古黔寻梦	2471	古筝独奏曲集	12309
古艺拾粹	259	古筝教程	11339

书名索引

古筝教学法	11341	骨灰盒上的指纹	6216
古筝练习一百首	12318	骨肉	5087
古筝曲集	12310, 12319	骨肉情	5392
古筝入门	11340	骨肉情深	12140
古筝弹奏法	11333	骨肉相残	6056
古筝弹奏指南	11338	蛊惑仔与小毛孩	6056
古筝新韵	12317	鼓吹格	12240
古筝演奏法	11332	鼓干劲 比先进 为社会主义建设作出新贡献	
古中国的歌	12881		3205
古篆书法选	8364	鼓干劲争上游夺取农业新丰收	3236
古装仕女图	2358, 2359	鼓革命干劲 夺粮棉丰收	3774
古装写意人物画法	875	鼓号教程	11264
古棕油画作品选	2835	鼓会	12609
谷	12178	鼓浪屿小夜曲	11990
谷宝玉画集	2127, 2250	鼓浪屿之春	9882
谷场斗争	5345	鼓乐齐鸣	4188
谷场风波	5199	鼓乐升平	4458
谷城风云	5550	鼓乐升平	2127
谷城会献	5392	鼓乐图载歌图	4188
谷城民歌选	11779	鼓起冲天干劲开展声势浩大的技术革新和技术	
谷口广树	10773	革命	3078
谷口广树的设计世界	10773	鼓上蚤时迁	13136
谷郎斩龙	5919	鼓手	5199, 6248
谷粒飞舞	12200	鼓手的遭遇	5771
谷蠡画集	1394	鼓舞	12186
谷岐书画	2218	鼓乡春晓	5919
谷茜画集	2326	鼓子曲言	12962
谷穗青蜒	1745	鼓子秧歌	12606
谷有荃书法篆刻选集	8247	鼓足干劲 夺取新的胜利	3205
谷园印存	8495	鼓足干劲 集中力量 争取农业大丰收	3116
谷园印谱	8495	鼓足干劲 力争上游 多快好省地建设社会主	
股票买卖	7047	义	3205
股票入门	6980	鼓足干劲 力争上游 夺取更大丰收	3206
股市咏叹调	3471	鼓足干劲、力争上游、多快好省地建设社会主	
骨董十三说	385	义	4911

鼓足干劲，力争高产优质！	3102	故宫博物院藏画	1508, 1516
鼓足干劲，力争上游，多快好省地建设社会主		故宫博物院藏历代法书选集	7712, 7713
义	3193	故宫博物院藏历代山水画选集	1584
鼓足干劲，力争上游，夺取新的胜利！	3219	故宫博物院藏明清绘画	1585
鼓足干劲，力争上游，以优异的成绩向党献礼！		故宫博物院藏明清扇面书画集	1581
	3206	故宫博物院藏清代宫廷绘画	1317
鼓足干劲，齐心协力，为争取今年农业大丰收		故宫博物院藏陶瓷选	390
而奋斗！	3137	故宫博物院藏肖形印选	8541
鼓足干劲力争上游掀起社会主义建设新高潮		故宫博物院藏玉雕与石雕	392
	3236	故宫博物院陈列辅助图案	10270
鼓足干劲学大寨	3206	故宫博物院历代法书选集	7153
鼓足干劲学大寨 大干快变多贡献	3206	故宫博物院历代艺术馆陈列品图目	408
鼓足干劲迎接农业生产新高潮	3125	故宫博物院名画之欣赏	794
鼓足干劲再创高产优质新纪录	3078	故宫博物院珍藏历代碑帖墨迹选	7741
鼓足干劲争上游 继续革命永向前	3193	故宫残梦	6248
鼓足全民大干劲	11587	故宫藏本孙过庭书谱	7241
固氮蓝藻	5648	故宫藏本赵孟頫书急就章	7957
固如张侍郎遗迹	8033	故宫藏瓷	389, 390
固始张侍郎手迹	8033	故宫藏瓷大系	390
固始张侍郎遗迹	8033	故宫藏画·郎世宁	6842
固始张侍郎遗墨	8033	故宫藏画——雪景故事图	1519
固守边防	2069	故宫藏明清名人书札墨迹选	8086
固原北魏墓漆棺画	6623	故宫藏明清扇面选粹	1584
故都市乐图考	11292	故宫藏清代后妃首饰	427
故宫 401, 1706, 1709, 9055, 9062, 9070, 9079,		故宫藏玉	421
9087, 9106, 9122, 9137, 9796, 9801, 9808,		故宫法书选萃	7713
9856, 9898, 9995, 10496, 10517		故宫风景油画	2844
故宫宝笈	401, 7666	故宫古玉图录	395
故宫辨琴记	11332	故宫环形玉器特展图录	417
故宫博物院藏瓷器	391, 392	故宫历代法书全集	7714, 7715
故宫博物院藏瓷选集	390	故宫历代铜印特展图录	404
故宫博物院藏雕漆	8656	故宫名画梅集	1474
故宫博物院藏工艺品选	10231	故宫名画三百种	1507
故宫博物院藏古玺印选	8540	故宫名画竹集	1506
故宫博物院藏花鸟画选	1475	故宫名扇集	1502

书名索引

故宫青铜器	432	故乡，我回来了！	4188
故宫日历图画	1473	故乡的帆影	11802
故宫三大殿	9297	故乡的回忆	6980
故宫商代青铜礼器图录	427	故乡的旋律	11514
故宫胜迹	9301	故乡的云	11710, 12181
故宫书画集	1502, 1503, 1504, 1505, 1506	故乡交响音诗	12338
故宫书画录	1507	故乡情思	11485
故宫宋瓷图录	392, 393	故乡屋檐下	8327
故宫所藏痕都斯坦玉器特展图录	395	故乡新颜	3921
故宫太和殿	9298	故乡吟	11385
故宫铜器图录	387	故园春	4458
故宫信片第六辑	7663	故园佳果甜	4458
故宫御花园	4361, 9070, 10103	顾炳鑫画集	2408
故宫珍宝	417	顾城朦胧诗佳作钢笔字帖	7549
故宫之美写真集	8971	顾处士画集	1619
故宫周刊	1534	顾此失彼	5648
故宫砖刻图案集	10274	顾大嫂登州大劫狱	5919
故交通部技监汉粤川铁路督办詹君之碑	8109	顾端文西元卷遗迹	8058
故里	8965	顾冠群石晓玲书画集	2250
故人	5771	顾冠群书法	8175
故事大王	9589	顾冠仁弹拨乐合奏曲选	12317
故事会	4064, 7032, 9027	顾国建油画选	2815
故事漫画纵横谈	3507	顾鹤冲指画	2069
故事魔方	6446	顾鹤逸仿宋元山水十二帧	1619
故事片《海之恋》中的立秋(赵静饰)和南下(马		顾鹤逸山水册	1645
晓伟饰)	10446	顾鹤逸中年山水精品	1704
故事片的摄影创作	13264	顾横波夫人兰竹卷	1607
故事片摄影师的素质和技能	13267	顾恺之	791
故事新编	3492	顾恺之　萧绎绘画长卷四款	1527
故事影片《侦察兵》剧照	13097	顾恺之新论	799
故事员的故事	5345	顾恺之研究	787
故宋正议大夫守尚书户部侍郎赠银青光禄大夫		顾恺之研究资料	792
赵府君圹表	7949	顾客的好参谋	3922
故乡	2988, 3011, 5393, 5466, 5771, 11941, 13237	顾坤伯	2069
故乡	2728	顾坤伯画选	1900

中国历代图书总目·艺术卷

顾坤伯树石专集	2454	顾祝君沈大慈画集	2827
顾莲塘谈连环画	1234	顾子方帖	8022
顾令君政绩卷	752	瓜	8803
顾盼	9569, 9640, 9696	瓜菜满园香	3557
顾盼人生	3483	瓜虫图	1746
顾盼神飞	9616	瓜儿甜蜜蜜	4188
顾潜馨陆忠德画集	2176	瓜果百种	3589, 3681
顾曲金针	11822	瓜果丰收	4188
顾曲杂言	12735	瓜果飘香	9418, 9487
顾荣元画集	2458	瓜果蔬菜画法	631
顾若波山水册	1629	瓜果树移到山顶上	11788
顾若波山水集册	1630	瓜果香甜	4361
顾若波生平第一精品	1642	瓜果谣	5466
顾生岳工笔人物画辑	2360	瓜果造型世界	8667
顾生岳人物速写选	2864	瓜棚	3000
顾生岳人像速写	1110	瓜棚传奇	5919
顾生岳速写	2864	瓜棚记	5280
顾氏画谱	2970, 3032, 3057	瓜棚女杰	6056
顾随先生临同州圣教序	8213	瓜棚下	5393
顾跛庵画册	1640	瓜棚新衣	3589
顾廷龙书法选集	8291	瓜禽图	1656
顾西眉画册	1610	瓜田画论	671
顾西眉仕女人物大册	1619	瓜甜果美是兰州	2717
顾绣考	10346	瓜甜果鲜	3628
顾炎武	5007	瓜甜果香	4265
顾翼画集	2233	瓜王葬礼	5919
顾影自怜的加菲猫	7004	瓜香果甜娃娃胖	4122
顾禹功画万年少书东海志交册	1629	瓜香果甜喜丰收	3966
顾振乐书画篆刻集	2218	瓜香万里	3792
顾震岩花鸟画集	2522	瓜秧的秘密	5174
顾正红	5648	瓜叶菊	2941, 8642, 9355, 9377
顾仲安钢笔行书字帖	7521	瓜园轶事	5919
顾仲安钢笔字帖	7428	瓜州	1577
顾仲安宋词精选五体钢笔字帖	7565	瓜子传奇	5771
顾仲安唐诗精选五体钢笔字帖	7565	呱呱姐	6446

书名索引

刮地风	12325	怪医秦博士	7103, 7104, 7105
刮骨疗毒	4188	关不住的爱	11487
寡妇	13250	关不住的姑娘	4923
卦山翠柏	4265	关不住了	11540
挂红灯	4265, 4361, 12105, 12264	关大王单刀会	11831
挂画	9224	关帝庙	9796, 10508
挂角读书	4525	关东大侠	6183
挂历先生	10687	关东画选	2127
挂毛主席像章的何云生	4878	关东女杰	6217
挂起了防火旗的时候	4904	关东书画	2326
挂帅初征	5771	关东响马	6056, 6217, 6446
挂印封金	4526	关东野韵	2326
乖——福州熊猫	10027	关东中国画集	1368
乖乖	9390, 9418	关公	4526, 4604, 5920, 8837, 8846, 9147
乖孩子	9550	关公	2368, 2369, 2373, 2377
乖孩子卡通绘画启蒙益智丛书	6730	关公 张飞	4122, 4361
乖巧	9696	关公 张飞	4812
乖娃娃	4188	关公·张飞	4783
怪船	6056	关公百图	1327
怪火	6248	关公传奇	4526
怪杰神功	6056	关公大义送貂蝉	2378
怪狼	6672	关公挑袍	4361, 4848
怪老人	5920	关公挑袍	2389
怪老头	5466	关公夜读	4188, 4265
怪鸟	5772	关公战黄忠	5467
怪女孩杨君子	11720	关公战秦琼	6285
怪棋手	5772	关广志	1740
怪人	5550	关广志画集	1386
怪人郑板桥	6183, 6216	关汉卿	4951, 5030, 5061, 5550, 5648, 5920
怪石录	10561	关汉卿戏剧乐谱	12075
怪兽许德拉	6706	关怀	1855, 3762, 3792, 3827, 3966, 4015
怪物太郎	7081, 7082, 7083	关怀与期望	8304
怪物小面人	6557	关键时刻	5251
怪侠罗平系列	7047	关阔书画集	1410
怪鸭历险记	7091	关联昌画室之绘画	2935

中国历代图书总目·艺术卷

关良画册	2784	关氏所藏晚清官窑瓷器	395
关良戏剧人物画	1886	关氏所藏中国牙雕	8666
关良作品集	2414	关水	4188
关曼青画集	2218	关肃霜表演艺术散论	12876
关门捉贼	5648	关肃霜艺术论	12891
关明绘画选	1399	关维兴人物水彩临本	1188
关牧村唱片、音带歌曲选	11974	关向应同志的青少年时代	6323
关牧村演唱歌曲集	11972	关心集体爱护公物	3383
关平 周仓	4526, 4604	关兴 张苞	4604
关平 周仓	4682	关益全歌曲选	11738
关平 周仓	2373	关友声画集	1717
关平周仓	4458, 4459	关于"话剧加唱"的问题	12906
关权昌画展	2326	关于表演技巧问题	12812
关山飞越又一线	3922	关于表演理论问题的讨论	12815
关山秋月	8291	关于第六届国际电影节的报告	13305
关山月	814, 2177	关于电影《北国江南》的讨论	13094
关山月画集	1740, 1869	关于电影的特殊表现手段	13082
关山月画辑	1399	关于电影企业、财务管理的指示与规定	13274
关山月画梅	964	关于发扬"五四"以来音乐中社会主义现实主义	
关山月黄知秋刘炳森诗书画集	2326	传统研究资料	10955
关山月论画	523	关于法国影片广岛之恋	13300
关山月新作选集	2326	关于几个戏曲理论问题的争论	12970
关山月研究	816	关于继承表演遗产的几个问题	12700
关山月作品选集	1789	关于雷奈·费里尼电影的二三事	13146
关胜 花荣	4361	关于罗丹	8604
关胜 秦明	4526	关于罗丹——日记择抄	8604
关胜 索超	4604	关于罗丹—日记择抄	8604
关胜 秦明	4682	关于美国影片"在海滩上"	13089
关胜 索超	4682	关于穆拉杰里的歌剧"伟大的友谊"	11138
关胜 朱全	4682	关于批评错误影片"武训传"的学习资料	13088
关胜·秦明	2378	关于皮影戏	12977
关胜·索超	4784	关于少数民族民间歌曲的语音审辨	10906
关胜·索超	2389	关于希腊影片《囚徒》	13096
关胜秦明	4459	关于戏剧冲突的参考资料	12714
关氏所藏宋代陶瓷	415	关于戏剧界"迎春晚会"的反应和陆定一同志对	

书名索引

这件事的批示	13015	关注	7390
关于现代西方资产阶级音乐的参考资料		观沧阁帖	8119
	10923	观沧海	2202
关于现代戏的表演问题	12812	观察风速	4064
关于艺术家形象的传说、神话和魔力	084	观潮诗	8157
关于意大利影片《甜蜜的生活》	13089	观潮图	1961
关于院体画和文人画之史的考察	569	观潮图	2069
关羽	4122, 4682	观春秋	4362
关羽 黄忠	4362	观灯	3725, 4188, 8815, 9365
关羽 魏延	4604	观风雨辨方向不信天命干革命	3236
关羽 张飞	4122, 4362, 4526, 4604	观海楼	4604
关羽 黄忠	4682	观海图	4265
关羽 张飞	4682, 4812	观虹图	1662
关羽 张飞	2373, 2374	观花	12605
关羽·黄忠	2369, 2378, 2389	观花思情	10455
关羽·张飞	2370, 2378, 2389	观画百咏	780
关羽黄忠	4265, 4459	观剧必携	12710
关羽战长沙	4812	观剧札记	12723
关羽张飞	4459	观剧指南	12856
关玉良·艺术风	1414	观看与观察	126
关玉良墨彩艺术	2301	观澜阁书画题跋	8022, 8037
关云长	4526, 4682	观妙斋集印	8496
关云长 张翼德	4526	观逆集·中外电影篇	13062
关云长·张翼德	2378	观念艺术	104
关云长单刀赴会张飞大闹长坂坡	4188	观藻	9818
关云长千里走单骑	2378	观藻图	2020, 3408, 4526
关云长夜读春秋	4459	观瀑图	2128, 2436
关则驹油画选	2805	观秋图	2657
关增铸画集	2038	观赏、认知、解释与评价	117
关增铸评集	814	观赏鱼类画谱	988
关增铸印谱	8566	观石录	8614
关真全画集	2482	观世音菩萨	4754, 4755, 6580
关中八景	4122	观世音菩萨三十二大悲心忏	3060
关中于氏藏松江本急就章	7660	观世音像百印谱	3051
关重尧诗稿	8195	观堂遗墨	8109

中国历代图书总目·艺术卷

观戏建言	12806	馆本十七帖	7774
观想佛像	461	馆藏中国艺术书目	278
观音百态	873	馆律分韵初编	10948
观音殿记	7945	馆员书画作品选	2281
观音画法鉴赏	456	管得好	3879
观音画艺术	463	管电记	5345
观音菩萨	462	管好集体储备粮	3774
观音十相	10508	管好生产队的财务靠大家	3137
观音尊像卷	462	管桦与著名作曲家合作歌曲选	11514
观鱼	9451	管叫山河换新装	3181
观鱼	2128	管乐编曲法	11074
观鱼图	4605	管乐低音部基本练习曲	12454
观月听琴室印存	8529	管乐队实用手册	11273
观月亚里沙写真集	10147	管乐队指南	12457
观战	4459	管乐合奏曲集	12237
观众点播歌曲荟萃	11720	管乐合奏曲集(14)首	12553
观自得斋集古庐印谱	8529	管乐合奏曲集(15首)	12161
观自得斋印集	8515, 8520	管乐合奏曲集(20首)	12553
观自得斋印记	8515	管乐合奏曲总谱10首	12238
官布中国画集	2202	管乐器吹奏呼吸法	11168
官场漫画	3507	管乐器及打击乐器演奏法	11164
官场现形记	6323	管乐器手册	11175
官场笑话	3507	管乐入门	11170
官岱里的战斗	5920	管乐五重奏	12160
官渡	8855	管乐性能及其应用	11167
官渡大捷	5280	管理好	9338
官渡之战	5467	管理学	6613
官封弼马温	6248	管色考	11018
官禄场风波	5226	管水新工	4015
官山幽魂	6285	管弦记	10934, 10935
官司幽默	6992	管弦乐队讲话	11269
官窑名瓷	413	管弦乐队乐器法	11092
冠伦素描	2910	管弦乐队配器法	11103
冠谱	10343	管弦乐队指南	11269
棺材之谜	5550	管弦乐法	11074, 11086

书名索引

管弦乐法基础教程	11094	光辉初露	9831
管弦乐法教程	11164	光辉词篇照前程	3879
管弦乐法原理	11073	光辉的《五七指示》万岁	8881
管弦乐名曲解说	11271	光辉的榜样	2780
管弦乐浅释	11165	光辉的道路 灿烂的前程	3827
管弦乐手册	11164	光辉的典范	3966
管弦乐欣赏	11269	光辉的斗争	4951
管弦乐演奏曲选	12222	光辉的历程	316, 6355, 9278, 9322, 9324, 10099
管弦乐指挥研究	11107	光辉的历程 伟大的成就	8699
管弦乐总谱读法	11272	光辉的历史文件	13100
管弦乐总谱小乐队合奏曲选	12232	光辉的旗帜	6486
管弦乐作品片断	12554	光辉的青春	4951
管宜孔摄影美术作品选	8985	光辉的日子	3725
管仲拜相	5648	光辉的五周年	13239
管仲与鲍叔牙	5648	光辉的战斗历程	3331
管子独奏曲三首	12157	光辉的战斗历程(1921—1949)	8899
贯彻"鞍钢宪法"开展工业学大庆的群众运动		光辉历程	8969
	3274	光辉岁月	4812, 12782
贯彻《食品卫生法》实行食品卫生六有	3367	光辉业绩 伟人风采	13160
贯彻以农业为基础的方针力争农业丰收	3102	光辉永照	7549
贯休十六罗汉象	8650	光辉照征途	3299
撅掉千年杠棒	4951	光辉中华	9483
灌娘闯阵岳云出山	4266	光琳	6778
灌县都江堰	1724	光明	11561
灌县名胜	10455	光明的中国	9284
罐形容器包装与设计	10773	光明的追求	6913, 6927
罐斋杂记	3417, 3420, 3498	光明行	6056, 12280, 12328
光彩照神州	4856	光明画集	3392, 3393
光灿华丽的玞珉	401	光明磊落忠于党 鞠躬尽瘁为人民	8142
光的情和爱	11525	光年自书诗稿	8247
光复道上红旗飘	4951	光荣	5393
光构成	138	光荣啊！伟大的共产党	11601
光和影的技法	602	光荣八大员	3589
光华影集	8867	光荣榜	11954
光华照神州	3966	光荣参军	2751

中国历代图书总目·艺术卷

光荣参军保卫社会主义江山 光荣复员建设社会主义祖国 3966
光荣的榜样 4904
光荣的岗位 1834, 2757, 3966
光荣的岗位 崇高的职责 3364
光荣的工作 4912
光荣的基洛夫工厂 10127
光荣的纪念 8951
光荣的凯旋 12234
光荣的劳动幸福的生活 3079
光荣的团队 11438
光荣的中国人民志愿军 1273
光荣的子弟兵 9769
光荣归来 4188
光荣归于党 3102, 3103
光荣归于共产党 颂歌献给华主席 3966
光荣归于毛主席 2741
光荣归于人民教师 3364
光荣花 4015, 11565
光荣花开大治年 3966
光荣军属人人敬 英雄战士个个夸 4015, 4266
光荣门第 模范人家 3628
光荣人家 1917, 3774, 3879, 3967, 4266, 4362, 4605, 9483
光荣人家 2069
光荣人家 幸福门第 4362
光荣人家 英雄门第 4362
光荣人家春更浓 1815
光荣人家更浓 3827
光荣人家庆有余 4362
光荣人家喜事多 2020, 4812
光荣人家喜盈门 4683
光荣人家新年好 4362
光荣人伍 立志务农 3725
光荣属于保卫四化的英雄 3317
光荣属于党 3331
光荣属于攀登科技高峰的人们 3299
光荣属于人民教师 3299, 3370, 3967
光荣属于希腊 376
光荣属于勇攀高峰的人们 3317
光荣鲜花献英雄丰收美酒敬模范 4266
光荣之家 3681, 3922, 4015, 4064, 4065, 4122, 4189, 4362
光荣之家 2069
光荣之途 13250
光山披绿装 遍地粮油香 3589
光未然戏剧文选 12696
光武中兴 6183
光线的奥秘 8794
光线的应用 8728
光效应艺术 586
光绪皇帝《大婚图》 1677
光绪与珍妃 9942
光学录音与放音 13266
光艳 9476
光耀乾坤 4683
光耀中华 2677
光阴之箭 6706
光影大师 13271
光影艺术探秘 8710
光影意念 8987
光影之恋 8971
光与彩 9096
光与色的交响 548
光与影 8686, 9390
光与影的奥秘 8704
光与影的叙述 13166
光宇讽刺集 3393
光裕堂琴谱 12303
光元鲲画虎作品选 2583

书名索引

光照千秋	1277	广东博物馆藏绘画	1475
光照日月 浩气千古——左权将军	4266	广东潮州弦诗乐	11313
光之速记	13271	广东传统雕刻艺术	8634
广安门站	8699	广东丛帖叙录	7712
广播·电视·戏曲研究	13019	广东当代美术家作品选	1369
广播电视歌曲集	11918, 11919	广东电视台珠江经济台著名主持人	10531
广播电影电视艺术辞典	13063	广东风光	8921
广播歌集	11561	广东风物传说	5920
广播歌辑	11387	广东枫溪通花雕塑	10196
广播歌曲	11705	广东革命歌曲选	11663, 11664
广播歌曲集	11390, 11474	广东工艺美术史料	10233
广播歌曲选	11395, 11462, 11472, 11479	广东工艺美术新作选	10231
广播歌声	11393, 11452, 11453	广东国画选	1869
广播歌选	11393, 11398, 11399, 11404, 11407,	广东汉剧源流探讨	12928
	11424, 11454, 11472, 11476, 12376, 12377	广东汉乐胡琴古筝曲选	12349
广播歌选选集	11404, 11405	广东汉乐三百首	12345
广播黄梅戏选曲	12112	广东画人录	580, 581
广播京剧唱腔选	11871	广东画院画集	1367
广播戏曲唱腔选	11867, 11868	广东画院画家作品集	1373
广播新歌	11387, 11390, 11407	广东画院集刊	1363, 1364
广播新歌集锦100首	11710	广东话剧运动史料集	12910
广播新歌选粹	11710	广东建设新貌	9871
广播影视歌曲精选	11928	广东乐曲的构成	11350
广仓硕录	1059	广东乐曲一百首	12345
广场花絮	4683	广东历代名家书法	7665
广场即景	9106	广东美术	275
广场奇遇	13250	广东美术史	262
广川画跋	727, 728	广东美术选集	1358
广川画跋校勘记	7946	广东美术作品选	1357
广川书跋	7679, 7680, 7685	广东美术作品选集	1355
广大青少年, 都来参加体育活动!	3206	广东民歌合唱曲六首	11789
广岛被炸十年祭	8628	广东民间歌曲	11774
广东	8918, 8928, 8933, 10411, 10508	广东民间剪纸	10667
广东版画选	3020, 3027	广东民间剪纸集	10663
广东北江	9787	广东民间美术	10705

中国历代图书总目·艺术卷

广东名画家选集	1358	广东音乐荟萃	12349
广东年画	4526, 4527, 4683	广东音乐曲集	12342, 12345, 12346
广东农民画选	6746	广东音乐曲选	12344
广东七星岩	9787, 9856	广东音乐主题钢琴四首	12195
广东商业摄影年鉴	10386	广东游乐	9327
广东设计年鉴	10228	广东幼儿书画集	6764
广东摄影家代表作	8899	广东肇庆七星岩	9097, 9259, 9818
广东摄影艺术作品选	8931	广东中国画新作选	1834
广东深圳石岩温泉	9096	广东中山温泉	9097
广东省博物馆藏法书选集	8096	广泛开展农村体育活动	3236
广东省博物馆藏画集	1479	广泛开展群众体育运动	3079
广东省博物馆藏陶瓷选	410	广泛深入地开展增产节约运动	掀起工业生产
广东省电影发行放映工作史料	13186	新高潮	3137
广东省设计师作品选	10194	广告	10369
广东省书法界"晚霞工程"系列丛书	8328	广告·策划·设计·印刷	10218
广东省顺德市齐杏中学学生版画选集	3050	广告版面的编排与设计	10389
广东省戏剧年鉴	12925	广告包装设计图集	10377
广东石湾陶器	8616	广告标志人物资料	10369
广东首届水彩画展作品精选集	2964	广告策划创意学	10399
广东书画征献录	7157	广告常用美术字	7646
广东顺德仙泉宾馆	10000	广告创意	10395
广东四大名园	4266	广告创意设计大图典	10756
广东特区别墅庭园	9298	广告创意设计技法	10761
广东特区深圳西丽塔	9096	广告创意思维78法	10395
广东舞台美术家作品选集	12831	广告创作年鉴	10386
广东戏剧史略	12752	广告的创意与表现	10383
广东现代画坛实录	523	广告的符号世界	10393
广东小曲集	12342, 12344	广告的艺术	10774
广东新歌选	11399	广告贺卡设计	10377
广东新闻图片	9280	广告画构成设计	10378
广东星湖	9087	广告画经验指导	10367
广东音乐	12340, 12341, 12342, 12343, 12348,	广告徽标图文创意图库	10399
12349		广告美术基础	10399
广东音乐101首	12345	广告美术字	7648
广东音乐国际研讨会文集	11351	广告美术字变体与徽标设计	7646

书名索引

广告美术字体设计大典　　　　7646　　广告艺术　　　　10373, 10393, 10400
广告美学　　　　　10389, 10395　　广告艺术文字构成设计　　　　10384
广告妙语美术字　　　　　7646　　广告幽默　　　　　　　6992
广告女孩　　　　　　　6706　　广告与传媒　　　　　　10386
广告全案策划　　　　　10761　　广告照片的设计　　　　　10369
广告人手记　　　　　　3507　　广告制作　　　　　　　10393
广告人物插图选　　　　　6610　　广告装潢基础知识　　　　　10375
广告设计　　10372, 10375, 10380, 10389, 10393,　　广告装潢资料集　　　　　10379
　　　　10400　　　　　　　　广告装璜　　　　　10389, 10390
广告设计 10 法　　　　　10383　　广告装璜设计　　　　　　10380
广告设计彩色底衬图案全集　　　10386　　广告装璜设计百科　　　　　10393
广告设计概述　　　　　10400　　广寒宫　　　　　　　12091
广告设计构图　　　　　10395　　广汉书画集　　　　　　2281
广告设计技法　　　　10375, 10377　　广画录　　　　　　　1269
广告设计学　　　　　　10728　　广积粮　　　　　　　3792
广告设计用楷书体字典　　　　7636　　广积粮　多贡献——吉林省榆树县发展农业生
广告设计与超级写实　　　　10389　　　　　产为国家作出重大贡献　　9275
广告设计与制作　　　　　10400　　广堪斋藏画　　　　　　1467
广告摄影　　8731, 8742, 8752, 8766, 8777, 8787,　　广阔大地是我们的课堂　　　　11624
　　　　8794, 10143　　　　　　广阔的道路　　　　　　6751
广告摄影创意 100 例　　　　8777　　广阔的天地　　　　　　5199
广告摄影创意语言　　　　　8778　　广阔天地　　1806, 3725, 3762, 3792, 3827
广告摄影丛刊　　　　　8742　　广阔天地　大有作为　　　3792, 3793
广告摄影的特殊技法　　　　8781　　广阔天地　大有作为　　1834, 1847, 3193, 3219,
广告摄影基础指南　　　　　8794　　　　　3236, 3252, 9279
广告摄影技巧　　　　8746, 8774　　广阔天地　茁壮成长　　　　3206
广告摄影技术教程　　　　　8774　　广阔天地唱凯歌　　　　　11680
广告摄影技艺　　　　　8794　　广阔天地大有作为　　3827, 3922, 5174, 8806,
广告摄影精华　　　　　8994　　　　　9275, 11680
广告视觉媒体设计　　　　10380　　广阔天地绘新图　　　　　3022
广告术　　　　　　　10383　　广阔天地炼红心　3172, 3181, 3206, 3922, 5160,
广告图案设计　　　　　10373　　　　　12266
广告图案字　　　　　　10367　　广阔天地炼红心　大有作为创新业　　3793
广告文案写作　　　　　10393　　广阔天地炼红心　扎根农村干革命　　6600
广告学　　　　　　　10400　　广阔天地炼红心扎根农村干革命　　3274

广阔天地气象万千	3879	广西国际民歌节重要文件汇编	11812
广阔天地新苗壮	3206, 3879	广西河池地区民间歌曲集成	11798
广阔天地新苗苗壮	3236	广西老年书画选集	2281
广阔天地新一代	3274, 11684	广西旅游大观	8943
广阔天地迎新人	3793	广西美术	216, 217
广阔天地育新苗	3793	广西美术五十年	273
广阔天地育新人	3827, 9267, 9338	广西美术作品选集	1359, 1362
广阔天地育新人 革命熔炉炼红心	3922	广西民歌	11763
广灵秧歌音乐	12147	广西民歌十九首	11812
广陵绝响	10973	广西民间布帖图案	10270
广陵散	12309	广西民间歌曲集	11785
广陵散谱	12307	广西民间歌曲选	11798
广陵散研究	11333	广西民间舞蹈	12606
广陵真趣	11326	广西民居钢笔画写生	2910
广厦千万住房难	3384	广西民族风情	10496
广文画册	1900	广西民族歌曲精选	11529
广武将军碑	7745	广西民族民间舞蹈史料汇编	12618
广武山	4951, 5772	广西傩艺术论文集	12941
广西	8927, 8933	广西曲艺资料汇编	12971
广西八景	4189	广西少数民族风情画辑	1365
广西彩调常用唱腔	11142	广西少数民族乐器考	11351
广西电影发行放映史	13191	广西少数民族图案选集	10243
广西儿童书画选	6757	广西少数民族音乐的中立音与中调式	10906
广西二重唱民歌二十九首	11785	广西少数民族织锦图案选集	10270
广西二重唱民歌三十首	11798	广西摄影艺术作品选集	8921
广西风光	1292, 1293, 8965, 9403	广西省环江县毛南族的"还愿"仪式	12622
广西风光名胜	10496	广西省立艺术馆开幕纪念特刊	245
广西歌片	11788	广西省柳州师公傩的文武坛法事	12952
广西歌曲五首	11456	广西省民间音乐选集	10902
广西各民族歌曲	11806	广西师范大学艺术系美术书法作品选	314
广西各民族民间图案选集	10244	广西首届硬笔书法展作品精萃	7494
广西各族民歌选	11794	广西僮族民歌十一首	11785
广西根艺	8647	广西文场音乐	12102, 12118
广西工艺文化	10202	广西舞蹈选	12611
广西桂林阳朔风光	4683	广西戏剧史论文集	12757

书名索引

广西戏曲音乐简论	11151	广州烈士陵园	8879
广西新歌	11783	广州美术馆藏明清绘画	1582
广西新貌	8921	广州美术馆藏中国画精品集	1488
广西艺术学院美术作品集	339	广州美术学院附属中等美术学校速写集	2910
广西艺术研究所	346	广州美术学院附中学生习作	317
广西优秀少年儿童歌曲选	12050	广州美术学院学生素描百图	2877, 2900
广西右江镇总兵张公墓表碑帖	8035	广州美术学院中国画系硕士论文集	707
广绣	10361	广州美术学院中青年教师素描作品集	2916
广绣纹样参考资料	10348	广州名胜	9856
广艺舟双楫	7235, 7236, 7276	广州名胜古迹	9801
广艺舟双楫评论	7237	广州农民运动讲习班	10417
广艺舟双楫注	7260	广州农民运动讲习所	3015
广元石刻艺术画册	2512	广州农民运动讲习所旧址	9295
广韵词隐先生增订南九宫词谱	12055	广州区庄立体交叉	9831
广智三藏不空和尚碑	7889	广州区庄新貌	4459
广州 8943, 8955, 8958, 8969, 9334, 9335, 10411,		广州市市立美术学校十五周年纪念特刊	343
10496, 10509		广州水彩画新作选	2948
广州白天鹅宾馆	9995, 9998	广州水彩画选	2939
广州壁画选	6620	广州水彩画研究会作品集	2962
广州草暖公园	9097	广州天河体育中心	4527, 9998
广州草暖园	9882	广州新貌	3879
广州插花	10588, 10606	广州新姿	9079
广州刺绣针法	10347	广州牙雕与玉雕	8665
广州雕塑院作品选集	8638	广州杂技团访问澳大利亚	12987
广州鹅潭新景	1961	广州植物园	9128
广州风光	9058, 9843, 9871	广州中国大酒店	9995
广州光孝寺	10005	广州中山纪念堂	9299
广州光孝寺古代木雕像图录	8640	广州珠江畔	9871
广州国际艺术博览会丛书	1344	广装潢志	1063
广州花园酒店	9996, 10000	逛灯会	4065
广州花园酒店雄姿	9996	逛新城	4362, 11624
广州画院国画选	2177	归程	11540
广州画院画选	1368	归队	5087
广州集雅斋藏书法	7737	归帆	1746, 1766
广州家居	10581	归帆图	1591

中国历代图书总目·艺术卷

归来	5648	规范楷书歌诀书法字帖	8247
归来还是社里人	3922	规范毛笔字帖	7354
归鹿	1834	规范硬笔书法教程	7617
归牧图	1789, 1869	规范字硬笔书法指导字帖	7472
归牧图	2637	规划制订入门	6980
归纳画法	10400	闺女之歌	11424, 12226
归侨林我来	4951	闺情图	1494
归侨林应扬国画选	2233	闺秀·时代·陈进	107
归去来并序	7964	闺秀丽影集	8995
归去来辞	8016, 8506, 8507, 12295	瑰宝	5920, 9476, 9477
归石轩画谈	770	瑰丽	9466
归实斋画计	1456	瑰丽的红河	8965
归顺九焰山	5920	瑰丽花衣	10525
归宿	5649	诡计多端	5649
归途	5772	诡秘的海域	5649
归我室翰墨记	1456	鬼斧神工	8607, 8611
归心如箭	4951	鬼谷探宝	3459, 3492
归心似箭	5467, 5550, 13105	鬼狐怪仙	3451
归云楼砚	1057	鬼狐仙怪	3450, 3451
归云楼砚谱	1057	鬼姐	5920
归庄手写诗稿	8058	鬼趣图题咏	7146
圭峰定慧禅师碑	7875	鬼山黑影	5550
圭美堂札记题跋	7693	鬼生子峡谷报仇	6056
龟仓雄策	10774	鬼新郎	5550
龟甲兽骨文字集联	8358	癸丑血案	6248
龟山疑案	6217	癸卯年二十四节令表	10405
龟蛇盗	6183, 6217	柜台	9149, 12079
龟蛇二怪	6384	柜台风云	5199
龟兔第二次赛跑	6706	柜台新风	5174
龟兔两次赛跑	5467	柜台一兵	5280
龟兔赛跑	6524, 6706, 12226	柜中缘	4065, 5393, 9228, 11865, 12077
规范钢笔行书字帖	7580	柜中缘	2128
规范钢笔正楷字帖	7450	刽子手	5920, 6056
规范钢楷自学入门	7580	贯池傩文化艺术	12958
规范汉字书写技法	7521	贯德风光	9882

书名索引

贵妃拂尘图	4459	贵州花灯曲调集	12108
贵妃游园	4605	贵州花灯曲集	12104
贵妃醉酒 3535, 3557, 3589, 4122, 4189, 4890,		贵州花灯三百首	12126
9231, 9939, 9942, 9945, 9947, 9954, 9957,		贵州花灯史话	12936
9958, 10446, 11829, 11830, 11868, 11870,		贵州花灯中的钱竿调	10992
12069, 12868		贵州花灯资料	11835, 11836
贵妃醉酒	2378	贵州黄果树	9908
贵妃醉酒图	1900	贵州黄果树瀑布	9097, 9114, 9131, 9818, 9831,
贵夫人像	6860	9871	
贵妇	2843, 9752	贵州黄果树瀑布之夏	9790
贵妇还乡	5920, 6056	贵州解放四十周年成就展览图片集	8946
贵妇像	6886	贵州蜡染	10352
贵体侃水粉风景画集	2962	贵州旅游资源考察风光绘画集	2070
贵阳风光	9142	贵州漫画选集	3407
贵阳美术作品选	1364, 1369	贵州盲人聋哑人	8937
贵阳书法篆刻选	8247	贵州苗、彝、侗族各种乐器曲谱	12339
贵阳姚华芷父颖拓	8123	贵州苗族刺绣	10353
贵在坚持	3793	贵州苗族蜡染图案	10351
贵州	8919, 8931, 8932, 8934, 8937	贵州苗族芦笛曲选	12262
贵州安顺	8855	贵州苗族芦笙	12270
贵州安顺地戏调查报告集	12949	贵州苗族芦笙曲选	12342
贵州安顺地戏面具	10682	贵州苗族民间剪纸	10668
贵州百名少儿书画集	1369	贵州民间歌曲三十首	11774
贵州传统蜡染	10361	贵州民间歌曲选	11796
贵州创作歌曲选	11794	贵州民间歌曲选集	11768
贵州的手工艺品	10230	贵州民间工艺研究	10687
贵州地戏简史	12766	贵州民间艺术概况	11142
贵州侗戏	12940	贵州民族民间音乐资料刊	11864
贵州侗族剪纸选集	10670	贵州民族头饰	3042
贵州侗族音乐	10907	贵州民族音乐文选	10909
贵州独山花灯曲调	12112	贵州木刻选编	2993
贵州风雨桥	9483	贵州傩面具艺术	10682
贵州歌曲创作选	11415	贵州溶洞	8939
贵州歌声	11767, 11768	贵州三十年歌曲选	11798
贵州花灯曲词集	12108	贵州少数民族服饰图案选	10246

贵州少数民族服饰资料	10255	桂材印赏	8584
贵州少数民族蜡染图案	10243	桂承平指画	2004
贵州少数民族乐器100种	11298	桂东瑶舞探秘	12621
贵州少数民族民间美术	10689	桂桂	5393
贵州少数民族少儿歌曲	12042	桂海碑林	7704
贵州少数民族图案选集	10243	桂海春涛	5921
贵州少数民族音乐	10909	桂海器志	10195
贵州省岑巩县注溪乡岑王村老屋基喜傩神调查		桂海艺丛	345
报告	12952	桂花	1710
贵州省第三次艺术会演资料汇刊	13015	桂花开放幸福来	11954
贵州省工农兵美术作品选	281	桂剧 壮剧 彩调剧移植革命样板戏唱段选辑	
贵州话剧团	12916		11145
贵州省纪念红军长征胜利60周年美术书法作品		桂剧常用唱腔曲牌介绍	11140
集	1371	桂剧音乐	11837
贵州省老年书画选集	2326	桂林 2793, 8939, 8956, 8962, 8966, 8972, 9350,	
贵州省美术、摄影作品展览目录	279	9377, 9403	
贵州省美术作品选集	278	桂林·阳朔揽胜	8958
贵州省美术作品展览会选辑	344	桂林春晨	3967
贵州省农业银行储蓄杯第三届全省汉字钢笔书		桂林风光 4266, 8950, 8954, 9350, 9355, 9470,	
法大赛获奖作品选	7521	9497	
贵州省少数民族群众业余艺术观摩演出节目资		桂林风景	9871
料汇刊	13015	桂林伏波山	9871
贵州省专业艺术资料汇编	216	桂林花桥	9993
贵州书画家简论	801	桂林黄布滩	9097
贵州水族仡佬族民间音乐	10908	桂林经典五十美景	8972
贵州土家族宗教文化	10919	桂林漓江	8930, 9432
贵州戏剧资料汇编	12721	桂林旅游大观	8943
贵州戏曲大观	12952	桂林骆驼山	9843
贵州阳戏	13018	桂林美景	9818
贵州彝族民歌选	11800	桂林梦幻	9871
贵州艺术研究文丛	216	桂林名胜	10509
贵州艺术之乡集锦	462	桂林蘑菇亭	9831
贵子得鱼	3589	桂林奇峰	9808
贵子连登同拜华堂	2989	桂林区民歌曲集	11779
贵族迷	5921	桂林日谍案	6355

书名索引

桂林榕湖	9808	桂林新姿	9079
桂林榕荫古渡	8946	桂林兴坪	9872
桂林山水	4122, 4189, 4527, 4683, 8917, 8918,	桂林岩洞	9355, 9356
	8919, 8929, 8934, 8943, 8950, 8966, 9334,	桂林阳朔	8940
	9390, 9432, 9497, 9898	桂林阳朔风光	8855
桂林山水	2417, 2418, 2430, 2713	桂林阳朔风光选粹	8956
桂林山水传说故事	6384	桂林之春	8944
桂林山水的传说	4362, 5772	桂陵与马陵之战	5772
桂林山水画法	909	桂南采茶音乐	11151
桂林山水画选集	2417	桂亭砚铭	1051
桂林山水甲天下	3557, 8934, 8940, 8943, 9403,	桂西山歌曲集	11770
	10509	桂英打雁	4122, 9939
桂林山水甲天下	2417, 2423, 2445	桂园春晖	8966
桂林山水摄影	8956	桂征白描花鸟图册	2540
桂林山水摄影艺术作品选	8940	桂枝新婚待夫妇	8812
桂林山水诗钢笔字帖	7450	桂竹杯全国书法大赛作品集	8263
桂林山水诗书法选	8195	鳜鱼	1869
桂林山水诗文钢笔字帖	7450	滚滚长江东逝水	11929
桂林山水水印木刻画集	10496	滚滚红尘	13136
桂林山水天下秀	8969	滚雷英雄罗光燮	5174
桂林山水天下秀(画册)	8969	滚石情歌经典乐谱	11748
桂林山水新作选	1303	鲧伯取土	5550, 5592
桂林山水张力平摄影作品	8972	鲧和禹的故事	5921
桂林山水资料	2862	郭暧和金枝	8809
桂林山水总是情	8951, 8952	郭北平油画作品选	2821
桂林杉湖	9831	郭不黑白画集	6763
桂林杉湖麻菇亭	9808	郭长柏漫画	3451
桂林胜境	8958	郭大维画集	2020
桂林石刻	7713, 7714	郭德菹作品选	2962
桂林石刻选	7714	郭敦画集	2219
桂林书法篆刻选	8132	郭凤惠书法选	8176
桂林天下秀	8943	郭凤惠书画集	2281
桂林西郎山	9908	郭公达山水画册	2004
桂林仙境	9390, 9507	郭公达山水画选集	2482
桂林写生	2852	郭广业画集	2128

中国历代图书总目·艺术卷

郭汉成诗文戏曲集	12726	郭任远声乐钢琴作品选	12213
郭化若诗词墨迹选	8195	郭若虚画论	728
郭化若书法集	8247	郭山泽法制文学插图作品	6616
郭焕材油画展专辑	2821	郭尚斋画册	1705
郭嘉宏	5144	郭尚斋山水花卉册	1705
郭嘉宏	5144	郭绍纲素描选集	2871, 2887
郭金洲版画选	3054	郭绍纲油画风景写生	2818
郭靖和黄蓉——《射雕英雄传》	13118	郭绍纲油画选	2787, 2796
郭钧画集	1386	郭绍虞手书毛泽东诗词	8247
郭钧西草书长恨歌	8328	郭石夫画集	2540
郭兰英演唱歌曲选	11970	郭士画集	2532
郭廉夫画集	1414	郭士油画展	2813
郭亮	5772	郭氏画训	673
郭林速写	2872	郭淑珍演唱歌曲选	12429
郭鲁别夫医生	4952	郭松林	5175
郭孟浩作品集	1399	郭天锡手书日记	7961
郭明俊摄影作品集	8992	郭廷龙画选	2202
郭沫若	3388	郭同江画选	2177
郭沫若行草书单字精选	8291	郭味蕖	2301
郭沫若闽游手迹	8157	郭味蕖花鸟画技法	961
郭沫若手书五言诗	8149	郭味蕖画集	1961, 2020
郭沫若书卜算子·咏梅	8136	郭味蕖画集	2219
郭沫若书法集	8328	郭味蕖画辑	1869
郭沫若书毛泽东诗词	8213	郭味蕖画选	1961
郭沫若书毛主席诗词三十七首	8136	郭味蕖画选	2038
郭沫若书七律	8135	郭味蕖教学画稿	2301
郭沫若书七言行书联	8425	郭味蕖作品	2546
郭沫若题画诗存	2281	郭文清公墨迹	8056
郭沫若遗墨	8149, 8167	郭西河画集	2233
郭慕熙工笔仕女画选	2411	郭熙	789
郭妃庭仿古山水册	1702	郭熙王洗合集	1549
郭强书法篆刻集	8315	郭熙溪山行旅	1539
郭庆雪诗词书法集	8304	郭熙早春图	1547
郭全忠作品	2414	郭小庄雅音缭绕	12709
郭全忠作品集	2398	郭兴福练兵	5114

书名索引

郭兴华画集	2177	国朝画话	466
郭雪湖画辑	2937	国朝画家书	7659
郭延年翰墨刊集	8304	国朝画识	845
郭怡孮花卉画集	2509	国朝画征录	752
郭怡孮画集	2525	国朝画征录姓氏目	846
郭怡孮教学画稿	975	国朝畿辅画录	842
郭怡孮作品	2546	国朝隶品	7238
郭银土国画小品集	2233	国朝隶则	7660
郭银土书画集	2202	国朝隶则三种	8038
郭鹰演奏的潮州筝曲选	12315	国朝名画集锦册	1467
郭勇山水画集	2471	国朝名家遗墨	8022, 8030
郭玉祥水粉画集	2962	国朝名人手迹	8107
郭运娟现代绘画艺术作品集	1394	国朝名人楹联汇辑	8109
郭志光画集	2128	国朝人书评	7235
郭忠恕辋川图卷	1534	国朝书品	7205
郭庄早晨	1815	国朝书苑	7658, 7660
郭子绪书法选	8185, 8213	国朝四十名家墨迹	8030
郭子宣治印	8580	国朝吴郡丹青志	746
郭子仪打描	6183	国朝印识	8443
郭子仪祝寿	4459	国朝院画录	775
蝈蝈·雁来红画法	968	国朝诸名家墨迹手札	8022
蝈蝈声声	5772	国粹民魂	7472
蝈蝈丝瓜	1778	国粹学报	239, 1497
国宝	421, 8994	国粹学报插图	1280
国宝大典	421	国防大学老战士书画选	2326
国宝将被拍卖	6409	国防科研结硕果	8812
国宝奇遇	6056	国防新歌	11377
国宝欣赏 100 种	096	国防音乐	11375
国策之歌	8276	国防战士之歌	11438
国产电影《奇袭》剪辑	13096	国父墨宝	8123
国产艺术影片资料汇编	13295	国父批牍墨迹	8122
国产影片调查	13172	国富民强逢盛世 花开日暖正阳春	2038
国超书画	2177, 2250	国富民强福万代	2070
国朝画传编韵	842	国富民强生活幸福	4459, 4527
国朝画后续集	773	国富人寿	1917

中国历代图书总目·艺术卷

国富人寿	2625	国画人物	878, 882
国光歌选	12187	国画人物画典	2369
国花牡丹	9319	国画人物画法	880
国花颂	9316	国画人物技法	883
国花图案集	10336	国画入门	855, 858
国华竞芳菲	2004	国画山水	923
国华竞芳菲	2038	国画山水解剖	902
国画	856, 859, 860, 861, 862, 972, 1740	国画世界	2038, 2070, 2177
国画	2625	国画书法选	2004
国画——山水画法及演变	902	国画书片	1740
国画 ABC	847	国画四条屏	1847, 1855, 1900, 1961
国画创作散论	863	国画题款常识问答	690
国画丛谈	681	国画舞蹈	1917
国画大学 国画中庸	6580	国画小画片	1778
国画购藏指南	814	国画小辑	1789
国画观赏鱼入门	993	国画小品	1869
国画花鸟	981	国画小品	2532
国画花鸟技法	981	国画写生集	1738
国画画片	1740	国画写生小辑	1766
国画基本技法	681	国画欣赏与入门	795
国画基础	859, 862	国画新作	1825
国画集	1740, 1746, 2281	国画选	1778
国画集	2281, 2404	国画选辑	1766
国画集锦	1778	国画研究	680
国画技法	856, 863	国画鱼类画法	987
国画技法概论	856	国画作品集	1887
国画教程	863	国画作品选集	1789
国画进阶	689	国画作品选辑	1796
国画离骚 国画天问	6580	国会纵火案	6056
国画六法新论	855	国际标准交际舞拉丁舞大全	12663
国画面面观	782	国际标准交谊舞	12662, 12663, 12666
国画明信片辑	2664	国际标准交谊舞指南	12663, 12664, 12665
国画年画缩样	4266	国际标准舞技法规范	12666
国画鸟谱	945	国际藏书票精选	6925
国画人体艺术	2038	国际超级歌后玛多娜	10139

书名索引

国际超前卫	591	国际漫画杰作选	7004
国际传真图形艺术	10774	国际农机展览	4016
国际大奖电影精萃	13161	国际青年歌集	12358, 12359
国际得奖摄影作品选评	8694	国际青少年小提琴比赛名曲集	12471
国际电影参考资料	13033	国际青少年小提琴比赛名曲集	12471
国际电影节概况	13313	国际人体艺术摄影赏析	10139
国际电影宣传画	13102, 13103	国际少儿书画作品展	6767
国际儿童画	1258	国际少年儿童美术书法摄影优秀作品集	206
国际歌 4016, 12393, 12395, 12396, 12397, 12398, 12399		国际社交舞	12661, 12662
		国际摄影艺术展览作品选	10134
国际歌 三大纪律八项注意	12398	国际摄影译文丛刊	8683
国际歌·三大纪律八项注意	12396, 12397, 12398	国际书法精品选	8276
国际歌·三大纪律八项注意·东方红	12399	国际书法展览作品精选	8167
国际歌·三大纪律八项注意·东方红	12399	国际书画精品集	6842
国际歌 三大纪律八项注意	8138	国际书画篆刻大观	1325
国际公共标志图案集	10726	国际陶瓷设计大观	10650
国际广告商务译丛	10395	国际体育明星漫像	3435
国际和平年全国青年摄影大奖赛作品集	8890	国际体育摄影选集	10139
国际互联网	7019	国际体育舞蹈入门	12665
国际护照	6183	国际体育舞蹈与流行交际舞	12667
国际画家蔡云程画集	1403	国际图形设计	10214
国际幻术	13003	国际玩笑	7027
国际获奖漫画选	7004	国际文化交流赛克勒杯中国书法竞赛作品集	
国际获奖漫画作品选粹	6956		8213
国际交谊舞	12661	国际现代家庭布置	10733
国际精灵大集会	7091	国际现代设计	10736
国际劳动节万岁	3079	国际现代书法集	8276
国际老年人年中华老人诗文书画大赛作品集		国际现代艺术辞典	050
	2326	国际肖像摄影选集	10139
国际乐坛大师访问记	10851	国际肖形印谱	8582
国际瞭望	10136	国际萧邦钢琴比赛会	12489
国际流行交际舞	12662	国际刑警队长——金丝猴	6641
国际流行软装饰	10751	国际宣传画	6928
国际流行色研究	150	国际音乐比赛简介	12559
国际流行社交舞十日通	12667	国际音乐资料	10797

中国历代图书总目·艺术卷

国际影星	9027	国剧脸谱图解	12859
国际幽默画欣赏	6956	国剧脸谱艺术	12878
国际友谊馆艺术品图片	199	国剧砌膜与辙口	12856
国际友谊号	4952	国剧浅释	12860
国际知识题花	10731	国剧曲谱选集	11827
国际织物印花图案流派	10733	国剧身段谱	12856, 12860
国际中国美术史研究	264, 265	国剧图谱	12875
国际主义的光辉旗帜	6557	国剧详诠	12862
国际主义战士——白求恩	2755	国剧艺术汇考	12868, 12894
国际主义战士——罗盛教	3172	国剧音韵及唱念法研究	11149
国际主义战士罗盛教	5199	国剧运动	12745, 12780
国家奥林匹克体育中心	9301	国剧韵典	11137
国家冰川公园海螺沟	9106	国剧之艺术与欣赏	12890
国家的统一，人民的团结，国内各民族的团结，		国乐改进社成立刊	10784
这是我们的事业必定要胜利的基本保证		国乐合奏曲	12327
	3219	国乐合奏曲集	12244
国家气象局国家气象中心	9289	国乐合奏曲谱	12223
国家球队在农村	3879	国乐集	12243
国家森林公园——张家界	8940	国乐捷径	12244
国家提倡和推行计划生育	3299	国乐略述	10948
国家推广全国通用的普通话	3367	国乐谱	12242, 12243
国家要独立 民族要解放 人民要革命	3206,	国乐随笔	10881
9270		国乐新谱	12242
国脚西游记	9260	国乐新谱	12242
国靖的画	2835	国乐演奏会特刊	10900
国境线上	5226, 5280, 5311, 5345	国乐演奏曲集	12245
国舅传奇	8827	国乐指南	11292
国剧场面图解	11137	国礼	10774
国剧唱腔谱集	12086	国礼荟萃	10774
国剧的舞台	12880	国立北京工业大学校三四年级机科机织科实用	
国剧风采	12895	工艺图案画法讲义	10204
国剧故事	12885, 12886	国立北平大学艺术学院同学录	239
国剧冠巾与行头	12856	国立北平大学艺术学院戏剧系第一届毕业同学	
国剧角色和人物	12873	论文集	12795
国剧津梁	12863	国立北平图书馆戏曲音乐展览会目录	12057

书名索引

国立北平艺术专科学校招生简章	242	国民公约图解	3066
国立福建音专校史资料集	346	国民拒毒歌歌词	11539
国立杭州艺术专科学校第三届毕业纪念刊	343	国民美学	077
国立杭州艺术专科学校第四届展览会目录	275	国内外塑料商标大全	10742
国立杭州艺术专科学校一览	241	国旗 国旗 我爱您	3365
国立杭州艺术专科学校招生简章	342	国旗升起的时候	5007
国立礼乐馆乐典组资料剪贴礼乐论文	11266	国强家富 五业兴旺	4065
国立特列恰柯夫博物馆	6877	国强民富 景泰年丰	4362
国立西康技艺专科学校各科必修课目一览		国强民富岁岁平安	4527
	343	国庆50周年联欢晚会集体舞专辑	12602
国立西康技艺专科学校现任教职员资历表	343	国庆歌选	11393
国立西康技艺专科学校要览	244	国庆集体舞	12597
国立戏剧学校第一次旅行公演	13010	国庆节的晚上	5061
国立戏剧学校公演手册	13010	国庆三十周年献礼演出歌剧选曲	12098
国立戏剧学校一览	13010	国庆盛典	9288, 9987
国立戏剧学校一周年纪念特刊	12748	国庆首都花海洋	9288
国立戏剧专科学校成立十周年纪念刊	13010,	国庆阅兵	9288
	13011	国庆之夜	9288, 9987, 12602
国立戏剧专科学校一览	13012	国庆之夜的首都体育馆	9990
国立艺术院第一二届毕业纪念刊	241	国色	9365
国立艺术院第一届周年纪念特刊	240	国色春晖	3967
国立艺术院各系学生一览	240	国色存辉	4605
国立艺术院艺术运动社第一届展览会特刊	241	国色康寿	2004
国立艺术院院友录	342	国色颂	2537
国立艺术专科学校第廿年校庆特刊	343	国色天香	1935, 4189, 4527, 4605, 4683, 8827,
国立艺专抗敌木刻选	2976		9356, 9403, 9432, 9466, 9487
国立音乐院校友录	346	国色天香	2128, 2177, 2505, 2552
国立音乐专科学校五周纪念刊	10950	国色天香对屏	4363
国立音乐专科学校校舍落成纪念特刊	10951	国山碑考	7267
国立音乐专科学校一览	10949	国声集	12243
国联大戏院开幕纪念刊	13172	国泰福民安	4683
国亮书画集	10237	国泰美术馆书画精选	1476
国亮抒情画集	1375	国泰美术馆选集	1476, 1477, 1900, 1935
国民革命军军歌集	11369	国泰民安	4363, 4527, 4683, 4848
国民公敌	12904	国泰民安 风调雨顺	4527

中国历代图书总目·艺术卷

国泰民安人康寿	2070	国外广告专辑	10729
国外 VCD 视盘封套设计集	10774	国外广告装饰图案精选	10757
国外爱情幽默画	6939	国外黑白装饰图案集	10764
国外包装设计	10728	国外徽饰图形设计 3000 例	10757
国外边框图案设计 3000 例	10761	国外火花集锦	10731
国外标识图案设计 3000 例	10761	国外火花艺术	10733
国外标志图案	10725, 10742	国外吉他大师作品集锦	12479
国外插花	10737	国外家庭装修与色彩	10742
国外插花艺术	10733	国外建筑风光	10158
国外唱片封套	10761	国外静物艺术摄影	10125
国外当代平面设计名家名作	10744	国外军服图例	629
国外的来信	4952	国外卡通艺术资料	7066
国外电影工业资料索引	13308	国外科技参考影片(日本农机)放映后的反映	
国外电影海报集萃	6928		13096
国外电影技术	13201, 13266	国外科学技术书籍封面设计选	10728
国外雕塑	8673	国外乐讯	12352
国外动画图形设计 3000 例	7135	国外流行花布图案	10355
国外动画造型 3000 例	7091	国外煤矿安全漫画集	6947
国外动物图案集	10731	国外轻工产品外观设计精选	10182
国外动物图形设计 3000 例	10756	国外轻武器图集：冲锋枪精粹	10115
国外儿童美术精选	7060	国外轻武器图集：左轮手枪和手枪集锦	10115
国外分类广告艺术	10739	国外人体摄影艺术观摩展首展作品集	10140
国外风光	9061, 10496, 10509	国外人体摄影艺术精品	10140
国外风情速写集	2875	国外人体艺术摄影	10140
国外风情装饰小品集	10754	国外人体艺术摄影选	10140
国外服饰资料集	10731	国外人物图形设计 3000 例	10757
国外钢笔画技法	1118	国外人像摄影技巧	8759
国外古典雕刻图形 3000 例	8675	国外商标、标志 1000 例	10733
国外古典器物图形 3000 例	10757	国外商标标志集	10733
国外古典陶瓷图形 3000 例	10761	国外商标图案参考	10726
国外广告 400 例	10727	国外商标图案选编	10725
国外广告设计	10374	国外商品展示橱窗	10742
国外广告摄影	8742	国外商业摄影集萃	10152
国外广告小辑	10737	国外商业摄影赏析	8706
国外广告艺术	10731	国外设计作品选	10733

书名索引

国外摄影广告	10134	国外最新实用设计图典	10757
国外摄影技法	8724	国外最新童装图案设计	10768
国外摄影佳作赏析	8696	国王打喷嚏	5649
国外摄影名家创作思维与拍摄技巧	8707	国王的秘密	6057
国外摄影名家的经验与技巧	8759	国王耳朵的秘密	7045
国外时装摄影艺术	10136	国王和三个小偷	5772
国外实用美术资料	10733, 10734	国王选子	5649
国外室内设计渲染画选	10739	国王与小鸟	5772
国外室内装饰	10739	国威	8847
国外室内装饰之二	10140	国威军威	3374
国外室内装饰之三	10140	国兴先生书法作品	8276
国外室内装饰之四	10140	国学备纂	693, 10968
国外室内装饰之一	10140	国艺	269
国外书籍封面设计集锦	10732	国营农场在前进——介绍黑龙江八五三农场	
国外书籍封面设计选	10732, 10737		9286
国外体育幽默画选	6943	国营西北第五棉纺织厂	9326
国外纹章图案设计 3000 例	10761	国之瑰宝	1935
国外现代雕塑	8678	国字	7166
国外现代广告 500 例	10374	虢国夫人游春图	1526
国外现代广告设计	10734	虢季子白盘铭	7667, 8357
国外现代室内设计集锦	10744	虢季子白盘铭文	8363
国外现代艺术学新视界	052	果	9418
国外音乐生活	10794	果碧蓝天	322
国外英文变体美术字集	8595	果菲	6632, 6654
国外优秀广告摄影荟萃	10144	果菲飞车记	5467
国外优秀摄影广告选	10136	果菲在制片厂	7040
国外优秀专业广告评析	10774	果丰猫欢	4266
国外优雅居室	10003	果花香遍社员家	4363
国外幽默画	6941	果篮	9403
国外织物图案设计 3000 例	10761	果林闹春	1766
国外植物图形设计 3000 例	10757	果蔬丰盈	8821
国外装璜设计资料	10726	果洛	8940
国外装饰图案	10747	果鸟屏	2128
国外装饰图案大全	10737, 10740	果谱	1556
国外装饰图形设计 3000 例	10757	果禽图对屏	2505

中国历代图书总目·艺术卷

果实	2755	过草地	2997, 4896
果实累累	10105, 10110	过程与今日艺术	191
果实累累百花争艳	4266	过程中的发现	13086
果蔬小品画法	956	过故人庄	8213
果熟年丰	1815	过过演员瘾	12824
果熟人康	4122	过江龙	5649
果树生产技术	4912	过节	12228
果硕儿壮	4189	过马帮	12278
果硕花香	4527	过目难忘	3521
果硕君长寿	4605	过年	13150
果硕粮丰	4459	过年那一天	12092
果硕禽鸣	1789	过去的智慧	1244
果甜稻香四季康乐	4266	过五关斩六将	4123
果甜花香	4605, 10111	过新年	3557, 3725
果乡的早晨	3774	过云楼藏明人小札	8064
果香	10115	过云楼书画记	1456
果香瓜甜	3628, 3681	过云楼续书画记	1456
果香迷人：大吉大利	8837	过云庐画论	645
果香迷人：恭贺新禧	8837	过昭关	5551
果香迷人：阖家幸福	8837	芥弥精舍金石汇存	8526
果香迷人：锦上添花	8837	芥弥精舍印萃	8510
果香飘千里 月圆喜万家	4266	芥舟学画编	467, 681
果香千里	2505	咯咯鸡	3586, 3587, 3679, 4121
果香时节	4605	伽蓝殿	5644
果香四季	4363	伽里略	5465
果香四季	2514	伽郎琴，你多少弦	11953
果香心醉	9432		
果谱	11798	**H**	
果园怪事	5773	"海怪"之谜	5883
果园里的歌声	11789	"海上猎手"立新功	5147
果园新姐妹	3793	"海峡之声"电台广播歌曲选99首	12136
果园巡逻兵	5280	"和平鸽"图案集	10244
果园之春	1841	"黑豹计划"的破灭	5527
蝈扁体千字文帖	8222	"横把位级进式"指法练习	12175
过磅	11463	"红皮包"侦破记	5883

书名索引

书名	编号
"红小兵"，斗志昂，端起枪，瞄前方，学习叔叔解放军，练好本领保国防	3194
"红小兵"报头画选	10248
"红小兵"报头集	10250
"红小兵"报头选	10249
"红小兵"茶水站	3793
"红小兵"的假日	3829
"红小兵"气象哨	3829
"红小兵"图书站	3829
"红小兵"学工	3793
"红小兵"学军	3794
"红小兵"志气高 学习大寨立功劳	3880
"红烛奖"全国教育系统硬笔书法大赛作品选	7443
"虹"的轨迹	1403
"候补民兵"	5336
"虎"眼之谜	5527
"虎"字集	7672
"护身符"的秘密	5245
"花脸狼"落网记	5273
"画圣"拉斐尔	508
"欢乐女神"	5740
"慧光杯"全国少年儿童美术·书法·摄影大赛作品选	316
《海港》评论集	12875
《海鸥》导演计划	13004
《汉江潮》评论选	13160
《汉张迁碑》临习技法	8375
《汉张迁碑》临习指南	8375
《河殇》百谬	13131
《河殇》的误区	13131
《河殇》批判	13128
《河殇》宣扬了什么	13131
《河殇》与国情	13135
《黑脸》启示录	13165
《红白喜事》的舞台艺术	12797
《红鼻子》的舞台艺术	12909
《红灯记》唱段选曲歌片	11854, 11855
《红灯记》唱段学习札记	12873
《红灯记》主要唱段	11850
《红灯记》主要唱段选辑	11842, 11850
《红灯记》主要唱段学习札记	11145
《红灯照》首领林黑娘	3955
《红楼梦》	9946
《红楼梦》剧照	13121
《红楼梦》连环画	5884
《红楼梦》人物——林黛玉	2352, 2600
《红楼梦》诗词钢笔楷书字帖	7433
《红楼梦》薛宝钗扮演者张莉	9683
《红楼梦》印谱	8562
《红楼梦》中的工艺品	10199
《红楼梦》中王熙凤扮演者——邓婕	9651
《红色风暴》从舞台到银幕	13114
《红岩》英雄人物图	3668
《洪湖赤卫队》歌剧选曲	11884
《洪湖赤卫队》幻想曲	12200
《洪湖赤卫队》随想曲	12172
《洪湖赤卫队》选曲	11885, 11907
《湖北高校体育》画册	8901
《蝴蝶杯》选曲	11832
《花卉》四条屏	9310
《花墙会》(杨二舍与王美蓉)	9222
《花墙会》中王美蓉观花	9222
《花为媒》中的张五可	13106
《怀仁集王羲之书圣教序》行草大字谱	7820
《回荆州》剧照	9952
《活着》一部电影的诞生	13148
《火焰驹》选曲	11833
［海阳由溪瑶原怡园各景印谱］	8453
［汉碑拓本］	7745

中国历代图书总目·艺术卷

[汉唐宋元明清碑帖]	7711	哈哈	9466
[何维朴书札]	8108	哈哈，摩托车	9432
[红名刺]	7659	哈哈伯	3431，3459
[胡石查书札]	8024	哈哈镜王国历险记	6285
[蝴蝶杯图]	1590	哈克贝里·费恩历险记	7053
[化度寺碑]	7833	哈克贝利·费恩历险记	6706
[画兰赠言]	1595	哈克贝利·芬历险记	5773，6730
[画谱画像杂件]	1270	哈克历险记	5649
[画扇集]	1598	哈利警长	6183
[皇甫诞碑]	7827	哈利利与哈依丽娅	5087
[黄公度书札]	8036	哈林	542
[黄石斋松石]	1561	哈迈	5087
[黄左田书札]	8036	哈密瓜的故事	5345
[绘图]施公案	1596	哈密瓜丰收	4016
[火鸡青羊图照片]	9303	哈密木卡姆	11813
蛤蟆石	5773	哈姆莱特	6057
蛤蟆洼的变迁	5007	哈姆雷特	6355，7053
哈巴雪山下	9793	哈尼族布朗族基诺族舞蹈	12625
哈达献给解放军叔叔	12630	哈尼族歌手阿英歌曲集	11819
哈达献给毛主席	3725，11779	哈尼族民歌学习移植革命现代京剧《红灯记》第	
哈定画选	1389	五场痛说革命家史	11793
哈尔滨	8921，8944，9350，10420	哈尼族演员	9527
哈尔滨冰灯	10104，10105，10106	哈尼族音乐学习移植革命现代京剧《沙家浜》第	
哈尔滨冰灯艺术大观	8613	四场智斗	11793
哈尔滨儿童公园	10102	哈农钢琴练指法	11217
哈尔滨风光	9377，9403	哈农练习曲	12510
哈尔滨工业大学	10104	哈农六十钢琴练习曲集	12486
哈尔滨美术展览会图录	343	哈奴曼横空出世	6409
哈尔滨世纪风	8963	哈恰图良的舞剧《斯巴达克》	11141
哈尔滨市美术展览会图录	278	哈恰图良的小提琴协奏曲	11179
哈尔滨音乐志	10977	哈恰图良小提琴协奏曲	12470
哈尔滨之冬	8960	哈萨克风情	8860
哈尔卡	13005	哈萨克姑娘	9541
哈尔斯	6858	哈萨克画家阿曼	2784
哈尔斯曼	10152	哈萨克民歌	11770，11802

书名索引

哈萨克民间歌曲集	11768	孩子们已在战斗	3827
哈萨克民间图案集	10255	孩子也搞笑	7027
哈萨克民间舞蹈	12656	孩子与海盗	5773
哈萨克女孩	9541	孩子在成长	3828
哈萨克人民永远跟着毛主席	12203	海	9142, 9818, 9882, 12552
哈萨克抒情歌曲集	12427	海	2450
哈萨克苏维埃社会主义共和国	10129	海岸城堡废墟风光	6877
哈萨克族的婚礼	3628	海岸风雷	5199
哈萨克族舞蹈	4189, 9245	海蚌舞	10196
哈桑历险	5921	海报设计	10374, 10377, 10379
哈桑寻妻	6183	海北	9097
哈瓦那的孩子	11954	海边	9882
哈乌伯爵夫人美阿莉	6852	海边	2723
哈辛托去美国	5551	海边的歌	11975
哈孜·艾买提油画作品选	2821	海边风雨	5345
孩子	8644	海边漫步	13150
孩子，远离危险	6731	海边情侣	9745, 9752, 9758
孩子爱鸽子	4189	海边少女	9738
孩子保育好妈妈生产劲头高	3079	海边游击队	4952
孩子成长录	8787	海滨	3000, 9114, 9808, 9898, 9908
孩子的绘画为什么这么有趣	493	海滨	2730
孩子的理想	4065	海滨朝晖	2020
孩子和鸟	9666	海滨晨辉	4767, 4784
孩子和鲜花	4189	海滨二妙册临本	1705
孩子剧团——从上海到武汉	12750	海滨风光	4812, 9070, 9071
孩子们，站起来	12774	海滨风情	4683
孩子们爱唱的歌	12040	海滨丽色	2440
孩子们的拜厄钢琴初级教程	11241	海滨留影	9882
孩子们的拜尔	11263	海滨日出	9801
孩子们的车尔尼	12526	海滨盛夏	9872
孩子们的哈农	11258	海滨夏令营	12004
孩子们的理想	3967	海滨音诗	12169
孩子们的心意	4065	海滨游戏	3589
孩子们的音乐	10852	海滨游戏图	3628
孩子们喜爱的歌	12039, 12445	海滨浴场	9872

中国历代图书总目·艺术卷

海滨之晨	9808		7013, 7139, 9776
海滨之歌	12379	海的早晨	9831
海滨之夏	4363, 9882	海迪日记中楷字帖	8161
海丙离书法作品选	8315	海迪之歌	11476
海菜花	11514	海底"警犬"	5467
海苍茫	9143	海底城的国王	5921
海晨作品	2326	海底大探险	7139
海城高跷秧歌	12621	海底大战	6217
海带养殖法图解	4923	海底古国	6355
海岛晨曲	12264	海底花园	4267
海岛大寨红旗飘	12322	海底激战	6058
海岛孤女	5773	海底歼敌	5280
海岛红哨	5227	海底捞针	5136
海岛节日	3828	海底乐园	4267, 4363
海岛魔窟	5773	海底历险记	3460
海岛女民兵	5393, 9214	海底两万里	5551, 6487, 6740, 7053
海岛哨兵	5227	海底两万里：连环画	6487
海岛盛开大寨花	12280	海底漫游	3589
海岛探宝	5921	海底魔瓶——大西洋底来的人	5551
海岛献新粮	3922	海底魔王的末日	6323
海岛新一代	3967	海底奇观	5773
海岛巡逻	9045, 9047, 9784	海底擒谍	13250
海岛渔村风情装饰画集	10567	海底取宝	4065
海岛战士迎亲人	3922	海底摄影	8721
海岛仲秋	12094	海底摄影技术	8721
海盗	5551, 6057, 6058, 6183	海底世界	4683, 9809, 10517
海盗案始末	6323	海底世界	2669
海盗船长	5551, 6355	海底世界装饰构成	10569
海盗歼灭记	5921	海底探宝	1869, 4016, 4527
海盗失宝	7019	海底探宝九天揽月	4267
海盗王子	6678, 6679, 7128	海底探奇	4683, 5773, 6249
海德格尔入门	7019	海底小精灵	6684
海灯法师	5921, 6058, 6487, 9018	海底新朋友	4189
海登弦乐四重奏	12352	海底寻宝	5773
海的女儿	5251, 5551, 5773, 6217, 6249, 6582,	海底阴谋	5921

书名索引

海底幽灵	6183, 6217	海姑	8815
海底战斗	5030	海姑和海兰	13115
海蒂	5773, 5774, 7053	海姑娘	5251
海淀	9470	海怪	5774
海都之叛	5921	海怪的秘密	5921
海杜特的哲言	13261	海国丛谈百图	1693
海顿	10890	海国丛谈图	1597
海顿——交响曲之父	10890	海河	3774
海顿钢琴奏鸣曲	11255	海河风光	3725, 3922
海顿钢琴奏鸣曲全集	12526, 12527	海河浮尸案	6058
海顿钢琴奏鸣曲选	12513	海河工地炼红心	3181
海顿交响曲	11274	海河激浪	5199
海顿十二首交响曲	12516	海河擂台	6058
海顿主题变奏曲	12551	海河两岸尽朝晖	1815
海尔兄弟	6487, 6557	海河速写写生集	2859
海防坚如钢 银鱼又满舱	3628	海河校园歌声	12042
海防前哨女民兵	9523	海河新歌	3828, 5199, 5227
海防前线剿匪记	5087	海河新貌	3828
海防前线写生画集	2856	海河新貌	2421
海防前线宣传员	3681, 3725	海河新图	1815
海防线上	3828, 5136, 5199, 10102	海河战歌	11668
海防小民兵	5345	海河之歌	11880
海防小哨兵	5227	海虹	3415
海防小战士	9721	海花	5251, 9466
海防战士进行曲	11601	海魂	5552
海菲兹小提琴曲精选	12470	海疆利剑密如麻	2597
海风	9882, 9892, 9899, 9908	海角	2020
海港 3000, 3774, 5199, 9206, 9207, 9210, 11859,		海角朝晖	10426
12081, 12083, 12123		海角红缨	5311
海港风光	9882	海角天涯	5774
海港工人的创举	5199	海角天涯心一条	11617
海港女司机	4016	海角一乐园	7053
海港上的战斗	5280	海角幽灵	5552
海港夜景	9785	海姐和海妹	5552
海歌	2993	海景画技法	628

中国历代图书总目·艺术卷

海景摄影技法	8794	海螺和海兰	5280
海景油画技法	1073	海马	5467
海菊	5251	海南	9106, 9892
海军歌曲选	11702	海南碧波	9114
海军画集	315, 1342	海南晨曲	9831
海军建设的伟大纲领	2741	海南岛	9856
海军美术作品选	1284	海南岛风光	1378, 9114
海军气吞千重浪	8812	海南东坡书院	10004
海军少尉巴宁	5030	海南风光	1299, 4605, 9039, 9106, 9114, 9131,
海军叔叔捉敌舰	4952		9872, 9892, 10525
海空雄鹰	5774	海南风光	2438
海空演习	4605	海南风情	2301
海口市美术书法摄影作品选	319	海南风姿	9892
海口书法篆刻集	8328	海南港澳'95 中国书画名家精品拍卖会	1325
海阔凭鱼跃	2070	海南故事	9034
海阔凭鱼跃 天高任鸟飞	4016	海南行画选	1300
海阔随鱼跃 天空任鸟飞	4267	海南黎人口琴之研究	11300
海阔天空	9452, 13242	海南凌水	9899
海拉尔	8855	海南龙牙湾	9114
海兰	9365	海南旅游文化彩绘故事丛书	6582
海狼	5774, 7053	海南美	1306
海狼突击队	5649	海南民歌	11768
海浪	2801	海南民歌选	11811
海恋	12178	海南日月湾	9137
海龙王	5061	海南三亚风光	9131
海陆丰戏见闻	12959	海南省民族民间工艺作品选	10701
海陆空大战儿童简笔画	2884, 2885	海南唢呐吹奏法	11305
海陆空登陆大演习	4528	海南椰林	4767, 9908
海陆空交通全景图	4123	海南赞歌	11502
海陆空军事大演习	4684	海内存知己·天涯若比邻	8213
海陆空气象队	5467	海内第一初拓曹全碑	7756
海伦·凯勒	5921	海内第一唐石真本宋拓化度寺碑	7844
海螺	5200	海内外金榜热歌 101 首	12408
海螺沟冰川公园	9872	海内外唐代金银器萃编	406
海螺姑娘	5774, 10455	海内外艺术字体	7638

书名索引

海内外音乐考级标准教程	11246	海上百艳图	1693
海娘	5552	海上捕鲨	5346
海涅诗选	7450	海上大战	6654
海宁	8913	海上丹青	2326
海鸥	5030, 5114, 9305	海上当代书法作品集	8291
海鸥导演计划	13003	海上繁华录	13080
海鸥岩	5114	海上故事	6654
海派插花	10601	海上翰林书画集	2327
海派盆景造型	10581	海上红旗	13229
海派摄影漫谈	8702	海上花木兰	4952
海平线'94	317	海上花园——厦门	9040
海青连长	5311	海上画家书法作品选	2233
海青罄鹤	12305	海上画梦录	6906
海青天	5552	海上画派	851
海囚	5649, 5774, 5922	海上画派书画鉴赏与拍卖行情	853
海日楼书画目	1463	海上家园	13230
海日楼遗墨	8038	海上尖刀	5280
海瑞	5007, 5467	海上健儿逞英豪	3828
海瑞 包公	4123	海上九家画谱	1610
海瑞罢官	4065, 5467, 5468, 5552, 9219	海上巨龙	4952
海瑞背纤	4952, 5061	海上梨园新历史	12738
海瑞背月纤	9147	海上梨园杂志	12739
海瑞传奇	4784	海上民兵	9524
海瑞的故事	4952	海上名画谱	1697
海瑞行书字帖	8100	海上名家画辑	1698
海瑞回朝	5774	海上名家绘画	1518, 1519
海瑞巧办胡公子	5649	海上名人画稿	1599, 1603
海嫂	5345	海上墨韵	2282
海山仙馆藏真	7658	海上南泥湾	3725
海山仙馆藏真续刻	7658	海上女民兵	11675, 12159
海山仙馆丛帖	8038	海上女民兵	2350
海山仙馆名园拾萃	8479	海上女主人	5061
海山仙馆摹古帖	7659	海上擒敌	5200, 5346
海上白云观施食科仪音乐研究	10919	海上擒特记	6058
海上百名画家手绘封集锦	2282	海上轻骑	3879

中国历代图书总目·艺术卷

海上神鹰	5030	海粟近作	1375
海上生明月	5922	海粟老人近作	1847
海上十大名家画谱	1702	海粟老人书画	1380
海上十五家中国画集	2219	海粟艺术集评	515
海上石油工	11967	海粟油画	1719
海上世界	4528	海粟油画	2712
海上四大名家画谱	1605	海粟之画	1375
海上四任精品	1684	海滩	9882
海上网龟	5346	海滩风情	9899
海上血战	5775	海滩漫步	9843
海上演习	2947, 4684, 4784	海滩情影	9882
海上业余大学	3879	海滩擒敌	5251
海上英雄	4890	海滩上	1855, 9856, 9882
海上油画集	2818	海滩拾贝	9843
海上油画续集	2827	海滩新貌——福清县东阁华侨农场	9787
海上游击队	6249	海棠	1667, 10027, 10054
海上渔歌	11833	海棠	2493
海上阅兵	4459	海棠、玉簪	1731
海上侦察兵	5311, 5650	海棠彩蝶	10456
海上争雄记	13290	海棠冠眉	2637
海上中国画选	1517	海棠寒虫	1746
海上中国画选续集	2267	海棠花	4896, 10016, 11770
海上钻井	9336	海棠花馆印赏	8562
海神行动	6058	海棠秋馆题画	1270
海神号遇难记	6217	海棠诗社	4189
海神马祖	6355	海棠诗社	2607
海狮池畔	5227	海棠寿带	4267
海市蓬莱	2445	海棠绶带	2615
海市蜃楼	5552, 5650	海棠双栖	2615
海誓	5650	海棠小鸡	1766
海寿篆稿	8501	海棠枝头	10067
海曙晨曦	9818	海棠竹石	1575
海水鱼·热带鱼	993	海天盗影	6217
海粟画语	476	海天揽胜	4605
海粟黄山谈艺录	475	海天明珠：世界名城悉尼	9921

书名索引

海天旭日砚记	1057	海湾夺船	5281
海豚	4267	海湾风暴	6059
海豚钻圈	10067	海湾风光	4605
海娃	9569	海湾俊松	4813
海娃炸敌艇	5281	海湾战争新闻摄影集	10143
海外藏明清绘画珍品	1588	海王村所见书画录	1469
海外藏中国历代名画	1489, 1490	海王星	5468
海外广告作品欣赏	10740	海为龙世界	9856
海外归来的人	5468	海为龙世界，云是鹤家乡	1986
海外海	147	海味馆	5346
海外红歌星演唱金曲 103 首	11715	海翁常熟书谱	8035
海外华裔名家绘画	1299	海屋添筹	1656
海外画廊	6801	海屋沽筹	2637
海外看大陆艺术	096	海峡雷爆	6059
海外来"客"	5775	海峡两岸百名爱国将军书画集	2250
海外掠影	9470	海峡两岸版画交流展	3054
海外名家谈电视	13060	海峡两岸歌仔戏创作研讨会论文集	12709
海外奇遇	5552	海峡两岸歌仔戏学术研讨会论文集	12954
海外琼岛	9801	海峡两岸梨园戏学术研讨会论文集	12958
海外胜景	10167	海峡两岸书画册	2038
海外书迹研究	7156	海峡两岸书画家作品大观	2250
海外所见中国名画录	787	海峡两岸同盼春	4459
海外心声	12354	海峡情	11497
海外遗恨	13136	海峡书画集	2021
海外遗珍	401	海峡之花	5775
海外遗珍绘画	1481	海峡之声歌曲选	11476
海外银坛剪影	13049	海峡逐寇	6217
海外影视歌曲精选	12420	海霞	9882
海外影星	9023	海霞组曲	12230
海外幽默	6980	海仙花	6059
海外冤狱	4952	海仙十八描画法图	870
海外珍瓷与海底瓷都	421	海啸	5922, 6059
海外中国画研究文选	699	海星	10054
海外中国名画精选	825	海燕	1834, 5281, 8642, 11982
海湾兵器	4812	海燕	2649

中国历代图书总目·艺术卷

海燕号归航	5281	海云墨会精品集	2282
海燕劲飞	5311	海韵	9856, 9905, 9908, 10525
海燕凌空	5227	海之风：泳装女郎	10525
海燕双飞	5251	海之歌	2811, 2890, 4755, 8827, 12356, 13250
海燕展翅	5312	海之歌	2070, 2128, 2657
海阳由溪瑶原怡园名景印谱	8508	海之恋	2811, 4861, 5552, 9418, 9432, 9452, 9477
海洋等待着你们	2070	海之南	9143
海洋的秘密	3507	海之情	9892
海洋动物	6757	海之神	12091
海洋动物图案	10263	海之韵：泳装女郎	10525
海洋动物装饰	10274	海中怪兽	6184
海洋公园	10120	海州宫调牌子曲大成	12142
海洋科学研究	3471	海州曲论	12725
海洋美术图案	10253	海子送情报	5252
海洋奇观图集	10294	海字本	7205
海洋世界	4363	海字本考	7205
海洋图案	10253	海钻捉蟹	5281
海洋渔业	8874	害人者的下场	5922
海洋在等待着你们	3628, 4605	酣古斋琴谱	12304
海洋知识台历：1986	10483	酣酣斋酒牌	2997
海洋中的生命	5552	酣酣斋酒牌	1551
海妖	6184	酣咪咪	10509
海英	5175, 5227	憨山大师自书六咏真迹	8054
海鹰	4952, 5030, 5061, 13230	邯郸成语典故	6446
海鹰号遇难记	13259	邯郸成语典故续编	6557
海泳	9758	邯郸记	5922
海虞画苑略	664	邯郸之围	5552
海虞李钟印存	8510	含翠轩印存	8501
海宇升平	12054	含芳	10089
海浴	9882	含恨起兵	6184
海员之歌	11898	含泪的歌声	10834
海岳名言	7170, 7171, 7172	含鄱素裹	9365
海岳名言评注	7172	含情	9569, 9696
海岳书萃	7949	含情脉脉	9616, 9666
海岳题跋	7686	含少论略	11001

书名索引

含笑	9432	韩黎坤、吴宪生人体素描	2900
含笑的花儿	4267	韩黎坤画人体	2875
含羞草	5468, 5552, 11727	韩黎坤教授速写专集	2916
含羞花	10067	韩黎坤作品集	2202
含嫣	9342	韩旅长斗瞻遗迹	8118
含蕴	9483	韩美林动物画法	989
含着眼泪的歌唱	10877	韩美林工艺美术作品选	10232
韩宝山相亲	5922	韩美林画集	1389
韩宝英	5030	韩美林作品集	1382
韩不言画集	1935	韩敏画竹	966
韩承霖版画集	3044	韩默藏画选	6850
韩城快歌	12622	韩秋岩画选	1901
韩大化山水画选	2440	韩少云 王其珩评剧唱腔选	11878
韩德尔中提琴奏鸣曲 4 首	12477	韩绍玉行草书唐诗选	8185
韩登安印存	8580	韩绍玉墨迹	8304
韩非寓言故事选	5227	韩氏山水纯全集	897, 898
韩非子名言硬笔书法字帖	7494	韩世忠 梁红玉	4123
韩非子说	3435, 6285	韩世忠 杨宗保	4363
韩峰画集	2409	韩世忠 梁红玉 杨宗保 穆桂英	4460
韩辅天画集	2552	韩世忠 戚继光	4289
韩幹 戴嵩	791	韩世忠与梁红玉	6487, 8818
韩国风光	3388	韩世忠岳飞	4267
韩国佛教美术	463	韩硕	2411
韩国纸粘土	10751	韩天衡	2302
韩国纸粘土作品集	10751	韩天衡画集	2537
韩亨林硬笔书法	7437	韩天衡书画篆刻集	307
韩滉五牛图	1526	韩天衡水墨花鸟册	2519
韩江龙舟阵	5281	韩天衡印谱	8567
韩界平作品选	2250	韩天衡印选	8561
韩静霆彩墨小品	2250	韩天衡篆刻近作·字汇	8586
韩菊香剪纸百虎图	10707	韩天衡篆刻精选	8582
韩腊梅	5922	韩天雍书法篆刻艺术	8315
韩浪·粤山亦苍茫	2482	韩玮画集	2540
韩浪画集	2250	韩文红电力速写	2904
韩老大斗"荞麦皮"	6059	韩文红中国人物画	2406

中国历代图书总目·艺术卷

韩文来画集	2302	寒山堂金石林时地考	7666
韩文忠书法	8315	寒山带谈	7179
韩伍画集	2128	寒杉画选	1741
韩熙载夜宴图	1525	寒食	1887
韩湘子	6184	寒松阁谈艺琐录	567
韩湘子救国舅	6217	寒松阁题跋	7703
韩湘子戏皇帝	6355	寒潭鹤影	10040
韩湘子与白牡丹	4528	寒香馆藏真帖	7230
韩湘子与白牡丹	2070	寒香馆法帖	7230
韩信挂帅	5775	寒星	9377
韩信破赵之战	5650, 5775	寒衣曲	12143, 12144
韩英	5061	罕传琴曲订稿选辑	12309
韩愈	3376, 3388, 5775, 6059, 6380	罕达扞的足迹	5393
韩愈名言	4836	罕见的邮票	5553
韩愈诗《初春小雨》	8161	汉·张景碑肥致碑	7771
韩苑七贤楷书楚辞	8054	汉·张迁碑	7770
韩月乔	9589	汉《曹全碑》隶书大字谱	7771
韩跃进画集	2250	汉《乙瑛碑》隶书大字谱	7376
韩之泳山水诗画集	2467	汉《张迁碑》隶书大字谱	7376
韩宗石墨	7662	汉白石神君碑	7765
寒江钓雪图	1778	汉堡剧评	13019
寒江关	12117	汉碑大观	7762, 7763, 8038
寒江关、杨继业与余赛花 凤仪亭 牡丹亭		汉碑范	7755, 8109
	9953	汉碑集联	7771
寒梅清韵	2021	汉碑隶体举要	7225
寒梅双栖	10032	汉碑三种	7768
寒梅颂	4813	汉碑研究	7704
寒梅挺秀	4755	汉藏一家 千秋万代	9147
寒梅挺秀	2514	汉曹景完碑	7156
寒梅迎春	2949, 10079	汉曹全碑	7761
寒雀图卷	1541	汉曹全碑读临要法	7761
寒山苍翠	1778	汉曹全碑及其笔法	7761
寒山旧庐诗	8016	汉传佛教绘画艺术	455
寒山寺	10470, 10496	汉代碑刻隶书选粹	7768
寒山寺钟声	5923	汉代服饰参考资料	10348

书名索引

汉代绘画选集	1524	汉简书法论集	7767
汉代简牍草字编	8417	汉简书法选	7764
汉代刻石隶书	7768	汉简书风	7772
汉代乐舞百戏艺术研究	258	汉简一百天	8372
汉代漆器艺术	404	汉江河畔	2717
汉代书法	7771	汉江激浪	5312
汉代图案选	10283	汉江萝	13122
汉德与福特	6706, 6707	汉晋六朝画	1474, 1523
汉灯	8494	汉晋南北朝印风	8552
汉东海庙碑残字	7746	汉晋书影	7662
汉俄对照苏联歌曲集	12366	汉晋印谱	8480
汉封龙山颂	7750	汉晋印章图谱	8481
汉郙阁颂	7750	汉剧操琴艺术	11147
汉皋碧血	5775	汉剧丛谈	12917
汉高祖刘邦	6059	汉剧曲牌	12112
汉宫飞燕	8865	汉剧新秀	9534
汉宫秋	6384	汉剧艺术研究	12929
汉宫秋月	10945	汉剧音乐漫谈	11152
汉宫怨	6059, 9247	汉剧志	12947
汉谷城长荡阴令张君表颂	7755	汉刻孤本三种	7750
汉故陈君碑	7746	汉孔宙碑	7764
汉郭泰碑	7750	汉口市美术展览大会纪念特刊	343
汉韩仁碑	7759	汉郎中郑固碑	7758
汉韩仁铭	7764	汉乐筝曲四十首	12315
汉韩仁铭夏承碑	7763	汉礼器碑	7750, 7751
汉郃阳令曹全碑	7752	汉礼器碑并阴侧	7751
汉衡方碑	7767	汉礼器碑集联	7751
汉华山碑	7772	汉礼器碑阴	7751
汉画	573, 1522	汉李翕西狭颂	7751
汉画所见游戏考	12983	汉隶《曹全碑》技法	7344
汉画选	8650	汉隶辨异歌	8451
汉画艺术研究	572	汉隶曹全碑 张迁碑	7772
汉画与汉代社会生活	575	汉隶精品大观	7770
汉简的书法艺术	7261	汉隶七种选临	8368
汉简隶书选	7761	汉隶书法选	7770

中国历代图书总目·艺术卷

汉隶书史晨碑解析字帖	7770	汉魏六朝书画论	7365
汉隶书选字帖	7759, 7760	汉魏六朝志怪	6487
汉隶书张迁碑解析字帖	7376	汉魏四种法书	7821
汉隶乙瑛碑 华山庙碑	7772	汉文皇后	6059
汉刘歆草书序六艺为九种墨迹	7664	汉武荣碑	7759
汉刘熊碑	7755	汉武晚情	13122
汉娄寿碑	7755	汉武威简书三种解析字帖	7376
汉鲁峻碑	7751	汉西狭颂	7757
汉鲁相置孔子庙卒史碑	7757	汉西岳华山碑	7763
汉孟孝琚碑	7766	汉西岳华山庙碑	7763
汉龟池五瑞图题名	7751	汉溪书法通解	7221
汉明妃	1901	汉溪书法通解校证	7221
汉木简	7770	汉熹平周易石经残碑录	7758
汉人隶书字帖	8367	汉夏承碑	7767
汉任城王墓刻石精选	7771	汉鲜于璜碑	7762
汉石门颂	7751, 7752	汉宣中兴	5775
汉史晨碑及其笔法	7376	汉学斋仿古印谱	8507
汉史晨前后碑	7760	汉延熹西岳华山碑考	7267
汉寿亭侯	2128	汉阳院徐庶归曹营	3589
汉书艺术研究	573	汉杨淮表纪	7759
汉酸枣令刘熊碑	7758	汉杨统碑	7760
汉台岂然话汉中	9403	汉乙瑛碑	7757, 7758
汉唐大曲研究	10967	汉尹宙碑	7764
汉唐美术杂记	248	汉印存残稿	8486
汉唐陶瓷大全	404	汉印分韵	8502
汉甸庵印集	8444	汉印分韵合编	8539, 8545
汉铜印丛	8538, 8551	汉印文字汇编	8539
汉铜印原	8549	汉印文字征	8539
汉王纯碑	7752	汉印文字征补遗	8539
汉王东征	5775	汉英英汉对照歌曲100首	12381
汉王舍人碑	7764	汉俑	396
汉魏碑刻集联大观	7737	汉幽州刺史朱龟碑	7752
汉魏碑帖选字	7760	汉语常用字词硬笔行草书法帖	7607
汉魏笔法研究社讲义	7237	汉语常用字五体钢笔字典	7594
汉魏六朝帝王纪元印史	8522	汉语成语钢笔字帖	7437, 7472

书名索引

汉语成语同义词钢笔楷书字帖	7450	汉字趣谈钢笔字帖	7580
汉语大观园	3507	汉字书法初步	7260
汉语反义词钢笔行书字帖	7549	汉字书法大纲	7242
汉语歌词规律初探	11092	汉字书法教学	7250
汉语拼音美术字体	7655	汉字书法通解	7365, 7390
汉语拼音字母习字帖	7655	汉字书体字典	7324
汉语同义词钢笔楷书字帖	7549	汉字书写	7325
汉袁安·袁敞碑	7763	汉字写字本	8342
汉袁安袁敞碑	7763	汉字艺术	7390
汉袁博碑	7752	汉字硬笔书写教学法	7617
汉张景碑	7759	汉字与书法	7325, 7354
汉张迁碑	7752, 7753	汉字与书法文化	7354
汉张迁碑及其笔法	7376	汉字字体设计	7650
汉张寿碑	7758	汉族调式及其和声	11044
汉张元异碑	7757	汉族民歌概论	10905
汉中风光	10517	汉族民间舞蹈介绍	12612
汉钟离	6184	汗水共浇幸福树 勤奋共芸爱情果	4189
汉钟离·曹国舅	6059	汗珠里的沙漠	3498
汉主称尊	5775	旱地稻花香	4952
汉字·书写·装饰	7257	旱区新路	3922
汉字笔顺帖	8384	旱天雷	12342
汉字标志设计	7652	旱塬今日	3828
汉字创意设计	7651	捍卫党对电影事业的领导	13307
汉字繁简对照三体钢笔书法字典	7521	捍卫毛主席革命路线的大英雄大庆油田铁	
汉字繁简异体对照钢笔书法字典	7549, 7550	人——王进喜	3181
汉字钢笔书法教学十大要诀	7550	捍卫毛主席革命路线的英雄——大庆油田"铁	
汉字简繁对照钢笔楷书字帖	7522	人"王进喜	9267
汉字简繁体对照硬笔书法集	7450	捍卫毛主席革命路线的英雄"铁人"王进喜	
汉字简繁体钢笔楷行隶书字帖	7565		5160
汉字简繁异钢笔楷行书字帖	7617	焊工小春花	4952
汉字结构习字帖	7594	翰海漫游	8291
汉字九体书	8347	翰海情丝	323
汉字楷书结构字典	8394	翰林要诀	7180, 7205, 7234, 7235
汉字快写法	7407, 7580	翰墨丹青	1348
汉字美术创意设计	7652	翰墨风致	7390

中国历代图书总目·艺术卷

翰墨会纪	7198	行楷书新选唐诗三百首	7550
翰墨明珠书画篆刻作品选	2219	行楷书硬笔字帖	7522
翰墨飘香	270, 339	行书法图说	7296
翰墨奇人	848	行体字库	8435
翰墨千秋	8247	行头盔头	12860
翰墨情谊	2282	行业标志设计	10400
翰墨秋红	306	行有恒堂录存琴谱	12295
翰墨深情	7354	杭郡程仲立先生遗册	1698
翰墨尉忠魂	8276	杭郡印辑	8515
翰墨乡情	2327	杭青石画集	2202
翰墨香	2202	杭州	8929, 8954, 9404
翰墨因缘	7365	杭州白堤	9079
翰墨因缘馆印存	8486	杭州保俶塔	9883
翰墨园画谱汇新	1604	杭州饭店	10470
翰墨缘名家诗翰墨迹选辑	8222	杭州放鹤亭	9831
翰墨厄言	7230	杭州风光	9818
翰墨志	7180, 7181	杭州福神观记	7949, 7961
翰墨忠烈颜真卿	7376	杭州花港	9079, 9097, 9114, 9856
翰墨重彩绘交通	2282	杭州花港公园	9079, 9115, 9131, 9818, 9892
翰香馆法书	7657	杭州灵隐	4528, 9832
翰香馆法书选	7666	杭州灵隐寺	9843
翰苑百家折楷	8110	杭州六和塔	9818
翰苑别枝	8316	杭州平湖秋月	9843
翰苑分书墨宝	8107	杭州曲院	9122
翰苑楷摺萃珍	8027	杭州曲院风荷	9087, 9115, 9856, 9911
翰苑七贤楷书楚辞	8054	杭州曲院秀色	9257
瀚海劫尘	8960	杭州三潭印月	4684
瀚海前哨	3016	杭州市电影志	13194
瀚海情深	2757	杭州市戏曲志	12778
瀚海新歌	1288	杭州庭园秋景	9872
夯歌	2732	杭州西湖	9087, 9106, 9115, 9143, 9818
行彪油画	2807	杭州西湖宝俶塔	9872
行草书基础技法通讲	7344	杭州西湖放鹤亭	9115
行草书绝妙宋词	8247	杭州西湖风光	9087, 9088
行草书例	7244, 7245	杭州西湖湖心亭	9856

书名索引

杭州西湖畔	9075	豪情千古	7550
杭州西湖全景	9058, 9061	豪素丛谈	7241
杭州西湖全景图	9043	濠梁乐趣画册	1591
杭州西湖全图	3557	濠梁知乐集	987
杭州西湖全图	2717	好	4784
杭州西湖三潭印月	9088	好阿姨	3536, 3557, 4123, 4267, 4363
杭州西湖小瀛州	3388	好阿姨	2345
杭州西湖小瀛洲	9088, 9122, 9137	好啊,新疆	12332
杭州西湖小瀛洲之夏	9137	好爸爸	3435
杭州西泠桥畔	3557	好伴侣	9497
杭州小景	9115	好榜样	3681, 5114
杭州小瀛洲	9079, 9115	好榜样夏克滋	5087
杭州玉泉	9080, 9088, 9921	好宝宝 3590, 4123, 4267, 4363, 9005, 9527, 9541,
杭州玉泉公园	9106, 9818	9550, 9616, 9640, 9721, 9752, 9758, 9764,
杭州元代石窟艺术	388	10446
杭州云溪	9097	好宝宝	2359
杭州植物园	9257	好宝宝 讲礼貌	4123
航	11989	好兵帅克历险记	6934, 7013
航标灯	5227	好兵帅克在战前	5775
航标灯下的战斗	5227	好成绩	4363
航程	5252	好吃吗?	9365
航海历险记	5923	好大的西北风	5923
航海去	9883	好大王碑	7807
航海之歌	11390	好得很	2777, 3967
航空母舰	4460, 4528	好地方	11390
航空小姐	4767	好电影介绍	13087
航空员进行曲	12223	好儿女志在四方	3681, 3755
航模	4189	好儿童	3726
航模又演新节目	1869	好房"三间半"	10607
航天	4267	好哥哥	4268
豪夫童话	6487	好歌	11518
豪歌 33 曲	11369, 11370	好歌 32 首	12039
豪华居室	10591	好歌 500 首	11751
豪气常在	1870	好歌 1000 首	11525
豪情满怀	10426	好歌伴金曲	11738

好歌伴你度一生　　　　　　11743　　　好孩子折纸手工　　　　　　10707
好歌伴您唱遍天涯海角　　　12408　　　好汉武二郎　　　　　　　　5775
好歌唱遍天下　　　　　12408, 12409　　好好的保育儿童　　　　　　9281
好歌唱不完　　　　　　　　11519　　　好好向雷锋叔叔学习　　　　3774
好歌唱给知心人　　　　3628，3726　　　好好学习　3103, 3682，4065, 4268, 9523, 10446
好歌唱起来　　　　　　　　11529　　　好好学习 天天向上　　　　　3384
好歌大家唱　　　　　　11738, 11754　　好好学习　天天向上　　3116, 3125, 3181, 3193,
好歌大全　　　　　　　　　11529　　　　　3194, 3206, 3236, 3274, 3300, 3317, 7631,
好歌大全 298 首　　　　　　11744　　　　　9523, 9589, 9640, 9769
好歌家家唱　　　　　　　　11744　　　好好学习　天天向上　做毛主席的好孩子 3153
好歌金曲霸天下　　　　11738, 11744　　好花开 幸福来　　　　　　　4363
好歌金曲大家唱　　　　　　11748　　　好画献给毛主席　　　　　　3922
好歌金曲独霸天下　　　　　11744　　　好伙伴　　　　　　　　9377, 9466
好歌经典　　　　　　　　　11532　　　好机器　　　　　　　　　　3726
好歌精品 203 首　　　　　　11744　　　好吉他　　　　　　　　　　12181
好歌精选　　　　　　　　　12409　　　好姐姐　　　　　　　　3628，3629
好歌名曲大全　　　　　　　11502　　　好姐姐，你在哪里？　　　　5923
好歌人人唱　　　　11738, 11739, 11744　好镜头　　　　　　　　　　9365
好歌天天唱　　　　11756, 12408, 12410　好军嫂韩素云　　　　　　　6446
好歌献给你　　　　　　　　11492　　　好莱坞　　　　　　　　　　13318
好歌响中华　　　　　　　　11748　　　好莱坞·柏林·坎城·威尼斯　　13320
好歌新曲 300 首　　　　　　11533　　　好莱坞·好莱坞　　　　　　13317
好歌新曲 500 首　　　　　　12410　　　好莱坞——《电影帝国》　　13305
好姑姑　　　　　　　　　　12017　　　好莱坞大师谈艺录　　　　　13196
好姑娘　　　　　　　　　　4952　　　好莱坞的魅力　　　　　　　13163
好古堂家藏书画记　　　　　773　　　　好莱坞的侵略　　　　　　　13305
好古堂书画记　　　　　　　773　　　　好莱坞的诱惑　　　　　　　13191
好乖乖　　　　　　　　6743, 9769　　　好莱坞的真面目　　　　　　13305
好闺女　　　　　　　　　　3793　　　好莱坞电影中的黑人　　　　13306
好孩子　3418，3681，4189, 4190, 4268, 4363,　好莱坞红艳影星　　　　　10145
　　　5114, 9534, 13245　　　　　　　　好莱坞类型电影　　　　　　13198
好孩子歌舞　　　　　　　　12629　　　好莱坞秘闻　　　　　　　　13198
好孩子画册　　　　　　　　6524　　　好莱坞明星　　　　　　　　10163
好孩子毛小弟　　　　　　　5136　　　好莱坞明星邹君梅　　　　　9032
好孩子童话　　　　　　　　6446　　　好莱坞魔窟　　　　　　　　13305

书名索引

好莱坞内幕	13173	好少年林秀艳	6488
好莱坞群星谱	13219	好社员	3726
好莱坞死亡悬案	13186	好神奇哟	6557
好莱坞探秘	13319	好事多磨	5553, 5650
好莱坞巡礼	13087	好事近	12054
好莱坞艳星	13220	好收成	3774
好莱坞影人影片影事	13194	好熟悉的声音	2717
好莱坞影星葛丽丝凯莉	9696	好司务长孙乐义	5114, 5115
好莱坞影星新歌	12413	好司务长孙乐义事迹挂图	5115
好莱坞影星伊丽莎白泰勒	9696	好太王碑	7807
好莱坞著名影星	10168	好太王碑古今集联	7806
好老师	3762	好甜好甜的棍子	6654
好凉快	9477	好娃不需多	9541
好邻居	9770	好娃娃	4684
好妈妈	4268	好娃娃 讲卫生	2360
好妈妈疼爱咱象亲娘一样	3879	好玩的游戏与好看的艺术	13221
好猫咪咪	10047	好媳妇	2363
好妹妹	12144	好香啊！野花	1317
好咪咪	10060	好消息	4460
好咪咪别淘气	4363	好小子	6679, 9721
好苗苗	4190	好小子：小霸王出世卷	6684, 6685
好男儿	4872	好学生	4268, 4885
好年华	8837, 8838, 9432	好一个《总督张之洞》	13163
好鸟鸣春	4065	好友	9721
好朋友 4190, 4606, 9356, 9365, 9418, 9452, 9466,		好友歌曲专刊	11889
9497, 12013, 12900		好友佳作集	275
好朋友 ABC	6684	好园丁	2374
好朋友的故事	4904	好种出好苗 好树结好桃 种子年年选 产量	
好朋友来了	12144	节节高	3103
好婆媳	3726, 4123, 4268	好竹连山觉笋香	4606
好奇	9432	好字是怎样练成的	7354
好奇的大弟	6557	好字易学	7580
好速传	4528, 5923	好祖母	4190
好球	9365	郝邦义画集	2552
好商店又是好学校	4953	郝伯义版画选	3037

中国历代图书总目·艺术卷

郝彩凤演唱集锦	11876	禾生双穗 花开并蒂	3590
郝良彬行书诗册	8291	禾雨少年儿童歌曲选	12035
郝良彬画集	2546	合唱	11954, 11978, 11990
郝良彬牡丹画谱	2552	合唱·管弦乐指挥法教程	11108
郝曼小提琴练习曲	12460	合唱、指挥知识及中外合唱作品精选	11108
郝师傅	5346	合唱的训练与指挥	11108
郝石林画集	2250	合唱歌曲	11974
郝寿臣表演艺术	12882	合唱歌曲第一集	11934
郝寿臣脸谱集	12868	合唱歌曲集	11940
郝寿臣铜锤唱腔集	11837	合唱歌曲选	11935, 11963, 11965, 11967, 11970,
郝玉岐唢呐曲选	12271		11982
号角	5175, 5252	合唱教程	11989
号角·清泉	11727	合唱金曲100首	11989
号角声声	5346	合唱名歌集	12425
号上大队	5161	合唱名歌选	11381
号声嘹亮	5252	合唱曲集	11940, 11941, 11986
号子合唱三首	11770	合唱曲三首	11947
号子嘹亮	5252	合唱曲四首	11944
吴昌硕篆刻选集	8458	合唱曲选	11988
耗子嫁女	4123	合唱曲作法	11084
浩气长存	2764	合唱写作技巧	11090
浩气长存山河壮	1887	合唱新歌选集	11934
浩气永存	2657	合唱新作精选	12047
浩泉印赏	8577	合唱选	11935
浩然逆书作品选	8204	合唱学	11115
浩然谈书法	7366	合唱艺术的审美价值与社会功能	11134
浩然正气	2128, 2129	合唱与指挥	11118, 11133
皓月	2129	合唱与指挥教程	11108
皓月琴声	4684	合唱知识与合唱指挥法	11106
呵,海燕	9696	合唱指挥常识	11106
呵护灿烂星光 青春自我保护	3521	合唱指挥法	11104, 11107
喝令松溪穿山过	1847	合唱指挥实用手册	11108
喝延河水长大的	5553	合唱指挥艺术	11108
禾部长住院	5312	合唱指挥知识	11106, 11107
禾苗喜雨雨自来	9334	合唱作曲技巧	11091

书名索引

合成演习	2177	合作医疗开新花	3828
合肥	8918, 8932, 8940	合作医疗越办越好——湖北省长阳县乐园公社	
合肥李氏望云草堂珍藏田黄石章总目	8486		9275
合肥市电影志	13183	合作医疗越办越好——记延安县南泥湾公社马	
合肥挑花	10245	坊大队合作医疗站	9275
合和有余	2070	何百明画集	2267
合欢	1887	何宝森中国画集	2234
合欢	2611	何保华作品选	8292
合家欢	3629, 4268, 4460, 4784, 5650	何波作品集	2234
合家欢歌声	11925	何炽佳画集	2327
合家欢乐	3536, 4784, 8827, 8828, 8838, 9432	何道州临史晨碑	8083
合家欢乐：现代家庭	9418	何绍楷书千字文	8401
合家欢乐共庆三多	3590	何多苓人体素描	2896
合家团圆	8847	何鄂雕塑艺术	8637
合家幸福	4268	何仿歌曲选集	11508
合练	2997	何冠智水墨画集	2267
合龙	5312	何海霞画集	2021
合美长寿	4784	何海霞画辑	1962
合美如意	1987	何海霞画选	2464
合美幸福	4606, 4684	何海霞书画集	2202
合美幸福禧有余	4767	何涵宇画集	2546
合山奇石	8654	何怀硕文集	532
合堂欢乐	1961	何辉素描选集	2900
合同记	5030	何家英作品选	2401
合阳面花	10713	何坚宁油画	2807, 2827
合影	4065	何镜涵画集	2302
合纵连横	5923	何镜铭钢笔字帖	7522
合奏团圆曲	4606	何君华漫画选	3521
合作化给农民带来了幸福	8874	何孔德画集	2796
合作化喜讯传开来	11579	何孔德画选	2781, 2805
合作社对口唱	11415	何孔德油画静物写生	2787
合作医疗根深叶茂 赤脚医生遍地开花	3220	何孔德油画选	2790
合作医疗好	3236, 3252, 3274	何里马利提琴音阶练习书	12459
合作医疗健全普及 赤脚红心送药送医	3879	何临张迁集联	8110
合作医疗就是好	3173, 3220	何鲁书风	8328

中国历代图书总目·艺术卷

何敏杰作品选	2302	何水法花鸟画集	2525
何鸣芳黑白画集	6761	何铁凡速写	2896
何南燕作品选	2004	何韦漫笔	3471
何绍基《石门颂》墨迹	8376	何为戏曲音乐论	11160
何绍基大楷	8075	何维正的数位慧画	495
何绍基法书七种	8083	何伟艺术摄影集	9319
何绍基行书卷	8100	何谓台湾?	593
何绍基行书墨迹	8105	何谓艺术	007
何绍基楷书格言	8396	何文秀	4190, 8812
何绍基临《曹全碑》	8374	何曦画集	1395
何绍基临《衡方碑》	8374	何仙姑	4124, 4684, 6184
何绍基临《华山碑》	8374	何仙姑	2378
何绍基临《石门颂》	8374	何仙姑斗妖	6217
何绍基临《史晨碑》	8375	何仙姑抗旨	6355
何绍基临《武荣碑》	8375	何仙姑义教七女	6059
何绍基临《西狭颂》	8375	何香凝画集	1719, 1721, 1722
何绍基临《乙瑛碑》	8375	何香凝画辑	1855
何绍基临汉碑两种	8069	何香凝诗画集	1778, 1917
何绍基临礼器碑	8066	何香凝中国画选集	1870
何绍基临石门颂残本	8075	何新画集	2202
何绍基临张迁碑	8067, 8068	何扬吴茜画集	1399
何绍基留蜀墨迹	8069	何仰羲书法作品集	8316
何绍基墨迹	8096	何义门书桃花源记	8047
何绍基墨迹大观	8096	何永坤画集	3054
何绍基墨迹选汇	8062, 8063	何媛曼藏张黑女志	7660, 7776
何绍基诗帖	8103	何媛曼行书墨迹	8024
何绍基书大唐中兴颂诗	8073	何媛曼临张迁碑字册	8038
何绍基书法精选	8100	何远鸣画集	2251
何绍基书法选	8100	何韵兰画集	1407
何绍基书金陵杂述	8083	何韵兰作品	2327
何绍基书麓山寺碑	8105	何泽洪摄影作品集	8984
何绍基书论选注	7282	何志生水彩人物画选	2941
何绍基书苏东坡诗	8064	何子万印谱	8512
何绍基字帖	8062	何子贞楷书前后赤壁赋	8073
何绍甲自书诗联	8233	何子贞临衡方碑	8076

书名索引

何子贞临华山庙碑	8370	和合同庆幸福年	4684
何子贞临黄庭经	8052	和合同喜	4684
何子贞临石门颂	8077	和合图	4528
何子贞临张迁碑	8038, 8049	和合图	2071
何子贞书篁园记	8083	和合幸福	4528, 4684, 4813
何子贞书廖夫人墓志	8048	和合幸福	2038
何子贞书石门颂礼器碑墨迹	8049	和和美美	4123
何子贞书西园雅集图记	8059	和和睦睦	4268
何子贞西园雅集图记	8073	和黑猩猩交朋友	5650
何子贞先生法帖	8051	和驹	9390
何子贞先生临坐位帖	8056	和乐歌	11366
和庵百花画谱	1477	和乐融融	8952
和草诀百韵歌	8017	和乐图	8828
和大中学生谈书法	7289	和美	2071
和电影交朋友	13032	和美长寿	4685
和风可人	2664	和美如意	4606
和福迎财	2129	和美如意	2071
和羹用汝集	775	和美术爱好者谈美术	014
和海迪阿姨在一起	4364	和美幸福	2004, 4123, 4268, 4606, 4685, 4842
和好	5923	和美幸福	2071, 2129
和好书交朋友	3365	和美幸福长	2129
和合	3590	和美幸福大喜年	4364
和合长寿	1936, 4190	和鸣	4268, 8819
和合二仙	4190, 4268, 6384	和睦	8828
和合美满	4684	和睦家庭 幸福门第	4364
和合美美	4784	和睦家庭福满门	4784
和合平安	4606	和睦家庭娃娃壮	4528
和合如意	4842	和睦家庭幸福多	1962, 4269
和合如意	2070, 2693	和睦美满	4190, 4784
和合生福	2070	和睦生财	4813
和合寿星	4813	和睦生财	2129
和合双喜图	4528	和睦四瑞	4606
和合送福	2070	和睦幸福	4460, 4528
和合同庆	4460, 4606	和你一起拥有明天	13163
和合同庆大喜年	1936	和平	3368

中国历代图书总目·艺术卷

和平的愤怒	11562	和平奏鸣曲	2071
和平的使者	4685	和气吉祥	4460
和平的土地	13258	和气生财	2021
和平富贵	4364, 4813, 10550	和气四瑞	2071
和平富贵	2071, 2129	和气致祥	2071
和平富贵 万古长青	4528	和青年演员谈学艺	12815
和平鸽	4460	和群众同劳动 和群众心连心	3220
和平鸽	2557, 2717	和善吉祥万事如意	4813
和平鸽的翅子展开了	12754	和尚变虎	5776
和平鸽飞翔在天空	11939	和摄影爱好者谈谈新闻摄影	8717
和平歌集	11379	和声常识	11079
和平歌声	11569	和声处理法	11074, 11075
和平花	12007	和声的技巧	11089
和平农业社的养猪经验	8874	和声的结构功能	11079
和平青年进行曲	11393	和声的理论与应用	11087
和平如意	4528, 4685	和声的民族风格与现代技法	11100
和平使者	10089	和声分析	11076, 11102
和平颂	1724	和声分析习题	11077
和平天使	4685, 9365, 9483, 9497	和声基础、简易伴奏	11103
和平万岁	6931	和声理论与实习	11086
和平幸福	3590, 4124, 4269, 4364, 4606, 4685,	和声曲	11932
	10405	和声实用基础教程	11103
和平幸福	2129	和声听觉训练	11094
和平友谊	3536	和声通用教程	11102
和平友谊春长在	4065	和声写作基本知识	11084
和平友谊的花朵	9321	和声学	11067, 11070, 11072, 11082, 11083,
和平友谊团结	3079		11084, 11086, 11095, 11102
和平与友谊	2925, 9262, 11405	和声学初步	11069, 11070, 11092
和平月季	10032	和声学初步习题解答	11093
和平战胜战争	8868	和声学大纲	11067, 11068, 11075
和平战士参观治淮工程	8869	和声学基础教程	11095, 11096, 11103
和平之邦	5776	和声学基础应用教程	11100
和平之春	1722, 2004	和声学基础与键盘实践	11094
和平之春	2071, 2607	和声学教程	11077, 11078, 11089
和平之子——月季	10032	和声学理论与实用	11068

书名索引

和声学实用教程	11075	河北梆子音乐概论	11158
和声学新编	11103	河北梆子音乐研究资料	11864
和声学学术报告会论文汇编	11084	河北壁画选	6620
和声学学习新法	11102	河北承德金山亭	9299
和声学专题六讲	11086	河北大寨——何横城	9273
和声学自学速成指导	11091	河北地方剧种史料汇编	12928
和声艺术发展史	11101	河北地方戏曲脸谱集锦	12936
和声应用教程	11100	河北风光	3774, 9043, 9796
和声与对位	11075	河北风光	2419
和声与写作	11086	河北风景画集	1364
和声与制曲	11067	河北歌片	11774
和时间赛跑	8640	河北邯郸丛台公园	9327
和室设计	10740	河北花鸟画集	2503
和顺满门添百福·平安二字值千金	1936, 2004	河北钜鹿道教法事音乐	10920
和顺满门添百福，年安二字值千金	4755	河北锣鼓乐	11348
和宋奶奶在一起	4190	河北煤炭建筑工程学校	10107
和田玉的故事	6557	河北美术家	1370
和小学生谈写字	7412	河北美术家画集	319
和谐的人生	6249	河北民歌选	11796
和爷爷一起战斗	3793	河北民间歌曲选	11764
河北八家画集	2268	河北民间歌曲选集	11768
河北版画集	3037	河北民间歌曲研究	11810
河北梆子《洪湖赤卫队》主要唱段	11863	河北民间舞蹈概论	12625
河北梆子唱片选曲	12110	河北民间音乐	10901
河北梆子唱腔选集	12110	河北名胜	4190
河北梆子传统音乐汇编	11863	河北名胜古迹	8874
河北梆子简史	12927	河北年画	4685
河北梆子名家唱腔选集	11873	河北邱县农民漫画	3431
河北梆子移植革命现代京剧《红色娘子军》主要唱段	11864	河北人民根治海河的伟大斗争	9270
河北梆子移植革命现代京剧《龙江颂》	12124	河北人民美术出版社建社三十周年纪念	4364
河北梆子移植革命现代京剧杜鹃山主要唱段		河北山水画集	2430
	11863	河北少儿书画作品集	1370
河北梆子音乐	11147	河北省革命歌曲演唱会优秀歌曲选	11632
河北梆子音乐概解	11151	河北省根治海河工程图片选	8923
		河北省根治海河十年伟大成就	9273

中国历代图书总目·艺术卷

河北省工农兵美术作品选	1359	河流	13161
河北省离休老干部书画展作品选	2021	河洛风情画卷	1412
河北省美术作品选	1362	河马大叔爱唱歌	6557
河北省农业学大寨一面红旗——何横城	9273	河南	9787
河北省首届书法篆刻评展作品精选	8185	河南"跃进"歌选	11601
河北省围场县文工团演出话剧《烈马河畔》剧照		河南、山东地方民间戏曲	11148
	9214	河南梆子唱腔集	11828
河北省戏曲志	12771	河南梆子概述	12918
河北省音乐调演独唱独奏节目选	11356	河南梆子谱	12100
河北十人篆刻集	8561	河南梆子音乐	12102, 12104
河北书法家	8304	河南出土空心砖拓片集	8649
河北书法篆刻选	8151	河南窗花选	10663
河北书画作品集	2251	河南创作歌曲选	11668
河北束鹿群众美术作品选集	1356	河南大调曲子集	12138
河北武强年画	1241	河南大学美术系教师作品选集	320
河北戏曲音乐文集	11148	河南邓县彩色画像砖	8649
河北戏曲资料汇编	12929, 12930	河南地方戏曲音乐汇编	12128
河北新歌	11562, 11565	河南风光	4124, 10509
河北新歌选	11572, 11573	河南歌曲选	11574
河北音乐通讯	11146	河南古代科学家	5553
河北音乐之春获奖歌曲选	11483	河南古代图案	10270
河北影评集萃	13137	河南鼓子曲	12139
河北杂技	12999	河南剪纸选集	10668
河北中国画人物选集	1987	河南钧瓷汝瓷与三彩	404
河边	1757	河南民兵	8927
河边村的春天	4890	河南民歌选	11774
河边漫歌	3629	河南民间玩具	10717
河伯娶妇	4364	河南民间音乐与舞蹈	12146
河东戏曲文物研究	12780	河南年画集	3557
河防堡垒	5227	河南农民画选	6755
河汉履踪	8304	河南平顶山书法作品集	8195
河湟行	9097	河南曲剧音乐	12105
河间献王乐记	10948	河南曲艺史论文集	12975
河静敌未清	5030	河南曲艺志丛书	12974
河梁话别	11879	河南曲子	12100

书名索引

河南曲子集	12100	河曲种马	8828
河南曲子牌曲	12919	河山不夜	2593
河南省地方剧种现代戏唱腔选集	11870	河山如画图	2425
河南省地方戏移植革命样板戏折子戏		河山胜揽图	1936, 4269
	12124	河山新貌屏	3630
河南省第一届美术展览会纪念集	278, 344	河殇	13295
河南省高等学校招生美术类专业考试大纲		河殇、何伤	13129
	491	河殇集外集	13132
河南省高等中等学校招生音乐专业考试大纲		河殇讨论集	13132
	10830	河上灯火	13254
河南省开封电影志	13184	河深海深不如毛主席的恩情深	1815
河南省美术作品选	1360	河神娶媳妇	6059
河南省美展作品选	1360	河水让路	3006
河南省艺术类中等专业学校艺术教育学术讨论		河颂	8911
会论文选集	345	河塘小景	10404
河南省影展作品选	8923	河湾村的小伙伴	6218
河南十年歌曲选	11448	河网赞	11783
河南素描选集	2851	河西传奇	6060
河南戏曲史志资料辑丛	12767	河西村的歌声	5923
河南戏曲音乐札记	10993	河西走廊	8969
河南现代美术史	273	河阳大战	6249
河南现代书画册	1281	河源镜痕	8969
河南豫剧移植革命现代京剧《龙江颂》主要唱段		河源民间歌曲集	11820
选编	11859	河州花儿研究	11502
河南豫剧院现代戏唱腔选集	11833	邵阳线偶戏音乐	12136
河南坠子音乐	12137	荷	9315, 10027, 10032, 10047, 10067
河畔春色	2450	荷	2546
河畔牧歌	9809	荷池	10027
河畔情歌	4190	荷池试剑	4066
河畔新花	5252	荷池艳色	10018
河曲二人台	11833	荷尔拜因	505, 1135
河曲民歌	11771	荷尔拜因 弗朗西斯科画风	6868
河曲民歌采访专集	11768	荷花	1490, 1575, 4606,
河曲民歌六首	11766		4607, 10013, 10015, 10016, 10018, 10020,
河曲民间歌曲	11768		10023, 10027, 10032, 10040, 10047,

中国历代图书总目·艺术卷

10048, 10054, 10060, 10061, 10068, 10074

荷花 2487, 2490, 2491, 2493, 2494, 2540, 2587, 2601, 2615, 2625, 2637

荷花·翠鸟·竹·小鱼 867

荷花芭蕉对屏 4528

荷花白鹭 4529

荷花翠鸟 1668

荷花翠鸟 2497, 2601

荷花翠鸟图 1671

荷花翠鸟图 2500

荷花大观 9319

荷花的画法 972

荷花淀 3682, 5468

荷花鲤鱼 4607

荷花鲤鱼 2490, 2560

荷花凌霄 2500

荷花鹦鹉 10032

荷花满塘鸭儿肥 4016

荷花女 4460, 4529

荷花飘香 10061

荷花谱 2540

荷花倩影 9616

荷花蜻蜓 2487, 2489, 2491

荷花三娘子 5650

荷花生命系列摄影全集 9312

荷花双鸟 2605

荷花童子 4124

荷花童子舞 4124

荷花图 2676

荷花图谱 943

荷花娃娃 4364

荷花舞 4016, 4066, 4269, 9938, 9939, 12208

荷花舞 2129

荷花西施 4066

荷花仙女 4685

荷花仙子 4364, 4460, 4607, 8821, 9365

荷花仙子 2378

荷花仙子和珍珠娃娃 2389

荷花仙子戏鱼图 2374

荷花小鸟 1887

荷花小鱼 2601

荷花映日柳色新 9071

荷花鸳鸯 1936, 3557, 3590, 4124, 4190, 4529

荷花鸳鸯 2494, 2500, 2503, 2608, 2615, 2637, 2657, 2669, 2717

荷花鸳鸯图 3630

荷花鸳鸯图 2615

荷兰·法国…… 9106

荷兰 波兰素描新选 6908

荷兰阿姆斯特丹 9303

荷兰插花 10734

荷兰风光 10161

荷兰花卉 10054

荷马——巴底农女神 1144

荷马水彩专辑 6909

荷塘 2501, 2674

荷塘·风景 2516

荷塘白鹅 1746

荷塘白鹭 1766

荷塘晨曦 4364

荷塘晨曦 2426

荷塘飞燕 4016

荷塘过雨 1789

荷塘鹤群 2672

荷塘红鲤 4017, 4066

荷塘丽影 4460

荷塘牧歌 4364

荷塘牧归 4460

荷塘清趣 9378

荷塘清趣 2427, 2430, 2440, 2441

书名索引

荷塘情趣	4269	阖家欢	4066
荷塘群鹅	4269	阖家欢乐	9404
荷塘群鸭	2557	贺成画集	2071
荷塘双栖	4607	贺成教你画仕女	883
荷塘双清	10438	贺成作品集	2406
荷塘戏水	1962	贺传武书法集	8316
荷塘戏鸳鸯	4529	贺词集锦钢笔字帖	7450
荷塘小鸭	10068	贺词精选钢笔行楷字帖	7565
荷塘映日红	10016	贺辞赠言钢笔字帖	7550
荷塘鱼肥	4269, 4848	贺丰年	3682
荷塘鱼肥	2577	贺后骂殿	12072
荷塘鱼戏图	4364	贺继生创造了醴陵二号插秧机	3536
荷塘鱼跃	3590, 3630, 4017, 4460	贺家村的斗争	5252
荷塘鸳鸯	4460	贺江山歌	11779
荷塘鸳鸯	2496	贺敬之诗书集	8292
荷塘月色	2793	贺卡祝词	7594
荷塘月色	2445, 2450	贺卡祝词大全钢笔行书字帖	7494
荷亭风光	9818, 9819	贺卡祝词钢笔字帖	7618
荷乡清暑图	1789	贺堃画选	1399
荷香	10055, 10061	贺堃作品集	2219
荷香	2503	贺兰山冬景	9801
荷香鸭肥	1806	贺兰山色	9787
荷香鱼跃	2567, 2637	贺兰山色	2418
荷叶雷	5393, 5776	贺兰山岩画	8652
荷叶山	5650	贺老总住我家	4124
荷荫鱼乐	10055	贺林书法作品选	8204
荷吟百咏	7494	贺龙的故事	5393
荷影仙踪	10431	贺龙和体育健儿	4269
荷塘消暑	1664	贺龙借枪	5553
荷韵	9319	贺龙收"神兵"	5923
核世纪	10150	贺龙同志在洪湖苏区	2352
核弹风云	6218	贺龙与战斗剧社	12772, 12789
核弹即将爆炸	6184	贺龙元帅	4190, 4269, 4364, 4365, 5776
菏泽	8944	贺龙元帅和小将	4607
盒带流行歌曲集	11715	贺龙在湘鄂西	5468

中国历代图书总目·艺术卷

贺绿汀钢琴曲集	12189	雀巢画萃初集	1718
贺绿汀歌曲集	11415	赫保真画选	1936
贺绿汀歌曲选	11699	赫蒂则·马芳华画册	2219
贺绿汀合唱曲集	11941	赫赫英姿	2129
贺绿汀全集	10834, 11361, 11525	赫里美利小提琴音阶练习	11181
贺绿汀音乐论文选集	10802	赫利美利小提琴音阶练习	12461
贺年	3793	赫连泉馆古印存	8543
贺年片集锦	10484	赫哲雄鹰	5776, 5923
贺寿	4460	赫哲渔女	9525
贺寿图	4365, 4461	赫哲族民歌、歌曲集	11819
贺寿图	2071	鹤	2585, 2587
贺天健画册	1720	鹤·白梅画法	968
贺天健画集	1738, 1917	鹤·孔雀·马的动态	8734
贺天健课徒画稿	907	鹤巢老人墨宝	8051
贺天健山水画	2418	鹤巢人物画稿三千法	1704
贺天健山水画册	2417	鹤冲云霄	2575
贺天士投师	5776	鹤的故乡	4365
贺喜福寿	2071	鹤岗戏曲志	12774
贺喜图	4365	鹤姑	5923
贺相魁	5136, 5137	鹤姑娘	4784
贺相魁——舍身滚山火，一心为人民	3163	鹤归来	4461
贺新春	1917, 3536, 4365, 4461	鹤归来	2505
贺新春	2072	鹤林歌集	11382
贺新春福禧到	4784	鹤临福来	4685
贺新春歌舞庆丰收	4365	鹤临福来	2577
贺新年	3630, 4066, 4365, 4461	鹤龄三友图	4784
贺新年 庆丰收	4124	鹤龄添寿	4607
贺新年庆丰收	3630, 4269	鹤庐印存	8551
贺新年迎新春	4190	鹤鹿同春	1936, 4529, 4685
贺新禧	2038	鹤鹿同春	2564, 2571, 2577, 2580
贺友直短篇连环画选集	6249	鹤鹿同春 麒麟送宝	4529
贺友直画自己	6524	鹤鹿献宝	4836
贺友直谈连环画创作	1226	鹤鹭谱	2541
贺志伊画选	1936	鹤民国	6384
贺中祥小楷	8277	鹤鸣	10033

书名索引

鹤鸣翠谷	8847	黑白彩色图案设计	10208
鹤鸣翠荫	2664	黑白底纹	10319
鹤鸣千山都是春	4685	黑白二届影集	9321
鹤鸣山诗书画集	2234	黑白风景	2904
鹤鸣深山	4365	黑白风景图集	10270
鹤鸣深山	2577	黑白风景装饰	10563
鹤鸣天池	4529	黑白构成	10234
鹤山题跋	7686	黑白构成图案	10210
鹤摄影集	9317	黑白广告画技法资料	10374
鹤寿梅喜	2625	黑白广告艺术	10390
鹤寿同春	4529	黑白海南	9293
鹤寿图	4191, 4529, 4607, 4686, 4813, 10074,	黑白花卉	10289
	10079	黑白花卉图案	10263
鹤寿图	2573, 2580, 2615	黑白画的参考资料	10241
鹤寿迎春	4607	黑白画法	10224
鹤滩山房印谱	8500	黑白画集	2910, 6758
鹤舞	4529	黑白画技法	10215, 10218
鹤舞丰年	2577	黑白画技法分析	10215
鹤舞千年	2577	黑白画理	1256
鹤舞迎客图	4785	黑白画艺术	6765
鹤乡	9365, 9378, 10048	黑白灰写生技法	1104
鹤乡晨曲	9832	黑白魂	13295
鹤乡晨曲	2251	黑白龙画选	1962
鹤乡曲	1962, 4461	黑白美术800例	10294
鹤乡书法作品集	8316	黑白美术纹样	10319
鹤乡雪霁	4785	黑白魅力	8991
鹤乡银晖	2577	黑白门	10697
鹤乡之晨	2672	黑白木刻集	3022, 3025
鹤乡之子	4785	黑白木刻入门	1215
鹤翔仙境	2021	黑白平面构成	139
鹤迎朝阳	4365	黑白情韵	10567
鹤与龟	12978	黑白人生	8987
黑白·图案·艺术	10223	黑白人体装饰画	10283
黑白暗房技术	8746	黑白人物图集	10303
黑白巴黎	10148	黑白人物装饰画集	10303

中国历代图书总目·艺术卷

黑白设计	10216	黑白装饰构成表现技法	10224
黑白摄影	8721, 8736, 8752, 8787, 8794	黑白装饰画	6758, 10266, 10270, 10274, 10279,
黑白摄影的影调和线条	8771		10289, 10297, 10303, 10324
黑白摄影广告图选	8739	黑白装饰画 300 例	10319
黑白摄影集	8980	黑白装饰画集	10270, 10284, 10314, 10319, 10336
黑白摄影技法	8721	黑白装饰画技法	10215
黑白摄影技术	8723	黑白装饰画技法 800 例	10214
黑白摄影教程	8752	黑白装饰画选	10314
黑白摄影精技	8787	黑白装饰人物画	10261
黑白摄影制作技艺	8787	黑白装饰图形	10329
黑白史	825, 826	黑白装饰小品	10274
黑白世界	6758	黑白装饰小品集	10274
黑白四届影展特刊	9321	黑白装饰艺术	10284, 10297
黑白天地	1391, 10565	黑板报	10309
黑白图案	10258	黑板报、墙报美术资料	10241
黑白图案集	10251	黑板报版式汇编	10298
黑白图案字	7627	黑板报报头	10247
黑白图形大参考	10328, 10329	黑板报报头图案	10240, 10298
黑白写生与创作	2887	黑板报报头资料	10284
黑白艺术	10224	黑板报编绘指南	10289
黑白艺术世界	6765	黑板报参考资料	10247
黑白艺术探索	1403	黑板报常用报头精选集	10309
黑白艺术系列	1263	黑板报常用变形美术字	7642
黑白影调的魔力	8752	黑板报常用词语美术字	7646
黑白影集	9321	黑板报常用格言警句美术字	7648
黑白幽默	10152	黑板报常用美术字汇编	7646
黑白与彩色摄影	8725	黑板报常用美术字新编	7643
黑白与灵性	3061	黑板报常用题图与花边图案	10314
黑白之间	10564	黑板报创意图典	10324
黑白之梦	10329	黑板报精萃 108 例	10336
黑白装饰	10270, 10279, 10336	黑板报美化技法	10274, 10329
黑白装饰 300 例	10289	黑板报墙报版式资料	10279, 10329
黑白装饰变形	10279	黑板报墙报编排与装饰资料	10279
黑白装饰风景	10289, 10314	黑板报墙报技法	1244
黑白装饰风景集	10270	黑板报设计精品	10329

书名索引

黑板报设计艺术	10303, 10309	黑籍冤魂图说	12739
黑板报实用艺术	10284	黑箭	5776, 5923, 5924
黑板报题图插画选	10314	黑镜头	10150, 10153
黑板报头图案集	10270, 10303	黑驹	5924
黑板报头图案与设计手册	10309	黑壳怀表	6323
黑板报杂志刊头图案资料手册	10336	黑浪山	4896
黑板报装饰图案集	10246	黑老虎队	5061
黑板报资料手册	10298	黑雷	4836
黑板粉笔画训练	1236	黑林鼓声	6218
黑板画	1220	黑龙江	8934, 8952
黑板画设计	10336	黑龙江 1963 年创作歌曲选	11450
黑板图画教科书	1199	黑龙江版画	3009
黑板字艺术	7428	黑龙江版画家画库	3064
黑伯龙画集	2302	黑龙江版画选集	3006
黑才女巧难秀才	5650	黑龙江大提琴史话	11191
黑材料	3431	黑龙江的传说	5776
黑蝉乐队	5923	黑龙江风光	9819
黑店国	5776	黑龙江歌集	11399
黑岛	7019	黑龙江歌片	11424, 11425
黑岛偷袭计划	6060	黑龙江歌曲选	11796
黑店捕盗	6060	黑龙江歌声	11412
黑非洲雕刻	8673, 8678	黑龙江工农兵美术作品选集	1359
黑非洲艺术	371	黑龙江流域岩画碑刻研究	427
黑风山	5468, 5776	黑龙江美术作品选	1360
黑岗事件	4953	黑龙江民间剪纸选	10668
黑格尔戏剧美学思想初探	12701	黑龙江日报社珍藏：绘画卷	1325
黑格尔与艺术难题	066	黑龙江日报社珍藏：书法卷	7166
黑姑娘的歌	11954	黑龙江生产建设兵团美术作品选集	279
黑鬼的扑克牌	2219	黑龙江生产建设部队青年版画选	3020
黑孩子(马克西姆卡)	13253	黑龙江省博物馆藏文物	394
黑黑在诚实岛	5468	黑龙江省画院国画作品选	2129, 2177
黑狐狸	6184, 6249	黑龙江省画院作品集	1370
黑胡根落网记	5553	黑龙江省民族民间音乐座谈会资料汇编	
黑胡子捕快	6488		10904
黑虎岗	5137	黑龙江省艺术史志集成资料汇编	251, 10966

中国历代图书总目·艺术卷

黑龙江书法精品	8328	黑人的控诉	5115
黑龙江野生动物	10040	黑人警官	6184
黑龙江之冬	9832	黑人鞋匠	5553
黑龙滩水库	9790	黑人休斯	5087
黑龙潭	5650	黑三角	5346, 5468, 5469
黑龙突击队	6286	黑色大书	3483
黑马谍案	5650	黑色的军用皮包	5924
黑麦	6871	黑色的眼睛	12406
黑猫别胡闹，弟弟在睡觉	2717	黑色美洲豹	5924
黑猫大王	6524	黑色幽默	7027
黑猫大侠全集	6685	黑色走廊	13133
黑猫警长 6249, 6286, 6524, 6608, 6632, 6654,		黑山谷之谜	6060
6666, 6672		黑山阻击战	13230
黑猫警长大战红狮精	6685	黑神驹	7053
黑猫警长破案记	6060	黑十字架	5777
黑猫警长全传	6286	黑市上的爱情	6447
黑猫警长新传	6446, 6447	黑手在行动	6060
黑猫警长新辑	6249, 6250	黑水藏族妇女	2714
黑猫警长新探案	6286	黑水河	5651
黑猫警长新探案续编	6654	黑水义士	5777
黑猫警长与白猫	6641	黑水英魂	5469, 5777
黑玫瑰	8838	黑死案	5651
黑玫瑰系列杰作集	7091	黑松林雪恨	5777
黑美	5776	黑桃皇后	5777, 5924
黑墨	6323	黑体	7651
黑母鸡	5777	黑体字典	7636
黑幕	5777, 6250	黑体字库	7643
黑牛	5393	黑天鹅	9365, 9404
黑奴恨	5061	黑头发飘起来	12384
黑奴魂	13289	黑秃	5777
黑炮事件——从小说到电影	13083	黑土文化艺术新论	12697
黑皮肤的感觉	10987	黑土戏剧论	12729
黑旗特使	4755	黑土戏剧群体创造论	12709
黑旗雪恨	6355	黑土子的故事	2983
黑蜻蜓	9378	黑娃照相	5777, 5778

书名索引

黑网下的星光	6060, 6286	亨德尔六首奏鸣曲	12552
黑小丁在交响乐团	6409	亨德里克·斯托费尔斯	6884
黑猩猩王国的秘闻	5778	亨利·卡蒂埃·布勒松摄影作品	10138
黑熊二号案件	5778	亨利·伍德论指挥	11107
黑熊与公主	13261	亨利·亚当的奇遇	5553
黑旋风	5778	亨利恩仇记	5778
黑旋风扯诏	5778	亨利摩尔的艺术	8671
黑旋风李逵	5778, 6356, 6488, 11828	亨利摩尔艺术全集	8671
黑影	6060	亨塞尔和格蕾特尔	7139
黑影图案画	10242	哼哈二将	4461, 4529, 4607, 4686, 4813, 6060,
黑鱼泡的故事	5281		6707
黑与白	6768	哼哈二将	2370, 2378, 2379, 2389
黑与白的魅力	10215	哼将哈将	4607
黑郁金香	5651, 5778	哼将哈将	2374
黑云压城	6060	恒山秋色	9819
黑泽明的世界	13207	横岸墨韵	2302
黑珍珠——球王贝利	5553	横笛研习理论与技巧	11302
黑竹	2625	横笛演奏讲义	11300
黑子	5227	横看成岭侧成峰	592
嘿！打球去	3079	横空石壁	1870
嘿！哥们儿	4686	横眉冷对千夫指俯首甘为孺子牛	2746, 3557,
嘿！霹雳舞	12646		3757, 8123
嘿, 姐儿们	4755	横扫毒蝎党	6061
很满意	4017	横扫宛叶	5778
狠狠抗击老沙皇	5252	横纹鞋印	6061
狠批"四人帮"生产展新貌	3274	横云山民印聚	8536
狠批"四人帮"掀起工业学大庆农业学大寨新高		衡尔诗联书画	2327
潮	3274	衡方碑	7768
狠批投降派	3879	衡山方舟画集	1704
狠透铁	5030	衡山先生三绝册	1562
狠抓革命 猛促生产	3168	衡山英烈	5469
狠抓矿山建设 大打矿山之仗 为实现发展国		衡素斋印稿	8495
民经济第四个五年计划而奋斗	3181	衡阳地区摄影作品选集	8925
狠抓矿山建设大打矿山之仗	3181	轰动全城的马戏团	7034
亨德尔	10891	轰天金曲	11748

中国历代图书总目·艺术卷

轰天绝唱	11744	红鼻子警长	6409
轰炸东京	6061, 6218	红鼻子洛克	6447
烘炉炼精钢	5228	红碧绿	4686
弘历登基	6250	红扁担	5200
弘仁 髡残	793	红波序曲	6184
弘仁画集	1690	红潮	5469
弘涛书法集	8263	红绸舞	2858, 12603, 12612
弘扬红岩精神 塑造当代重庆人：团结一致真抓		红蛋	4953
实干	3386	红灯	11950
弘扬红岩精神 塑造当代重庆人：再振重庆雄风		红灯代代传 红星闪闪亮	3828
	3386	红灯高照	3630, 3762, 10418
弘扬红岩精神 塑造当代重庆人：抓住机遇开拓		红灯记	2741, 3726, 3758, 5115,
进取	3386		5137, 5149, 5161, 5175, 9149, 9176, 9195,
弘扬雷锋精神	3376		9207, 11849, 11854, 11858, 11859, 12080,
弘一大师歌曲集	11508		12081, 12082, 12124
弘一大师墨宝：修行联语格言精华	8328	红灯记(唱段选)	11858
弘一大师书华严集联	8205	红灯记一九七〇年五月演出本主要唱段选辑	
弘一大师书信手稿选集	8127		11849
弘一大师谈艺录	054	红灯女儿	5252
弘一大师写经集	8131	红灯颂	11882
弘一大师遗墨	8123, 8126	红灯万盏迎佳节	4017
弘一法师佛联墨宝	8129	红灯迎四化 祖国万年青	4017
弘一法师歌曲全集	11492	红灯照	1870, 3967, 3968, 4017, 5394, 5469,
弘一法师翰墨因缘	8130		5553, 9938
弘一法师手书嘉言集联	8132	红灯照，闪闪亮，铁梅好榜样，革命传统代代	
弘一法师手书印光嘉言集	8130	传，红色江山万年长。	3194
弘一法师书法集	8128	红灯照首领——大师姐林黑娘	9341
弘一法师书札	8131	红电波	5394
弘艺集	010	红兜肚儿	6324
红安七里坪	2718	红豆树馆书画记	1465
红安夏大妈	5031	红豆相思	9378
红宝石	5469, 5778, 5924	红豆英彩	12958
红宝石金项链	5924	红都莫斯科	10128
红宝书指航程	3922	红杜鹃	4124
红鼻头蓝鼻头太空历险记	6707	红儿班宣传队	3828

书名索引

红儿班演出队	3828, 3879	红河书画	1372
红柿慰亲人	5200	红河州彝族民间舞蹈	12621
红枫	10048	红荷	2637
红枫岭	5281	红荷画法	956
红枫岭上	5228	红红	9452
红枫猛虎图	4686	红红的雨花石	5469, 5924
红枫猛虎图	2072	红狐侦探	6654
红拂女	4365	红胡子探长	6488
红拂女	2389	红葫芦	4124, 5554
红拂夜奔	4529	红蝴蝶特刊	13289
红高粱(中国西部歌曲大荟萃)	11710	红花	10033
红歌集	11533	红花傲霜开	5007
红歌一百首	11624	红花遍地开	3220
红工医	1803	红花遍校园	4530
红姑	5007, 5031, 5061	红花菜	5137
红姑娘	4912, 4953	红花处处开	3536, 3558
红姑寨恩仇记	4755	红花朵朵	3828, 3879, 9336
红骨烈火	5651	红花朵朵开	12630
红管家	5115, 8804	红花朵朵开不败	11946
红光碾夜战	5312	红花朵朵献英雄	3968
红果情	13122	红花朵朵向太阳	13293
红孩儿	5553, 6447, 9470	红花朵朵向阳开	12025
红孩军	5087	红花结硕果	3968
红孩妖	5924, 6385	红花开遍井冈山	11390
红孩子	6324, 6488, 6558, 9344, 13092	红花开遍苗岭山	3006
红海军舞	12652	红花开放幸福来	4365
红海鲨鱼	6938, 7019	红花开万代	3968
红河	9088	红花曲	3726, 5115
红河大寨花盛开	11794	红花少年	4269, 4365, 9027
红河的孩子	12177	红花少年新风尚	4191
红河激浪	5924	红花盛开	3922
红河泪	5651	红花送给姐姐戴	3880
红河龙	6061	红花送军属	4269
红河枪声	6061	红花侠	7053
红河山歌	12163	红花献给毛主席	3220

中国历代图书总目·艺术卷

红花献给先进英雄	4066	红军路过桔子林	5007
红花献模范 颂歌献英雄	4461	红军路上	2760, 3880
红花献英模	9666	红军帽	5007, 5200
红花献英雄	4017	红军坪	5007
红花向阳	9339	红军强渡大渡河	5281
红花向阳开 祖国春长在	3828	红军桥	5031, 5061
红花向阳开 祖国春长在	3236	红军手枪团	5779
红花引来金凤凰	4461	红军四渡赤水河	11684
红花映山河	11502	红军桃	5394
红槐曲	11425	红军团长方和明	11425
红火的山庄戏剧	13018	红军医生和小红	5394
红巾舞	12652	红军与少数民族	2723
红军不怕远征难4953, 5007, 11961, 11964, 11965		红军在贵州	8932
红军长征时抢渡的大渡河铁索桥	9322, 9324,	红军之母	5008
	10100	红辣椒	5062
红军长征走过的道路	8874	红兰姑娘	5924
红军村的"红小兵"	5252	红蓝姑娘	5651
红军刀的故事	5651	红烂漫	5469
红军的草鞋	5228	红雷青年小组学习毛主席著作挂图	9263
红军的第一架飞机	4953	红鲤喷洒幸福泉	4461
红军的故事	3880	红鲤戏莲塘	2577
红军飞度娄山关	11950	红荔	4066
红军钢枪队的诞生	4953	红荔飘香	4365
红军哥哥回来了	12278	红莲	5062, 5115, 5312, 9366
红军歌曲选	11581	红莲翠羽	1757
红军歌声集	11545	红莲盗龙珠	1987
红军根据地大合唱	11943	红莲和藕儿	5925
红军鼓楼	5554	红莲漫画珍藏集	7066
红军过草地	3968	红莲鸣蝉	1757
红军过草地	2723	红莲与藕儿	5925
红军过草地的故事	5346	红林和半斤芝麻	5087
红军过雪山	2997	红玲	5281
红军过雪山	2723	红菱湖上的战斗	5116
红军救了小二牛	4879	红菱送给解放军	12012
红军留下的枪	3726	红菱艳	5554

书名索引

红岭一支枪	5175	红楼梦百美图	2379
红领巾	3001, 5779	红楼梦版画集	2988
红领巾的故事	13230	红楼梦插图	6600, 6603
红领巾歌曲集	12004	红楼梦插图集	6603
红领巾歌声	12029, 12031	红楼梦大观园	4461
红领巾合唱	12013	红楼梦故事	1384, 5925
红领巾和白衣战士	5088	红楼梦故事	2615
红领巾机智捉逃犯	4923	红楼梦挂历	2605
红领巾气象哨	4066	红楼梦广义	1602
红领巾上大学	4017	红楼梦金陵十二钗	4530, 9014
红领巾喜爱的歌	12036	红楼梦金陵十二钗绣像	2363
红领巾胸前飘 人虽小志气高	3125	红楼梦剧照	13123
红领巾之歌	12014	红楼梦论赞	1602
红柳飞雪	5312	红楼梦庆赏中秋节	3590
红柳歌	5116	红楼梦群芳图谱	2370, 2389
红柳绿柳	5925	红楼梦人名西厢记词句印玩	8524
红六军的诞生	5008	红楼梦人物	4066, 4067, 4366, 4607, 9241
红楼传情	8847	红楼梦人物百图	2360
红楼二尤	4124, 4191, 5554, 5651, 6558, 11874	红楼梦人物画谱	1653
红楼二尤	2605	红楼梦人物画谱	2345
红楼故事	1383	红楼梦人物贾宝玉(欧阳奋强饰)	9616
红楼花咏	4530	红楼梦人物谱	6607
红楼华影印谱	8523	红楼梦人物素描	13286
红楼纪略	1602	红楼梦人物图	1667
红楼节令画屏	4686	红楼梦人物王熙凤	9616
红楼结亲	9221	红楼梦人物薛宝钗(张莉饰)	9616
红楼金钗屏	4530	红楼梦人物印谱	8564, 8580
红楼良缘(白蛇传)	9224	红楼梦诗词多体钢笔字帖	7594
红楼梦 3483, 4017, 4066, 4365, 4607, 4686, 5062,		红楼梦诗词钢笔行书帖	7472
5346, 5925, 6218, 6385, 6447, 6488, 6524,		红楼梦诗词歌赋对联钢笔书法	7429
6582, 9219, 13092, 13123, 13126, 13288		红楼梦诗词行书字帖	8316
红楼梦	2039	红楼梦诗词集	8263
红楼梦·金陵十二钗	9027	红楼梦诗词精选	7522
红楼梦——西厢记妙词通戏语	4017	红楼梦诗词曲赋行书字帖	8428
红楼梦《宝玉题扇》	4530	红楼梦诗词书法集	8316

中国历代图书总目·艺术卷

红楼梦诗词书法艺术	8263	红楼夜审	6061
红楼梦诗词书法篆刻帖	8233	红窝禧	3630, 9378
红楼梦十二金钗图	4191	红罗记	9953
红楼梦仕女屏	4366	红罗女	6061
红楼梦题词	11838	红罗女的传说	5925
红楼梦图咏	1599	红罗山结义	5925
红楼梦写真	1619	红萝卜	4912
红楼梦新补	6218, 6219	红萝卜蜻蜓	1731
红楼梦绣像	6607, 6608	红螺女	4607, 6061
红楼梦艺术与珍奇	10183	红马献宝金龙祝福	2072
红楼梦再生缘合刊	13288	红马小骑士	5779
红楼女伶	6286	红玛瑙	8818, 9347
红楼屏	4366	红蚂蚁搬兵	6524
红楼奇斗	5651	红麦子	12165
红楼群芳	4686	红猫亚西的故事	6679
红楼群芳谱	4686	红毛儿迪迪	6324
红楼人物	4366	红毛狼	4904
红楼人物百图	2360, 2379	红帽少女	9696, 9721, 9738
红楼人物宝钗	2370	红帽子	9738
红楼人物宝琴	2370	红玫	10055
红楼人物黛玉	2370	红玫瑰	10081, 10084
红楼人物谱	4607	红玫瑰与少女	2798
红楼人物湘云	2370	红莓草	12145
红楼十二官	6061	红梅	4607, 5252, 10020, 10027, 10033, 10456
红楼十二金钗	4530	红梅	2492, 2493, 2494, 2496, 2501, 2509, 2514,
红楼仕女图谱	1870		2611, 2615, 2625
红楼四钗	4686, 4755	红梅白头	2657
红楼四春	4366	红梅报春	3922, 4270, 4842
红楼四季图	10465	红梅报春	2072
红楼四美图	4686, 4755	红梅报春 惠兰松香 修竹凝露 秋菊竞芳	
红楼四条	4366		4366
红楼探幽	13141	红梅报春福康乐	2129
红楼谐趣图	2021	红梅报春图	2251
红楼寻星梦	13198	红梅报喜	2004, 3590
红楼雅趣屏	2369	红梅催春	2669

书名索引

红梅翠羽	4191	红娘	2358, 2359
红梅多结子绿竹又生孙	3590	红娘传简	4191
红梅公鸡	1962	红娘传书	4191
红梅花	4953	红娘传信	4191
红梅花开	5346	红娘递柬	2615
红梅画法	945	红娘和莺莺	9221, 9231
红梅记	12135	红娘子3536, 4017, 4067, 4124, 4125, 4191, 4270,
红梅孔雀	2649	4366, 4461, 4530, 5394, 9006, 9528, 9950
红梅青鸟	1987	红娘子	2361
红梅山雀图	1962	红娘子护送陈圆圆	9224, 9945
红梅寿鸟	2664	红娘子校场比武	4067
红梅双鹅	4530	红娘子与陈圆圆	13105
红梅水仙图	2649	红敏女	5554
红梅图	4124	红皮包案件	5779
红梅图	2072, 2664, 2680	红苹果	9404
红梅喜鹊	1887	红旗板车队	12199
红梅喜鹊翠竹寿带对屏	4530	红旗不倒	4953
红梅向阳	5281	红旗插到珠穆朗玛峰	2723
红梅迎春	1901	红旗插上一江山岛	2925
红梅迎春	2203	红旗初飘	4953
红梅赞	3968, 11639, 11886	红旗处处飘	4953
红梅赞	2203	红旗传友谊	1806
红棉白鸽	3558	红旗儿女	4953
红棉苍鹰	4530	红旗歌	13230
红棉苍鹰图	4366	红旗歌声	11399
红棉掩影翠翎舞	1887	红旗歌选	11587
红面马猴飞飞	5925	红旗会	4953
红苗	12149	红旗竞赛	3558
红苗苗	5252	红旗民兵营	3125
红魔少女	6654	红旗飘飘	12598
红牡丹	4461, 5554, 5651, 9313, 9947, 10020,	红旗飘飘画丛	6356
	10456, 13108	红旗谱3590, 5008, 5031, 5062, 5088, 5394, 5554,
红娘	4017, 4270, 4461, 4687, 5394, 5651, 9004,	5651, 5652, 12911, 13090, 13247
	9005, 9009, 9525, 9527, 9534, 9535, 9640,	红旗渠1806, 1815, 3828, 5161, 5200, 6600, 8805,
	9947, 9953, 11836	9278, 9279

中国历代图书总目·艺术卷

红旗渠凯歌	12267	红日映油海	3016
红旗渠畔插秧忙	3793	红日照遍太行山	11791
红旗渠水绕太行	12279	红日照草原	11465
红旗渠水绕太行	2593	红日照东江	3016
红旗渠颂	1847, 3923	红日照海河	1825
红旗渠颂	2597	红日照山河	11668
红旗渠赞	1292	红日照延安	1803, 1806
红旗商店	5149	红日照征途	1847
红旗石工班	4953	红伞少女	9024
红旗手马学礼	4953	红嫂	5062, 5925
红旗颂	1757, 12229, 12237	红色"娘子军"	12649
红旗在震中飘扬	5253	红色保钢宣传队	12599
红旗招展	12264	红色保育员	4954, 5031
红旗招展万象更新	3558	红色标兵夏更芳	12139
红钳螃蟹贩毒集团破获记	7019	红色采煤英雄卢天保	4954
红枪会	5925	红色出租车的阴谋	7034
红枪会的故事	4871	红色的歌	11588
红墙巨人	3460	红色的工程师	4923
红墙摄影师	8913	红色的少年	12012
红勤巧俭 革新花开	3558	红色的旋律	13150
红勤巧俭女英雄	4954	红色的种子	13230
红蜻蜓	6524	红色电波传喜讯	6751
红蜻蜓故事丛书	6582	红色儿童团组歌	12024
红蜻蜓少儿画库	1244	红色风暴	4954, 9261
红琼	9404	红色风暴中的少先队	5088
红醍醐上	13017	红色服务员	4954
红圈会	6558	红色歌片	11588, 11589, 11590
红泉渡	5347	红色歌曲	11590, 11601
红泉夺刀	5281	红色歌声	11425
红泉河	5200	红色歌选	11650
红日	5031, 5088, 5116, 5347, 6488	红色工程师	4954
红日高照富裕起来	4461	红色工会	5137
红日高照汽车城	11664	红色供应站	5175
红日高照野鸡坪	5161	红色管家温德志	5008
红日映钢城	3880	红色广播站	5282

书名索引

红色画集	3407	红色医生李贡	4954
红色家谱	5088	红色英雄歌	11601
红色尖兵	5253	红色友谊之歌 同志们,高歌猛进	12372
红色交通线	5062	红色园地	3828
红色交通员	4954	红色阵地春意浓	3923
红色交通站	4954	红色指挥员	5008
红色接班人	5116	红色庄稼汉	3726
红色接生员	4954	红纱巾	8838
红色街垒	5031, 5925	红纱丽人	9721
红色喇叭家家响	3762	红山茶	5925
红色联络站	12120	红山岛	5150, 5162
红色民师	4954	红山少年	5312
红色牧养员	5200	红杉树	11971
红色娘子军	2741, 3630, 3682,	红珊瑚	3630, 5062, 5063, 5089
	3758, 5008, 5031, 5062, 5088, 5116,	红珊瑚腰刀	5200
	5149, 5161, 5162, 6448, 9149, 9176, 9195,	红裳	5032
	9207, 9933, 11859, 12083, 12097, 12098,	红裳绿盖	2615
	12124, 12149, 12648, 12649, 12650, 13090	红少年的歌	12012
红色娘子军——授枪	2934	红十月歌声	11390
红色女儿兵	5062	红十字药箱	5312
红色女游击队员	5008	红石崮激战	5200
红色潜水员	4954	红石口	5282, 5312
红色少年	5088, 5116, 12012	红石崖	5282
红色少年进行曲	12018	红石岩	5032
红色少年之歌	12007, 12014	红柿斑鸠	1766
红色少年志气高	12020	红柿图	1796
红色饲养员	3726	红绶带鸟·桃画法	968
红色卫星飞云天	12632	红书育新人	3880
红色五月更鲜红	11443	红舲纪梦诗注	12875
红色下伸店	5282	红术轩紫泥法	1035
红色线路	5162	红术轩紫泥法定本	1035, 1036
红色小歌手	12018	红树山房试帖	8021
红色宣传员 3726, 5062, 5088, 5089, 8996, 12130		红双喜	4125, 4687, 8828
红色宣传员	2350	红双喜	2072
红色杨莲花	4924	红双喜毛宣作	4461

红水河畔歌声扬	11668	红透专深比干劲 勤学苦练出新人	3726
红睡莲	10027	红土感觉	2251
红松村的故事	5228	红土高原的画卷	535
红松岭	5175, 5200, 5282	红土乡情	6768
红松山下	5347	红瓦拉	4366
红太阳	7522, 11734, 11739	红外线摄影	8682
红太阳：毛泽东颂歌歌曲选	11734	红丸恩怨	6324
红太阳从这里升起	3829	红围裙	12094
红太阳的光辉把炉台照亮	12171	红文宴	5652
红太阳歌曲精萃	11734	红五月歌单	11602
红太阳公颂	10671	红五月歌曲	11602
红太阳光辉暖万代	3762	红五月歌曲选	11569, 11602
红太阳光辉暖万代	2588	红五月集体舞	12597
红太阳光辉照草原	11689	红五月联唱	11562
红太阳光辉照千秋	3968	红五月推荐歌曲	11602
红太阳光芒照大地 毛主席恩情暖人心	3793	红舞鞋	7140
红太阳金曲100首	11734	红霞	1796, 9122, 13242
红太阳升起的地方	10100	红霞泛彩	9344
红太阳升起的地方——毛主席旧居韶山	9322	红仙女	4954, 5008
红太阳颂	11650, 11734, 11739	红线	5926
红太阳颂歌五体钢笔字帖	7522	红线盗盒	3590, 4125, 4366
红太阳照边疆	1834, 11664, 12205	红线盗盒	2039
红太阳照草原	3775	红线记	5652, 5779
红太阳照亮安源山	11651	红线连北京	2751
红太阳照亮了炊事房	3168	红线六十九图	6286
红太阳照亮了大寨前进的道路	3168	红线女艺术研究	12960
红太阳照亮了碱厂堡	3173, 9264	红香	5469
红太阳照亮了西房身	5175	红象	5779
红太阳照亮林县河山	8881	红小鬼笋妹	5470
红太阳照瑶寨	12159	红心	5089
红桃	1667	红心虎胆	5228
红桃"J"之谜	6219	红心连万家	4018
红桃开口笑丰年	2072	红心暖千家	4018
红头巾	9390	红心手巧	3762
红头巾少女	2798, 9696	红心铁臂	5150

书名索引

红心铁臂改山河	1806	红岩乐园	4366
红心铁臂绘新图	5162	红岩梅开天下春	10033
红心铁骨	3923, 5175	红岩颂	2327
红心铁手创江山	5137, 5150, 5162	红岩英烈	6605
红心铁手换天地	5162	红岩英烈诗抄钢笔字帖	7522
红心铁手绘新图 管天管地迎丰收	3880	红岩英雄	3630
红心向太阳	5032	红岩赞	11955
红心向阳	5175	红颜族·春华	9752
红心向着北京城	12155	红颜族·冬雪	2678
红心向着华主席 超产捷报传四方	3274	红颜族·浪漫	9477
红心永向华主席	1847	红颜族·秋艳	9752
红心永向毛主席	5145	红艳	9356, 10431
红心铸金堤	5200	红艳凝香	9378, 10431
红星传万代	3829	红艳双马图	2664
红星大队在前进	5162	红艳艳	9433
红星代代传	3829	红艳艳的钢花	11590
红星歌	11909	红艳艳的金达莱	5347
红星巩俐	9752	红羊洞盗骨	5779
红星桥畔	9336	红羊豪侠传电影特刊	13289
红星闪闪传万代	3829, 3923	红羊峪	5032, 6582
红星闪闪放光彩	12205, 13098	红叶	9246, 13261
红星闪闪亮 红旗代代传	3880	红叶八哥	1901
红星照我去战斗	3829, 9336, 13098, 13150	红叶八哥图轴	2649
红杏屏	3558	红叶白缓带鸟	4067
红杏山鹧	1724, 1725	红叶白缓带鸟	2608
红袖添香	4530	红叶白头	1901
红绣鞋与白萝卜腿	11715	红叶斗霜	10041
红雪山房画品	753	红叶画眉	1664
红雪山房画品十二则	753	红叶绿羽	1663
红岩 1778, 1789, 1855, 5063, 5089, 5090, 5091, 6489		红叶青山	10027
		红叶情深——时装明星翟颖	9745
红岩插图	3012	红叶情思	10068
红岩晨雾	4687	红叶秋蝉	1731, 1790
红岩春暖	4018	红叶山禽	1901
红岩村前	9809	红叶山雀	10033

中国历代图书总目·艺术卷

红叶题诗	4018, 4067, 4125, 4192, 4366, 4462	红在农村 专在农村 改造农村 建设农村	
红叶喜鹊	1936		3137
红叶小鸟	2615	红珠女	9005, 9006, 9550
红叶小鸟牡丹锦鸡	4270	红烛	5779
红叶吟风处	1778	红烛颂·绿叶情	11529
红叶鹦鹉	1987	红专道路上的新农民	4955
红叶玉鸦	2637	红专会计	4955
红衣女郎	9640, 9721, 9738	红庄的恶魔	6061
红衣少女	4755, 9616, 9640, 9667, 9696, 9764	红装	9535, 9641, 9721
红医颂	3829	红装绿裹	9390
红印	4954	红装绿叶	9350
红缨	12650	红装素裹	1796
红缨歌	5091	红状元进北京	3590
红缨会	5926	红字	6489, 7053
红缨枪	12025	红鬃烈马	4687, 4890, 6582
红缨枪舞	12203	红嘴鸥	10048, 10055
红缨闪闪向前方	12025	红嘴鸥写真	8989
红鹦鹉	2637	红嘴山雀	2615
红鹰	10048	宏碧缘	4192, 5395
红鹰永生	5008	宏图大业我们创	3880
红鹰展翅	5032	宏图美景双手绘	3829
红与黑	6428, 6489, 7007, 10140	宏图壮志	3775
红雨	5253, 5282, 5312	宏伟的江都水利枢纽工程	9296
红雨随心翻作浪	3968	宏伟的蓝图	1855
红玉	5394, 5470, 5554, 5779	宏伟的设想，壮丽的前景	3880
红玉兰	4954, 10027	宏伟蓝图 凌云壮志	4018
红玉巧嫁冯相如	6324	虹	3006, 5063, 9122
红原河畔鱼水情	1848	虹的传说	3460
红原县奶粉厂	2840	虹南作战史	5228, 5282
红月季	9312, 10061, 10087	虹霓关	2989, 5779
红云	9938, 10160, 12639	虹桥赠珠	3590, 4270, 4462, 9221, 9942
红云岗	3923, 5312, 13100	虹消雨霁	9872
红云崖	4955	洪承畴降清	5779
红在农村	3726	洪大海	4955
红在农村 专在农村	3125, 3137	洪飞文集	10839

书名索引

洪福高悬	4608	洪武舞台人物画集	2203
洪福高照	4530	洪武中国画选	2072
洪福满堂	4270	洪秀全 李自成	4018
洪福齐天	3591	洪宣娇	4367
洪福齐天	2072, 2129	洪宣娇坚守金鸡岭	5032
洪河岸边	5312	洪学敏	9616
洪厚甜书法作品集	8304	洪雁	5394
洪湖岸边是家乡	3591	洪羊洞	12076
洪湖赤卫队	1767, 1778, 1855, 3682, 3923,	洪宜娇	3630
	5008, 5032, 5063, 5091, 5313, 5347, 6448,	洪泽湖上救亲人	5116
	9218, 13089, 13090	洪震春油画集	2822
洪湖赤卫队幻想曲	12231	洪志圣国画选	2203
洪湖赤子	6061	洪志圣国画选集	2327
洪湖的黎明	2730	鸿飞工笔	2302
洪湖风云	5470	鸿飞集	8176
洪湖奇遇	5470	鸿福	4531
洪湖人民爱革命	12139	鸿福从天降	4813
洪湖曙光——为纪念贺龙同志而作	3025	鸿福到家	4813
洪湖水	4067	鸿福到家门	2130
洪湖水	2732	鸿福将至	2268
洪湖水,浪打浪	11882, 11908, 12169	鸿福满华堂	2130
洪湖水浪打浪	4366	鸿福满堂	4687
洪湖战歌	3968	鸿福满堂	2130
洪湖舟上话当年	3682	鸿福齐天	4785, 4856
洪荒风雪	1757	鸿福寿喜	4687
洪凌	2821	鸿福盈门	4270, 4531
洪炉炼精钢	5228	鸿福盈门	2130
洪丕谟书法集	8328	鸿沟世界	5779
洪汝奎等书札	8020	鸿沟为界	5780
洪深戏剧论文集	12694	鸿流导积石 惊浪触龙门	8161
洪昇	5926	鸿门宴	4955, 5652, 5780
洪世清画辑	2941	鸿栖馆印选	8482
洪水特刊	13011	鸿禧	4462, 8205
洪维勤山水画集	2455	鸿禧满门	2130
洪文岭书法作品集	8303	鸿禧美术馆开馆纪念选集	347

中国历代图书总目·艺术卷

鸿雪山房印谱	8524	猴案	5780
鸿雪斋题画小品	753	猴棍	4367
鸿雁	2751, 5008	猴国奇趣	6250
鸿运	9466	猴年大吉	4785
侯宝林和他的相声艺术	12969	猴票狂的堕落	6286
侯宝林谈相声	12969	猴拳	6062
侯北人画集	1962	猴拳王	6062
侯北人画集	2282	猴娃	13150
侯斌书前后赤壁赋	8263	猴王	6062
侯滨插图集	6613	猴王保唐僧	6250
侯滨油画作品选	2822	猴王出世	5780, 8815
侯诚之画集	2251	猴王大战蝎子精	6655
侯传勋先生书法集	8234	猴王高玉龙	6185
侯德昌刻字书法选	8195	猴王孙悟空	6655
侯登科摄影作品集	10140	猴王问世	6185
侯官县烈女歼仇	5554	猴王智擒独角怪	6655
侯国宝画集	2234	猴王子	5780
侯继尧画选	2906	猴子充霸王	5554
侯开嘉书法集	8292	猴子的故事	6524
侯迁仁办农场	5008	猴子钓鱼	6641
侯氏书品	7233	猴子菲普斯	7020
侯谢田先生德政碑	8110	猴子观海	10061
侯廷仁办农场	5009	猴子国历险记	6558
侯喜瑞艺术评论集	12882	猴子和狐狸	5652
侯小密和小猕猴	5470	吼声千里	2072
侯秀婷画集	3064	吼狮图	2575
侯妍妍线描作品选	2268	后村题跋	7686
侯一民、邓澍美术作品选	1302	后防	12904
侯一民素描集	2910	后飞鸿堂印谱	8486
侯一仁指画画册	2282	后观石录	8614
侯以方画集	2461	后画录	729
侯永信的旋律	11744	后画品录	746
侯玉山昆曲谱	12135	后梅桥	5780
喉咙卡夺粮	5554	后会有期	5780
猴	1710, 1725, 1746	后稷播种	5554

书名索引

后来人	2593	呼延庆 杨文广	4687
后梅花喜神谱	2973	呼延庆 杨延景	4687
后普普艺术	199	呼延庆打擂	1962, 5780, 6065, 8818
后起之秀	9542	呼延庆征西	5780
后勤尖兵	5201	呼延赞 杨延景	4608
后山风波	5253	呼延赞 杨延昭	4462, 4608
后书品	7181	呼延赞 杨继业	4687
后魏中岳嵩灵庙碑	7778	呼延赞呼守用	4531
后西游记	3451, 5926, 5927, 6287	呼延赞落草	5652
后现代的艺术现象	197	呼延赞杨建业	4270
后现代浪子——曾长生绘画探索四十年	1419	呼延赞杨令公	4531
后现代主义	199, 7020	呼延赞杨业	4531
后羿	5555	呼延灼 秦明	4462
后羿射日	5470	呼延灼 董平	4688
后羿射日除凶	5652, 6489	忽报人间曾伏虎	3968, 3969
后羿与嫦娥	5780	忽必烈	5927
后印象派	591	忽如一夜春风来	1936
后韵草韵诀歌	8410	狐怪九郎奇事	6385
厚薄洽印	8567	狐假虎威	6489
厚黑学漫画本	3460	狐嫁女	5652
厚重字形五十法	8205	狐狸	5091
呼风唤雨新一代	3880	狐狸爸爸历险记	6287
呼归石	5927	狐狸吃了小面包	6356
呼和浩特	9137	狐狸打猎人	5780, 6655
呼家将	4687, 6062, 6063, 6064, 6065, 6524	狐狸的故事	6524
呼家将	2072	狐狸的礼物	5555
呼伦贝尔	8892	狐狸的梦	5470
呼伦贝尔草原	10517	狐狸的下场	5781
呼伦贝尔画选	1364	狐狸夫妇历险记	5781
呼伦贝尔美	11804	狐狸和白鹤	5470
呼啸山庄	3492, 6356, 7053	狐狸和公鸡	5395
呼啸图	2072	狐狸和猴子	5652
呼延庆	5780	狐狸和灰狼	4904, 5470
呼延庆 呼延明	4608	狐狸建筑师	4885
呼延庆 岳云	4608	狐狸开汽车	5652

狐狸列那	6219	胡君实印隽	8484
狐狸列那的故事	6324	胡俊成歌曲选	11485
狐狸摩斯探案集	6250	胡考水墨画	2525
狐狸仙子救刘郎	6287	胡考素描	2871
狐狸小姐	6655	胡可论剧	12721
狐狸学飞	6356	胡克敏书画集	2039
狐仙巧助美姻缘	4767	胡匡一画集	2302
弧光闪闪	5228	胡立民楷书	8304
胡鼻山人印谱	8526	胡连翠导演艺术	13211
胡伯翔画集	2282	胡玫与《雍正王朝》	13214
胡博作品选	8634	胡明亮漫画	3521
胡粹中水粉画	2937	胡培烈艺术摄影集	8986
胡大川先生幻想诗	8108	胡佩衡的画	1739
胡大海·常遇春	2379	胡佩衡桂森写生画选	2419
胡代勋画集	2302	胡佩衡画存	1701, 1702, 1706
胡德才书法	8328	胡佩衡画集	2130
胡登跳丝弦五重奏曲选	12338	胡佩衡万壑千岩图长卷	1702
胡尔西德	9667	胡奇漫画	3392
胡服骑射	5652	胡琴的风波	4924, 4955
胡公石书标准草书草圣千文	8422	胡琴的故事	4955
胡果刚舞蹈论文集	12569	胡琴教材	12275
胡化祥画集	2546	胡琴研究	11305
胡家的喜事	5091	胡琴韵谱	12273
胡家芝喜花剪纸集	10682	胡琴正规	11305
胡笳十八拍	1575	胡琴正宗	11305
胡笳十八拍图卷	2625, 2637	胡若川金石刀法	8514
胡健摄影评论集	8704	胡善余画集	2818
胡江作品集	8663	胡善余油画选	2782
胡椒大王	5009	胡申得画选	1393
胡金竹先生草书千文	8052	胡声平画选	2910
胡锦雄画选	2411	胡石盦画集	2234
胡钜湛观赏鱼水彩临本	1188	胡石查字册	8110
胡钜湛水彩画选	2940, 2951	胡石画集	2541
胡厥文诗书选	8316	胡氏书画考三种	665, 668
胡君里漫画选	3498	胡氏篆草	8486

书名索引

胡世浩将军书画珍藏集	1325, 1344	胡晓泉摄影作品集	8979
胡事新编	1855	胡絜青百菊图	2541
胡适手札	8316	胡絜青画集	2203, 2251
胡适友朋手札	8110	胡彦庆大破八宝城	3630
胡寿荣画集	2327	胡一川画集	1404
胡谢篆书册	8357	胡一川油画风景选	2785
胡帅秦将	4608	胡一帆硬笔楷书字帖	7565
胡四娘	5781, 5927	胡一帆硬笔书法	7594
胡松华演唱歌曲集	11479	胡一帆硬笔书法练习	7607
胡苏明先生书法集	8365	胡一平篆刻集	8567
胡桃夹子组曲, 作品 71a	12451	胡永凯画选	1390
胡天帆画集	2541	胡友葛居士画集	1706
胡铁生书法	8277	胡又笨画集	2282, 2399
胡铁铮雁荡画册	2455	胡元清墨兰	1570
胡同的魅力	9302	胡日龙画集	1410
胡同壹佰零一像	9254	胡藻斌画集	1713
胡同壹佰零壹像	9115	胡昭俊歌曲选	11502
胡桐单刀雪奇冤	6324	胡振德油画集	2835
胡伟民研究	12916	胡振郎画集	2130
胡炜画册	2546	胡振郎山水画册	2478
胡文甫书画集	2327	胡振宇油画集	2793
胡文伟雕塑集	8635	胡震钱松印谱	8513
胡问遂	8316	胡正伟画集	2203
胡问遂行草字帖	8348	胡芝风谈艺	12726
胡问遂行书字帖	8435	胡忠恕书出师二表赤壁二赋	8234
胡问遂临九成宫	8234	胡忠恕书孙子	8222
胡问遂临魏碑四种	8213	胡忠恕书工学仲文赋	8277
胡武功摄影作品集	8979	胡忠恕小楷	8213
胡西铭画集	2251	胡子为书画集	2251
胡献雅画选	1901	壶公	6385
胡小石行书长卷	8176	壶口瀑布	9136
胡小石临甲骨文金文长卷	7674	壶谱	10649
胡小石临敬使君碑等	8328	葫芦	1710, 9344
胡小石临隶书四种	8377	葫芦	2489, 2491, 2505, 2611, 2625
胡小石书法选集	8195, 8234	葫芦宝参	5781

中国历代图书总目·艺术卷

葫芦告状	6065	湖北工农画选集	1356
葫芦沟敌歼	5781	湖北工学院工业美术系师生作品选	313
葫芦谷口激战	5555	湖北黄陂农民泥塑选	8659
葫芦画法	956	湖北连环画选页	5348
葫芦金刚	6287, 6641, 6666	湖北连环画研究会展览作品选	5781
葫芦金刚大战陆海空	6685	湖北美术学院入学考试作品点评	543
葫芦菊花	1870	湖北美术院作品选	345
葫芦僧判断葫芦案	5653	湖北美术作品选	1359
葫芦头	3460	湖北民歌	11762, 11764
葫芦娃	5927, 6448	湖北民歌20首	11222, 11785
葫芦娃	2390	湖北民歌合唱曲集	11219
葫芦娃大王	6409	湖北民歌选集	11766
葫芦娃大战闪电鼠	6707	湖北民间雕花艺术	10663
葫芦娃大战孙悟空	6685	湖北民间歌曲集	11768
葫芦娃前传	6448, 6525	湖北民间歌曲集成	11798, 11802
葫芦湾抢船	5781	湖北民间美术	10692
葫芦王国	6685	湖北民间美术探源	10197
葫芦王国全集	6685	湖北民间舞蹈集	12604
葫芦小金刚妹	6679	湖北年画	4688
葫芦信	5032, 5555	湖北农民画选	6754
葫芦兄弟	6250	湖北省创作歌曲评比获奖歌曲集	11798
葫芦兄妹	6525	湖北省第四届书法篆刻展览作品集	8304
葫芦兄妹除妖记	6448	湖北省普通高等艺术院校(系科)报考指南	354
葫芦蚌蜓	1731	湖北省一九五五年群众业余戏剧、音乐、	276
葫芦装天	5781	湖北省一九五五年群众业余戏剧、音乐、舞蹈	
湖北	8934	汇报演出大会专集	276
湖北汉湖渔子画稿	1599	湖北石笋峰	9819
湖北出土战国秦汉漆器	415	湖北水利	9059
湖北楚剧花鼓戏曲调集	12104	湖北说唱音乐集成	12140
湖北楚剧花鼓戏曲调选	12117	湖北万亩田	13242
湖北大鼓	11148	湖北文化艺术	218
湖北地方小曲音乐资料集	12117	湖北舞蹈论文集	12622
湖北风光	2944	湖北戏曲声腔剧种研究	12954
湖北风景	3591	湖北小曲	12969
湖北革命歌曲选	11669	湖北小曲新作品选	12963

书名索引

湖北宜昌泡苑	9097	湖南爱国名人徐特立、齐白石	6410
湖边	9856	湖南创作歌曲选	11467
湖边暗哨	5395	湖南地方剧种志丛书	12938
湖边春梦卫女士的职业合刊	13288	湖南地方戏曲脸谱选集	12921
湖边的变迁	5201	湖南地方戏曲移植革命样板戏唱腔选	
湖边的战斗	5470		11863
湖边歼匪	5395	湖南地花鼓	12611
湖边小暗哨	5348	湖南地花鼓、花灯	12922
湖边早春	1732	湖南地区花鼓戏音乐	11144
湖滨别墅	9300	湖南风光	1288
湖滨碟舞	4367	湖南革命歌曲五首	11664
湖滨夕照	9040	湖南工笔画选	1962
湖荡小哨兵	5253	湖南共产主义小组	2764
湖光春色	4608, 9088, 9798	湖南汉代漆器图录	392
湖光翠色	4813	湖南花鼓戏《沙家浜》	12124
湖光鹤影	2801	湖南花鼓戏彩色影片《送货路上》剧照	13097
湖光激滟	4531	湖南花鼓戏常用曲调	12126, 12132
湖光剑影	4270, 4531	湖南花鼓戏剧队学习、移植革命样板戏	9270
湖光明媚	9133	湖南花鼓戏唢呐演奏法	11150
湖光秋色	2445	湖南花鼓戏学习移植革命样板戏《沙家浜》	
湖光山色	4192, 4608, 4688, 9106		11858
湖光山色	2436, 2441, 2445	湖南花鼓戏移植革命样板戏《沙家浜》	9216
湖光塔影——无锡太湖	9819	湖南花鼓戏音乐	12100, 12108
湖光秀色	9843	湖南花鼓戏音乐研究	11147
湖光云影——昆明翠湖	9921	湖南历代名家书法精粹	7739
湖景	9801	湖南民歌的分类原则与民间小戏声腔的音乐构	
湖剧发展史	12956	成	11122
湖口大战	5781	湖南民歌联唱	11793
湖明柏翠	2130	湖南民间歌曲集	11766, 11779, 11798, 11800
湖南	8934, 9058	湖南民间工艺美术	10230
湖南40名儿童绘画联展作品选	6759	湖南民间蓝印花布图案	10347
湖南爱国名人郭亮、彭德怀	6409	湖南民间乐曲选	12344
湖南爱国名人黄兴、蔡锷	6410	湖南民间美术	10676
湖南爱国名人谭嗣同、蒋翊武	6410	湖南民间美术全集	10697, 10698
湖南爱国名人向警予、夏明翰	6410	湖南民间印染图案	10348

湖南民族民间舞蹈集成	12613	湖南书画研究院作品集	1371
湖南名胜	4067	湖南丝弦音乐	12137
湖南木偶戏	12978	湖南陶瓷	10648
湖南年画	4531	湖南戏曲乐论	11152
湖南年历缩样	10496	湖南戏曲史稿	12772
湖南青年美术作品选集	1355	湖南戏曲史探	12945
湖南青岩山	9809	湖南戏曲研究	12947
湖南全真正韵谱	10919	湖南湘剧、花鼓戏锣鼓经	11152
湖南人民歌唱华主席	11465	湖南新貌	4018
湖南山歌曲调选	11774	湖南音乐普查报告	10959
湖南少年儿童画选	6755	湖南岳阳楼胜景	9299
湖南少数民族图案集	10243	湖畔	5782, 9819, 9844, 9872, 11798
湖南摄影艺术50年	8960	湖畔晨曲	3630
湖南省博物馆古玺印集	8545	湖畔春光	9892
湖南省地方小戏音乐资料	1273	湖畔对剑	9342
湖南省第二届戏曲观摩会演大会会刊	13014	湖畔风光	9844
湖南省军区某部机炮连兵画选	1362	湖畔风浪	5253
湖南省军区某部机炮连画选	1292	湖畔金秋	9127
湖南省老年人艺术作品选集	1365	湖畔静悄悄	11700
湖南省黔阳县湾溪乡的观音醮和辰河木偶戏香山	12980	湖畔清风	9819
		湖畔情韵	13156
湖南省少年儿童美术作品集	6767	湖畔秋色	9107
湖南省少年儿童书法绘画优秀作品选	6761	湖畔英姿	2072
湖南省首届美展工艺美术选集	10230	湖平天镜晓　山嶂石帆秋	8161
湖南省舞台美术作品选	12828	湖山积雪	1901
湖南省新闻出版局系统美术书法摄影作品集	339	湖山小景	1757
		湖山秀色	2450
湖南省业余歌曲创作比赛得奖歌曲集(1960)	11785	湖上春光新雨后	2637
		湖上婚礼	5395
湖南省永顺县和平乡双凤村土家族的毛古斯仪式	12954	湖上民兵	4067
		湖上秋色	2718
湖南师范大学艺术学院教师美术作品集	1344	湖上小八路	5395
湖南师范大学艺术学院美术作品集	1325	湖上小学	10423
湖南十年创作歌曲选	11443	湖上小学	2590
湖南首届美术作品选集	1356	湖上新兵	3880

书名索引

湖上渔帆	1778	蝴蝶明信片	10517
湖社成绩号	1705	蝴蝶牡丹	4688
湖水迎来稻果香	3923	蝴蝶屏	9311
湖天春色图	1664	蝴蝶秋斋藏册	1599
湖湘曲论	12936	蝴蝶泉	5470
湖心岛影	9107	蝴蝶泉边	4125
湖阳公主	4813, 9009	蝴蝶色彩的应用	152
湖阳公主与刘秀	13118	蝴蝶色彩研究与运用	10349
湖影潮声	2657	蝴蝶图案	10246, 10250, 10256, 10259
湖影荡舟	9905	蝴蝶图案资料	10263
湖之梦	10525	蝴蝶图谱	10314
湖中波影	9883	蝴蝶舞	9970
湖中金山亭	9801	蝴蝶小姑娘	9569
湖中鲤鱼上山来	3536	蝴蝶艺术图案	10284
湖州毛笔考	1062	蝴蝶装饰图案	10274
湖州妙严寺记	8003	糊涂博士	6250
湖州市电影志	13195	糊涂的阿灰	5063
蝴蝶	972, 10517	糊涂的小鲤鱼	5395
蝴蝶·牡丹画法	969	糊涂爹娘	5555
蝴蝶杯	4270, 4367, 4688, 4842, 9224, 12115	糊涂老爹	6963
蝴蝶夫人	11148	糊涂人王一新书艺选	8248
蝴蝶姑娘	12144, 12145	虎	1491, 1675, 2563, 3591, 3631, 4067, 4125,
蝴蝶谷	5653		4192, 4270, 4367, 4462, 4848, 8214, 9308,
蝴蝶谷寻蜜	4955		9317, 10033, 10041, 10055, 10351, 10456
蝴蝶和小鸟	12034	虎	2557, 2558, 2559, 2560, 2561, 2562, 2563,
蝴蝶花	6840		2564, 2566, 2568, 2569, 2571, 2573, 2577,
蝴蝶花	2494, 2495		2578, 2580, 2605, 2611, 2625, 2626, 2649,
蝴蝶花卉	10055		2670
蝴蝶画基础技法	964	虎堡姐妹	4688
蝴蝶结的故事	6731	虎豹	3969, 10432
蝴蝶兰	5653, 5782, 10023	虎豹鹿熊猫	4192
蝴蝶兰蝶子	1732	虎豹双将	4785
蝴蝶兰花	2625	虎痴张善子画选	1714
蝴蝶梦	5470	虎刺梅	10027
蝴蝶梦曲谱	12130	虎呆和虎英	5653

中国历代图书总目·艺术卷

虎胆群英	5782	虎口屋	6065
虎胆英雄	5471, 5653	虎口养伤	5471
虎的故事	6251	虎口余生	5555
虎符	5782	虎口运枪	5395
虎父与犬子	5653	虎口侦察	5471
虎腹掏胆	5063, 6065	虎口侦察记	5782
虎腹掏心	5927	虎口争夺战	6356
虎孩	5782, 6324	虎牢关	4271, 4531, 4688, 5395
虎河浪	5348	虎门大战	6065
虎虎生财	2073	虎门民兵	2751
虎虎有生气	4462, 4531	虎门销烟	5396
虎虎有生气	2073, 2569, 2578	虎门英烈	5927
虎虎有生气 事事都如意	4125	虎年大吉	9507
虎画家	5927	虎年虎子	4462
虎将神威	4608	虎年吉祥	4688
虎将神威	2374	虎年送宝	4462
虎将英姿	8828	虎年娃娃壮	4462, 10484
虎匠招徒	5782	虎跑	1790
虎姐	6065	虎跑泉	1725, 6065
虎踞龙盘今胜昔	1274	虎皮鹦鹉	10023
虎踞险峰搅风云	9075	虎谱	989
虎口拔牙	5116, 5201, 5395, 5653, 6065, 6251	虎瀑图虎啸图	1901
虎口除奸	6185	虎气	10033
虎口盗枪	5927	虎丘	10509
虎口夺粮	5201	虎丘春早	9872
虎口夺枪	5927	虎丘恋	5653
虎口夺盐	5282	虎丘胜境图	4462
虎口歼敌	5282	虎丘图	2419
虎口接亲人	5782, 6448	虎丘之春	9832
虎口救精英	6251	虎趣图	9310
虎口救羊群	3682	虎泉图	2558
虎口救战友	6065	虎鲨人臂	5653
虎口巧接头	5653	虎山喋血	6065
虎口擒敌	5282, 5313	虎山行	6219
虎口脱险	5782	虎山降魔	6185

书名索引

虎山擒敌	5253	虎啸松月	2568, 2572, 2574
虎探长	6719	虎啸图	4532, 4609, 4688, 4785
虎头兰	10033, 10041	虎啸图	2130, 2562, 2563, 2564, 2566, 2569, 2572,
虎头山上传友情	3794		2578, 2582, 2626, 2638, 2657, 2664, 2674,
虎头山上机声隆	1380, 3881		2677
虎头山上抗旱歌 走大寨之路	12172	虎形装饰图集	10329
虎头山上育新苗	3881	虎穴除飞虎	6066
虎头山下战旗红	3923	虎穴除奸	6185
虎头崖上捉鬼记	5348	虎穴锄奸	5348, 5471, 5782, 6251
虎图	2626, 2657	虎穴夺棉	5201, 5253
虎娃	4608, 4861, 9721	虎穴夺枪	5471
虎威	10095	虎穴歼敌	5116
虎威神将	4861	虎穴剑影	6287
虎威图	4531, 4532	虎穴接丁	6219
虎威图	2582	虎穴救战友	5228
虎威武将门神	4609	虎穴买电	5229
虎戏图	4532	虎穴买药	6066
虎啸	4125, 4271	虎穴擒敌	5396
虎啸	2566	虎穴擒虎	5348
虎啸白描画谱	1003	虎穴擒魔	6185
虎啸飞瀑	4688	虎穴取枪	5782
虎啸风声	2578	虎穴设卡	6066
虎啸谷鸣	4271	虎穴逃生	5471, 6066
虎啸谷鸣	2569	虎穴英魂	6066
虎啸惊百兽	1917	虎穴英雄	6066
虎啸雷鸣	2568	虎穴侦察	5313
虎啸龙吟	12321	虎韵	9260
虎啸山谷	2130	虎仔和羊羔	6686
虎啸山河动	4813	虎子的红缨枪	5201, 5348
虎啸山林	4688	虎子丰年	4462
虎啸生风	4836	虎子敲钟	5201
虎啸生风	2563, 2583	虎子送信	5396
虎啸松风	4271	虎子图	2570
虎啸松风	2573, 2574, 2582	虎字配联中堂	4192
虎啸松摇	2569, 2572	琥珀罗汉	6066

中国历代图书总目·艺术卷

琥珀体字库	7648	护堤林	2732
互帮互学	3794, 3923	护鹅盼亲人	4955
互让	3631	护法神	6582
互相帮助	1936	护林	2988
互相学习	3794	护林防火	3348
互相学习 共同提高	3220, 3274	护路	2746
互相支援 同庆丰收	3558	护路斗争	2757
互相支援共同"跃进"	3536	护苗苗	4271
互相支援共同进步	3558	护牧	9336
互学	3881	护青记	5201
互赠妙语	7494	护秋	3923
互助花开	4904	护身佛	6185
互助友爱	3536, 3682, 4367, 4462	护生画初集	3390
互助友爱	2718	护生画二集	3390
户户有储蓄	3923	护生画集	3390, 3391
户户有余	4192, 4367, 4463	护生画集正续合刊	3391
户进八方财	2131	护生画三集	3391
户纳千祥门迎万福	2073	护士日记	13230
户外广告设计	10386	护送	1741
户外摄影	8714	护线捉熊	5396
户县农民画	6751, 6752, 6754, 6756, 6757	沪港情	2282
户县农民画春秋	1216	沪光大戏院开幕特刊	13273
户县农民画辑	6754	沪剧	12917
户县农民画论文集	1251	沪剧《沙家浜》主要唱段选辑	11862
户县农民画选	6748, 6749, 6752	沪剧常用曲调	12120
户县农民画选集	6749, 6752, 6754	沪剧唱段选	12125
户县农民画展览选辑	6752	沪剧唱片曲谱选	12112
护宝记	5396	沪剧二胡练习曲	12276
护宝歼敌	6219	沪剧琴谱	12101
护宝山	5009	沪剧曲调	12100, 12108
护标	6066	沪剧小戏考	12920
护财门神	4861	沪剧新剧目唱腔选	11873
护财神	2073	沪剧新戏考	12118
护厂	8656	沪剧选曲	12118
护雏	10432	沪剧音乐	12104

书名索引

沪剧音乐简述	11153	花长好月长圆	4690
沪宁、沪杭甬两路同人会京剧二周纪念特刊		花长好月长圆	2039
	12710	花长开春长在	4534
沪上诗境	8699	花车游	9136
沪尾画语	2815	花城插图选	6607
扈家庄	4271, 9228, 9942	花城飞虹	4463
扈三娘	9148, 9228, 9233, 9235, 9939, 9947	花绸曹州会牡丹	6324
扈三娘	2390	花窗	10207
花	2841, 5116, 6849, 6882, 9307, 9313, 10041,	花丛	10055
	10048, 10055, 10061, 10525, 12555, 13255	花丛倩影	8838, 9033
花	2615, 2672	花丛双猫	10484
花·献给孩子们	12722	花丛玉女	9027
花、鸟、虫、鱼卡通片造型	6630	花丛中	8828, 9356, 9390, 9418, 9433
花斑索命带	5653	花丛中的大炮	5653
花伴琴声	9404	花丛中的天安门	10000
花梆子	12265, 12276	花打朝	4609, 5654, 9228
花包包	4688	花大姐	5396
花边花框花角	10274	花带	10348
花边门诗	2073, 2074	花灯	4018, 10679, 10687
花边设计	10244	花灯彩照富庶村	4367
花边图案	10253	花灯会	3536
花边图案汇编	10245	花灯曲调二十七首	12113
花边图案集	10250	花灯舞	9942, 12192
花边图案设计	10208	花灯舞蹈	12618
花边图案手册	10294	花灯迎春	4125
花边装饰	10259	花的包装	10751
花钹大鼓	12607	花的变化	938
花布上的春天	1348	花的传说	5782
花彩扶疏上西窗	9921	花的色彩	10055
花草瓜果画集	1272	花的诗钢笔行书帖	7580
花草图案集	10259, 10274	花的图案	10256
花草纹样集	10244	花的图案画集	10256, 10289
花草习画帖	1630	花的肖像	9258
花长好 春长在	1901	花的写生与变化	627
花长好春长在	1917	花的装饰技法	10209

中国历代图书总目·艺术卷

花蝶	9433	花繁叶茂舞长风	3969
花蝶	2489	花分一脉香	4689
花蝶图	3631	花风景摄影技法	8794
花朵	4067, 9312, 9314, 10015, 10016, 10023,	花逢坤真书书谱	8263
	10024, 10033, 10048, 10456	花冈惨案	6917
花朵满园	3631, 9314	花港春浓	9314
花朵纹样集	10253	花港春色	9075
花儿	4125, 9350, 12164	花港观鱼	4018, 4532, 9066, 9792
花儿遍野情满怀	4125	花港凝翠	8860
花儿灿烂琴声满	4532	花港水清	9809
花儿的梦	12039	花港仲夏	9883
花儿朵朵	3923, 4018, 4125, 4126, 4192, 4532,	花公鸡	12012
	4785, 9336, 9339, 9342, 9356, 9378, 9418,	花姑寻水	4924
	9466, 10701	花鼓	12108, 12192, 12197
花儿朵朵	2516	花鼓灯	4067, 12611, 12923
花儿朵朵鲜	4271	花鼓戏常用曲调选	12123
花儿朵朵香	9314	花鼓戏大筒演奏法	11310
花儿朵朵向太阳	11497, 11908	花鼓戏音乐革命实践	11146
花儿朵朵向阳开	3775, 3969	花鼓迎春	4067
花儿红, 娃娃胖	9569	花冠少女	9027
花儿集	11774	花光已到十分春	2004
花儿今又开	10041	花果	1666, 9315
花儿妈	4955	花果山	4271, 4955, 6655
花儿美	10024	花果山猴王开操	3591
花儿万朵	3591	花果山取经记	5471
花儿为什么这样红	11914	花果图	1962
花儿献给华主席	3924, 4018	花果香	9404
花儿向她开	5783	花果盈盈	9404
花儿向太阳	3924	花果之乡	3558
花儿向阳开万代	3969	花海丽都	8847
花儿与少年	9667, 9721, 12226, 12607	花酣竹舞喜迎春	4463
花儿月月红	4367	花好果香	10116
花儿正红	5396	花好人妍	9641, 9696
花繁	2516	花好月常圆鸳鸯并蒂莲	3591
花繁人增福	2021	花好月圆	2004, 2842, 3591, 4018, 4067, 4068,

书名索引

4193, 4271, 4367, 4368, 4463, 4532, 4609, 4689, 4767, 4785, 4786, 8838, 9356, 9452, 9466, 9483, 9487, 9497, 12330

花卉 1188, 1277, 1710, 2791, 2860, 2862, 3558, 3559, 9303, 9307, 9311, 10018, 10020, 10034, 10048, 10055, 10061, 10517

花好月圆 2074, 2131, 2167, 2499, 2505, 2509, 2638

花卉 2489, 2496

花卉·礼品 10074

花好月圆；和睦幸福 2005

花卉、冷光集 1194

花好月圆春长在计划生育喜气多 4068

花卉、暖光集 1194

花好月圆对双双 4368

花卉包装 10386

花好月圆情长在 4609

花卉参考资料 10250

花好月圆人寿 风和日丽天高 8134

花卉草虫画法 1423

花好月圆人寿年丰 3537, 3558

花卉册 2499

花好月圆盛世年 2638

花卉单项纹样构成 10253

花好月圆双戏鸳鸯 3631

花卉的拍摄方法 8782

花好月圆特刊 13287

花卉风光 10061

花好月圆喜成双 2131

花卉钢笔画集 1098

花好月圆喜临门 4368

花卉黑白画 2493

花好月圆喜如意 2131

花卉画法 956

花和尚救助豹子头 6066

花卉画谱 2487, 2491, 2492, 2499

花和尚鲁智深 6066, 6489

花卉画入门 956

花和尚鲁智深 4532

花卉基础图案 10336

花红果丰 9404

花卉基础图案设计教学 10337

花红榴艳 9312

花卉集 2489

花红苗壮 3829

花卉集锦 9305, 9308, 10016, 10020

花红艳 4767, 9316

花卉技法写生 623

花红鱼跃 4368

花卉金鱼 4368

花红珠圆 10061

花卉静物 10041

花蝴蝶 12005

花卉昆虫 2497

花花 9419

花卉礼品 10074

花花朵朵 坛坛罐罐 109

花卉翎毛 2529

花画 1168, 1170

花卉明信片 10509

花环 5783

花卉屏 3631

花环操 3537

花卉山水 2430

花环舞 12652

花卉设色技法 966

花幻 10068

花卉设色图谱 939

花黄果甜 9477

花卉摄影 8736, 8737, 8787

中国历代图书总目·艺术卷

花卉摄影技法	8794	花卉装饰图案	10226
花卉摄影艺术	10020	花会	4019
花卉摄影作品集	9316	花魂	2827
花卉诗画	2505	花季	9315, 10081
花卉仕女图	2379	花季·雨季	6558, 6731
花卉四季屏	4018, 4068	花寄情	10034
花卉四君子图	2512	花加花框花角	10274
花卉四条屏 1712, 3591, 3969, 4068, 4126, 4368		花间的细诉	3471
花卉四条屏	2501, 2510	花间觅食	4126
花卉条屏	3969, 4532	花间双禽	4609
花卉图案	10251, 10252, 10253, 10263, 10324	花间嬉戏图	4463
花卉图案 1500 幅	10337	花笺撷英	1491
花卉图案设计	10224	花剑对舞	9979
花卉图案设计初步	10324	花轿传奇	5783
花卉图案装饰技法	10314	花轿计	5555
花卉图案资料	10252, 10270	花街皇后	4755
花卉图册	2514	花结编折	10386
花卉小鸟对屏	2506	花结与潮声	10847
花卉小品	9314	花结制作技法	10363
花卉小品	2491	花锦果香	9477
花卉写生	1130, 2877	花锦绣	4532
花卉写生构图	964	花径秋色	9798
花卉写生集	2896	花径重逢	4126
花卉写生技法	935	花静神凝	9390
花卉写生与装饰	634	花开碧空	4463
花卉形态写真	10153	花开并蒂莲	4368
花卉养植与插花技术问答	10599	花开春暖	1901
花卉艺术	10607	花开芳草地	9390
花卉与庭园摄影	8794, 8795	花开富贵	4689
花卉造型技法	10362	花开富贵 竹报平安	4532, 4533
花卉珍禽	4532	花开富贵 竹报平安	2074
花卉珍禽图	4368	花开富贵屏	4533
花卉知了图	1987	花开富丽 鹤舞长春	4126
花卉植物图案	10252	花开花落	5555, 5654
花卉装饰	10074, 10253, 10259, 10298	花开季节	10048, 10061

书名索引

花开金玉满堂	4533
花开林荫绿 祖国万年青	3591
花开满园	10013
花开千里香	1746
花开如意	4272, 4533
花开三春回山来	2760, 2840
花开三春回乡来	2840
花开时节	10074, 10079
花开幸福 竹报平安	3631
花魁戏与卖油郎	4193
花篮	10041
花篮插花	10603
花篮灯舞	12608
花篮里的小猫	10041
花篮猫	10034, 10055, 10353
花篮猫	2564
花篮小猫	4126, 4533
花篮中	10074
花烂漫	4126
花老虎民族艺术新歌集	11810
花蕾	10081
花笠舞	9967
花翎飞盗	13133
花满园	4463
花猫	10034
花猫金鱼	1662
花猫侦探	7013
花茂鱼丰	4272
花帽的故事	6558
花木兰	3591, 3631, 3632, 4019, 4068, 4193, 4463, 4533, 4689, 5471, 5555, 6558, 6672, 9005, 9018, 9147, 9219, 9525, 12078, 12108, 13092
花木兰	2608
花木兰 穆桂英	4019, 4126, 4368, 4463
花木兰 穆桂英 荀灌娘 梁红玉	4068
花木兰传奇	6582
花木兰从军	4272
花木兰林黑娘	4193
花木兰穆桂英	4272
花木兰郑芳荣郡主杨延昭	4272
花鸟	2924, 3632, 4019, 4126, 4272, 4369, 4609, 6841, 10034
花鸟	2495, 2498, 2501, 2506, 2601, 2611, 2615, 2638, 2649
花鸟百家	976
花鸟草虫画法入门	938
花鸟草虫小品对屏	4369
花鸟虫鱼造型艺术	10320
花鸟动物	4126
花鸟动物山水绣法图解	10358
花鸟对屏	4272, 4369, 4533, 4689
花鸟对屏	2514
花鸟二百图	1693
花鸟风光屏	4689, 4755
花鸟画	981
花鸟画步骤图集	953
花鸟画参考资料	1670
花鸟画创作谈	960
花鸟画法	938, 953, 966
花鸟画法 1.2.3	940
花鸟画法大全	684
花鸟画范	936
花鸟画范三集	1619
花鸟画构图法	981
花鸟画构图手稿	940
花鸟画构图详解	964
花鸟画构图要点	945
花鸟画基础技法	939, 943
花鸟画集	2488, 2489

花鸟画技法	935, 943, 958, 972	花鸟四条屏	3969, 4019, 4068, 4127, 4369
花鸟画技法初步	953	花鸟四条屏	2506, 2509, 2511, 2512, 2516, 2547,
花鸟画技法基础入门	981		2626
花鸟画技法浅说	945	花鸟颂	2131
花鸟画技法问答	941	花鸟条屏	4068, 4272, 4369, 4609
花鸟画诀	934	花鸟条屏	2511
花鸟画屏	4193	花鸟图	1546, 3632
花鸟画谱	937, 966, 969, 1423	花鸟图	2512
花鸟画谱	2495, 2501, 2510	花鸟万年春	4609
花鸟画入门	964	花鸟小辑	2490
花鸟画扇集	2495, 2552	花鸟小景	2495
花鸟画小辑	2491	花鸟小品	937
花鸟画选	2495	花鸟小品对屏	4370
花鸟画选	2499	花鸟写生画稿	1344
花鸟画选集	2488, 2493	花鸟一瞬	9317
花鸟画选辑	2493	花鸟鱼虫	1348
花鸟画与羽毛画	981	花鸟争春	1732
花鸟画章法入门	966	花鸟争艳	4193
花鸟集锦	4463	花弄影	10095
花鸟竞美	4689	花坪杜鹃	2495
花鸟孔雀图	2649	花瓶	4068
花鸟屏	1675, 3537, 3591, 3632, 4019, 4127,	花前倩影	9722
	4193, 4272, 4369, 4533, 4690, 4786	花前月下	9390
花鸟屏	2506, 2514, 2516	花枪缘	4609, 9235, 9246, 13118, 13119
花鸟如意屏	2203	花墙会	1937, 4193, 5555, 5654, 9224, 13108
花鸟山水集锦屏	3591	花桥荣记	5928
花鸟诗词	2501	花燃万珠红	9366
花鸟诗四体书	8248	花荣 林冲	4370
花鸟双蝶对屏	2506	花荣春不老(1987年年历)	2657
花鸟双喜	4272	花荣射雕	9528
花鸟水彩基础技法	1188	花荣艳足	9404
花鸟四幅屏	3592	花容	9036, 9641, 9667, 9758
花鸟四季屏	3559, 3592, 4861	花容玉貌	4755, 4756
花鸟四景	4533	花蕊夫人	2615
花鸟四屏条	3682	花伞舞	3537, 12610

书名索引

花山	6743	花下寻声	9857
花山怒火	5063	花仙	5555, 9350, 9366
花山是个好地方	12276	花仙	2074
花山崖壁画资料集	6621	花仙——舞剧《卓瓦桑姆》	9950
花扇舞	12607, 12608	花仙图	4690
花神	6854, 6886, 9433, 9452	花仙卓瓦桑姆	4370, 9950, 9954, 12651
花神与小孩	2801	花仙子	4813, 4842, 6066, 6067, 9027, 9752, 9764
花生大王	4924	花仙子奇遇记	6185
花生豆	7105	花献光荣人家	9347
花生丰收	1848	花献先进生产者	1767
花生漫画	6980	花乡梦幻	10635
花石峡	8982	花香	9312
花市	5928	花香	2529
花式交谊舞	12662	花香春正好	9115
花饰制作与送花礼仪	10607	花香蝶来	4194
花束	10068, 10525	花香蝶舞	10068
花颂	4127	花香鹅肥	3592
花田八错	9231	花香福有余	2131
花田错	9241, 9243	花香满园	8864, 9404
花田写扇	4609, 9940	花香蜜甜	3969, 4069
花田招婿	13119	花香妙影	8855
花亭会	8821	花香鸟鸣	2517
花团锦簇	9228, 10048, 10068, 10075, 10084	花香鸟屏	4786
花团锦簇	2499, 2638	花香鸟语	3592, 4019, 4069, 4273, 4370, 4533,
花团锦簇结同心	4370, 4463		4610
花王花后	6448	花香飘万里	2658
花王招亲	5783	花香千里	4464, 4610, 4690
花为媒	4068, 4069, 4127, 4194, 4273, 4370, 4463,	花香人寿	9390
	4609, 4690, 5555, 9228, 9233, 9953, 9956,	花香四季	2005, 4533, 9452
	9957	花香四季	2506
花纹图案资料集	10244	花香四季春	4069
花坞小筑落成诗	8110	花香四溢	10079
花溪放鸽桥	9794	花香永存	4069
花溪河的喜事	5009	花香自有蜜蜂来	3442
花溪龙宫	9844	花信风	11352

花型设计基础	1169	花与少女	6886, 9641, 9667, 9696
花雄花放漫天红	2638	花园城市——珠海	9137
花押印汇	8549	花园定情	13108
花颜	9452	花园街五号	6067
花艳蜂忙	10034	花园留影	9390
花艳果香	4786, 10106, 10107	花园赠花	4127
花艳景明	2506	花园中	6877
花艳鸟欢	4464	花园作诗	9378
花艳鸟丽	4690	花苑	10266
花艳鸟鸣	2506	花月良宵	4534
花艳人俏	2039	花之歌	1485
花艳蟹肥	4690	花之恋	10028, 10034
花样屏	3682	花之梦	10583
花样游泳	9967, 9973	花之女神	6882, 6886
花妖	6489	花之颂	2532
花衣衫	12092	花枝俏	5555
花艺	10592, 10603	花纸图案	10722
花艺百彩	10742	花中皇后	10028
花艺插赏	10581	花中情	2021
花艺鉴赏	10607	花中之花	10140, 10163
花艺精萃	10607	花中之王	10020
花艺设计	10576, 10603	花烛恨	5654
花艺世界	10729	花烛情恨	6219
花艺与包装	10601	花烛夜	8828, 9948
花意	10550	花烛之喜	4370
花荫鸟语	2498, 2506	花缀驼峰	9550
花迎喜气皆如意	3632	花姿百韵：谢明插花艺术选	10594
花影录	12974	花子洞	5783
花鱼洞	5471	花族影	10095
花鱼观：荣禄琛花鸟画	2532	划船去	4464
花鱼家禽屏	2131	划龙船	4273
花与果	6871	划龙舟	2005, 4273
花与猫	2570, 2616	划小船	1962
花与蘑菇	10018	华北大学文艺工作团第一团公演新歌剧《白毛	
花与屏	2074	女》	12901

书名索引

华北电影股份有限公司定款	13274	华国锋同志和青年工人	4019
华北公司平津同人欢迎罗总理纪念册	13169	华国锋同志为我党领袖是毛主席的英明决策	
华北解放纪念	3067		3274
华北书法作品集	8304	华国锋同志在一六六中	2351
华伯伯来了	4019	华国锋同志在战火纷飞的年代	5396
华彩	9487	华国锋主席	1275
华彩乐章	9483	华国锋主席访问伊朗	9284
华磁	386	华国锋主席高兴地向百万群众亲切招手致意	
华灯初放	3881		9281
华东部队战士美术作品选	1284	华国锋主席为首的党中央率领我们奔向前方	
华东工人美术作品选	1356		11684
华东工业支援国家经济建设	8870	华国锋主席在天安门城楼上向参加庆祝大会的	
华东抗日解放战争摄影集	9327	群众亲切招手致意	9281
华东民间年画	3531	华国锋主席在天安门城楼上向参加庆祝大会的	
华东民间艺术	10663	首都百万军民亲切招手致意	9281
华东农民美术作品选	1356	华国瑶摄画	9404
华东区戏曲观摩演出大会	13013	华剧唱腔选	11834
华东区戏曲观摩演出大会会刊	13013	华君武的政治讽刺画	3404
华东区戏曲观摩演出大会纪念刊	13013	华君武漫画 3413, 3418, 3423, 3428, 3431,	
华东区戏曲音乐资料	12102, 12103	3435, 3442, 3483	
华东戏剧论文集	12724	华君武漫画选 3406, 3412, 3418, 3420, 3442	
华东戏曲剧种介绍	12918, 12919	华君武漫画选集	3409
华东写真集萃	8782	华君武说漫画	1244
华多 布歇 弗拉贡纳	6794	华君武政治讽刺画选集	3404
华俄对照苏联歌曲集	12363	华克雄水墨画	2282
华而不实	13239	华奎书画集	2302
华尔兹教材	12641	华乐西传法兰西	10976
华风现影	107	华丽的击弦乐器	11349
华凤仙招亲	2074	华丽的家族	5654
华格纳	11161	华丽的罗可可艺术	182
华工喋血记	6385	华丽家居	10754
华工血泪	5116	华丽圆舞曲	12500
华姑	13111	华林馆碑帖集	7660
华光梅谱	928	华罗庚	5928
华贵	9466, 9487	华罗庚——中国著名的数学家	3371

中国历代图书总目·艺术卷

华罗庚、爱迪生名言书屏	8195	华山峨嵋山对屏	4610
华罗庚名言	4836	华山风光	9071, 9819
华罗庚语录	8195	华山风景	9097
华美	9483	华山风云	9832
华美现代书法集	8214	华山劲松	9809
华美影集	8866	华山览胜图	2426
华纳白金金曲流行卡拉 OK 极品	11744	华山论剑	4610
华纳飞图星光	11509	华山南天门	9844
华纳天碟金曲	11744	华山屏	3633
华纳再生缘特刊	13290	华山探险	5928
华南进行曲	11557	华山清晓	2626
华南青年美术作品选集	278	华山秋林	9801
华南艺术青年工作概况	12753	华山石粉厂艰苦创业记	5175
华南植物园	4370, 9314	华山松翠	1848
华年	8828, 9433	华山松风	9080
华年如花	9452	华山速写稿	2852
华其敏画集	2302	华山天下险	9819
华侨支队	5928	华山图画资料	2890
华清波影	9809	华山西峰	9809, 9832
华清池 9043, 9051, 9061, 9071, 9122, 9789, 9796,		华山下棋亭	9043
9844, 9883, 10509		华山仙人仰卧	9043
华清池春色	9088	华山秀色	9809
华清池石舫	9998	华山云海	9801
华人 CI 设计百杰作品集	10401	华山云雾	9802
华人德隶书曹操诗五首	8376	华山纵览图	2638
华人揽胜	9254	华盛顿	5928
华人平面设计百杰作品集	10768	华盛顿国家画廊	212
华人书画名家精品展作品集	2327	华盛顿国立美术馆	6877
华容道	4370, 4756	华士清画集	2328
华睿双艳图	2626	华世奎书法选	8128
华三川绘画粉本精选	2404	华世奎书墓表	8185
华山 3969, 4194, 8987, 8991, 9043, 9080, 9799,		华世奎书墓志表集	8126
9801, 10496		华世奎书双烈女碑	8126
华山碑临习与创作	7376	华世奎书周代祠堂记	8126
华山北峰	9040	华世奎先生大小楷	8127

书名索引

华书记来我家作客	5348	华夏盛景赛仙苑	4610
华泰斋集印	8512	华夏书画集锦	1484
华斯比历险记	7122	华夏五千年艺术不能不知道丛书	262, 263
华堂飘香	9452	华夏武祖 孙膑	6448
华厅	9483	华夏夏景百咏	7523
华佗	4956, 5396, 5471	华夏一日	9292
华佗求师	5928	华夏英杰百咏	7523
华佗学医	5783	华夏园林百咏	7523
华佗与曹操	5928, 6067	华夏韵油画集	2835
华拓画集	2475, 2482	华夏之美	264, 800, 7313, 8459, 10588, 10647
华拓山水画辑	2427	华新罗八段锦画册	1619
华拓山水画选	2436	华新罗花鸟册	1644
华文戏荟	12698	华新罗人物山水画册	1647
华屋春浓	2074	华新罗仕女人物花鸟山水大册	1619
华屋芳姿	9589	华新罗写景山水册	1619
华屋丽人	9696	华新罗养素园图	1619
华屋倩影	9542, 9589	华胥与伏羲	5783
华屋艳装	9696	华严集联三百	8131
华夏城市之花	8913	华严经	6582
华夏春景百咏	7522	华嵒花鸟	2588
华夏大地	2302	华嵒花鸟册	1662
华夏冬景百咏	7523	华嵒画集	1686
华夏红孩儿	314	华嵒精品	1690
华夏龙图	8574	华嵒山水册	1677
华夏民神	6558	华嵒书画集	1677
华夏名花百咏	7523	华嵒研究	798
华夏名姬百咏	7523	华嵒杂画册	1656
华夏名胜百咏	7523	华嵒书画集	1278
华夏千家书画集	1318	华怡菁	9569
华夏秋景百咏	7523	华裔美术选集	203
华夏山川百咏	7523	华应申书法选	8185
华夏神拳	5783	华鉴山上	3727
华夏审美文化的集结	8609	华鉴山下	5091
华夏胜景	9883	华元卫宋	5556
华夏盛景	3388	华岳高秋	1987

中国历代图书总目·艺术卷

华岳晴雪	2039	华主席和大寨人心连心	3924
华岳引凤台	4690	华主席和各族人民心连心	3275
华云龙伏法	6067	华主席和吉林人民心连心	8885
华政委教我们唱《东方红》	1856	华主席和全国各族人民心连心	3300
华政委领咱打胜仗	5396	华主席和我们心连心	2764, 3025, 3252, 3275,
华政委视察韶山区	3970		3300, 11694
华政委在阳曲	2777	华主席和我们在一起	1293, 2764, 3275, 3276
华中理工大学	10517	华主席和咱亲又亲	2354
华主席　翻身农奴热爱您	2764	华主席挥手我们胜利前进	3276
华主席，各族人民热爱您！	3970	华主席挥手我前进	11689
华主席，台湾儿女热爱您	3274	华主席佳节慰英雄	3970
华主席，我们无限热爱您	3275	华主席教导我们爱科学	3970
华主席，各族人民爱戴的英明领袖	12312	华主席教我们展翅飞	3970
华主席，最美的赞歌唱给您	11967	华主席来到俺猪场	3970
华主席啊，我们衷心爱戴您	3924	华主席来到我们家	3970
华主席啊各族人民热爱您	3275	华主席领导我们继续长征	3300
华主席办事，毛主席放心，全党放心，全军放		华主席领导我们胜利前进	11689
心，全国各族人民放心	3924	华主席领导我们学大寨	3300
华主席朝着我们笑	3924	华主席亲切接风《雷锋》剧组演员	3970
华主席带领我们学大寨	2764	华主席视察大庆	3317
华主席到过咱的家	3924	华主席视察辽宁	11689
华主席登上虎头山	3970	华主席视察农机展览	2354
华主席登上天安门	11689	华主席是我党我军我国各族人民的英明领袖和	
华主席登上天安门　人民领袖爱人民	3275	统帅	3301
华主席的关怀暖万家	2861	华主席是我们的英明领袖和统帅	3276
华主席对咱笑咪咪	5348	华主席是咱领路人	3971
华主席各族人民热爱您	3924	华主席是咱们的贴心人	3924
华主席给我青春的歌喉	11967	华主席是咱社里人	3971
华主席给咱回天力	3970	华主席率领我们绘新图	3970
华主席鼓励我们学大寨	3924	华主席率领我们继续长征	11694
华主席鼓励我们争上游	3970	华主席率领我们继续前进	11689
华主席关怀俺"震生"	2764	华主席率领我们胜利前进	11689
华主席关怀咱大庆人	3970	华主席率领我们学大庆	2352
华主席关心咱震生	3275	华主席率领我们学大寨	3276, 3300
华主席和藏族人民心连心	3924	华主席送给咱无价宝	3924

书名索引

华主席送来红宝书	11689	化工城	1797
华主席我们热爱您	3276, 3301	化工新歌	11664
华主席引来幸福水	3276, 3301	化孤	6410
华主席在大寨	3924	化镪为剑	3014
华主席在湖南	5396	化买父	5783
华主席在一六六中学家长会上	3924	化身博士	6385, 7053
华主席在战火纷飞的年代	5313	化石与探险	3508
华主席在震区	2352	化学大战	6219
华主席在中国共产党第十一届中央委员会第一次全体会议上	9285	化学犯罪	7033
华姿	9452	化学晚会	12989
华姿飘逸	4837	化学小魔术	12988
华子良传奇	6067	化妆	4127, 9528, 9641
华子良孤身脱险记	6067	化妆常识	12834
滑冰	9959, 9961	化妆成达那厄的兰格	6866
滑冰曲	4273	化妆基本知识	12834
滑稽的狗	7057	化妆要诀	12834
滑稽的猫	7057	化妆艺术与技术	12834
滑稽的企鹅	7057	化装	12833
滑稽的野猪	7057	化装技艺	12834
滑稽慧星·魔杖	7083	化装晚会	2039
滑稽王小毛	6251	画	581, 585
滑稽王小毛的故事	6324, 6325	画颊	703
滑稽戏论集	12852	画·画·画	1261
滑稽与笑的问题	12706	画、刻、印	1214
滑稽侦探	3507	画八哥	989
滑水去	9452	画跋	772, 773
滑田友	8635	画报图典丛书	8710
滑雪去	9366	画笔和六弦琴	5928
化悲痛为力量 继承毛主席遗志 把无产阶级革命事业进行到底	3252	画笔作刀枪揭批"四人帮"	3276
化悲痛为力量 以实际行动悼念毛主席	3252	画壁	5472
化蝶	4127, 9940	画壁画	3537
化度寺碑	7830, 7835	画布上的创造	557
化度寺碑［残本］	7844	画部杂录	466
		画彩虹的孩子	5928
		画禅	753

画禅室随笔	645, 646	画辑	2018
画尘	765, 890	画纪	842
画出美的世界	1265	画继	831, 832, 833
画传习录	665	画继补遗	772
画丛	487	画偶	471
画萃	1701	画家	1300, 1301
画大鸡	2568	画家·画商·画廊	210
画碟余墨	3471	画家笔下的青海	521
画蝶参考资料	936	画家大象	6356
画蝶技法	972	画家和她的女儿	6883, 6884
画动物	631	画家黄永玉湘西写生	2870
画法步骤	1075, 1076, 1171, 2948	画家李可染	2005
画法撮要	471	画家墨迹拔萃	8080
画法大成	644	画家品类举要	795
画法小学	466	画家三味	671
画法要录	676, 677	画家三味	862
画法指南	676	画家史	12118
画稿	1599	画家谈摄影	8687
画耕偶录	646	画家谈艺	614, 616
画国画、水彩画、油画不求人	618	画家徐悲鸿	6219, 6251
画海	598, 10320	画家眼中的城市风情	6807
画海雕林探美	8610	画家眼中的动物天地	6807
画好素描的关键	1112	画家眼中的奋斗争战	6807
画荷花	949	画家眼中的各行各业	6807
画鹤百态技法	629	画家眼中的欢娱时光	6807
画猴	989	画家眼中的旅中即景	6807
画虎	989	画家眼中的水景奇观	6807
画虎记	5783	画家眼中的四季之美	6807
画虎技法	633	画家眼中的温馨家庭	6807
画虎技法资料	989	画家眼中的艺人群像	6807
画虎艺术	992	画家眼中的饮食百态	6808
画话	467, 646	画家眼中的自然胜景	6808
画汇	1368	画家与画	502, 509
画魂	6067	画家与画史	270
画集	1376	画家与生活	502

书名索引

画家韵集	842	画鹿技法资料	632
画家之路	911, 957, 1112, 1172	画论	639, 644, 646, 647, 675, 730
画家自画自说	616	画论丛刊	682
画笺	841	画罗汉颂	437
画鉴	729, 730, 1530	画马	994, 1001
画角声声埯江淮	12776	画马常识	988
画静物	1107	画马技法	1121
画境	685	画马技法资料	989
画境探幽	495	画马名品特展图录	1482
画菊技法资料	1118	画猫	992
画菊入门	964	画猫·虎	994
画诀	646, 662, 665, 898, 899	画猫技法基础	627
画诀十则	667	画眉	1663, 8820
画刊	511	画梅	969
画兰三字经	953	画梅辨难	934
画兰琐言	471	画梅定情	4814
画兰题记	753	画梅谱	1493, 1529
画兰题句	753	画梅题跋	930
画兰新技法	961	画梅题记	753
画廊	507, 508, 509, 510, 1071, 1072	画梅心语	934
画廊漫步	508, 518	画梅研究	626
画廊中的思考	515	画美景	12052
画里珍禽	1517	画梦的巨人	13297
画理新诠	599	画面，向无限延伸……	13076
画历史人物	880	画面构成技法	558, 561
画林	842	画面肌理构成	139
画林新咏	842	画母联解	673
画玲珑	10337	画牡丹	976
画龙点睛	3483	画内画外	1216
画龙点睛	2608	画鸟	969
画龙点睛谈龙画	857	画鸟的基本常识	936
画驴技法	637	画牛技法资料	996
画录	774	画皮	4896, 5396, 5397, 5472, 5928, 6385
画鹿	989	画片	2714
画鹿技法	988	画片样张	1427

画品	730, 744, 745, 753, 754, 776	画手百图	625
画品丛书	855	画树	1168, 1170
画评会海	730, 731	画树参考资料	629
画谱	665, 684, 897, 1422, 1463, 1552	画树写林	911
画谱采新	1599, 1600	画说	747, 780
画谱全本	687, 707	画说《资本论》	6448
画谱全录	647	画说兵家	6558
画墙画和写美术字	601	画说菜根谭	3521, 3522
画笙	892, 893, 894	画说成语	6219
画笙析览	894, 895	画说道家	6558
画人备考	845	画说法家	6558
画人画事	792	画说放射学	6582
画人体	1107	画说佛家	6558
画人像	1112	画说红楼	6559
画筌丛谈	471	画说进化论	6582
画山画水——画阮淡水	2813	画说近代中国	6428
画山水赋	898	画说聊斋	6489, 6525
画山水歌	886, 895, 900	画说鲁迅	3508
画山水诀	886, 900	画说名家	6559
画山水序 叙画	905	画说墨家	6559
画山写水	911	画说情歌	3522
画扇判案	5472	画说儒家	6559
画蛇添足	5032	画说三十六计	6385
画声	663	画说世界五千年	6410
画石轩卧游随录	664	画说数理化	6583
画史	731, 732, 773	画说天体运动	6583
画史丛书	574	画说相对论	6583
画史会要	841, 847	画说阴阳家	6559
画史通考	843	画说中国太监	3451
画仕女	882	画说中华文化形象	425, 593, 7366, 8612
画事丛谈	665	画说周易	6356
画事夜说	543	画说纵横家	6559
画室来鸽	548	画髓玄诠	466
画室探访	826	画坛·一位女评论者的思考	535
画室中的画家	542	画坛风情谈艺录	808

书名索引

画坛偶像	548	画艺博知	719
画坛双十星座	532	画艺术	3030
画坛撷英	819	画意的创造	10140
画谈	468	画意摄影	8795
画谭	674	画引	674
画外笛声扬	1550	画鹰	2563
画外话	1348, 1349	画友录	775
画外谈画	808	画友诗	8024
画外文谈	3522	画余论丹青	805
画外音	13206	画余论画	476
画外余音	3508	画余论艺	103
画未来	4370	画余谱	1594
画戏话戏	2401	画余随笔	497
画细笔山水	918	画余吟草	8263
画虾技法	988	画余杂稿	719
画乡书画选	1327	画鱼	999
画小鸟	954	画鱼艺术	1001
画熊猫技法资料	989, 990	画与话	3522
画学丛证	595	画语	647
画学钩元	666	画语录	895
画学汇编	473	画语拾零	497
画学简明	856, 862	画语心影	8913
画学秘决	470	画缘	2234, 2282
画学秘诀	886, 887, 888	画苑	732, 1299
画学秘旨大观	1701	画苑掇英	1506, 1507
画学南宗	1552	画苑集萃	317
画学心法	663	画苑秘笈	470
画学心法集古	663	画苑新秀	1364
画学心法问答	663	画苑遗珍	1485
画学心印	672, 673	画月季技法资料	949
画学一经	715	画杂俎	467
画学杂论	468	画旨	666
画学真诠	599, 1092	画志	732
画眼	674	画中行	2890
画一画老昆明	3471, 3472	画中家具特展	1487

画中九友集册	1467	话说电视节目主持人	13084
画中九友山水合璧	1562	话说好莱坞	13319
画中九友真迹	1467	话说填词	11093
画中觉胜	2870	话说西方绘画	595
画中情	2805, 8838	话说中国古代绘画	596
画中人 4127, 4194, 4610, 5556, 9027, 9028, 13242		桦林霸	6068
画中人	2361	桦林静静	9347
画中游	3592, 3682, 8821, 9356, 9404	桦林秋晚	9802
画中有话	3522	怀娥铃名曲选	12459
画中有诗	3401	怀娥铃演奏法	11176
画竹歌	2649	怀芳记	12739
画竹谱	925	怀古堂印稿	8482
画竹三字经	946	怀古田舍梅统	843, 846
画竹斋评竹四十则	754	怀桔敬母	2074
画墨	890	怀旧曲	12224
画准	666	怀梨偶寄	12879
画着女人和鹰的火柴盒	5783	怀念	5175, 12175
画宗姓类	843	怀念	2302
话本艺术初论	12972	怀念大自然	2831
话丰收	3633	怀念敬爱的周总理	11689, 11695
话鬼说俪	463	怀念敬爱的周总理诗词印谱	8561
话剧	12908	怀念您啊！敬爱的周总理	11689, 11690
话剧、新歌剧与中国戏剧艺术传统	12685	怀念祝福赠言钢笔字帖	7594
话剧 ABC	12772	怀仁集《王书圣教序》临摹解析	7779
话剧表演导演艺术探索	12908	怀仁集王书圣教序钩本	7778
话剧表演艺术概论	13006	怀仁集王羲之圣教序	7779
话剧表演知识讲座	12907	怀仁集王羲之书圣教序	7778, 7779
话剧抗战	12904	怀仁集字本兰亭序	7789
话剧台词艺术教程	12908	怀斯	6831
话剧演员的基本知识	12903	怀斯的艺术	6799
话剧艺术概论	13005	怀素草书汇编	7898
话剧艺术研究	12910, 12911	怀素草书集	7907
话剧语言训练	12908	怀素草书墨迹五种	7917
话说《黄土地》	13294	怀素草书千字文祝枝山小楷合璧	7147
话说《元神祭》	12651	怀素草书全集	7914

书名索引

怀素草书习字帖	7898, 7907	淮海战役	2723
怀素草书一百天	8420	淮海战役歌集	11936, 11937
怀素草书自叙帖	7907	淮海战役组歌	11937, 11947
怀素大小草千字文	7907	淮河大合唱	11943
怀素律公帖墨迹	7845	淮河儿女	3881
怀素千字文	7914, 7938	淮河两岸好风光	1815
怀素三帖	7881	淮河两岸双抢忙	3829
怀素书法全集	7911	淮河流域名胜印谱	8570
怀素书法选	7921	淮河新春	3020, 3022
怀素书千字文	7881	淮河新歌	3018
怀素小草千字文	7874, 7921	淮河新貌	3016, 3794
怀素自叙帖	7852, 7898, 7921, 7928	淮河新装	2593
怀素自叙帖书法析解	7265	淮剧《海港》主要唱段选辑	11863
怀素自叙帖真迹	7845, 7862, 7863, 7865	淮剧常用曲调	12120
怀砚图	1058	淮剧唱片曲谱选	12110
怀义书法集	8248, 8304	淮剧锣鼓研究	11144
怀远新歌选集	11384	淮剧曲调介绍	12103, 12108
淮安	9809	淮剧选曲	12123
淮安博里农民画集	1372	淮剧音乐	12113
淮安明墓出土书画	1583	淮剧音乐及其唱腔流派	11152
淮北变江南	2997	淮上人家	13237
淮北大寨——江苏宿迁县新貌	9278	淮阴	1577
淮北大寨花	5313	淮阴风光	9857
淮北煤乡	3025	淮阴民歌集	11780
淮北人民学大寨	3881	淮阴名人名胜印谱	8577
淮北新歌	12173	淮源风光	8972
淮德拉	6867	槐花几时开	11785
淮海大捷	3727	槐庐集古印谱	8519
淮海大捷	2730	槐树庄	3682, 5063, 5064, 5091, 5116, 5348
淮海大战	2764, 4370, 6068, 6185	槐堂摹印浅说	8457
淮海剧曲调介绍	11140	槐荫记	3592, 4194
淮海题跋	7686	槐荫书屋琴谱	12295
淮海戏常用曲调	12120	槐荫树下把子还	4610
淮海战歌	3020	槐荫缘	4127
淮海战役	6428	坏种·地狱的考验·奥克的好叔叔	7091

欢	9356, 9378	欢呼总路线(舞蹈)	12589
欢唱	9356	欢呼总路线歌曲集	11590
欢唱国庆十周年	11438	欢呼祖国的伟大胜利	3079
欢唱火车通贵阳	11602	欢欢	10041, 10075
欢唱技术革命好	11607	欢欢乐乐迎丰年	4464
欢唱建国十周年	11602	欢欢喜喜	4194, 4273
欢唱解放十周年	11438	欢欢喜喜	2131
欢唱四十条(莲箫舞蹈)	12589	欢欢喜喜过新年	4273, 4370
欢唱中苏人民大团结	12594	欢欢喜喜庆丰年	4610
欢唱总路线	12110	欢欢喜喜庆六一	3537
欢度 节日不忘战备	3182	欢欢喜喜送参王	4464
欢度春节 3559, 4069, 4273, 10404, 10413		欢欢喜喜迎新春	1963
欢度春节抒豪情	3794	欢欢笑笑	5784
欢度佳节	4273	欢聚	8828, 9012
欢度佳节 喜迎新春	4370, 4610	欢聚一堂	3775
欢度节日	10673	欢快	9404
欢度泼水节	1870	欢乐 1987, 4194, 4371, 8828, 9350, 9366, 9466,	
欢度新春	4069, 4370, 12333	9528, 9752	
欢歌狂舞	9982	欢乐吧!祖国	12369
欢歌曼舞度佳节	4464	欢乐长寿	4195
欢歌曼舞三月三	6525	欢乐春节	4814
欢呼吧,北京－地拉那	11450	欢乐的把乌	12345
欢呼第二个五年计划的主要指标提前三年完成		欢乐的白银世界	4194
	3079	欢乐的宝宝	4610
欢呼第二个五年计划提前三年胜利完成	3079	欢乐的草原 3794, 4273, 4690, 4956, 12152,	
欢呼柬埔寨人民的伟大胜利 欢呼越南人民的		12177, 12321	
伟大胜利	11462	欢乐的茶乡	12267
欢呼六中全会	11602	欢乐的春天	4273
欢呼毛泽东思想的光辉胜利	3079	欢乐的大家庭	3537, 3592, 3633
欢呼全世界进入毛泽东思想的新时代	3160	欢乐的动物园	4019, 4194
欢呼十周年国庆	11602	欢乐的歌	12144
欢呼苏联宇宙火箭上天	1746	欢乐的歌	2074
欢呼伟大的胜利	11684	欢乐的歌舞	2728
欢呼中苏会谈公报	11562	欢乐的果园	4464
欢呼总路线	11426, 11590	欢乐的海	5282

书名索引

欢乐的海滩	4534	欢庆春节	4128
欢乐的家	4956	欢庆党的第十次全国代表大会胜利召开速写选	
欢乐的假日	4194	集	2859
欢乐的节日	1870, 1963, 3559, 3924,	欢庆的十月	10120
	3925, 3971, 4019, 4127, 4195, 4273,	欢庆丰年	3592, 3633, 3971, 4371
	4371, 4464, 9340, 10103, 12005, 12597	欢庆丰年 喜迎新春	4371
欢乐的竞赛	12333	欢庆丰年恭贺新春	4195
欢乐的苗家	12310	欢庆丰收	3683, 3775, 4273
欢乐的清水江	4273	欢庆丰收年	4069
欢乐的日子	12310	欢庆歌舞	4195
欢乐的食堂	12638	欢庆革新传捷报	3559
欢乐的手鼓	5283	欢庆佳节	1963, 4371
欢乐的田野	3633, 4464	欢庆节日	1870
欢乐的童年	1937, 4128, 9550	欢庆人间好春色	4610
欢乐的上家	9336	欢庆胜利	4020, 4371, 12262, 12263
欢乐的夏令营	12033	欢庆胜利 高歌猛进	9281
欢乐的夏日	6863	欢庆十二大歌曲选	11700
欢乐的夏天	4128	欢庆十年	13245
欢乐的小伙伴	4195, 9009	欢庆十一大	9340
欢乐的小鸟	4610	欢庆四届人大歌曲选	11675
欢乐的彝家山寨	12284	欢庆伟大的日子	3727
欢乐的彝寨	12282	欢庆伟大胜利	12335
欢乐歌舞喜庆丰收	3537	欢庆我们的节日	3079
欢乐健壮	4464	欢庆五届人大召开实现抓纲治国的战略决策	
欢乐女神	6068		3276
欢乐神州	8888	欢庆舞曲	12229
欢乐时光	9483	欢庆香港回归	9292
欢乐世界	10525	欢庆小麦大丰收	11426
欢乐颂	12541, 12549	欢庆新春	4128, 4195, 4464
欢乐童年	9722	欢庆新春	2039
欢乐图	4020, 4128	欢庆新年好	4195
欢乐新春	4069	欢庆中华人民共和国成立二十八周年	3276
欢妈与强仔	3428, 3431	欢送进行曲	12159
欢庆	3971, 4691, 10636, 12248	欢送劳模上北京	3683, 4020
欢庆超千斤	3925	欢送亲人去参军	3727

中国历代图书总目·艺术卷

欢腾的边疆	3683, 3727	疆!	3153
欢腾的边寨	10429	欢迎您	4069
欢腾的东平湖	3537	欢迎您——战友	3763
欢腾的节日	3683	欢迎您,来自第三世界的朋友们	3276
欢腾的节日——上海国庆之夜	9970	欢迎您归来	5556
欢腾的农机站	3683	欢迎朋友们来旅游	4274
欢腾的山寨	3881	欢迎贫农下中农代表	3727
欢腾的山城	2597	欢迎新社员	3881
欢腾的西藏	8937	欢悦——演员林芳兵	9641
欢天喜地	3633, 4128, 4195, 4371, 4534, 9404	窟洞里的孩子	6448
欢天喜地对亲家	5784	还仓室遗珍	8161
欢天喜地福盈门	4786	还干这一行	3827
欢天喜地庆丰年	2131	还给国家	4888
欢天喜地庆丰收	4273, 4691	还魂记	5551
欢舞曲	12246	还剑奇情	13122
欢喜	4069	还是当年那个样	3967
欢喜赞叹	097	还是当年那股劲	3879, 3967
欢欣歌舞迎新春	3633	还是过去那么一股劲	10425
欢欣鼓舞	4069	还是好孩子	4952
欢欣鼓舞庆"十大"	3206	还是人间好	4123
欢欣鼓舞庆祝四届人大	3220	还我河山	1961, 3589, 4123, 7981
欢欣鼓舞迎新春	3537, 3683	还我山河	6057
欢颜	9569	还我一个幻想	11715, 11720
欢迎	2839	还我右半的心灵	036
欢迎!	3079	还乡	7053
欢迎!欢迎!	4371	还乡梦	1281
欢迎哥哥姐姐下乡来	3829	还须努力作战	3879
欢迎解放军叔叔	3829	还原舞台 高于舞台	13100
欢迎进行曲	12159	还针	3079
欢迎来自世界各国的朋友们	3301	还珠洞	5551
欢迎毛泽东同志回韶山考察农民运动	6746	还珠格格	6581
欢迎毛主席	6747	还珠格格俊男靓女大写真	13166
欢迎你,凯旋归来的子弟兵!	3317	还珠格格写真全纪录	13166
欢迎你归来	5556	还珠妙语录	13248
欢迎你们 让我们一起来建设社会主义新边		环翠堂园景图	1579

书名索引

环翠堂园景图卷	3054	幻灯常识	13302
环邮画稿	1472	幻灯的编绘与放映	13303
环华最新装潢百科	10583	幻灯工作手册	13302
环华最新装璜百科	10574	幻灯和电影	13276
环境保护漫画集	3428	幻灯录音知识	13201
环境保护宣传美术图册	10298	幻灯片制作法	13302
环境保护幽默画选	3431	幻灯情况介绍	13302
环境的美化与布置	10617	幻灯手册	13302
环境科普漫画集	3428	幻灯资料汇编	13302
环境美	3348, 3356	幻化筒	6583
环境美化百鸟来	4534	幻境	9088
环境美术基础	465	幻境仙踪	9433
环境设计	10610	幻觉月球的女王·蒂拉的秘密	7083
环境宣传教育影视技术入门	13272	幻灭	5784, 6068
环境音乐美学	10821	幻术	12985
环境装饰画册	10303	幻术短剧	12985
环球歌坛：中外明星画刊	8855	幻术讲义	12983
环球婚纱摄影	10150	幻术说明书	12983
环球记趣	3508	幻想交响曲,作品 14	12542, 12544
环球历险记	6219	幻想美丽	3492
环球旅行	9982	幻想曲	12165, 12226, 12232, 12234
环球旅游	5784, 9259	幻影与真实	13196
环球胜地名画录	1600	幻游世界	2074
环球银幕歌声	12421	幻园许君德配宋梦仙遗画	1630
环球影视界奇观	13056	宦官专权	5784
环球幽默	3492	宦娘	4371, 5556, 5654, 5784, 5929, 13108
环球幽默画	3418, 6934	宦娘曲	5064
环球之旅	2859	换鹅会二十周年书法集	8264
环玺斋巨印简	8533	换房	12094
环宇大战	6672	换岗之前	3830
洹村遗兴	8110	换谷种	5229
恒娥	13111	换考场	5253
寰宇觅知音	1407	换了人间	3830, 3971
缓期执行	6251	换上劳动服	3683
幻灯	13302	换上石头心的人	5784

中国历代图书总目·艺术卷

换鞋	5929	荒野的呼唤	6068, 7053
换鞋记	5472	荒野复仇记	6252
换新灶	4020	荒园狐精	6386
换靴记	5253	荒原回声	13150
唤起工农千百万	2765, 5162	荒原上的姑娘	4956
唤起我美好回忆的那些歌	11488	荒原心旅	11533
浣花溪	4767	皇朝乐舞录辑要	12242
浣沙记	3044	皇朝清篆略	8522
浣纱记校记	12897	皇朝政典类纂	10963
浣纱明月下	4195	皇城根拍摄秘闻	13296
浣溪沙	9433	皇城根下的"侃爷"和"痞子"们	13141
患难结姻缘	6068	皇帝的"新衣"	6916
患难之交	13243	皇帝的新衣	5784, 6287, 6525
黎涵版画	3031	皇帝的新装	5397
荒村野店	6068	皇帝吊股比干文	7821
荒诞派戏剧	12780	皇帝和六弦琴	5556
荒诞派戏剧艺术论	12730	皇帝与村姑	9241
荒诞说	12780	皇帝战蚩尤	5654
荒岛探宝记	6559	皇恩号反叛记	7053
荒画连篇	3498	皇甫诞碑	7877, 7881, 7921, 7938
荒庐虎痴	2583	皇甫府君碑	8033
荒漠孤影	6251, 6252	皇甫君碑帖	7840
荒漠奇踪	5929	皇姑风云	6068
荒木优子的平面设计	10774	皇姑屯事件	6448
荒山变果园	9336	皇冠上的珍珠	5929
荒山恶战	6068	皇冠血	6068
荒山孤女	6287	皇后袖珍歌选	11362
荒山开垦	1790	皇后易嫁	9246
荒山泪	11828, 11831, 11866, 13240	皇家别墅	9921
荒山造林	4904	皇家花园	9122, 9123
荒山之夜	12546	皇家尼姑	13137
荒滩迷案	6252	皇家园林	9088
荒唐画集	3483	皇觉寺出家	5929
荒唐王爷	8828	皇陵根	5929
荒烟木刻选	3048	皇明乐律书	11003

书名索引

皇明青宫乐调	10996, 10997	黄宾虹故居	1767
皇明印史	8482	黄宾虹桂林山水	1779
皇母宫的钟声	6069	黄宾虹花鸟	2547
皇牌金曲	11744	黄宾虹画集	1779, 1987
皇亲国戚	4691, 5654	黄宾虹画集	2203, 2234
皇清诰封中宪大夫长清县知县勉庵朱公墓表		黄宾虹画辑	1856, 1870
	843	黄宾虹画论	720
皇清画汇	843	黄宾虹画语	712
皇宋书录	7205, 7206	黄宾虹画语录	683, 684
皇太极即位	6185	黄宾虹画语录图释	704
皇太极谋权	6069	黄宾虹纪游画册	1720
皇天后土集	8913	黄宾虹江岸石矶图	1779
皇言定声	11010	黄宾虹金石篆印丛编	8468
皇言定声录	11012	黄宾虹精品集	2455
皇祐新乐图记	10943, 11027	黄宾虹抉微画集	2219
黄阿忠·油画静物技法	1085	黄宾虹临大盂鼎	8365
黄蔼农隶书腾冲工烈妇墓表	8117	黄宾虹美术文集	706
黄安仁画选	1917	黄宾虹墨竹	2021
黄安仁美加写生集	2890	黄宾虹山水	2416, 2417
黄安仁书画集	2251	黄宾虹山水册	2428
黄般若	1802	黄宾虹山水花鸟集	2219
黄般若的世界	1407	黄宾虹山水画选	2430
黄般若美术文集	816	黄宾虹山水画艺术论	819
黄宝妹和浦玉珍	4912	黄宾虹山水图册	2461
黄葆钺隶书千字文	8371	黄宾虹山水写生	2425
黄葆钺篆书百家姓	8359	黄宾虹山水写生册	2419
黄畈农民泥塑	8659	黄宾虹书法集	8214, 8328
黄宾虹 湖山即兴册	2475	黄宾虹书画展特刊	783
黄宾虹 黄山写生册	2475	黄宾虹书信墨迹	8329
黄宾虹巴山蜀水画选	2433	黄宾虹蜀游画选	1937
黄宾虹笔墨探微	812	黄宾虹谈艺录	715
黄宾虹藏秦汉印拾遗	8550	黄宾虹题画墨迹	8292
黄宾虹草书千字文	8304	黄宾虹艺术集	2282
黄宾虹册页	2302, 2482	黄炳光陶塑集	8662
黄宾虹的画	1739	黄昌中画集	2328

黄长虹画选	2075	黄独峰神仙鱼画谱	628
黄昶书画	1407	黄独峰师生画展作品选	2220
黄巢长安反闰攻	5929	黄笃维画集	1396
黄巢进长安	3830	黄笃维画辑	1887
黄巢李自成	4195	黄笃维画选	1918
黄巢起义	5313, 5472, 5929	黄笃维水彩画	2937
黄巢起义军进长安	3559	黄笃维水彩写生集	2956
黄成江摄影作品集	8982	黄端木万里寻亲图册	1648
黄纯尧画集	2131	黄端木寻亲图山水册	1648
黄纯尧画选	1988	黄悖印集	8577
黄纯尧山水画集	2455	黄泛区马群	9787
黄村庙会	2924	黄泛区新貌	6599
黄大痴富春山图卷真迹	1530	黄飞虎斗妖	5654
黄大痴沈石田山水 八大山人山水花卉合册		黄飞虎反五关	4896, 4956
	1534	黄飞虎反纣	6410
黄大嫂	4956	黄飞龙	4956
黄瀍庵先生印谱	8537	黄风岭	5556
黄道婆	3317, 3318, 3331, 4924, 4956, 5472	黄凤六村居山水	1642
黄道婆——古代纺织革新家的故事	5556	黄冈	8860
黄道婆的故事	2346	黄格胜山水线描集	2467
黄道周	6525	黄格胜速写集	2887
黄道周墨迹大观	8083	黄耿卓 黄耿新画集	2074
黄道周墨迹二种	8077	黄公望富春山居图	1531
黄道周榕颂墨迹	8096	黄公望史料	793
黄道周诗卷墨迹二种	8080	黄公望研究文集	802
黄道周书法精选	8096	黄公望与王蒙	787
黄道周书法选	8096	黄谷原山水集册	1642
黄道周与洪承畴	5556	黄瓜园画谱	715
黄道周真迹书孝经	7147	黄光男水墨画	2234
黄迪杞画集	2328	黄国瑞油画作品选	2822
黄帝大战蚩尤	5654, 6489	黄果树大瀑布	2801, 9133, 9872
黄帝与蚩尤	5472	黄果树飞瀑	9872, 9911
黄帝战蚩尤	5654	黄果树飞瀑	2649
黄独峰画集	1901, 1988	黄果树瀑布	9061, 9088, 9097, 9107, 9115, 9123,
黄独峰画辑	1918		9819, 9832, 9844, 9857, 9872, 9902, 9908,

书名索引

10509		黄河的歌	11710
黄果树瀑布的故事	5064	黄河东流	5472
黄果树瀑布群	9066	黄河儿女	1848, 1856
黄果树之春	9844	黄河儿女情	12099
黄果天籁	9809	黄河飞渡	5032, 5092, 5175, 5349
黄海看云第二图题辞	778	黄河飞瀑	9819
黄海看云第一图题辞	778	黄河风	9136
黄海女民兵	3925	黄河风光	9062, 9115
黄海奇观	2132	黄河歌选	11412
黄海前哨	3971, 5313	黄河故道果满园	3881
黄海哨兵	5349	黄河故道花果香	3775
黄海卧游集	1708	黄河壶口	9143
黄海之湾青岛	9819	黄河壶口春雷鸣	1870
黄汉原花鸟画集	2522	黄河壶口大瀑布	9809
黄河 9080, 9262, 9785, 9832, 11933, 12201, 12202		黄河画赞	826
黄河	2420, 2430, 2483	黄河恋	11929
黄河·黄帝	3498	黄河两岸映朝晖	3881
黄河——东平湖滞洪区	1848	黄河民兵	5313
黄河——封山造林	1848	黄河明珠	3830
黄河——高原春色	1848	黄河女民兵	3881
黄河——花园口电灌站	1848	黄河喷流华山险	9832
黄河——开往新工地	1848	黄河奇石	10337
黄河——水力发电站	1848	黄河三门峡	2714
黄河——峡谷巨变	1848	黄河上的太阳	11485
黄河——沿黄稻改	1848	黄河少年	6559
黄河，新世纪的灵光	9143	黄河书法集	8329
黄河岸边大寨花	8924	黄河水长流	12593
黄河百姓	8911	黄河颂	2765
黄河堡垒	5929	黄河滩上血泪仇	5162, 5176
黄河彩陶	415	黄河提灌站	2593
黄河潮	350	黄河铁堤	5283
黄河大合唱	11935, 11940, 11950	黄河万里远　神州百花香	8162
黄河大合唱纵横谈	10896	黄河新貌	9273
黄河大侠	4756	黄河扬琴练习曲九十九首	12324
黄河大侠	2075	黄河音乐万里寻根	10917

中国历代图书总目·艺术卷

黄河在前进	1825	黄昏感悟	7618
黄河之光	8894	黄昏前的雷雨	5473
黄河之声	10807	黄继光	3138, 5150, 5784, 5929, 6357, 6559
黄河之源	9115	黄继光 邱少云	3357
黄河中原人	9028	黄继光 邱少云	3116, 3117
黄鹤的故事	12223, 12229	黄继贤华山风光摄影艺术作品集	8991
黄鹤楼3633, 4195, 4274, 4371, 4610, 4691, 9080,		黄樱堂画集	2541
9123, 9832, 9844, 9857, 12066, 12079		黄嘉明画集	2282
黄鹤楼	2450, 2455	黄建新油画集	2818
黄鹤楼藏画集	2251	黄建新作品集	13209
黄鹤楼的传说	6357	黄巾起义	5349, 5785, 6069
黄鹤楼故事	5929	黄金案	6069, 6252
黄鹤楼诗	8167	黄金大力士	6186
黄鹤楼新貌	9298	黄金德彩墨画集	2303
黄鹤楼新姿	9080, 9872	黄金海岸	5557
黄鹤山樵溪亭观瀑图	1565	黄金季节	2718
黄鹤印稿	8561	黄金梦	5929
黄虹的歌	11514	黄金铺地	10420
黄虹演唱歌曲选	11971	黄金犬	6186
黄胡子警官	6489	黄金时节	3794
黄花	10020	黄金树摄影集	8890
黄花菜丰收	1842	黄金台求贤	6325
黄花分外香	10028	黄金印象	6871
黄花岗	2931, 10470	黄金之邦	5929
黄花集	12847	黄景岳印辑	8557
黄花丽人	9722	黄楠坤	5349
黄花曲	11879	黄均画辑	2022
黄欢人物写生集	2883	黄君璧百叶画集	2022
黄幻吾画集	1918	黄君璧仿古人物山水花鸟画集	1718
黄幻吾画辑	1901	黄君璧画集	2022
黄幻吾小品	1779	黄君璧九五回顾展画集	1317
黄幻吾作品集	2022	黄君璧书画集	1963
黄幻吾作品集	2204	黄君璧先生捐赠文物特展目录	1478
黄辉行书册	8073	黄靠天剪纸技法	10676
黄昏	6863, 11540	黄克诚大将	6357

书名索引

黄葵	2791	黄梅戏学习移植革命现代京剧《红灯记》	
黄磊生画集	2022		12124
黄鹏翠竹	1902	黄梅戏演员——马兰	9696
黄鹏紫槐	1887	黄梅戏艺林	12931
黄良臣雕塑西画展专辑	8636	黄梅戏艺术	12925, 12926
黄粱美梦	5930	黄梅戏音乐	12108
黄粱梦	5655	黄梅戏音乐概论	11154
黄粱一梦	5655, 5929	黄梅戏源流	12932
黄亮行书四条屏	8167	黄梅新秀	4195
黄留守(兴)书牍	8123	黄面人	6525
黄龙	9143, 10519	黄苗子、郁风书画展	1391
黄龙汤大战	6069	黄苗子书法选	8195
黄龙洞	9832	黄妙郎	5153
黄龙飞瀑	9905	黄明耀画集	2471
黄龙风光	9844, 9872	黄墨林山水画集	2455
黄龙瀑布	9905	黄牡丹	10041
黄龙奇观	9832, 9844	黄牧甫流派印风	8552
黄龙奇景	9832	黄牧甫印存	8551
黄龙秋色	9905	黄牧甫印集	8544
黄龙五彩池	9088	黄牧甫印谱	8540
黄妈妈和儿童在一起	4371	黄牧甫印影	8549
黄妈妈教子	3633, 3683	黄牧甫篆刻及其刀法	8479
黄玫瑰	10084	黄牧甫篆刻字典	8549
黄梅采茶戏志	12943	黄牧父翻书吕子呻吟语	8071
黄梅彩蝶	1732	黄穆甫印稿	8515
黄梅歌	11808	黄乃源油画作品选	2822
黄梅戏《女驸马》	9231, 9950	黄袍加身	6069
黄梅戏常用曲调	12120	黄沛书画集	2303
黄梅戏常用曲调选	12115	黄丕漠水印版画	3046
黄梅戏初论	12956	黄埔怒潮	5283
黄梅戏传统小戏选	12128	黄浦公园今昔	9303
黄梅戏锣鼓	11836	黄浦江	11887
黄梅戏曲调	12110	黄浦江大桥通车	9991
黄梅戏新腔介绍	12129	黄浦江故事	5009
黄梅戏新腔选集	11836	黄浦江激流	12113

黄浦江畔	9052	黄色家居	10607
黄浦江畔	2728	黄山	4128, 9038, 9055, 9059, 9062, 9066, 9097,
黄浦江畔节日夜景	9047		9123, 9136, 9140, 9809, 9832, 9857, 9892,
黄浦江畔节日之夜	9959		10509, 10517, 10518, 13239
黄浦江畔之夜	9047	黄山	2419, 2426, 2437, 2441
黄浦江上一堂课	3830	黄山——猴子观海	9802
黄浦江颂	11947	黄山——西海景色	9071
黄浦江之夜	11944	黄山，我心中的山	10518
黄绮八十寿辰书画展览作品选	2251	黄山白龙桥	2616
黄绮刻印集	8584	黄山百松图	2870, 8940
黄绮论书款跋	7289	黄山百丈泉	2441
黄绮书法刻印集	8167	黄山北海	1988
黄绮书法论稿	7391	黄山北海	2597, 2626
黄绮书法论文选	7344	黄山北海奇观	2438, 2441
黄气球	10117	黄山北海秀色	9257
黄强画集	2328	黄山宾馆	3006
黄桥保卫战	5557	黄山苍松	11955
黄桥决战	5557, 5785, 6069	黄山朝晖	9857
黄桥烧饼慰亲人	3925	黄山晨雾	9071
黄庆华画集	2529	黄山初晓	9098
黄秋园	2303	黄山初雪	9133
黄秋园画集	2075, 2204, 2283	黄山春色	2426, 2433
黄秋园画辑	2022	黄山春意浓	3925
黄秋园山水画谱	908, 914	黄山大观	9137
黄秋园山水画选	2471	黄山大观	2450
黄秋园中国画集	2204	黄山风光	9088, 9098, 9129, 9802
黄秋园作品	2303	黄山风姿	9872
黄蓉、华筝和穆念慈——《射雕英雄传》	13119	黄山佛光	9832
黄汝广摄影作品选	8991	黄山谷发愿文墨迹	7954
黄瑞瑶作品选集	6867	黄山谷法书	7952
黄润华山水画集	2438, 2467	黄山谷行书华严疏墨宝	7949, 8424
黄若舟快写法	7335	黄山谷行书习字范本	7949
黄若舟连写法钢笔字帖	7450	黄山谷千峰诗	7955
黄若舟书画缘	2234	黄山谷书狄梁公碑宋拓本	8012
黄色方案	6069	黄山谷书发原文墨迹	7946

书名索引

黄山谷书发愿文墨迹	7946	黄山奇秀	2428
黄山谷书经伏波神祠诗	7977	黄山青龙潭	2616
黄山谷书李白忆旧游诗	7981	黄山青松	9809, 9844
黄山谷书刘明仲墨竹赋	7992	黄山青松映丹心	5163
黄山谷书松风阁诗	7954	黄山清凉台	9790, 9809, 9810
黄山谷书诸上座	7992	黄山晴云	2430
黄山谷松风阁诗	7945	黄山秋色	2433
黄山谷松风阁诗墨迹	7971	黄山群峰	4756, 9819, 9833
黄山谷习字帖	7946	黄山人字瀑	4274, 9107
黄山谷小楷金刚经	7988	黄山日出	9899
黄山谷写草书忆旧诗残本	7950	黄山摄画	8932
黄山谷写金刚经	7950	黄山摄影导游	9098
黄山观瀑楼	9832	黄山摄影指南	8759
黄山猴子观海	9819, 9892	黄山胜迹印痕	8561
黄山猴子望海	9115	黄山胜景	4691, 9098
黄山画纪	2433	黄山胜景	2441
黄山魂	8956	黄山胜景猴子观海	9872
黄山记游	2433	黄山胜境	9076
黄山佳境	2428	黄山胜境	2438
黄山脚下	8952	黄山诗百家书法精萃	8176
黄山九龙瀑	2616	黄山诗意图	2430
黄山揽胜	9116	黄山狮子林	2425, 2608
黄山莲花峰	9787	黄山石	9062
黄山灵奇	1588	黄山石猴观海	9883
黄山留影	4691	黄山疏篁趣	9873
黄山漫步	8934	黄山四季	4610
黄山梦笔生花	9802	黄山四季景	4611
黄山蓬莱三岛一线天	9799	黄山四季屏	4128
黄山七十二峰印谱	8560	黄山四季图	4195
黄山奇观 2801, 4464, 4767, 9076, 9107, 9131,		黄山四景	4274, 9819
9892, 9905, 10518		黄山四景	2428, 2433
黄山奇观	2428, 2445, 2450	黄山四绝	4534
黄山奇景	4534	黄山松	9098
黄山奇景——猴子观海	2438	黄山松	2433
黄山奇石	4534	黄山松柏	9911

中国历代图书总目·艺术卷

黄山松风	9802	黄山雪霁	9066, 9873
黄山松鹤图	4534	黄山雪景	9799, 9857
黄山松云	9080, 9107	黄山雪松	9833
黄山松云	2601, 2638	黄山烟雨	9820
黄山颂	2428, 2430	黄山烟云	9802, 9857, 9873
黄山索裘	9802	黄山烟云	2430
黄山桃花溪雪景	9785	黄山野卉写生图册	2493
黄山桃花溪之秋	9833	黄山夜雨	9802
黄山天都峰	1732	黄山银装	9857
黄山天都峰夕照	9040	黄山印薮	8500
黄山天门坎	1725	黄山迎客松	4534, 4611, 4786, 9899
黄山天下奇	9071, 9076, 9131	黄山迎客松	2445, 2590
黄山天下奇	2425	黄山雨后	2649
黄山听涛	9088	黄山玉屏峰	9039
黄山图画资料	2870	黄山玉屏楼	9061
黄山温泉	4274	黄山玉屏楼文殊台	9992
黄山文殊望天都峰	1725	黄山玉屏秋色	9820
黄山卧龙松	9089	黄山月夜	9970
黄山卧龙松	2445	黄山云海	2929, 4534, 9076, 9098, 9107, 9787,
黄山卧游	2433		9844
黄山雾景	9820	黄山云海	2428, 2439, 2664
黄山仙境	8958	黄山云海奇观	9799
黄山仙女峰奇观	9089	黄山云瀑	2426
黄山仙子	9528	黄山云起	9810
黄山险峰	2439	黄山云松	9089
黄山象石风光	9799	黄山云雾	9076, 9123
黄山写生集	2417	黄山云影	9873
黄山写生要法	909	黄山云涌	9820
黄山写照	4371	黄山之晨	9791
黄山心境	8969	黄山之晨	2421, 2441
黄山新貌	2597	黄山之歌	8930
黄山新瀑	2593	黄山之美	9080, 9133
黄山秀色	9066	黄山诸峰罕出群	9857
黄山秀色	2437	黄裳论剧杂文	12721
黄山秀姿	9833	黄绍勋隶书	8372

书名索引

黄申发画集	2819	黄体皇甫君碑标准习字帖	7928
黄申发美术教育文集	048	黄体楷书间架结构习字帖	7376
黄申发油画集	2819	黄天荡	5557, 6069
黄莘南画集	2964	黄天荡之战	5930
黄慎	1670	黄天化崇黑虎	4611
黄慎草书	8093	黄天化大战陈庚	4691
黄慎画集	1682	黄天化怒战陈庚	2450
黄慎书画集	1696	黄铁山水彩画集	2944
黄石	9873	黄铁山作品选	2962
黄石公三略	3460	黄廷惠书法选集	8277
黄石公素书	8019	黄庭坚	7990, 8008
黄石市美术摄影作品选	1359	黄庭坚　松风阁　经伏波神祠　赠张大同卷跋	
黄石斋人书孝经	8038		8003
黄石斋手牍	8038	黄庭坚《寒食诗跋》行书大字谱	8438
黄石斋手写诗卷	8029	黄庭坚《松风阁诗》及其笔法	7366
黄石斋手札	8052	黄庭坚草书《廉颇蔺相如列传》	7988
黄石斋书王忠文祠记	8033	黄庭坚的书法艺术	7997
黄石斋书张天如墓志墨宝	8057	黄庭坚法帖	8000
黄石斋先生尺牍	8038	黄庭坚行书	7992
黄石斋先生夫妻手书孝经	8056	黄庭坚行书精品	8002
黄石斋先生榕坛问业真迹	8055	黄庭坚行书习字帖	8003
黄石斋先生书孝经	8057	黄庭坚行书至宝	7992
黄时沛书画诗联集	2234	黄庭坚行书字帖	8431
黄土超音乐作品选	11509	黄庭坚集	8006
黄土陵印谱	8548	黄庭坚楷书习字帖	7992
黄氏画谱	2969	黄庭坚墨迹大观	7988
黄氏画谱八种	2968	黄庭坚墨迹二十种	8004
黄氏诸家版画集	2979	黄庭坚书出宫赋	7992
黄守宝楷书字帖	8264	黄庭坚书法精品选	8008
黄树德版画集	3048	黄庭坚书法精选	7997
黄树文画集	2283	黄庭坚书法全集	8000
黄水大队	5930	黄庭坚书法选	7992, 8006
黄松庵山水册	1644	黄庭坚书廉颇蔺相如列传	7984
黄泰华版画集	3065	黄庭坚书松风阁诗	7993
黄坛口水电站工程纪念册	8918	黄庭坚书帖	8009

中国历代图书总目·艺术卷

黄庭坚书幽兰赋	7977	黄新波作品选集	3006
黄庭坚书诸上座	7990	黄信 李应	4691
黄庭坚松风阁诗	8009	黄信·秦明	4786
黄庭坚帖	7494	黄信·秦明	2390
黄庭坚小楷字帖	7997	黄兴	5785
黄庭坚诸上座帖	8009	黄岩歌曲精选	11533
黄庭相版画选	3056	黄岩书画作品集	1415
黄头郎	5785	黄杨扁担闪悠悠	11948
黄土苍天	9137	黄杨木雕技法	8619
黄土地	13133	黄杨擒龙	5473
黄土岗打店	6070	黄洋界	9791
黄土情思	7473	黄洋界	2420, 2421, 2422, 2423
黄兔敢死队	6219	黄洋界保卫战	5313
黄唯理国画集	2328	黄洋擒苍龙	5557
黄维黄忠	4274	黄养辉书画辑	308
黄伟强的笔	10569	黄养辉艺术文集	039
黄伟强装饰画选	10563	黄野人斗鹌鹑	6220
黄文宽印谱	8570	黄叶遍地	2782
黄希舜人物速写集	2917	黄叶村画集	2252
黄希舜油画集	2807	黄一鹤的电视艺术道路	13146
黄羲画集	2220	黄义臣	5136
黄羲先生十八描教学范本	857	黄易丁已随录手稿	1651
黄羡画集	2303	黄易嵩洛访碑图册	1651
黄翔摄影集	8977	黄逸宾画集	2483
黄小科油画集	2835	黄逸宾书画集	2204
黄小松藏汉碑五种	7755	黄英	5473, 6070
黄小松仿古山水册	1644	黄英姑	5064, 5557
黄小松山水册	1632	黄英浩插图选	6614
黄小松山水册神品	1610	黄英森抒情歌曲选	11980
黄小松山水精品	1633	黄莺儿	11362
黄小松先生印谱	8486	黄瀛飘草书七言联	8069
黄晓楼仕女	1659	黄瀛飘花果	1656
黄孝子万里寻亲图卷	1631	黄瀛飘人物册	1628
黄孝子寻亲图	1610	黄瀛飘人物花卉山水册	1644
黄孝子寻亲图二十四帧	1610	黄映蒲意念雕塑专辑	8636

书名索引

黄永玉	1391，1392	黄胄画集	2039
黄永玉的黄永玉	9035	黄胄画辑	1937
黄永玉画册	1404	黄胄画驴	1003
黄永玉画集	1415	黄胄画选	1887，1902
黄永玉木刻集	2991	黄胄画选	2075
黄勇书法	8292	黄胄黄泛区写生集	2328
黄原书画作品集	2464	黄胄毛笔速写	2871
黄月季	10034	黄胄速写	2862
黄云画集	2268	黄胄速写集	2866
黄云山水画集	2455	黄胄谈艺术	544
黄云书法选集	8176	黄胄新作选	1902
黄云写生画集	2917	黄胄作品选：动物和禽鸟	2075
黄寨云雾	9107	黄胄作品选集	1779
黄占元水彩风景画集	2956	黄淮歌曲选	11476
黄肇昌作品辑	3032	黄子厚行草书册	8234
黄镇书画选集	2075	黄子久富春山居图	1531
黄正襄画选	2268	黄子久富春山色图卷	1531
黄志坚画集	2220	黄子久秋山无尽图卷	1531
黄雉山樵山水遗迹	1702	黄子久山水长卷	1531
黄中航书法集	8329	黄自的生活与创作	10974
黄忠	5930	黄自独唱歌曲选	11941
黄忠 张飞	4691	黄自歌曲选	11426
黄忠·关羽	2390	黄自歌曲选集	11698
黄忠关羽	4274	黄自全集	11379
黄忠黄盖	4464	黄自遗作集	11525
黄忠魏延	4534	黄自元、欧阳询间架结构钢笔描临帖	7565
黄忠赵云	4274	黄自元间架结构九十二法	7261
黄忠忠寿山石雕艺术	8655	黄自元间架结构帖	8059
黄钟通韵	11012	黄自元焦相棘碑	8063
黄仲方画集	2328	黄自元楷书基础字帖	8389
黄仲则书法篆刻	8157	黄自元楷书九十二法	7261
黄胄	1871	黄自元楷书帖	8124
黄胄册页选	1937	黄自元楷书字帖	8401
黄胄国画选	2574	黄自元临九成宫楷书字帖	8130
黄胄画集	1741	黄自元墨迹	8079

中国历代图书总目·艺术卷

黄自元书法精选	8100	辉煌的篇章	13146
黄自元书法选	8083	辉煌的日出	13314
黄自元书焦相栋碑	8063	辉煌童年百首少儿动画卡拉OK	12048
黄自元书正气歌	8100	辉县陈家院水库	2421, 2595
黄祖示	5139	辉县人民绘宏图	2860
黄尊古仿大痴山水卷	1635	辉县石门水库	9991
黄尊古仿古山水册	1619	辉县新貌	8925, 9335
黄尊古名山写真册	1642	辉映千秋	4856
黄尊古山水册	1637	徽班进京二百周年振兴京剧观摩研讨大会纪念	
黄尊古侍初堂图真迹	1648	册	12886
黄左田先生画品二十四首	775	徽班与京剧	12886
黄菜叶	4896	徽标艺术	10219
黄河渡口	2926	徽剧资料汇编	12928
湟中民族民间绘画艺术集	1303	徽派版画史论集	1209
恍惚的世界	13163	徽派版画艺术	3057
谎祸	5557	徽言秘旨	12301, 12302
灰姑娘	4611, 6252, 7140, 10456	徽言秘旨订	12303
灰狐狸的秘密	5229	徽章及其收藏	10657
灰阑记	5930, 6070	徽州大观	8634
灰面鹫之歌	3385	徽州明清民居雕刻	8632
灰网	11734	徽州墨模雕刻艺术	8666
挥笔画江山	6754	徽州木雕	8648
挥笔抒豪情	4069	徽州木雕艺术	8645
挥笔写心声	3925	徽州石雕	8655
挥不走的美	532	徽州竹雕艺术	8656
挥刀如猛虎·击剑似蛟龙	2132	徽州砖雕	8667
挥毫自在	690, 692	徽宗与李师师	6070
挥起战刀的炮手们	5655	回杯记	4371, 8809
挥云阁印藻	8529	回标记	1963
晖晖	9697	回荡心曲	11751
辉煌——上海南京路	9921	回岛	2735
辉煌的成就伟大的胜利	3080	回到歌唱	10882
辉煌的古代音乐	10967	回到生产岗位	4956
辉煌的跨越	8958	回到自然	10126
辉煌的历程	13020	回队汇报	3830

书名索引

回宫格行书钢笔字帖	7550	回娘家	3633, 4274, 4371, 4691
回宫格行书硬笔临摹字帖	7550	回韶山	4020
回宫格行书字帖	7814, 8000	回声	5785
回宫格楷书钢笔字帖	7550	回声行动	6287
回宫格楷书硬笔临摹字帖	7550	回师北上	6070
回宫格楷书字帖	7911	回师大梁	5930
回宫格隶书字帖	7770	回首百年	10827
回宫格铅笔字启蒙	7550	回首百年，奔向新世纪	8914
回宫格写字法	7618	回首望	8316
回宫格硬笔书法教程	7618	回首忆当年	13189
回顾	9616	回书、磨房会	12130
回顾香港电影三十年	13184	回头望月	9973
回顾与反省	107	回文诗《龙凤鹿鹤》	2204
回归后之媒介艺术	13320	回乡生儿记	5785
回归颂	2283, 2303	回校传经送宝	3925
回国	4956, 5009	回旋曲	12162, 12177, 12223, 12225
回击	3830	回旋心曲	9419, 9433
回击艾森豪威尔	3080	回延安	11964
回家	13012	回忆广州起义	5033
回教帝国的发展	6941	回忆集	11370
回荆州	3592, 4534, 4535, 4786, 4848, 9342	回忆列宾	504
回来吧！小知了	12002	回忆列维坦	504
回来吧，好妈妈！	5785	回元观钟楼铭并序	7889
回来吧罗兰	5557	梅迅斋印存	8486
回来再作山里人	3830	悔恨	5557
回来再做山里人	3830	悔恨的泪	11710
回门	5033	梅堂印外	8501
回民之母	4956	毁灭	5473, 5930
回民支队	4956, 5033, 5064, 5397, 5557, 5655, 13230	毁于一赌	6325
回眸	8818, 8847, 8908, 9405, 9433, 9487, 10456	汇报丰收	3775
回眸传情	9018	汇帖举要	7711
回眸一笑	9641, 9667	汇姓印苑	8481
回眸一笑含情愫	9018	汇演之夜豪情满怀	3925
回眸一笑美不尽	9018	汇纂元谱南曲九宫正始	12054
		会变戏法的人	4905

中国历代图书总目·艺术卷

会表嫂	5785	绘出心中的岛城	10324
会兵四明山	5785	绘瓷术	10640
会场布置法	10609	绘宏图	3182
会场布置讲话	10609	绘虎图	1675
会唱歌的石头	6719	绘画 018, 487, 488, 493, 526, 533, 548, 605, 1490,
会唱歌的星	11479	6779	
会当凌绝顶	1937	绘画·成才	526
会飞的怪物	6719	绘画·美学·禅宗	495
会飞的花帽子	6559	绘画·人体	1349
会飞的马	5655	绘画·设计透视学	563
会飞的猫	5785	绘画百科辞典	487, 491
会飞的人	5930	绘画本二十五史故事精华	6357
会计算的马	6719	绘画本中国古代史	6386
会理民间歌曲集萃	11821	绘画本中国近代史	6559
会蔓亭	12674	绘画本中国通史	6357, 6489
会破案的气味	6719	绘画本诸子百家	6386
会前	3881	绘画变形	10284
会琴实纪	11330	绘画材料与技法	618
会师天都	6186	绘画创意 200 例	500
会说话的大萝卜	4924	绘画创作内向深入论	481
会说话的泥娃娃	5557	绘画创作研究	497
会说话的琴轴	5349	绘画辞典	485
会说话的猩猩	5785	绘画的抽象与抽象绘画	498
会跳的豆	6719	绘画的故事	598
会跳舞的鞋	5786	绘画的理论与实际	471
会心一笑	7523	绘画的形态语言	481
会摇尾巴的狼	12098	绘画福尔摩斯探案全集	6449
会员研究资料	12808	绘画概说	471, 472
会战	3830	绘画构图	555, 564
会战"一二五"	3018	绘画构图导引	558
会战年代	1834	绘画构图法基础	555
会战前夜	3881	绘画构图学	557
会战之后	1815	绘画构图与创作	559
荟萃——六月雪	9956	绘画构图原理	557
荟文斋	8176	绘画绘图法基础	555

书名索引

绘画基本理论	472	绘画透视新技法	564
绘画基本知识	600	绘画透视学	552
绘画基本知识讲话	473	绘画透视学初步	557, 558
绘画基础知识	474, 475	绘画透视原理与技法	560, 561
绘画技法百科	602	绘画透视知识	553, 554, 557
绘画技法初步知识	601	绘画透视纵横	558
绘画技法与构成	616	绘画图案	10239
绘画技法与机理	611	绘画问答一百题	863
绘画技法与肌理	611	绘画物语	482
绘画技艺纵横谈	613	绘画写生哲学论	1153
绘画聊斋	6386	绘画心理学	485
绘画美	494	绘画欣赏	500
绘画美学	494, 495	绘画新潮	478
绘画启蒙训练	1260	绘画艺术	584
绘画浅说	472, 473	绘画艺术的历程	596
绘画入门	617, 618, 619, 860	绘画艺术思维的新空间	483
绘画入门一百课	610	绘画艺术与使命	530
绘画散论	477	绘画应用色彩学	149
绘画色彩方法论	146	绘画应用透视学	553, 556
绘画色彩光概要	557	绘画与光	475
绘画色彩基础	559	绘画与设计速写	1131
绘画色彩基础与分析	564	绘画与生活	493
绘画色彩论析	558	绘画与书法趣话	489
绘画色彩学	555, 562, 564	绘画与透视	559
绘画色彩研究	556	绘画语言论	483
绘画色彩知识	554	绘画造型入门	560
绘画史话	578, 596	绘画造型原理与技法	612
绘画手册	485, 10240, 10242	绘画中的创意	614
绘画手稿	720	绘画中的后现代主义	478
绘画书简	485	绘画综合材料	639
绘画思想与造形理论	558	绘卷物之艺术民俗学的意义	471
绘画天堂	528	绘林伐材	772
绘画透视	553, 562, 564	绘林集妙	1628
绘画透视基础	555, 556	绘林题识	746
绘画透视技法	554	绘龙录	1463

中国历代图书总目·艺术卷

绘描艺术	1104	惠安石雕	8609
绘妙	643, 644, 647	惠凤和杨	345
绘事备考	843	惠民诗词楹联书画集	8329
绘事发微	647, 648	惠嫂	5033
绘事津梁	671	惠山彩塑	8660
绘事琐言	664	惠山泥人	8658, 8659, 8660
绘事微言	890, 891	惠斯勒	513, 6794
绘事杂录	754	惠斯勒 涅·康·怀斯画风	6868
绘事指蒙	474	惠州风光	8969
绘事晬编	1280	缋园藏印	8529
绘图白居易《长恨歌》	6428	缋园画册	1717
绘图白居易《琵琶行》	6428	慧梅出嫁	5786
绘图百体千字文	8341	慧梅之死	6070
绘图本花木兰扫北	6525	慧墨心画——王玉良	2328
绘图本巧破乾坤楼	6525	慧童故事	6449
绘图本三十六计	6449	蕙兰	9344
绘图本十二寡妇出征	6525	昏君试探	6070
绘图本薛丁山征西	6525	昏迷	6252
绘图本月唐演义	6525	昏迷之谜	6252
绘图本中国古典幽默	3522	婚介所所长	5655
绘图本中华五千年	6559	婚礼	5473, 8787
绘图儿童历史故事	6325	婚礼、团体、庆典摄影	8728
绘图蒙学唱歌实在易	11109	婚礼风情	4535
绘图屈原离骚	6386	婚礼服	10525
绘图双百喻	3498	婚礼进行曲	8787
绘图陶渊明《桃花源记》	6429	婚礼曲	9466
绘图五百罗汉	1698, 6673	婚礼人像	8778
绘图新百喻	3451	婚礼摄影与摄像	8778
绘图与照相	600	婚礼中的枪声	5655
绘图杂报选集	1610	婚恋爱语钢笔书法	7565
绘图中国近代史连环读本	6326	婚庆礼品套装书画	4535
绘新图	9335	婚丧祭祀传说	6358
绘宗	468	婚丧喜庆实用对联钢笔字帖	7523
绘宗十二忌	470, 901	婚纱摄影	8787
晦庵题跋	7686, 7687	婚纱摄影 ABC	8774

书名索引

婚纱艺术摄影	8782	活猴孙禄堂	6186
婚纱与摄影	9034	活画李子长	5786
婚事节俭好处多	3340	活力	9697, 9722, 9745
婚事铺张害处大	3340	活擒黄宜宝	6186
婚事新办 移风易俗	3340	活泼的娃娃	9667
婚姻法歌集	11399	活泼儿童	3559
婚姻法歌曲集	11399, 11400	活泼健康	4020, 4069, 4128, 4535
婚姻法歌选	11400	活泼幸福	4464
婚姻自由歌	11566	活擒李成业	5930
魂断蓝桥	5786	活人实验的暴行	6220
魂流	8980	活水常流	1767
魂牵梦绕那座山	13163	活学活用毛主席哲学思想的优秀工厂党员	5163
魂牵万里月	5558	活叶创作歌选	11390
魂系黑土地	9123	活叶歌片	11590
魂系蓝天	5786	活叶歌选	11569, 11573, 11574, 11590, 11617,
魂系雪域：罗锦辉迪庆摄影作品集	8860		11618
魂游世界	826	活页创作歌选	11426
混沌与苍茫	13146	活页歌片	11438, 11439, 11453, 12397
混合面	4874	活页歌曲	11426, 11427, 11428, 11429, 11457,
混声合唱曲集	11931		11684, 11690, 12366, 12399
混声合唱一百曲集	12424	活页歌曲选	11684, 12374
混世魔王	6070	活页歌选	11400, 11405, 11429, 11439, 11440,
混血射王	6526		11448, 11449, 11453, 11454, 11457,
混血姑娘	5655		11458, 11459, 11460, 11461, 11463,
混帐东西	3442		11591, 11592, 11618, 11675, 11680,
活包公	5558		11684, 11685, 11695, 11885
活到老 学到老	1848	活页歌选 39 首	11602
活到老学到老	1856	活页连环画选	5229
活地图	4957	活页美术资料	1290
活动卡通画法	1218	活页器乐曲	12152, 12153, 12154, 12155, 12248,
活动玩具	10184		12249, 12250, 12251, 12252, 12253,
活动影戏	13021		12254, 12255, 12256, 12257
活动折纸	10764	活页图案选集	10240
活佛要钱	5786	活用柳字帖	7664
活猴	6070	活用摄影入门	8731

活愚公	5009, 5033, 5064	火柴盒贴选	10368
活捉"黑风"	5229	火柴盒招贴画集锦	10369
活捉"花斑豹"	5473	火柴商标设计集锦	10726
活捉"米老鼠"	5283	火柴贴画	10370
活捉"水鬼"	4897	火车朝着韶山跑	3775
活捉白川	5349	火车飞来大凉山	9986, 12592
活捉大猴王	5786	火车开到马官村	4890
活捉大胡蜂	5253	火车来了	5033
活捉敌司令	5558	火车司机的儿子	5314
活捉丁二阎王	4957	火车通过明月峡	1732
活捉匪司令	5558	火车向着北京开	4020
活捉高歪嘴	5314	火车向着韶山开	3794
活捉黑太岁	5930	火车向着韶山跑	3775, 3794, 11675, 12204,
活捉胡凤璋	5786		12335, 12631
活捉胡司令	6070	火的战车	5930
活捉胡蝎子	5314	火凤凰	4128, 4465, 8809
活捉黄斑虎	6070	火光! 火光	6410
活捉李仙洲	5009	火孩子	5397
活捉麻狼	5397	火海遇险	6326
活捉僧格林沁	5786	火海追松鼠	6287
活捉山魔王	5558	火红的金达莱	5349
活着的黄继光	5397	火红的年代	5229, 13097
活着的烈士	5930	火红的前哨	3024
活着的向秀丽	4957	火红的青春	5201, 5349, 9477, 12234
活着真好	6583	火红的青春献给新的长征	3318
火	5064	火红的山村	12282
火把节	4905, 10104, 10636	火红的山丹	4195
火把节的故事	4957	火红的太阳定要照到台湾岛	11955
火把节的欢乐	11975	火红的晚霞	5930
火把节之夜	12190	火红的云霞	5786, 5931
火爆金曲	11754	火红的枣林	5397
火爆金曲大家唱	11744	火红的战旗	5314, 5397, 12871
火并王伦	5655	火红年代	2760, 2761
火柴棒书法	7451	火狐	5655, 5786
火柴盒上的中国百帝	10384	火花	10374, 10393, 10401

书名索引

火花集	10734	火烧琵琶精	5656, 6731
火花艺术	10747	火烧宋颢军	6252
火剑	5931	火烧乌龙桥	6071
火箭部队进行曲	12235	火烧五气	12589
火箭颂	1278	火烧新野	5009, 5398
火炬接力跑	4070	火烧阳明堡	5033
火龙洞	5397	火烧野牛	5283
火龙歼敌	6220	火烧圆明园	5931, 6526
火龙袍	5558	火烧震东市	4957
火龙山	4372	火烧竹篱笆	5229
火龙衫与金驴驹	6252	火树星桥	12326
火苗	5283	火树银花	8847
火牛出阵	6326	火树银花不夜天	1815
火牛阵	4957, 5656	火松大爷	5201, 5283
火球行动	6252	火娃	5473
火热的心	5931	火娃子	5398
火山大爆发	6220	火瓦寨的歌声	5314
火山石	6071	火王	3483, 3484
火山挖掘机	5473	火网	5474
火烧"瘟神"	3080	火旺钢红志更坚	3882
火烧"野牛"	5201, 5229	火温泉经验介绍	4924
火烧阿房	5656	火线结良缘	5656
火烧碑的传说	5656	火线剧社在冀中	12783
火烧赤壁	1988, 6071, 6526, 13137	火线情深	6220
火烧大碑楼	6071, 6642	火线上的鹰	4957
火烧岛	4957	火线下之歌	11374
火烧敌机	5473	火星歌曲选集	11480
火烧合欢楼	6071	火星公主	7066
火烧河楼	5009	火星历险记	6719
火烧机场	5314, 5473	火星奇遇记	7140
火烧孔家店	5283	火星英雄	6559
火烧冷风峒	5473	火星游击队	13261
火烧连营	4957, 5064, 5397, 5931	火眼金睛	5253, 5314
火烧林家寨	5473	火焰驹	4274, 5349, 8821, 9940
火烧魔利	6071	火焰山	1732, 4128, 4372, 4535, 5398, 5656, 5931,

中国历代图书总目·艺术卷

6527, 8807

火焰山	2431
火焰山下	5349
火药	6071
火云洞	4957, 5558, 5656
火云鸟	5931
火战士	3484
火种	5033, 5064, 5398, 5656
伙伴	8806, 9390, 9419, 9452, 9466
货郎与小姐	5558, 12093
获	9390
获得优秀照片的途径	8752
获嘉县戏曲志	12774
获奖钢笔书法选	7437
获奖歌曲 31 首	11472
获奖歌曲集	11468, 11469
获奖歌曲十五首	11469
获奖归来	4535
获奖卡拉 OK 金曲	11502, 11503
祸起观音院	6186, 6252
祸起萧墙	5786, 5931
霍安荣 佟铸书法作品集	8329
霍春阳·张桂铭·张伟民花鸟画集	957
霍东阁	4535, 6071, 6072
霍东觉	6072
霍尔赛组曲, 作品第 40 号	12501
霍夫林漫画占星讲座	3508
霍根仲画集	2235
霍光	5931
霍光辅政	5787, 5931
霍金斯	6877
霍克尼论摄影	8704
霍拉舞曲	12230, 12239
霍林河之光	8954
霍曼小提琴基本教程	11183

霍默	6794
霍默 罗素画风	6810
霍去病	5787
霍然硬笔书法	7565
霍桑探案	6287, 6288
霍小玉六十二图	6288
霍元甲	4372, 4465, 5787, 5931, 5932, 6072
霍元甲	2365
霍元甲摆擂台	5787
霍元甲陈真	4465
霍元甲传奇	5787
霍元甲大战俄国大力士	4465
咳, 斯塔内, 呵, 斯塔内	12363

J

"吉光"闯入地球	6646
"济公扇"传奇	6422
"间谍明星"	5740
"健与美"体育月历(1984)	9354
"金半仙"出丑记	3668
"金环蛇行动"的覆灭	6024
"镜"文化思辨	13162
"九一三"凌晨的战斗	5445
"攫柄"相亲记	5741
《纪念白求恩》小楷字帖	8379
《家政四字歌》钢笔字帖	7589
《江山如画》风光挂历	9800
《结婚》的舞台艺术	12798
《解放军歌曲》百期选	11450
《借年》选曲	11832
《今日通州》画册	8892
《金陵之夜》中的演员麦文燕	9628
《金水桥》剧照	9222
《绝代名姬》中的杜十娘	9532
《绝对信号》的艺术探索	12909

书名索引

（景印）吴镇竹谱	1544	机警的小鸡	5349
［吉祥茶园开支册］	12836	机灵的小马车夫	5398
［集雅斋画谱］	2970	机密图纸	5253
［笺谱］	1029	机器插秧好	3775
［涧于中丞遗墨］	8036	机器岛	5787, 6252, 6490, 6559
［降福经文 弥撒经文］	12434	机器狗博士	6527
［解放战争歌选］	11547	机器狗丛书	6449
［芥子园］画传二集	661	机器狗大侦探	6666, 6667
［晋辟雍碑］	7773	机器猫 6941, 6942, 6956, 6963, 6964, 6965, 6966,
［经利彬藏印］	8455	6967, 6968, 6969, 6970, 6971, 6972, 6973,
［九峰旧庐藏砚谱］	1029	7040	
［酒牌］	2973	机器猫叮当	6667
［剧场台面布置］	12824	机器猫和白犬王子	7105
濉河之歌 东兰铜鼓舞	12149	机器猫画传	6642
击败野心家	6655	机器猫续集	6947, 6948
击鼓骂曹	11832, 11837	机器猫智斗神亨特：怪波之谜	7128
击鼓退敌扬威卫国	4274	机器人诞生	3442
击剑台上的怪客	5656	机器人福里戴	5558
击剑新秀——李华华	9569	机器人时代	3508
击鞠图	1937	机器铁牛耕作忙，丰收歌声遍地响，大小河流
击灭英美展选作集	3397	建电站，光明普照新农村	3537
击瓯楼	5657	机器停止运转	6583
击水汀江	5349	机器医生和电子狗	5558
饥饿的人民	2848	机声隆隆唱丰年	3925
饥饿海峡	6186	机声隆隆夜耕忙	3830
机 065 号	5117	机声隆隆震山河 丰收歌儿上云霄	3971
机插	9985	机械复制时代的艺术作品	13189
机场除暴	6410	机械化、电气化、水利化、化肥化	3538
机场情影	9024	机械化到山寨	3971
机车出厂	2997	机械喷灌夺高产 科学种田育新苗	3971
机动警察	6673	机械战士	6673
机耕队	3727	机修到田间	3775
机耕队的傍晚	2714	机绣花样	10346
机关黑板报设计指南	10324	机智的鸡兄弟	5787
机警的孩子	5201, 5202	机智的通信兵	5202

中国历代图书总目·艺术卷

机智的小永路	5230	鸡鸣富贵	2039
机智幽默故事钢笔字帖	7494	鸡鸣富贵乐长寿	4814
机智与狡黠	7035	鸡鸣富贵连年有余	4814
鸡	1652, 1667	鸡鸣起舞	4372
鸡	2557, 2558, 2559, 2561, 2570, 2585, 2602	鸡鸣山下	5350
鸡·丝瓜画法	969	鸡鸣镇风云	5932
鸡场传经	4372	鸡年好运	9470
鸡场春色	4274	鸡年康乐贺新春	4814
鸡场蛋多	4275	鸡肉案	5558
鸡场小猎手	5349, 5350	鸡声茅店月 人迹板桥霜	3634
鸡场小哨兵	5314	鸡血石选藏集	10718
鸡蛋的故事	4957	鸡形装饰	10274
鸡蛋的灾难	6073	鸡兄鸡弟	4872
鸡蛋丰收	3538	鸡鸭成群	2558, 2718
鸡蛋花	10020, 10041	鸡鸭成群，花果满园	3538
鸡的故事	5398, 6527	鸡鸭鹅鹅	2572
鸡的画法	997	鸡与牡丹	1725
鸡多蛋大	4128	鸡竹图	1988
鸡多蛋多	4020	鸡壮蛋大	3684
鸡肥蛋大	4128	鸡壮蛋多	3971
鸡肥蛋多	4372	积肥歌	11602
鸡肥羊儿壮 五谷千里香	3592	积肥歌曲集	11602
鸡公山风光	9076	积肥能手 水利模范	3684
鸡公仔	11602	积肥舞	12631
鸡姑娘	5474	积肥小唱	11440
鸡冠花	1732, 10028	积极参加保险 保险不忘安全	3368
鸡和鹌鹑的画法	1076	积极参加集体生产 夺取农业丰收	3110
鸡笼生漫画集	3393	积极参加体育运动为革命锻炼身体	3236
鸡毛打响了钟	4957	积极储蓄支援四化	3318
鸡毛飞上天	4957, 4958	积极锻炼 永葆青春	3371
鸡毛上天的故事	5254	积极发展科学教育电影	13292
鸡毛信	5033, 5117, 6326, 6490, 6560, 6655	积极开展打坦克训练	3252
鸡鸣	13228	积极开展女少年乒乓球活动	3125
鸡鸣报晓	4275, 4535	积极开展青少年体育活动	3207
鸡鸣富贵	4195, 4196, 4372, 4465, 4691, 4814	积极开展群众体育活动	3236, 3301

书名索引

积极开展群众性的体育运动	3194	基本素描技法	1102
积极开展群众性体育活动	3220	基本塑造法	8617
积极开展少年科技活动 做探索自然秘密的小		基本图案学	10205, 10208
尖兵	3080	基本造形学	125
积极开展社会主义劳动竞赛	3194	基层卡拉OK指南	11131
积极开展职工体育运动	3220	基础对位法	11082
积极练武 保卫祖国	3727	基础和声学	11093, 11100
积极培养无产阶级革命事业接班人	3237	基础技法	1194
积极生产 保家卫国	3727	基础乐理	11042, 11058, 11063
积极生产劳动光荣	3559	基础乐理40通	11060
积极送子女务农 建设社会主义新农村!	3220	基础乐理十讲	11059
积极响应全国民兵代表会议十大倡议，加强民		基础乐理问题解答	11053
兵建设	3103	基础乐理与视唱练耳	11060
积极预防呼吸道传染病	3301	基础美术技法丛书	616
积极展开全民义务植树运动	3340	基础铅笔画	1118
积少成多 岁岁有余	4070	基础设计之研究	10209
积少成多，颗粒归仓	3634	基础摄影	8731
积下千担肥增产万斤粮	3080	基础摄影教程	8782
积学储宝	8205	基础摄影学	8759
姬德顺的插图艺术	6616	基础书法	7282
姬俊尧山水画选	2475	基础书法教程	7326
基本工艺图案法	10206	基础书法学	7296
基本建设成绩辉煌	3357	基础水彩绘法	1171
基本乐科教程	11062	基础水粉画步骤范图	1174
基本乐理 11038, 11044, 11045, 11048, 11057,		基础素描	1121
11058, 11060		基础素描：静物部分	1128
基本乐理简明教程	11055	基础素描探索	1128
基本乐理教程	11055, 11059	基础图案 10208, 10210, 10215, 10314, 10324	
基本乐理教学法	11063	基础图案步骤范图	10212
基本乐理实用教程	11062	基础图案画法	10207
基本乐理问答	11055	基础图案技法	10208, 10209
基本乐理与名曲赏析	11062	基础图案教程	10220
基本乐理与视唱练耳教学法论文集	11042	基础图案入门	10218
基本路线天天讲 生产面貌日日新	3794	基础音乐理论纲要及习题	11065
基本设计	127, 129	基督化家庭歌	12436

基督山伯爵	5559	激战崔家洼	5475
基督山恩仇记	5474	激战大门岛	5657
基督徒诗歌	12437, 12439	激战大西洲	6707
基督宗教美术图案集	463	激战飞鹰岩	6073
基度山伯爵	5474	激战风之谷	6288
基度山恩仇记	5474, 5475, 5559, 6429, 6490	激战蜂娘洞	6073
基辅姑娘	5009, 13261	激战钢金铁索	6667
基石	5932	激战高唐州	5932
嵇康	5932	激战黄龙府	5787
嵇康·声无哀乐论	10844	激战腊子口	5559
嵇康音乐美学思想探究	10849	激战狼牙山	5315
缉毒艳遇	6253	激战流沙河	5559
缉毒冤魂	6288	激战龙源里	5315
畸园印存	8539	激战马骏河	4958
箕姆卡	5657	激战前夜	5932
稽古印鉴	8482	激战沙浪河	6073
激动 为什么激动	10896	激战双鹰峰	5788
激光旋律金曲精选	11734	激战四明山	6073
激浪飞筏	3882, 5559	激战松谷峰	5254
激浪飞排	5315	激战太平桥	6073
激浪红心	5163	激战天都	6220
激浪涛声	9483	激战王家站	5559
激流	9857	激战乌龙口	6073
激流丹心	5117	激战无名川	5254, 5657, 6490
激流飞排	5315	激战五峰山	5283, 5932
激流飞腾	5315	激战夜航	5254
激流勇进	5092	激战之前	5398, 5657
激流余波	5559	及时行乐	1467
激流之歌	13255	及时雨	3830, 5064
激秦鞭铜	12130	及时雨宋江	6490
激情	2005	吉安采茶戏音乐	12110
激情满怀	10518	吉安名胜	10470
激扬文字	1825	吉卜赛少年	5657
激战 542 高地	5932	吉尔巴速成	12663
激战巴河渡	6186	吉尔吉斯、塔吉克民间舞蹈	12657

书名索引

吉尔吉斯苏维埃社会主义共和国	10129	吉林市民族民间舞蹈集成	12612
吉光片羽	1456	吉林小调集	11788
吉鸿昌	5475, 5657, 6358, 6527	吉林新歌集	11393
吉鸿昌的故事	5657, 5658, 5788	吉隆坡中心建筑	10008
吉鸿昌就义前后	5658	吉隆滩	5033
吉金斋古铜印谱	8543	吉罗庵印存	8518
吉久利承德风光摄影集	9133	吉罗庵印谱	8529
吉剧唱腔选	11868, 11870	吉罗居士印谱	8510
吉剧创建纪实	12941	吉姆·戴安女人体绘画	6801
吉剧艺术	12927	吉姆老爷	7053
吉剧音乐	12128	吉娜·劳洛勃丽吉达	4535
吉利平安	2132	吉普赛少年	5657
吉利娃娃	4786	吉普赛之歌	12206
吉利有余八方进宝	4786	吉庆	4372
吉林	8918, 8937, 8944	吉庆呈祥	4465
吉林出土古代官印	8546	吉庆丰年	4692
吉林大学藏古玺印选	8542	吉庆丰收	4275
吉林大学化学楼	9989	吉庆乐	2132
吉林儿童	5350	吉庆龙年	4611
吉林革命歌曲选	11669	吉庆满门	8196
吉林鼓吹乐选编	12345	吉庆满堂	4786
吉林民歌	11795	吉庆年丰	1963
吉林民间剪纸	10667	吉庆如意	4535
吉林曲艺丛刊	12965	吉庆如意 连年有余	4611
吉林曲艺工作通讯	13015	吉庆如意连年有余	4837
吉林摄影艺术作品选	8929	吉庆双鱼乐新年	2075
吉林省工艺品集锦	10230	吉庆迎春	4196
吉林省画院作品选	1368	吉庆迎四化丰收乐有余	4196
吉林省美术作品选	1360	吉庆有余	1937, 1963, 3593, 3634, 4020,
吉林省师范学校音乐课本	10793		4070, 4128, 4129, 4196, 4275, 4372, 4465,
吉林省书画院画集	2328		4535, 4611, 4692, 4756, 4786, 4814, 9483,
吉林省五十年文艺作品选	339		10108, 12628
吉林省校园歌曲集	11492	吉庆有余	2075, 2566
吉林省志	13192	吉庆有余 连年丰收	4129
吉林市北山公园	10100	吉庆有余 勤劳致富	4372

吉庆有余 喜迎新春	4020	吉他和弦百科	11205
吉庆有余 年年有余	3634	吉他和弦的构成与应用	11191
吉庆有余福寿万年	2132	吉他和弦图解	11195
吉庆有余话年画	1247	吉他基础讲座	11192
吉庆有余家家幸福	4814	吉他基础教程	11207
吉庆有余四季平安	2022	吉他即兴伴奏入门	11202
吉庆有余喜满堂	4196	吉他讲座	11194
吉庆有余喜盈门	4372	吉他进步法	11195
吉庆有余幸福多	4275	吉他进阶	11193
吉日良辰	4692, 4861, 8818, 9467	吉他精彩弹唱	11210
吉水县戏曲资料汇编	12936	吉他考级教程	11210
吉他	11193, 11208	吉他浪漫曲集	12479
吉他爱好者	11210	吉他乐理	11195
吉他半月通	11202	吉他乐理与弹唱	11203
吉他伴唱进阶	11200	吉他六线谱本	11210
吉他伴奏伴唱有声教材	11193, 11194	吉他名典曲选	12481
吉他伴奏歌坛金曲大全	11744, 11745	吉他入门必读	11203
吉他伴奏卡拉OK歌曲集	11497	吉他入门教程	11210
吉他伴奏流行歌曲50首	11708	吉他三月通	11195, 11196
吉他伴奏流行歌曲精粹	11734	吉他识谱速成	11201
吉他伴奏流行歌曲新编	11720, 12480, 12481	吉他世界	12481
吉他伴奏抒情歌曲集	12429	吉他世界名曲精选	12481
吉他伴奏通俗唱法歌曲集	11720	吉他手册	11196
吉他伴奏中外名曲集	12478	吉他速通	11202
吉他伴奏中外通俗歌曲300首	12404, 12407	吉他弹唱	12181, 12183, 12184
吉他大师名曲精选	12482	吉他弹唱初级教程	11204, 11205
吉他大师赛戈维亚选定右手指法练习120条		吉他弹唱法	11205
	11195	吉他弹唱歌曲集	11485, 12382
吉他大师谈演奏	11195	吉他弹唱即兴伴奏	11204
吉他的演奏与欣赏	11208	吉他弹唱技法	11195, 11206
吉他独奏曲精选	12181	吉他弹唱教程	11195
吉他独奏小品 精彩弹唱	11205	吉他弹唱金曲	12182
吉他独奏小品精彩弹唱	11205	吉他弹唱金曲100首	12404
吉他歌手	11202, 12183	吉他弹唱金曲珍品	12183
吉他广播讲座	11194	吉他弹唱劲歌金曲	11734

书名索引

吉他弹唱快速成功	11208	吉他之友丛书	11198, 11199, 11200
吉他弹唱流行歌曲 111 首	12182	吉他自学 200 问	11204
吉他弹唱流行歌曲集	11706, 11708	吉他自学入门与提高	11209
吉他弹唱流行歌曲精选	11720	吉他奏法解析手册	11191
吉他弹唱流行金曲	12184	吉它	9328
吉他弹唱名歌金曲	11205	吉它伴奏伴唱有声教材	11197
吉他弹唱曲集	12381	吉它伴奏抒情歌曲	12184
吉他弹唱入门与提高	11202	吉它伴奏新编外国歌曲 100 首	12406
吉他弹唱实例精解	11203	吉它金曲弹唱	12184
吉他弹唱实用技法	11207	吉它女	9738
吉他弹唱速成	11206	吉它手	9722
吉他弹唱通俗歌典集	12181	吉它速成	11197
吉他弹唱通俗歌曲集	12404	吉它速成讲座	11206
吉他弹唱突破技法	11207	吉它弹唱技法	11206
吉他弹唱一月通	11203	吉它弹唱精彩指法	11205
吉他弹唱中级教程	11206	吉它弹唱流行歌曲选	12181
吉他弹奏技巧	11191	吉它弹唱入门技法	11210
吉他弹奏进阶与突破	11207	吉它弹唱自修进阶教程	11206
吉他弹奏入门教程	11210	吉它弹唱自学通	11207
吉他弹奏速成	11205	吉它弹奏跟我学	11206
吉他弹奏速成及最新金曲	11202	吉它弹奏流行金曲	12184
吉他弹奏速通	11208	吉它弹奏入门技法	11209
吉他玩家	11210	吉它弹奏速成	11204
吉他演奏百手图集	11200	吉它弹奏自学通	11205
吉他演奏歌谱	12182	吉泰花开	2608
吉他演奏速成	11194, 11202	吉田胜　科普卡画风	6804
吉他演奏问答	11194	吉万山打描	6073
吉他演奏与练习	11202	吉喜图	1963
吉他一点通	11200	吉祥	4372, 4814, 9378
吉他艺术	11207	吉祥财童送宝来	2075
吉他音乐史	11192	吉祥草堂印谱	8523
吉他之友	11196, 11197, 11200	吉祥大将	4848
吉他之友(A)	11198	吉祥的凤凰	5202
吉他之友(B)	11198	吉祥的颂歌	11813
吉他之友(C)	11198	吉祥多福	2076

中国历代图书总目·艺术卷

吉祥发财	4842	吉祥图案手册	10309
吉祥福寿	9738	吉祥图案题解	10279, 10284
吉祥富贵	2005, 4814	吉祥图案资料	10284
吉祥歌	12325	吉祥娃娃	4815
吉祥花月夜	4611	吉祥万代	4787
吉祥剪纸	10682	吉祥万福	2076
吉祥满堂	4848	吉祥幸福	4275
吉祥鸟	10324	吉祥艺术	10337
吉祥如意 2005, 3593, 4196, 4275, 4373, 4465,		吉祥有余	4275
4535, 4611, 4612, 4692, 4756, 4786, 4787,		吉祥有余颂四化	4465
4814, 4842, 4958, 8828, 8838, 9405, 9452,		吉祥语五体字帖	8329
9477, 9487		吉祥之声歌曲集	11503
吉祥如意	2039, 2076, 2132	吉星高照 2005, 4373, 4692, 4787, 4815, 4843,	
吉祥如意 福寿临门	4373	4848, 4856, 8821	
吉祥如意 延年益寿	4612	吉星高照	2076, 2132
吉祥如意 连年有余	2076	吉星高照 增财寿高	4857
吉祥如意 万事顺通	4815	吉星高照 恭喜发财	2022
吉祥如意 幸福万年	2076	吉星高照平安宅；福曜常临勤俭家	2005
吉祥如意宝聚财丰	2076	吉星满堂	2040, 2076
吉祥如意福寿双全	2132	吉云居书画补遗	1591
吉祥如意福寿万年	4842	吉云居书画录	1591
吉祥如意福寿万年	2076	吉云居书画续录	1591
吉祥如意人富贵	2040	吉州窑	10641
吉祥如意四屏	2076	吉州窑与吉州窑陶瓷艺术	10660
吉祥如意万年青	4275	汲绠图题跋	668
吉祥如意万象更新	13108	极大地提高整个中华民族的科学文化水平	3318
吉祥如意万象新	4536	极道追踪	8899
吉祥如意喜临门	4815	极地探险	6220
吉祥如意戏金龙	4373	极古极新	2133
吉祥如意引彩凤	4373	极乐与地狱	3442
吉祥如意迎金龙 富贵连年舞彩凤	4536	极目云烟图	4612
吉祥如意增福寿	2022	极上之梦	13297
吉祥三字图	4842	即将发出逮捕令	6073
吉祥图	2132	即兴伴奏实用教程	11244
吉祥图案	10271, 10274, 10324	即兴的聆感	11352

书名索引

即兴回旋曲	12166	集体农庄舞	12653
即兴弹唱辉煌技法	11207	集体生产丰收 家庭副业兴旺	3593
即兴之路	11210	集体收成年年好 社员生活步步高	3684
急就章	7964	集体舞 12594, 12595, 12596, 12597, 12598, 12601	
急就章草	8366	集体舞蹈	12594, 12595
急农业之所急	3194	集体舞集	12595, 12596
急起直追赶先进 乘风破浪争上游	3727	集体舞选	12598, 12599
疾病的奥秘	7007	集体舞选集	12596
疾风	5315	集体有余	3634, 10411
疾风落叶	5658	集体知识、信仰与工艺	10713
集洛翁文一百四十音笺序目	8028	集体主义的英雄——邱少云	3173
集古考图	10195	集体主义的英雄邱少云	5163
集古梅花诗王羲之书帖	7815	集帖目	7709
集古名公画式	672	集王羲之行书《现代诗词》	8427
集古琴考	11320	集王羲之行书滕王阁序	7808
集古印谱	8481	集王羲之书体诗词对联字帖	7812
集行草字典	8419	集魏志字陈敬岳先生传略	8120
集何雪渔印谱	8482, 8483	集魏志字方卢洞先生传略	8120
集金玉晶石铜牙瓷竹木类印	8514	集魏志字黄兴先生传略	8121
集锦	10625	集魏志字林文先生传略	8121
集锦摄影	8795	集魏志字史坚如先生传略	8121
集晋王羲之行书《现代诗词》	8427	集魏志字王昌先生传略	8121
集句对联字帖	8427	集魏志字温生才先生传略	8121
集楷册	8017	集雅斋藏画	1485
集美鳌园题刻拓本	8151	集艳图	1700
集名刻	8507	集腋成裘	8510
集市锄奸记	5202	集殷虚文字楹帖	8167
集市归	4275	集殷墟文字楹帖	8168
集隋志字陈英士先生传略	8120	集印	8500
集隋志字赵声先生传略	8120	集邮	4373
集体户的除夕夜	3925	集邮漫画	6938
集体户的除夕之夜	3925	集邮迷的故事	5933
集体化道路乐无疆	11955	集邮王国的覆灭	6288
集体经济无限好 粮棉丰收喜盈盈	3117	集中力量支援农牧业生产，争取农牧业的丰	
集体力量大	3538, 3559	收!	3117

中国历代图书总目·艺术卷

集中全力 支援农业	3117	计划生育漫画集	3412
集字圣教序	7779	计划生育漫画选	3424
辑砚璅言	1049	计划生育美术宣传资料	3348
几部新摄制的故事影片剧照	13097	计划生育模范科研生产标兵	4275
几度夕阳红	11715	计划生育墙报	3237
几段情歌	6288	计划生育图案集	10266
几何体	1153	计划生育娃娃壮	3971
几何体静物素描	1153	计划生育宣传标语	3237
几何图案的组织	10207	计划生育宣传画	3357
几何图案构成	10211	计划生育知识	5065
几何形拼摆图案构成	10212	计划用粮 节约用粮	3103
几何形图案的构成和应用	10210	计划用粮节约用粮	3080
几内亚共和国国歌	12394	计歼东洋虎	6073, 6449
几内亚朋友赞扬革命样板戏	9264	计谋	6608
几人相忆在江楼	3508	计闹钉耙宴	5559
几种会场的布置	10616	计擒华云龙	6073
挤奶	3593, 3727	计擒黄眉怪	5933
挤奶员舞	12588	计擒叛徒	6186
戟	10550	计擒幽灵	6411
计败三路兵	4958	计取老鹰洞	5559
计惩花太岁	6073	计取袁家城子	5034
计打提督	6073	计杀袁崇焕	6074
计盗紫金铃	4958, 5475, 5559, 5658, 6186	计收红孩儿	2076
计夺皇位	6253	计收猪八戒	6253, 13129
计复成皋	5034, 5788	计收猪八戒·迎战黄风怪	6326
计害皇后	5559	计算机辅助广告设计技术	10380
计划生育 富贵有余	4373	计算机美术	126
计划生育 移风易俗	3727	计算机美术图形与动画	1247
计划生育工作千万不能放松	3348	计算机入门	7020
计划生育光荣	3331	计算机艺术设计	135
计划生育好 3220, 3237, 3301, 3318, 3326, 9005, 9281		计斩坐山虎	5560
		计赚蒋巡抚	5933
计划生育好 晚婚风俗新	3971	计赚土司	5933
计划生育好 坚持晚稀少	3276	记"全心全意为人民服务的先进卫生科"	5171
计划生育好处多	3138, 3207, 3302	记工图	3684

书名索引

记汉居延笔	8119	纪念碑前讲传统	3972
记锦糊	10343	纪念淮海战役胜利三十五周年书法篆刻选集	
记谱法	11043		8168
记上海异型钢管厂的先进事迹	5185	纪念黄遵宪先生当代书画艺术国际展览	311
记西安市新城区十九粮店全心全意为人民服务		纪念节日用美术字	7628
的先进事迹	5212	纪念莱芜战役胜利50周年名人书画选	2283
记一不怕苦、二不怕死的共产主义战士侯明法		纪念刘胡兰烈士	8882
	5204	纪念刘少奇诞辰百周年书画作品集	2303
记忆公司	6583	纪念刘少奇同志百年诞辰美术作品展·作品集	
记张百发钢筋工青年突击队	4992		1344
记者笔下的画人	499	纪念刘少奇同志诞辰100周年艺术展作品集	
记者来访到我家	4373		1492
记竹谱十四种	935	纪念鲁迅、学习鲁迅的彻底革命精神！	3253
伎乐仙女	4373	纪念鲁迅诞辰一百周年陕西省版画作品选	3029
伎女仕女	2374	纪念鲁迅诞生一百周年	3331
纪怀昌书法艺术	8292	纪念鲁迅美术选集	1283
纪金海美术作品	1410	纪念鲁迅美术作品选	1295
纪京宁画集	2406	纪念鲁迅学习鲁迅	3253
纪利子	2984, 2985, 2986	纪念伦勃朗诞生350周年特印画集	6776
纪利子的故事	2986	纪念毛泽东诞辰一百周年书画集	2220
纪录电影摄影艺术的绘画性	13296	纪念毛泽东诞辰一百周年中华当代文化精粹博	
纪录片创作论纲	13297	览会优秀作品集	2220
纪录新的时代	13095	纪念毛泽东同志诞辰一百周年	3384
纪录与真实	13158	纪念毛泽东同志诞辰一百周年中国书画作品精	
纪律是事业取得成功的保证	3357	选	315
纪鸾英上阵	9945	纪念毛主席"一定要根治海河"题词十周年美术	
纪鸾英遭劫	5933	作品选	1289
纪墨小言	1036	纪念毛主席"一定要根治海河"题词十周年影集	
纪墨小言补编	1036		8881, 8993
纪念	12160	纪念毛主席《在延安文艺座谈会上的讲话》发表	
纪念"二七"大罢工五十周年	3194	三十五周年	3276
纪念"西南剧展"四十周年纪念文集	12759	纪念毛主席《在延安文艺座谈会上的讲话》发表	
纪念《上海市青少年保护条例》实施一周年	3373	三十五周年歌曲	11690
纪念《在延安文艺座谈会上的讲话》发表二十八		纪念毛主席《在延安文艺座谈会上的讲话》发表	
周年	9265	三十周年美术作品选	1289

纪念毛主席《在延安文艺座谈会上的讲话》发表三十年全国美术作品展览会 280

纪念毛主席《在延安文艺座谈会上的讲话》发表三十年全国美术作品展览会选辑 280

纪念毛主席《在延安文艺座谈会上的讲话》发表三十周年全国美术作品展览会选辑 280

纪念毛主席百年诞辰 8248

纪念毛主席的光辉著作《在延安文艺座谈会上的讲话》发表三十周年 3194

纪念毛主席关于民兵工作"三落实"指示十周年 9271

纪念毛主席关于民兵工作"三落实"指示十周年（1962—1972） 8881

纪念毛主席号召《农业学大寨》十周年 11680

纪念民族英雄刘志丹书画作品荟萃 2252

纪念民族英雄谢子长书画作品荟萃 2252

纪念品 5065

纪念全世界无产阶级的伟大导师马克思逝世一百周年 3348

纪念上海建城七百年书画摄影选集 315

纪念施耐庵诞辰七百周年书画集 2283

纪念孙中山先生诞辰一百二十周年书画册 2005

纪念孙中山先生诞辰一百二十周年书画集 2040

纪念孙中山先生篆刻集 8566

纪念唐山抗震二十周年美术书法作品集 323

纪念伟大的革命导师列宁诞生九十周年 6747

纪念伟大的革命导师列宁诞生九十周年 努力学习毛泽东著作 6747

纪念伟大抗日战争胜利二十周年展览会图片二辑 3138

纪念伟大抗日战争胜利二十周年展览会图片三辑 3138

纪念伟大抗日战争胜利二十周年展览会图片选辑 3138

纪念香港回归全国美术作品集 1342

纪念辛亥革命七十周年书画展品集 1937

纪念雪舟逝世450周年特印画集 6839

纪念中国共产党五十周年 9267

纪念中国人民解放军建军五十周年 3277

纪念周恩来诞辰90周年书画作品选集 2220

纪念周恩来诞辰一百周年名家书画集 2303

纪念周恩来总理 8885

纪念周恩来总理诞辰八十周年 2862

纪念遵义会议五十周年歌曲集 11806

纪奇珍翡翠三绝之雕制经过 8614

纪清远画集 2178

纪实摄影 10153

纪伟基画集 2268

纪文达公砚谱 1058

纪向画集 1412

纪砚 1061

纪艺 567

纪振民山水画集 2464

技巧新花 4275

技巧运动 9963

技巧之花 9004

技术大革命 11429

技术改革 3559

技术革命花儿开 11443

技术革命开红花 3408, 11443

技术革命满园春 8878

技术革新的闯将 4958

技术革新红旗飘 11443

技术革新开红花 3830, 3882

技术革新能手王克和 4924

技术革新突击手 4958

季从南画集 2328

季伏昆书法选集 8305

季洪电影经济文选 13285

书名索引

季季花香	4373	济公外传	6288, 6289, 6450
季季平安	4612	济公戏秦相	6074
季季蔬菜大丰收	3634	济公新传	6411
季木藏印	8486	济公续集	6326
季世成画集	3056	济公与新娘	4612
季学今中国画集	2133	济公赠图救少年	9243
季之光的火花世界	10744	济公智擒华云龙	9243
季子白盘铭	8038	济公捉妖白水湖	6253
济颠僧妙法惊人	6253	济美帖	7789
济颠坐花轿	6074	济南	8921, 8969, 10496, 10509
济公	4612, 6220, 6253, 6655, 9009	济南趵突泉	2428
济公除害	4612	济南部队画选	1362
济公传	6253, 6449	济南部队美术作品选	1290
济公大闹秦相府	2370	济南部队美术作品选集	1357
济公代嫁	6074	济南风光	4070
济公的故事	4536	济南攻坚战	5788
济公斗八魔	4612	济南黑虎泉公园	10110
济公斗广亮	6642	济南画院作品选	2133
济公斗蟋蟀	5658, 6074	济南解放阁	9999
济公故事	4787, 4815, 6220, 6221	济南民间舞蹈集	12617
济公故事	2076	济南七十二名泉	8586
济公故事续集	6288	济南三十年曲艺选	12965
济公后传	6288	济南三十年舞蹈选	12593
济公救徒	6074	济南市三十年美术、书法作品选集	288
济公巧点紫金钗	4815	济南市书法家协会会员作品选集	8329
济公巧断金钗案	4612	济南五龙潭	9802
济公巧接梅花腿	2076	济宁	8940
济公巧手移肿瘤	2133	济宁全汉碑	407
济公巧捉华云龙	6253	济宁市先模人物风采摄影集	8795
济公扇子在美国	6358	济上鸿泥图题册	8035
济公上吊	6074	济世造福	4815
济公深夜闹秦府	6253	济远水墨画集	1720
济公施法救父女	4692	既是人民邮递员 又是党的宣传员	3830
济公头上的三根毛	6707	既渌斋印谱	8516
济公歪传	3436, 3460	继承儿童团光荣传统 做共产主义接班人	

中国历代图书总目·艺术卷

	3138	继续革命永向前	3182, 9268
继承革命传统 加强战备训练	3794	继续革命争取更大光荣 艰苦奋斗永葆革命青	
继承革命传统 立志振兴中华	3357	春	3882
继承革命传统 致力振兴中华	3357	继续前卫	12729
继承革命传统做红色接班人	3125	继英作品	2414
继承革命优良传统 学习艰苦奋斗作风	3117	偈颂	6583
继承革命志 当好接班人	3194, 3220	祭蛋	5658
继承光荣传统，做党的好儿女	3080	祭礼·傩俗与民间戏剧	12960
继承光荣传统遵守革命纪律	3302	祭龙日	6358
继承光荣的革命传统	3126, 3138	祭山斩尤泽	6411
继承和发扬鲁迅的革命精神	3182, 3207	祭祀戏剧志述	12786
继承和发展民族传统体育运动	3349	祭塔	12072
继承胡兰姐姐遗志 练好杀敌本领	3727	祭舞神乐	454
继承毛主席的遗志 将革命进行到底	3253	祭任文稿	7921, 7928
继承毛主席的遗志，把无产阶级革命事业进行		祭任文稿墨迹	7835
到底	3253	寄畅春雨	1918
继承毛主席的遗志，把无产阶级革命事业进行		寄畅园之春	9833
到底！	3253	寄给鞠萍姐姐的贺卡	10720
继承毛主席遗志 听从华主席指挥	3277	寄情人间	1389
继承毛主席遗志 掀起学习马列和毛主席著作		寄去一片深情	8838
的新高潮	3253	寄斯庵印痕	8536, 8537
继承毛主席遗志，把无产阶级革命事业进行到		寄袭	5202
底	3253	寄信母校报丰收	3775
继承人	5034, 6186	寄影集	11380
继承先辈志 永做革命人	3882	寄远黑影画集	6743
继传统 新苗茁壮 增体质 英姿飒爽	4020	寄云公书诀摘要	7206
继善印略	8520	寄张立功奖状回家来	3972
继往开来	4465, 12838	寂静的山谷	2801
继往开来振兴中华	3331	寂静之外	10880
继往开来志在千里	2782	寂静中的战斗	5560
继续长征迈阔步	11695	寂寞的小女孩	9753
继续革命不停步	3882	寂寞的心	11361
继续革命的先锋战士孙华	5176	绩语堂论印汇录	8455
继续革命迈大步 自力更生创大业	3237	蓟门曲藻	12697
继续革命永不停步	3253	蓟园印集	8584

书名索引

稷山化	3080	加拿大劳斯湖	10164
稷山论书诗	7206	加拿大名胜	10149
冀北山旅	1779	加拿大七人画派	6790
冀东地秧歌	12612	加拿大摄影艺术	10133
冀晋秦蜀	2873	加拿大温哥华	9844
冀鲁豫区的民间艺术工作	438	加拿大温哥华公园	10105
冀热辽烽火	9290	加拿大因纽特女性艺术家作品展	212
冀有泉画集	2461	加拿大英语戏剧史	12793
冀中儿女逞英豪	3972	加拿大最新室内设计精华	10740
冀中管乐谱	12261	加纳共和国国歌	12394
冀中平原战歌集	11710	加纳画家依·维·阿希汉尼教授绘画作品展览	6781
冀州侯归周	5788		
冀洲歌曲选	11519	加强锻炼 增强体质	3138
加餐	9356	加强法制 发扬民主 促进四化	3318
加菲猫	7020, 7027, 7028	加强反侵略战争准备一秒也等不得	3173
加菲勇闯情关	7035	加强革命团结 在社会主义大道上前进!	3221
加干诺娃	4958		
加格达奇铁路分局	8699	加强工农联盟，促进农业四化	3080
加紧锻炼 加紧施工	3194	加强国防 保卫祖国	3126, 3138
加紧训练准备打仗	3972	加强纪律性 革命无不胜	3195
加快步伐朝前走	12203	加强军队建设增强国防实力	4837
加快步伐向科学技术现代化进军	3302	加强军民联防 保卫社会主义祖国	3253
加快建设大寨县的步伐	3253	加强劳动保护 搞好安全生产	3331
加快建设社会主义大农业	3237, 3253	加强民兵建设，增强国防力量！	3103
加快农业机械化的步伐	3253	加强民兵训练 做好反侵略战争的准备	3277
加快实现科学技术现代化	3318	加强社会主义法制，实现天下大治	3302
加快我国工业发展速度努力赶超世界先进水平	3277	加强思想学习，深入生活，是提高音乐业务的关键	10790
加里森敢死队	6289	加强田间管理 争取粮棉丰收	3684
加鲁岛上风波——大西洋底来的人	5560	加强同全国各族人民的团结，加强同全世界人民的团结	3349
加拿大爱斯基摩绘画	6924		
加拿大多伦多市	10160	加强我军现代化建设	3302
加拿大风光	9098	加强训练 常备不懈	3221
加拿大风情	9133	加强训练常备不懈	4276
加拿大揽胜	9140	加强训练随时听从祖国召唤	3103, 3126

加强战备 练好杀敌本领	3254	佳果飘香	9405, 9419, 9433, 9452
加强战备 严守海防	3110	佳卉	10068
加强战备，随时准备歼灭入侵之敌！	3221	佳卉珍禽图	4612
加强战备提高警惕随时准备歼灭一切敢于入侵		佳佳	9738
之敌！	3277	佳节贺词	7524
加山又造人体绘画选	6901	佳节话五洲	3830
加山又造人体艺术	6901	佳节美酒敬亲人	4536
加斯东·路易·马萨尔	372	佳节谱	4465
加速国防现代化	3972	佳节探亲人	3684
加速建设社会主义大农业	3254	佳节图	2133
加速农业机械化的步伐为农业现代化而奋斗		佳节慰亲人	4070
	3237	佳节月儿圆	4536
加速扫除文盲，逐步实现农业机械化，改变一		佳句集锦	7551
穷二白的面貌	3080	佳句手书	8186
加速实现科学技术现代化	3277	佳丽	9697, 9722, 9738, 9765
加速实现农业机械化	3195, 3237	佳丽风韵	9770
加速实现农业机械化的正确途径	9268	佳丽淑女	9024
加速实现农业现代化	3302, 3318	佳木斯的夏夜多么美	12049
加速实现四个现代化创出高速度	3302	佳木斯书法篆刻	8157
加油	10429	佳年添富贵	4815
夹岸树花香	9820	佳偶天成	4692, 4787, 8847
夹竹双鹊图	4692	佳片有约	13166
佳菲大肚皮	6956	佳期	13108
佳菲倒霉记	6956	佳期拷红	12857
佳菲的身世	6957	佳音常随	10821
佳菲好运气	6957	枷打白秀英	5933
佳菲很减肥	6957	家	4872, 5475, 5560, 5788, 6074, 6075, 6560
佳菲练功夫	6957	家藏书画记	774, 776
佳菲显身手	6957	家藏书画题咏	1494
佳菲与主人	6957	家长们，带好您们的孩子！	3103
佳菲最爱吃	6957	家的装饰	10586
佳菲做美梦	6957	家访	3763
佳富筹金	5788	家风	5933
佳果	10496	家富年丰 万象更新	4373
佳果丰收	3559	家富子壮	4815

书名索引

家家都在花丛中	4196, 4276	家具与室内构筑	10616
家家都在画图中	4276	家具与装饰 12 例	10617
家家都在欢乐中	1937	家具与装饰精巧创意	10619
家家飞来金凤凰	4276	家具装饰图案	10617
家家福喜盈门 户户丰收满堂	4373, 4374	家奴恨	5202
家家富裕	4536	家禽对屏	4613
家家富裕庆兴旺	4465	家禽花卉四条屏	4276
家家吉庆年年有余	4197	家禽花鸟	4021
家家乐	2077	家禽家畜谱	2585
家家庆有余	4612	家禽饲养	8806
家家盛开幸福花	4070	家禽兴旺	3728
家家万福贺新年	4129	家生作品	2328
家家喜庆 处处春光	3634	家室永富贵	9405
家家喜事多户户福满门	4466	家室永富贵	2658
家家幸福 岁岁有余	3593	家庭·织物·美化	10594
家家有余	4129, 4276, 4374, 4613	家庭布饰	10599, 10601
家家有余户户吉祥	4536	家庭布置	10572, 10576
家教格言	8234	家庭布置 123	10592
家居布艺装	10761	家庭布置 150 例	10581
家居布置·照明·配色问答	10599	家庭布置 234	10578, 10588
家居设计配色事典	10764	家庭布置精华	10574
家居与装饰	10592	家庭彩色摄影指南	8759
家具搭配新观念	10620	家庭插花	10577, 10603
家具烙画图集	10617	家庭插花与花材培育	10583
家具烙画艺术	10617	家庭插花造型	10597
家具设计与室内布置	10564	家庭窗帘	10607
家具水墨装饰画	10617	家庭窗帘装饰与制作	10599
家具烫雕绘工艺	10617, 10619	家庭刺绣装饰与制作	10363
家具烫画集	10616	家庭大事	5933
家具与陈设	10619	家庭访问	3684
家具与房间布置	10616	家庭辅导	1871
家具与家庭布置	10618	家庭辅导儿童绘画 ABC	1261
家具与居室布置 400 例	10618	家庭钢琴电子琴自学指导	11238
家具与居室小创意	10619	家庭钢琴教育	11259
家具与居室整理	10619	家庭工艺美术实用技法指南	10228

中国历代图书总目·艺术卷

家庭哈哈经	3508	家庭摄影大全	8778
家庭和睦	3349	家庭摄影的乐趣	8747
家庭花卉装饰	10588	家庭摄影技巧	8743, 8778, 8782
家庭环境美化	10583	家庭摄影实用指南	8759
家庭幻术	12983	家庭摄影万事通	8782
家庭教育漫画 100 幅	3418	家庭摄影问答	8743
家庭居室美化艺术	10597	家庭摄影小百科	8747, 8782
家庭居室巧安排	10595	家庭摄影小常识	8774
家庭居室装饰设计 200 例	10583	家庭摄影新知	8753
家庭卡拉 OK	11748	家庭摄影艺术	8737
家庭卡拉 OK 222 曲	11734	家庭摄影指南	8747
家庭卡拉 OK 金曲精选	11497	家庭生活彩照拍摄	8753
家庭空间利用与布置	10573	家庭生活摄影	8747
家庭礼品包装与贺卡制作	10380	家庭时新摄影小经验	8766
家庭绿饰	10601	家庭实用插花	10575
家庭伦理漫画三字经	3472	家庭实用插花 150 例	10588
家庭毛泽东思想学习班	3757	家庭实用魔术	12992
家庭美化大全	10583	家庭实用艺术插花	10604
家庭美化设计	10573	家庭实用硬笔书法	7551
家庭魔术二六九种	12984	家庭实用扎染	10362
家庭奶场又一春	4466	家庭实用周末摄影	8774
家庭批判会	3831	家庭实用装饰	10584
家庭器饰	10620	家庭适用图案	10351
家庭情趣摄影	8753	家庭室内布置	10574
家庭趣味摄影 60 则	8746	家庭室内布置与美化	10575
家庭趣味装饰	10581	家庭室内设计	10575
家庭软装饰巧制作	10601	家庭室内装饰	10578
家庭软装饰设计方案与表现	10597	家庭室内装饰技巧	10592
家庭摄像	8774	家庭室内装饰实例 100	10580
家庭摄像与编辑	13269	家庭手工制做	10718
家庭摄像与节目制作	13270	家庭手绣图案精选	10359
家庭摄影	8774	家庭书法教学	7313
家庭摄影、音像和电脑辅导	8795	家庭天地	10581
家庭摄影 590 问	8766	家庭天地：居室布置与设计	10581
家庭摄影必读	8778	家庭问题	5065, 5092, 5117

书名索引

家庭物品巧收藏	10599	家有初雪	1790
家庭小魔术	12989	家有开心果	6560
家庭小饰品制作	10618	家喻户晓	3831, 3882
家庭笑话	3508	家园	8944
家庭养花与插花	10597	家在青山绿丛中	1902
家庭音乐咨询	10868	家种梧桐树引来金凤凰	4466
家庭音响·家庭影院·发烧友 150 问	10832	家住安源	11862, 12203
家庭用品机绣图样	10354	家族复仇	5788
家庭幽默	3428	筇吹	12261
家庭与儿童绘画	1254	筇咏书画集	2133
家庭与音乐	10846	袈裟被盗	5933
家庭园艺装饰	10616	葭轩印略	8486
家庭争执	13258	嘉道以来版画集	2980
家庭妆扮与摄影指南	8759	嘉定的竹刻	8656
家庭装潢精华	10573	嘉定古猗园	9080
家庭装潢精选集	10592	嘉定古舟石舫	9298
家庭装饰	10588, 10597	嘉定汇龙潭	9899
家庭装饰艺术	10578, 10580	嘉芙莲小姐	9667
家庭装修与布置	10577	嘉丽	9739
家庭自制布玩具	10718	嘉莲洞血案	6221
家务劳动社会化，彻底解放妇女生产力	3080	嘉陵春晓	2988
家务清官	5788	嘉陵江	1746
家乡变了样	3831	嘉陵江	2718
家乡春早	4613	嘉陵江船夫	11938
家乡的画卷	8986	嘉陵江船夫大合唱	11942
家乡来的小客人	1937	嘉陵江风光	9844
家乡新貌	5176	嘉陵江上	3001, 9844
家乡叙事曲	12376	嘉陵江晓色	9040
家乡又是丰收年	3794	嘉陵江之晨	1842
家乡在前进	3794	嘉陵锦绣	3009
家乡之歌	12225	嘉陵怒涛	6599
家雉画集	6841	嘉陵新城	1797
家畜兴旺	3080	嘉隆版画集	2980
家耀书画选辑	1834	嘉排新戏庆丰收	9231
家业	5254	嘉显堂图书会要	8444, 8474

中国历代图书总目·艺术卷

嘉兴曹藕岩先生临郭有道碑	8033	贾宝玉奇缘识金锁	1902
嘉兴锣鼓	12054, 12320	贾宝玉夜探潇湘馆	4197
嘉兴锣鼓谱	12320	贾宝玉与林黛玉	4692, 4693, 4756, 9228, 9617
嘉兴南湖	4837	贾宝玉在怡红院	8812
嘉兴南湖革命纪念船	9322, 9324	贾岛还俗	5658
嘉兴南湖图	3684	贾德江线描画选	6615
嘉兴钱氏世藏书画录	1456	贾涤非	1083
嘉兴市文学艺术志	272	贾涤非素描集	2885
嘉兴影踪	8914	贾涤非油画作品选	2822
嘉言书法集	8248	贾儿	5788
嘉业堂藏书出售函札	8110	贾奉雄	5658
嘉义地区绘画之研究	591	贾海泉画集	2483
嘉迎新春	4070	贾浩义画集	2178
嘉峪关	10555	贾家楼	5658
嘉峪关画象砖	393	贾鹃丽	2835
嘉峪关魏晋墓砖壁画乐器考	10963	贾克德工笔花鸟画集	2541
戛玉秋声图	2664	贾平凹书画	2303
蛱蝶花草册	1700	贾探春	9667
甲骨文集联	8329	贾辛光油画选	2822
甲骨文集诗联格言选辑	8356	贾秀才	5658, 5933
甲骨文书法	8305	贾又福画集	1988
甲骨文书法艺术	7391	贾又福画集	2204
甲骨文字歌	8329	贾又福谈画篇	816
甲金斗土司	6075	贾又福新作画集	2133
甲壳虫乐队演唱歌曲选	12407	贾又福中国画集	2204
甲龙传说	7004	贾又福作品	2479
甲申记特刊	12906	贾作光舞蹈艺术文集	12621
甲申三百年祭	6386	假帝君显圣	6075
甲午风云	1871, 4958, 5065, 5315, 5560, 6450	假玟	3012
甲午海战	5065, 5092, 5315, 5475	假凤虚凰	8828
甲午战争图画故事	6326	假凤真凰	8828
贾宝玉	9667	假话国历险记	5475, 5788, 6450, 6560
贾宝玉和林黛玉	4070, 4197, 4466, 4613, 4767,	假面具下的爱情	6075
	9641, 10446, 13092	假面骑士	7105, 7106
贾宝玉和林黛玉共读西厢记	4466	假面探秘	10709

书名索引

假男爵	6253	嫁娶新风	3831
假期归来	3794	嫁新郎	9525
假日	1790, 1806, 1856, 3001, 3006,	尖兵剧社公演	13012
	3593, 3831, 3972, 4021, 4129, 4197,	尖刀连	5315
	4374, 4536, 4767, 8828, 9347, 9378, 9419,	尖端武器	10551
	9433, 9452, 9912	尖峰岭热带林自然保护区昆虫考查	13247
假日	2590	尖嘴巴传奇	6707
假日北海浪推舟	4197	奸臣传	6289, 6327
假日的海滩	4070	奸细	5476, 5560
假日泛舟	8828	歼敌小英雄	5202
假日服务到田间	3776	歼匪记	5476
假日里	8838	歼灭	5350
假日旅游记	8787	坚持	2718
假日中南海	9089	坚持"三落实"方向 搞好民兵建设	3195
假日组曲 小小行列	12209	坚持"四同"—同吃、同住、同劳动、同商量	
假如你要认识我	11975		3684
假如我是武松	5933	坚持半农半读方向 培养能文能武新人	3138
假如我是一朵花	12001	坚持半农半读方向 培育能文能武新人	3138
假若明天来临	6254, 6358	坚持不懈	1825
假西天	5934	坚持不懈	2593
假小子与花小姐	5788	坚持储粮 备战备荒	3207
假新郎	4912	坚持大别山斗争	2986
假婿乘龙	5658	坚持大庆道路 发扬铁人精神	3277
假药害人	4882	坚持锻炼身体好	3972
假装老实的狼	5476	坚持锻炼身体积极参加文娱活动	3326
驾风祝福	2077	坚持对外开放政策, 抵制资本主义腐朽思想侵	
驾鹤飞天	1902	蚀	3349
驾鹤记	6075	坚持改革开放加速社会主义现代化建设	3376
驾驶班的年轻人	5789	坚持鼓足干劲力争上游的革命精神	3103
驾驶员同志, 您做到了安全行车吗	3368	坚持集体化道路 努力发展农业生产!	3117
架长虹的人	5283	坚持阶级斗争 大搞科学种田	3254
架上的缪斯	1083	坚持开门办学	3254
架小桥	6075	坚持劳动 继续革命	3173, 3195
嫁不出去的姑娘	5934	坚持了26年	4924
嫁女上山	3593	坚持三同继续革命	3254

坚持社会主义道路 坚持无产阶级专政…… 3331
坚持社会主义道路反对资本主义倾向 9278
坚持数年 必有好处 3195
坚持四项基本原则 坚持改革开放 3374
坚持四项基本原则为实现"四化"而奋斗 3331
坚持文艺为工农兵服务的方向 13016
坚持无产阶级政治挂帅 搞好文艺调演 13016
坚持乡村 继续革命 3221
坚持以阶级斗争为纲 促进普及大寨县运动 3277
坚持知识青年上山下乡的正确方向! 3221
坚持自力更生 挖掘企业潜力 3925
坚持走"七·二一"道路造成工人阶级知识分子的新部队 3237
坚持走社会主义道路 建设社会主义新农村 3160
坚定不移地执行毛主席革命路线的好干部——门合 3195
坚定信念 奋勇向前 3349
坚决按党中央十六条办事 3160
坚决把工业部门的工作转移到以农业为基础的轨道上来 3117
坚决彻底消灭空中强盗! 3110
坚决打他不留情 11612
坚决抵制资产阶级思想的腐蚀! 3237
坚决贯彻党的十大路线夺取新的胜利! 3221
坚决贯彻机电提灌为主,提蓄结合,综合利用的水利方针 3126
坚决贯彻落实党的"十一大"提出的各项战斗任务 3277
坚决贯彻执行党的"十大"提出的各项战斗任务 3207
坚决回击侵略者的挑衅 11592
坚决歼灭敢于入侵之敌 3182
坚决肃清反革命分子 11577
坚决为实现第三个五年计划而奋斗 3138
坚决响应毛主席的拥军爱民伟大号召 3160
坚决要求上战场 3763
坚决拥护党的八届十一中全会公报热烈欢呼毛泽东思想新的伟大胜利 3154
坚决拥护以华主席为首的新的中央委员会 3277
坚决拥护中共中央的两个决议 3254
坚决拥护中华人民共和国宪法 3237
坚决与工农兵相结合 向工农兵学习 3160
坚决战斗到底 11566
坚决照办 12842
坚决支持美国黑人的正义斗争! 3117
坚决支持美国黑人反对种族歧视的正义斗争! 3117
坚决支持香港爱国同胞的正义斗争! 3160
坚决支持亚洲、非洲、拉丁美洲人民的反帝斗争美术作品选辑 3117
坚决支持亚洲非洲拉丁美洲人民的反帝斗争 3117
坚决执行、勇敢捍卫新宪法 3238
坚决执行毛主席的《五·七指示》 3195
坚决走与工农兵相结合的道路 3278
坚决走与工农相结合的道路 3207
坚强勇敢的越南南方少年 5176
坚韧不拔的奋斗精神 6560
坚守水楼 5034
坚守要塞 5034,13258
坚守着光荣的岗位! 3080
坚贞不屈——刘亚生烈士的故事 5659
间谍基地覆灭记 6254
间谍落网记 5476
间谍情侣 5934
间架结构28法 7354

书名索引

间谍与奸细	5560	兼茧堂本髹饰录解说	10642
间歇	8628	拣棉花	12638
间作套种粮棉双丰收	1815	茧庐印存	8533
肩膀	5315, 5398	柬埔寨反抗越南侵略的斗争	3318
肩靠肩心连心争取年年好收成	3110	柬埔寨歌曲集	12372
艰巨历程	8892	柬埔寨王国国歌	12394
艰苦创业	5283	俭德歌集	11368
艰苦的岁月	5398	捡雁蛋	3001
艰苦的岁月 伟大的友谊	2765	检查干警	9697
艰苦的岁月伟大的友谊	2765	检察官	5659, 5934
艰苦斗争中的日本人民	10128	检察员的起诉	5789
艰苦奋斗创大业	3238	检验工叶英	4897
艰苦奋斗创大业 自力更生绘新图	3882	检阅进行曲	12159
艰苦奋斗创新业 扎根农村志不移	3278	减租会	3025
艰苦奋斗继承革命传统 奋发图强建设社会主		剪裁画入门篇	10748
义	3882	剪窗花	3634, 3684, 4070, 8640
艰苦奋斗是我们的政治本色	3207, 8881	剪春罗	6075
艰苦奋斗提高技术改进质量增加品种	3117	剪春萝	5315
艰苦朴素	8142	剪刀案	6075
艰苦朴素 勤俭持家	3559	剪花样	3634
艰苦朴素的老英雄	4958	剪辑台上的艺术	13267
艰苦朴素埋头苦干	4958	剪剪花, 对花	12193
艰苦朴素勤俭节约	3383	剪剪贴贴	10667
艰苦岁月	12592	剪刻纸技法	10674
艰苦作风 代代相传——南京路上好八连		剪贴布置	10666
	9271	剪贴构成	10687
艰难的评论	12731	剪贴美术	10173, 10174
艰难的岁月	5659	剪贴双喜	4693
监察主任	4924	剪羊毛	3634, 5254
兼具众美的中国戏曲	12705	剪影倒影投影	8766
笺举	1269	剪影画典	10674
笺谱八种	2987	剪影乐	10684
笺谱铭	1036	剪影图案集	10661
笺谱十二种	2987	剪影艺术	10713
笺纸谱	1026	剪折	10666

中国历代图书总目·艺术卷

剪折纸工	10668	简笔画画法	1114
剪枝分苗	1757	简笔画技法	1122
剪纸 10665, 10667, 10668, 10687, 10692, 10698		简笔画技法与运用	1135
剪纸·刻纸	10677	简笔画谱	1118, 1131
剪纸的应用与作法	10664	简笔画人物画法	1144
剪纸辅导资料	10668	简笔画速成	1128
剪纸画	10677	简笔画训练	1145
剪纸集	10663	简笔刊头，图案集	10310
剪纸技法	10692, 10707	简笔牡丹	982
剪纸世界	10701	简笔热带鱼	1005
剪纸图案	10669	简笔松鹤	982
剪纸图案集	10664, 10674, 10676	简草谱	8418
剪纸图说	10661	简牍基础入门	7335
剪纸图样	10673	简牍书法	7267
剪纸绣花样	10713	简繁汉字四用字帖	8348
剪纸学习辅导	10684	简繁体对照钢笔正楷字帖	7437
剪纸研究	10670	简繁体对照美术字	7651, 7652
剪纸艺术	10662, 10663, 10678, 10713	简繁字对照标准草书字典	8423
剪纸艺术欣赏	10710	简广易笛子曲选	12269
剪纸制作技法	10710	简化的爱因斯坦	7028
剪指甲	1767	简化汉字大楷字帖	8379
简·爱	6221, 6358, 6450, 6490, 7007, 7054	简化汉字钢笔字帖	7407
简爱	7566	简化汉字结构五十法	7265
简盦集汉简千字文	8264	简化汉字楷书习字帖	8379
简盦集汉简宋词	8305	简化汉字帖	8133
简盦集汉简唐诗	8305	简化汉字小楷字帖	8379
简笔插画图案集	6615	简化美术字	7630
简笔荷花	982	简化字成语联句行草书例	8428
简笔画	1125, 1153	简化字楷体字帖	8380
简笔画 添笔画	1122	简化字习字帖	8385
简笔画 1000 幅	1114	简化字小楷帖	8386
简笔画 2000 例	1114	简化字字帖	8186
简笔画典	2850, 2851	简化字总表习字帖	8186
简笔画动物画法	1141	简明独唱指导	11111
简笔画风景静物画法	1144	简明独唱指挥	11105

书名索引

简明钢琴教学法	11258	简明音乐辞典	10790, 10793, 10807
简明歌唱训练手册	11134	简明音乐教学词典	10839
简明和声理论与应用	11101	简明音乐知识手册	10819
简明和声学理论教程	11086	简明影迷手册	13123
简明吉他教程	11204	简明硬笔书法教程	7594
简明交谊舞步法	12661	简明韵辞典	10807
简明口风琴教程	11263	简明照相法	8712
简明美工实用手册	10194	简明中国音乐史	10977
简明美术辞典	017	简明竹谱	934, 939
简明牛津音乐史	10928	简谱·五线谱速成读法	11058
简明摄影词典	8737	简谱、五线谱入门	11054
简明摄影辞典	8688	简谱常识	11030, 11046
简明摄影基础	8699	简谱常识挂图	11043
简明摄影技术	8724, 8734	简谱常识图片	11043
简明摄影教程	8759	简谱初级手风琴教材	11221
简明摄影手册	8682	简谱大家唱	11065
简明摄影艺术手册	8753	简谱的读法	11042
简明摄影知识	8682, 8683, 8684	简谱电子琴自学教程	11285
简明十二音作曲法	11103	简谱读法	11042
简明世界绘画史	587	简谱读法十二讲	11048
简明世界设计史	10202	简谱法	11043
简明世界戏剧史	12769	简谱歌曲配弹与训练	11167
简明书法词典	7159	简谱基本乐理	11047
简明书法教程	7306, 7313, 7335, 7345	简谱基本知识	11042
简明唐楷教学	7391	简谱基础知识	11047
简明体音美辞典	024	简谱讲解	11043
简明外国美术史	185	简谱讲座	11044
简明文艺美学手册	068	简谱教程	11034
简明西方音乐史	10984	简谱乐理	11037, 11040, 11045
简明戏剧词典	12694	简谱乐理歌曲合编	11034
简明戏曲音乐词典	11154	简谱乐理和视唱	11042, 11051
简明新舞蹈	12588	简谱乐理基础	11052
简明扬琴演奏法	11348	简谱乐理与识谱法	11042
简明艺术辞典	043	简谱乐理与习题	11059
简明艺用人体解剖图	552	简谱乐理知识	11046, 11047, 11048

中国历代图书总目·艺术卷

简谱认识法	11041	简易吉他伴奏法	11198
简谱入门	11063	简易吉他教室	11205
简谱识谱法	11035, 11041, 11045	简易吉他小品集	12481
简谱识谱法教材	11037	简易吉他小曲 120 首	12483
简谱识谱与视唱	11053	简易键盘和声	11100
简谱视唱	11037, 11048, 11058	简易教唱指挥法	11105
简谱视唱大教本	11061	简易看谱法	11031
简谱视唱法	11041	简易乐队配器指南	11104
简谱视唱教材	11059	简易乐理读本	11034
简谱视唱教程	11037, 11052	简易乐谱入门	11062
简谱视唱与乐理基础	11060	简易美术工作手册	485
简谱体系	11033, 11034	简易民族器乐曲集	12333
简谱五线谱速成读法	11064	简易魔术表演	12986
简谱五线谱学习指导	11058	简易男性素描法	1104
简谱音乐讲话	11036, 11037	简易女性素描法	1104
简谱音乐教程	11038, 11039	简易扑克魔术	12986
简谱与乐理速成	11059	简易器乐曲集	12329
简谱知识	11047, 11062	简易人体素描法	1104
简琴斋书法篆刻	8205	简易识谱法	11040, 11045
简庆福风光摄影作品选	9802	简易识谱教材	11044
简庆福摄影集	8991	简易水彩画	2922
简氏琴谱	12306	简易提琴曲集	12459
简体字帖	8378	简易透视画法	552
简学斋清夜斋手书诗稿合印	8038	简易舞曲集	12147
简要乐理	11034	简易舞台布景制作法	12826
简易变奏曲二首	12491	简易舞台效果	12826
简易雕塑方法	8616	简易戏法图说	12984
简易儿童电子琴曲选	12238	简易夏装	9718
简易风琴钢琴合用谱	12486	简易演剧化装术	12832
简易钢琴练习曲	12488	简易纸花与剪折	10678
简易钢琴曲二十首	12491	简易指挥教唱法	11105
简易钢琴曲集	12195, 12485, 12527	简易自学口琴入门	11214
简易管乐合奏曲集	12226	简直诚书法字帖	8373
简易和声学	11082	缉园烟墨著录	773
简易黑板报头图案集	10310	碱地之花	1834

书名索引

剪画选胜	10662	建设繁荣首都春满	1746
钱著正鹄 京剧谱	11824, 11825	建设工地写生集	2855
塞叔哭师	4897	建设基本田 早涝保收成	3684
见到毛主席最幸福	11651	建设尖兵	2735
见鸡而作	5934	建设美丽的煤铁城	11774
见亲人	5230	建设三级修造网加速农业机械化	3195
见闻偶拾	3522	建设社会主义精神文明	3340, 3349
见喜图	4815	建设社会主义新农村	3126, 3728
建安古版画	3065	建设社会主义新山区	3126, 3728
建厂	1746	建设四化 保卫四化	4070
建成大寨县 形势大发展	3926	建设伟大的祖国 支援世界革命	3831
建成大寨县 县委是关键	3254	建设伟大祖国 保卫世界和平	3593
建大事者不思小怨	8222	建设我们的新山区	3684
建德	8956	建设新农村	3634, 12329
建德周含曙女士诗画稿	1718	建设优良的现代化的革命军队	3068
建都天京	5476	建设者之歌	8901, 11707, 11727
建构主义	197	建设中的第一汽车制造厂	8874
建国50年精典荐歌68首	11533	建设中的上海	9791
建国大纲	8122	建设中的深圳	9988
建国歌集	11385	建设祖国	12360, 12425
建国歌曲集	11386	建设祖国 保卫祖国	3634
建国三十年声乐作品选	11969	建设祖国 保卫祖国	3110, 3126
建国以来广东省创作歌曲选	11469	建水名胜	10518
建军五十五周年全军摄影展览作品集	9326	建阳	8958
建军五十周年歌曲集	11690	建阳民间工笔画作品选集	2220
建立党的宣传纲	5117	建英漫画集	3393
建立男女平等民主和睦的新家庭	3331	建筑·交通工具·树木装饰	10220
建立农村政权	3001	建筑壁画艺术	6626
建立制度，做到卫生工作经常化	3081	建筑电影学	13158
建明湖	1790	建筑电影院	13146
建明人民公社	8879	建筑风景速写	2892
建设"四化"保卫"四化"	4197	建筑工人舞	12598
建设边疆 保卫边疆	4021	建筑广告专辑	10371
建设大西北	11581	建筑花格图案集	10266
建设大寨县 县委是关键	3926	建筑绘画与一般绘画	1419

建筑美术家作品选集	1316	剑秋印书	8513
建筑模型纸折	10701	剑山突围	5284
建筑配景集锦	6611	剑声集	11380
建筑摄影	8743, 8778, 8782	剑术	9255, 9959, 9967, 9973, 9976
建筑摄影的奥秘	8753	剑术对练	9959
建筑摄影艺术	8753, 8771	剑塔黑影	6254
建筑师绘图基础	617	剑王斗魔	6076
建筑水彩画技法	1175, 1176	剑舞	3559, 3560, 4374, 9967, 12604, 12607,
建筑速写技法	1145		12608, 12610
建筑陶瓷装饰纹样选	10294	剑舞	4536
建筑图喷笔画表现	1072	剑舞鱼跃	4197
建筑与树木铅笔写生教程	1153	剑侠图传	3057
建筑院校美术教师优秀作品选	320	剑侠像传	3042
建筑装饰花格选	10275	剑与火	5092
建筑装饰美术	10566	剑踪侠影	6187
建筑装饰图案资料	10246	健健	9419, 9453
剑	5254, 5283, 5350, 6075	健康长寿	1918, 1937, 1988, 4129, 4276, 4374,
剑——十八般武艺故事	4693		4466, 4536, 10465
剑晨水彩画集	2929	健康长寿	2077
剑传武当山	4466	健康长寿福有余	4374
剑短情长	6075	健康长寿书法篆刻选辑	8249
剑峰岭	5283	健康长寿新年乐	4536
剑锋之下	11542	健康长寿幸福来	4129
剑父画集	1720	健康成长	2022, 3926, 4129, 4197, 4276, 4374,
剑阁图	1578		9551
剑魂	5659	健康的成长	3684
剑魅桃太郎	7047	健康第一	4882
剑龙	10774	健康活泼	4197
剑门三峡	4276	健康体检	3831
剑门山区大寨花	5176	健康与疾病	3508
剑门天下险	1963	健美	4767, 9253, 9964, 9968, 9973, 9976, 9980,
剑南侠士	6076		9981, 10509
剑桥艺术史	371	健美：世界健美明星	9697
剑桥艺术史：希腊和罗马、中世纪、文艺复兴		健美操	9976
	184	健美的盛会	9249

书名索引

健美迪斯科	4613, 9973	键盘和声学	11074
健美夺魁	2077	键盘和声学教程	11095
健美儿童	9589	键盘和声与歌曲伴奏	11097
健美冠军	4466	键盘和声与即兴弹奏实用教程	11100
健美女郎	9980	键盘即兴伴奏法	11246
健美曲	4129, 9964	键盘即兴伴奏入门	11234
健美双星	9980	键盘即兴弹奏指南	11249
健美写真集	10151	键盘即兴作曲教程	11094
健美之歌	4070	键盘乐器演奏基础	11256
健身舞	12627	键盘上的歌声	12556
健体娇容	9980	键盘式手风琴初步练习法	11219
健鹰木刻集	2978	键盘式手风琴简谱演奏法	11219
健优美儿童评比第一名	4374	键盘式手风琴简易演奏法	11219
健与美	9963, 9968, 9976, 9979	键盘式手风琴简易自修读本	11218
健与美的盛会	9288	键盘式手风琴曲集	12187, 12191
舰船图	1963, 4276	键盘式手风琴演奏法	11219
舰队司令的女儿	6254	箭	5934
舰连黑板报艺术	10294	箭杆河边	5117
舰艇	4070	箭秆河边	5010
浙江	803	箭环记	5560
浙江 髡残 石涛 八大山人四僧画集	1683	江岸送别	920
浙江资料集	794	江北县复盛乡协睦村四社谌宅它的"庆坛"祭仪调	
毽飞花丛	4374	查	455
鉴别画考证要览	511	江边的故事	5934
鉴古百一诗	754	江潮烈火	5254
鉴古斋墨数	1049	江成速写	2881
鉴湖女侠	5398, 5659	江城策及	5934
鉴湖女侠——秋瑾	4374	江城歌声	11454
鉴赏的技巧	107	江城县哈尼族彝族自治县民歌集	11808
鉴赏与构图	532	江城游击队	5789
鉴余杂稿	507, 521, 539	江城远眺	9107
鉴真	5476	江邮烟霭	1779
鉴真和尚	5398	江邮欲雨	1779
键盘	11239	江村帆影	1797
键盘和声及听觉训练	11058	江村诗意	2040

中国历代图书总目·艺术卷

江村书画目	1456, 1472	江湖丛谈	12961
江村销夏录	1456, 1457	江湖风光	9123
江大伯	5315	江湖豪侠	6289
江堤春雪	9040	江湖红侠传	5560
江底的战斗	4958	江湖妹子	4767
江底擒魔	5934	江湖夜雨十年灯	7313
江定仙歌曲选集	11482	江淮敌后烽火	8886
江定仙作品集	12214, 12236	江淮风光	4070
江东桥	5934	江淮话剧寻踪	12915
江东谈艺录	12707	江淮戏曲谱	12767
江恩莲工笔人物画选	2401	江淮新歌	11670
江帆漫画	3508	江淮之波	2787
江帆漫画集	3442	江淮之声	12923
江帆漫画选	3413, 3417	江加走木偶雕刻	8643
江防图	5254, 5316, 5350, 5476	江建霞篆书	8017
江丰美术论集	513	江姐	1801, 3685, 3728, 3756, 5092, 5117,
江皋过眼录	1457		5137, 5350, 5399, 9525, 12095
江皋霜艳	2638	江姐赵一曼	4277
江寒汀百鸟百卉册	2533	江口激战	6222, 6450
江寒汀百鸟图	2501	江陵千里，清泉长流	2649
江寒汀画集	2522	江菱畔线描写生选	2910
江汉城画集	1419	江门五邑侨乡老年书画作品选集	1371
江汉民歌集	11779	江牧版画选	3038
江汉渔歌	4959	江南北水灾流民图	1600
江浩墨趣	8329	江南春	1790
江河春光图	2450	江南春朝	1779, 1797
江河湖海	4536	江南春工笔山水	10504
江河水	12264, 12282	江南春光	1741, 3728, 10432
江河颂篆刻集	8579	江南春色	4613, 9844, 9873, 9892
江河源	10496	江南春晓	1842
江河源之歌	11497	江南春秀	4129
江宏伟花鸟画选	2514	江南春雨	3006
江宏伟课稿	976	江南春早	1779, 1815, 9833, 9857
江湖八面风	4815	江南翠滴图	2006
江湖唱晚	9378	江南大观园	9123

书名索引

江南大侠展昭	6527	江鸟钢笔行书横写字帖	7437
江南稻香	1834	江鸟钢笔书法	7417
江南风光	2856, 9061	江鸟钢笔字帖	7417
江南风光好	4129, 9845	江鸟书法作品选	8264
江南风情	2801	江畔	9857, 9873
江南歌声	11376	江畔薄雾	5034
江南好	11540, 12226, 12233	江畔朝阳	5254
江南佳景	4071	江畔的花朵	5010
江南佳丽	9759	江畔帆影移	3006
江南进行曲	11557	江畔风云	5476
江南民间木雕艺术图集	8647	江畔古榕	9080
江南名家书画选	2133	江沛扬漫画	3522
江南名胜	9107	江平画集	1404
江南七怪	6076	江桥保卫战	6076
江南秋色	10456	江桥激战	6076
江南三月	9833	江山春晓	2428, 2626
江南诗画	2133	江山春意图	2445
江南市镇	2929	江山代有才人出	592
江南水墨画集	2040	江山岛	5790
江南水乡	9063	江山多娇	1938, 3685, 4129, 4277, 4375, 4613,
江南丝竹	4613, 12348		4693, 4857, 4959, 8887, 9056, 9057, 9089,
江南丝竹传统八大曲	12348		9249, 9405, 13245
江南丝竹乐曲选	12337	江山多娇	2638
江南丝竹音乐	12337	江山多娇美如画 风展红旗百舸流	8142
江南土改组曲	11393	江山行旅	2441
江南小景	1988	江山积雪	1779
江南小巷	2077	江山竞秀	2437
江南秀色	3972, 9802	江山丽影	9892
江南雪	5659	江山美如画	4021
江南烟雨	1856	江山美如画 祖国万年春	3318
江南谣	11377	江山女民兵	1807
江南一叶	5659	江山千古秀	1902, 4787
江南园林	9107, 9116	江山琼阁图	2077, 2178
江南园林志	10175	江山如此多娇	1767, 9043, 9054, 10446
江南早春图	2626	江山如画	1963, 4375, 4613, 4848, 9089, 9899

中国历代图书总目·艺术卷

江山如画	2439	江苏儿童画选	6754
江山如画册	2471	江苏二胡曲集	12281
江山如画齐歌舞	13255	江苏风光	1757, 10509
江山胜境	1964	江苏革命歌曲集	11670
江山胜境	2437	江苏工人歌曲集	11727
江山胜览	1746	江苏工艺美术品选辑	10230
江山万古青	2077	江苏工艺美术展新貌	9271
江山卧游	2329	江苏工艺品	10232
江山无尽图	1594	江苏挂历	10552
江山仙阁	4816	江苏国画选辑	1871
江山秀丽峰岭叠翠	2437	江苏解放区画选	1358
江山秀色	4375, 4613	江苏剧种	12928
江山绚丽	4861	江苏揽胜	4693
江山永固 神州太平	4693	江苏历代画家	580
江上的战斗	5254	江苏历代绘画展览	1357
江上笛鸣	5284	江苏六朝青瓷	394
江上夺枪	5230	江苏六合县马鞍乡五星村宋庄及马集镇尖山村	
江上宏图	1835	龚营汉人的家谱香火神会	12954
江上新歌	5284	江苏旅游	9255
江氏图书府	8482	江苏履踪	8937
江水涟涟	9810	江苏美术出版社编辑作品集	1396
江水沐画集	2220	江苏美术出版社单幅摄影年历	10477
江水滔滔	5316, 5399	江苏美术工艺品选集	10230
江苏	8918	江苏美术五十年	339, 1349
江苏"大跃进"画集	1357	江苏美术作品选	1360, 1363
江苏彩陶	394	江苏民歌十五首	11780
江苏常州师范学校第二附属小学小学生剪纸集		江苏民歌选	11780
	10705	江苏民间歌曲	11768
江苏春联	4837	江苏民间歌曲集	11779, 11780
江苏当代国画赏析	819	江苏民间歌曲简论	11120
江苏当代书画精品选	2283	江苏民间歌曲选	11779
江苏当代书画名家作品	2283	江苏民间音乐选集	11780
江苏电视台藏画选	1325	江苏名胜	4861
江苏东台等处闸关建筑照片	9294	江苏南部民间戏曲说唱音乐集	12138
江苏儿童	5789	江苏年画	4071, 4129, 4277, 4536, 4693, 4767,

书名索引

4816, 4837, 10496		江苏水利建设新貌	3685
江苏年画缩样	4466	江苏水印版画三十年文集	3048
江苏盆景	10628	江苏水印木刻	3012
江苏邳县农民壁画选集	6619	江苏水印木刻集	3032
江苏邳县农民张贴画选集	6619	江苏文物	10509
江苏曲种	12848	江苏无锡寄畅园	4693
江苏摄影五十年	8972	江苏戏曲志	12788, 12789, 12960
江苏摄影艺术展览会作品选集	8919	江苏戏曲资料选辑	12689
江苏省国画院画集	1746	江苏新歌	11412
江苏省国画院画集	2204	江苏烟标史册	10390
江苏省国画院书画集	2268	江苏音乐	11440
江苏省国画院作品选集	2022	江苏音乐通讯	10807
江苏省国画院作品选集	2040	江苏楹联书法作品选	8330
江苏省画家旅行写生集	2853	江苏油画雕塑院作品选	8636
江苏省话剧团卅年	12756	江苏油画小辑	2730
江苏省美术馆藏画辑	1478	江苏装饰画	6625
江苏省美术馆藏品选	1316	江索珍	5202
江苏省美术馆美术家作品选	314	江天极目	9802
江苏省美术馆年鉴	348	江天楼阁	2077
江苏省南通市闸东乡公园村汉人的免灾胜会		江天楼阁图	4277, 4693
	12954	江天楼阁图	2626
江苏省书学论文集	7277	江文也手稿作品集	11360
江苏省通州市横港乡北店村胡氏上童子仪式		江文也研讨会论文集	10823
	12952	江文湛画集	2522
江苏省文化名人艺术资料档案库馆藏作品集		江文湛画选	1988
	218	江文湛作品	2547
江苏省中等师范学校学生优秀美术作品选	314	江鹜之歌	11711
江苏省中年国画家作品选	2133	江鹜纪念文集	11745
江苏十年美术选集	1357	江西	8946
江苏首届电影剧作讲习会专题报告集	13105	江西采茶戏唱腔的句式结构及其扩展演变手法	
江苏首届农民画研讨会论文集	1266		10992
江苏书法五十年	8329	江西创作歌曲选	11632
江苏书法选	8292	江西地方戏曲新腔选	11871
江苏书法篆刻作品选集	7157	江西风光	10509
江苏书法作品辑	8146	江西歌曲	11464, 11465

江西革命歌曲选	11670	江郁之插图集	6614
江西古典戏曲脸谱选集	12754	江云画集	2235
江西谷印谱	8527	江浙直奉血战画宝大全	1718
江西龙虎山	9912	江浙砖刻选集	8648
江西美术作品选	314	江稳光书画辑	1989
江西民歌合唱曲选集	11771	江竹筠	6358
江西民间歌曲集	11768, 11774	江左三大家诗画合璧	1597
江西民间歌曲选	11789	将错就错	2892, 7068
江西民间器乐合奏曲	12341	将革命进行到底	3182
江西民族民间舞蹈集成	12613	将革命进行到底!	3139
江西南昌滕王阁	9908	将计就计	5010, 5350, 5789, 6609
江西年画	4375, 4536, 4613, 4693, 4756	将就园记	10782
江西年历	10477	将军——列兵舞	12093
江西群众歌曲选	11664	将军出少林	6076
江西三青山	9883	将军当兵	3538, 4959
江西省第二次职业剧团政治工作会议材料汇编		将军的怀念	8249
	13014	将军的抉择	6222
江西省南丰县三溪乡石邮村的跳傩	12954	将军的末日	5659
江西省推行音乐教育委员会庆祝元旦第十九次		将军的下场	6609
音乐会	10950	将军河歼敌记	5284
江西省推行音乐教育委员会实施概况	10786	将军河畔的战斗	5560
江西十年歌曲选	11443	将军令	12342
江西五十年美术书法摄影作品选	339, 340	将军门神	4613
江西戏剧年鉴	12927	将军牵红线	5789
江西戏曲志资料	12769	将军诗书画大展作品集	2235
江西新歌	11579	将军书画 情系电大	2329
江峡竞秀	2133	将军送子务农图	3685
江心跳板	5202	将军吟	5935, 6076
江雪诗书小集	8149	将军竹	2077
江洋飞贼	6254	将门豪杰	4756
江鹰和水华	5202	将你的灵魂接在我的线路上	10877
江永县民族民间器乐曲资料本	12348	将帅传奇	6358
江友樵钢笔行书字帖	7417	将帅墨迹选	8222
江有生漫画	3407	将相和	4129, 5476, 5477, 5561, 5659, 12068,
江有生漫画选	3413		12076

书名索引

将星璀璨	9028	姜维献书	4959, 5065, 5399
姜白石与音乐	10967	姜西画集	2526
姜炳文京剧人物画选	2404	姜燕画选	1380
姜波陶艺作品集	8662	姜尧章续书谱	7181
姜长庚摄影艺术	8979	姜毅然白描花卉集	2501
姜丹书艺术教育杂著	258	姜颖生藏石谷画稿	1641
姜邓斗智	5399	姜育恒潘美辰演唱歌曲	11720
姜东舒楷书	7607	姜湛园先生临帖各种	8038
姜东舒三体书三成	8168	姜振民连环漫画	3442
姜东舒书岑琦诗	8196	姜振萍书画集	2252
姜东舒书鲁兵诗钞	8186	姜舟花鸟画集	2537
姜东舒小楷前后赤壁赋	8151	姜子牙	5561, 6411
姜东舒小楷唐诗十首	8162	姜子牙拜相	6076
姜东舒小楷永州八记	8153, 8234	姜祖禹书法集	8264
姜东舒中楷书谱	8186	疆场比翼	8822
姜凤翔摄影作品集	8988	讲道德	3331
姜公醉书鲁迅诗碑	8177	讲革命故事	3685, 4277, 10413
姜桂枝传艺	4537	讲故事	3593, 4277, 4537
姜华书法艺术	8305	讲家史	3728
姜慧风俗油画	2827	讲究卫生身体好	4071
姜杰手风琴中高级教程	11239	讲究文明 献身四化	3332
姜坤作品集	1404	讲究饮食卫生	3139
姜林和画集	2329	讲科学 看日食	3728
姜妙香唱腔选集	11877	讲科学破迷信	6076
姜末日记	3499	讲礼貌	3332, 4130, 4277, 9569
姜女坟的传说	6076	讲卫生	1871, 1964, 3332, 3593, 3685, 4197,
姜丕中治印	8572		4277, 4375, 12648
姜绍华夏德起书画集	2329	讲卫生 树新风	3349
姜太公	5789	讲卫生爱清洁	3384
姜太公钓鱼	4277	讲卫生爱整洁	3332
姜天油画作品集	2835	讲卫生光荣	3081
姜万奎作品选	2458	讲卫生勤保健	3376
姜维·魏延	2370, 2379	讲卫生身体好	1757
姜维避祸	5399	讲卫生幼苗茁壮 爱科学雏鹰欲翔	4021
姜维伐魏	5935	讲卫生真光荣	3081

中国历代图书总目·艺术卷

讲文明	3332	蒋介石的一生	3394
讲文明 爱清洁	4277	蒋开征书法选	8249
讲文明 讲礼貌 讲道德 讲卫生 讲秩序 心灵美		蒋力华书法选	8330
语言美 行为美 环境美 热爱党 热爱祖		蒋连砚书画艺术	2178
国 热爱社会主义	3357	蒋南沙花卉册	1632
讲文明 讲礼貌 讲卫生 讲秩序 讲道德	3349	蒋南沙花鸟草虫册	1619, 1620
讲文明 讲礼貌 讲卫生 讲秩序 讲道德 心灵美		蒋南沙蒋恒轩父子花卉合册	1647
语言美 行为美 环境美 热爱祖国 热爱社		蒋南沙摹宣和写生册	1633
会主义 热爱党	3349	蒋齐生新闻摄影理论及其它	9291
讲文明 讲礼貌 讲卫生 讲秩序 讲道德		蒋启韶篆刻	8584
	3332	蒋氏游艺录	7222
讲文明礼貌 树社会新风	3332	蒋氏游艺秘录	648
讲文明树新风	5561	蒋树声遗墨	8028
讲秩序	3332	蒋铁琴地支十二属图	1638
讲秩序 听指挥	4197	蒋维德画集	2464
奖给优胜者	4021	蒋维崧印存	8574
奖励超产队	3634	蒋文兵肖像漫画作品集	3499
奖励全优	4071	蒋文忠画集	1415
桨声灯影秦淮河	8847	蒋孝旧编南九宫谱与沈璟南九宫十三调曲谱	
蒋必达书法集	8316		12057
蒋采苹画集	2220	蒋玄伯水彩画	2936
蒋春和	5150	蒋义海中国画集	2252
蒋大为独唱歌曲选	11975	蒋酉君花卉册	1645
蒋德舜画集	2483	蒋月泉唱腔选	11871
蒋丰摄影作品集	8991	蒋云泉书法	8305
蒋风白画集	2533	蒋在谱剪纸集	10675
蒋风之二胡演奏谱十五首	12286	蒋兆和的画	1377
蒋风之二胡演奏艺术	11311	蒋兆和画册	1717
蒋峰画集	2329	蒋兆和画集	1739
蒋干盗书	4466	蒋兆和画选	1386
蒋公嘉言	8356	蒋兆和画选	2374
蒋谷峰速写集	2896	蒋兆和论艺术	481
蒋国基笛曲选	12272	蒋兆和水墨人物画	2352
蒋焕章的故事	4959	蒋兆和作品全集	2221
蒋慧卿钢笔行书	7417	蒋兆和作品选	1757

书名索引

蒋振华版画集	3050	交际舞入门	12661, 12663
蒋振涛国画集	2252	交际舞术	12641
蒋振兴国画集	2329	交际舞术撮要图解	12661
蒋仲叔隶书	8054	交际舞速成	12641, 12663, 12665
蒋筑英	5789	交际舞跳法	12641
蒋筑英的故事	5789	交际舞现代舞速成	12667
蒋抽存书姜白石书谱	7237	交际舞与舞会指南	12643
蒋子延山水册	1635	交流球艺	3635
蒋最峰写竹简明法	934, 7154	交通安全人人有责	3332
降B大调大提琴协奏曲	12463	交通工具	6744, 10261
降B大调第二钢琴协奏曲,作品第19号		交通工具大探险	7140
	12503	交通工具美术图谱	10298
降B大调第二钢琴协奏曲作品第83号	12501	交通书画	2252
降B小调第一钢琴协奏曲	12503	交通新貌图	3728
降E大调第四交响乐	12548	交通员的女儿	5399
降E大调圆号第二协奏曲 KV417	12456	交通运输工具参考资料	624, 10247, 10271
降福经歌摘要	12433	交通站的故事	5010, 5065
降龙战	5230	交相辉映	9487
绛帖考	7832	交响	2941
绛帖平	7680, 7681	交响幻想曲	12232
犟哥出嫁	5350	交响乐队小提琴演奏员必备曲目选集	12477
犟姑娘	3926, 5351	交响乐名曲欣赏	11268, 11275
犟妹子	5351	交响乐世界	11271, 11272
犟媳妇	12094	交响乐五首	12551
犟小子	5790	交响配器法	11081
交班之前	5284	交响曲	11273
交城山	11695, 12173, 12600	交响曲艺术史	10928
交城山春早	3972	交响曲主题	12230
交大话剧社特刊	12904	交响诗《序曲》	12541
交锋	5351, 5399	交响音乐的欣赏	11268
交公粮 卖余粮 爱国 爱社 爱集体	3118	交响音乐分析	11270
交换和调剂自己生产的商品活跃农村经济	3103	交响音乐史话	11275
交辉	9434	交响音乐通俗讲座	11272
交际诗	7524	交响音乐欣赏	11273
交际跳舞术	12641, 12661	交响音乐欣赏知识	11269

交响音乐艺术欣赏	11275	娇艳	9419, 9487
交响音乐与交响乐队	11270	骄傲的○	5477
交响音诗《故乡》	12233	骄傲的公主	13255
交响音诗《三峡素描》	12233	骄傲的将军	5092
交响组曲《白毛女》总谱	12229	骄傲的小猫	4897
交谊舞	9246, 12644, 12661	骄傲的小燕子	5660
交谊舞 ABC	12642	轿车佳人系列画	8838
交谊舞大全	12642	骄霜傲雷	4375
交谊舞合奏曲集	12147	骄阳	9434
交谊舞技巧与花样	12665	骄杨——毛主席的亲密战友和夫人、伟大的共	
交谊舞精解	12666	产主义战士——杨开慧	3926
交谊舞名曲 30 首	12151	骄杨曲	11695
交谊舞名曲选	12150	骄杨颂	3972, 5399
交谊舞曲集	12147, 12148	胶彩画入门	619
交谊舞入门	12642	胶东窗花	10664
交谊舞入门与提高	12663	胶东民间歌曲选	11771
交谊舞手册	12662	胶东奇军	5935
交谊舞速成	12642, 12662, 12668	胶东屋脊造平原	3926
交谊舞新花	12644	胶粉画颜色和工具使用法	1069
交谊舞新著	12665	胶卷与照相纸的性能	8720
交谊舞一周速成	12662	胶林晨曲	12600
交谊舞与新潮舞速成	12642	胶林新曲	3882
交谊舞指南	12643	胶林新战友	3795
交谊舞组合技巧	12643	胶南年画精品集	4867
交友新风格	6411	胶片上的画面是怎样出现的	13201
交趾陶	8663	胶州秧歌	12607
郊外	9883	蛟蜃渡海	5935
郊游	4693, 9366, 9434	蛟龙扇	4912, 8815
浇铸钢锭	9985	焦常松隶书	8373
娇	9453	焦桂荣画集	2552
娇红记	6386	焦菊隐文集	12689, 12690
姣姣	9378	焦菊隐戏剧理论研究	12699
姣美	9759	焦菊隐戏剧论文集	12686
姣娜	5477, 13150	焦菊隐戏剧散论	12688
姣姥	9434	焦力·卡德尔摄影作品集	8860

书名索引

焦虑与突围	826	狡猾的蜘蛛	6655
焦山碑刻	7733	绞索下的交易	6076, 6187
焦山石刻研究	8655	绞刑架下的报告	6076
焦尸案	5477	矫健	4767, 9697
焦裕禄	5137, 5138, 13137	矫毅生肖印选	8570
焦裕禄的故事	6327	矫鹰与火狐	6077
焦裕禄和孩子们	5316	脚步	5351, 5399
焦裕禄同志在田间劳动	8998	脚夫调	11786
焦裕禄赞歌	11451	脚踏水车唱丰收	12263
焦赞 孟良	4375, 4467, 4537, 4613	脚踏游艇	4198
焦赞·孟良	2390	脚印	5230
焦赞铲奸	5660	剿匪要诀歌集	11385
鲛人盗髻	5935	缴枪记	5254
鲛人的眼泪	6386	叫画	9229
蕉庵琴谱	12306	叫荒山变成万宝山!	3081
蕉窗儿录	1052	叫我们怎么不歌唱	11429
蕉林欢歌	4375	轿岩山上的红旗	5935
蕉林曲	11804	教场新兵	3776
蕉林喜雨	12344	教场演武	5561
蕉帕记	8809	教唱、指挥和歌咏团的组织、训练	11111
蕉石群鸽	2638	教唱法	11110
蕉石图	1675	教唱歌	4071
蕉石萱花图	2626	教唱歌谱	11624
蕉香万里	3763	教儿童彩笔画	1260
蕉荫读书	1576	教儿童学国画	694, 697
蕉荫飞禽图	1964	教儿童学手风琴	11244
蕉荫栖禽	2627	教儿童学书法	7376
蕉荫小憩图	2649	教坊记	10955, 10956
角斗	2777	教坊记笺订	10959
角弓传友谊	5176	教父	6077
角和腿	6187	教歌与指挥	11107
角色	8947	教革命传统 传生产知识	3795
角色的诞生	12810	教给孩子的歌	12444
狡猾的笛木乃	7033	教孩子学摄影	8743
狡猾的魔术师	6289	教孩子学音乐	10819

教好钢琴的要诀	11224	教师进京	4130
教会音乐事工	10918	教师来访	3728
教会周年颂神歌咏	12437	教师三笔字训练及艺术修养	7355
教教画画	1265	教师颂歌	11488
教妹妹	4021	教师作品集	1344
教你按快门	8771	教室布置海报设计	1233
教你画花鸟	982	教室宣传画	3368，3376
教你画山水	923	教授的头颅	6386
教你画素描	1153	教堂风波	6609
教你画线描画	1153	教堂魔窟	6077
教你扭秧歌	12625	教堂之火	5935
教你识谱学唱歌	11133	教我如何不想他	11519
教你弹电子琴	11287	教小朋友学绘画	613
教你弹钢琴	11246	教小朋友学书法	7355
教你弹好电子琴	11290	教小朋友学演奏	11166
教你弹好钢琴	11259	教学改革参考资料选编	12683
教你跳迪斯科	12668	教学改革参考资料选编之八	12683
教你跳舞更潇洒	12667	教学改革参考资料选编之九	12683
教你小屋多温馨	10607	教学改革参考资料选编之七	12683
教你写好钢笔字	7551，7566	教学简笔画	1102，1135
教你写好毛笔字	7376，7377	教学简笔画技巧	1107
教你写一手好字	7566	教学实用美术	10184
教你学电子琴	11289	教学示范作品	1349
教你学儿童画	1268	教学习字帖	7392，7877
教你学会拍照片	8795	教学影片《地道战》介绍	13095
教你学绘画	614	教育部颁行中华民国国歌	12051
教你学摄影	8788	教育部第二次全国美术展览会补充目录	275
教你学书法	7377	教育部第二次全国美术展览会展品补充目录	
教你学五线谱	11064		275
教你学相声	12976	教育部第二次全国美术展览会展品目录	275
教你学篆刻	8479	教育部第二次全国美术展览会专刊	090
教你做长毛绒玩具	10720	教育部电化教育人员训练班第一期毕业同学录	
教少年儿童画国画 自学步骤法	699		242
教师	13255	教育部立案上海美术专科学校二十五周年纪念	
教师春意浓	4198	一览	242

书名索引

教育部全国美术展览会特刊全部目录	207	阶梯音乐教程	10832
教育部中华教育电影制片厂概况	13172	皆大欢喜	4537, 4613, 7054, 9366, 10643
教育部中华教育电影制片厂工作情形简述暨新		接班	3016
片目录	13172	接班人	4959, 5118, 9467
教育部中华教育电影制片厂三十二年度工作计		接班以后	5254
划……	13173	接电台	5316, 5400
教育电影	13289	接福	4816
教育电影概论	13022	接福生财乐有余	4816
教育电影实施指导	13023	接福图	4816
教育电影移风易俗内容述要	13022	接福图	2134
教育儿童遵守交通规则宣传画	3081	接福娃娃	2134
教育革命的方向不容篡改	3254	接福迎春	4816
教育革命结硕果 开门办学育新人	3882	接福迎喜	4861
教育革命结硕果 新型大学育新人	3254	接福迎祥	3560, 4614
教育革命开新花	3022, 3795, 3831, 3926	接福迎祥	2077
教育革命谱新曲	9278	接福增寿	6609
教育革命新风	3831	接姑娘	12118
教育内政部电影检查委员会工作总报告	13170	接骨秘传	5790
教育全家干革命	2765	接关系	5065
教育为无产阶级政治服务教育与生产劳动相结		接官记	5561
合	3081	接过红旗	4021
教育阵地的深刻变革	9278	接过雷锋的枪	11675, 11950, 11951, 11955
教育周历：1986年	10484	接过战笔 战斗到底	3221, 3238
教子	12134	接郎配	4768
教子古诗字帖	8398	接力赛跑	3831
教子图	1964	接龙舞	12605
教子务农 无尚光荣	3795	接妹妹	3831, 3882
教子务农 扎根农村	3795	接女还乡生产图	10411
阶级仇恨记心头	3685	接生员	3560
阶级仇恨永不忘 路线斗争天天讲	3776	接寿星爷爷到人间	1964
阶级敌人心不死，咱要握紧枪杆子	3126	接受工农再教育 誓做红色接班人	3795
阶级斗争永不忘 继续革命攀高峰	3882, 3926	接受贫下中农的再教育 扎根农村干革命	
阶级教育展览挂图	9263		3182
阶级教育展览馆	3139	接受与创造	088
阶级情谊深 万里送马来	3776	接吻	6686

中国历代图书总目·艺术卷

接新娘	4277, 4375, 9569	节日常用美术字	7643
接真抓实干前茬牧马杆	3832	节日常用题图尾花	10303, 10324
揭穿鬼把戏	5092	节日大游行	3756
揭竿而起	5255	节日的北海	9833
揭竿起义	5561, 5790	节日的电视台	4071
揭开古墓之谜	6187	节日的歌声	11607
揭开缪斯的面纱	079	节日的欢乐	4198
揭批"四人帮"革命生产向前进	3278	节日的欢喜	12225
揭批"四人帮"漫画选	3411	节日的兰州	3593
揭批"四人帮"破坏民族团结事业罪行漫画集		节日的礼物	4278
	3411	节日的上海外滩	3635
揭阳工农画选	1356	节日的食堂	3081
揭阳剪纸	10670	节日的水乡	3795
街菊 Ⅲ	3509	节日的天安门	9294, 9295, 9300, 9302, 9994,
街道六好图	3756		10001
街道上的斗争	5255	节日的天山	12173
街坊日记	8966	节日的晚上	11624, 11944
街坊市井	8950	节日的颐和园	3972
街街道道办工厂妇女彻底得解放满城春风处处		节日的早晨	1856, 3538, 4198, 4278
新社会主义早建成	3081	节日的珠江	3795
街头争艳	4198	节日的祝愿	11700
街巷奇闻百图	1694	节日歌曲	11440
节节高	4130	节日歌曲精选 212 首	11509
节节欢乐	2944	节日广场	9419
节令画屏	2134	节日黑板报设计指南	10320
节气高坚	2134	节日欢乐舞	12148, 12596
节庆 POP 设计	10381	节日欢舞	8812
节庆花艺	10607	节日吉祥食谱与插花	10584
节庆日板报设计	10329	节日集体舞	12596
节庆日黑板报创意设计	10220	节日纪念日装饰图案集	10607
节日 1856, 2006, 3560, 3635, 4021, 4071, 4130,		节日鉴湖	9338
4198, 4467, 8809, 9344, 9350, 12268		节日快乐	2718
节日·纪念日题花集	10320, 10337	节日礼品卡片	10484
节日北京	9134	节日里	9342
节日北京街景	9912	节日前夕	3538

书名索引

节日庆典歌曲选萃	11514	节奏立体化训练教程	11052
节日赛马	3560	节足室吾题画	1271
节日摄影	8778	劫持丘吉尔	5935
节日实用图案	10298	劫夺德伊阿尼拉	6891
节日天安门	9257	劫夫独唱歌曲选	11955
节日晚会舞	12594	劫夫歌曲百首	11509
节日舞曲	12331	劫夫歌曲选	11449
节日西湖	3882	劫后影谈	13103
节日新歌	11698	劫后余后	4872
节日序曲	12226	劫机事件	5935
节日之夜 2757, 3560, 3685, 3832, 4071, 9390,		劫取空中霸王	6387
9960, 9971, 9973		劫余漫画	3400
节日之夜，天安门广场充满着一片欢腾的景象，		劫狱记	5936, 6077
热烈庆祝伟大的中华人民共和国成立		杰出包装设计实例	10757
二十周年	9265	杰出的雕刻家米开朗琪罗	8603
节日装潢和会场布置	10562, 10609	杰出的管弦乐色彩大师	10865
节日装璜和会场布置	10562	杰出的探索者	5790
节日装饰	10578	杰出室内作品精选	10578
节日装饰设计参考资料	10573	杰出图画书插画家	1247
节日装饰题花	10279	杰克·伦敦	5790
节食无效的加菲猫	6957	杰克奥特曼大全	7054
节义千龄	5935	杰克与豆蔓	7140
节育画册	4912	杰米·菲利浦斯商业摄影	10151
节约标兵杨大康	4959	杰米教授的课堂	6527
节约储蓄 年年有余	3635	杰苏阿尔多	10896
节约储蓄支援四化	4467	杰苏亚多	10880
节约粮食	3405	诘问与嬉戏	119
节约粮食，建设祖国	8874	洁	6609, 9366, 9434
节约一分钱	4130	洁白的手帕	5790
节约用粮 备战备荒	3221	洁白的祝福	9453
节约用水，支援社会主义建设！	3195	洁白无瑕	9366, 9405
节振国	5400, 6450, 12080	结伴吸清芬	9366
节奏·魅力	9697	结成广泛的统一战线战胜帝国主义	3081
节奏——旋律练习	11052	结构化学模型与折纸技术	10687
节奏乐器训练与演奏	11266	结构人类学	032

结构素描	1128	术作品选集	6776
结构主义和符号学	13053, 13069	捷克音乐	10980
结古欢室印存	8510	截潜流	3832
结核病是可以治好的	4897, 13255	截枪	5477
结婚	13230	碣石调幽兰	12308
结婚进行曲	6077	揭鼓录	11343, 11344, 11345, 11346
结婚前后	5936	姐姐吃大的	1871
结婚摄影	8729	姐姐当了理发员	3685
结婚现场会	5660	姐姐得了大红花	3776
结晶	3499	姐姐的好手艺	3973
结亲	9224	姐姐教我爱清洁	3973
结绒线	3593	姐姐科研入了迷	4021
桔颂	4073, 4280	姐姐枪法好	1871
桔颂图	4022	姐姐演铁梅	9523
桔乡情	5662	姐姐养猪我喂鸡	3635
桔子丰收	3636	姐姐又得好成绩	3832
桔子洲头	3883, 3974	姐俩比武	4959
捷报传来的时候	2735	姐俩同唱一支歌	3926
捷报传千里喜讯暖万家	3972	姐妹	9525, 9641, 10156
捷报传四方	3832	姐妹爱一行	3926
捷报频传	3832, 3926, 4071	姐妹花	9722
捷恩	5305	姐妹皇后	9241
捷克和斯洛伐克儿童书籍插图选	7064	姐妹魂	5790
捷克斯洛伐克版画选	6916	姐妹俩 1835, 1842, 3832, 6077, 9617, 9641, 9667
捷克斯洛伐克的歌剧	12449	姐妹们：立雄心大志做建设尖兵！	3081
捷克斯洛伐克的音乐	10980	姐妹奇缘	4757, 6077
捷克斯洛伐克的重工业	4882, 10128	姐妹情	8816, 9641
捷克斯洛伐克电影的道路	13305, 13306	姐妹情深	4278, 5477, 6686
捷克斯洛伐克歌舞	12656	姐妹山	5790
捷克斯洛伐克工艺美术品选集	10724	姐妹松	10061
捷克斯洛伐克共和国国歌	12393	姐妹易嫁	5561
捷克斯洛伐克民歌集	12411	姐妹游春	4693
捷克斯洛伐克木偶戏	13003	姐妹游春	2077
捷克斯洛伐克社会主义共和国国歌	12394	姐妹缘	6077, 9243
捷克斯洛伐克十年社会主义建设成就展览会美		解冻	1722, 3001

书名索引

解冻时分	6871	解放军医疗队到俺庄	3776
解放	5790	解放军艺术	12688
解放大上海	4877	解放军英雄故事	6327
解放大西南	9261	解放军英雄屏	3832, 3973
解放歌声	11538, 11543, 11545, 11546, 11548,	解放军战士画选	1284
	11552, 11557, 11558	解放军战士在治淮工地上	8870
解放歌选	11548, 11549, 11558	解放军之歌	11577
解放古城	6077	解放漫画选	3402
解放海南岛	9261	解放南方	12372, 12543
解放汉家山	6077	解放平江城	4959
解放后十年来罗马尼亚造型艺术	361	解放区的电影	13177, 13178
解放军阿姨，您好	4614	解放区的天	12200
解放军参加建设汽车厂	8874	解放区木刻	8644
解放军参加全国第一届音乐周歌曲选	11581	解放石家庄	5561, 5660
解放军的文艺表演	3728	解放思想大闹技术革命	3082
解放军二届美展油画作品选	2718	解放天津图	4021
解放军歌集	11552, 11562	解放仙阁岛	6077, 6078
解放军歌曲选集	11569, 11570, 11577, 11592	解放新歌	11558, 11562
解放军拉练到咱村	3795	解放新歌集	11562
解放军练本领的故事	5118	解放战争历史巨片丛书	6584
解放军路过阿妈家	3635	解放战争时期歌曲选集	11602
解放军史画	4877	解放之歌	11538, 11562
解放军首届硬笔书法大赛获奖作品选	7437	解构香港电影	13133
解放军叔叔到我家	3795	解构与重建的诗学	119
解放军叔叔好	3110	解构主义	197
解放军叔叔讲故事	3635	解画璇言	771
解放军叔叔教我学打靶	3221	解粮官	5092
解放军叔叔你们打得好	3795	解剖	552, 555
解放军叔叔野营训练过俺村	3795	解剖·形体·动作	559
解放军叔叔再见	3973	解体与重建	107
解放军叔叔在大干	3973	解忧公主	5790
解放军同志请你停一停	11969	解语花	11754
解放军舞蹈史	12580	解珍 解宝	5660
解放军修建天宝路	11393	解珍解宝	5660
解放军野营训练图	3728	介庵印谱	8529, 8530

中国历代图书总目·艺术卷

介眉先生隶书	8186	借东风	2366
介绍八部好电影	13088	借姑娘	9951
介绍两个比较好的农村业余剧团	13012	借鉴摄影的绘画新技法	610
介绍水西乡农村剧团	13013	借罗衣	4071
介绍莎士比亚特刊	12675	借蜜	5202
戒严令之夜	6222	借亲配	5065, 5477, 13245
芥末居杂记	3417, 3420	借伞	1871, 1918, 4071, 9224
芥子园画传	648, 649, 650, 651, 652	借扇	4198
芥子园画传初集	652	借书	2714
芥子园画传二集	652, 653, 654	借宿	2730
芥子园画传集	654	借饷银	5561
芥子园画传青在堂菊谱	654	借轩墨存	1059
芥子园画传青在堂兰谱	654	借云馆曲谱	12304
芥子园画传青在堂梅谱	654	巾帼剑侠	13123
芥子园画传青在堂竹谱	654	巾帼健儿	4375
芥子园画传三集	654, 655	巾帼梁红玉	9948
芥子园画传四集	655, 656	巾帼奇男	13115
芥子园画传续集	656	巾帼诗文硬笔书法集锦	7551
芥子园画传译注	656	巾帼雄风	9948
芥子园画集	656	巾帼英豪	8894
芥子园画谱	657, 658	巾帼英魂	5790
芥子园画谱六集	657	巾帼英烈	9526
芥子园画谱全集	657	巾帼英雄	3594, 4021, 4071, 4278, 4376, 4537,
芥子园画谱三集	656		4768, 8807, 9219, 9243, 9246, 9247, 9542,
芥子园画谱新编	697		9551, 9667, 9759, 11930
芥子园图章会纂	8486, 8487	巾帼英雄	2358, 2361, 2366, 2374, 2379, 2390
界碑	4891	巾帼英雄——樊梨花	9243
界画技法	857	巾帼英雄——红娘子	4614
界画特展图录	1479	巾帼英雄——花木兰	4614
界山恩仇	5477, 5660	巾帼英雄——梁红玉	4614
借兵泥罗寨	5561	巾帼英雄——唐赛儿	4614
借锄头	4959	巾帼英雄——王聪儿	4614
借当	8809	巾帼英雄：洪宣娇，穆桂英，梁红玉，花木兰	
借髯髯	12106		9007
借东风	12072, 13241	巾帼英雄红娘子	4467

书名索引

巾帼英雄花木兰	4021, 4071, 4376	今日长征路写生选	2861
巾帼英雄花木兰 女中豪杰穆桂英	4130	今日的斯大林格勒	10128
巾帼英雄梁红玉	2616	今日睇 FUN 啲	3484
巾帼英雄穆桂英	4278, 9948	今日功课今日完	4198
巾帼英雄穆桂英	2379	今日国际时装插图艺术	7063
巾帼英雄唐赛儿	4467	今日华侨	8886
巾帼英姿	4614	今日荒山明日粮川	3883
巾帼忠魂	5936	今日黄泛区	3795
巾舞	12186	今日黄河泛区	9785
巾箱小品	658	今日家居	10564, 10592
今朝花更红	1856	今日江南分外娇	1835, 1842, 3832
今代漫画选	3393	今日江南分外娇	2595
今栎美术论集	535	今日矿山分外红	3025
今栎速写白描选集	2900	今日流行标准名歌三百首	12400
今古墨缘书法撷英	8292	今日沪定	3926
今古女谍丛书	6358	今日美国陶泥家	10768
今古奇观	6450	今日美国艺术	367
今古贤文小楷字帖	8380	今日南泥湾	8882, 9785, 9790
今画偶录	1457	今日内蒙古	8927
今年定要胜往年	11603	今日青海	8956
今年梅花开	11955	今日山西	8958
今年喜事多	3973	今日韶关	8952
今奇画猫	990	今日石家庄	8940
今趣集	3460	今日蜀道不再难	3973
今人物志	3402, 3509	今日先锋	167
今日"黄泛区"	8890, 9080	今日新歌	11889
今日"愚公"	5010	今日新向	6749
今日阿克苏	9136	今日延安	8874, 8899, 8908
今日阿佤山	9787	今日杨桥畔	9275
今日安源	8882	今日榆林	8931
今日宝鸡	8892	今日圆明园	9123
今日报头	10289	今日在池塘明天守海疆	4072
今日北京	9116	今日之艺术	195
今日柴达木	8940	今日中国军队	9327
今日长征路	4022, 9794	今日中国人民解放军	9326

中国历代图书总目·艺术卷

今日装饰	10567	金币的故事	6289
今日遵化	8940	金币国游记	6327
今天的好消息	3538	金壁生辉	4614
今天的奶子又多了!	2728	金边牡丹	5790, 6078
今天的时代不平常	11440	金鞭传	6078
今天好好打基础 明天勇敢攀高峰	3118	金鞭岩	9802, 9810
今天是"船模"爱好者 明天当造船红旗手	3082	金匾背后	4757
今天是红领巾明天是红旗手	3082	金匾献给华主席	3973
今天是你的生日	12384	金匾献给毛主席	1848
今天我休息	5010, 5093, 5351	金镖黄天霸	4757, 6289
今天我值日	4198, 4376, 4467	金兵入中原	5660
今天我做值日生	4130	金波诗词歌曲集	12044
今文房四谱	1057	金伯兴书法作品集	8316
今夕庵读画绝句	675	金采风	9366
今夕庵题画绝句	7147	金灿灿的大道	5316
今夕庵题画诗	8044	金茶花	11813
今昔	12263, 12265, 12282	金蟾吐宝	2134
今昔对比画册	4959	金昌市美术·摄影·书法作品选	313
今昔之比	8867	金唱片奖歌曲选	11492
今夜星光灿烂	5562	金翅	5284
今夜星光如梦：张学友演唱专辑	11497	金翅膀	5400
今有录	11014	金锤将出世	5936
今虞琴刊	11332	金唇树	5351, 5400
今注今释正续三希堂法帖	7738	金代官印集	8545
金榜歌王	11727	金刀记	6078
金榜流行曲	11715	金刀令公	5660
金榜题名新婚时	9007	金灯案	6358
金榜挑战歌	11748	金灯高照	3973
金宝娃娃	2390	金殿保本	5791
金保书篆刻百家姓	8582	金殿惩奸	9233
金杯放光彩	4467	金殿拒婚	9246
金杯高举 为国争光	4278	金殿让子	9245
金杯红花传捷报	4376	金殿认子	9238
金杯献祖国	4198	金殿装疯	11139
金笔的故事	5034	金碟之声	11711

书名索引

金顶会盟	6078	金凤凰的传说	5477, 5791, 6451
金顶奇观	9833	金凤凰飞回黎家寨	1842, 3883
金顶夕照	9820	金凤凰飞来了	4198
金东方戏曲人物画选	1406	金凤流辉	317
金冬心花果册	1610	金凤树开花	4924, 12092
金冬心画人物册	1635	金凤戏牡丹	10405
金冬心画选	1653	金凤展翅幸福来	4376
金冬心金刚般若经	8105	金佛案	5661
金冬心隶书	8052	金佛风云	5791
金冬心梅花册	1675	金佛奇案	6359
金冬心墨梅册	1610	金佛寺护宝记	5936
金冬心人物山水册	1628	金佛像失窃案	5661
金冬心书书画小记	8044	金佛疑案	5791
金冬心先生诗稿墨迹	8028	金斧剑锤将	4787
金冬心先生自书诗稿墨迹	8028	金斧头	5477
金兜洞	5562, 5660, 5661	金刚	4694, 5255, 8667
金兜山魔王弄法	6078	金刚	2077
金铎风光摄影集	9138	金刚般若波罗密经	7660, 7851, 8038, 8057, 8116
金发	9759	金刚般若波罗蜜经	7660, 8014, 8110, 8117, 8118,
金发艾斯南	6078		8119, 8131, 8264, 8467
金发夹之谜	6642	金刚传奇	6078
金发美人	6527	金刚葫芦斗金刚	6686
金发女郎	9739	金刚葫芦娃	6528
金发小姑娘	6387	金刚经	6584, 7660, 8049
金帆	056	金刚霹雳腿	6679
金方昌	6078, 6450	金刚石	5527
金粉世家	6078	金刚手菩萨	6584
金峰女杰	6078	金刚战神	6289, 6387, 6656
金峰玉卿画集	2221	金刚钻石献给党	1871
金峰之歌	11515	金钢钻的故事	5477
金风	5065, 5230, 6187	金戈美术作品选	336
金凤朝阳	4130	金歌伴金曲	11739
金凤花开	12650	金歌金曲金旋律	11751
金凤凰	5661	金歌妙韵	11727
金凤凰到我家	4376	金歌银曲荟萃	11751, 11752

中国历代图书总目·艺术卷

金歌纸	11727	金虎行动	6359
金耿庵梅花册	1646	金花路	5478
金拱北遗墨	1698	金花银花遍地开	11443
金谷	4072	金花与紫罗兰	12227
金谷登场	3795	金华民间剪纸选	10664
金谷颗颗要归仓	1815	金画笔少儿美术丛书	614, 615, 884
金谷银流	2807	金黄的秋天	2423
金谷银流	2078	金鸡百花在春城	13318
金鼓集	12726	金鸡报春	1964, 4694, 4816
金瓜	5791	金鸡报喜	4694, 4788, 4816
金瓜儿银豆儿	5400	金鸡报喜发大财	4816
金瓜和银豆	5093	金鸡报晓	1964, 4072, 4198, 4278, 4376, 4467,
金冠岭	5203		4537
金光大道	1856, 4022, 5176, 5203, 5230, 5255,	金鸡报晓 连年有余	4467
	5284, 5316	金鸡长鸣	2006, 4467
金光粼粼的河面	6871	金鸡长鸣	2649
金光满塘	3832	金鸡独立	8847
金光闪闪	9378	金鸡高唱	4694
金光闪耀	13158	金鸡高唱 岁岁有余	2134
金桂飘香	10084	金鸡高唱福富有余	4816
金桂之死	5661	金鸡冠的公鸡	6079
金红里阻击战	5203	金鸡奖、百花奖得奖演员龚雪、潘虹、斯琴高娃	
金鸿钧 许继庄 赵秀英工笔花鸟画集	2509		9589
金鸿钧工笔重彩花鸟画	2040	金鸡岭	5562
金鸿钧花鸟画集	2547	金鸡鸣富	2006
金鸿钧新作选	2252	金鸡牡丹	1918, 4376
金猴出世	6528	金鸡起舞又一春(摄影)	13113
金猴奋起千钧棒	9218	金鸡啼鸣百花迎春	4198
金猴奋起千钧棒玉宇澄清万里埃	3973	金鸡虞美人	2608
金猴奇诛白骨精	3926	金鸡寨歼匪记	5791
金猴怒打白骨精	3973	金吉芬	5203
金猴献寿	4787	金佳石好楼碑帖书籍目录	7663
金猴献寿图	2941	金家骥作品选	2268
金壶记	639, 640	金建华画集	2541
金湖大合唱	11951	金剑啸	6359

书名索引

金剑重鸣	6254	金陵古版画	3052
金箭行动	6079, 6187	金陵古今山水胜迹四十八景	9857, 9858
金箭号远航	5478	金陵画品	666
金奖卡拉OK热唱	11739	金陵名家山水画技法解析	916
金蚊戏春娃	4614	金陵名胜	9089
金焦二山一担挑	5936	金陵名胜写生集	2922
金桔仙女	5936	金陵名胜写生集	2712
金锦根	5163	金陵名胜印谱	8564
金睛白额步山冈	2649	金陵盆景集粹	10586
金驹送到家	4788	金陵瑞雪	9820
金菊	10034, 10041	金陵山水名胜五十景	2471
金菊灿灿	10061	金陵十二钗	10518
金菊秋艳	4278	金陵十三钗	9641
金菊如画	10089	金陵书法艺术研究院作品集	8249
金菊郁香	2514	金陵书画	1902
金句短歌集	12440	金陵所锁版画集	2980
金俊明画梅花册	1569, 1631	金陵之春	8929
金俊明梅花册	1572	金陵诸家绘画	1488
金卡通高级多功能简笔画	2904	金岭风云	5230
金开芳唱腔选	11870	金龙飞腾	1964
金孔雀	10048	金龙寺遇险	6079
金窟末日	5478	金龙腾飞	4694
金匮藏画集	1474	金龙腾飞 万象更新	4614
金匮藏画评释	1506	金龙戏瑞	4614, 4694
金勒麦斯山口	5478	金龙献宝	4694
金叠山民手刻印存	8530	金龙献宝	2040
金叠山人印存	8530	金龙献瑞 醒狮呈祥	4467
金叠印檀	8537	金律	8317
金鲤鱼	5791	金鹿	5791
金立德水彩画集	2955	金鹿儿	5936
金鳞记	4278	金鹿鸣春	2807
金陵八家画集	1696	金銮宝马闹春冈	2134
金陵才女	8828	金马驹	2078
金陵饭店	9993, 10000	金马驹到我家	4694
金陵饭店远眺	9995	金马奇案	6079

金马送宝	2134	金钱豹	4467
金马送财	2078	金钱梦	5791
金马兆丰年	2078	金枪手徐宁 神火将魏定国	4538
金满斗	4538	金蔷薇的花瓣	029
金猫圣帝	6528	金桥新事	3883
金梅生作品选集	2944	金秋	2805, 4614, 4615, 4694, 6858, 9131, 9820,
金门桥命案	6079		9845, 9858, 9883, 9892, 9899, 9912, 10525
金门颂	11951	金秋	2450, 2451
金梦	9453, 11542	金秋灯会	4816
金梦小姐	8829	金秋菊艳	4130
金明集瓷选录	415	金秋暮色	4694
金铭书法作品选	8249	金秋时节	9912
金鸟	5791	金秋兆丰年	8829
金牛奖	4694	金曲	9470
金牛献宝	4376	金曲·金星	11488
金牛迎来丰收年	1964	金曲大世界	11509
金农册页	1675	金曲冠天下	11986
金农花卉图册	1682	金曲荟萃	11745, 11752
金农画集	1690	金曲劲歌专辑	11728
金农隶书墨迹	8069	金曲劲歌转辑	11711
金农墨迹二种	8093	金曲精选	11721
金农山水人物	1671	金曲龙虎榜	11509
金农书法	8105	金曲世界	11721
金农书画集	1682, 1688, 1694	金曲颂中华	11523
金牌老歌	11721	金曲新旋律	11728
金牌诏曲谱	12130	金曲旋风	11745
金盆聚宝	4198	金曲旋律	11711
金盆口新话	5316	金曲银歌一百首	11489
金苹果树	6719	金泉生歌曲选	11533
金瓶梅插图集	6614	金日成将军之歌	12371
金瓶梅全图	1696	金荣华书法作品集	8292
金瓶梅诗词钢笔行书帖	7566	金融之道	3452
金瓶女	5791	金融知识钢笔字帖	7524
金铺村岭	3018	金润民画选	1887
金钱板表演与写作	12970	金嗓子之路	11122

书名索引

金色的阿达	5316	金色鲤鱼	4905
金色的阿佤山	3795	金色年华	8860
金色的池塘	9902	金色太阳永不落	12023, 12026
金色的大雁	5203, 5316, 5400	金色童年	4768, 6911, 9641, 9697, 9722, 10518
金色的道路	3833, 5203, 5230, 5284	金色音乐厅	11275
金色的短笛	5478	金色种子	12632
金色的海蝶	1964	金沙江边石蛙村	5661
金色的海螺	5791	金沙江畔	3001, 5093, 5118, 9039, 12120
金色的海洋	2995	金沙江畔南泥湾	3927
金色的胡杨	9143	金沙江石鼓渡	9793
金色的桦林	9810	金沙滩	3635, 4615
金色的郊外	2808	金沙滩	2433
金色的葵花	5284	金沙滩上	9858, 9873
金色的铃铛	5792	金山宝盒	5792
金色的梦	9453	金山初夏	9076
金色的牧场	12344	金山芳州	9833
金色的披纱	9419	金山风雨	1725
金色的瀑布	1826	金山虎赶集	5478
金色的秋天	2793, 2796, 6752, 6871, 9098, 9107,	金山江畔	5010
	9802, 9820, 9845, 12156	金山岭长城	9143, 9883
金色的秋天	2134	金山农民画	1370, 1371, 1374, 4072, 6756, 6764
金色的泉	4615	金山农民画开拓者	1373
金色的日出	596	金山寺	4695, 9820, 9858, 12072, 12087
金色的山川	8640	金山寺	2441, 2638
金色的山谷	2665	金山塔新荷	9873
金色的太阳	444, 11525, 12044	金山亭春色	9873
金色的田野	8806	金山戏剧论文集	12690
金色的童年 4198, 8829, 9569, 9697, 12042, 12446		金山银海大有余	3635
金色的晚秋	5936	金山战鼓	3560, 4199, 9350
金色的小船	12039	金蛇狂舞	12335
金色的雪山献哈达	11795	金蛇狂舞、彩云追月、步步高、娱乐升平	
金色的鱼钩	5034		12247
金色的种子	3795, 3883, 3973	金蛇狂舞明星劲曲 100 首	11715
金色的壮乡	3974	金狮犬	10354
金色黄昏	3388	金狮送宝	2040

中国历代图书总目·艺术卷

金狮镇宅	8822	金筱婉传奇	6222
金石翰墨雅集	8537	金筱婉奇案	6254
金石红文	8495	金穗数不完	9342
金石家珍藏书画集	281	金梭和银梭	11978
金石家篆书楹联	8051	金台残泪记	12737, 12739
金石昆虫草木状	1552	金台奇侠传	6327
金石声摄影集	8914	金台奇侠传续集	6327
金石声摄影艺术作品选辑	8976	金台三打少林寺	6254
金石书画	1482, 2023	金坛子	6079
金石书画家润单汇刊	568	金陶陶女士画册	1706
金石书画杂记	1457	金田起义	5478
金石索	8456	金田起义——太平天国故事	5400
金石滩	8956	金田暂师	5034
金石印藏	8530	金铜佛	462
金石则效	8487	金铜佛教供具特展	417
金石篆刻研究	8457	金铜佛造像图录	455
金石篆刻字典	8459	金童	9641
金书寿字册	7658	金童玉女	4862, 8839
金书小楷	8120	金吞·银吞	2078
金叔介画扇谱	10615	金拓蜀先主庙碑	7950
金属、皮具冷光集	1194	金娃娃	6560, 9776
金属、皮具暖光集	1194	金王庭筠书重修蜀先主庙碑	7974
金属雕塑艺术	8678	金文和印存	8572
金属工艺	10762	金文集联	8305, 8354
金属精密雕刻和制作	8619	金文书法精华	8360
金属文物鉴赏	400	金屋	10000
金水桥畔	4072	金屋财宝满	4816
金丝猴	2605	金屋藏娇	5792
金丝猴与小老虎	6560	金兀术兴兵	5936
金丝猴与熊猫	5792	金希明书法选	8317
金丝菊	10024	金溪题跋	7693
金粟碧波	3685	金祥龙画选	1407
金粟碧波图	3560	金像背后	13115
金粟笺说	1036, 1037	金晓枫剪纸艺术	10698
金粟逸人逸事	8451	金晓海墨兰集	2547

书名索引

金孝章梅花册	1641		10055, 10087
金鞋	4768	金鱼	2582, 2597, 2602, 2611, 2639
金鞋儿 长发妹	5792	金鱼·锦鲤	993
金心肝	5792	金鱼·紫藤画法	969
金星名曲	12382	金鱼百图	9319
金星闪闪	3022	金鱼百图集	2572
金星新歌选	11887	金鱼多子	3594
金绣娘	5316, 5936	金鱼公主	4695
金训华	5148	金鱼花鸟屏	4695, 4757
金羊毛	5792	金鱼画法	629
金叶片片	9366	金鱼满堂	1918
金一如先生书画作品集	1487	金鱼满塘	4072, 4278, 4468, 4538, 4615, 4695,
金意庵诗书画印集	2329		9310, 10456
金银岛	5661, 5792, 6560, 6707, 7054	金鱼满塘花果香	4538
金银斧	5936	金鱼屏	3560, 4376
金银花	9235, 12118	金鱼双美	3594
金银满地 财宝成山	4843	金鱼睡莲	1779, 10028
金银满柜	4788	金鱼四条屏	4278, 4538
金银器	417, 432	金鱼条屏	2558
金银器鉴赏	413	金鱼图	4072, 4695, 10034
金银器鉴赏与收藏	415	金鱼图	2566
金银四锤	2134	金鱼图谱	1596
金银珠宝谱	381	金鱼娃娃	4022, 4538
金印记曲谱	12130	金鱼舞	3560, 4130
金印情谊	4199	金鱼舞	2611
金膺显启功书法作品集	8264	金鱼嬉水	3594
金鹰展翅唱黄梅	13296	金鱼嬉水图	4615
金庸著名武侠小说	6490	金鱼嬉游	1938
金永辉作品	2303	金鱼戏水	2568
金余满堂	1964	金鱼戏珠节日乐	4278
金鱼	1746,	金鱼仙子斗八仙	9231
	1767, 1856, 1871, 4199, 4278, 4376, 4467,	金鱼小猫	4376
	4468, 4538, 4695, 8812, 9304, 9305, 9306,	金禹民印存	8559
	9311, 10013, 10015, 10016, 10018, 10024,	金玉姬	5034, 5093, 5400, 13092
	10028, 10034, 10041, 10042, 10048,	金玉良言	4857

金玉良缘	4538, 4768, 9009, 13123	津门雪耻	6187
金玉良缘 百年合美	4615	津奈达尤斯波娃的肖像	6886
金玉满堂 4199, 4376, 4615, 4695, 4757, 4817,		矜	9477
4843, 4849, 4857, 8847		筋斗云	5065
金玉满堂	2134	紧跟华主席 奋勇向前进	3927
金玉满堂福满门	4695	紧跟华主席把毛主席开创的革命事业进行到底	
金玉满堂娃娃乐	2134		3278
金玉奴 9244, 9948, 9953, 12077, 12087		紧跟华主席奋勇向前进	3278
金玉奴棒打薄情郎	5792	紧跟华主席高举毛主席的伟大旗帜胜利前进	
金玉奴棒打无情郎	6255		3278
金玉山水甲天下	2808	紧跟华主席胜利向前进	3278
金玉璞碎	384	紧跟领袖华主席 继续革命永向前	3278
金元帝国的悲剧	5792	紧跟毛主席就是胜利	3182
金钥匙	6289, 7140	紧跟毛主席伟大战略部署抓革命，促生产，促	
金运贵唱腔选集	11870	工作，促战备。	3164
金韵奖创作经典乐谱	11519	紧跟毛主席在大风大浪中锻炼成长	3254
金珍儿	5937, 6451	紧跟毛主席在大风大浪中前进	3025
金震雷舞台艺术	12927	紧跟伟大领袖毛主席奋勇前进	3182
金正惠工笔花鸟画集	2552	紧跟伟大领袖毛主席奋勇前进！	3164, 3168
金枝	9356	紧跟伟大领袖毛主席奋勇前进！胜利是属于我	
金枝初发荣华叶	8829	们的。	3164
金枝公主	9551	紧跟伟大领袖毛主席就是胜利	8999
金枝玉叶	2006, 4538, 8812	紧跟英明领袖华主席，为实现新时期的总任务	
金指头	6079	而奋斗	3302
金志远 徐朴画选	1938	紧箍咒	5034, 5478
金钟小号教程	11172	紧急护航	6079
金珠	5118, 5351, 5400	紧密地团结在华主席为首的党中央周围	2765
金珠宝石细毛绸纱等谱	10229	紧密地团结在华主席为首的党中央周围	2765
金珠玛米和我们在一起	1815	紧密地团结在以华主席为首的党中央周围夺取	
金珠与人鱼	5792	更大的胜利	3278
金锥银镖	4757	紧密地团结在以江泽民同志为核心的党中央周	
津步联吟	8456	围，沿着建设有中国特色的社会主义道	
津速秘书	746, 747	路阔步前进！	3387
津门华世奎孝经帖	8127	紧密地团结在英明领袖华主席为首的党中央周	
津门书画选	2178	围	3302

书名索引

紧密团结在以华主席为首的党中央周围		锦屏春常好	4072
	3278	锦褐记	10343
紧密团结在以华主席为首的党中央周围夺取新		锦瑟年华	9697
的胜利	3279	锦瑟年华	2409
紧握方向盘 一心为人民	5176	锦上牡丹——影坛新秀董智芝	9589
紧握枪杆	3728	锦上添花 1757, 1918, 2006, 3686, 3833, 4022,
紧握枪杆 革命到底	3728, 3729	4199, 4279, 4377, 4538, 4615, 4695, 4696,
紧握枪杆保海疆	3833	4817, 5066, 8839, 8847, 10055
紧握枪杆保江山	3796	锦上添花	2078, 2649, 2658
紧握手中枪	6752, 11632	锦上添花年年好 工农联盟心连心	3686
紧握手中枪，永作革命人	3729	锦上添花年年好，工农联盟心连心	3635
紧要时刻	5351	锦上添花图	4538
锦车丽人	9018	锦上添花系列画	8839
锦城春秋	5937	锦石秋花图	1670
锦城春色	4377	锦堂富贵	4377
锦城灯会	3974	锦绣草原	3686
锦凤巧手	4072	锦绣春光	1918, 4538
锦华	9470	锦绣春光	2616
锦鸡	1663, 1902, 4279, 5035, 5400	锦绣春光图	1964
锦鸡 鸳鸯 兰鹇 鹦鹉	2566	锦绣春色	1965, 4130, 4817
锦鸡菊花	1918	锦绣春色	2419
锦鸡孔雀百图	9319	锦绣大地绘新图	8884, 10429
锦鸡鸣菊 孔雀争艳	4199	锦绣河山 1965, 4022, 4072, 4199, 4377, 4539,
锦鸡牡丹	4279, 4377, 4538	4696, 4757, 4862, 9071, 9076, 9116
锦鸡牡丹	2605, 2639	锦绣河山	2445, 2451
锦鸡与牡丹	3635	锦绣河山美如画	4072
锦鸡玉兰	2658	锦绣河山添秀丽 英雄儿女学雷锋	3729
锦江春色	1732	锦绣湖山	9129
锦江晓雾	1918	锦绣家乡	12119
锦江秀色	4695	锦绣江南鱼米乡	1816
锦葵 牡丹 孔雀开屏	3635	锦绣江南鱼米乡	2590
锦葵双兔	1747	锦绣江西	8972
锦鳞争辉	9059	锦绣漓江	1938, 9107, 10470
锦毛虎燕顺·云里金刚宋万	2078	锦绣漓江	2658
锦囊印林	8499	锦绣年华	9722

锦绣农田巧安排	4022	进阶经	12051
锦绣前程	1871, 1919, 1965, 2006,	进京行刺	6080
	3776, 3796, 3833, 3974, 4022, 4072,	进军奥运会	4615
	4279, 4615, 5010, 8864, 9453	进军大西南	3927
锦绣前程	2040, 2134, 2135, 2451, 2639, 2670	进军大西南大合唱	11558
锦绣前程奔四化	4696	进军井冈山	5937
锦绣沁香	8829, 10068	进军九峰山	5478
锦绣山川	4788	进军舞	12145
锦绣山川	2451	进军西南木刻集	2986
锦绣山河	1902, 4130, 4539, 9116	进军腰鼓	12603
锦绣山河	2446	进梦歌曲选	11523
锦绣山河春常在	2593	进入都市	2329
锦绣神州	9136	进入莫内的国度	6808
锦绣图	4279	进入影视圈的锦囊妙计	13222
锦绣异彩	1965	进水塔工程	1725
锦绣园林图	1887	进一步发展苏联电影事业	13307
锦绣中华	9076, 9080, 9108, 9123, 9124, 9292,	进一步革新和发展戏曲艺术	13017
	9301, 9858, 9908	进一步贯彻"百花齐放、推陈出新"的方针	214
锦绣中华回归颂诗碑	8317	近百年的京剧	12869
锦玉前程	1919	近百年来对古玺印研究之发展	8458
锦园春色	4615	近百年来捷克讽画艺术	1219
锦园翠竹	9316	近百年中国画研究	814
锦州市戏曲志	12775	近百年中国书画精品集	1485
尽快赶上现代科学技术日新月异的步伐	3302	近代碑帖大观	8123, 8126, 8127
尽善尽美	267	近代雕刻杰作集	8668
进宝发财	4817	近代法书扇集	8125
进宝图	4788, 4817	近代工艺美术	10173
进行曲	12484	近代国画名家	1717
进行曲粹	12152	近代国画选	1654
进行曲集	12487	近代画家论	500
进行曲选	12485	近代绘画选论	535
进行舞蹈曲萃	12143, 12145	近代裸体艺术	6862
进行一次思想和政治路线方面的教育	3195	近代美术史潮论	357
进阶	1173	近代美术思潮	168
进阶黑白摄影	8774	近代名画	1716

书名索引

近代名画大观	1306, 1704, 1712	近现代百家书法赏析	7355
近代名家书法大成	8131	近现代和声的功能网	11089
近代名人翰墨	8124	近现代和声思维发展概论	11088
近代名人画海	1714	近现代名家丛帖	8132
近代名人画集	1698	近现代名家书画品鉴	1717
近代名人手札精选	8128	近现代室内外壁画 529	1241
近代名人书林	8128	近现代书法史	7167
近代木刻选集	6912	近现代书画名家印鉴	8550
近代欧洲绘画	568, 571	近现代外国钢琴曲选	12510
近代世界名画全集	6781, 6782	近现代中国画大师吴昌硕 齐白石 黄宾	
近代书苑采英	7313	虹 徐悲鸿 刘海粟 潘天寿 张大	
近代西洋绘画	568, 6808	千 林风眠 傅抱石 李可染谈艺录	
近代戏剧教程	12674		715
近代戏剧艺术	12752	近现代篆刻名家精品	8551, 8586, 8587
近代戏曲原出宋傀儡戏影戏考	12977	近郦斋印存	8516
近代艺术	169	劲爆卡拉 OK 金曲	11509
近代艺术纲要	170	劲草木刻丛刊	3028, 3029
近代艺术革命	174	劲风高节	4788
近代艺学界	171	劲歌吉他	11205
近代音乐作品音响目录	11356	劲歌金曲	11721
近代英国戏剧	12771	劲歌金曲 115 首	11711
近代中国画选	1711	劲歌金曲奖	12402
近代中国美术论集	103, 104	劲歌金曲卡拉 OK 精品	11509
近代中国演义连环画	6429	劲歌精选	12389
近代中国艺术发展史	256	劲歌龙虎榜	11745
近东与中东的文明	365	劲歌新天地	11519
近古堂三经印章	8513	劲松	9905
近距摄影	8726, 8743	劲松独秀白云山	9858
近距摄影技巧	8795	劲松画集	1938
近人书学论著	7155	劲松兽鸟	2616
近摄技术	8721	劲松挺翠 梅园长春	3927
近摄微距摄影术	8743	劲松挺翠 梅园长春	2597
近摄之美	8731	劲松挺翠 梅园长春	1848
近世美术史概论	358	劲松图	1938
近世一百名家画集	1631, 1632	劲松夕照	9820

中国历代图书总目·艺术卷

劲舞	9244, 9979	晋绥边区七月剧社回忆录	12775
晋·临辟雍碑	7824	晋绥革命根据地书画作品选	1326
晋《三国志·步骘传》	7824	晋绥解放区木刻选	3031
晋北道情音乐	12117	晋泰始笛律匡谬	11299
晋北道情音乐研究	11158	晋唐瓷器	421
晋察冀革命文化艺术大事记	12791	晋唐风韵	1527
晋察冀根据地歌曲选	11753	晋唐楷书钢笔临本	7524
晋察冀子弟兵军歌初审入选作品	11378	晋唐楷帖	7662, 7779
晋城	8958	晋唐书法考	7296
晋城文史资料	12952	晋唐宋名家书法钢笔字帖	7618
晋出师颂	7801	晋唐宋元卷轴画史	848
晋楚城濮之战	5661	晋唐宋元明清名画宝鉴	1467
晋祠	9796	晋唐五代宋元明清名家书画集	1506
晋祠铭	7938	晋唐小楷	7658
晋爨宝子碑	7795, 7796	晋唐小楷十种	7779
晋爨宝子集联	7797	晋唐小楷五种	7798
晋桂香	5010	晋拓保母帖	7785
晋好大王碑	7799	晋王大令保母帖题词	7693
晋剧《碧玉簪》	9235, 9954	晋王大令书洛神赋	7779
晋剧《雏凤凌空》	9954	晋王羲之道德经	7779
晋剧《五女拜寿》	9955	晋王羲之奉橘帖	7787
晋剧百年史话	12932	晋王羲之寒切帖	7799
晋剧呼胡演奏法	11147	晋王羲之行书帖墨迹	7779
晋剧名旦田桂兰	9589	晋王羲之快雪时晴帖墨迹	7779
晋剧名家唱段集萃	11872	晋王羲之兰亭序	7377, 7798
晋剧文场艺术	12135	晋王羲之兰亭序临习技法	7366
晋剧新秀	9551	晋王羲之兰亭序帖	7799
晋剧新秀宋转转	9955	晋王羲之墨迹	7791
晋剧音乐	12104	晋王羲之平安帖	7773
晋楷僧记残稿	7206	晋王羲之圣教序	7818
晋昆考	12957	晋王羲之十七帖	7804
晋鸥书画篆刻选	2204	晋王羲之书乐毅论	7805
晋人书度尚曹娥诔辞	7791	晋王羲之书圣教序集联	7821
晋尚书令王献之鸭头丸帖	7790	晋王羲之王献之小楷书选	7799
晋水咽	9951	晋王献之草书帖	7779

书名索引

晋王献之洛神赋十三行	7780	靳微天靳思薇水彩画集	2946
晋王献之书洛神赋十三行帖	7780	靳延平小提琴曲集	12179
晋王献之鸭头丸帖	7792	京尘杂记	12840
晋王献之中秋帖墨迹	7780	京城夏日	9470
晋王珣伯远帖	7780	京调	12331
晋王珣伯远帖墨迹	7780	京调风琴谱	12185
晋王珣行书伯远帖	7780	京调工尺大全	11826
晋王义之王献之小楷书选	7799	京调工尺秘诀续编	12273
晋王右军笔势论略	7206	京调工尺谱	12273
晋王右军三月帖墨迹	7777	京调工尺戏曲大观合刊	11824
晋卫夫人笔阵图	7206	京调胡琴工尺秘诀	12273
晋魏隋唐墨迹	7809	京调胡琴秘本	12273
晋文公争霸	5792	京调胡琴秘诀	11305
晋文图霸	5035, 5562	京调胡琴秘谱大全	12274
晋阳杯硬笔书法大赛获奖作品选集	7451	京调琴谱	12069, 12274
晋阳秋	5661, 5793, 6080	京调曲谱精选	12067
晋斋印稿	8504	京都大侠	13129
晋左太冲蜀都赋	8122	京都古戏楼	12782
浸山绿遍	4072	京都名苑——香山	9129
浸月楼图书稿	8501	京都奇盗	6080
浸月楼图书印记	8501	京都一绝	10198
浸月楼印稿诗存	8502	京杭运河	8901
浸月楼印记	8502	京杭运河书画集	2040
靳埭强	10192, 10194	京胡伴奏	11310
靳及群画选	2023	京胡伴奏研究	11312
靳嘉	9641	京胡初学法	11306
靳梦萍粤艺谈奇说趣	12958	京胡拉奏法	11307
靳祈岛	10190	京胡曲集	12275
靳尚谊·人体·肖像	2798	京胡曲谱集成	12275
靳尚谊画集	2815	京胡实习谱	12274
靳尚谊素描集	2896	京胡学习手册	11306
靳尚谊肖像作品选集	2796	京胡学习与欣赏	11313
靳尚谊油画选	2787	京胡演奏法	11307
靳涛水彩画集	2948	京胡演奏基础	11308
靳涛作品选	2962	京胡音乐演奏教程	11314

中国历代图书总目·艺术卷

京沪沪杭甬两路同人会京剧部九周纪念特刊

	12859
京华百园	9302
京华彩虹	8897
京华美术专门学校要览	342
京华义士	6187
京华艺藻	050
京江画派研究	590
京江怒涛	5203, 5204, 5230, 5255
京郊大道	2987
京郊明珠怀柔	8895
京郊秋色	9052
京郊之战	5400
京津版画选集	2993
京津沪职工美术作品选	288
京剧	9146
京剧·跷和中国的性别关系	12894
京剧样板戏音乐论纲	11161
京剧《百花公主》	9229
京剧《法场换子》	12089
京剧《樊江关》	9232
京剧《贵妃醉酒》	9219
京剧《红灯记》	9149, 12080
京剧《红灯记》评论集	12870
京剧《红灯照》	9938
京剧《红灯照》唱腔选集	11865
京剧《华容道》——关羽、关平、周仓	9221
京剧《慧梅》中的闯王义军女将慧梅	9951
京剧《三岔口》	9147
京剧《沙家浜》	12080
京剧《锁麟囊》唱腔选	11870
京剧《太真外传》唱腔选	11872
京剧《文姬归汉》	9219
京剧《西厢记》	9956
京剧《杨门女将——杨七娘大战番将》	9147

京剧《杨门女将》——穆桂英	9219
京剧《杨门女将》唱腔集	11864
京剧100题	12881
京剧白毛女选曲	12076
京剧百家谱	12886
京剧版画	2993
京剧表演艺术杂谈	12866
京剧长谈	12877
京剧常识	12864
京剧常识讲话	12866
京剧唱词选注	12887
京剧唱片曲谱选	12072
京剧唱谱	12068
京剧唱腔	11834, 11868
京剧唱腔鼓套子	11159
京剧唱腔选	11834
京剧唱腔选集	11832
京剧唱腔研究	11157
京剧唱腔音乐研究	11157
京剧传统唱段荟萃	11877
京剧传统唱腔选集	11864
京剧传统曲牌选	12085
京剧传统戏皮黄唱腔结构分析	11156
京剧词典释例	12861
京剧丛谈百年录	12895
京剧打击乐汇编	12073
京剧打击乐浅谈	11155
京剧大观	12879
京剧旦角唱念浅说	11140
京剧旦角的唱念浅说	11140
京剧的行当	12867
京剧的角色分行及其艺术特点	12866
京剧对花枪	12087
京剧二百年概观	12881
京剧二百年史话	12891

书名索引

京剧二百年之历史	12857	京剧锣鼓经谱	12069
京剧发展略史	12863	京剧锣鼓谱简编	12069
京剧服饰	12892	京剧锣鼓入门	11137
京剧改革的先驱	12845	京剧锣鼓演奏法	11348
京剧歌谱	11826, 12067, 12068	京剧漫话	12876
京剧歌谱三百首	11825, 11828	京剧魅力	12896
京剧歌谱一千首	11826	京剧秘笈	11824, 12067
京剧歌选	11828	京剧名唱 118	11878
京剧行当	12876	京剧名家的演唱艺术	12878
京剧胡琴谱	12066	京剧屏	3561
京剧胡琴入门	11307	京剧奇葩	12890
京剧胡琴研究	11308	京剧前辈艺人回忆录	12864
京剧胡琴演奏法例解	11308	京剧琴谱	11827, 12069
京剧胡琴奏法例解	11308	京剧曲调	11140, 11141
京剧花旦表演艺术	12869	京剧曲牌简编	11143
京剧化妆常识	12867	京剧曲谱集成	12887, 12888
京剧集成	12087, 12088	京剧曲谱精选	12090
京剧架子花与中国文化	12882	京剧群曲汇编	12088
京剧见闻录	12880	京剧人物	4072, 4131, 12896
京剧精神	12893	京剧人物屏	4131
京剧剧目初探	12864, 12870	京剧人物屏	2366
京剧诀谚辑释	12882	京剧人物装扮百出	12894
京剧考证百出	12857	京剧身段技法	12877
京剧老旦名家唱腔赏析	12882	京剧生行艺术家浅论	12876
京剧老生流派综说	12880	京剧声乐研究	12878
京剧历家班史	12791	京剧失传剧目唱腔选集	11873
京剧脸谱	12876, 12880, 12881, 12887	京剧诗、书、文、画	12892
京剧脸谱图说	12883	京剧史话	12869
京剧流行唱段集粹	11877	京剧史研究	12879
京剧流派	12876	京剧史照	12883
京剧流派唱段荟萃	11874, 11875	京剧四大名旦屏	4131
京剧流派剧目荟萃	12089, 12090	京剧四大须生	2363
京剧流派欣赏	12869	京剧四小名旦	2366
京剧柳荫记	12070	京剧谈往录	12879, 12886
京剧锣鼓	11346, 11347	京剧谈往录三编	12879

京剧谈往录四编	12879	京剧英雄屏	3561
京剧谈往录续编	12879	京剧余派老生唱腔集	12088
京剧现代戏《红管家》演唱集	11839	京剧与中国文化	12896
京剧现代戏唱段荟萃	11876	京剧园地导游	12892
京剧现代唱片曲谱选	12080	京剧杂谈	12867
京剧现代戏观摩演出大会节目单	12870	京剧之变迁	12860
京剧现状研究	12892	京剧知识词典	12883
京剧小生曲谱六种	12090	京剧知识手册	12892
京剧小生宗师姜妙香	12890	京剧著名唱腔选	11870
京剧小戏考	12883	京剧字韵	11142, 11143
京剧欣赏入门	12891	京口新貌	1741
京剧新歌谱	12068, 12069	京门剧谈	12878
京剧新戏考	12870	京生	5176
京剧新序	12896	京师卧虎	5937
京剧选编	12088, 12089	京娃儿与兔儿爷	6731
京剧选曲	12070	京戏词调	12069
京剧演员	4377	京戏近百年琐记	12863
京剧演员屏	4199	京戏人物水墨画	1747
京剧雁荡山总谱	12070	京戏业发展史略	12863
京剧一知录	12883	京音乐谱	12350
京剧艺术发展史简编	12880	京吟集	3484
京剧艺术讲话	12881	京韵大鼓	12137, 12971
京剧艺术讲座	12865	经常读报 关心时事	3686
京剧艺术入门	12890	经典歌曲集	11533
京剧艺术问答	12881, 12888	经典婚纱摄影	9035
京剧音乐初探	11149	经典爵士钢琴曲	12537
京剧音乐概论	11147	经典童话连环画库	6560
京剧音乐介绍	11143	经典英文歌曲弹唱	12390
京剧音乐论	11160	经歌汇选	12437, 12438
京剧音乐欣赏漫谈	12881	经歌译要	12439
京剧音乐研究	11149	经歌摘要	12438
京剧音韵概说	11150	经过音研究	11028
京剧音韵探究	11153	经亨颐作品选	2235
京剧音韵知识	11155	经济工作台历：1986	10484
京剧音韵字汇	11146	经济合同的故事	6429

书名索引

经济合同法	3368	晶莹	8855
经社记	8110	晶莹欲滴	9390
经文	12434	精编狮子王	6528
经文歌选	12439	精编学生钢笔字帖	7566
经艺	470	精变	5937, 6080
荆钗记	1965, 2006, 5793, 5937, 6584, 8822	精彩成语小屋	6491
荆楚歌乐舞	12580	精彩魔术 100 套	12992
荆棘鸟	7566	精彩魔术选	12989
荆江大堤	8902	精彩奇案故事	6528
荆江分洪	8870	精彩三国故事	6528
荆轲插曲	11826	精彩神话小屋	6491
荆轲刺秦	5562	精彩水浒故事	6528
荆轲刺秦王	5562, 5661	精彩瞬间的捕捉：体育摄影 88 例	8856
荆州花鼓戏志	12936	精彩童话故事	6528
荆州民间歌曲集	11802	精彩童话小屋	6491
菁菁	9570	精彩寓言小屋	6491
菁影	9697, 9722	精彩战争故事	6528
惊弓之鸟	6490	精打细收	3833
惊雷	5317	精打细算	1816, 3776
惊奇	9405	精打细算勤俭办社	8874
惊世奇功揭秘	12996	精打细算为国家创造财富	3118
惊涛骇浪	4959	精典民歌改编的通俗钢琴曲集	12527
惊涛骇浪万里行	4924	精绘板报、墙报图案	10329
惊涛烈火	5204	精刻萧尺木太平山水全图	2974
惊涛万里	5401	精灵造成的烦恼	6646
惊涛写生画集	2917	精美橱柜	10618
惊天春雷翻太行	3833	精美的雕塑	8612
惊天动地	278	精美儿童绘画宝典	6767
惊天一战	6528	精美学生黑板报墙报图案集 10294, 10315, 10324	
惊喜催花	9366	精美植物装饰 1000 例	10324
惊险的故事	6491	精美装饰线描	10304
惊险电影初探	13300	精描水彩技法	1168
惊险旅途	7068	精品动漫	3522
晶宫殿	9994	精品屋	10119
晶晶	9378, 9379, 10456	精奇里烽火	5562

中国历代图书总目·艺术卷

精奇里江烽火	5562	精选唐诗一百首钢笔字帖	7495
精巧魔术 110 招	12997	精选唐宋名诗钢笔书法	7438
精神病学入门	7020	精选外国机器人谜语画片	6758, 6759
精神的美食	119	精选汪国真妙语四体钢笔字帖	7594
精神的逍遥	544	精选汪国真抒情短诗钢笔字帖	7594
精神的折射	819	精选汪国真小语四体钢笔字帖	7595
精神分析学说和艺术创作	024	精选汪国真赠言妙语钢笔字帖	7594
精神文明知识钢笔楷书字帖	7607	精选汪国真哲思短语钢笔字帖	7594
精挑细选	3833	精选汪国真哲语四体钢笔字帖	7595
精拓爨龙颜碑	7663	精益求精	3833
精拓散氏盘铭放大本	7662	精英翰墨	8264
精卫填海	4199, 5793	精湛的工艺	10558
精卫与瑶姬	5661	精湛的宋代绘画	826
精武馆	4468	精湛摄影入门	8771
精武门	6528, 6719	精致 POP 海报	10381
精武英豪	6080	精致礼品包装技艺	10395, 10401
精心护养	3763	精致手绘 POP 应用	10379
精心教育一枝花	4377	精致手绘 POP 展示	10381
精心描绘	4022	精致温润的玉器	8651
精心培育	1807, 3776, 3974	精致住宅	10595
精心饲养	3883	精忠报国	3561, 3594
精心饲养禽畜兴旺	1856	精忠旗	6387
精心维护	3974	精篆集腋	8487
精心制作万花开	4131	井边搏斗	5284
精心治疗精心护理	3350	井边村女	2639
精绣阎王旗	4073	井冈春色	2439
精选对联钢笔字帖	7438	井冈春晓	1856
精选肥猪给国家	3796	井冈杜鹃	10012
精选钢琴畅销曲集	12499	井冈杜鹃红	1857, 9053, 10013, 11967
精选快装	3776	井冈杜鹃红	2517
精选良种	3729	井冈杜鹃红似火	1857
精选良种科学种田	3974	井冈杜鹃红似火	2597
精选名伶京剧谱	11824	井冈杜鹃年年红	3020
精选实用楷行隶三体钢笔字帖	7594	井冈红杜鹃	11358
精选实用美术设计图库	10320	井冈红旗	3796

书名索引

井冈红医	3833	井冈山上的年轻人	3686
井冈红缨	5479	井冈山上的新人	5317
井冈路上	5317	井冈山上话当年	3729
井冈情	340	井冈山上太阳红	11675, 12171
井冈沙田组歌	11695	井冈山双马石哨口	1797
井冈山	1807, 1816, 1849, 1965, 2840,	井冈山颂	1816, 11969, 11988
	3883, 3927, 8927, 8966, 9045, 9047,	井冈山颂歌	11690
	9048, 9054, 9057, 9322, 9325, 9791, 9792,	井冈山五马景色	1797
	10099	井冈山巡礼	8146
井冈山	2471, 2597	井冈山朱砂冲哨口	1797
井冈山 黄洋界	9045	井冈山朱砂冲哨口	2595
井冈山——黄洋界	9080	井冈水情谊深	3883
井冈山《茅坪》	1842	井冈小山鹰	5401
井冈山碑林	8317	井冈笑迎阿里山	11467
井冈山茨坪	9325, 9785	井冈新苗	3883
井冈山大合唱	11951	井井在心中	3883
井冈山的道路	11639	井上有一书法	8277
井冈山的斗争	1758	井士剑画集	2811
井冈山的歌声	11570	井台风云	5204
井冈山的小姑娘	4912	井台会	3594
井冈山的新赤卫队	5150	井陉之战	5479
井冈山的早晨	3833	景德镇采茶戏音乐	12130
井冈山歌声	11562, 11608, 11690	景德镇出土五代至清初瓷展	410
井冈山光荣敬老院	1797	景德镇出土元明官窑瓷器	432
井冈山红旗飘万代	9268	景德镇瓷瓷器选集	10642
井冈山黄洋界哨口	1797, 9295, 9323, 10099,	景德镇瓷雕	10496
	10100	景德镇瓷雕——麒麟送子	8662
井冈山会师	2765, 2841, 3974	景德镇瓷雕艺术的新面貌	8616
井冈山龙潭瀑布	9792	景德镇瓷雕作品选	8663
井冈山茅坪八角楼	1807	景德镇瓷器	10496, 10641, 10642
井冈山墨迹选	8305	景德镇瓷塑玩具	10641
井冈山瀑布	9820	景德镇的青花瓷	10642
井冈山人	4959	景德镇古陶瓷	415
井冈山瑞金风景	1284	景德镇古陶瓷纹样	10643
井冈山上	2730	景德镇国画选	2041

景德镇明清瓷器纹饰	10647	景维新草书千字文	8277
景德镇市图书馆馆藏陶瓷美术资料索引		景物速写基础入门	1141
	10640	景阳冈打虎	5793
景德镇陶瓷大全	10651	景阳冈武松打虎	3594
景德镇陶瓷雕塑	10641	景阳岗打虎	5793
景德镇陶瓷艺术	415, 10642	景阳岗十姊妹	3729
景德镇陶瓷艺术的青春	10641	景云竹笔书法集	7618
景德镇陶瓷艺术名人录	10646	警报	12332
景德镇陶录	381	警察·法官和小偷	6992
景帝执政	5793	警察柴田的兼差	5661
景谷民族民间器乐曲集	12350	警察歌集	11386
景观摄影	8743	警察局长的自白	5562
景君碑	7769	警长的儿女	5401, 5479
景康摄影集	8975	警长与杀人狂	6080
景年花鸟画谱	6839, 6840	警官与"皮鬼"	5793
景颇女儿上大学	2751	警官在追捕中死去	6359
景颇人的拷刀	5793	警号一一三九	5937
景颇山上丰收乐	11789	警花出更	11926
景颇文看图识字	4912	警花初绽	6187
景颇族舞蹈——采茶	9959	警句格言钢笔字帖	7473
景趣欣赏	9098	警觉的草原	5401
景色宜人	9858	警猫莉莉	6679
景山公园	627, 9858	警犬卡尔	6642
景山牡丹	9307, 10061	警犬灵灵	6080
景山雪景	9810	警世格言钢笔字帖	7473
景山之晨	9052	警世格言联	7524
景山之展	9785	警世妙语钢笔字帖	7524
景胜山名	9858	警世通言	6429
景氏收藏名画录	1469	警世通言精选	6327
景舜逸临石鼓文	8359	警视厅长上任记	6667
景舜逸书石鼓千字文	8249	警惕	2761, 3883, 5204
景舜逸书钟鼎千字文	8249	警惕的眼睛	5351
景苏园帖	7983	警惕色与利的诱惑	6255
景泰蓝	10643	警惕糖衣炮弹	3068
景泰蓝图案	10298	警醒后的奋起	13295

书名索引

警语 格言 佳句钢笔书法字帖	7495	敬爱的周恩来总理永远和我们在一起	1849
警钟长鸣	3386	敬爱的周恩来总理永远活在云南各族人民心中	
警钟常鸣	5204		8885
净化灵魂的旋律	10927	敬爱的周总理	1857, 4788, 4862, 9001
净土经	6584	敬爱的周总理 我们热爱您	3927
净域奇葩	458	敬爱的周总理 我们永远把您怀念	11690
竞春	1871	敬爱的周总理 我们热爱您	3279
竞芳	10061	敬爱的周总理，我们永远怀念您	3927
竞放	10021	敬爱的周总理，我们永远怀念您！	3279
竞技奇观	13009	敬爱的周总理，人民的好总理	11967
竞赛	2924	敬爱的周总理到延边	3927
竞赛没有结束	4912	敬爱的周总理访问朝鲜	2352
竞选首领	7068	敬爱的周总理视察三八饭店	1857
竞艳	4022, 8839, 10015, 10042	敬爱的周总理为雷锋同志题词	8143
竞艳图	1965	敬爱的周总理我们永远怀念您	11690
竞艳图	2649	敬爱的周总理永远和我们在一起	3927
竞艳争荣图	4377	敬爱的周总理永远活在我们心中	3025, 3279
竞争者	12638	敬爱的周总理永远活在云南各族人民心中	
竞山乐录	11003		8885
敬爱的大将	4696	敬爱的周总理在梅园新村	11695
敬爱的大将	2390	敬爱的周总理在四届人大第一次会议上	
敬爱的革命领袖	2361		2761
敬爱的华主席各族人民无限热爱您	3279	敬爱的周总理在四届人大第一次会议上	
敬爱的解放军	8860		3928
敬爱的老师	2390	敬爱的朱委员长为雷锋同志题词	8143
敬爱的马老师	9018	敬爱我们的老师	3636, 3686, 4022
敬爱的毛主席我们永远忠于您	10672	敬长图	1938, 4280
敬爱的毛主席永远活在我们心中	11685	敬德 秦琼	4377, 4468
敬爱的毛主席永远活在我们心中	11690	敬德 秦琼	4696, 4817
敬爱的叶副主席为雷锋同志题词	8143	敬德 叔宝	4696
敬爱的元帅	4279, 4696, 4788, 4817	敬德·关胜	4768
敬爱的元帅	2390	敬德·秦琼	2379
敬爱的周恩来同志	9009	敬德归唐	5937
敬爱的周恩来总理	9024	敬德秦琼	4539
敬爱的周恩来总理永远和我们在一起	3927	敬队礼	9453

中国历代图书总目·艺术卷

敬酥堂藏帖	7659	静海风云	5793
敬老图	4377	静海晴空	9802
敬礼	4279	静海晴雪	9802
敬礼！辛苦的园丁	3365	静湖	8856
敬录华主席《贵在鼓劲》	8425	静宦墨忆	8117
敬录毛主席诗词	8145	静静	9453
敬您一杯长寿酒	2135	静静的顿河	13259
敬您一杯庆丰酒	4468	静静的港湾	2808
敬亲人	4279	静静的湖	9116
敬书周总理青年时代诗九首	8368	静静的江水	9845
敬廷尧速写	2896	静静的青岩山	4539
敬庭尧画集	2329	静静的世界	13259
敬喜酒	4615	静静的书斋	2797
敬献光荣花	4279	静静的鱼塘·田田和明明	5255
敬修堂印谱	8487	静乐居印娱	8500
敬祝毛主席万寿无疆	1803, 2738, 3164, 3168,	静乐吕慧剪纸选	10713
	6743, 10672, 11648, 11676	静乐轩题跋	8110
敬祝我们伟大的领袖毛主席万寿无疆！万寿无		静乐篯印稿	8563
疆!	3164	静谧世界	2552
靓	9391	静妙园甲、乙种琴歌	12434
靖安县戏曲志	12775	静默的清香	6610
靖西瀑布	9257	静悄悄的中午	5317
靖学书印	8566	静山集锦	8867
靖阳棕子香	4131	静山集锦作法	8918
靖宇不死	6290	静山摄影集	8866
静	4768, 9453, 9470	静室	9434
静波	9356	静思	9391, 9405, 9453, 9765
静待	9391	静思语	3499
静斗士——期	7122	静态速写	2917
静风	2650	静同年楷则	8024
静谷	9089	静物	1153,
静谷——中南海风光	9080		1903, 2793, 2798, 2842, 8788, 8994, 9328,
静观·古典	816		9329, 10103, 10104, 10105, 10106, 10108,
静观楼印言	8497		10110, 10111, 10112, 10113, 10115,
静观细读	9350		10116, 10117, 10118

书名索引

静物	2665	镜泊揽胜	2451
静物——秋韵	9905	镜泊姻缘	8822
静物花卉写生技法	1177	镜城突围	13156
静物画	6871, 6877	镜花缘	4817, 5662, 5793, 6080, 6451, 6491
静物画步骤	637	镜里香江	8941
静物画精选	6870	镜头的选择和应用	8715
静物画临本	1447	镜头与冲击	8980
静物画研究	621, 625	镜头中的词境	8829
静物画艺术	636	镜与世俗神话	13156
静物基础技法	638	镜真楼画谈	805
静物色彩写生基础入门	1141	镜子里的风景	097
静物摄影	8753, 8767	镜子里的王国	7045
静物水彩基础技法	1185	灞乐宫刻印留痕	8535
静物素描	1153, 2896, 2910	灞乐宫印存	8535
静物素描范画精选	2900	揪出"四人帮"人心大快 痛打落水狗永远进击	
静物素描基础技法	634		3928
静物素描教学问答	1153	九成宫	7846, 7928
静物速写基础入门	1141	九成宫碑	7917
静物特辑	1345	九成宫集字范本	7664
静物写生	2931	九成宫醴泉铭	7829, 7835, 7842, 7843, 7850,
静物写生	2728		7863, 7875, 7885, 7894, 7898, 7899, 7921,
静物与近摄	8795		7922, 7938
静悟	2023	九成宫醴泉铭·回宫格楷书字帖	7313
静心幽趣	8812	九成宫醴泉铭	7897
静心斋	627	九成宫临习与创作	7377
静心斋夏景	9089	九成宫习字抉微	7282
静夜思	9391	九成宫字帖	7854
静夜思艺术歌曲选集	11986	九大奇迹	6609
静以修身俭以养德	8223	九鼎劫	5937
境界线的美学	030	九鼎书品	8249
境生象外	076	九朵金花	9434
镜泊飞瀑	2730	九方皋	1722
镜泊飞泉	1790	九峰旧庐藏砚谱	1037
镜泊湖风光	9089, 9116	九凤朝阳	4696
镜泊湖秋色	9108	九凤高飞	4959

中国历代图书总目·艺术卷

九凤和鸣	4468	九龙杯	4616, 5479, 5937
九福宫护宝	6081	九龙杯传奇	6081
九福宫护宝记	6081	九龙杯奇案	6081
九歌	9391	九龙壁	404
九歌解	11013	九龙春秀	5351
九歌图	1732	九龙福	4696
九个炊事员	5401	九龙公园雕塑廊	8634
九公主与乾隆	6081	九龙江畔展宏图	9273
九宫大成南北词宫谱	12056, 12059, 12060	九龙滩	6222
九宫大成南北词宫谱选译	12062	九龙潭的枪声	5937
九宫谱定	12054	九龙戏珠图	2023, 4616
九宫新式	7222	九龙御佩	6083
九怪山人书法	8292	九隆王	4905
九怪山人书法集	8330	九马疑踪	6255
九号公路大捷	5163	九猫图	2650
九号郡城的战斗	5401	九命沉冤	5118
九号住宅	5662	九命人	3472
九红出嫁	12119	九年义务教育小学英语1一4册(实验本)教学	
九华佳境	2006	简笔画	1145
九华山	4616, 8952, 9858, 10509	九品书	7206
九华山	2446	九七影情	8963
九华山人钱瘦印谱	8487	九秋图	1732, 2006
九华山万寿寺	1938	九秋图	2627
九华胜景	1965, 9833	九曲风光	9883
九华胜境	9098	九三年	5563
九华仙境	2451	九色鹿	5937
九魂神龙	6451, 6452	九色鹿的故事	6560
九件衣	5066, 5093	九十九砚斋砚谱	1058
九江采茶戏音乐	12130	九十年代中国美术：1990—1992	218
九江风光	8944	九十岁更好	3460
九颗夜明珠	6081	九势碎事	7206, 7207
九老天官	12130	九水潮音	2665
九鲤图	10536	九四二四厂工地速写	2858
九连在湖光社	4959	九四歌坛热门金曲	11745
九莲灯	12608	九四金曲精选本	11745

书名索引

九松亭	5937	九寨沟泛舟	9820
九鳗潜艇大闹日本海	6584	九寨沟飞瀑	9066
九台县美术工作者协会章程	343	九寨沟风光	9089, 9820
九台县戏剧工作者协会章程	12558	九寨沟国家级自然保护区	8963
九台县音乐工作者协会章程	12558	九寨沟火花海	9796
九体钢笔速成实用字帖	7566	九寨沟瀑布 9063, 9108, 9116, 9799, 9820, 9845,	
九体硬笔书法字典	7429	9858, 9899	
九头狼	3509	九寨沟情思	9883
九畹书法作品选	8157	九寨沟秋色	9799, 9908
九畹遗容	928	九寨沟夏令	9810
九纹龙史进	5035, 5563, 6491	九寨沟之冬	9883
九溪	1790	九寨沟之行	9883
九乡题咏	8330	九寨观瀑	9821
九眼泉	5938	九寨黄龙剑门风光	8944
九焰山	4616	九寨牧羊	9821
九焰山聚义	5938	九寨瀑布	9833
九一八大合唱	11943	九寨情怀	9144
九一八民众大合唱	11933	九寨情语	9873
九一八以来名歌选集	11386	九寨秋色	2793, 9802, 9810, 9821, 9908
九疑山	10510	九寨森林	9899
九阴真经	6083	九寨题词选	8186
九鱼图	2674	九寨烟云	9821
九羽杉	5662	九寨之梦	8947
九月菊	10048	九重春色	4817
九寨冰凌	9810	九州方圆	11480
九寨初雪	9820, 9905	九州银河：中国农村水电	8856
九寨飞瀑	4616, 9108, 9873, 9906	九州永泰	4862
九寨飞泉	4817	九子成龙	6584
九寨风光	9124, 9858	久久有余	2135
九寨沟 8889, 8935, 8963, 8969, 9143, 9858, 10510		韭花帖系列考	7704
九寨沟	2627	酒吧女郎	6255
九寨沟·黄龙	8972	酒的幽默与漫画杰作	7028
九寨沟长海	9796, 9810, 9821, 9906	酒店里的恶狗	5563
九寨沟长海秋色	9859	酒都杏花村	8895
九寨沟冬	9908	酒干倘卖无	11925

中国历代图书总目·艺术卷

酒井	5563	旧拓龙门二十品	7780
酒井法子 in Greece	10148	旧拓米芾小楷千字文	7988
酒井法子水瓶座写真集	10145	旧拓宋米南宫篆真宗御制诗	7959
酒具设计参考	10368	旧拓唐同州圣教序	7885
酒美花香	10079	旧拓薛刻书谱	7237
酒美意重	4817	旧拓颜鲁公多宝塔碑	7664
酒牌	2968, 2971	旧拓瘗鹤铭	7801
酒中缘	9238	旧拓元梦英篆书千字文	7959
旧爱新欢	1410	旧拓主本急就章	8012
旧北京风情	2896	旧戏新谈	12711, 12712
旧柯展新画	3833	旧衣改新衣	3561
旧好莱坞 / 新好莱坞	13316	旧阴谋新花样	4873
旧恨新仇	4960	旧印杂存	8487
旧家乡	11980	旧约之歌圣诗集	12352
旧京返照集	8890	旧宅玫瑰	3509
旧京风情	2414	救风尘	6083, 6188, 6387, 9147, 9247
旧京风俗百图	1965	救孤记	5794
旧京环顾图	2252	救红绡	5794
旧剧丛谈	12748	救护手册	3436
旧剧集成	11826	救荒本草	2993
旧历年前	4905	救火英雄明绍成	5093
旧貌变新颜	3974	救救她	5479, 5563
旧貌变新颜	2595	救牛	5204
旧谱霓裳	12241	救伤员	5230
旧谱新声	12054	救亡歌集	11372
旧诗新曲	11382	救亡歌曲	11376
旧石器时代之艺术	193	救亡歌曲集	11370, 11372, 11374
旧石印画	1651	救亡曲	11371
旧世百态	3522	救亡新歌	11372
旧拓爨龙颜	7804	就是你	5794
旧拓等慈寺碑	7876	就是他	12080
旧拓定武本褧刻兰亭序	7824	就说咱叫"红小兵"	3928
旧拓汉杨伯起碑	7757	就这样欣赏音乐	10880
旧拓好大王碑	7784	就这样照	9366
旧拓皇甫诞碑	7660	鹫峰	1780

书名索引

沟河红莲	4950	居室艺术设计	10577
居安思危	3424	居室装点摆设300问	10586
居巢作品选集	1658	居室装潢范例	10595
居家的装潢设计	10601	居室装饰	10586, 10592
居家生活篇	8788	居室装饰100忌	10592
居家装饰	10586	居室装饰的窍门	10604
居里夫人	2785, 2791, 3373, 3388, 5035, 5401	居室装饰实例	10569
居里夫人——法国著名的物理学家和化学家		居室装饰艺术	10580, 10581
	3371	居室装修技艺	10580
居廉花鸟草虫册	1673	鞠部丛刊	12744
居廉扇面画选	1660	鞠部丛谈校补	12857
居士林	6584	鞠部群英	12736, 12737
居室	10004	鞠躬尽瘁	5938
居室·家具·装饰	10565	鞠躬尽瘁为人民	1857
居室布置的学问	10588	鞠萍姐姐折纸	10182
居室布置新理念	10601	鞠士林琵琶谱	12314
居室布置与花布	10586	菊	976, 1583, 1747, 1965, 3006, 9307, 10021,
居室布置与美化指南	10579		10024, 10028, 10042, 10049, 10075, 10087
居室布置与装饰美化	10584	菊	2547, 2616, 2627, 2639, 2665
居室布置装饰新创意	10595	菊部丛谭	12749
居室点缀艺术	10592	菊部群英	12749
居室环境装饰指南	10592	菊地信义封面设计	10757
居室绿化	10586	菊花	1662, 1710,
居室美的探索	10577		1725, 1747, 1758, 1767, 1857, 2935, 4073,
居室美化	10599		4960, 6872, 9303, 9304, 9305, 9309, 9316,
居室美化实用技巧	10589		9319, 10012, 10013, 10015, 10018, 10021,
居室巧安排	10579		10034, 10042, 10049, 10055, 10061,
居室情调与装饰艺术	10589		10081, 10084, 10432
居室色彩	10601	菊花	2616, 2718
居室色彩搭配	10604	菊花——曲江秋色	10068
居室饰物	10597	菊花——天鹅湖	10068
居室套装家具	10620	菊花白描画谱	969
居室新潮装饰实例与技巧	10586	菊花白描图集	2552
居室雅趣	10586	菊花插花	10580
居室艺术	10579	菊花粉毛刺	10028

中国历代图书总目·艺术卷

菊花锅	12839	菊坛旧闻录	12889
菊花画法	946	菊香	5317
菊花画谱	954	菊香正值蟹肥时	2658, 2665
菊花黄雀	4280	菊香醉人	10049
菊花锦鸡	2670	菊艳蟹肥	10089
菊花精品二百图	1513	菊吟百咏	7495
菊花牡丹	10251, 10350	菊影诗魂	8908
菊花谱	3636	菊园印谱	8526
菊花图	1767	菊苑巡睃	12731
菊花图谱	2511	菊展	2023
菊花写生	2495	菊庄论画	467, 468
菊花装饰图案	10253	橘榴丰收	3636
菊黄蟹肥	10117	橘颂	1871, 4073
菊黄蟹肥	2658	橘子洲头亭	9785
菊酒延年	2665	莒南之忆	2917
菊梅兰竹菊画谱之四	941	举案齐眉	4468
菊圃一叶	12724	举案齐眉	2078
菊谱	939, 940, 982, 1510, 1597, 2864	举鼎观画	11837
菊谱	2495, 2541	举发二路兵	6083
菊社约	12981	举国欢庆十一大	11690
菊石图	1577	举国欢腾唱四化万众一心共长征	3302
菊石图	2650	举国欢腾庆胜利	11685
菊颂	10061	举国欢腾应胜利	11685
菊颂之二	10062	举旗抓纲 纲举目张	3883
菊颂之九	10062	举旗抓纲领好路 学习大寨绘新图	5163
菊颂之六	10062	举旗抓纲又一伏	3254
菊颂之七	10062	巨大的鞭策	2777
菊颂之三	10062	巨大的鼓舞	1816, 3928
菊颂之十	10062	巨匠的肖像艺术	6865
菊颂之十二	10062	巨匠名画	6862
菊颂之十一	10062	巨匠油画中的女性	6877
菊颂之四	10062	巨匠之足迹	522
菊颂之五	10062	巨浪	13230
菊颂之一	10061	巨龙腾飞	2023, 4616
菊台集秀录	12739, 12740	巨鹿大战	5563

书名索引

巨轮试航	3729	剧事文稿	12698
巨蟒河	5401	剧坛漫话	12803
巨人的辫子	6560	剧坛群芳录	12821
巨人的花园	6560	剧坛外史	12752
巨人胡德安	4960	剧坛小百花	9232
巨人时代	193	剧团的组织与管理	12837
巨厦身影(法兰克福）	10000	剧团管理	12837, 12838
巨艇的沉没	5563	剧团组织及舞台管理	12837
"巨星"金曲	11739	剧协党组关于举办"迎春晚会"的检查报告	12837
"巨星"金曲龙虎榜	11739		
巨型圆雕塑造翻制与装配工程	8615	剧艺百家	12848
句句说在咱心里	3303	剧艺尖兵	12916
拒腐蚀 永不沾	3833	剧艺日札	12811
拒腐蚀批黑书	1807	剧艺琐话	12679
拒绝	11540	剧影浮沉录	13186
拒绝句号	3509	剧影月报	12688
具象素描	2910	剧院的将来	13010
具有不断追求新知、实事求是、独立思考、勇于		剧照"周恩来"	13141
创造的科学精神	3371	剧照"周恩来与邓小平"	13141
具有共产主义风格的人们	3082	剧照《小花》	13141
俱乐部	443	剧照四条屏	4073
俱乐部中的电影	13275	剧中人	12822
剧本·导演·演员	12801	剧专十四年	13018
剧本的登场	12795	剧作法	12708
剧本汇刊	12903	剧作家的沉思	12690
剧场	12837	飓风之灾	6656
剧场生活	12837	锯缸	12604
剧场艺术和电影艺术的界线	12679	锯碗丁	5662
剧场艺术讲话	12676, 12679	聚宝盆	1919, 4539, 4817, 4857, 5479
剧场与舞台技术	12837	聚宝盆	2078, 2135
剧海觅胜	12731	聚宝盆书库	10752
剧海札记	12732	聚宝娃娃	4280
剧话	12710	聚宝娃娃	2135
剧论	12694	聚合草	5479
剧目与评论	12714	聚歼匪首	6083

中国历代图书总目·艺术卷

聚歼魔鬼党	6327	决裂了的爱情	5563
聚歼欧姆师	6083	决赛之前	5794
聚歼顽匪	5563	决胜官渡	5938
聚精会神	1871, 8999	决胜千里歼顽敌	5662
聚酒图	2718	决心书	5255
聚沙集	13164	决心做一个祖国社会主义建设的接班人	
聚学轩印存	8510		3082
涓涓流水	5794	决战前夕	2735, 2757, 2765
涓涓情思	9419	决战之前	6084
涓涓小溪	311	觉世训印谱	8508
娟娟娥眉	9873	觉悟	4912
镌雕	8635	觉醒	5660, 8632
镌书八要	8444, 8450	觉醒了的人民，必将得到最后的胜利!	
镌篆法辨	8497		3110
捲蔗筒	13119	珏庵藏印	8564
卷丹	1780, 1938	绝版木刻	1216
卷发的青年妇女	6886	绝不后退	5118
卷曲线装饰纹样	10275	绝不要忘记过去	3139
卷石阿印草	8516	绝唱	5563, 5662, 11748
卷席筒	5479	绝处逢生	13123
卷扬机手	3796	绝代名姬	13105
倦舫法帖	8021	绝代影星	9028
倦圃[画册]	1620	绝顶人来少	9883
倦绣图	5563	绝交	4925
绢花艺术	10689	绝句百首钢笔书法	7451
绢人	10518	绝句千首钢笔书法	7566
绢人"天女散花"	10675	绝句三百首钢笔行书字帖	7438
决不辜负党的期望	3928	绝句三百首钢笔字帖	7580
决不辜负周总理的殷切期望	1849	绝密的房间	6255
决不能忘记过去	3126	绝密名单	6222
决不忘记过去	11962	绝妙好诗	7551
决不要忘记过去	3016	绝妙好诗词钢笔字帖	7495
决斗	5662	绝妙好诗小楷字帖	8393
决裂	3883, 5284, 5285	绝妙集	12983
决裂旧观念 做新型农民	3238	绝妙金曲	11509

书名索引

绝缨会	9238	军爱民 民拥军	4073
绝域功罪	5663	军爱民 民拥军	3796, 3833
绝招	5794	军爱民 民拥军 军民同歌庆胜利	3279
绝震大流行 80 首	11715	军爱民 民拥军 军民团结一家亲	3884
倔强的瓦罗尼娜	13259	军爱民 民拥军 军民团结一条心	3160
掘地见母	5066, 5563	军爱民 民拥军 团结战斗如一人	3195
掘墓鞭尸	5564	军爱民鱼水难分 民拥军阶级情深	3833
崛起的铁木真	6327	军长之路	5938
爵士·迪斯科	12647	军大歌选	11558
爵士钢琴	12522	军笛鼓号演奏法	11167
爵士钢琴和弦	11244	军队的女儿	5118
爵士钢琴和弦结构	11245	军队应该是一个大学校	3796
爵士钢琴即兴弹奏曲	12522	军港之夜	2441
爵士钢琴技巧	11250	军鸽的秘密	6290
爵士钢琴速成	11239	军歌集	11370, 11386
爵士钢琴演奏法	11260	军歌三首	11362
爵士歌选	11888	军歌十曲	11362
爵士鼓伴奏处理法及电子琴鼓机弹奏法		军功章慰亲人	4616
	11265	军号长鸣	5231
爵士鼓教程	11264	军号达达歌嘹亮	12027
爵士鼓现代风格演奏教程	11265	军号嘹亮战旗扬	11670
爵士鼓演奏法	11265	军魂	6584
爵士鼓演奏高级实用技巧	11265	军魂·兵情·瞬间	8989
爵士鼓演奏集成	11266	军火的风波	6084
爵士鼓演奏实用教程	11265	军舰集锦	4280
爵士吉他百科全书	11193	军军的牙齿	5480
爵士吉他奏法	11198	军垦七战士	5150
爵士吉它独奏曲 13 首	12483	军垦战士美术作品选	1361
爵士乐	10988, 10989	军乐稿	11067
爵士乐的故事	10988	军乐基础知识	11273
爵士乐演奏教程	11156	军乐曲集	12235, 12539
爵士萨克斯即兴演奏教程	11173	军礼	8839
爵士套鼓演奏艺术	11265	军旅翰墨	8330
爵士摇滚乐歌曲三百首	11721	军旅进行曲	11523
爵士音乐史	10989, 10990	军旅美术字精粹	7650

中国历代图书总目·艺术卷

军旅曲库	11525	军民团结紧 边疆气象新	4280
军旅戏剧之花	12914	军民团结情谊深	3303, 3763
军旅之恋	11519	军民团结如一人	3796
军旅之声	9498	军民团结如一人 试看天下谁能敌	3776
军马小后勤	3833	军民团结如一人 试看天下谁能敌	3164
军民保边疆	1807	军民团结胜利的凯歌	1807
军民并肩同战斗 百倍警惕守边疆	3279	军民团结守海防	1807
军民奋战起宏图	2746	军民团结严守海防	3196
军民共建文明村	8812	军民团结一家亲	2751
军民共建新山寨	4131	军民团结一条心 互相学习情谊深	3776
军民骨肉亲	3139	军民团结一条心 试看天下谁能敌	3160
军民合作	4869	军民团结战斗战胜地震灾害	3255
军民抗战歌曲	11373	军民协力开新渠	3796
军民联防 保卫边疆	3833	军民心连心	3777
军民联防 保卫祖国	3636, 3729	军民巡逻	9523
军民联防 巩固边疆	3110	军民一家	3069, 10408, 10423
军民联防 铁壁铜墙	3182, 3183, 3196	军民一家亲 3757, 3763, 3834, 3928, 4023,	
军民联防 铁臂铜墙	10418	4073, 4199	
军民联防保边疆	4073	军民一家亲 革命情谊深	3884
军民联防保边疆 民族团结搞四化	4023	军民一家亲 生产备战忙	3974
军民联防保卫边疆	3763	军民一家喜夺丰收	3796
军民联防如铁壁 军民情谊似鱼水	3974	军民一家鱼水深情	4280
军民联欢	3082, 3974	军民迎新春 鱼水情谊深	3928
军民情谊	3686	军民友谊赛	6752
军民情谊深	3776	军民鱼水情 1807, 3758, 3759, 3763, 3928,	
军民同备战 革命情谊深	3238	3974, 4073	
军民同话丰收年	3833	军民鱼水情谊深	3221
军民同乐	4131, 12984	军民鱼水情组画	3018
军民同练	3928	军民鱼水相依 筑成钢铁长城	3238
军民同谱新渔歌	3796	军民鱼水一家亲	3318
军民同庆丰收年	3796	军民之间	3729
军民同收万里云	3776	军旗下的旋律	11509
军民同心织渔网	3796	军犬	6188
军民同学习 四化攀高峰	4023	军人实用美术知识	10194
军民同夜练	3884	军人实用习字手册	7618

书名索引

军人眼中的影视艺术	13127	君匋艺术院藏印集	8546
军人之友：1986—1987 年周历知识手册		君匋艺展	1392
	10484	君子馆论书绝句一百二十首	7235
军事大演习	3368，4280	君子国	5794
军事后勤篆刻选	8572	君子国与两面国	5480
军事教育影片说明卡片	13293	君子好逑	6943
军事摄影	8737	君子兰 5794，10014，10018，10034，10042，10049，
军事图案集	10310	10055，10062，10090
军事图案题花	10259	君子兰	10014
军事新闻摄影漫谈	8767	君子兰花	10017，10034
军事演习	2135	君子塘	1989
军事演习图	4131	君子亭	5938
军舰上的联欢	12588	君子图	2078
军威	2178	君子迎春	2135
军威常在·国泰民安	4788	钧天妙乐	12350
军威进行曲	12235	钧天清乐	12326
军威雄壮	3374，9329，9988	菌阁藏印	8482
军威雄壮	2135	俊林速写	2885
军校漫画选	3452	峻岭	9859
军校之歌	12223	峻岭青松	5285
军鞋曲	12639	隽永的电影对白	13248
军营晨曲	12265	隽永小品钢笔行书字帖	7566
军营的旋律	11529	浚川山水画集	2471
军营歌曲精选	11497	骏马白描画谱	1002
军营黑板报设计指南	10324	骏马奔腾	1938
军营影评家成才之路	13133	骏马奔腾	2178，2665
军营幽默漫画	3460	骏马飞腾	3834，5255，9309，10042
军中"粮草官"	6387	骏马欢歌	11503
军中"诸葛"	6387	骏马屏	2580
军中诗情	9507	骏马腾飞	2581
君臣·名家书画集	2712	骏马腾飞庆丰年	2578
君臣定计回荆州	3594	骏马图	1938，4280，4696，4788，4818
君山	9845	骏马图	2041，2574，2578，2627
君士坦丁堡女郎	6891	骏马献亲人	3834
君匋书籍装帧艺术选	10368	伽利略	3331，3388，5343

伽利略的故事(中)	5767	拔捉犀牛怪	5560
校场比武	4322	筠清馆法帖	8033
校订乐府传声	11137	筠钉清秘录	667, 668
校正真草隶篆四体三字经	7783		